本书系国家社会科学基金重大项目
"德国古典哲学与德意志文化深度研究"
（批准号12&ZD126）成果之一

邓晓芒作品 · 句读系列

第五卷 黑格尔
《精神现象学》句读

邓晓芒 著

人民出版社

目　录

二、理性的自我意识通过自己本身而实现 ①

这是理性章的第二个标题,"理性的自我意识通过自己本身而实现",这跟第一个标题是很不相同的了。第一个标题是"观察的理性",第二个标题"理性的自我意识通过自己本身而实现",这就不是观察的理性了,应该说是实践的理性。但他没有用"实践"这个词,"实践"这个词在这里可以说被回避了。为什么不用"实践"这个词,这里头可能还是有些讲究,就是说"实践"这个词被康德搞得非常不好用,在黑格尔看来这个词不太好用,这个概念非常复杂,所以还不如在《精神现象学》里面实打实地说,"理性的自我意识通过自己本身而实现"。你要说"实践"也可以,但它实际上在《精神现象学》中的意思呢,就是"理性的自我意识"有两种形态,前面的是"观察",理性从旁边去观察它的对象;但现在理性的自我意识挺身而出,它通过自己而实现出来,那就不是观察了,而是自己投身于它自己的自我实现了。这是第二个标题。现在我们已经转换了一个角度,转换到一个实践的角度来看待理性的自我意识了。

自我意识发现事物即是自己、自己即是事物;就是说,**对它而言**,它**自在地**就是对象性的现实性。②

"自我意识发现事物即是自己、自己即是事物",也就是说,"精神是

---

① 以下凡引黑格尔的原文,以及拉松本所加的带方括号的标题,第一次出现时均加下划线以示区分。另,所注边码大括号 {} 中为德文考订版页码;方括号 [] 中为贺麟、王玖兴中译本 1979 年版上册的页码,后面转入下册时则代表下册页码。

② 凡是原文换行分段之处,本书中均空一行。

一块骨头","自我是事物",这两个命题前面都已经讲到了,这是头盖骨相学最后所说出来的至关重要的命题。头盖骨相学的结论就是,我、自我是一个事物,从这里出发,"自我意识发现事物即是自己、自己即是事物"。然而,"即是"这个"是"不能单纯理解为一个系词。"事物就是自己、自己就是事物",如果理解为事物等于自己、自己等于事物,这样理解就错了。下面,"就是说,**对它而言**,它**自在地**就是对象性的现实性","对它而言"和"自在地"都打了着重号,也可以译作"它为了自己而自在地就是对象性的现实性",也就是它自在自为地就是对象性的现实性。这就把自在和自为统一起来了。自我意识自为地自身就是对象性的现实性,并不是说它自身就等于另外一个事物,而是意味着它自身已经是对象性的现实性了,它自身已经对象化了,化成了一个现实。这就是实践活动的表达,这个事物实际上就是它自己,是它自己对象化出去的、被它对象化的东西。这样一个事物虽然成了自己的对象,但是它还是自己。

自我意识不再是成为一切实在性的那种**直接的**确定性了,而是这样一种确定性,在这种确定性看来,一般直接的东西都具有某种被扬弃的东西的形式,以至于这直接的东西的**对象性**仅仅还被视为表面的东西,其内在的东西和本质则是**自我意识自己**。

"自我意识不再是成为一切实在性的那种**直接的**确定性了",自我意识不再是直接的确定性,如何确定自我意识呢?它不再是说,它就是一切实在性,以此来达到直接的确定性。对于它就是一切实在性加以直接的确定,这是在观察的理性那里所做的事。观察的理性是自我意识的第一个阶段,就是把确定它是一切实在性的那个直接的确定性,看作是对它自己的确定性,包括自我意识对自己的观察,包括头盖骨相学、面相学、心理学、逻辑学等等前面讲到过的,都是把直接的确定性当作是它的实在性。就是说,自我意识要考察它自己,到哪里去考察呢?到心理学里面去考察,到逻辑学里面去考察,到面相学和头盖骨相学里面去考察。

这些考察都是把自我意识当作一种直接的确定性,当作一种现实性,这种现实性具有直接的确定性。但现在不同了,现在已经进入了实践的理性。他说,"而是这样一种确定性,在这种确定性看来,一般直接的东西都具有某种被扬弃的东西的形式",自我意识的这样一种确定性,就是确定了直接的东西都具有某种被扬弃的东西的形式。直接的东西,不管是面相学也好,头盖骨也好,还是事物也好,一切对象都具有某种被扬弃的东西的形式。就是说,这个事物已经不能从直接的确定性方面来看了,不能直接地确定这个事物、这个对象是什么。骨头很容易确定,骨头就是一块骨头,看得见摸得着,拿在手里有分量,摸起来有感觉,那是直接的确定性。但是,现在在自我意识面前,不管是一块骨头也好,一块石头也好,一棵树也好,它都具有某种被扬弃的东西的形式。当然它还是一块骨头,但是它是被扬弃了的骨头,具有被扬弃了的形式,这骨头的形式应该被扬弃掉。应该从这个角度,从被扬弃了的这个角度来看待这块骨头,那你就可以看到这块骨头里面的东西。它的形式是被扬弃了的形式,看得见摸得着的,拿在手里掂一掂有分量的,这些形式都是被扬弃了的,真正直接的东西的真理、内在的东西是什么,那还要看。凡是一般直接的东西都具有某种被扬弃了的东西的形式,那也就是说,整个感性的世界都被扬弃了。整个感性的世界,它的感性,它显现在你面前的形态,在这种自我意识面前都已经被扬弃了,已经从更高的眼光来看待整个大千世界,已经从概念的立场上来看待整个世界。你把大千世界形形色色的东西都加以扬弃,而从里面引出它的本质的东西,那就是概念,就是范畴。当然这里还没有到范畴,但是你把它的感性的形式扬弃了,它里面就显出它的概念来了。所有的事物、在你面前的事物,实际上只不过是你的自我意识的概念中的一个环节而已。"以至于这直接的东西的**对象性**仅仅还被视为表面的东西,其内在的东西和本质则是**自我意识自己**","以至于",就是这个扬弃结果导致了什么呢?导致了"这直接的东西的对象性仅仅还被视为表面的东西"。这个直接的东西,它的对象性,它的客观性，它的不以人的意识为转移的这样一种性质，仅仅被看作是一种表面的东西，或者说仅仅被看作在表象中的东西。表面看起来好像是不以人的意识为转移的，是对象世界，是一个僵硬的、客观的对象，其内在的东西和本质则是自我意识自己，实际上那个对象就是自我意识自己。你讲"自我就是一块骨头"，或者"自我就是一件事物"，说得很对呀，但是你要把那个事物、那个骨头的形式、那种感性的形式扬弃掉才对。否则的话，就很刺眼，这说法就很荒谬。你要使它不荒谬，那就必须这样来理解，把它的那种感性的形式扬弃掉，把内在的东西和本质看作就是自我意识自己。我就是事物，我不光是一块骨头，我还是大千世界，我看到什么，什么就是我，"我思故我在"，我想到什么，都说明了我在。我想到一块石头，我看到一棵树，都说明我在，它的本质就是我，我看到的任何事物都是我自己。

——因此，自我意识与之积极相联系的对象，就是一个自我意识；这个对象以事物性的形式存在，即是说，它是**独立的**；但自我意识拥有这种确定性，即这个独立的对象对它说来不是什么陌生的东西；它因而知道它**自在地**已被这个对象所承认；它就是本身具有确定性的**精神**，即确信在它的自我意识的双重性和双方的独立性中它拥有与它自身的统一。①

"因此，自我意识与之积极相联系的对象，就是一个自我意识"，自我意识与之积极联系的对象，积极联系，而不是消极联系，不是否定性的联系；否定性的联系是联系不起来的。你说自我是一个事物，但自我和事物之间有无限的距离，而且是否定性的，那么自我不是一个事物，你本来只能这样来联系，按照日常的观点，自我哪里会是事物呢?！自我和事物是两个完全不同的东西，你要把它们摆在一起，那就是一种消极的联系，或者说是一种否定的联系，你只能说"自我不是一个事物"。但是你现在说"自我是一个事物"，这种联系就是一种肯定的、积极的联系，"自

---

① 为了读起来醒目，原文每一整句在本书中都另起一行，带起对它的解释也另起一行。

我是一个事物"这样一种积极的联系的对象呢，就是一个自我意识。只有当这个事物本身就是一个自我意识，你才能对它加以积极的联系、肯定的联系，你才能说"自我是一个事物"。"这个对象以事物性的形式存在"，这个对象本来就是自我意识嘛，但它是以事物性的形式存在的。当然这个事物性的形式已经被扬弃了，当你把它的本质看作自我意识的时候，它的存在还是事物性的，它还是以事物性的形式存在的。"即是说，它是**独立的**"，它独立于我之外，或者如我们通常说的，它不以我的意识为转移，它是客观的。我是主观的，我不能以主观代替客观，所以在事物的形式方面呢，它是独立于我而存在的。"但自我意识拥有这种确定性，即这个独立的对象对它说来不是什么陌生的东西。"自我意识在这个时候已经拥有了这样一种确定性，它已经确切地知道，这个独立的对象对它说来不是什么陌生的东西，也就是这个对象虽然是独立的对象，但是它很熟悉，那其实就是它自己，就是它把自己对象化以后建立起来的东西。所以，对它独立存在的这个对象性的事物性的形式，在自我意识里面呢，已经被扬弃了。"它因而知道它**自在地**已被这个对象所承认"，这涉及我们前面讲的"承认的自我意识"。自我意识通过承认才得以建立起来，自我意识是通过在一个对象那里得到承认，它才被建立起来；而它要得到对象的承认，必须这个对象也是一个自我意识，这个对象跟它一样是一个自我意识，才会承认它：我们都是自我意识，我们都应该按照对待自我意识的方式来互相对待，这就是承认了。它由此知道它自己自在地、也就是客观上已被这个对象所承认，这个对象在这个时候呢，就成了另外一个自我意识，那就不是一块单纯的骨头了，一块骨头是不会承认它的。而且一般地来说凡是自我意识所面对的事物，自我意识在上面都看到了它自己，那么这个事物就是另一个自我意识。另外一个自我意识跟它之间的关系是一种互相承认的关系，所以自我意识把它的对象都看作是跟它自己一样的自我意识。这是一个关键的转折点，是一个更高的眼光、更高的层次，不是局限于感性的形式，骨头啊，石头啊，树啊，这些形式已经被扬弃了。总而言之，凡是一个对象，那个对象就是自我意识，那个对象就是自我意识的外化。那么，它要把它收回来就是顺理成章的，承认就是它从对象那里把自己收回来的一个过程。互相承认，你承认我，我也承认你，它知道自己已被这个对象所承认。"它就是本身具有确定性的**精神**，即确信在它的自我意识的双重性和双方的独立性中它拥有与它自身的统一"，它已经是精神了，"精神"打了着重号。"精神"这个概念在此出现了，在前面也出现过，但是还没有单独加以考虑。"精神"是在后面，在"理性"讲完了以后，在实践的理性以及理论和实践相统一的理性都讲完了以后，才出现对"精神"的单独的、专门的考虑。但这个时候已经出现"精神"了，因为这样一种自我意识就具有确定性，具有了确定性就是精神了，也就是说，自我意识和自我意识之间的关系就是精神的关系，就是精神。精神就是"具有确定性"的自我意识，具有什么确定性呢？"即确信它在它的自我意识的双重性和双方的独立性中拥有与它自身的统一"，确信在它的自我意识的双重性中，在一个自我意识和另外一个自我意识的关系中，两者都是各自独立的，都是自我意识，但又相互统一。自我意识在它的对象上看到它自己，这就是"自我意识的双重性"；"双方的独立性"，自我意识和对象双方都有独立性，两个独立的人，两个独立的自我意识，但是，拥有它与它自身的统一，这就是"精神"了。什么是精神？精神跟理性不同，理性可以看作是单个人的一种能力、一种功能、一种机能，而精神是社会的，精神是人与人之间的一种统一关系。"在它的自我意识的双重性和双方的独立性中拥有与它自身的统一"，这样一种确信，就使得自我意识提升到了精神。自我意识不是单个人所固有的抽象物，用马克思的话来说，它是"一切社会关系的总和"，这就是精神。

　　现在，这个确定性必须自己对自己提高为真理性，凡是使自我意识认为自己是**自在的**并且在其内在确定性中存在的东西，都应该进入它的意识并成为为他的。

6

　　"现在,这个确定性必须自己对自己提高为真理性",现在已经确定了,自我意识的确定性就是精神了,自我意识在另外一个自我意识之间确定了它的精神性。现在它已经是精神了,具有了精神的确定性了,但是还不具有精神的真理性,还没有提升到真理性。现在进一步要做的就是,"这个确定性必须自己对自己提高为真理性"。确定性和真理性,我们前面多次讲到,光是有确定性,但是还没有实现出来,就没有真理性。确定性是很抽象的,已经抽象地规定了,但是它的实际内容,这个概念如何成为对象,如何跟这个对象相符合,这就是真理性的问题,就是如何提高为真理性。现在我们已经知道它的概念,所谓"精神"的概念,就是人与人的关系、自我意识和自我意识的关系;但这关系怎么样实现出来的呢? 这是我们要进一步考虑的。通过这种考虑,就可以使这种确定性提升为真理性。下面进一步补充,"凡是使自我意识认为自己是**自在的**并且在其内在确定性中存在的东西,都应该进入它的意识并成为为他的",自我意识已经是自在地有确定性了,但还是内在的,还没有发挥出来,还没有实现出来。那么,下一步要做的事情就是,要把它的自我意识的这种自在的和内在的确定性的存在纳入它的意识,并且使它成为为他的,就是使它成为他自己所有的,使它把这样一种确定性据为己有,这就是使它提高为真理性。确定性已经确定在那里了,但是如何把这个确定性据为己有,把它实现出来,使这个确定性的概念与它的存在、与它的自在存在和内在存在相符合,那就能够达到真理性。这个是下一步要做的。这里可以说是一个导言,一个序言。下面"自我意识的直向运动:伦理世界的形成",还有"自我意识的反向运动:从伦理世界向道德世界提升",分两个小点来谈。当然这两个小点是德文编者、拉松版加上去的,原文本来并没有。当然它加上去也有好处,层次感更清晰了。就是说,这整个到 239 页"快乐与必然性"之前,都是相当于"理性的自我意识通过自己本身而实现"这第二个标题的导言;而这个导言的前面这一部分又是导言的导言;下面讲"自我意识的直向运动"和"自我意识的反向运

动"对后面作了一个预示。后面要讲的"快乐与必然性"、"心的规律与
自大狂"，这个可以说都是"自我意识的直向运动；伦理世界的形成"，最
后"德性与世界进程"，就是"自我意识的反向运动"，从伦理世界进到了
道德世界。最后呢，进入第三个标题，才是"自在自为地本身就是实在的
个体性"，就是把观察的理性和实践的理性统一起来，统一成实在的个体
性，这就是法或权利的世界。

［I. 伦理世界的形成］

　　原来的小标题是："I. 自我意识的直向运动；伦理世界"，这个标题是
编者加上去的，这个意思呢大致差不离，有那么个意思，就是自我意识在
实践理性的阶段上直接就形成了伦理世界。下面一个小标题也是德文编
者加的："II. 自我意识的反向运动；道德世界"，自我意识在此基础上回
到内心，就进入道德世界，所以先谈这个伦理世界，然后再谈道德世界。
道德世界是对伦理世界的一种反思，或者说一种反向运动，伦理世界则
是从自我意识本身作为一个事物直接建立起来的，所以它是直向运动。
但"直向运动"和"反向运动"这种表述我觉得不好，似乎是说自我意识
可以任意来回反复，里面没有表现出一贯的必然性。所以我把这两个小
标题都作了改动，改成"伦理世界的形成"，和"从伦理世界向道德世界
的提升"。

　　这个实现过程的那些普遍阶段将是什么，这一点按照普遍性来看，
通过比较前面走过的道路，已经表明了。

　　"这个实现过程"，就是上面一段讲的，自我意识应该实现出来进
入真理性；自我意识的确定性已经有了，这种确定性已经知道事物、对
象应该就是它自己，但是如何把事物实现为他自己，或者把自己实现为
事物，使这个确定性具有真理性的内容，这点还没做到，还有待于这样
一个实现过程，即自我意识把自己的确定性实现出来。那么，这个实

现过程"那些普遍阶段将是什么"？自我意识的实现过程有一些"普遍阶段"，为什么说是"普遍阶段"？就是说，它的这些阶段不是说在这个实现过程中特殊地具有这些阶段，而是普遍适用的。所以紧接着就讲，"这一点按照普遍性来看，通过比较前面走过的道路，已经表明了"。也就是说，自我意识的实现经过的这样一些阶段，跟前面走过的道路所经过的阶段，从普遍性上面来看，是一致的。或者说，自我意识的确定性在它的实现过程中，走了以前曾经走过的阶段，它所走过的阶段跟以前所走过的那些阶段是平行的。这是黑格尔哲学里面的一个非常重要的具有普遍意义的方法论。我经常讲，读黑格尔，你有时候看到一段看不明白了，你可以翻到前面去看，或者翻到后面去看，它总是有一个模式，你找到它在它前面或在它后面相应阶段上面的对应的表述，就可以帮助你理解。这是他的一个普遍的方法论。那么，前面走过了什么道路呢？

　　就是说，正如观察的理性在范畴的要素里曾经重复了**意识**的运动，亦即感性确定性、知觉和知性一样，这个实现过程也将再次历经**自我意识**的双重运动，从独立性过渡到它的自由。

　　"就是说，正如观察的理性在范畴的要素里曾经重复了**意识**的运动"，就是精神现象学一开始是意识、意识的运动。观察的理性当然已经不是意识了，它是在范畴的要素里面来重复意识运动的诸阶段，就是"感性确定性、知觉和知性"，这是一个普遍的模式。那么，现在、目前的"这个实现过程也将再次经历自我意识的双重运动"，即"从独立性过渡到它的自由"。前面是重复了意识的运动，"意识"打了着重号，观察的理性重复的是前面的意识的运动；而实践的理性呢，重复的是自我意识的双重运动。意识的诸阶段就是感性确定性、知觉和知性，自我意识的双重运动呢，就是从独立到自我意识的自由。前面讲"自我意识的独立和自由"，它有两个阶段，先独立，再自由。这都是平行的，观察的理性和意识的各个阶段平行，实践的理性跟自我意识的各个阶段平行。

首先，这个能动的理性仅仅把它自己作为一个个体来意识，而作为这样一个个体，它必须在另一个个体中要求并产生出自己的现实性来，——但接下来，由于这个体的意识提高到了普遍性，个体就成为了**普遍的**理性，并意识到自己的普遍性就是理性，就是已经自在自为地被承认了的东西，这东西在它的纯粹意识里把一切自我意识都联合起来了；

[233]

这里是一个分号，我们先打住。"首先，"——这是讲它的各个阶段了，首先的阶段——"这个能动的理性"——"能动的理性"就是实践的理性了——"仅仅把自己作为一个个体来意识"，最开始它是把自己作为一个个体，作为一个单个的个体来意识的，作为一个个体也就是自我意识里面讲的欲望，最开始自我意识表现为欲望。欲望就是我的欲望、我的个体。"而作为这样一个个体，它必须在另一个个体中要求并产生出自己的现实性来"，它的欲望指向另外一个个体，另外一个个体的欲望也指向它，那岂不是导致生死斗争吗？每个人都想把对方当作自己欲望的对象，这个时候呢，"它必须在另一个个体中要求并产生出自己的现实性来"，把自己实现出来，把他人据为己有，把他人当作自己的奴隶，这就相当于前面讲的主人和奴隶、生死斗争。"但接下来，由于这个体的意识提高到了普遍性，个体就成为了**普遍的**理性，并意识到自己的普遍性就是理性，就是已经自在自为地被承认了的东西"，这就是前面讲的，通过生死斗争和主奴关系以后，个体被提升到了普遍性，并且双方都得到了承认，双方都意识到对方也是一个自我意识，不光是我有欲望，对方也有欲望，不光是我有自我意识，对方也有自我意识。那么这种个体性就变成了普遍的理性，就具有了普遍性。意识到自己具有了普遍性的理性，就是意识到自己的普遍性就是理性，就是一种"已经自在自为地被承认了的东西"。不但已经自在地被承认了，而且意识到自己自为地被承认了，这就是承认的意识。"这东西在它的纯粹意识里把一切自我意识都联合起来了"，这是前面所讲到的，这种承认使自我意识只有在

10

另外一个自我意识里面才实现它自己，我就是我们，我们就是我。我和我们成了一体，在它的纯粹意识里面就已经把一切自我意识都联合起来了。把这样一个过程用到这里呢，恰到好处。自我意识的实践的理性也经历了这样一个过程，最后把这些自我意识都联合起来了。联合起来成为了什么呢？成为了精神，或者下面要讲到的，成为了伦理的王国，在这里人与人的关系、自我意识和自我意识之间的关系达到了联合，达到了统一。

个体乃是单纯的精神本质，而由于它同时达到了意识，它就是以前的各种形式返回其根据所进入的那个**实在的实体**，以至于各种形式与这个根据相比，都只是它的形成（Werden）的个别环节，这些环节虽然撕裂开来并显现出各自的形态，但实际上它们只是由这根据所承载的**定在和现实性**，却只有就它们存在于并停留于这根据自身中而言，它们才有自己的**真理性**。

"个体乃是单纯的精神本质"，前面讲到，把一切自我意识都联合起来，那就是精神了，就达到了精神了。就此而言，每个个体都是"单纯的精神本质"，在这种联合里面它已经把自己提升到精神的本质了，它已经不仅仅是欲望，不仅仅是独行其是、自行其是，而是要顾到别人、承认别人。"而由于它同时达到了意识"，这种个体达到了意识，意识达到了自己单纯的精神本质，"它就是以前的各种形式返回其根据所进入的那个**实在的实体**"。这种精神的个体成为了一种实在的实体，它不再是那种表面的东西了，而是"以前的各种形式返回其根据所进入的那个实在的实体"，或者说，它是以前的各种形式的根据。个体作为实体，它是以前的各种形式的根据；以前的各种形式，前面所经历的那些形式，背后的实体都是这种精神的个体性。"以至于各种形式与这个根据相比，都只是它的形成的个别环节"，以前的各种形式，包括它在生死斗争或者是在它的主奴关系中所形成的那样一些形式、那些环节，劳动啊，赋形啊，都是这样一个实在的实体的形成过程中的个别环节。实在的实体要形成起来，它必须经历它的个别环节，从它的欲望、它的生命、它的类到它的生死斗争、劳动，经过主奴关系，最后达到自我意识的独立和自由。所有这些环节都是这个精神的实体、实在的实体形成的个别环节，或者是个别的阶段。"这些环节虽然撕裂开来并显现出各自的形态"，"撕裂开来"最突出的就是主人和奴隶的对立，主人和奴隶是天壤之别，撕裂开来，完全不是一回事，它们"显现出各自的形态"，"但实际上它们只是由这根据所承载的**定在**和**现实性**"。主人也好，奴隶也好，都是由个别的个体、精神的个体这个根据所承载的。主人和奴隶他们有共同的实体，他们都是人，都是自由的个体，都是自我意识，他们都只是由这实体所承载的定在和现实性。人的定在和现实性最初只能够以主奴的方式呈现出来，但是背后呢，它们是由一个实体承载着的。"却只有就它们存在于并停留于这根据自身中而言，它们才有自己的**真理性**"，这样一些形态，主人也好，奴隶也好，只有当它们存在于并停留于这根据自身中，只有当它们建立在独立自由的精神实体这样一个根据之上的时候，它们才有自己的真理性。或者说，它们真正说来无非是精神的实体，无非是精神的个体性，除此之外它们没有真理性。主人和奴隶都是表面的，都是虚假的，但是考虑到它们的背后其实都是同一个精神实体，所以呢，它们具有它们的真理性。这种真理性当然是相对的，只是就其存在于并停留于这根据自身中而言，超出这个根据，你把它们当作是绝对的区别，不把它们联系到它们共同的根据上来看，它们是没有真理性的。所以，它们的真理性就导致了主奴关系的颠倒，奴隶才真正地具有了自我意识的自由，奴隶从主奴关系中脱颖而出，而主人呢，反而成了寄生虫，反而失去了他的自我意识。奴隶独立起来了，那奴隶也就不成为奴隶了，奴隶本身也就被扬弃了，主奴关系整个都被扬弃了。所以，只有它们停留在、逗留在这个根据中的时候呢，它们才有自己的真理性。但是，既然有这个真理性，它们就要走出它们的这个根据，走出它们的这个形式，走出它们自己的环节·

如果我们把这个目标在它的实在性里接受下来，这个目标是已经 {194}
对我们产生的那种**概念**——即那个被承认的自我意识，它在另一个自由的自我意识中拥有自己本身的确定性，并正是在这里面拥有自己的真理性，——或者说，如果我们把这个还是内在的精神突显为已经成长到自己的定在的实体，那么在这种概念里所展现出来的就是**伦理的王国**。

压缩一下这句话的意思：如果我们把概念中的这个自由的目标变成现实的实体，那就是伦理王国。最开始还是在概念中的自由的目标，但"如果我们把这个目标在它的实在性里接受下来"，这个目标有它的实在性，"这个目标是已经**对我们**产生的那种**概念**"。这个目标是什么呢？这个目标就是那个概念，在概念中它的确定性已经确定了，我们把它当作我们的目的。目的已经有了，现在的问题是怎么把这个目标实现出来。"如果我们把这个目标在它的实在性里接受下来"，也就是说，如果我们把这个目标实现出来，理解为实在的。虽然这个目标"是已经**对我们**产生的那种**概念**"，"我们"和"概念"都打了着重号，就是在旁观的"我们"、在旁观者看来，它现在已经产生了，但是它还是一个概念，这概念还没有实在性。但它已经对我们产生了，"即那个被承认的自我意识，它在另一个自由的自我意识中拥有自己本身的确定性，并正是在这里面拥有自己的真理性"。这个概念就是那个被承认的自我意识，现在它是一个概念，这个概念在另外一个自由的自我意识中拥有自己本身的确定性，并且正由于这种确定性是在另一个自我意识中拥有的，所以它也就拥有了自己的真理性，也就是拥有了自己的实在性。可见，如何实现出来这个概念，就是必须在另外一个自我意识中，在另外一个自由的自我意识中，拥有自己的确定性，这才拥有了自己的真理性，这就实现出来了。就是你单独一个自我意识，哪怕你是自由的自我意识，你的这样一种目标呢，还仅仅是一种概念；但是，你在与另外一个自由的自我意识打交道的时候，在它那里你才能够拥有你自己本身的确定性和真理性。

真理性是什么？真理性就是在一个对象中所拥有的确定性。我们前面讲了，真理就是概念和对象的符合。你光有了概念，没有对象，那还不叫真理性，那还只是确定性。现在我们有了对象，就是另外一个自由的自我意识，你在它那里拥有自己的确定性，那么这个确定性就是真理性了，因为你是在对象那里拥有的，你不是仅仅在自己内心的一种确定性。"或者说，如果我们把这个还是内在的精神突显为已经成长到自己的定在的实体，那么在这种概念里所展现出来的就是**伦理的王国**"，这是换句话表述前面已经说出来的意思。就是说，我们把这个概念、把这个被承认的自我意识当作一个目标，把它实现出来，通过承认另外一个自我意识，并在它那里得到自己的承认，在它那里使自己实现为具有真理性的概念。那么这样一来，我们就是在把这个内在的精神突显成现实的精神实体，它已经成长到具有自己的定在了。在什么地方具有自己的定在？在他人那里具有自己的定在。而在这种概念里所展现出来的就是一个伦理的王国，"伦理的王国"（das Reich der Sittlichkeit）打了着重号。Sittlichkeit 我们把它翻译成"伦理"，或"伦理性"，这个词来自于 Sitte，贺先生把后面这个翻译成"伦常"（Sitte），我们暂时沿用他这个翻译。Sitte 就是相当于"伦常"，伦常呢，也就是"礼俗"，就是传统流传下来的一种习惯，一种风俗。Sitte 这个词有很多涵义，风俗、习惯、伦常、礼貌、得体、端庄，一个人的行为举止的得体、合乎礼节，都是这个词。伦理本来就是从这个里头生长出来的，它本来是指传统传下来的东西，历来如此的规矩。中国人讲"五伦"，从古代一直传下来的一些行为方式，一些习惯，你不这样做人家看不惯，觉得你太反常了，所以它是伦常。把它形容词化了以后就是 Sittlichkeit，那就比较抽象一些，我们把它翻译成"伦理"，或者"伦理性"。这个词在康德那里我们译作"道德"，它和另一个词 Moralität 几乎没有区别。但在黑格尔这里这两者区分开来了。康德那里，Sitte 和 Sittlichkeit，跟 Moral 几乎就是同义词。moral 是一个拉丁词，moral、mor，也是"伦常"的意思，也是"习惯"的意思，但它是拉丁词，拉丁词在德语里面就抽象一些，所以我们后面呢在黑格尔这里特别把这两个译名区分开来，Moralität 译作"道德"或"道德性"，以和"伦理""伦常"区别开来。我们可以说，自从黑格尔以后，西方哲学才明确地把伦理和道德区别开来，在康德那里还没有，当然他也有小小的区别，但那些区别都微不足道，真正区别开来是黑格尔。伦理和道德是不同的，伦理是客观的、现实的，道德是主观的、内心的、抽象的，是返回内心的。而伦理是现成的，就是大家都这样做，那么我也就按这样去做，它是一种客观存在的规矩，传统继承下来的事实。这个我们先交待一下。而这里所谈的还只是伦理，在这种概念里展现的是一个伦理的王国，就是人作为自我意识的个体要存在于世，他就必须要跟他人打交道，否则的话，他的自我意识形成不起来，他的自我意识是在跟他人打交道的过程中才形成起来的。人是群居的动物，是社会的动物，自我意识的前提就是人是社会的，所以他才能从旁人身上来反观自己而形成自我意识。自我意识本身是一种反思，从对象反思自己才形成自我意识。在这种自我意识中，如果它在现实社会中把自己实现出来，那就构成了一个"伦理的王国"。我们这种概念就不再是抽象的概念了，概念就实现为、展现为一个伦理的王国了。这就是自我意识的直向运动所形成的伦理王国，或伦理的世界。

因为伦理只不过是在各个个体的独立**现实性**中它们的本质的绝对的精神**统一**；是一个自在地普遍的自我意识，它本身在另一个意识里是如此的现实，以至于它具有了完全的独立性，或者说具有了一个为它的事物，并且它正是在这里面意识到自己与另一意识的**统一**的，它在与这个对象性的本质的这种统一中才是自我意识。

前面讲在这种概念里展现了一个伦理的王国，"因为伦理只不过是在各个个体的独立**现实性**中它们的本质的绝对的精神**统一**"，也就是说，伦理不过是诸个体的现实性的精神统一，简化一下，可以这样来理解。各个个体在独立的现实性中，个体的现实性就是各自独立的，你是你，我是我；但是，在它们的本质上又有绝对的精神统一。你是你，我是我，但是在精神上我们都是人，我们都是自我意识，意识到这一点，那就是伦理。伦理就是每个个体在现实性中本质上的绝对的统一，这种统一只能是精神上的，这个就是伦理。所谓的"伦理"就是这么一个东西，就是各个个体、各个自我意识每个都独立，但是，它们在精神上、在本质上又是绝对统一的，构成一个伦理实体。我们后面要讲到伦理实体，所谓"实体"，就是每一个个体虽然都是独立的，但它们都汇入这个实体之中，汇入这样一个统一体之中。再下面，"是一个自在地普遍的自我意识"，伦理其实就是自我意识，但它是自在地普遍的。"自在地普遍的"，就是这个自我意识也许还没有意识到自己的普遍性，还不是自为的，但它已经自在地就是普遍自我意识了。伦理已经有自我意识了，但它还没意识到自己的普遍性，而只意识到自己的特殊性。像中国的儒家，就没有把伦理看作是普遍自我意识，而是看作自古以来就这样传下来的，三皇五帝、文武周公制定的一种特殊的礼；但是这种礼是基于某种特殊的风俗习惯，虽然自在地有其普遍性，人同此心、心同此理，但不是根据普遍性自为地建立起来的，而是由圣人规定的。古希腊的伦理实体也有这个特点，对自己的普遍原则缺乏反思。"它本身在另一个意识里是如此的现实，以至于它具有了完全的独立性，或者说具有了一个为它的事物。""它本身"，也就是伦理本身，它作为自在地普遍的自我意识在另一个意识里是如此的现实。伦理本来是现实的统一，因为伦理本身在另一个自我意识里也是现实的，伦理不是说单是主观意识中的事情，而是实实在在的，你身上有伦理，他也有伦理，我们都是属于现实的一个实体。"以至于它具有了完全的独立性"，这个意识、这个自我意识具有了完全的独立性。为什么具有了完全的独立性？因为它在另外一个意识里面具有它的现实性，所以它的独立性就完全了，否则的话，它依赖于别的现实性，就会仅仅是主观意想中的，要受到他人的限制。但现在它已经有了现实性，它就能够独立了，但它的这个现实性，是在另外一个意识里面才具有的。"或者说具有了一个为他的事物",另外一个意识对它来说是一个事物啊,什么事物呢?另外一个人嘛!另外一个人,一个他者。我在另外一个意识里面拥有了现实性,也就意味着我具有了一个为自己的事物,另外一个人,他是为我的,他是我的。但是他又是一个自我意识,他本身也是独立的。如果他不独立,比如说他只是个奴隶,那么我拥有了一个奴隶还不能表明我的普遍自我意识的现实性,我还只是特殊的自我意识。只有当我拥有了一个独立性,对方也同样拥有一个独立性,这两个独立性在本质上达到了精神的统一,我才拥有了我自己的普遍自我意识的现实性。"并且它正是在这里面意识到自己与另一意识的**统一**的",正是在普遍自我意识中它才意识到自己和他人的统一,意识到我们都属于同一个伦理实体。"它在与这个对象性的本质的这种统一中才是自我意识",只有在与他人的统一中,自我意识才是自我意识。如果没有他人,没有另外一个自我意识,那么自我意识还不成其为自我意识,那它就还停留在意识的阶段。只有当它在另外一个自我意识那里看到自己、实现自己,意识到自己和他人的统一,这个时候意识才成为了自我意识。这是前面"自我意识"章中已经确立了的原则,这里把它具体化了。

　　这个在**普遍性**的**抽象**里的伦理**实体**,只是**被思维的**规律,但它同样直接就是现实的**自我意识**,或者说,它就是**伦常**(Sitte)。

　　"这个在**普遍性**的**抽象**里的伦理的**实体**","实体"打了着重号,就是作为伦理的"实体"来看,这个时候还是在普遍性的抽象里,"普遍性的抽象"也打了着重号。它"只是**被思维的**规律","被思维的"也打了着重号。这三个着重号都是强调这个伦理作为实体的抽象方面,它是普遍存在于每个人心目中的思维规律,或者说思维法则。我们通常讲的文化心理模式,也就是这种思维法则,它是一种精神的统一。但这种精神的统一作为一个伦理实体,它是在普遍的抽象里面,作为形形色色的人们的一种统一性高高在上,使他们统一起来,把他们联络在一起。但是这样一个普遍的抽象只是停留在思维之中,它体现为一种规律、法则,今天叫做"意识形态"。如孔子讲的"礼"就是一种意识形态，当然也是一种规律，一种法，一种法则，有时候会成为一种法律，但是，它只是思维出来的规律。"但它同样直接就是现实的**自我意识**，或者说，它就是**伦常**"，就是说，一方面它是普遍的抽象，所有的人都在这个伦理实体之中，但它又是很现实的。比如说古希腊的社会，有奴隶，有主人，有自由民，有奴隶主，所有这些都处在一个伦理实体之中，奴隶也被看作主人家庭中的一员。亚里士多德的伦理学里面就讲到了，一个家庭里面包括妻子、儿女、奴隶，都是家庭成员，他们相互之间都有伦理关系的，但具体都是一个个的人，而由一种在思想中的规律、普遍的抽象这样一种伦理实体把他们统一起来。所以在这个里头，这个伦理实体还是一种普遍的抽象，只是思维出来的规律，是一种精神，是一种观念。我们讲传统，传统就是一种观念嘛！但它同时又直接就是现实的自我意识，它有现实性，"或者说，它就是伦常"。就是现实的个体、现实的人都在伦常之中，都在礼俗、规范、风俗习惯中生活，这是很现实的。伦理实体是很抽象的，但它体现在社会中、体现在家庭中又很具体，它就是伦常，所以它同时又有现实性。这样一种普遍的抽象虽然只是思维出来的规律，但是，它不再是抽象的概念，而是实现出来了的。所以自我意识的直向运动实现出来就是伦理世界，就是伦理王国。伦理王国既有伦理实体的抽象性，同时又有伦常的现实性。伦常是由观念所决定的，我们今天讲的文化，文化是由观念决定的，而不是说经济基础一变文化就跟着变，文化有自身的传统，有它自身的现实性。伦常就是现实的自我意识，自我意识在它的现实性中就体现为伦常，就是风俗习惯、行为法则、行为方式、风俗这一套东西。

　　反之，**个别的**意识，由于它在它的个别性中把普遍的意识作为自己的存在来意识，它就只是这种存在着的一而已，因为它的行为和定在就是普遍的伦常。

　　"反之，**个别的**意识"，这个"反之"，跟什么相反呢？跟上一句话相反，上面是讲"这个在普遍性的抽象里的伦理的实体"，而这句话讲的是在"个别的意识"中，一个是普遍，一个是个别。伦理实体是普遍性，但它同样具有意识形态的现实性，这就是伦常，伦常也是普遍的，但是它具有现实性。那么个别性在此是一种什么地位呢？"由于它在它的个别性中把普遍的意识作为自己的存在来意识，它就只是这种存在着的一而已"。个别意识在它的个别性中把普遍意识、把伦常、把伦理实体作为自己的存在来意识，就是个别意识、我、我这个人，是生在这个伦理实体里面的，我是存在于这个伦常之中的，我把这种普遍意识、把这种伦常作为自己的存在来意识。就像《搭错车》的主题歌里面唱的："没有天哪有地，没有地哪有家，没有家哪有你，没有你哪有我"。个别意识是对这种存在的意识，对这种伦常的意识，"它就只是这种存在着的一而已"。就是说，个别意识是这种伦常中的一个，它只是这种存在着的一，它是在这种存在中的一分子，但这种一同时又是普遍的一，人人都如此的一。个别的一和普遍的一是同一个，并没有离开普遍的一而独立的个别的一，我满脑子都是普遍的一。我就是这个伦常、这个伦理实体中的一员，我虽然只是其中一员，但我的存在实际上是普遍的意识，是伦常。"因为它的行为和定在就是普遍的伦常"，它的种种行为和定在都是普遍的伦常。在这里，个别的意识只是意识到自己是其中的一员，所以个别性和普遍性在这种关系中，是结合在一起不可分开的，个别性存在于普遍性之中，把普遍性当作自己的存在，当作自己的一的存在，个别性，就是这种存在着的一而已，如同巴门尼德的"存在是一"。前一句是从普遍性的抽象下降到现实的自我意识，这一句则是反过来，从个别的意识的现实的行为和定在上升到普遍的伦常，两句话讲的都是个别和普遍相统一的方式。

　　实际上，在一个民族的生活中，自我意识到的理性的实现这个概念，如果在**他者**的独立性中直观到与他者的完全**统一**，或者把一个他者的本身是我自己的否定物并被我碰到了的这种自由的**事物性**作为在对象上的**我的**为**我**存在来拥有的话，这个概念就具有了自己完成了的实在性。 [234]

　　我们把这个话缩短一下来说，就是：实际上，在一个民族的生活中，自我意识到的理性的实现这个概念具有了自己完成了的实在性。自我意识到的理性的实现，就是这一节的标题，即"理性的自我意识通过自己本身而实现"，这是一个概念。这个概念要具有自己完满的实在性，有个条件，有什么条件？就是中间所讲的，"如果在**他者**的独立性中直观到与他者的完全**统一**"。自我意识到的理性的实现这个概念必须在他者的独立性中直观到与他者的完全统一，我与另外一个人，在他的独立性中，我直观到我与他是完全统一的；他是独立的，但我又是跟他完全统一的，这就是对立统一了。一般来说，他是独立的，我就跟他统一不了，他是他，我是我，但同时，我又直观到我与他者的完全统一。虽然他有他的主意，他有他的观点，他有他的自由，但是，我能够直观到与他者的统一，他的自由就是我的自由。"或者把一个他者的本身是我自己的否定物并被我碰到了的这种自由的**事物性**作为在对象上的**我的**为**我**存在来拥有"，"或者"就是换句话说，是这么一个条件，什么条件呢？就是把"一个他者的本身是我自己的否定物"，他者的独立当然就是我的否定物了，他不会听我的，他有他的独立的见解，他有他的自由；"并被我碰到了"，就是说偶然碰上的，我没有预料到的，我不能支配它，它跟我的关系纯粹是一种偶然的关系、被我碰到了的关系，碰到了什么呢？"被我碰到了的这种自由的**事物性**"，它对我来说完全是不由我所支配的偶然的、自由的事物性，不是我所能预料到的。所谓"事物性"就是偶然性了，就是好像是没有精神性的东西，是一个完全客观的事物，与我不相通，没有预先通气。他人对我来说是一个完全的客观事物，他不能由我支配，他有他的自由，被我遇上了、被我碰上了，这个自由是他的自由。他的自由对我表现为一种事物性，不受我支配，与我相外在，成为我自己的否定物。把这样一个事物性"作为在对象上的**我的**为**我**存在来拥有"，我把他的自由的事物性作为在对象上的我的、作为一个异己的我的、作为一个他者的我的为我存在来拥有。他有他的自由，但这个自由是为我存在的，并不是说他的自由就不是我的自由了，他有他的自由，但这恰好是为我而自由的。为什么我要保护他人的自由呢？保护他人的自由岂不是要限制我自己的自由吗？不！保护他人的自由就是保护我自己的自由！我把他的自由作为在对象上的我的为我存在来拥有的话，那么"这个概念就具有了自己完成了的实在性"。自我意识的理性的实现是如何实现的呢？如何不是停留在一个抽象的概念，而是变成了一个现实的东西呢？就是这样实现的，就是把一个他者的自由的事物性作为我的为我存在来拥有，当作我的存在，当作我的事。虽然是他的事，但是当成我自己的事来拥有、来维护。近代伏尔泰把这种原理表达为：我不同意你的观点，但是我坚决地维护你发表你的观点的权利。你发表你的观点的权利是你的自由，也是我的自由，你能够保护你的权利同时也就保护了我的权利，所以你的权利就是我的权利，就是我的自由，那么这样一个概念就具有了自己完成了的实在性。当然，它在这个阶段作为伦理实体来说还没有现代这么清楚的意识，在古代伦理实体中，比如在古希腊城邦民主制中，权利意识还没有到这个程度，还只是一种风俗习惯，但是里面的原理其实就是这样。我让你自由，也就是我让自己自由，我要不让你自由，我自己也不自由。人类社会之所以能够结合起来，最初就是出于这样一种原理，纯粹的弱肉强食只是动物群，那还不是人类，只要是人类社会，其实已经有了这种原理。我们今天讲普世价值，好像普世价值是今天才产生出来的。是今天才提出来的，但是它恰好标志着人类的社会生活的本质规律，只不过以往把这个本质规律掩盖了，但是并不是说就不存在。凡是有人类的地方、有人类社会的地方，这个普世价值就存在，我们今天才发现它，才有意识地把它当作我们的原则，那是社会的进步。但是不管社会怎么进步，它有它的根基，凡是人类社会，它本质上就应该是这样构成起来的，包括奴隶社会，就已经有了。奴隶主也要保护他的奴隶的生命安全，那是他的财产呀，他要把奴隶本身的需要当作他自己的需要，要满足他，当然，还谈不上自由，但他已经不杀他了，不吃掉他了，奴隶也有生存权了。抽象地说，人类社会的一般规律就是这样的。伦理实体之所以能够存在，它里面是有道理的。

理性作为流动的、普遍的**实体**而存在，作为不变的、单纯的**事物性**而现成在手，这事物性正像光之迸散为星空中无数自行发光的点那样，迸散为很多完全独立的本质，而这些本质在其绝对的自为存在中不仅**自在地**而且**自为地**自己消溶于单纯的、独立的实体里；

我们先看这半句。"理性作为流动的、普遍的**实体**而存在"，理性作为实体而存在，这个实体是流动的、普遍的实体。"作为不变的、单纯的**事物性**而现成在手"，"而存在"和"现成在手"是两个不同的层次，现成在手当然也存在，但是，现成在手更加现实，更具有现实性，而实体当然是存在的，理性作为流动的、普遍的实体当然是存在的，但是它还不一定现成在手，现成在手就要实现出来，成为事物性。理性作为流动的、普遍的实体而存在，但是，作为不变的、单纯的事物性而现成在手。实体跟事物性当然是一个无限判断了，具有无限遥远的距离，但是，它们实际上是同一个过程。理性作为流动的、普遍的实体而存在，那么这个存在的现成在手，就是不变的、单纯的事物性。事物性是固定的存在，是不变的存在，而理性呢，是流动的、普遍的实体存在，所以实体和事物性都打了着重号，有个对照关系。理性是实体，是流动的，事物性是不变的。但是下面讲，"这事物性正像光之迸散"，"迸散"也可翻译为"爆裂"，它是一个形象的比喻；"正像光之迸散为星空中无数自行发光的点那样，迸散为很多完全独立的本质"。这种事物性迸散为很多完全独立的本质，单纯的事物性作为一个事物的整体，但是，这个事物性迸散为了很多完全独立的本质，就像单纯的光。单纯的光可以比喻为单纯的事物性，单纯的光在天上的星空中迸散为无数的星星，无数的星星都是发光体，像无数的点那样，就像光迸散为各个星星那样，迸散为很多完全独立的本质。很多完全独立的本质就是个体了，每一个个体都是光的一种反映。中国人也有类似的比喻，就是"月映万川"，同一个月亮在万条河流里面都反映出了一个月亮的影子。同一个光进散为无数的发光的点，进散为很多完全独立的本质，"而这些本质在其绝对的自为存在中不仅**自在地**而且**自为地**自己消溶于单纯的、独立的实体里"。这些本质不仅是自在地，而且是自为地，自为的也就是有意识的，有意识地把自己溶化在这样一个伦理实体里面，把自己消溶于单纯的、独立的实体里面。在伦理实体里面，它们自觉地遵守伦理规范，当然是习惯，世世代代都是这样的，但是里面有自觉性，没有自觉性他怎么会遵守呢？那就会任凭自己的欲望冲动，打破或者逾越传统的伦理规范。这些本质不仅自在地，而且自为地自己消溶于单纯的、独立的实体里。

<u>它们意识到，它们之所以是这些个别的、独立的本质，是由于它们牺牲了自己的个别性，而且这个普遍的实体是它们的灵魂和本质；正如这个共相又是它们这些个别的东西的**行为**、或由它们所创造出来的作品一样。</u>

"它们意识到，它们之所以是这些个别的、独立的本质"，这些个别的成员，之所以能够作为个别本质而存在，"是由于它们牺牲了自己的个别性"。如果不牺牲自己的个别性，那你就置身于伦理实体之外，那你是活不下去的，你就熄灭了；你必须要牺牲自己的个别性，加入这个伦理实体里面来，加入这个大家庭里面来，你才是这种个别的本质。"而且这个普遍的实体是它们的灵魂和本质；正如这个共相又是它们这些个别的东西的**行为**、或由它们所创造出来的作品一样"。这个共相、这个伦理实体本身就是这些个别的东西的行为呀，就是它们创造出来的，它们加入其中，这个伦理实体如果没有它们的加入，也就不存在了。这个伦理实体、这个普遍的东西、这个共相，无非是这些个别的东西的行为和由它们所创造出来的作品。所以，它们这些个体跟它们的普遍的伦理实体相互之间有一种水乳交融、不可分割的关系。在概念上可以分割，但在现实中它们是融为一体的，个体和它们的伦理的王国是融合在一起的，个体把伦理实体、普遍的共相当作自己的本质和灵魂。但这个伦理实体就是由这些个别的东西的行为所支撑的，就是这些个别的成员的作品，就是它们

作出来的。传统是什么？传统就是我们自己。没有我们哪有传统？我们就是传统的人，所以这个传统是我们的作品，我们还在做它，还在打造它，当然打造得越来越不像样了，但是还是由我们造成的，是由我们每个人用自己的方式造成的。这就是伦理的实体和其中的个别成员之间的关系。

*   *   *①

好，我们接着上一次的。上一次讲到"理性的自我意识通过自己本身而实现"，实际上是讲的实践理性的问题。实践理性的问题上次讲到个体和伦理及两者的关系，讲到伦理世界的形成。自我意识的实现首先是在伦理中实现出来的，首先是建立一个伦理的世界，通过主奴关系、承认的意识等。这个在自我意识章里面已经讲到了这一套东西，可以和这里平行地来看待。那么，实体和个体作为伦理实体来说是不可分的，实体本来就是无数的发光点，由无数的发光点组成了光，也就是说由无数的个体、无数的独立的本质建立起了伦理实体。在这个伦理实体里面，个别的独立的本质牺牲了他们自己的个别性，而以这个普遍的实体作为他们各自的灵魂和本质，上次最后已经讲到这一点。就是说，这个共相、伦理实体这个普遍的实体，实际上是个别的东西的一种作品，是他们自己所创造出来的，并没有一个高高在上的伦理实体单独存在，它就在这些个体之中。上次讲到，自我意识怎么样通过自己的活动而实现出来，实现出来首先就是表现为一种伦理的实体。那么，今天讲的，就是继续展开这样一个观点，因为这个小标题就是"伦理世界的形成"。那么后面讲到的这个小标题，就是235页下面："从伦理世界向道德的世界的提升"，原文没有讲到"反向运动"，当然它有一种从外向内的反思，但是实际上是从伦理世界提升到一个更高的层次，提升到道德世界。从伦理提升到道德，这个是黑格尔作出的一个明确的区分，这个区分在康德那里

---

① 以上是一次课所讲的内容。为了区分课程顺序，书中用"*"隔开。

还没有作出来，就是伦理世界、单纯的伦理实体是自在的，还没有自觉，还不是自为的，只有提升到道德才是自为的。这是今天等下要讲到的地方。那么我们今天先从上次讲到的这个地方开始。就是234页中间这一段。

个体的纯粹个别的行为和冲动是与个体作为自然本质即作为存在着的个别性所具有的种种需要联系着的。

前面讲到，个体和实体实际上是一而二、二而一的东西，个体是实体构成的要素，个体构成了实体。这里讲到个体本身，"个体作为纯粹个别的行为和冲动"，那就是现在我们把它的整体性暂时撇开不看，单纯从个体性的这一方面来看，这是一种生物学上的个体。它"是与个体作为自然本质即作为存在着的个别性所具有的种种需要联系着的"，就是个体的私人行为，暂时你还看不出它有什么伦理的价值，这样一种个体的行为是与个体作为自然本质的种种需要联系着的。就是说，一个一个的个体就他本身来看，他是自然物，是一个肉体的存在。那么，作为肉体存在，他的"存在着的个别性"就有各种需要，他是跟这些东西联系着的。当然，他跟伦理实体是分不开的，但是你从每个个体来看，他有他个人的需要，这些个人的需要是跟他的自然本质分不开的。

甚至个体的这些最普通的机能要不遭到破坏，而是有其现实性，这都要借助于普遍维持着的媒介、借助于整个民族的力量才行。

就是说，这样一种个体为了满足自己的种种需要，他的所作所为又是跟伦理实体分不开的。前面是单纯从个体的日常机能方面来讲，后面接着就说，"甚至个体的这些最普通的机能"，也就是种种需要了，最自然的机能，人身作为肉体的存在，食色性也，这方面的需要。这些机能"要不遭到破坏，而是有其现实性"，就是说你这些需要能够实现出来而不会遭到破坏，那就必须要有个前提，即"都要借助于普遍维持着的媒介"，伦理实体在这里被看作一种普遍维持的媒介，"借助于整个民族的力量才行"，这种情况才能够发生。也就是说，个体作为单独的个人在这个世界上是活不下去的，他要存活，要能够安居乐业，都必须借助于普遍的媒介，这个媒介就是维持他的生存的一个伦理实体、一个群体、一个社会。人是社会的动物，跟其他动物有一个本质的区别，就是他有一种普遍维持的媒介，也就是整个民族的力量，这是维持人的普通机能不遭到破坏而且能够实现出来的一个前提。这句话就把前面一句话补充了，前面是单纯从个别性方面来看的，而这句话就是说，哪怕是单纯的个别性，他的这种普遍的需要也是以伦理实体为前提的，是不能够割裂开来的。

——但在这普遍实体里，个体所拥有的不仅是他的一般行为的这个**持存**的**形式**，而且同样拥有**自己的内容**；凡是个体所为都是**一切个体的普遍的熟巧与伦常**。

这个"但"是一个转折，就是前面讲个体依赖于民族力量、依赖于伦理实体，但是，在这普遍的实体里面，"个体所拥有的不仅是他的一般行为的这个**持存的形式**"。这个持存的形式就是伦理实体作为一种普遍维持着的媒介、作为一种民族的力量——这个力量（Macht）也可以翻译为"权力""政权"——作为一种政治形式，那么在这个普遍实体里面，个体所拥有的不仅是他的一般行为的这个持存的形式，不仅仅是个体在这样一种力量之下能够和平稳定地生活，安居乐业，"而且同样拥有**自己的内容**"。什么是自己的内容？它与"持存的形式"相对举，那种形式是指个人行为的持续性，不被偶然的动荡和战乱所中断；而内容是指这种行为本身包含的具体的方式和他人交往的内容。这就是下一句讲的："凡是个体所为都是**一切个体的普遍的熟巧与伦常**"，这就是它的内容。个体的具体行为都具有一种普遍性，是一切个体所具备的，其内容就是熟巧与伦常。这里有两个方面，一个是熟巧，一个是伦常。熟巧 Geschicklichkeit 就是一种技巧，一种生活的熟练技能、生活的技巧，谋生之道，它是可以传授、普及开来的；伦常，也是谋生必备的，伦常、常理、常情、行为规范，也就是通常所讲的，世事洞明，人情练达。这两方面都需要有一个政权的力量来保障，伦理实体在形式上就是保证一切个体的这些日常生活机能顺利进行的"民族"（Volks）力量，在内容上就是熟巧和伦常。

　　<u>这个内容，就其完全个别化了而言，在它的现实性里，叠加进了一切</u>　　{195}
<u>个体的行为之中。</u>

　　"这个内容"，也就是普遍的熟巧和伦常，"就其完全个别化了而言"，一切个体的普遍的熟巧和伦常还是普遍的，人人都这样做，你不会你就去学，都有共同的规范；那么就其完全个别化了而言，本来是普遍的东西，你个人去做就把它个别化了。"在它的现实性里，叠加进了一切个体的行为之中"，这样一种内容，在它的现实性里，当它实现出来的时候，当它作出来的时候，它是叠加进了一切个体的行为之中的。这里为什么要用"叠加进了"呢？就是说，一切个体的行为都是双重的，一方面它是具有普遍性的，另一方面它又是完全个别化了的。具有普遍性，它是表现为普遍的媒介，它要遵守生活技能的传统技术规则，以及遵守通行的伦理规范；但是，它的行为同时又是个人的一种现实性。所以，在这种技术熟巧和伦理规范的实行过程中，除了个体的持存形式以外，又叠加进了它的内容。

　　<u>个体为了自己的需要的**劳动**，既是他自己需要的满足，同样也是对</u>
<u>其他个体需要的一个满足，并且他自己的需要的满足，只有通过别人的</u>
<u>劳动才能达到。</u>

　　这句话就是展开谈上面讲的熟巧和伦常了。这里提到了"劳动"以及人与人的关系。"个体为了自己的需要的劳动，既是他自己需要的满足，同样也是对其他个体需要的一个满足"，黑格尔在这里谈到政治经济学了。他这时已经对亚当·斯密的政治经济学有所了解，作过研究，他谈到"劳动"及其社会性的问题，所以马克思在《1844年经济学—哲学手稿》里面特别强调了这一点，说他抓住了"劳动"这个环节。前面我们讲自我意识章的时候也讲到了，奴隶通过劳动使自己成为了独立的，获得了一种自由意识。那么，这里讲的是个体在伦理实体中，它的很重要、很关键的一个内容，就是为了自己需要的劳动，通过劳动把个体和另外的

个体、和整个伦理实体联系起来。个体在伦理实体里面无非就是要安居乐业嘛。安居乐业是干什么呢？安居乐业就是劳动。兵荒马乱，伦理实体被摧毁，人们就无法安居乐业了，那就流离失所了，伦理实体也就崩溃了。但是，如果有一个强有力的伦理实体的话，那么个体就可以在一个持存的形式之下，在这样一种力量的保护、维持之下，进行正常的劳动生活。那么这个"劳动"是什么呢？既是他自己需要的满足，同样也是对其他个体需要的满足，"并且他自己的需要的满足，只有通过别人的劳动才能达到"。这是亚当·斯密政治经济学的一个基本原理，就是说劳动本身的社会性。你个人的劳动实际上是从事一种社会性的活动，对于你个人来说当然是为了自己养家糊口，但实际上也是满足整个社会的需要，也满足了别人的需要。你的劳动满足了别人的需要，别人的劳动也满足了你的需要，每个人都为自己劳动，但实际上、客观上是在为社会劳动。这就是一种叠加，社会关系叠加进了个体的行为之中，个别成为普遍，普遍也成了个别。劳动就是一种个别的普遍活动，或者说是一种普遍的个别活动，劳动本身只能从社会性的角度来理解，不能单纯从个体生物性的需要、动物性的本能这方面来理解，那是远远不够的。所以，劳动本身已经造成了人和他的伦理实体的一种紧密的联系，只有通过别人的劳动，我们个人的需要才能够得到满足。

——正如个别的人在他的**个别的**劳动里已经**无意识地**完成了一种**普遍的**劳动一样，那么他也把这种普遍的劳动又当作他自己的**有意识的**对象来完成；整体**作为整体**就成为了他的作品，他为之献身，并且正好由此而从这个整体中收回了自身。

这是进一步解释这种关系了。"正如个别的人在他的**个别的**劳动里已经**无意识地**完成了一种**普遍的**劳动一样"，他的个别劳动同时又是普遍的劳动，对此他自己是无意识的，他在劳动的时候就只是为了养家糊口，但是无形中你为社会创造了财富，很多人靠你而生活，你自己生活过好了，那么那些人的生活也就过好了。社会就是这样的，每个人尽自己的努力,完成自己的本分,那么整个社会就繁荣起来了,不需要另外有一个高高在上的救世主把幸福赐给每一个人,每个人自然而然就会创造自己的财富,也是创造社会的财富。每个人主观上是自私的,但客观上为大家作了贡献。另一方面,"那么他也把这普遍的劳动又当作他自己的**有意识的**对象来完成",就是最初他的这个出发点并不是要把它当成一种普遍的劳动来进行,他进行劳动就是为了生活所迫嘛,不劳动者不得食,你不劳动你怎么活啊?但是,当这个出发点一旦定了以后,你在劳动中就会感到你的劳动具有普遍的意义,你的劳动除了给你带来幸福之外,也给别人带来了幸福,而别人的劳动也给你带来了幸福,所以在这个过程中,他又再次把普遍的劳动当作他自己的有意识的对象来完成。也就是说,这个时候你的劳动的普遍性就成了有意识的了,就不再是仅仅为了养家糊口,而且是把它当作普遍的劳动的对象,当作整个社会的劳动的对象来完成了。你意识到你在为社会作贡献,虽然你的出发点不是为了要作贡献,但是客观上、事实上你是作了贡献,那么你就会具有这样一种意识。当你投身于你的职业,投身于你的劳动之中,比如说你长期从事一种劳动,你就会感到这一点。最开始的时候你是茫然的,你见到什么就干什么,你只会干什么你就干什么,发挥你的最大的效益来使自己的日子过得更好,最初是这样的。但是后来,你就会有这样一种自豪感,觉得自己辛辛苦苦这么多年,是在为社会作贡献。农民工到城市来打工,最开始他不是为了要繁荣这个城市,他只是为了挣几个钱回去盖房子;但是一段时间以后,他看到这个城市因为他的劳动而繁荣起来了,他就会有种自豪感,他觉得自己的劳动除了自己养家糊口和盖房子以外,还有一种社会的意义。所以他的劳动有双重意义,他就能够既是为了自己挣钱,又是有意识地完成一种普遍的劳动。这个时候他就是有意识的了,意识到"整体**作为整体**就成为了他的作品",这个整体就是他的作品,这个社会就是他的作品,虽然他是养活了他自己,但是他最后想到,其实是我们养活了整个社会,这个社会就是我们造成的。这个"作品"Werk,也可以翻译成"事业"，整体成为了他的事业，他就有一种独立意识了。我们前面讲到，奴隶就是这样，通过他自己的劳动，他感到他的劳动是有意识的，是在创造整个历史，这个时候奴隶就获得了一种独立的自由意识。这个世界就是我们创造的，奴隶主、主人什么也没干，他们就是寄生虫，社会是由劳动者所创造的。"他为之献身"，他为这个作品、这个事业而献身，辛辛苦苦干了一辈子，整个生命都献身于这个事业之中了。"并且正好由此而从这个整体中收回了自身"，他为城市的发展而奉献了一生，但他也不是白白地奉献的，他也从中实现了自己的个人目的，从整体中收回了自身。他在这个城市里娶妻生子，安家立业，变成了城里人，他会感觉到自己是这个城市的主人了。农民工进城打工，最开始是胆战心惊的，打工打了十几二十年之后，他突然发现这个社会是我们造成的，我们应该有公民权利呀，我们的孩子应该有进学校的权利，我们应该有买房子的权利，有获得常住户口的权利，他就会争这个权利了。所以从这个整体中他就收回了自身，最后他意识到这个整体有我的一份，它就是我造成的，那么这时候人们才会有一种职业道德，有一种自豪感，觉得我的劳动是一件值得骄傲的事情。

[235] ——在这里，整体绝不是那种不会有相互性的东西，绝不是那种个体的独立性不会借以在其自为存在的消融中、在其自身的**否定**中赋予他自为存在的**肯定**含义的东西。

"在这里，整体绝不是那种不会有相互性的东西"，也就是说，整体肯定是有它的相互性（gegenseitig）的，对什么有相互性呢？对个体有相互性，它不是高高在上的一个整体，不是一个绝对化的整体，而是相对个体而言的，相对于劳动者个体而言的。所以，"绝不是那种个体的独立性不会借以在其自为存在的消融中、在其自身的**否定**中赋予他自为存在的**肯定含义的东西**"，这又是一个通过双重否定来肯定的句子，也就是说，这个整体一定是那种个体的独立性借以在其自为存在的消融中、在其自身的否定中赋予他自为存在的肯定含义的东西。整体是一种这样的东西，在它上面，个体的独立性得以在自己的自为存在的消融中，也就是在自己的否定中，而被赋予了肯定的含义。当然个体必须消融其独立性，为了整体，你的个体就要奉献出来，你要献身于你的作品；但是，这种自我否定相对于整体却具有肯定的含义。一方面，他的自为存在消融了，但恰好在这种消融中，他赋予了他的自为存在以肯定的、积极的含义。我奉献出自身，但我在奉献出自身的时候同时我就获得了自身，我把我的自为存在奉献出来了，但正因为如此，我获得了我自己的自为存在，获得了自己的独立性。自我意识的独立性和自由，首先要放弃我的独立性才能获得。例如，奴隶最开始是被剥夺了他的独立性，但恰好在他被剥夺了独立性的时候，他才恢复了他的独立性。在劳动中也是这样，你要奉献自己你才能够获得自己。

为他存在或使自己成为事物与自为存在之间的这种统一、这个普遍的实体，在一个民族的伦常和法律中讲着它的**普遍的语言**，但这个存在着的不变的本质并不是别的，而只是显得与普遍实体相对立的那种个别的个体性自身的表达而已；

我们先来看这半句。"为他存在或使自己成为事物"，为他存在，也就是说放弃我的自为存在，我为他，我在社会中我作奉献，我奉献出自己，那就是为他了；或使自己成为事物，为他存在的含义等于使自己成为事物，我为他存在，我奉献自己，奉献自己要拿出实际行动来呀，你不能停留在口头上，那么人家衡量你是否奉献了自己，就看你的效益，看你作出的成绩，这成绩是什么呢？就是事物。使自己成为事物，你把自己奉献出来，使自己成为一颗缺少不了的"螺丝钉"。我们注意这个"事物"，前面讲到头盖骨相学最后的结论就是：精神是一种事物，在这个意义上有它积极的含义，听起来很荒谬，但是在实践的意义上、在劳动的意义上，它有它积极的意义。使自己成为事物，这是一方面。"与自为存在之间的这种统一"，这是另一方面。为他存在和自为存在之间，一个是为他，一个是自为，两者是统一的。我奉献自己是自愿的、自觉的，心甘情愿地为整体服务，为人民服务。你首先否定自己的自为存在，把自己奉献出去，然后在这个整体中，你又重新获得了自己，获得了你的自为存在。或者说，恰好因为他使自己成为事物，他才获得了他真正的自为存在，获得了他的积极意义。那么，这种统一体，"这个普遍的实体，在一个民族的伦常和法律中讲着它的**普遍的语言**"，这个普遍的实体它有它的语言，普遍的语言。这个地方提到"语言"，我们可以和前面讲的面相学和头盖骨相学联系起来，面相学就是讲到了，人的面相是一种语言，包括表现出来的符号、语言、表情等等，那么这里又提到语言。这个普遍的实体在一个民族的伦常和法律中讲普遍的语言，一个是伦常，一个是法律，都是讲的普遍语言。伦常当然我们讲的规范啊，传统呀，三纲五常啊，礼法啊，这些东西都是伦常；法律，Gesetze，我们前面一直翻译成"规律"，这个词本来有两个含义，一个是法律，一个是规律。前面观察的理性一直在寻求规律，这个规律那个规律，只有一个地方我们把"建立规律"译作了"立法"。那么在伦常里面，它有它的规律，我们通常称之为"法律"，伦常的规律叫做法，礼法规范。比如说，孔子讲周礼，周礼是一种伦常，但是可以把它变成一种法规，礼法，一种规范，那就成了法律、法。所以经过荀子到韩非，儒家的"礼"就成为了法家的"法"。那么，在这个伦常和法律中，讲着它的普遍的语言，"普遍的语言"打了着重号。为什么这个地方要强调一种普遍的语言？也就是说，个体和实体的这样一种统一，实际上可以通过语言来加以描述，语言的性质适合于这种描述。因为我们知道，语言本身既是个体的，也是社会的，所以它可以成为个体和实体之间的一个联系的纽带，它本身就可以表现出个体和实体之间的这样一种辩证关系。语言肯定是个体讲出来的，但它是合乎语法的，合乎规范的，否则谁也不懂，就不是语言。那么伦常和法律就相当于这样一种语言，讲着它的普遍的语言，这既可以看作一种形容、一种比喻，同时它又是实质性的。因为在西方人心目中，一个民族的伦常和法律都是通过语言来表达的，这跟我们中国的伦常不太一样。西方人从古希腊以来就特别重视语言,海德格尔后来讲"语言是存在之家",为什么语言是存在之家? 我们今天这句话也很时髦,拿来到处用,但实际上这只适合于西方,西方人特别重视语言。语言确实是古希腊社会生存之本,因为那是一个契约的社会,哪怕是最基本的伦常,也是很重视语言的,他们的伦理实体、他们的传统,都是很重视语言的。他们的社会是一个公民社会,是一个奴隶主民主制社会,天天要打官司,天天开公民大会,天天要过一种群体的共同生活,不是一种家庭生活,主要是一种社会生活。他们的生活不在家里,他们的生活在广场上,这是他们的日常生活。那么遇到事情怎么办呢? 就要打官司,就要学会辩论,学会讲道理,学会讲逻辑,所以他们对语言的重视不是我们中国人可以想象的。这个语言不仅仅是一种外表的形式,而是希腊伦理社会真正的本质,是它的实体,逻各斯作为一种普遍的语言,能够把一个民族的伦常和法律维系起来。"但这个存在着的不变的本质并不是别的,而只是显得与普遍实体相对立的那种个别的个体性自身的表达而已",这个存在着的不变的本质,就是伦常和法律了,它不是别的,而只是个体性自身的表达而已,这个体性表面上显得与普遍的实体相对立,但实际上不是对立的,因为构成伦常和法律的普遍实体只不过是个别个体性自身的表达。在古代民主体制下这很好理解,伦常是大家共同遵守的,法律是大家投票赞同的,所以看起来好像是与普遍的实体相对立的个别的个体性,实际上是通过这种普遍实体的普遍的语言来表达自身的。古代的民主制就是这样一种伦理结构,体现了个别和普遍的这样一种辩证关系。黑格尔一直非常推崇古希腊的这种伦理实体,这样一种实体性的生活,当然他知道这种生活一去不复返了,在新的社会、新的时代它有新的表现方式,但是他一直把古希腊当作一个理想。所以海德格尔讲,黑格尔是希腊人,"希腊人黑格尔",因为他有一种理想化,就是古希腊的个人和实体是不分的,个人就是实体,实体也就是个人。

法律说出了每一个个别的人的所是和所为;个体不仅把法律认作他自己的普遍的对象性的事物性,而且同样也在这事物性中认出了他自己,

或者说，在他自己特有的个体性里和在他的每一个同胞那里把法律认作个别化了的。

这就说得更明确了，前面还是说，伦常和法律是个体性，这种普遍语言是个体性自己的表达，看起来这种个体性是个别的，是与普遍的实体相对立的，但实际上是他自己的表达着的普遍实体。那么这句话就说得更明确了，"法律说出了每一个个别的人的所**是**和所**为**"。每一个个别人是什么？是一个独立的公民，这在法律上都有规定的，在古希腊的法律上面就规定了，公民的行为规范应该怎么样或不能怎么样，这法律都说出来了，法律通过一种普遍的语言说出了这一点，只要是一个自由民或公民，那么法律说出了每一个个别的人的所是和所为。"个体不仅把法律认作他自己的**普遍的**对象性的事物性"，法律对于个体来说是他自己的普遍的对象性的事物性，"普遍的"打了着重号。法律当然是普遍的，它不是对他个人的，它是对一切人的，所以个体要把法律看作他自己的普遍的对象性的事物性。法律是对象性的，而且是事物性的，这个对象是客观的、强制性的，你不能随便改变。法律一旦定下来，它就是客观的，你必须遵守，你要不遵守，它就有办法对付你，它会把你抓起来。所以它有事物性，它有军队、警察，有维护社会治安的权力机构，所以它是事物性的，它不是一个空条文，它有一套法律的执行机构。但是，个体不仅把法律认作他自己的普遍的对象性的事物性，"而且同样也在这事物性中认出了他自己"，在这种事物性中，它在里面看出了他自己，也就是说这个事物性是经过他自己同意的，是他愿意遵守的。法律的事物性是他自愿遵守的，包括这个法律对他的判决，这个我们在苏格拉底那里看得很明显，法庭判决苏格拉底死刑，那他就去死，他并不认为这个死刑是对他的一个外来的惩罚，而是他的自由意志。当然这个事情本身是不对的，但是既然是法庭上通过合法的程序通过了的，那么他就遵守，因为这个程序是他自己参与制定的，通过公民大会大家投票同意的。当然是少数服从多数了，但少数服从多数的原则也是你少数人愿意的呀，你最初就认为少数服从多数是正义的、是公平的，那么虽然你不同意，哪怕你不同意，你也得少数服从多数，这也是你愿意的。所以实际上他是在这个事物性中认出了他自己，他不是看作异己的法律，而是看作自己的法律。"或者说，在他自己特有的个体性里和在他的每一个同胞那里把法律认作个**别化了的**"，就是说，这个法律不是说由天上掉下来的一部法律，而是在我自己的个体性和我的每一个同胞那里作为一种个别化了的法律而制定下来的，每个人都把这个法律看作是我们自己的法律，不是由别人制定我来执行，而是由我自己来制定我自己来执行，所以对于每个人来说法律都是个别化了的，都是必须在自己的行为中来实践、来履行的一种法律规范。

　　因此在普遍的精神里，每人都只拥有他自己的确定性，即确信在存在着的现实性里所找到的无非是他自己；他对别人正如对他自己一样确信无疑。

　　这个是对前面的一个总结了。"因此在普遍的精神里"，也就是在普遍的伦理实体里面，"每人都只拥有他自己的确定性"。在普遍的精神里面还没有拥有对于普遍精神的确定性，每个人所拥有的只是对他自己的确定性，这个普遍的精神还不是一个高高在上的比如说彼岸的上帝，彼岸的上帝那就不是自己的确定性了。但在伦理实体里面，在这种普遍精神里面，每个人都只拥有他自己的确定性，每个人都把这样一个伦理实体看作是他自己的，与自己不可分的。我就是这个伦理实体的一个有机的部分，不是说这个伦理实体是一种外来的规范，一种高高在上的降到我身上的规范，而是我自己制定的一个规范，它就是我的作品。所以我在这个法律中，在这种伦常中，我看到的是自己的确定性，"即确信在存在着的现实性里所找到的无非是他自己"。这个"即确信"就是解释这个"确定性"的，一种什么样的确定性呢？就是这样一种确定性，即确信在现实生活里所找到的无非是他自己。这个现实生活包括我们的伦理生活，包括我们的法律生活，包括我们每天为了相互间的利益纠纷而打官司，包括我们在公民大会上的竞选、我们的辩论、我们为某一个法案的通过而和别人论战，等等。这就是公民的现实性，在伦理实体里面的现实性，他在这里头所找到的无非是他自己，这一切都是我的存在方式，这就是我的所是。"他对别人正如对他自己一样确信无疑"，这个确定性就是这样，我们在公民大会上面，所有在场的人都跟我一样，人同此心，心同此理，我们都是希腊人，都属于这个伦理实体。当然黑格尔这里没有提到希腊人，但实际上他的心目中估计大概就是考虑到雅典的社会生活，凡是讲到伦理实体的时候，黑格尔往往都要联系到希腊人来考虑。《精神现象学》下卷里面一开始就讲到伦理实体，就是以希腊人为楷模、为样本来解释的，个人和伦理实体的关系在最初的状况之下就应该是这样的。

——我在所有的人那里直观到他们自为地只是这些独立的本质，如同我是一个独立的本质一样，我在他们那里直观到我与别人的自由统一是这样的，即这个统一体正如通过我而存在那样，也通过别人自己而存在，——他们作为我，我作为他们。

"我在所有的人那里直观到"，就是在伦理实体中，在普遍精神的前提之下，那么我在所有的人那里都直观到，"他们自为地只是这些独立的本质，如同我是一个独立的本质一样"。在一个伦理实体之中，我直观到他人，他们和我一样，自为地只是这些独立的本质，这点是我直观到的。这个只有在古希腊城邦的伦理实体里才能做得到，大家都齐聚在广场上，比如雅典城邦，一共才几万公民，连奴隶一起才几十万人，但奴隶和家人都不出席的，都是家庭里面的户主出席，所以一个广场就可以把全城邦的人都容纳下来，都可以面对面看到，大部分人都认识。一个国家的人都认识，那岂不是直观吗？别人跟我一样也是自由人，要决定什么事情，他有一票，我也有一票，我们每个人都有一票，我们都是独立地选择的，我们表达自己的意见没什么障碍，也没有人来诱导你应该怎么怎么说，我们都是独立的本质。"我在他们那里直观到我与别人的自由统一是这样的，即这个统一体正如通过我而存在那样，也通过别人自己而存在，—— 他们作为我，我作为他们"，我在他们那里直观到了这样一种我与别人的自由统一，这是一种自由的公民社会。古希腊的公民社会已经意识到一部分人的自由了，黑格尔在《历史哲学》里讲到，古希腊人已经知道一部分人是自由的，但只有日耳曼世界才意识到一切人都是自由的。那么，在这个伦理实体里面，已经意识到自由公民的这样一种自由了，这种自由统一体现在什么地方呢？就是我们每个人都既是对方的手段，又是对方的目的，都通过自己而共同使整个统一体存在，这个统一通过我而存在，并且也通过别人自己而存在，是我和别人自由选择、自由决定的这样一种统一。统一肯定是先定的，但是如何统一，这都是由我们决定的，你不愿意统一也可以呀，你去殖民嘛，你不想在这城邦生活，你另外去建立一个城邦啊。所以凡是留下来在这个城邦里面的，都是自愿留在这个城邦里来建设这个城邦。苏格拉底哪怕被判了死刑，他也不愿意逃跑，我就是这个城邦的，我愿意在这个城邦服从这个城邦的法律，如果跑到另外一个城邦去，会败坏我的名誉，因为你同意的这个法律你自己不遵守，那是丢人的。所以苏格拉底一直到死都保持了自己的自由和自决，没有人强迫他。"他们作为我，我作为他们"，这个"作为"意思就是说这里头所讲的"我"和"他们"都是可以互相取代和代替的，别人作为我，我作为别人，这跟自我意识前面那一章里面讲到的"我就是我们，我们就是我"有一种呼应，整个这里讲的跟自我意识那一章讲的都有一种平行关系。当然层次已经不一样了，已经经过了观察的理性，现在到了实践的理性，已经不是单纯的自我意识了，而是理性阶段的一些层次。但是，我们可以根据自我意识里面的一些层次相对照来看。

因此，在一个自由的民族里，理性就在真理中被实现出来了；它就是当下活着的精神，在这个活的精神里，个体不仅说出了自己的使命（Bestimmung），即他的普遍的和个别的本质，不仅将其作为现成在手的事物性而发现出来，而且他自己就是这个本质，并且也已经实现了自己的使命。

"因此，在一个自由的民族里"，自由的民族在黑格尔心目中想到的就是希腊民族，希腊的城邦民主制，希腊的伦理实体，这就是一个自由的民族。在自由的民族里，"理性就在真理中被实现出来了"，或者说，理性的真理就是合理的一个伦理实体，就是一个合理的社会。理性在真理中被实现出来了，理性实现出来就具有了真理性，它的真理就是一个现实的合理的城邦社会，但是要在一个自由的民族里面才能够实现出来，在一个不自由的民族那里当然还处于史前时代。一旦实现出来，"它就是当下活着的精神"。理性实现出来是什么东西呢？是当下活着的精神，当下就是很现实的，当前的，实实在在的，一个活着的精神，它有活力。"在这个活的精神里，个体不仅说出了自己的使命，即他的普遍的和个别的本质"，在这个活的精神里，也就是在这样一个城邦社会中，它是一个活着的精神，它不是一个死的精神。在头盖骨相学里面讲"精神是一个事物"，那是一个死的精神，但在伦理实体中这个精神并没有死去，它恰好赋予了事物以活力，在它的现实性里赋予了它活力。在这个活的精神里个体说出了自己的使命，这个"使命"Bestimmung 也可以翻译成"规定"，但在伦理的意义上还是翻译成"使命"比较好，不过从字面上我们还要记住这一点，就是当它讲使命的时候还是被当作一种规范、一种规定来讲的。个体不仅说出了自己的使命，什么使命呢？即他的普遍的和个别的本质，他的普遍和个别的统一，个体把这一点说出来了。个体在伦理实体中的使命就是要使个别和普遍统一起来，苏格拉底最后就是要完成他的使命，我作为一个个体，被这个普遍的法庭判了死刑，那么我就要执行，我不能破坏这个统一，这是我的使命，这是我的规定。"不仅将其作为现成在手的事物性而发现出来"，不仅将其、也就是将这个使命、这个本质作为现成在手的事物性而发现出来。作为现成在手的事物性，也就是在这个伦理实体的伦常和法律上发现出来了，这个伦理实体它有它的伦常和法律，这是一种事物性。前面讲了法律有它的事物性，那么在这个上面，作为现成在手的事物性而发现了我的使命，在法律上每一个个人都看到了自己的使命，你有一个可以掌握得住的、可以说得出来的事物性作为你的行为的标准，作为你完成你的使命的一个标杆。但是，个体不仅说出了自己的使命，也不仅将其作为现成在手的事物性而发现出来，"而且他自己就是这个本质，并且也已经实现了自己的使命"。他自己就是这个本质，也已经实现了他自己的使命，这个本质、这个使命不是外加于他的，而就是他自己。这个跟前面讲的头盖骨相学就有一点不同了，头盖骨相学就是，我已经说出了精神就是事物，但是，精神还不是事物，我说的不是这个意思，但是我的意思我又说不出来，说出来跟想的不是一回事。在头盖骨相学那里，因为是观察的理性嘛，里面已经说出来了精神就是事物，但是他认为自己没说出来，他认为我的意思不是说精神就是一块骨头，我的意思是精神跟骨头还是不一样的。那么这里讲到，我说出来了自己的使命，我就是这个使命，我就是这个本质。我既然已经说出来了我的使命，我通过普遍的语言，在法律上面以成文法的形式规定下来了，以语言的形式规定下来了，这也就是说出来了我的本质，说出来了的那就是本质，不是说这后面还有一种意谓，还有一种只可意会不可言传的东西，没有！只可意会不可言传的东西是没有价值的，只有说出来才有价值，才代表了你的诚意。你签了字，你签署了协议，就被认为代表你的诚意，代表你的真心，它后面再没隐藏什么东西，人家才会相信呀！你跟人家签了一个合同，你说这个合同里面隐藏着还没有说出来的东西，那人家敢签？他必须是把这个合同看作是你的本意，才敢签合同。所以在公民社会里面，在法律的形式之下，这里没什么只可意会不可言传的东西。当然中国的法律不同，中国的法律里面充斥着只可意会不可言传的东西，我们要是去看中国的法律，你可以看出很多，"我说的不是这个意思"，解释权在谁谁谁那里。其实中国的法律效力主要是在解释权那里，不是在文字上面，文字上面说不出好多东西，都是大而化之的，都是些大话，带有口号性质的。那么在这里，在一个公民社会法律体制之下应该是这样的，不仅仅是他说出了自己的使命和本质，而且他自己就是这个本质，并且也已经实现了自己的使命，公民他自己就是他所说出来的这个本质，他就是这么一个公民，他如果犯法，那犯的是他自己的法，不是另一个统治者的法，他就是统治者。公民就是统治者，民主嘛，公民就是主人，他如果违反了这个法，他就是违反了他自己，因为他自己就是这个法，就是这个本质。并且已经实现了自己的使命，我把这个法制定出来，这个使命就实现了，我的使命就体现在法上面，体现在这个规律上面。这是希腊民主制下的这样一种结构，就是在一个自由民族里面，每个个体跟他的普遍的精神是不可分的，是一种融合的关系。

所以，古代那些最有智慧的人士曾创出格言说，**智慧与德行就在于按照自己民族的伦常而生活。**①

古代有很多人都说过类似的话。这个德文版里面有一个注，讲到了毕达哥拉斯派，还讲到了苏格拉底，"苏格拉底如此看重城邦的法律，以至于在死亡面前放弃了逃走"，和刚才我们举的例子是一样的。黑格尔着眼的就是在古希腊的城邦民主体制下，人民的信念体现在这样一句格言之上，就是"智慧与德行就在于按照自己民族的伦常而生活"，或按照自己民族的法律而生活。这个法律在古希腊就是伦常，或者说，法律典型地代表了他们的伦常，他们的伦常就是守法。这种伦常是一种逻各斯中心主义，就是要崇拜逻各斯，逻各斯是一，逻各斯是使城邦能够统一起来的根本。当然还有神话在里头，神圣的逻各斯，逻各斯是神的话语，宙斯代表法律之神，有这一层在里头。但是，无论城邦信哪位神，法律都是要有的，没有法律这城邦就没法存在。所以这个小标题，就是"伦理世界

---

① 例如，参看第奥根尼·拉尔修，第 530 页（第 8 卷，第 16 章）有如下报道："毕达哥拉斯派的塞诺斐罗斯曾回答一位父亲如何能把儿子教养成最杰出的人的问题：要使他成为一个模范管理下的共同体的成员。"（《第奥根尼·拉尔修：生平和思想》第 2 卷，第 118 页）。也许黑格尔还暗指苏格拉底的行为，他如此看重城邦法律，以至于在死亡面前放弃了逃走（参看柏拉图：《克里同篇》，51d—53a）。——丛书版编者

的形成"，伦理世界就是这样形成起来的，在古希腊城邦社会里面充分地体现了这样一种形成过程和结构。那么下一个小标题，我主张应该改成"从伦理世界向道德世界提升"，这里有一种反思，但这种反思是在更高层次上的反思，它不是回到过去，不是"反向运动"。

[Ⅱ. 从伦理世界向道德世界提升]

　　伦理世界当然还是一种外在的现实性，伦常啊，习惯啊，法律啊，虽然是人的本质，但仍然是束缚人自身的，人知道自己的生活离不了它，但毕竟是一种需要自己克制本能冲动去遵守的规则。每当人感觉到被束缚甚至受不了的时候，他就必须转向内心，像通常说的，手拍胸膛想一想，问问自己的良心，这才能够保持和自己的本质一致。而这种向内心的转向，就是向道德世界的提升。其实伦理世界是要由道德世界来保证的，否则即使制定了各种法律和行为规范，也是没有办法实行的，随时可能被破坏的。道德是比伦理更深层次的精神形态，是伦理的实质或基础。

　　<u>但是，最初只是**直接**存在并只**按概念来说**才是精神的自我意识，从它实现了自己的使命并生活于其中的这样一种幸运中走出来了，或者说，甚至自我意识也还没有实现过这种幸运；因为这两者是可以用同样的方式说出来的。</u>

　　前面讲到希腊城邦社会中个人和伦理实体的这种统一，这种"天人未分""天人合一"的状态，天就是人，人就是天，个人就是法律，法律就是个人。法律被个别化了，每个人都把法律看作是个别化了的，是自己几乎出自本能地遵守着的；而且，每一个人也都是法律化了的，他讲着普遍的语言，这都是天经地义、未经反思的。但是，"最初只是**直接**存在并只**按概念来说**才是精神的自我意识，从它实现了自己的使命并生活于其中的这一幸运中走出来了"，前面讲的希腊社会挺好的嘛，但是，"最初"，也就是希腊社会的这样一种形成之初，伦理世界的形成只是最初的阶段，

只是历史的起点，只是公民社会的起点。最初这个自我意识只是直接存在的，并且只按概念来说才是精神的，就是说，它实际上还谈不上是精神的，只具有一个精神的抽象概念。而现在这个自我意识，从它最初的这一幸运中走出来了，即它有幸实现了自己的使命，并生活于其中，这种天赐的幸运现在消失了。在希腊社会中是这样一种情况，也就是说它是一种初级阶段，初级阶段的特点就是直接存在，并且只按概念来说才是精神，但是按照现实来说，它不完全是精神。按现实来说，它天人合一，个人和城邦合一，个体的需要、个体的劳动、个体的生存跟城邦融为一体，没有划分开来。自我意识在现实中它的精神是抽象的，跟具体的日常生活搅在一起，跟个体的自然的存在搅在一起，区分不开。那么这种自我意识现在从它实现了自己的使命并生活于其中的这一幸运中走出来了。它在法律上直接实现自己的使命并生活于其中，这是一种偶然的幸运。希腊人真是幸运，他们生活在地中海那个地方，当然也是历史形成的，是偶然形成的。现在有些历史学家也讲到这一点，比如台湾的张光直，就说古希腊、西方文化的起源是人类历史中的特例，是反常现象。"反常现象"就有一种贬义了，就是说他们那是不正常现象，我们中国才是正常的，中国就是自古以来、几千年以来都是这样，而且几万年以后还会是这样，这才是人类，希腊人那已经不是人类了，那是人类的一种异端，从贬义上可以这样来说。但从褒义上，可以说是一种幸运，希腊人真是幸运，他们跟东方不一样，跟阿拉伯世界、中国都不一样，他们得天独厚。但是他们现在也从这个幸运中走出来了，从取决于地理环境、取决于历史的形成、取决于各种各样的外在条件、自然条件的幸运中走出来了。他们本来在城邦、民族的伦理生活中天然地就感到很幸福、很幸运的，但他们失去了幸运，失去了幸运是什么呢？就是进入了不幸的意识。前面讲到，自我意识通过斯多葛主义、怀疑主义进入了不幸意识，不幸意识又进入了基督教的世界，基督教世界就是不幸意识。不幸意识有两个方面的涵义，一个消极方面的涵义，就是说他们这是不幸，人的精神处于痛苦之中；

另外一个涵义是积极的,就是说,他们不靠幸运而生活,他们靠的是必然性,靠的是普遍性。他们已经把幸运扬弃了,幸运是很不可靠的,你希腊人有这种幸运,别人就不一定有这种幸运,那都是很特定的情况。但经过斯多葛主义和怀疑主义,特别是通过基督教的教化以后,人们把这样一种幸运抛弃了,就开始有了所谓的普世价值。普世价值就不是靠幸运得来的,不是靠独特性、不是靠特殊性、不是靠某一国的国情来决定的,而是世界主义的,是放之四海而皆准的,是超越于各个民族、地域、文化、宗教信仰等等之上,有一种普遍原则。"或者说,甚至自我意识也还没有实现过这种幸运;因为这两者是可以用同样的方式说出来的",前面讲了它是一种幸运,又从这一幸运中走出来了,但是也可以说自我意识还没有实现过这种幸运,就是说,当它幸运的时候它没有意识到这是幸运,当它意识到这是幸运的时候它已经失去了。就像一个小孩子,生下来的时候自由自在,小孩子是无拘无束的、最自由的,但他并不意识到自己的自由,当他意识到自己的自由的时候童年已经过去了,他只在回忆中、在怀念中觉得我们那时候多么的自由啊。但是他当时根本没有意识到自由,他只是在外面疯跑、疯玩的时候被家人喊回来了,心中一肚子不高兴,他不觉得自己是自由的,而当他知道自己的自由的时候自由已经失去了。这个幸运也是这样,希腊人在生活于幸运中的时候他不知道自己的幸运,只有在希腊鼎盛期到衰落期的拐点上,像伯里克利斯,伯里克利斯的著名的演说把希腊人的幸运说出来了,但是不一定每个人都意识到。伯里克利斯是有自我意识的,他说我们希腊人就目前来看是这个世界所有民族中最幸运的,我们的民族是最自由的。但是,伯里克利斯时代是希腊社会的顶峰了,达到顶峰就开始走向衰落了,这个衰落是不可遏制的。人们必须从这种幸运中走出来,或者说,自我意识其实还没有实现过这种幸运,所以它就有不幸的意识,就要把古希腊的这种失去了的幸运加以美化,但是我们已经失去了。这个时候他们从这种幸运中走出来了,走出来了说明什么?说明他们还没有实现过这种幸运,他们有幸运,但这个幸运不是他们的意识自己实现出来的，所以他们在有这个幸运的时候没有意识到。这两者是可以用同样的方式说出来的，就是说这两者实际上是一回事情，"它从幸运中走出来"和"它还没有真正实现过这种幸运"可以说是一回事情。它真正要实现这种幸运那还必须要经过一个漫长的历程，重新回到它的起点，这就是西方后来的文艺复兴，这个时候才意识到我们古代曾经是幸运过的，我们现在要重新创造我们的幸运，把它自觉地实现出来，我们才意识到有古希腊的楷模真是西方文化的幸运。

[236]
{196} **理性必须从这种幸运中走出来**；因为一个自由民族的生活仅仅**自在地**或**直接地**是**实在的伦理**，或者说，这实在的伦理是一种**存在着的**伦理，因而甚至这个普遍的精神自身也是一个个别的精神，而伦常和法律的整体则是一个**特定的**伦理实体，这伦理实体只有在更高级的环节里，即在**关于它自己本质的意识**里才去除了这一限制，并且也只在这个认识里而不是直接在它的**存在**里，它才拥有自己绝对的真理性；

"**理性必须从这种幸运中走出来**"，从这种幸运中走出来是必然的，因为理性其实是不承认什么幸运的，理性承认的是必然性，如果是一种幸运，由种种偶然的条件所决定的一种状况，那么理性是不承认的，理性必须要从这里头走出来，要把这种幸运里面所蕴含的必然性发展出来。古希腊人有幸运，但这个幸运里面有一种必然的原则，不能把这种原则也仅仅归之为一种幸运，所以理性必然要从这种幸运中走出来。"因为一个自由民族的生活仅仅**自在地**或**直接地**是**实在的伦理**"，因为一个自由民族，自由民族就是希腊人了，自由民族的生活是伦理，但是只是自在地或直接地是实在的伦理。当然是实的，但却是自在的，我们刚才讲，它没有意识到，没有意识到这样一种实在的伦常，它不是有意识地去作出来、创造出来的，而是根据伦常、根据传统和习惯一路形成起来的。没有有意识地去支配、去创造，它已经就是这样了，希腊人觉得只有这样才是最好的生活方式，大家都这样认可，通过一种偶然的方式。比如说做生意,大家聚集在那个地方,那个地方就形成了一个集市,集市需要有人管理,需要有公平法则,跟别人打官司要找一个仲裁,也就慢慢形成了一个城邦,希腊城邦是这样形成起来的。我不满意了我到另外一个地方去开辟一块殖民地,把那个地方的人赶走,我们来做生意,我们来形成一个城邦,又是一样,都是根据一些偶然的需要形成了一个城邦。一个自由民族是这样的,他们无拘无束。"或者说,这实在的伦理是一种**存在着的**伦理,因而甚至这个普遍的精神自身也是一个个别的精神,而伦常和法律的整体则是一个**特定的**伦理实体",这是进一步解释。这实在的伦理是一种存在着的伦理,它是处于存在阶段的伦常,所以在这个存在的阶段,甚至这个普遍的精神自身也只能是一个个别的精神。这个我们刚才讲了,普遍的精神就是个别的精神,每个个别的精神都把这个普遍的精神看作是个别化了的,看作是他自己的,我把这个法律看作是我自己的,所以我要遵守,我和普遍的精神、和伦理之间还没有分裂。正因为如此,伦常和法律的整体是一个"**特定的**伦理实体","特定的"打了着重号,特定的也就是偶然的或者幸运的,或者说有希腊特色的,有地方特色的。我们今天讲有中国特色的,在希腊那里是有希腊特色的,它是一个特定的伦理实体,有希腊人特定的特点,有地中海这样一种特点。做生意的人,这是希腊人的特点,是他们的民族性、民族传统,这样一个伦理实体还没有形成一种普世价值,它还不具有普适性,只是一种具有民族特色的伦理实体。"这伦理实体只有在更高级的环节里,即在**关于它自己本质的意识**里才去除了这一限制",这样一个伦理实体只有在更高级的环节里面才能达到普世价值,而在现实生活中还未明确意识到。什么是更高级的环节?"即在关于它自己本质的意识里",这个只有在像苏格拉底这样的哲学家心里才能意识到。就是在这样一个特定的伦理实体里面,你要把这种特定性扬弃掉,要把这种限制除掉,揭示它里面所蕴含着的关于它自己的本质的意识,那才是它里面有普适性的东西。不是说你希腊人得天独厚,你们就特别幸运,神特别关照你们,这种解释就带有偶然性了，这就不是普世价值，而只是西方价值了。所以理性必然从这种幸运里走出来，必然要深入这样一种伦理实体的普世原则，这原则就是"关于它自己本质的意识"，这个本质的意识属于一种更高级的环节，就是从苏格拉底开始，通过基督教的教化所造成的一个新的环节。这个更高级的环节我们可以理解为后面讲的道德的环节，这个道德的环节当然是经过基督教才生长起来的，在基督教以前的希腊社会严格说起来只有伦理和伦理意识，当然也有道德的萌芽，但是还没有明确地把它和伦理分割开来。只有经过基督教以后道德、伦理才有了分割，世俗的事情和彼岸的事情才有了分割，才有了一个更高的阶段、更高的环节，有了本质的意识，有了无限、绝对的意识，或者说有了普适价值的意识。"并且也只在这个认识里而不是直接在它的**存在**里，它才拥有自己绝对的真理性"，只有在这个认识里，在这个更高级的环节里面，而不是直接在它的存在里，伦理实体才拥有自己的绝对真理性。意识和存在层次已经不同了，古希腊的城邦社会是直接的存在，但是只有在这个认识里面，以苏格拉底为代表，它才拥有自己绝对的真理性，而在它的存在里面呢，只具有一种幸运，一种偶然性，一种相对性。只有在这个意识里面，在这种更高级的环节里，它才成为一种自为的伦理，而不是自在的伦理。自为的伦理那就提高到了一种道德的层次了。

一方面，这实体在自己的存在里，是一个受限制的伦理实体，另一方面，这绝对限制恰好是说，精神是处于**存在**的形式中。

"一方面，这实体在自己的存在里，是一个受限制的伦理实体"，这还是讲的古希腊，因为前面讲到只有在更高级的环节里它才去除了这一限制，那么在没有去除这一限制之前，这实体在自己的存在里，是一个受限制的伦理实体，就是说这个实体是受自己的存在所限制的。这是一方面。"另一方面，这绝对限制恰好是说，精神是处于**存在**的形式中"，这句话和前面讲的是同一句话，就是说在这个实体的存在里面它受到了限制，另一方面，它的这种限制恰好表明精神处于存在的形式中，或者说精神以存在的形式而存在,精神还处于存在阶段。同一句话重点强调了两个不同的方面,一方面就是实体受存在的限制,另一方面这种限制表明了精神的初级阶段,精神将从这里起步。希腊人的伦理实体就处于这个阶段,它受到自身存在的限制,正说明它有待于提高到更高的层次,有待于从伦理提高到道德,或者从自在的、存在的伦理提高到自为的伦理。但是前提就是首先要把个体独立出来,个体在希腊人那里还是在伦理实体里面融为一体的,还没有真正地独立出来。所以下面一段就是讲,这种个别的个体应该独立出来,才能够真正地把理性的自我意识实现出来。理性的自我意识在实现出来的第一阶段,还没有开始走,它只是有这个意向,还处于存在的阶段,它必须从这个存在的阶段走出来,进入更高的层次。

因此,进一步说,**个别的**意识,当它在实在的伦理或在民族中直接拥有自己的实存时,它就是一种根深蒂固的信赖,对这种信赖而言,精神尚未消融在自己的**抽象**环节中,因而这信赖也不知道自己是作为纯粹**自为的个别性而存在**的。

"因此,进一步说,**个别的**意识,当它在实在的伦理或在民族中直接拥有自己的实存时,它就是一种根深蒂固的信赖",这还是讲的古希腊的情况,即自在的存在的伦理实体的情况。"个别的意识","个别的"打了着重号,就是说我们现在考察一下,在这样一个天人合一、个体与整体不分的状况之下,它的个别的意识处于什么样的状态。当它在实在的伦理或在民族中直接拥有自己的实存时,它就体现为一种信赖。实存,Existenz,也就是自己的特定的生存方式,在这里面,个别意识就体现为一种根深蒂固的信赖。这个我们中国人应该很熟悉了,传统中国人要体现自己的个体意识的独立性,所谓威武不能屈,贫贱不能移,富贵不能淫,都是建立在对自己所属的伦理实体的不可动摇的信赖之上的。"对这种信赖而言,精神尚未消融在自己的**抽象**环节中",精神只体现在特定伦理实体的存在中，而未上升到普世的价值。比如说我们属于"炎黄子孙"，这是根深蒂固的观念，是我们每个人个体意识的基础。我们从小受到的教育使我们对它有种根深蒂固的依赖。在希腊人的个别的意识中也是这样，在他们个别的生活之中，有一种天经地义的信赖，就是他对城邦有一种信赖关系、依存关系，他依赖这个城邦生活，这个城邦就是他的生命。所以他们要无条件地维护这个城邦，维护他信赖的体制，在对抗外来力量的时候，他们一致对外，英勇献身，毫不犹豫。这个城邦就是他们的精神，这个精神也只限于他们的城邦，所以精神还没有消融在自己的抽象环节中，成为一种普遍的东西。他们的精神是非常具体的，在他们的日常生活中，在他们的法律生活中，在他们的伦常中，都体现出精神，但是抽象的精神他们不知道。连宙斯都不是抽象的，宙斯是很具体的，神人同形同性。希腊神话里面精神都有非常具体的形象，比如说宙斯代表法律，雅典娜代表理性，阿波罗代表文艺，等等，他们都是以活生生的男神、女神的形象体现出来的。而男神、女神的形象正是他们的城邦所信仰的，跟他们的日常生活有密切的关系，就是说他们的精神还不是一种抽象的精神。"因而这信赖也不知道自己是作为纯粹**自为的个别性**而存在的"，纯粹自为的个别性就是有自己自由意志的选择了，他没有选择，他生活在这个城邦中，他就是这个城邦的人。所以他们的信仰还不知道这样一种信赖是由自己的自由意志所选择的，还没有达到这个思想。

　　但是当个别的意识达到了它必然要达到的这种思想时，则它与精神的这种**直接的**统一或它在精神中的**存在**，它的信赖，就都丧失了；现在，个别的意识自为而**孤立地**自己就是本质，不再是普遍的精神。

　　"但是当个别的意识达到了它必然要达到的这种思想时"，个别的意识达到了它必然要达到的这种思想，什么思想？就是前面所讲的，它的精神尚未消融在自己的抽象环节中，因而这信赖也不知道自己是作为纯粹自为的个别性而存在的，但这是它必然要达到的思想。一旦它达到了这种思想，也就是它使它的精神消融在抽象环节中，因而它可以作为纯粹自为的个别性而存在，知道了它的信仰是可选择的，"则它与精神的这种**直接的**统一或它在精神中的**存在**，它的信赖，就都丧失了"。也就是说，个体一旦觉醒，一旦知道自己是一个独立的个体，跟这个城邦不是那么天衣无缝，而是有自己超越具体事物之上的抽象性，那么它与城邦精神的直接的统一，或它在精神中的存在就丧失了。"存在"打了着重号，"直接的"也打了着重号，也就是说，它走出了存在，走出了它的直接性、它的信赖。希腊社会晚期，包括罗马社会的晚期，就处于这样一种状态，就是个体意识已经开始自觉了，已经知道自己跟城邦不是一回事，已经达到它的自为的个别性的存在。也就是说事情也可以是别样的，我也可以不一定这样生活，也可以换种方式生活，这个在于我的选择。个别意识具有了自己自为的个别性，那么它与精神实体的直接的统一，与城邦的直接的统一就丧失了，随之而来的，它在精神中的存在也就丧失了，它对这个城邦的信赖也就丧失了，这就是城邦社会走向衰弱的一种标志。这种城邦已经解体，已经走向另外一种存在方式，一种大一统的存在方式，这个是后来的发展。"现在，个别的意识自为而**孤立地**自己就是本质，不再是普遍的精神"，个别的意识是自为的，是孤立的，它不再是跟城邦连在一起的，它自身就是本质。它已经意识到它自己的独立性和孤独性，它不再是普遍的精神。这就带来两个后果，一个就是非精神化或去精神化，那就导致物欲横流，导致唯物主义和享乐主义，罗马晚期特别走向一种享乐主义，人生一世跟动物没什么区别；另外一个后果，就是普遍的精神还有，但是在彼岸，此岸都是享乐主义者，彼岸才可能有普遍的精神，那就是抽象的精神。在希腊城邦社会里面普遍的精神还没有走向抽象，但现在分裂了，普遍精神和个别精神分裂了，一方面是个别意识，另一方面是普遍精神。所以个体的意识一旦独立了，觉醒了，就带来了一种不幸的意识，就是它的那种幸运已经失去了，它已经走出了这个幸运。它必须从这种幸运中走出来，伦理实体要上升到更高的阶段，上升到道德的阶段，没那么容易，你必须要走出这样一种幸运，让伦理实体走向衰弱，甚至走向解体，让个体独立出来。个体独立出来，一方面带来享乐主义横行，另一方面使普遍精神被推到彼岸，这是它的两个后果。

自我意识的这个个别性环节虽然存在于普遍精神自身之内，但只是作为一种消失着的量（Größe），这个消失着的量一旦自为地出场，在普遍精神中同样也就直接消融了，并且只是作为信赖而被意识到。

"**自我意识的这个个别性环节**"都打了着重号。个别性环节这个时候已经独立出来了，已经走出了幸运，走出幸运的标志就是自我意识的个别性环节独立出来了。"虽然存在于普遍精神自身之内，但只是作为一种消失着的量"，所谓消失着的量，就是作为此岸有限的生命，每个人都有一段生命，人死了就什么都没有了。"这个消失着的量一旦自为地出场"，个体作为有限的一生，一旦自为地出场，"同样也就直接消融于普遍精神之中"。就是说，既然它是一个消失着的量，又是自为的，那么如何才能够是自为的呢？就必须把自己消融在普遍精神之中，即我死了以后，我融入了普遍精神，通过灵魂不朽，我融入了上帝，或者融入了普遍的逻各斯。斯多葛主义就是这样的，人死了以后融入了普遍的逻各斯，基督教是讲人死了以后融入了上帝，而我这一生就是消失着的，我这一生只有一段时间，马上要消失的。我一旦自为地出现，一旦意识到我的一生是有限的，那么就直接消融于普遍精神之中，斯多葛派是消融于命运的逻各斯之中，基督徒就要为死后作考虑，我死后是上天堂还是下地狱啊？这都是消融于普遍精神之中，由上帝来裁决。"并且只是作为信赖而被意识到"，这个消失着的量自为地出现，只是作为信赖而被意识到，就是消失着的量这个时候完全是一种信仰，不再像古希腊人直接依赖城邦生活，而是作为信赖而被意识到。古希腊人的信赖它就是信赖，它没有作为信赖而被意识到，那么作为消失着的量，比如说基督教的这种人生观，人生是有限的，人生是在这个世界上走一遭，那么它消融在普遍精神之中，就体现在它把这个普遍精神当作一个信赖的对象来意识，并且被坚持。基督徒要坚持自己的信仰，那就是有非常强烈的自我意识了，希腊人不需要坚持，希腊人除非苏格拉底那样的圣人，那可以有一点点信仰的意思，其实跟基督教的信仰还不一样，他并不特别强调坚持这种信仰，而只是一种自在的信赖。我曾经多次讲过，西方对上帝的宗教信仰必须以个体意识的独立为前提，在这里也得到了印证。

由于自我意识的个别性环节这样固定了下来——并且每个环节因为它是本质的环节本身就必须达到将自己呈现为本质——所以，个体就与法律和伦常对立起来了；法律和伦常只是一种没有绝对本质性的思想、一种没有现实性的抽象理论；但是个体作为这一个我，本身就是活的真理性。

"由于自我意识的个别性环节这样固定了下来"，自我意识的个别性环节作为一种消失着的量并消融于普遍精神之中，以这种方式被固定了下来。基督教的信仰就是这样把自我意识的个别性环节固定下来，就是说你在人世间的生活只是一个短暂的一段，你的永生是在彼岸，在你死后你跟普遍的精神生活在一起，跟上帝生活在一起。斯多葛派的逻各斯也是如此，自我意识的个别性环节就这样固定下来，它不过是整体命运中的一个环节。破折号里面就是解释这样一种固定，"并且任何环节因为它是本质的环节本身就必须达到将自己呈现为本质"，就是说，自我意识的个别性环节，不管是哪个环节，因为它是本质的环节，本身就必须将自己呈现为本质，呈现为普遍的环节，也就是呈现为一种固定了的精神。它的人生、它的生活虽然是消失着的，是不固定的，但是它作为本质的环节也必须把自己呈现为本质，不是随着人的消失而消失的。人生在世，总有一死，但人死了以后并不是随着肉体的死亡就消失了，而是有它固定的方式，那就是它作为一种逻各斯的信仰，它意识到它死后将直接地消融于普遍精神之中，这才是它的本质，它必须将自己呈现为本质。它作为个别意识和普遍精神相联结、相统一，当然它就是一种本质的环节，如果没有这个环节的话，那普遍精神也无法存在了。既然它们是一个统一体的两个环节之一，那么它必须有自己的本质的表现，这就说明，自我意识的个别性环节这样固定了下来，变成了一种本质的环节，或者它是从本质的环节去理解它的消失着的存在、消失着的量的。"所以，个体就与法律和伦常对立起来了"，我服从的是世界理性，而不是具体的城邦；或者我把自己献给了上帝，我把自己的来世寄托在上帝那里，既然这样，个体就与法律和伦常对立起来了，就像《圣经》里面讲的，恺撒的归恺撒，上帝的归上帝。人间的伦理生活，我作为一个消失着的量当然也要遵守，但是我的本质不在这里，我的本质在来世、在天上，世俗的法律和伦常我要遵守，但是我的心早就已经到了彼岸。所以，个体与法律和伦常、与世俗生活就有了一种对立，有了一种分裂。"法律和伦常只是一种没有绝对本质性的思想、一种没有现实性的抽象理论；但是个体作为这一个我，本身就是活的真理性""法律和伦常"在基督徒的眼睛里面"只是一种没有绝对本质性的思想、一种没有现实性的抽象理论"。法律和伦常在希腊人那里是最现实的，跟人们的日常生活息息相关的，但是在基督徒的眼里没有绝对本质性，绝对本质性在天上。也没有现实性，只是一种抽象理论，真正的现实性也在天上，也在上帝那里。上帝无所不在，在每一种现实性里面都可以看到上帝，而在法律和伦常里面它只是一种抽象的理论，它是加在每一个人身上的外在的枷锁，因为每个人都有一个肉体，所以它可以把枷锁加在每一个人身上，但是这样一套法律和伦常只是一套抽象的理论。而个体作为这一个我，这一个个别的灵魂，本身才是活的真理性。每一个我都有一个灵魂，它本身就是活的真理性，这个活的真理性也就是说在上帝那里拥有它永久的生活，在上帝那里死就是生，死后就是重生、新生。这样，个体就从法律、伦常里面借助于基督教独立出来了，当然这个独立出来，它的活的真理性在基督教那里是理解为彼岸的，在现实中它只是一种准备，个体的活的真理性在基督教那里是寄托在彼岸，但也可以拿来用于此岸生活。你超越了古希腊的这种伦理实体以后，你的个体独立出来以后，你也可以把你的这种独立性运用于此岸，那就是过一种有信仰的生活。就是说基督教实际上是为个体的重新理解生活作了准备,也就是为近代以来的文艺复兴、启蒙这样一些新的活法作好了准备,但在基督教里面,按照黑格尔的看法只是一个准备阶段,他更看重的是文艺复兴、启蒙运动以来的人的生命、人的活法。这一段就是说明,个别的自我意识怎样从古希腊的那样一种伦理实体里独立出来,独立出来是为了在更高的层次上建立起道德、或者说提升到道德而作准备。个别的意识如果不独立出来的话,伦理就是伦理,就是存在,而上升不到道德。严格说起来,古希腊只有伦理,中世纪是宗教,到了近代以来才有真正的道德。为什么? 就是因为在近代个别的意识真正独立起来了,古希腊个别的意识还没有完全独立起来;中世纪个人虽然与世俗独立,但并不独立于上帝;只有到文艺复兴时期个人完全独立出来,号称是回到古希腊,其实是在更高的层次上、在道德的层次上回到古希腊的伦理。

或者说,自我意识还没有达到成为一个民族的伦理实体、民族精神这种幸运。

"或者说",就是从上一段话里面我们换个角度说。"自我意识**还没有达到**成为民族的伦理实体、民族精神**这种幸运**","这种幸运"打了着重号。就是说希腊人虽然得天独厚,有幸天然是一个自由的民族,但它还没有使自己的自我意识达到成为伦理实体或民族精神的这另外一种幸运。前面讲的是自我意识"从它实现了自己的使命并生活于其中的这一幸运中走出来了"[见前页],自我意识独立出来了,自我意识的个别环节固定下来了,这是从下面来讲的,自我意识的个别性跟伦理实体对立起来了;那么从上面来讲,自我意识还没有达到它是伦理实体、民族精神这个幸运,它只是一种不幸的意识。或者说,前面是从正面来讲,自我意识独立出来以后,它跟法律和伦常对立起来,它本身就是活的真理性,当然这个真理性在彼岸;但是从另外一个方面、从反面来看,它还没有达到伦理的实体、民族的精神这个幸运。前面是讲它已经走出来了,自我意识从这种幸运中走出来了，但是换句话说它还没有达到更高的幸运。这其实是一回事情，但是可以从两个方面来讲，一方面自我意识按照理性的必然性走出了它的幸运，它跟它的幸运产生了一种分裂、对立，在这个意义上它超越了古希腊的那种幸运，达到了一种自觉；另外一方面，它的那种自觉给它带来的是一种不幸的意识，是一种痛苦，在现实生活中它要追求的还是伦理实体，它从里面走出来了，跟伦理实体对立了，但是还未达到一个更高的伦理实体，没有使自己成为伦理实体、民族精神。它只是提升到了彼岸的精神，但却脱离了此岸的现实。

[237] 　　因为，从观察返回时，精神本身最初还没有通过它自身而把自己实现出来；它只被建立为**内在的**本质，或抽象。

"因为"，这是解释了，"从观察返回时"，自我意识从观察的理性返回到自身，要把自身实现出来的时候。返回到自身也就是把自己实现出来，不是去观察另外一个对象，而是要把自己实现出来。"精神本身最初还没有通过它自身而把自己实现出来"，它要实现自身，但是还没有通过自身来实现自身，它只是信赖抽象的精神，依靠这种精神而与它观察到的现实的对象世界相对立。所以，"它只被建立为**内在的**本质，或抽象"，"内在的"打了着重号。它已经意识到观察的理性是不够的，它要返回来，要把自己实现出来，不是如何符合对象的问题，而是自己如何成为对象的问题；但是这样一种精神还只是被建立为内在的本质，它有一种内在的本质，就是一种主观的实践精神，已经有这样一种意向，但这种意向还是抽象的，还没有真正把它实现出来。

　　——或者说，精神仅仅**直接地存在着**；但它在直接存在着时，它就是**个别的**；它是实践的意识，这意识进入它所碰到的世界时带有这一目的，即在个别东西这一规定性里将自己双重化，就是将自己既作为这一个、作为它的存在着的反映（Gegenbild）而产生出来，又使它的现实性与对象性本质的这个统一被意识到。

"或者说"，这跟前面的那个"或者说"是并列的，前面那个"或者说"

就是说，自我意识从观察的理性回到自身，但是还没有通过它自身把自己实现出来，而只是一种内在的本质或者抽象，它没有实现它的幸运。而这里这个"或者说"跟前面是同位的，就是同样一句话用不同的说法，同样一个意思。"精神仅仅**直接地存在着**"，这个很明确，精神在它的起步阶段仅仅直接地存在着。"但它在直接存在着时，它就是**个别的**"，精神在直接存在着的时候就是个别的，它的实践只能是作为个别的来实现，它直接存在着的时候就已经是个别的了，就是个体灵魂了，当然它还没有意识到自己的个别性，最初它的个别性还是跟它的普遍的精神融为一体的。但是，"它是实践的意识"，它已经是实践的意识了。"这意识进入它所碰到的世界时带有这一目的，即在个别东西这一规定性里将自己双重化"，它是实践的意识，只有个别的东西才能够是实践的意识。黑格尔凡是讲到实践，讲到外化、异化，都是借助于个别性，普遍的东西只是一个目的，普遍－特殊－个别，普遍是目的，特殊是手段，个别就是借助于手段把普遍的目的实现出来的过程，这就是实践。所以个别性在这里就是实践的意识，你要讲实践理性，那就首先必须立足于个别，换句话说，首先立足于个体的自由意志。所以精神直接存在的时候它是个别的，它就是实践的意识，这意识进入到现实世界时带有这样的目的，就是在个别东西这一规定性里将自己双重化。这个"碰到"我们要重视，"碰到"就是碰运气的意思，或者可以翻译为"遇到"，有幸运的意思。这意识在个别东西的规定性里面把自己双重化，在实践中它总是把自己双重化，怎么双重化呢？"就是将自己既作为这一个、作为它的存在着的反映而产生出来，又使它的现实性与对象性的本质的这个统一被意识到"。就是说自我意识进入它的世界的时候是很偶然的，自我意识碰到什么样的环境、遇到什么样的条件，这个不由它支配的，这个是完全偶然的，希腊人的幸运也在这里，他们得天独厚，他们碰到了希腊半岛这么一个地理环境，这么一个适合于他们生存的方式，也就是航海经商，这些都是偶然碰到的，都是他们的幸运。但是在进入这样一个世界的时候，带有一个目的，"即在个别东西这一规定性里将自己双重化"，首先是个别的东西，它是个别的，但这个个别的东西，在自己的规定性里面把自己双重化。哪双重化？一重，"就是将自己作为这一个、作为它的存在着的反映而产生出来"，个别性嘛，当然是"这一个"了，而这一个就是它自己的存在着的反映 Gegenbild。这个"反映"直译为"对面的形象"，也就是它把自己的形象作为对象来看待，它指着自己说，我就是"这一个"。这就是说，个别的东西把自己建立为自我意识，意识到自身的个别性了，这是一重。但是另一重就是，"又使它的现实性与对象性的本质的这个统一被意识到"。个别自我意识一方面意识到自己的反映或"对面的形象"，意识到自己本质上是实践性的、对象性的，另一方面又意识到这个"对象性的本质"和它的"现实性"是统一的。也就是说，它的对象性的本质不仅仅是一种内在的主观意向，一种清高孤傲和遗世独立，而是同时必须有自己的现实性，要在现实世界中实现出来。一方面是它的现实性，另一方面是实践的对象性本质，自己的本质必须在现实中实现出来，而在现实中又反映出了它的本质，这两方面是统一的，并且它意识到了这个统一。

实践的意识具有这个统一的**确定性**；它承认，这个统一**自在地**已是现成在手的，或者说这意识与事物性的这种协调一致已是现成在手的，只是还必须通过它而**对它自己**形成起来，或者说，它去做，恰好就是**找到**了这个统一。

"实践的意识具有这个统一的**确定性**"，"确定性"打了着重号。实践的意识与动物的本能不一样的地方，就在于它对这个主客观的统一有种确定性。当然我们要了解狮子的本质，我们也要从它的欲望对象来加以研究，那是它的生存方式，但是那是一种本能。而人的实践具有这个统一的确定性，他把这个统一确定下来，这才是实践的意识啊。"它承认，这个统一**自在地**已是现成在手的，或者说这意识与事物性的这种协调一致已是现成在手的"，这个统一自在地、或者说潜在地已经现成在手了，在实践意识的目的中已经被设想为统一的了。也就是说，这个意识和事物性、现实性是协调一致的，实践的意识当然会设想它的目的是能够实现的，我的实践的意识跟我的实践的对象、它的事物性、它的现实性，是协调一致的，对这种意识而言这种协调一致"已是现成在手的"了。当然还有个条件，"只是还必须通过它而**对它自己**形成起来"，这种一致现成在手体现在什么地方呢？体现在意识中的目的性上，它的目的已经有了，已经现成在手了，它设立了一个目的，我今天要达到我的目的，要获取我的欲望的对象，这个是已经现成在手的。但是还必须通过它而对它自己形成起来，"对它自己"打了着重号。这种一致已经现成在手了，但是还是作为一个目的而现成在手，还必须要通过它自己的行动对它自己形成起来，也就是要把这个现实的对象据为己有。你已经有了动机，也有目的，你看中了那个对象，但是你还必须通过自己的行动把它据为己有。这就是这节的标题：理性的自我意识通过自身的活动而实现。你怎么实现出来，你光有目的，不去做，那也不能够实现，那还只是观察的理性。真正的实践的理性就必须是自己去把它形成起来，通过它而对它自己形成起来。"或者说，它去做，恰好就是**找到了**这个统一"，它只要去做、去行动，那就是已经"找到了"这个统一，在它做的行动中就找到了这个统一。这个"做"（Machen）就是实现目的的活动，现实的行动，最初在目的中现成在手的那个统一，只有在做、在行动中才被找到了，否则只是主观中的现成在手，在客观上还没有找到。这个"找到"带有某种偶然性的意思，它与前面讲的"碰到""遇到"有相同的词根。那么找到了这个统一，也就是找到了它的目的的实现，就是说，目的最开始作为目的的时候，你当然也可以说它已经现成地有一个目的，其中主观和客观被设想为统一的，但是你还没有在现实中造成它。只有在现实中把它作出来，你才在这个东西上面找到了这种统一，在此之前那个还不是，也可能你抓不到它，你只是有一个统一的意向，一个目的，只有实实在在拿在手里的才是找到了的统一。所以从目的性的结构的眼光来看呢，这句话也不难理解，否则的话就很难理解了，你既然说它是现成的，又怎么说是找到了它呢？

从目的性的角度来看,在你还没有造成它的时候,虽然你内心已经有了一个目的,但是你还没有在现实中找到这个目的,现成在手的只是你心中的一个意向,还没有真正找到。

由于这个统一被称之为幸运,于是这个个体就从它的精神那里被派出到世界里去寻求自己的幸运。

"由于这个统一被称之为**幸运**",人的欲望和他的目的的现实的统一被称之为幸运,或者被称之为幸福、运气,这都是一个词 Glück。"于是这个个体就从它的精神那里被派出到世界里去**寻求**自己的**幸运**",既然是幸运,那就必须要寻求。如何寻求呢? 那你就必须自己去做,去创造。所以你的幸运不是天上掉下来的,是你自己创造出来的。而不幸的意识就是怨天尤人,我多么不幸,但是没想到去创造。如何去创造呢? 必须一头扑进这个世界里面去,必须闯入这个世界里面去,到大自然里面去,到社会里去,到客观世界里去,去寻找自己的幸运,也就意味着去创造自己的幸运。只有创造自己的幸运才是找到了自己的幸运。这是个体意识,也就是实践的意识。个体意识在基督教那里已经做好了准备,个体意识已经独立出来了,这个独立已经不是一个动物性的存在了,它已经具有普遍精神这样一个前提了。那么带着这样一个前提我把世界看作跟我的个别性相统一的,但是这种统一还没有实现出来,我必须把它实现出来,必须到这个世界里去寻找。个别的意识已经有了精神了,经过基督教的教化以后,它已经知道自己是上帝的精神了,带着这种精神我去寻找自己的幸运,也可以说是被这个精神派到世界里面去寻找自己的幸运,人在世界上的生活、追求、劳动,都是上帝赋予他的天职,那么你就应当尽量地去追求你最大的成功。新教伦理和资本主义社会的产生有内在的联系,这是马克斯·韦伯早就已经谈到过的。西方的"浮士德精神"就是这样,从它的精神那里被派出到世界里去寻找自己的幸运,最后这句话很关键。

　　<u>因此，如果对于我们而言这个理性的自我意识的真理性就是伦理实</u>　{197}
<u>体，那么在这里，对于这个自我意识而言就有了它的伦理的世界经验的</u>
<u>开端。</u>

　　"因此，如果对于我们而言"，"我们"就是旁观者，我们读精神现象
学的人，对于我们旁观者而言，"这个理性的自我意识的真理性就是伦理
实体"，这个理性的自我意识它要把自己实现出来，要把自己实现为真
理。它已经有了确定性了，前面讲到实践的意识具有这个统一的确定性，
这个统一就是人和自然、人和世界的统一，这一点已经确定了；但这种确
定性还要变成真理性，要真正寻找到它的幸运。那么这种真理性是对我
们旁观者而言的，这个真理性其实已经是伦理实体，但在这里头的个别
意识本身还没意识到，只是我们旁观者已经看出来，它其实已经是一种
伦理实体。"那么在这里，对于这个自我意识而言就有了它的伦理的世
界经验的开端"，对旁观者来说它已经是伦理实体了，但是个别自我意识
还没意识到，在它的意识里面，还只是拥有这个伦理的世界经验的开端。
它已经开始经验到了这个伦理的世界，有了一个开端的点，这个开端已
经表明你已经是伦理实体了，但自我意识还没有意识到这一点。这就是
古希腊伦理实体的开端。

　　<u>从理性的自我意识还没有成为伦理实体这一方面来看，这个运动在</u>
<u>向伦理实体逼近着，而在这个运动中自身扬弃了的就是对自我意识孤立</u>
<u>的有效的那些个别的环节。</u>

　　"从理性的自我意识还没有成为伦理实体这一方面来看"，也就是对
这个自我意识本身，它只是一个端点嘛，所以它还没有成为伦理实体，只
是旁观者已经知道它是伦理实体了。但在这种经验中，这个自我意识还
没有意识到这一点，它还只是一种经验的开端。但是从理性的自我意识
还没有成为伦理实体这一方面来看，"这个运动在向伦理实体逼近着"，
在这个经验中，它的运动从它尚未成为伦理实体而正在向伦理实体逼近，
在接近于伦理实体。"而在这个运动中自身扬弃了的就是对自我意识孤

立地有效的那些个别的环节"，在这样一个运动中，那些对自我意识孤立地有效的个别的环节被扬弃了，也就是你的那些具体的、偶然的目的，那些孤立的有效的手段，你必须把它们扬弃掉。凡是能够体现你的个别性的东西，在这个运动中都要被扬弃，你要实现你的最终目的、达到你的统一性，逼近你所预设的伦理实体，那么你就要克制你的暂时的冲动。这就是伦理实体的形成过程，或者说自我意识的"直向运动"的过程。

它们具有一种直接意愿的或**自然冲动**的形式，冲动达到了满足，满足自身又是一个新的冲动的内容。

"它们"，也就是这些个别的环节，"具有一种直接意愿的或**自然冲动的形式**"，这些环节正因为还没有达到伦理实体，它们只是一种直接的意愿，看到什么就想要什么，采取自然冲动这样一种形式。那么，一旦"冲动达到了满足，满足自身又是一个新的冲动的内容"，不断追求那些自然冲动的满足，也就是我们讲的欲壑难填，追求无止境，好了还想再好，满足了以后，满足自身又成为新的冲动的内容，又要追求新的满足，这个就没有止境了。但是在这样一个运动中，这样一些环节必须被扬弃，因为它们是在向伦理实体逼近着，而是要把它们扬弃掉，不断地向伦理实体逼近。而在此之前，这些自然冲动的环节的确为所欲为，同时又遭到命运的捉弄，这就是"英雄时代"所产生的层出不穷的悲剧，这些悲剧正是展示了古希腊伦理实体的艰难的形成过程。

——但是从自我意识已经失掉了它存在于实体中的幸运这方面来看，这些自然冲动就与对它们的目的即真实使命和本质性的意识结合起来了；伦理实体就下降为无自我的宾词，这个无自我的宾词的活生生的主词就是必须通过自己本身来实行自己的普遍性并由自身来操心自己的使命的那些个体。

"但是从自我意识已经失掉了它存在于实体中的幸运这方面来看"，这是两个方面了，前一方面是"从理性的自我意识还没有成为伦理实体这方面来看"，那么它就要追求伦理实体的形成，这是古希腊伦理实体的开端的经验，这就是前面两句所说的。但从另一方面来看，"从自我意识已经失掉了它存在于实体中的幸运这方面来看"，它已经失去了它存在于实体中的幸运。从前一方面来看，它不是失去了幸运，它是还没达到，要去追求；但从后一方面来看，自我意识已经失掉了它存在于实体中的幸运，它在实体中的那个旧的幸运已经是一去不复返了。那么，"这些自然冲动就与对它们的目的即真实使命和本质性的意识结合起来了"，以前的幸运已经失去了，那么这些冲动就与它们的目的结合起来了。它们的目的是什么呢？"即真实使命和本质性的意识"，自然冲动本身就具有它们真实的使命和本质性，人们在享乐的时候，就结合着一种真实使命的意识和本质性的意识，结合着对这样一种自然的冲动、自然的享乐的合目的性意识。罗马帝国时代盛行的唯物主义和享乐主义就是走出古希腊的伦理实体之后社会的碎片化状态，在这个基础上诞生了罗马法来对个人的财产关系进行规范，来调节人与人之间的自然欲望。"伦理实体就下降为无自我的宾词"，"无自我的"，selbstlos，就是说这时候伦理实体不再拥有它的独特的自我，它成了外在的、对每个人的自我加以限制的宾词了。"这个无自我的宾词的活生生的主词就是必须通过自己本身来实行自己的普遍性并由自身来操心自己的使命的那些个体"，就是这个伦理实体成为了一个宾词，这个宾词的主词是活生生的个体，这些个体必须通过自己本身来实行自己的普遍性并由自身来操心自己的使命。伊壁鸠鲁派、斯多葛派和怀疑派都是这样一些只关心自己的命运、追求普遍的不动心的个人主义者，他们通过自己本身来实行自己的普遍性，来为自己寻求道德上的"法规"（Kanon）。他们能够实现自己的普遍性，因为他们是活生生的主词，他们把伦理实体变成了自己的宾词，他们不是简单地由伦理实体赋予自己以人生的使命，而是由自己来操心、来设计自己的人生。这就是两个方面，前一方面是从追求和形成伦理实体这一目的来理解的，后一方面，是从自然冲动返回到自身，使它自己成为一种普遍的东西，也就是把自然冲动提升到道德来理解的。整个这一段都是从这两个方面来划分的，都在解释这两个方面。而这两个方面就是前面两个小标题所分出来的两个阶段，即自我意识的伦理实体的形成阶段和从伦理向道德的提升阶段，拉松版标为"直向运动"和"反向运动"。下面还要反复分析这两个阶段。

　　——那么从前一方面的含义来看，那些形态都是伦理实体的形成过程，它们先行于伦理实体；从后一方面的含义来看，它们是跟随在后的，它们为自我意识解决了什么是它的使命的问题；

　　这里又是一轮。"那么从前一方面的含义来看，那些形态都是伦理实体的形成过程"，那些形态是什么形态？就是前面讲的"对自我意识孤立地有效的那些个别的环节"，也就是那些自然冲动的环节，它们是要被扬弃的，当伦理实体形成的时候，它们就被扬弃了，或者说，为了伦理实体的形成，它们就扬弃了自身。所以说，"它们先行于伦理实体"。"从后一方面的含义来看，它们是跟随在后的"，就是说，伦理实体其实是它们心中的精神的原则，它们被精神派到世界里面去追求自己的幸运嘛，所以它们是跟随在伦理实体之后的。就是已经有了一个伦理实体，但靠什么来维护它呢？不是靠抛弃或扬弃自己的自然冲动，而是通过人的自然冲动的个别环节，来践行自己心中的伦理实体的精神的原则，这就是自我意识的使命。所以它们是把真正的使命与自然冲动结合起来了，就是说它们有一个使命的观念，这个使命的观念来自伦理实体，它们代表伦理实体向内心的转向，而建立起了每个个体的使命，"它们为自我意识解决了什么是它的使命的问题"。个别的自我意识本身的使命是什么？在这里就体现在它把自己的个体性提升为普遍的精神原则上面，这就可以看出来，你的使命就在你的个别自由意志的行动中。晚期罗马帝国的哲学家们转向人生哲学、道德哲学和个人内心的伦理学，都是要解决这个问题。这里是第二轮分析了。下面还有。

　　按照前一方面，冲动在经验到什么是这些形态的真理性的运动过程[238]里丧失了它们的直接性或粗野性，它们的内容就过渡为一种更高级的内容；但按照后一方面，所丧失掉的是意识的<u>虚假表象</u>，这意识把自己的使命置于冲动之中。

这是第三轮。"按照前一方面，冲动在经验到什么是这些形态的真理性的运动过程里丧失了它们的直接性或粗野性"，前面讲这些自然冲动要被扬弃嘛，但是冲动在经验到什么是这些形态的真理性的运动过程里并没有被取消，而只是丧失了它们的直接性或粗野性，个别形态的真理性的追求把自然冲动本身提高了。"它们的内容就过渡为一种更高级的内容"，希腊人就从英雄时代进入了以雅典社会为代表的古典时期，这就是一种文明化的过程，人的自然冲动文明化了，不再是那样粗野，那样直接，那样为所欲为，而是开始有了更高级的内容，有了对法律和伦常的自觉的遵守。"但按照后一方面，所丧失掉的是意识的虚假表象，这意识把自己的使命置于冲动之中"，就是说，这意识看出伦理实体的那种无自我的宾词是一种虚假的表象，实际上意识的使命就在它的自然冲动之中，这就返回到了个别性的环节，并基于个别性而建立起自己的使命来。下面还有第四轮分析。

按照前一方面，这些形态所达到的<u>**目标**</u>是直接的伦理实体，但按照后一方面，则有对于这种伦理实体的意识，而这个意识是这样的，它知道这伦理实体就是自己特有的本质；并且就此而言，这个运动就会是道德的形成过程，即一种比前面那些形态更高的形态的形成过程。

这个地方"道德"（Moralität）出来了。"按照前一方面，这些形态所达到的**目标**是直接的伦理实体"，"目标"打了着重号，就是说强调的是它们的目的，这些形态一个接一个地最后要奔向一个目的，就是直接的伦理实体，这就是伦理实体的形成过程。"但按照后一方面，则有对于这种伦理实体的意识"，前面是奔向直接的伦理实体，这里讲是对于这种伦理实体的意识，也就是反思了。"而这个意识是这样的，它知道这伦理实体就是自己特有的本质"，这个伦理实体就是它自己特有的本质，就是它自己个人的日常生活。自我意识不再像以前那样关心城邦的政治建构，而只关心自己如何正确地生活,如何获得幸福。"并且就此而言,这个运动就会是道德的形成过程",这是按照后一方面来说的,后一方面就是,自我意识对这种实体不再是直接的关系了,而是对这种实体有了一种间接性,它跳出这种伦理实体之外,有一种对这实体的意识。而这个意识是这样的,它知道这伦理实体是它自己个人特有的本质,所以是把伦理实体内化在自己心里面了。前面是直接的伦理实体,那是自我意识的形态所追求的自己的目标;但现在,它已经意识到这种伦理实体就是它自己的本质,并且就此而言,这个运动就会是道德的形成过程,"即一种比前面那些形态更高的形态的形成过程"。这里用的虚拟式,就是说,如果按照这种内化了的意识,把伦理实体看作它自己的本质,那么这就会形成道德意识形态。伦理实体既然是自己特有的本质,那就不必再依赖外在的他人、社会或权力关系,而成了自己内在的做人原则,道德的形成过程必须建立在这种独立的意识之上。这是一种比前面那些形态更高的意识形态。

不过这些形态同时又只构成道德形成的一个方面,即属于**自为存在**的那一方面,或意识在其中扬弃了**它的**那些目的的那一方面,——而并不构成另一个方面,按照这个方面,道德来源于伦理实体本身。

"不过这些形态","这些形态"是用的复数,指在道德的更高形态形成之前的那些形态,也就是体现为自然冲动的那些个别环节,它们在伦理实体中被扬弃了,但在道德形态中又被赋予了更高形态的含义。现在人们仍然是要追求自己的幸福,但这时对幸福的理解恰好是精神上的,即道德和善的生活就是最大的幸福,对外界事物"不动心"就是最大的幸福。但是这些形态"同时又只构成道德形成的一个方面,即属于**自为存在**的那一方面,或意识在其中扬弃了**它的**那些目的的那一方面","一个"打了着重号,就是说道德的形成有两个方面,个别环节或个体意识只是其中的一个方面,即属于自为存在的那一方面。"自为存在"也打了着重号，就是说这一方面只表现了道德意识的主动性方面，它是自为的，而不是外在强加的。意识在其中扬弃了它的那些目的，"它的"也打了着重号，也就是说，道德的形成过程扬弃了意识的那些特殊的目的，体现出不受这些目的限制的自由意志。所以自为存在的那一方面就是意识在其中扬弃了自己特有的那些目的的方面，把那些具体的目的、那些个别的目的、那些感性的经验的目的，全部扬弃了，而只关注自己内心抽象的精神自由、"不动心"。这当然是任何道德原则首先所必须建立起来的一个方面。"——而并不构成另一个方面，按照这些方面，道德来源于伦理实体本身"，道德来自于伦理实体，这是道德原则的另一个方面。黑格尔所关注的是道德看起来是抽象的，但是却有其现实的社会历史基础，道德实际上是从伦理实体里面产生出来的。道德其实并不是孤立的个人内心的突发奇想或者某种怪癖，而是伦理实体的内化的结果，因此它归根结底反映了一个时代的伦理状况。因此你要理解道德，你必须要结合形成道德的现实社会条件来理解，什么样的社会条件形成什么样的伦理，什么样的伦理也就产生出什么样的道德。所以道德尽管比以前的意识形态都高，但它还是从前面的形态中通过自我否定而提升起来的。

　　既然这些环节还不能具有这样的含义，即与已丧失了的伦理相对立而被做成了各种目的，所以这些环节在这里虽然按照其不偏不倚的内容是有效的，而且它们所追求的目标就是伦理实体。

　　"既然这些环节还不能具有这样的含义，即与已丧失了的伦理相对立而被做成了各种目的"，"这些环节"就是道德的形成过程中的那些个别环节，它们显现为与伦理实体相分离而转向个体内心的倾向。然而，即使与伦理实体相分离，这些环节还不能具有这样的含义，"即与已丧失了的伦理相对立而成为各种目的"，相分离并不等于相对立，道德撇开伦理而自行规定自己的行为法则，但并不是与伦理相反对的，哪怕这个伦理已经丧失了它的现实合理性，道德也不是另搞一套，成为一些反伦理的目的。也就是说，构成道德的自为存在的这些环节并不能为所欲为，也不能故意与伦理实体作对，"所以它们在这里虽然按照其不偏不倚的内容是有效的，而且它们所追求的目标就是伦理实体"。它们的内容是"不偏不倚"（unbefangen）的，也就是并不特别要对旧的伦理实体反其道而行之，而只是听凭自己内心的理性来建立自己的行为准则，并把伦理实体定为自己最终的追求目标。这里讲的是"虽然"，虽然道德的内容在当时就有效，并且仍然是在伦理实体的框架内行动，"但是"，这个转折却推到后面这句话来讲，后面这句是最难解、也是最关键的。

但是，由于这些环节在其中所显现出来的那个形式更接近于我们的时代，在意识丧失了其伦理生活并通过寻找它而重复了那些形式以后，这些环节就可以更多地以后一种表达方式被表象出来了。

就是说，虽然道德的形成过程的各个环节在这里按照不偏不倚的内容是有效的，而且它们的目标最终是要追求伦理实体的，"但是，由于这些环节在其中所显现出来的那个形式"，前面讲不偏不倚的"内容"，这里讲"形式"。那个形式"更接近于我们的时代"，就是撇开受当时历史条件限制的内容，从形式上来看古代那些道德原则，它们其实更接近于"我们的时代"。"我们的时代"就是近代，就是从文艺复兴、启蒙运动以来的时代，包括康德、黑格尔的时代。黑格尔通常讲"我们的时代"都是指这样一个时代，即中世纪以后的西方近代。古希腊罗马的道德形成过程，除开它的那些与当时的伦理生活结合在一起的内容，如城邦政治法律和风俗习惯以外，它的形式方面几乎每一个环节都被文艺复兴这块海绵吸收了，如斯多葛派影响了后来的理性主义和形式主义的伦理学，伊壁鸠鲁派被后来的经验派的伦理学所继承。当然这种吸收只限于形式，而不涉及当时的伦理生活的现实内容，这些形式更接近于我们的时代，用今天的话来说，这里体现了一种冯友兰所谓的"抽象继承法"。那么，"在意识丧失了其伦理生活并通过寻找它而重复了那些形式以后"，就是说，我们今天已经丧失了古代的伦理生活，我们通过文艺复兴而试图重新找回这种伦理生活，却无形中重复了那些形式。意识丧失了伦理生活又在寻找它的伦理生活，于是就重复了那些形式。于是，"这些环节就可以更多地以后一种表达方式被表象出来了"，"这些环节"也就是道德形成的诸环节，它们可以更多地以后一种表达方式被表象出来了。什么是后一种表达方式？就是上面一直在讲的，连续四轮都在讲，按前一方面来说怎么样，按后一方面来说又怎么样。前一方面着重于伦理实体的形成，后一方面着重于从伦理实体向道德意识的提升。在"我们的时代"，更接近于后一方面的表述，从文艺复兴到启蒙运动的时代更接近于后一方面的表述，也就是可以更多地表达为从伦理实体向道德意识的提升。后面一直到小标题"快乐与必然性"，这中间还有两段，这两段，就是更多地按后一种方式来表达，来总结前面所有讲过的。同时也是承前启后，一方面总结了前面所讲的，另一方面拟定了整个"理性的自我意识通过自身而实现"这一部分的一个大纲。例如后面接下来这两段，第一小段就是概述"快乐与必然性"环节，第二大段就是讲的"自大狂和心的规律"、"德性与世界进程"两个环节，这就已经预示了整个这一部分后面的结构。它们都是讲的文艺复兴以后西方道德意识的进程，而所采用的形式都是从古希腊罗马借过来的。所以前面这一部分，在"快乐与必然性"之前，都相当于一个导言，后面讲的这三个标题"快乐与必然性"、"心的规律与自大狂"和"德性与世界进程"都是这个导言的展开。今天就到这里。

＊　　　　　　＊　　　　　　＊

今天是圣诞节，祝大家圣诞快乐！我们在节日的时候还要继续我们思想的节日。上次讲到最后这一段，非常复杂非常深奥的一段。其实归纳起来就是讲了两个方面：第一个方面是内容的方面，讲到对于伦理实体的追求，是伦理实体的形成过程。这个过程是一个有很多环节、有很多形态的进程，这些形态本身并不是伦理实体，但是它们的目的就是伦理实体,这是第一个方面。第二个方面是在追求过程中所形成的那种形式,一种更高的东西,一种超越的东西。虽然这个目的还没有追求到,但是形式已经形成了。而最后回过头来发现那个目的其实不重要。重要的是这些形式,这些形式本身产生目的。这是我们上次讲到的,讲到"这些环节在其中显现出来的形式更接近于我们的时代"。以康德为代表的这个时代更注重于形式,更注重从这些目的的内容进展中把形式提取出来。特别是自从康德的形式主义伦理学以后,人们把形式看得更重要,看作是更内在的一种本质性的进程。所以随着历史的进程,形式就更多地以近代的表达方式得到了表象。当然这个形式还是一种表象化的形式,不是纯粹意义的形式,纯粹概念的形式还要到以后才有,表象化则是以表象的方式表达了概念的形式。这是上次讲到的最后这一段,黑格尔对这两方面进行了四轮反复的比较推理。这两方面也就相当于我们在前两个小标题里面讲到的,第一个是伦理世界的形成,这更多的注重于内容方面。第二个就是从伦理世界向道德世界的提升,这更多的是着重于形式方面。

下面的最后这两段,我们上次已经提示了一下,最后这两段实际上是对后面要讲的这一节的三个话题的一个大纲,或者说是一种规划。这三个话题一个是"快乐和必然性",一个是"本心的规律与自大狂",一个是"德性与世界进程"。我们可以看出这三个小标题都是一对一对的,这一对一对的关系,就在于其中总有一个是内容,另外一个是形式。比如说快乐与必然性,快乐是内容,必然性是形式。本心的规律与自大狂,本心的规律更偏重于形式,自大狂更多的是内容,当然它们的次序是倒过来的。第三个小标题是德性与世界进程,德性可以看作是一种内容,世界进程可以看作是把德性投入世界进程里面所形成的一种形式。

那么我们今天进入最后的这个总结,最后这个纲要,我们把这两段看作是这一节的一个大纲,也就是说在最后通过总结前面讲的而预示后面要讲的,是承前启后。

　　那首先只是精神的概念的自我意识在走上这条道路时所具有的规定性，就是它本身是作为个别的精神的本质，因而它的目的就是将自己作为个别的自我意识而实现出来，并在这个实现中作为个别的自我意识而享受自身。

　　"那首先只是精神的概念的自我意识"，也就是说这个自我意识在最初的时候，它就是精神的，但是它只是精神的一个抽象的概念。这是黑格尔通常论述的次序，首先从抽象的概念出发，然后再越来越具体。"在走上这条道路时"，这条道路就是前面讲的，从伦理世界的形成然后再上升到道德世界这样一条道路。"走上这条道路时所具有的规定性，就是它本身是作为个别的精神的本质"，一开始自我意识只是作为个别精神的本质而走上这条道路的，之所说是个别的精神，就是说它有个别性，它的本质是特定的、不可取代的，而不是寄托在别的东西之上。"因而它的目的就是将自己作为个别的自我意识而实现出来，并在这个实现中作为个别的自我意识而享受自身"，所谓享受自身就是快乐，这就进到了"快乐和必然性"。这个享受自身的过程中会形成一种必然性，这个必然性是它不知道的。它在享受自身的过程中无形中会形成一种必然性，这在后面会讲到。但是这里只是点了它一个出发点，它是属于享乐主义，它出自于享乐。后面举了一个例子就是歌德的《浮士德》。浮士德把自身的灵魂出卖给魔鬼，获得了极大的能量，他用这种能量首先投入自我享受中，使自己快乐。第一段实际上预示了后面要讲的"快乐"的主题，"必然性"的主题还没有出现，但是必然会出现。

　　在自我意识作为**自为存在者**而自己就是本质这样一种规定中，自我意识是他者的**否定性**；因而自我意识在它的意识里本身作为一个肯定的东西，而与这样一个虽然**存在**、但对自我意识具有一种并非自在存在者含义的东西相对立；

　　自我意识有一种规定，一种什么规定呢？它"作为**自为存在者**而自己就是本质"，也就是要使自己成为自为存在者，这是它的规定，也是它的使命（Bestimmung 兼有规定和使命两个意思）。享乐主义就是这样，它把这当作自己的使命，就是要使自己成为自为存在者，成为自由的存在者，要使自己获得自由，它把自由理解成为所欲为。在这种规定或使命中，"自我意识是他者的**否定性**"。它要完成自己的使命，它要肯定自身，它就要否定他者。首先享乐必须要有享乐的对象，必须要消费享乐的对象，也就是要否定它的对象。"因而自我意识在它的意识里本身作为一个肯定的东西，而与这样一个虽然**存在**、但对自我意识具有一种并非自在存在者含义的东西相对立"，前面的否定性打了着重号，这里的存在也打了着重号。这种否定性是怎样的否定性呢？自我意识自己是肯定的东西，它与一个虽然存在，但是对自我意识来说它并不是自在存在者的东西相对立，也就是要否定这个并非自在存在者的存在。它不是自在存在者，那它是什么存在？它是"为我存在"，为我所用。我面对一个东西，我把它拿过来据为己有，那么这个东西虽然存在，但是对于自我意识具有一种并非自在存在者的含义。自我意识与这个东西相对立，它自己是肯定的，但对对象采取否定的态度，一种占有的态度，一种消费的态度。

　　这意识看起来被分裂为这个被碰上了的现实性，和意识通过扬弃这现实性所达到的**目的**，这目的不是被碰上的现实性，毋宁说是被造成为现实性的。

{198}

　　这意识表面上看起来分裂为两方面，即被碰上了的现实性方面和意识通过扬弃这现实性而达到的目的方面。被碰上了或者被遇到了，我们前面讲过是带有偶然性的意思。偶然碰上了这个现实性。你要追求自己的目的，但是客观环境中是否有呢？那要看你的运气，那不是你想要就会有的，这是一方面。"和意识通过扬弃这现实性所达到的**目的**"，目的打了着重号。一方面是被碰上的现实性，另一方面是意识要达到的目的，它要扬弃它面前的这个现实性，这个环境，要改造这个环境，来达到自己

70

的目的。"这目的不是被碰上的现实性,毋宁说是被造成为现实性的",这个目的当然也有现实性,它实现出来就有了现实性;但是既然加入了目的,这个实现出来的现实性就不是被碰上的了。最初那个现实性是偶然的,但是经过对它的有目的的改造,把它据为己有,那么这个目的就不是偶然的了,就不再是被碰上的现实性。毋宁说是被造成为现实性的了。这还是承接上面说的,自我意识要享受自身,追求快乐,但是却面临着一种必然性,就是它遇到的这个现实性对它来说不是由它所支配的,它反而要受这个现实性支配。但是它又要去改造这个现实性,把它变成自己的现实性。这就有一种本心的规律在里面,并且容易从这种本心的规律里面滋生出一种自大狂,以为我可以凭借我的内心的规律来改造一切。但这个本心的规律首先要确立起来。

但这个自我意识的第一个目的,是要直观自己的**直接的**抽象的**自为存在**,或者把自己作为在一个他者中的**这一个个别者**来直观,或者把另一个自我意识直观为自身。 [239]

自我意识要把现实性改造成"为他"的。自我意识不把它看作是自在的,而把它看作是为自己的,为我的,于是对它进行改造。但是自我意识的第一个目的并不是这种改造,并不是改造世界,第一个目的是"要直观它的**直接的**抽象的**自为存在**",也就是直观自己的消费能力和享受过程。"直接的"和"自为存在"打了着重号。最初的目的并不是要改造世界,而是要享乐,要直观自己的满足状态,也就是直接地感到快乐。"或者把自己作为在一个他者中的**这一个个别者**来直观",我在享乐中把他者据为己有,但是在这个他者中我直观到了我这个个别者,即我这个正在享乐的个别者,我借他者来享受我自己。最初的初衷是这样的。"或者把另一个自我意识直观为自身",这两个"或者"看起来是一回事,但是层次上是不同的。在后者中,另外一个你享乐的对象也是一个自我意识,因为你在对象里面所直观到的是自己的个别性,所以这个对象被你看作是自我的一种直观。你看不到自己,你只有在自己的对象上才能看

71

到自己,那么这个对象就成了另一个自己。也就是你在另外一个人那里得到自己的享乐,你把对象据为己有的时候实际上你已经和他人发生关系了。前面讲过,劳动虽然是你个人从事的一项事业,但是实际上是有社会性的,实际上你是为他人的,对整个社会起着一种联系的作用。你的劳动是在他人身上直观到自己,你通过劳动所获得的享乐也是这样,你享受着自己的、实际上也是在享受着他人的劳动产品,因为任何劳动都是社会共同进行的。虽然你的初衷是追求快乐,但是你在另一个自我意识那里直观到了自身,劳动和享乐把各个个人社会地联系为一体。对于个别自我意识的快乐而言,这就是一种必然联系,一种不可摆脱的命运。

这种经验就是这个目的的真理性,它提高了自我意识,此后自我意识自身就是目的,只要它同时既是**普遍的**自我意识同时又在自身中**直接**拥有**规律**。

上面这三句其实已经展示了自我意识的一个"经验"的过程:最初它是在享受自己,然后为了享受自己,它把自己作为在一个他者中的个别来直观,在他者中的这个个别者又实际上是把另一个自我意识直观为自身。这构成了一个经验的历程。这个"目的"最初是享受,它的真理性就展示了这样一个经验的过程。自我意识最初很低,但是在追求快乐的过程中它把自己提高了,提高到一种社会性,一种关系。自此以后自我意识就是目的,但是又有一个条件:"只要它既是**普遍的**自我意识同时又在自身中**直接**拥有**规律**"。"普遍的""直接""规律"打了着重号。所以自我意识作为目的,现在是这样一个目的,它一方面具有普遍性,另一方面又具有直接性,在普遍性和个别性之间有一种规律。这规律就是后面讲的本心的规律。这个"本心的规律","Herz"是心脏的意思,但是在日常生活中它不只是指心脏,它有象征意义,象征着人的真心。个体独立的单独的自我意识的本心是有规律的,但如果你把自我意识看作是本身拥有这个规律的,那么你在改造现实的过程中就容易产生一种"自大狂"。

你想用这个规律来收拾这个世界。这个世界一切都颠倒混乱了,你要把他整顿好,那就容易造成一种"自大狂",这就是哈姆莱特的思想。为什么只是我天生赋有这种使命呢?因为我最真诚,我本着我的本心的规律,就可以按照我的意愿来拯救这个世界。但是实际上这个世界根本不是按照你本心的规律能够整顿好的,最后导致了不堪收拾,一塌糊涂,一切都原封未动,他所采取的手段跟他的敌人所采取的手段没有什么两样,只能被时势推着走。

但在实现自己本心的规律时,自我意识经验到个别的本质在这里并不能够被保持下来,而是只有通过对个别本质的牺牲,善才能得到实行,而自我意识就成为了德行。

既然我自己的本心有了这样一种规律,那么我就要替天行道,我就要按照我的规律来整顿乾坤。此时它经验到,"**个别的**本质在这里并不能够被保持下来"。你以为自己独自就承担了天道,这样的本质并不能被同时保存下来,而是被周围环境化解掉了。你最初的目的完全被扬弃了,你只是成为了命运的工具或手段,以你的个别本质所体现出来的本心的规律实际上是被牺牲掉了,并且只有这样,善实际上才能得到实现。《哈姆莱特》里面讲到的那个社会最后还是回到了原来的秩序,一切都平息下来,哈姆莱特的自我牺牲是悲剧性的。但如果真正是为了实行善而自我牺牲,这就将成全某种天道,也就是德行。Tugend 这个词我们在翻译康德时将它译为德行,它与 Sittlichkeit 是有区别的,后面一个是德性,德性在黑格尔这里一般翻译成伦理。康德的《道德形而上学》里面第二部分叫作"德行论的形而上学",Tugend 即德行更具体一些,它是指行为,Sittlichkeit 则是一种属性。这里讲,在这个时候自我意识就成为了"德行",就不再是本心的规律了。本心的规律还是一种比较中性的,本心有一种规律,比如说《哈姆莱特》又叫《王子复仇记》,你杀了我的父亲,那我必然就要报杀父之仇,这就是一种规律。当然哈姆莱特自己认为自己是正义的,对方是不正义的。但是实际上他自己为了复仇,也做了不少不正义的事，他把自己的行为当作一种规律——父仇必报。但是那只是他个人的规律。但如果自我意识变成了德行，那就不只是他个人的事了。哈姆莱特要整顿乾坤，但这是要把社会纳入合乎自己本心的规律。但是如果自我意识能把自己撇开，不是个人的私仇，而是天下公德，要按照这个道德来把这个世界变得更美好，改造成一个道德世界，自我意识就变成了德行。在后面黑格尔虽然没有直接点名，但是他讲的就是西方人的堂·吉诃德精神。堂·吉诃德有一种骑士精神，要按照一种道德的理想来摆平整个世界，到整个世界当中去进行一种征服，抱打天下的不平。这种道德理想与他个人毫无关系，有点类似于我们中国的侠客精神，路见不平拔刀相助。这个世界上的不平跟我没有任何关系，它并不是杀父之仇，但我见到了就是要把它摆平。自我意识在这个意义上就变成了德行。

<u>德行所造成的经验不可能是别的，只能是：它的目的自在的已经被实行了，幸运直接就发生于行为本身之中，而行为本身就是善。</u>

堂·吉诃德从一般意义上来说也是一个失败者，他同风车搏斗，在头脑中把整个世界都想象成为一个不道德的世界，于是他站在道德的一边去和不道德的现象作斗争。但是现实世界是日常的，每一种事情都有它自然发生的规律。所以堂·吉诃德的到处失败是因为他怀着一种过于纯洁的道德眼光对这个世界的歪曲，他没有现实感。"德行所造成的经验不可能是别的，只能是：它的目的自在地已经被实行了，幸运直接就发生于行为本身之中，而行为本身就是善"，德行的目的虽然在主观上没有达到，但在你的行动中已经实现了，不论最后结果如何，你这个行动本身就是善，它被纳入了世界历史的过程。世界进程不是你去改造它就可以把它纳入道德的正轨的，但世界进程只有靠无数为了自己认为的正义和德行而行动的人才能迈开自己的步伐。它有它自在的目的，这目的与行动着的人的目的很可能是完全不同的，但它把这些行动着的人当成自己的工具，借他们的行动来实现它自身。德行与世界的进程是这样的关系：

你主观的道德只是主观的目的，但是客观目的的善并不是由你主观的目的去实现的，而是由世界进程本身利用你的主观行为来实现的。"幸运直接就发生于行为本身之中"，实现善的目的只是一种幸运，并不是作为你的目的而实现的，而是作为世界历史的"理性的狡计"，世界历史碰巧选中了你的行为或活动来实现自身的目的。但如果没有堂·吉诃德，没有人为德行和正义而战，世界历史也就没有可资利用的手段了。从这种意义上说，堂·吉诃德的行为本身就是善，但并不是他自己理解的德行或善，而是由世界进程最后来作评定的。他的一系列游侠行为，虽然主观上处处遭遇了惨败，客观上却恰好埋葬了陈旧的骑士精神，开辟了一个新世界的视野。在这点上，他的自我牺牲比哈姆莱特的自我牺牲更具有道德含义和历史作用。所以堂·吉诃德并不是一个喜剧中的笑料，其实正是一位悲剧英雄，世界历史需要这样的英雄来转动自己的车轮，否则就是一潭死水了。

　　<u>这整个领域的概念，即事物性就是精神本身的**自为存在**这个概念，就在事物性的运动中对自我意识形成起来了。</u>

　　"这整个领域的概念"，也就是实践理性从一开始，从快乐与必然性一直到德性与世界进程这整个领域，有一个概念贯穿始终，一个什么概念？就是从观察的理性最后的结论里得出的那个概念，即：自我是一个事物，精神是一件事物，精神是一个存在。这个概念在头盖骨相学的最后部分已经提出来了，但是还没有被理解为一个概念，它只是被理解为一种表象、一个命题，而且这个命题的意味没有表达出来。如果你表达为"精神是一块骨头"，这是不能被接受的。所以刚刚说出来"精神是一个事物"，但是马上又说我的意思不是这样的，没有说出来的意味是，精神与一个事物还是不同的。所以在那里还没有从概念上来把握这样一个无限判断的命题，这个概念只是在自我意识的实践理性中才形成起来。命题还是那个命题，但是现在这个概念已经形成了，这是通过实践理性才形成起来的。"事物性就是精神本身的**自为存在**这个概念，就在事物

性的运动中对自我意识形成起来了"，原来所理解的事物性只是一块骨头，它是不运动的；但是现在在事物性的运动过程中，在实践所促成的世界进程中，这个概念形成起来了。前面的享乐和必然性、本心的规律，以及你的主观道德目的——你要改造世界，这些虽然落空了，但是你的实践活动本身却是实打实的，它把这个精神的事物性的概念充实起来了。事物性成了精神的一个自为存在的过程，一个运动过程，它已经不再是一个静止不变的死的东西。自我意识已经意识到了事物性是运动的，是一个世界进程，是一个历史。

由于自我意识已经找到了这个概念，于是它就是把实在性作为对自己直接的东西向自己说出来的个体性，这种个体性不再在一个对立着的现实性上碰到任何抵抗，对它而言，只有这个说出来本身，才是对象和目的。

精神的自为存在不是高高在上不食人间烟火的抽象东西，而是在事物性中实现出来的，在事物性的运动中，这个概念形成起来了。所以"自我意识已经找到了这个概念"，证明了精神确实是一个事物，它就是一种个体性，这个体性是能动的，它能够"把实在性作为对自己直接的东西向自己说出来"：我直接就是一个实在的事物。这句话现在涵义丰富，这个事物本身是自我意识的一个实在的运动过程。首先这是一个实在的东西，其次它把这个东西说了出来，不让它停留在意谓之中。原来的那个命题"我是一个事物"不能直接地去理解，它好像说了出来，但又没说出来，你不能从字面上去理解"我是一个事物"。现在通过事物的这种运动，它把意思说出来了："我是一个事物"意味着我是一个现实过程，我是一个世界进程，我是一个历史过程。而且我把它说了出来，我说出了这样一个实在性，这一实在过程就有了自我意识的自觉性。我作为这样一种个体性，那就是能动的，就不再是躲在命题后面作为一种只可意会不可言传的意谓而存在了，而是明确说出来可以照着去做、也可以让其他人理解的主体性了。说出来就是对世界历史进程的一种参与，说本身就是一种行动,不但是我说什么就做什么,而且我说的比我做的更重要。我做的还只是个人具体的目的,而我说出来的则是一种超越个人之上的客观形式。所以并不是说"听其言,观其行",似乎听他说什么不重要,主要看他做什么;在黑格尔这里,观其行还要听其言,听其言更重要,说出来、掌握了形式更重要。作出来的事情它可能有不同的目的,它也可能并不是要符合这个形式,而只是偶然碰上的。但是你把它作为一个命题说出来,这就成了一贯的形式法则,是自己说出来的个体性,它就具有了普遍性。"这种个体性不再在一个对立着的现实性上遇到任何抵抗,对它而言,只有这个说出来本身,才是对象和目的",在以前,"我是一个事物"这个命题是遇到抵抗的,虽然我在头盖骨相学中已经说出来了,但是我又知道我不是一个事物,这个事物只是我的一个象征。现在我就是事物,我在这个对立着的现实性上不再遇到抵抗,因为这个现实性已经没有跟精神格格不入的东西。实际上,这个个体性不再有一个对立着的现实性,它已经把对象据为己有了,通过实践精神已经完全占有了存在,占有了客观世界。精神已经成为了一种客观精神,所以它与客观世界之间没有任何隔阂,已经融为一体。因为它说出来,它从概念来理解自己说出来的话,就把握了这句话所隐含的本质,也就是世界进程的本质。所以"对它而言,只有这个说出来本身,才是对象和目的",最后暴露出来说是最重要的。说出来不是简单的字面上说出来,而是从概念上把它说出来。如果不是从概念上来理解,那你还没有说出来,当你称精神是一块骨头的时候,你还没有说出来,因为你只是从表象上来理解这句话。正如同一句格言,在年轻人口中说出来和在老人口中说出来有完全不同的含义,在老人的口中说出来才能把握它全部丰富的内涵,才是从概念上理解说出来的这句话。一开始的对象和目的是偶然的,是碰上的一种现实性;而现在这个"说出来"本身才是你要追求的对象和目的,它拥有了"说"的必然性。

以上只是后面内容的一个大纲,里面已经包含了后面的各个环节和步骤。但是说得很简略，只是大致的线索。下面我们就开始进入第一个环节：快乐与必然性。

a. 快乐与必然性

我们刚才讲了快乐相当于内容的方面，必然性相当于形式的方面，它们构成一对矛盾。首先讲的是快乐，然后再讲它如何陷入必然性。

这个本身完全是实在性的自我意识，在自己本身就拥有自己的对象，不过它所拥有的这个对象首先只是自为的，还不是存在着的；

自我意识要拥有实在性，必须有自己的对象。所以"这个本身完全是**实在性**的自我意识，在自己本身就拥有自己的对象"，这是毫无疑问的。"不过它所拥有的这个对象首先只是**自为的**，还不是存在着的"，自为的打了着重号。自为的，是说它的对象只是一种欲望，它追求的只是欲望的满足，它只为自己，不在乎那个对象存在不存在，只要能满足它的欲望就够了。正如追求快乐者只要快乐，他不在乎这个快乐的对象如何。有人认为人生就是追求快乐，其他的东西都是为我所用，价值多少，花费多少，甚至是不是虚假的，都不管。我们去电影院里看电影，谁去关心电影里演的是不是真的呢？片头甚至告诉你，"本片纯属虚构"。但你还要去看，你不在乎它是不是真的，只要它带来快乐，我的目的就在于此。我笑过，舒服过了，那么这就够了，它的实在性也就在这里，这是最实在的。我们现在谈论所谓的"幸福指数"，不在乎钱多，有很多钱却不一定幸福。人生就要追求快乐，所以有很多人说，不要那么多钱，只要能够让人快乐就够了，钱多反而成了包袱，会带来烦恼。自我意识最开始是这样的，即它的实在性就体现在追求快乐。小孩子也是这样，他要追求快乐，他才不管要花多少钱去买，是不是可惜了，他不喜欢就是不喜欢，喜欢就是喜欢。所以他所具有的这个对象首先只是自为的。它就是为自己，不是为对象。这个对象还不是存在着的。

存在是作为另一个现实性、也就是他者的现实性而与它对立着的；而自我意识则趋向于通过完成自己的自为存在而把自己作为另一个独立的本质来直观。

这还是顺着刚才那个意思，就是此时考虑的不是存在，而是自为，我要的是自为的实在性。所以存在在我之外，作为另一个现实性与我相对立。当然，实际上我要满足我的欲望，这个存在是必不可少的。你必须要有物质基础才能够享乐，你去看电影也要买票吧。但是这个存在是作为另一个现实性，也就是作为他者的现实性而与我对立的。享乐的基础、条件在你外面，是和你相对立的。"而自我意识则趋向于通过完成自己的自为存在而把自己作为另一个独立的本质来直观"，自我意识把自己看作是另一个独立的本质。自我意识到快乐出于自己，是一个独立的本质，它使自己得到满足来完成自己的自为存在，认为这样一个人才值得，才是一个幸福的、自由的人生。把自己作为一个独立的本质来直观，也就是享受自我。

这个最初的目的，就是要使自己在另外的自我意识里作为一个个别的本质而被意识到，或者使这个他者成为它自己；它具有这样的确定性，确信这个他者**自在地**已经就是它自己了。

既然自我意识要把自己的欲望的满足当作另一个独立的本质来直观、来追求，这另外一个自我就是它自己所设定的一个理想的自我，这个理想的自我作为我的"最初目的"，就体现了我的个别本质，我要使它成为我自己，也就是我要使自己的本质在另一个自我意识身上实现出来。当然，当我这样想的时候，正说明我还不是我自己，而是一个他者，一个我所追求的另一个自我。我必须改变我自己、使自己不是我自己，我才能真正地是我自己，我必须脱胎换骨。老学究浮士德五十多岁的时候，靠靡菲斯特的魔法把自己变成一个三十多岁的年轻人，雄心勃勃、生龙活虎地去追求自己新的人生，使自己换一种活法做人，他成功地"使这个他者成为它自己"。这里暗示的是文艺复兴对人性的解放和刷新，没有这样一种脱胎换骨，他就不可能放下自己的一切文化教养而回到原点，在直观自为存在的基础上重新本真地来体验一回人生。但在这场变革发生之前，他必须有一个最初的目的，下定决心，并拥有一种确定性，"确信这个他者**自在地**已经就是它自己了"。任何人要否定自己，要从头开始，都需要极大的勇气和决心，也需要极大的信心。浮士德正因为读书破万卷，从中世纪走出来，看透了红尘，不甘于庸碌的人生，才能下定这种决心：我就应该是那样一个人，就应该过那种生活。所以这种确信就是他的理想，他决心按照自己的本质生活，当他这样立志的时候，他自在地或者说潜在地已经就是这样一个人了。

[240]

——当它从伦理实体中、从思维的<u>静止存在中把自己提升为它的</u>**自为存在**<u>时，它就将伦常和定在的法则、将观察的知识以及作为正在消逝着的灰色阴影的理论抛到身后了，因为后者毋宁说是关于这样一种东西的认知，这种东西的自为存在和现实性是不同于自我意识的现实性的。</u>

"当它从伦理实体中、从思维的静止存在中把自己提升为它的**自为存在**时"，这个我们前面已经做了准备了。伦理的实体就是古希腊的城邦生活中的伦理实体，那个时候是天人合一的，个体性还没有完全脱颖而出，还和伦理的实体融为一体，那是一种混沌状态。思维的静止存在就是观察的理性。虽然它也经历了一个历程，一个运动，但是这个运动不是它有意的，从它有意的目的来说，它还是要观察要静观。它所获得的都是一些客观知识、理论理性。伦理实体是实践理性，但是它没有自觉、没有分离出个体意识。当它分离出个体意识的时候，就是从伦理的实体和思维的静止中把自己提升为自为的存在，也就是个体性的觉醒。这经历了漫长的历史过程，从古希腊罗马的伦理实体里面诞生了基督教。基督教是个体觉醒的第一步，但是还不是真正的个体觉醒，它只是有了个体的不幸意识，它失去了伦理实体的幸运。通过不幸意识，在文艺复兴以来的近代西方精神里面才有了个体意识的真正觉醒。黑格尔主要追溯的是近代、"我们的时代"，我们的时代就是要从知识中和不自觉的伦理生活中把自己的个体性提升出来，"提升为它的**自为存在**"。当它的个体意识独立出来之后，它就将传统流传下来的伦常规范以及定在的法则，"将观察的知识以及作为正在消逝着的灰色阴影的理论抛到身后了"。这里的用语就已经是歌德《浮士德》的用语了，《浮士德》里面讲到，"理论是灰色的，生命之树长青"。所以这里用了"灰色的正在消逝的阴影的理论"。如果熟悉德国文学史，就会知道是引用歌德的名言。要把理论抛到后面，理论是一个阴影的世界；追求快乐则是生命之树，确信享乐的合理性，这是近代文艺复兴以来的一个原则，出发点就是人的享乐的合理性。为了追求个人的人性的舒展，理论、传统的伦理规范都可以抛到后面。传统的道德已经过时了，新道德有待于建立。新道德如何建立？首先道德不是建立在理论这种抽象的阴影之上的，而是建立在生命之上的，所以首先要投身于生活。这就是近代以来个体意识的觉醒，它从伦理实体和理论理性中脱颖而出。"因为后者"，——即正在消逝的理论，"毋宁说是关于这样一种东西的认知，这种东西的自为存在和现实性是不同于自我意识的现实性的"。科学知识、理论是对这样一种东西的认知，是对客观世界的认知，它有它的现实性，但这种现实性不同于自我意识的现实性，至少在这个开端上是不同的。当然最后自我意识还要把它收回来，但在开端的时候首先要把它撇开，因为现在已进入实践理性了。实践理性一开始首先就是追求快乐，追求享受。所以自我意识的现实性就是追求快乐。

　　充斥到这个自我意识中来的，不是认知和行为里的普遍性的那个照耀在天上的精神，在其中个别性的感觉和享受是沉默的，而是地上的精神，对于地上的精神来说，存在只有当它是个别意识的现实性时才被看作真正的现实性。

　　这个自我意识由于充实了新的内容而得到了更新。是些什么内容呢？"不是认知和行为里的普遍性的那个照耀在天上的精神"，不是科学知识，也不是道德精神。你有再多的科学知识，也不会导致你的行动，而行为里的普遍性的精神，也就是旧的道德法则，同样是束缚人的，这些都是照耀在天上的精神，也可以说是上帝。也就是说推动自我意识的不是科学知识，也不是上帝。在科学知识里面，以及在传统的伦理道德规范里面，在上帝那里，"个别性的感觉和享受是沉默的"，个别的感受和享乐是被压抑的、没有地位的。反过来，地上的精神就是个体的感觉和享乐。"对于地上的精神来说，存在只有当它是个别意识的现实性时才被看作真正的现实性"，地上的精神就是世俗精神，个别意识的现实感受才是真正的现实性。对个别的意识或个人来说，把个人都奉献了，得到再大的荣誉也没用，你只是一个空壳。真正的现实性就是你过得愉快，确确实实感到快乐，那就是你个别意识的现实性。这就是地上的精神，世俗生活的精神，真正的个人主义的现实性。快乐首先是从世俗精神的生活中获得的，从下至上，首先追求自己感官的现实性，然后再谈提升的问题。如果没有这个，别的都谈不上。很多人认为黑格尔的理性主义好像把感性、激情和世俗的东西都打入冷宫了，这是不对的。黑格尔是非常强调现实感、强调人的现实生活的。下面他引了歌德《浮士德》中的一段诗。贺、王译本的注释讲："黑格尔引歌德《浮士德》第一部学生一场的诗句大意"，不确切。《浮士德》里面没有"学生一场"，只有"书斋"一场，这一段诗是在"书斋Ⅱ"里面出现的。这个诗的译文我稍微改了一下：

{199}　　　他蔑视知性和科学，[①]

　　　　　这人类至高的才能，——

　　　　　他奉献自身于魔鬼，

------

① 歌德原文为"理性和科学"，黑格尔显然想保住"理性"（Vernunft）的崇高地位，于是把理性换成了他一向所不屑的"知性"（Verstand）。——中译者

而必将走向沉沦。①

根据德文版编者在这里加的注释，可以看出，这是黑格尔把靡菲斯特的一大段独白（由本人译成中文）的前两句和最后两句截取下来，按照自己的意思改变一下，凑成了这首小诗。这里"必将"是指快乐的必然性。浮士德在书斋里苦恼不堪，作为一位饱学之士，他已经把天下的书都看尽了，在当地很有名望，人家来看病算命都找他。他懂科学知识，懂炼金术，但是他在书斋里面厌倦了这些知识，"他蔑视知性和科学"。这些知识有什么用呢？并不能使他得到快乐。所以他就想要真正为所欲为地干一番事业，满足自己行动的欲望，可是他没有能力，于是靡菲斯特就乘虚而入。他不再崇拜知性和科学，而是把灵魂抵押给魔鬼，因为魔鬼具有无所不能的能力，尤其干坏事无所不能，可以激发他原始的生命力。他本来想自杀，后来他想与其自杀，不如到世界上去走一趟。他就以自己的灵魂为质，换来了靡菲斯特对他的服役。但是他这样做必然走向沉沦，他终将受制于必然性。西方近代的自我意识也就是浮士德精神，我们通常讲浮士德精神就是这样一种突破知性法则和道德禁忌而永不满足、永远进取的精神，里面包含非理性的狂飙突进，个性的自由与解放，上天入地无所不为、无所不能，但最后还是要归于历史进步和历史目的的信念。黑格尔在他的时代深受浮士德精神的影响，或者说深受歌德的影响，浮士德精神跟黑格尔的《精神现象学》的历程非常相近，最开始就是起步于感性生活，但不断地要超越自身，向更高处突进。这就是"快乐与必然性"。

———————————

① 参看靡菲斯特费勒斯在《浮士德》中的话（《歌德文集》第7卷，莱比锡1790年，第24页）：

只要蔑视理性和科学／这人类至高的力能／只要在障眼的魔法中／让你得到谎言的支撑／那我就无条件地拥有了你——／命运赋予了你精神／这精神不可阻挡，永向前冲／而它的急起直进／超越了人世的欢情。／拉动它，我凭的是原始的生命，／和浅薄的琐事，／他要为我躁动不安，对我执着不离，／而他的不知腻足／要将美味佳肴悬于贪婪的双唇，／他徒然地祈求称心如意，／哪怕他不奉献自身于魔鬼，／他也必将走向沉沦！——丛书版编者

　　于是，自我意识就一头栽进了生活之中，将它出现于其中的那个纯粹的个体性付诸实行。

　　"一头栽进了"，stürzt，也就是直接摔进去、跌进去了，很形象。与魔鬼靡菲斯特签了约之后，靡菲斯特就把他直接带到了最下等的酒馆，让他在那里和庸众一起饮酒狂欢。这就是世俗生活，不要看不起那些打工者，那些社会油子，那些人在那里嘲笑一切道德理想和政治抱负。什么"神圣罗马帝国"，还有"养了一匹大跳蚤"的国王，都是些"段子"，大家都把这些当作笑料来讽刺。神圣罗马帝国是德国人的政治理想，当年日耳曼人曾经统治了整个基督教欧洲，但这个时候德国却四分五裂，连一个国家都称不上。但是他们有一个理想，就是能不能再次统治欧洲，神圣罗马帝国是不是能够恢复。到后来希特勒就一度实现了这个"理想"。但是在下等酒馆里面，一说起"神圣罗马帝国"，大家都哈哈大笑。可见那个时候已经是理想沦丧，道德滑坡，这就是浮士德所见到并投身于其中的世俗生活。"将它出现于其中的那个纯粹的个体性付诸实行"，自我意识在此是以纯粹个体性的方式出现的，但是这种个体性不能停留于观念中，而要付诸实行。这就是这个第二节的总标题"理性的自我意识通过自身的活动而实现"的意思。自我意识追求的是个体性，那个体性怎么实现呢？首先就是追求自己的欲望，"食色性也"，就是追求自己的快乐。从酒馆里出来，浮士德首先就是去诱惑他在街上碰到的第一个少女，玛格丽特，郭沫若译作"玛甘泪"，是一个小市民的女孩儿。在此之前，靡菲斯特让他经过了一次脱胎换骨，给他吃了一种返老还童之药，使他从五十多岁变成了三十多岁，于是他就精力充沛地去诱惑一个少女。个体性首先就是以这种非常低级、非常粗俗的方式付诸实行的。

　　它与其说是在创造着自己的幸运，不如说是直接地将幸运拿来，并享受之。

　　个体性在这里还根本没有表现出什么创造性，只是一种纯粹的自然冲动。他碰到一个少女，上去搭讪，浮士德能说会道，他本来就是上流社会的博士，风度翩翩，玛格丽特一下子就被他迷住了，不久两人就同居了。这种幸福根本不是他创造的，他是直接伸手拿来的。追求快乐的人就是这样，他最初并没有想到要去创造快乐，而是凭幸运（Glück）。那什么"不幸的意识"早已随着基督教的衰落而消失得无影无踪了。而现在一同消失的还有科学理性和道德法则的禁锢，这种禁锢也是不承认什么偶然的幸运或运气的。

仅仅处在它与它的那些现实性之间的关于科学、规律和原理的阴影，就像一阵无生命的雾霭一样消失了，这雾霭不能以对自我意识的实在性的确定性来接受自我意识；自我意识为自己获取生活，就如同去采摘成熟的果实一样，正当去摘取时，那果实就自己落到手里来了。

浮士德的自我意识是凭运气的，它不凭知识或规律或原理，这些都是一些无生命的雾霭。它跟它的现实性之间，比如浮士德跟他的恋人玛格丽特之间，没有什么人为的障碍。他并没有考虑到他这样做是否合适，是不是违反伦理道德规范，是不是违背传统等等，也没有理性的算计，没有采用合理的手段。这些都是"仅仅处在它与它的那些现实性之间的关于科学、规律和原理的阴影"，它们像一阵无生命的雾霭一样消失了。世俗的大众也是这样的，在追求自己的快乐的时候，这些考虑都消失了。有的人受过一点教育可能会有所顾忌，出于传统或者是出于习惯，用理性来控制自己的行为。但是一个本真的人，在他自我意识的最初觉醒的时候在实践中是无所顾忌的。"这雾霭不能以对自我意识的实在性的确定性来接受自我意识"，知识和法则这些雾霭不能够接受活生生的自我意识，它们都是一些虚无缥缈的东西，特别在老百姓看起来，这些知识跟我的生活有什么关系？那都是天上的事情，我是生活在地上的。所以它们不能解释我们的现实生活。这些抽象空洞的大道理，这些从小接受的思想品德课，在我追求自己的快乐的时候起过什么作用吗？没有任何作用。"自我意识为自己获取生活，就如同去采摘成熟的果实一样，正当去摘取时，那果实就自己落到手里来了"，只要伸手，果实就到手里来了，

85

这中间只要你不设置人为的障碍，追求快乐是没有任何阻碍的。这是从文艺复兴一脉相承下来的享乐主义精神，如拉伯雷为未来理想社会所定的唯一信条："想做什么，便做什么"；还有库萨的尼古拉提出的"有学问的无知"。

[**I. 快乐**]

自我意识的行为只是按照一个环节来看才是一种**欲望**行为；它所趋向的不是清除整个**对象性**的本质，而只涉及到它的他在的形式或独立性的形式，这种形式是一种无本质的假象；因为自我意识把这个他在**自在地**看作是同一个本质，或当作它自己的自性（Selbstheit）。

Selbstheit，我倾向于翻译成自性。自性在佛教里面也有，当然不是同一个意思，只是在取消一切知识和规范约束这点上是一致的，也是一种"难得糊涂"。但这个自性还是有明确的目的性的，这就是感性的"快乐"，这是和佛教里面的自性不同的。"自我意识的行为只是按照一个环节来看才是一种**欲望**行为"，欲望打了着重号。自我意识一开始就是欲望，前面谈到自我意识这一章的时候，也是从欲望谈起的。欲望是自我意识的第一种表现方式，或者第一个发展阶段。如果一个人没有欲望了，那这个人就完了。《浮士德》一开始就讲到，上帝和靡菲斯特在天上交谈的时候，他们同时看中了浮士德，因为浮士德有欲望。虽然他是一个大学者，一辈子读书，到了五十多岁了，才产生了一种不可遏制的欲望，或者正因为他读遍了天下的书，所以才感到不满足，有一种要生活的欲望。上帝和靡菲斯特都看中了他，于是就打赌，靡菲斯特说我可以把他诱惑到反对上帝，不信上帝，上帝说那你去试一试吧，如果做得到，他就归你，做不到，他就是我的。上帝让靡菲斯特去引诱浮士德，看他是不是能彻底走上邪路，但首先的起点就是浮士德有欲望。善也好，恶也好，都要有欲望，如果没有欲望，这就是死人，什么路也走不了。所谓"猫儿不吃死老鼠"，死老鼠有什么味道呢？有了欲望就有味道了，看你把它引向邪路还是正路。靡菲斯特要把浮士德引向邪路，但最后他还是归向正路了，最后靡菲斯特还是输了。"自我意识的行为只是按照一个环节来看才是一种**欲望**行为"，为什么是"按照一个环节"？因为自我意识有两个环节，一个是自我，一个是对象，它把对象看成自我，把自我看成对象。但是只有按照自我这个环节来看，它才是一种欲望行为。"它所趋向的不是清除整个**对象性**的本质，而只涉及它的他在的形式或独立性的形式"，虽然它只是立足于其中一个环节，自我的环节，但它不是要清除整个对象，而是只涉及对象的他在形式或独立性的形式。"这种形式是一种无本质的假象"，对象的独立性是一种表面的独立性，好像不以人的意志为转移，其实不过是自我的本质。自我意识虽然立足于自我，但是要追求对象的他在形式或独立的形式。欲望总是对某物的欲望，这个某物具有他在的独立形式，越是得不到的，越是激起强烈的愿望。但是这个欲望的对象并不是完全独立和与我自己对立的，而是我自己的一种他在的形式，它只是好像独立于我之外的一个他者。这个对象性表面上是为他的，其实是为我的，这种形式是一种无本质的假象。我们不能把它本身当作本质去加以研究，如果那样就是理论理性了，那就是观察的理性了。但是在实践的理性中，这个对象的他在或异己性是无本质的，它是站不住的，它马上要被我据为己有。"因为自我意识把这个他在**自在地**看作是同一个本质，或当作它自己的自性"，这个对象实际上是自我意识自己的自性，客观上自在地看，它是自我意识里面的一个环节。因此欲望的对象在欲望面前是要据被为己有的，它是不能够独立的。

　　欲望和它的对象相互漠不相干地和独立地处于其中的那个元素，就是**活生生的定在**；可是一旦欲望的对象适合于享受，这个欲望的享受就把这个定在扬弃了。

　　欲望和它的对象相互独立地处于一个元素中，这元素就是活生生的定在。定在（Dasein）就是此在或者生存，就是活生生的生活。在活生生的生活里面，欲望和它的对象相漠不相干。在生活中有欲望不一定有对象，有对象不一定有欲望，它们好像是互相脱节的。你想要的东西没有，现有的东西你又不想要，这种情况是常态。欲望和它的对象在现实生活中都是很偶然才碰到一起的，我恰好有一个欲望，又恰好有一个对象来适合于我的欲望，这不是很常见的，往往是相互分离的。"可是一旦欲望的对象适合于享受，这个欲望的享受就把这个定在扬弃了"，一旦欲望的对象适合于享受，或者说一旦这个欲望得到了满足，从对象上获得了享受，那么欲望和对象就不再是互相独立的，也就不再是活生生的生活了。或者说，欲望一旦得到满足，生活就失去了意义，想要的东西一旦到手，就没有味道了，生活就变得平淡了。没有什么新的追求了，那还是什么生活呢？就把定在扬弃了。浮士德就是如此，他总在追求，是因为他一旦满足，就会失去生活的动力，所以他要不断地去追求新的目标，只要还有一口气，就要超越已有的成果，哪怕异想天开，也要每天创新。

[241]　　**但在此给双方分别提供了一个现实性的这个元素，毋宁说就是范畴，是一种存在，这种存在本质上是一种被表象出来的东西；因此，这个元素就是对于独立性的意识——不管它只是自然的意识，还是养成一种法则体系了的意识——这意识把那些个体每个都自为地保存下来。**

"但是在此给双方分别提供了一个现实性的这个元素"，这个元素也就是生活，它给双方提供了现实性，一方面给人的欲望提供了现实性，另一方面，人生在世，生活中有各种各样的对象，就看你想不想要，或者拿不拿得到。一方面有现实的需要，另一方面有现实的对象，这都是生活的定在给我们提供的。对象是否能够适合我的需要，这个暂时不管，但是生活的元素这个定在首先提供了一个可能性，就是我可以去追求对象。这个元素"毋宁说就是范畴"，其实就是存在 (Sein) 范畴。这个元素看起来是个定在 (Dasein)，好像是你个人的生活，但实际上是一种普遍性的东西，是存在范畴。"这种存在本质上是一种**被表象出来的东西**"，存在是一种范畴，但是这种存在范畴本质上是一种被表象出来的东西，"被表象出来的东西"打了着重号。这是强调这种范畴还没有以概念的方式出现,而只是在表象的层面被显示出来,还处于感性表象的形态之中。表象就是具体感性的形态,比如劳动、需要、享受,社会需要,这些都是表象中的,而不是在概念这个层面上的。所以它虽然实际上已经是范畴了,但只是在存在的层面上被表象出来。范畴有很多层次,最起码最低级的就是存在。在黑格尔的《逻辑学》里面,存在是第一个范畴。存在当然也是个概念。但是这个概念还是以一种表象的方式出现的,存在这个概念是带有表象性的。所以这种存在本质上是一种被表象出来的东西,"有"存在了,但只是看得见摸得着的表象,而不是概念。"因此,这个元素就是对于独立性的**意识**——不管它只是自然的意识,还是养成一种法则体系了的意识——这意识把那些个体每个都自为地保存下来",这个存在本质上是一种被表象出来的意识,因此这个元素,就是对于独立性的意识。意识打了着重号,意思是,这还不是自我意识。对于独立性的意识也就是一种对象意识,一种客观的意识。破折号之间是一个进一步的说明:不管是仅仅自然的意识,还是一种社会性的意识。个别的意识一般来说是自然的,自然的意识一开始就是以个别意识的方式出现的;而一种经过教养而成为了法则体系的意识,这就是社会意识了。社会意识是一种法则或规律的体系,例如法律和道德法则,这样一种社会意识、法律意识,它"把那些个体每个都自为地保存下来"了。自为地这里也可以理解为独立地,社会意识是一种对于个体独立性的意识,这个社会每个人都是独立的,我们所建立的法律法规都是为了保证每个人的独立性。这就是个体意识的独立性,它最先体现为自然意识,追求快乐,然后要在社会意识的层面上把法律法规建立起来,以保护个体的独立性。我们前面讲个体从伦理、传统的实体中独立出来,又从理论知识中走出来,以便发挥它的实践作用,这就是近代以来个体意识的形成。当然个体意识在古希腊已经开始有它的萌芽了,但还是和伦理实体密不可分的。近代文艺复兴以来要复兴古希腊,实际上把古希腊潜在的个体意识真正地独立出来了,形成了一种个体独立意识,它跟伦理和科学知识都不相干。它一开始是对快乐的追求，是自然意识；然后从中建立起法则体系，以便保证每个个体的独立性，这就是实践理性。实践理性高于理论理性，康德讲的实践理性是道德，但是黑格尔认为实践理性不只是要从道德的角度来理解，而且应当从日常生活中来理解，这就是个体意识在社会生活中的独立。

这样一种分离自在地并不是对于那种知道别的自我意识即是**它自己固有的**自性的自我意识而言的。

"这样一种分离"，就是把那些个体每个都自为地保存下来，每个个体都是一个自为的意识，那么它们相互之间是分离的、独立的。在社会上每一个自我意识都是独立的，那么它们相互之间就是分离。但这实际上是一种表面的分离，本质上、"自在地"并没有分离。就是说，对于你的自我意识来说，如果你知道你的自我意识也和别人的自我意识是相通的，你知道别人的自我意识就是你固有的自性，就是你的本性，如果你是这样一种自我意识的话，那么这种自我意识的分离其实并没有分离，你和他人自在地都是相通的。虽然他是独立于你之外的个体，你也是独立于他之外的个体，但是你知道你们互相是不可分离的。我们总以为西方讲个人主义、个体独立就是自私自利，不是的。表面上好像是这样，但实际上对于这种自我意识而言，尽管每个人都独立，但是每个人都相通；或者正因为每个人都独立，所以每个人才相通。自由意志是普世价值，自由平等是普世价值，在这个基础上才建立起了个体的经过"教养"（ausbildete）的自我意识，才建立了法治社会和普遍伦理、公德。虽然个体独立出来了，但是并非自私自利、人与人相分离，并非道德败坏，而是形成了保护每个人自由独立的普遍法则。

自我意识于是得到了**快乐**的享受，达到了对它自己在一个显现为独立性的意识中实现的意识，或者说达到了对两个独立自我意识的统一的直观。

"自我意识于是得到了**快乐**的享受"，快乐打了着重号，快乐这个关键词在这里出现了。也就是说自我意识的快乐的享受不是自私的快乐，是什么样的快乐享受呢？"达到了对它自己在一个显现为独立性的意识中实现的意识"，显现为对它自己的独立性的意识，也就是显现为独立对象的意识。我们前面讲了对象意识和自我意识的区别，这里讲的，在一个显现为独立性的意识中，就是在一个对象意识中。所以自我意识就达到了对它自己在一个对象意识中实现出来的意识。"或者说达到了对两个独立自我意识的统一的直观"，对象意识也是一个独立的自我意识，我也是一个独立的自我意识，我的自我意识在他人的自我意识那里实现，这两个自我意识就统一了。快乐来自于这里，快乐不是作为动物性的享受，而是一种社会性的快乐，是对两个独立自我意识统一的直观。两个自我意识的统一不是抽象的，不是理论上的，而是直观的，就是快乐。快乐的享受当然是直观的，是在直观中达到了两个独立自我意识的统一。个体意识的实现或快乐都是社会性的，一开始就是，虽然它的主观意图是个体性的，是私人性的，但是客观上来说它是社会性的。它为了自己享乐而去劳动，但它的享乐同时就是别人的享乐，它的对象实现就是整个社会的对象实现。

　　<u>自我意识达到了它的目的，但正是在这里面它才经验到什么是这目的的真理性。</u>

　　自我意识得到了快乐，实现了自己，并与他人达到了统一，正是在这里面它经验到了什么是这目的的真理性。它的目的是很具体的，它要填饱肚子，它要吃饱穿暖、享受快乐等等，都是具体的目的。但什么是这个目的的真理性，就是它的社会性，就是它的普遍性，就是它的范畴。这就是它的目的经验到了自己的非私人性、和其他自我意识统一的社会性。

　　<u>它把自身理解为**这一个个别的自为存在着的**本质</u>，但这个目的的实现本身，就是这个目的的扬弃，因为自我意识对自己不是成为了作为**这一个个别自我意识**的对象，毋宁说是成了作为它自己与另一个自我意识

的**统一体**的对象,因而是作为扬弃了的个别的东西或是作为**普遍的东西**的对象。

这就是我们刚才讲的意思。"它把自身理解为**这一个个别的自为存在着的本质**",理解为"这一个个别的",也就是理解为感性的这一个。我们在感性的确定性一章里面讲到了感性的"这一个"是最初的起点。只不过在这里它是自为存在着的本质,不是感性对象的这一个,而是自我意识的主体的这一个。但是"这个目的的实现本身,就是这个目的的扬弃",感性确定性的"这一个"一旦实现出来就被扬弃了,在这里也是一样,这个目的一旦实现,就被扬弃了。自我意识一旦在对象上满足了自己、实现了自己,这个对象就不单纯是它自己的对象,也是社会的对象了,因为"自我意识对自己不是成为了作为**这一个个别自我意识**的对象,毋宁说是成了作为它自己与另一个自我意识的**统一体**的对象,因而是作为扬弃了的个别的东西或是作为**普遍的东西**的对象"。这里说得很明确,自我意识已经意识到享乐一旦实现出来,就成为了社会的对象,它跟整个社会都是联系在一起的,实现出来就成了一种普遍性的东西。个人的快乐和享受就具有社会性,个人自私的欲望一旦实现出来,就成为了社会的,利己却不损人,而且利人。利己又利人这才是真正的自我意识,损人利己的个体只是动物性的个体,但是人既然已经达到了自我意识的层次,就不再是动物性的个体,而是人的个体,而人的个体已经是社会的。所以人与人的关系不是动物性的关系,而是一种社会性统一的关系,不可分割的关系。浮士德直到最后的移山填海工程,都仍然是出于自己自私的追求,即实现自己的自由意志,体现这种个人意志对大自然的征服;但客观上却是造福于人类的壮举,他的自私的初衷就得到了扬弃。这是他的快乐原则所达到的最高顶点。

［**II. 必然性**］

被享受的快乐固然具有肯定的含义,即它**自己对自己**成为了对象性

的自我意识,但同样也具有否定的含义,即**它自己扬弃了自己**;

　　先看这半句。前面一段讲的是"快乐",现在这一段讲"必然性"。快乐是实质性的目的,是内容,而必然性是追求快乐的形式,快乐必然要陷入这种形式里面。"被享受的快乐固然具有肯定性的含义",什么叫作肯定性的含义呢?"即它**自己对自己**成为了对象性的自我意识",也就是说它自己对自己成为了实现出来的自我意识,这种自我实现都是凭借它自己独立完成的。既然是"被享受的快乐",那你当然就是自己把自己实现出来了,你本来就是想要追求这种快乐,要满足自己的欲望,现在你得到了,你实现了自我,你使自己成为了对象性的自我意识,或者说你把自己对象性地实现出来了。"对象性地"可以理解为"客观地",你把自己客观地实现出来了,你已经现实地得到了肯定、得到了快乐。这个是快乐的肯定的含义,正面的含义,或者说是积极的含义。但同样快乐也具有否定的含义,否定的含义是什么呢?"即**它自己扬弃了自己**",这也是它自己作出来的事。否定的含义就是说,它一方面满足了它自己,实现了它自己。但另一方面,它在这种实现中又自己扬弃了它自己,它又不满足于这种享受,而要寻求新的享受。这种不断求新、永无止境的渴望就是自我意识的否定的含义,它不在任何一点上停留,要不断超越自身。这里是分号。

　　而由于自我意识只在肯定的含义下理解它自己的实现,它的经验就作为矛盾进入到它的意识中,在这矛盾中它的个别性所达到的现实性眼看着自己为否定的**本质**所摧毁,这本质毫无现实性地空洞地与肯定的含义对立着,却毕竟是吞噬自我意识的力量。　{200}

　　这里讲这种否定的含义所造成的矛盾,也就是它与肯定含义的矛盾。当快乐自己扬弃了它自己时,光从它的肯定的方面来看,它已经没有意义了。如果你的自我意识仅仅是为了满足自己的欲望,那么只要你把自己的欲望实现出来了,它就结束了。你满足了以后欲望就消失了,你就没有欲望了,你吃饱了你还再吃,那就不舒服了。欲望的满足是有限度

93

的。一旦满足了，就不再去追求了。"由于自我意识只在肯定的含义下理解它自己的实现"，自我意识在它的享乐中总是只看到正面，而看不到负面，它只是在肯定的含义下来理解它的这种实现，但它的经验总是把它投入正面和负面的矛盾。"在这矛盾中它的个别性所达到的现实性眼看着自己为否定的**本质**所摧毁"，就是说，你对欲望的满足使你不再去追求，但你的否定的本性却一再打破你的这种满足，摧毁你到手的幸福，你到手的东西又再次失去了，它的现实性已经被否定的本质摧毁了。"眼看着自己为否定的本质所摧毁"，所谓"眼看着"，就是说眼睁睁地看着自己到手的幸福在面前消失了。浮士德每次达到一个目的，享受过后对象便像肥皂泡一样破灭了，使他陷入绝望和幻灭中，一切又必须从零开始，去寻求新的目标。这就是他的命运，激励他不断地去追求永恒的目标，更高的理想。但他并没有意识到这种否定的本质，他只是看到一个正面，从来没有想到背面，他的自我意识已经被架空了。仅仅从享乐的正面来理解快乐的追求，着眼于仅仅是眼前的享乐，那么你的快乐的现实性就会遭到否定的命运的摧毁，你将不再具有自我意识。"这本质毫无现实性地空洞地与肯定的含义对立着，却毕竟是吞噬自我意识的力量"，人只从肯定的一面看待自己的快乐，只想紧紧地抓住眼前的快乐，但却没有想到这永不停留的行为本身才是自己的生命本质的体现。能够自由地追求，这才是本质性的，至于追求到的东西反而是次要的，它们都是过眼烟云。但是人们往往对自己的本质性毫无自觉，因为这否定的本质对于眼前抓住的东西来说，即对于肯定的含义来说，是毫无现实性的，它毋宁是否定现实性、摧毁现实性的，它自己则是无内容的、空洞的，而与现实到手的肯定的含义相对立。但这种否定的本质却毕竟是吞噬自我意识的力量，自我意识一旦被否定了自己的现实对象，就陷入空虚和茫然，不知道自己是谁了。

　　这个否定的本质，不是别的，就是这个个体性自在的是什么的**概念**。

　　这句话几乎就是浮士德向魔鬼说的那句话的翻版。浮士德问靡菲斯特:"我到底成个什么器皿?"靡菲斯特告诉他:"你是什么器皿,到头还是什么器皿。"① 其实这话应该倒过来说:"你到头来是个什么器皿,你就是个什么器皿",就是说,你是个什么器皿,取决于你把自己造成一个什么器皿,取决于这整个过程所完成的"概念"。你是谁不在于你天生就是谁,而在于你把自己造成是谁。当你还没有完成自己的时候,你不知道自己究竟是谁,这就对了,这种无知正是你全力以赴寻找自我的动力。如果你早就知道自己是谁了,这就是堕落了,沉沦于物欲中或者被钉死在教条里了。个体性自在的是什么? 就是他自在地做成的东西,个体自在的概念就是他一生把自己做成的东西,当然在他还没有把自己完成的时候,他不可能自觉到。每个人都为自己的利益去工作,都去追求自己的幸福,他以为这就是他自己了,但是他的自在的本质他却没有意识到。只有当他最后完成了自己,回顾自己一生的时候,他才能够确切地知道他自己的"概念",而这个概念、这个自在的本质正是他的否定性一路走过来所形成的,这就是他的个体性。自在的个体性是什么? 就是这种否定的本质,而不是它所获得的那些享乐的对象。

　　但这个体性还是自我实现着的精神的最贫乏的形态;因为它本身仅仅是理性的**抽象**或**自为存在**与**自在存在统一**的**直接性**;因而它的本质仅只是**抽象的**范畴。

　　这个体性自在的是什么的概念在上述理解中,"还是自我实现着的精神的最贫乏的形态",意思是说,尽管个体性具有了对自己的这样的一种概念,但它还是很贫乏的,是封闭于自身内部的。从自在的来看,它还只是一个起步之点,一个开端。"因为它本身仅仅是理性的**抽象**或**自为存在**与**自在存在统一**的**直接性**",为什么它是最贫乏的形态呢? 因为它还仅仅是理性的抽象。实践理性要走它自己的实现的道路,那么最开始它是从抽象迈步的。这种抽象只是"自为存在与自在存在统一的直接

―――――――――

① 《浮士德》第一部,书斋Ⅱ。此处引用的是郭沫若译本。

性"，它有追求的冲动，这种冲动本身就是它的自在的本质，但这两者都还处于内在统一的直接性中，还与外界没有实质性的关联。它的自为存在就是它的主观的目的，主观的欲望；自在存在，就是它的自在的否定性，这两者的统一的直接性就是个体性的出发点。这个"统一的直接性"打了着重号，它已经是自在存在和自为存在的统一了，但还处于直接性的阶段，还处于感性确定性的阶段，所以它是最贫乏的形态。"因而它的**本质仅只是抽象的范畴**"，抽象的打了着重号。这样一种个体性的本质仅只是一种抽象的范畴，因为感性确定性的直接性是最抽象的。它是范畴，但这个范畴还是最抽象的，它的概念内容还很空洞，还只是以表象的方式显现出来的。前面讲过这种范畴是一种被表象出来的东西，表象是最抽象的，也就是最没有概念内容的，是最单薄的范畴。它就是一个赤裸裸的孤零零的一个范畴，里面再没有其他范畴。

　　不过，它又不再像对观察的精神那样具有**直接而单纯的**存在的形式，在观察的精神那里，它是抽象的**存在**，或当它被建立为陌生的东西时，它就是一般**事物性**。而在这里，自为存在和中介活动都进入这种事物性里了。

　　就是说，尽管如此，这个抽象的范畴是自我意识在实践理性中的抽象的范畴，它和理论理性中的抽象的范畴又不一样了。理论理性一开始也是抽象的范畴，像观察的理性也是从感性存在起步的。现在则与直接的观察的理性不一样了，在那里是一种静观，而在这里是一种行动。在观察的精神那里它就是一个抽象存在，"当它被建立为一个陌生的东西"，一个外来的或异己的东西时，它就是一般事物性，"事物性"打了着重号。这个一般事物性就是抽象的存在，前面我们讲到了头盖骨相学最后的结论就是，精神就是存在，自我就是事物。这是观察的理性的结论。在这个结论中，它是具有直接而单纯的存在的形式的，它是陌生的事物，是与观察相对立的。"而在这里，自为存在和中介活动都进入这种事物性里了"，也就是在实践理性的场合下，自为存在和中介活动都进入这种事物性里，不再和事物性相对立、相陌生。这种事物性不再是僵死的事物性了，而是一个过程，它构成自为存在的一个环节。事物本身有它的自为存在了，我们去追求一个享乐的对象，这个追求过程就成为一个事物。这里的事物性本身有中介的活动，有自为的存在，这种事物性活起来了，不再是一块死人骨头，头盖骨相学最后的结论，即精神是一块骨头、一个事物、一个存在，但这个存在是死的，它是自在的存在，是一个陌生的存在，它不是自为的存在。而在这里，在个体性这里，自我实现的精神是自为存在与自在存在的统一的直接性，它把两者统一起来了，或者说它把自为存在叠加进了自在存在里面。前面我们讲到过"叠加"，就是把一种能动的活动渗透进了自在存在里面，自在存在就不再是一般事物性的了，而是一个活动的事物性。这个事物性一方面有自在存在，它是享乐的对象。另一方面，它也是一个自我意识，它是另一个自我意识，它本身也是能动的，你的欲望对象恰好是依靠别人的活动和互动而形成起来的。所以在这里自为存在和中介活动都进入这个事物性里来了。原来的事物性是没有中介活动的。它只是摆在那里的一个陌生的异己的对象。一块骨头，你把它解释为精神，那是你的解释，跟它没关系。而现在这个事物性跟你的活动有关。它就是你的活动、你的欲望对象，就像浮士德所爱恋的玛格丽特，你把自为存在和中介活动都渗透到这种事物性里面来了。

因此这个个体性就作为一个**圆圈**而出场了，这个圆圈的内容，就是与那些单纯本质性的被展开了的纯粹联系。

这是什么圆圈？这是一个三者的统一体，一个是自在存在、一个是自为存在、一个是中介。三点定一个圆，这是黑格尔经常用到的圆圈的含义。它有三个环节，这个圆圈里有自在与自为，自在与自为的统一就是中介。"这个圆圈的内容，就是与那些单纯本质性的被展开了的纯粹联系"，单纯本质性这里用的复数，也就是其他各个自我意识，与他们的被展开了的纯粹联系也就是主体间的社会性联系。这个圆圈的内容就是一种社会性的关系，在这里，圆圈（Kreis）展示了它的另一个含义，就是圈子、范围，也就是所牵涉到的社会关系圈。这是一个已经由这个个体性扩展开来的纯粹联系，它不是静止地摆在那里的一个对象、一个一般的事物，而是一种社会性的联系。这个社会性的联系是由这样的一个圆圈而造成的，这个圆圈是一个形式，但是这个圆圈的内容就是与那些单纯本质性的纯粹联系。而且这个纯粹联系是在不断发展、不断扩大的，从单独一个恋人发展到整个国家、民族和社会，这就是浮士德的精神世界，它不是孤立的内心世界，而是现实生活中处于社会关系中的扩展开来的世界。个体意识离开了社会是发展不起来的，但这个社会与个体的联系这时还是与单纯本质性的纯粹联系，即意识和自我意识的联系，还没有涉及感性物质的层面和政治法律层面。

[242]　　　因此这个个体性所获得的实现并不在于别的什么，而只在于它已将这一有关各种抽象的圆圈从单纯自我意识的封闭性中甩出来，而进入到了**为意识的存在**或对象性的扩展的元素之中。

　　前面讲过，个体在它的享乐中获得了实现，而这里从扩展了的圆圈的眼光来看，这个实现并不在于别的什么，"而只在于它已将这一有关各种抽象的圆圈"，即有关自在存在、自为存在和中介三个抽象环节的圆圈，"从单纯自我意识的封闭性中甩出来"。单纯自我意识本来是封闭性的，但是它的本质中的这样一种圆圈的结构使得它有一种外向性，逼得它把这个圆圈从自我意识的封闭性中甩出来，"而进入了**为意识的存在**或对象性的扩展的元素之中"。"为意识的存在"打了着重号。为意识的存在就是对象性的存在，因为意识就是对象意识，它跟自我意识是相对的。现在自我意识进入了对象意识，并且进入了对象意识的扩展的元素中，进入了日益延伸的社会关系中。意思就是说个体性在它的实现过程中走出了自我封闭性，而扩展到整个社会生活里面去，形成了日益扩大的社会性的圈子。最开始追求个人的欲望，但是它会和整个社会发生关系，一旦它成为一个对象，它作出来的事情马上就成为一个社会事件，这对整个社会都是有影响的。正如哪怕是浮士德个人的恋爱，也马上牵扯到玛格丽特的母亲、兄长等一系列的社会关系，成为一些对象性的扩展的元素。

因而在享受着的快乐里，凡是作为自我意识的本质而成为自我意识的**对象**的，都是那些空虚的本质性的扩展，是纯粹的统一性、纯粹的区别及这些本质性的联系的扩展；除此而外，个体性当作自己的**本质**来经验的那种对象没有任何内容。

自我意识把自己扩展到社会里面去了，那么反过来看，它的内容其实就是社会性的内容，孤立的个体的内容什么也不是。所以他讲："因而在享受着的快乐里，凡是作为自我意识的本质而成为自我意识的**对象**的"，对象打了着重号，就是凡是你把这个对象看作你的本质的，"都是那些空虚的本质性的扩展"。这是你的个别的本质性在对象上得到了扩展，这个本质性在没有扩展的时候是空虚的，它封闭在你自己的内心里面，只有当它扩展开来，成为一个对象，成为这个空虚的本质的"扩展"，它才具有了内容，才说得出它是什么。"是纯粹的统一性、纯粹的区别及这些本质性的联系的扩展"，统一中有区别，区别中又有统一，这些本质性的联系对外扩展。个别自我意识与其他自我意识既纯粹的统一，又纯粹相区别，并将这些本质性的联系不断加以扩展，形成社会关系的圆圈。"除此而外，个体性作为自己的**本质**来经验的那种对象没有任何内容"，马克思也讲，人的本质不是单个人固有的抽象物，在其现实性上，人的本质是一切社会关系的总和。个体性只有这样一种扩展性的内容，它只有把自己的空虚的本质扩展为对象的内容，否则的话，它单纯作为自己抽象的本质，那是没有任何内容的。

这个内容就是被称为**必然性**的那个东西。因为必然性、**命运**之类的东西正是这样一种不知道说它会干什么，何者是它确定的法则和肯定的内容的东西，因为这种东西就是绝对地被直观为**存在**的纯粹概念自身，就是单纯而空虚的但又不可遏制不可干扰的**联系**，这种联系的作品只是个别性的虚无。

"这个内容就是被称为**必然性**的那个东西"，这个内容正如前面讲的，不是讲个体性本身的内容，而是讲的个体性里面那些抽象环节的圆圈，这圆圈已被甩出个体性之外，扩展开来。这就打破了自我意识的封闭性，进入意识的存在和对象性扩展的元素之中，这个内容就是被称为必然性的内容。在《浮士德》里面，浮士德去诱惑一个少女，两个人坠入了爱河。爱情本身没什么可说的，但是它造成了影响，这个爱情扩展为一个社会事件。比如他们两个同居，为了不被打搅，给少女的母亲灌了安眠药，结果用药过量，毒死了她的母亲，然后她的兄弟又来寻仇，两个人又决斗，然后他又把她兄弟杀死了，然后玛格丽特怀孕了，生了一个私生子，她把私生子杀死了，因为杀婴而被关在牢里等等。这一切涉及整个社会，成了一个事件，这才有内容了，这个事件才有可说的了。他的爱情本身却说不出来什么东西，只可意会不可言传。他是真心的还是假的？看起来好像浮士德是个浪荡子，好像并没有真心，但他还是时时刻刻记挂着她，甚至到监狱里面想去救她。而结局最后是玛格丽特的灵魂在天上引导他——伟大的女性引导我们向上。这里面实际上说不出来什么具体的东西。真正能说出来的具体的东西就是它导致了一系列社会事件，对他人的影响构成了故事情节。而这个影响不是主人公能控制的，它是一种必然性，一环套一环。所以浮士德尽管从靡菲斯特那里获得了再生的能力，返老还童的能力，获得了无所不能的力量，迷惑了玛格丽特，然后达到了他的目的；但是他陷入了命运的必然性之中，结局并不美满，而是痛苦的。他被必然性所玩弄、所抛掷。所以能够说得出来的内容就是被称为必然性的东西，必然性在这里跟命运等同起来了，"命运"打了着重号，必然性、命运之类的东西"是这样一种不知道说它会干什么，何者是它确定的法则和肯定的内容的东西"。也就是说必然性和命运之类的东西就是这样的东西，你不知道它能干什么，它看起来好像什么都没干，看起来好像从来不现身，但你就被它所决定了。它高高在上，它是一种抽象的东西，何者是它确定的法则也说不出来。必然性你能把握它的规律吗？你可能自以为把握了历史规律，结果你被历史所嘲弄，这种例子多得很。命运有什么规律？我们经常遭到了不幸，没法解释了，就姑且说这是"命"，这就是命运，好像解释了，但实际上什么也没有解释，它没有规律。因此我们可以说，必然性也好，命运也好，都是空洞的，它把那些具体的感性、肯定性的内容全部清除掉了。不论你怎样挣扎，不管你在那一瞬间感到多么幸福，但是你被命运所捉弄，你马上就会感到不幸。它也不管你感到幸福还是不幸，反正它就是决定了。你说不出它的所作所为，你也说不出它有什么规律。"因为这种东西就是绝对地被直观为**存在**的纯粹概念自身"，命运或必然性是绝对的存在概念，是被直观为存在的。"存在"打了着重号，它是一个不可取消不可抗拒的东西，但它到底是什么却不知道，你只是知道它在那里，你被它所支配。它是存在的纯粹概念，存在最初就是这样的概念，它是最抽象的概念，第一个概念，因此也是最无法解释的概念，你不能用其他概念来解释它，因为其他概念还没有发展出来。"就是单纯而空虚的但又不可遏制不可干扰的**联系**"，联系打了着重号，"这种联系的作品只是个别性的虚无"。它是一种联系，你做这件事情，马上就有另外一种后果，这种后果却不可预见。但是你又不可遏制、不可干扰，你越想遏制它，它越是借助你的力量而实现。它又单纯又空虚，你不能够把握这种联系。如果你能够把握这种联系的规律，那你就掌握命运了，你就把命运捏在你的手里了，但那就不叫命运了。命运之所以为命运，就是因为它是单纯而空虚的。你抓不住它，它没有东西可以让你抓，它是空虚的。但是又不可遏制，不可干扰。是这样一种联系。这种联系的作品，Werk 也可以翻译成事业、产物、产品或工作，我们还是翻译成作品。这种联系的作品，也就是它的后果，只是个别性的虚无，就是把个别性取消掉了，虚无化了。前面讲个别性在它的本质里面有它的否定性，有它否定自身的东西，就是这种东西。个别性微不足道，你回过头来会看出，当年你梦寐以求的那个目的到头来一钱不值，成为了某些其他的东西的工具或手段。命运就是命运，而你的快乐和欲望都是过眼烟云，这就是必然性。必然性把个体性取消了，但是虽然把个体性取消了，它还是来自于个体性的，它以个体性作为它的养料。必须要个体性投身于这个社会，投身于这种人际关系，这种必然性才能够现实出来。必然就是这些个体相互之间所造成的作品。而这个作品反过来把个体性取消了，个体性成了虚无。个体性什么也不是。

必然性就是这个牢固的关联，因为那关联着的东西就是各种纯粹的本质性或空洞的抽象性；统一性、区别和联系都是些范畴，它们每一个都并不是什么自在自为的东西，它们只存在于与其对立面的联系中，因而不能彼此分离。

必然性就是前面讲的这种牢固的关联，也就是不可违抗的命运，它最后导致了个体性的虚无，导致了取消个体性。我们讲不以个人意志为转移的一种联系就是必然性。为什么是牢固的关联？因为那关联着的东西是纯粹的本质性和空洞的抽象性，所以它牢固得很，它不食人间烟火，或者说在人间烟火中它巍然不动。人间的东西都是具体的过眼烟云，都是感性的，都是令人激动、令人疯狂的，那是不能持久的、不牢固的。而真正牢固的就是这种纯粹的本质性或空洞的抽象性，所有具体的东西都过去了，都是现象，最后显出来它才是真正的本质。作为空洞的抽象性，它超越于一切内容之上，它本身没有任何内容。正因为没有任何内容，所以你抓不住它，但它在，它牢不可破。它有它必然的关联，必然性不可抗拒。"统一性、区别和联系都是些范畴，它们每一个都并不是什么自在自为的东西，它们只存在于与其对立面的联系中，因而不能彼此分离"，具有空洞性和抽象性的是什么东西呢？那就是统一性、区别和联系，这个三段式就是圆圈。从统一性中区别开来，区别开来又互相联系，联系又回到统一性，这就是一个圆圈了。但是这些东西都是些范畴，它们每一个都不是什么自在自为的东西，你把它们每一个抽出来，统一性或区别或联系,它们都是不能够独立存在的。它们只存在于与其对立面的联系中,这些范畴都要向自己的对立面转化,因而不能彼此分离。

它们通过它们的**概念**而互相联系,因为它们都是纯粹概念本身,而这个**绝对的联系**和抽象的运动就构成了必然性。

这还是讲的那个意思,统一性、区别和联系都是一些概念,它们的联系是一种概念的联系,是一种抽象的空洞的联系。"因为它们都是纯粹概念本身,而这个**绝对的联系**和抽象的运动就构成了必然性",必然性是这样一个绝对的联系和抽象的运动,它不是相对的。感性的现实世界都是相对的,每一个事物都是相对的,但是必然性是绝对的,不可抗拒的。这个绝对的联系和抽象的运动凌驾于具体的丰富多彩的大千世界之上,它不是具体的运动,不是这个和那个相互之间的纠葛,而是这种纠葛之上的必然性。必然性和快乐是完全对立的,快乐是非常具体的,但是是过眼烟云。一旦满足,马上就消失了。如果你不从社会的总体的角度来看待你的快乐和满足的话,那么它就是一种自我否定、自我取消、自我扬弃这样一个过程。而必然性是绝对的,所有具体的快乐都被扬弃了,剩下的就是必然性,就是这样一种空洞而抽象的运动。"古今多少事,都付笑谈中",剩下的"滚滚长江东逝水"那就是必然性。江水都是必然要向东的,但是在东逝水里面过往的事件都成了过眼烟云,成了茶余饭后的笑谈,都成了微不足道的东西、被取消了的东西。

所以,仅仅个别的个体性,即首先仅仅以理性的纯粹概念为其内容的个体性,并没有从僵死的理论投身于生活之中,而毋宁只是投身于对自己的无生命性的意识之中,而在自己名下得到的只是空洞陌生的必然性,只是**死的**现实性。

这是结论,这个结论是把快乐和必然性综合起来加以比较。"仅仅个别的个体性"就是单纯从肯定的意义上来看最初快乐的行为的这样一种个体性,它把社会性撇开,不管社会,只要追求自己的快乐,只要过把瘾就死。它是这样一种个人的立场的个别性,"即首先仅仅以理性的纯粹概念为其内容的个体性"，以理性的纯粹概念为它的内容，也就是以理性的抽象概念作为它的内容。抽象的独立性、抽象的个体意识，这样的个体性"并没有从僵死的理论投身于生活之中"。一开始它就要投身于生活之中，正如前面讲的，自我意识一头栽进了生活之中；但是由于这是片面的个体性，它把自己只是理解为一种欲望，所以它只是以理性的纯粹概念为自己的内容。实践理性最初只是我要实践，我要去做，靡菲斯特赋予了我一种能力，那么我们就要用它来满足自己的欲望。这是很抽象的一种个别性的概念，它本来是要从僵死的理论投身于生活之中，但它还不知道什么是生活。浮士德在书斋里读了那么多书，厌烦了，这都是一些灰色的理论，他要投身于生命之中。本来他的出发点是这样的，但是他并没有做到，并没有投身于生活。什么是生活？生活就是享乐吗？生活里面有太多的内容了，享乐是最抽象、最微不足道的。从僵死的理论投身于生活之中还要做很多事情，那么他的第一步其实是失败的。你投身于生活，"而毋宁只是投身于对自己的无生命性的意识之中"。无生命性的意识也就是必然性的意识，必然性毫不客气地把你的生命力都扼杀了，都取消了，都变成虚无了。这个必然性的命运的作品就是把你的个别性变成虚无，你的生命力都无谓地消耗掉了，当你意识到这种必然性的时候，你就意识到自己的这一生都是被注定了的，没有什么生命性。你是被机械操纵的，被命运操纵的，没有自己的生命力。"而在自己名下得到的只是空洞陌生的必然性，只是**死的**现实性"，本来在头盖骨相学的末尾，最后得出我是一个骨头，我是一个事物，就是把我当成一个死的东西了。自我意识想要活起来，就必须投身于生活，投身于这个现实世界，去追求你的东西，去创造你的幸福。但最后你被命运所支配。命运把你又重新变成了一个死的现实性。这就是命运的吊诡，这是你不可改变的一种必然性。所以快乐和必然性，或快乐和命运，这两者是互为对立面的，快乐是内容，但是受到形式的支配，受到必然性的支配，必然性反过来把快乐扼杀了。当然你有动物性的快乐，动物性的快乐是过眼烟云，满足了以后就消失了，但是你的真正的生命力在这个里面得不到体现，人是被命运所抛掷的。那么这就需要提升了，既然有这样一种矛盾，那就必须要提升。歌德的《浮士德》整个都是讲这样一种矛盾是如何把人一步步提升起来的。最开始是表面地满足自己的欲望，满足自己第一眼所要追求的那个对象，但是后来随着一个个目标的失败、破灭，慢慢走出这样一种个体的封闭性，越来越走向社会，追求更高的目标，最后达到了造福人类。这才发现你真正的欲望就在于不断地创造新的生活。表面的欲望跟必然性是格格不入的，造福人类这样一个宏大的世界工程，足以充分发挥你的创造性，这样才能跟真正的必然性结合到一起，才能够把快乐和必然性的矛盾加以调和。

＊　　　　　＊　　　　　＊

好，我们今天开始，这是第五个学期了。这个学期，应该可以把上卷讲完，跨到下一卷，所以这个学期应该可以过半。我们原来的计划是十个学期、五年，看样子大概可以提前一点完成。《精神现象学》，我们上学期已经进入实践的理性。其实，自我意识在观察的理性的阶段还属于理论理性，旁观，自己没有去动手，也不介入客观的事物，但是在实践的理性里面已经体现出一种实践的精神。它一开始有三个大的阶段，我们上学期已经讲到快乐与必然性的阶段，那么第二个阶段就是本心的规律和自大狂，第三个阶段就是德行与世界进程。这是实践理性里面划分为这样三个环节。当然后面还有和理论理性相结合的实践理性，我们今天要讲的只是局限于前面的这些环节。我们上学期已经讲到了快乐和必然性，快乐和必然性这两个概念是实践理性的最初两个概念。实践的起点就是快乐，我们知道人是从动物发展出来的，人和动物有一个共同的特点就是追求快乐、追求享受。在动物那里追求它的生命需要的东西，凡是生命，都要满足自己的欲望，满足了就会获得愉快、就会得到快乐。那么人也是这样，但是人的快乐跟动物的肯定还是有区别的，人的快乐包含有实践理性、自我意识在里头。上次讲到快乐和必然性，就是说，人带着满足自己的快乐这样的目的进行一种目的活动，那么在这个活动里面，他发现客观世界对于他来说不是他能够为所欲为的，于是他就发现里面有一种必然性，这种必然性甚至支配了他的快乐与否。他想追求快乐，每个人都想，但是否能追求到，或者说最后得到的是快乐还是痛苦，这是不由他所支配的，所以他感到有一种必然性。而这种必然性对于他来说就是一种命运，我们被命运所抛掷、所支配，我们不能够为所欲为，凡是为所欲为的，他最后得到的结果是不妙的。一个人如果完全是凭自己的本能去追求自己的欲望的满足，那么他最后的下场是很惨的。在人类社会中，他必须对于必然性、对于命运有所敬畏，不能够为所欲为。而且人的快乐也确实不完全像动物那样的为所欲为，它还是有自己的普遍性的，当追求快乐的时候，他也会想到别人也追求快乐，独乐不如众乐。所以一般来说，快乐主义者、享乐主义者，他们打出的旗号都不是自私自利，都是追求人类共同的幸福，用功利主义者的语言来说就是追求最大多数人的最大幸福。这是快乐主义在人身上所体现出来的特点，它是理性的，它不是动物性的本能的。那么，之所以得出这样的原则，是由于他考虑到了必然性，至于这种必然性从何而来，他不知道，所以他把它看作一种命运。所谓命运，就是你不能把握的一种必然性，如果是你能够把握的那就不叫命运了。在快乐和必然性里面，这种必然性对快乐来说，它是一种命运，是一种没有被把握到的必然，它被决定了，但是它又不知道为什么被决定、不知道它的规律究竟是如何，这是我们上学期最后讲到的。快乐本来是生命的一种体现，但是，当它遇到必然性的时候，它就得到了一种僵死的现实，这现实跟它的生命是对立的，这现实本身是没有生命的，但它决定了有生命的东西，使得有生命的东西无法为所欲为。所以你得承认它、你得承认这个死的现实，在命运面前你不得不低头，所以最后我们得到的这种必然性是一种死的现实、一种陌生的或者是一种异己的现实性。下面再接着讲。

［III. 自我意识里的矛盾］

我们今天要讲的是"快乐和必然性"里面的第三个环节。第一个环节是"快乐"，第二个环节是"必然性"，第三个环节是"自我意识里的矛盾"，242页下面这个小标题"III. 自我意识里的矛盾"。也就是说矛盾双方前面已经摆出来了，一方是追求最大的快乐，另一方是死的必然性，死的必然性对于快乐来说，它是现实的、既成的事实，它是行动着的人所处的社会环境、自然条件等等，那么这两者就形成一种矛盾了。所以下面就来分析自我意识里的这种矛盾，这两者是如何相互作用的，就是把快乐和必然性合起来考察它们相互之间的关系。

这个过渡的发生是从"一"的形式到**普遍性**的形式，从一个绝对的抽象性到另一个绝对的抽象性，从摆脱了**与别的**自为存在的共同性的纯粹**自为存在**的目的过渡到**纯粹的**反面，即过渡到因此而同样抽象的**自在存在**。 ｛201｝

这个过渡的发生，也就是前面讲到的从快乐到必然性的过渡，我们要考察它们的关系，首先是有快乐，然后我们认识到你不能为所欲为，你碰到的是必然性，那么这个过渡是怎么发生的呢？他说是从"一"的形式到普遍性的形式，一的形式就是快乐，是单个人他自己的快乐，它是一，它要追求它自己的快乐，它有它的个性、有它的爱好、有它的需要，这都是一的形式。每个人都有他自己的快乐，别人不能代替，每个人的幸福只有自己知道，你要用你的标准去衡量别人，那往往是偏离的。所以快乐是一种一的形式、是采取一种单一性的形式。到了普遍性的形式，普遍性的形式那就是必然性了，你要受到命运的支配，所有的人都要服从命运，它是有一种普遍性的。这个世界每个人各有不同的目的，但是都要服从同一个普遍的必然性。所以这种过渡是从一的形式到普遍性的形式的过渡，我们先从一出发，然后我们意识到了人的命运，人人都摆脱不了命运。"从一个绝对的抽象性到另一个绝对的抽象性"，其实快乐和必然性这两方面都是绝对抽象的。快乐也是抽象的，在黑格尔的语言里面，感性确定性是最抽象的，那么在实践理性里面快乐是最抽象的，快乐是不可言说的，你快乐不快乐、你幸福不幸福，这个没法说，幸福或者不幸福，每个人只有自己知道，你说出来也没有普遍性。每一个人的幸福都是不可言说的，你告诉别人，别人也很难理解。既然说不出来，那就是抽象的，这种幸福、这种个人的快乐是一种绝对的抽象性。这是建立在个体的个别性这一极上的绝对性。绝对性有两端，一方面个体性是绝对的抽象性，另一极就是普遍性，普遍的命运也是一种绝对的抽象性。你被命运所决定，那么这个命运是什么呢？你也说不出来，你反正就是觉得你到处碰壁，但是你又不知道为什么，于是你就说，我被命运所捉弄、所支配。那么这个命运在这个意义上也是一个绝对的抽象，绝对的抽象性在两端，一端是个别性，另一端是普遍性，所以这是两个绝对抽象性之间的过渡的关系。"从摆脱了与**别的**自为存在的共同性的纯粹**自为存在**的目的过渡到**纯粹的**反面，即过渡到因此而同样抽象的**自在存在**"，把这个句子简化一下：从自为存在的目的过渡到自在存在。自为存在和自在存在都打了着重号，这是做一个对比。自为存在就是个体的快乐，对享乐的追求，这是一种自为存在；从自为存在的目的过渡到自在存在，就是说你在追求享乐的过程中你到底是个什么东西？你为什么要追求享乐？这对每个人来说都是不能问的，你为什么要追求快乐？这个你没法回答，我们说人生来就是要追求快乐，你要说你为什么要追求快乐，这个就不是从你的角度来看问题了，这就是从一个更高的，比如说从上帝的角度来提问了。从上帝的角度提问，才能够看出你为什么要追求快乐，才能看出来你这个人是一个什么样的存在，那就是自在存在。自为存在每个人都知道，我知道我要追求我的目的，但是自在存在只有上帝知道。那么这个时候，是从摆脱与别的自为存在的共同性的纯粹自为存在的目的走出来，——别人也是自为存在啊，那么你的这个自为存在是纯粹的自为存在，它不考虑别的自为存在，与之没有任何共同性。它是独一无二的,这就是绝对的自为存在,我跟任何人都不同,我的追求只有我自己知道,任何人都不能理解,但是我就认定了、我就认准了,我追求我自己喜欢的东西,我不管别人。摆脱与别的自为存在的共同性的纯粹自为存在,从这样一个自为存在的目的,"过渡到**纯粹的**反面",纯粹的打了着重号,就是这种过渡完全是在纯粹的层面上进行的,一方面是纯粹自为存在的目的,另一方面是"过渡到因此而同样抽象的自在存在"。纯粹自为存在,每个人的个体、每个人的个性都是抽象的、都是纯粹自为存在的。但是因此而同样抽象的自在存在,就是这个个体它的自在究竟是怎样的、它本身究竟是怎样的? 这个它自己是看不出来的,它是没有自知之明的,即便旁观者知道,那也是很抽象的。因为它的内容就是它的自为存在,但是它的自为存在那么抽象,它所需要的它说不出来,那么它的自在存在也只能从同样抽象的纯粹性上来加以规定,因为它只是一个抽象的自为存在嘛,那么它的自在存在也是同样抽象的。虽然同样抽象,但是毕竟立场已经不同了,从抽象的自为存在过渡到同样抽象的自在存在,从主观的立场过渡到客观的立场。主观的立场是自为的,我为所欲为,客观的立场是自在的,就是到底你是一个什么东西,你在为所欲为的时候,你是否意识到自己是谁? 这个自在存在就是一种客观的眼光,而自为存在是一种主观的眼光。就是说这个过渡总而言之就是从个别性过渡到了普遍性,从主观的过渡到了客观的。

　　于是这就显得是这样:个体只是遭到了毁灭,个别性的绝对的脆性在同样坚硬但却持续不断的现实性那里被粉碎了。

　　"于是这就显得是这样",这个"显得是"要注意,就是表面看起来是这样的,这样一来表面看起来就成了这个样子,什么样子呢? "个体只是遭到了毁灭,个别性的绝对的脆性在同样坚硬但却持续不断的现实性那里被粉碎了。"也就是表面看起来就是这样子,你过渡了嘛,你既然过渡了,人家就会说了,个体只是遭到了毁灭,就是说没有别的了,个体纯粹就是被干干净净地消灭了。很简单,你既然要从个体过渡到普遍性的形式,那你就要放弃个体,你就要牺牲个体,你就要把个体当作什么也不是,然后献身于普遍性的形式。那么个体、个别性有绝对的脆性,一碰就碎,像玻璃一样,要小心轻放,稍微震动一下它就碎了。个别性虽然很脆但它很硬,玻璃的硬度是很大的,但是在同样坚硬却持续不断的现实性那里被粉碎了。现实性也是很坚硬的,但是现实性的坚硬是持续不断的,它是牢不可破的,它不像玻璃,玻璃很硬,但是它一碰就碎,而现实性同样很硬,但是它持久,它不会碰碎,所以这两者相互碰击,硬碰硬,个别性就被碰碎了。个别性肯定也是很硬的,因为它要追求自己的快乐,这个是绝对的,前面讲了它是一种绝对的抽象性。那么现实性也是另外一个绝对的抽象性,它也很硬,但是现实性有优势,它可以持续不断,它可以经得起折腾,而个别性是经不起折腾的,受到震动它就破碎了。表面看起来是这样的,显得是个别性完全被粉碎了,只剩下了普遍性,只剩下了持续不断的现实性。就是当人们面对自己的命运的时候,只有放弃,只有听凭命运的安排,听之任之,随波逐流,没有自己的个别性了,两个硬碰硬的东西碰到一起时候,一方就被毁灭了,表面看起来是这样的。但下面要加以修正了。

——由于个体作为意识是它自己与它的反面的统一,这种毁灭就仍 [243] 然是为它的,是对它的目的和它的实现、以及对曾**在它看来**是本质的东西与曾**自在地**是本质的东西之间的矛盾而言的;

这句话实际是对前面的一种修正或者甚至于是一种否定。"由于个体作为意识是它自己与它的反面的统一",前面讲个体已经被粉碎了,个体已经遭到了毁灭,已经没有了,但是由于个体作为意识,既然它是它与它的反面的统一,那它就不会遭到毁灭,它在这样一种粉碎性的毁灭中,它仍然活下来了,它仍然统一起来了。所以他讲,"这种毁灭就仍然是为它的",也就是为个别性的。个别性看起来显得像是被毁灭了,但是这种毁灭仍然是为他的、仍然是为了个别性。为了个别性而毁灭个别性,就说明个别性其实并没有被毁灭,就仍然说明这个它还在,所有的这些过渡都是为了成全它。为什么这样说？因为这种毁灭，"是对它的目的和它的实现"而言的，并且是"对曾**在它看来**是本质的东西与曾**自在地**是本质的东西之间的矛盾而言的"。也就是说，这个毁灭是对它的目的和它的实现而言的，只是毁灭了它的目的和它的实现，因为这个目的和实现太狭隘了，不遭到毁灭，怎么能够提高个体性呢？但这并没有毁灭个体性本身，所毁灭的只是曾经的矛盾，也就是它曾经认为是本质的东西与它曾经自在地是本质的东西的矛盾。它曾经认为追求快乐就是它的本质，但这种本质与它的命运相矛盾、相冲突，其实这命运的必然性才自在地是它自己的本质；而现在，它的快乐在命运面前碰碎了，实际上就是这一矛盾的解决，曾经是它的自在的本质的命运现在就被提升为自觉的了。所以，看起来好像是个别性遭到了失败，放弃了自己，但其实是个别性提升了自己，个别性在放弃自己的过程中恰好把自己提升到必然性的层次，并在这个层次上实现了它自己，这个就对前面做了一种修正了。前面是一种表面的看法，看起来好像是这样、似乎是这样，显得是个别性遭到了毁灭；但实际上由于个体作为意识是它自己与它的反面的统一，所以这个毁灭就仍然是为他的、是为个别性的，并不是说完全把自己放弃掉了。一个快乐主义者最初在追求快乐的时候，曾经以为他的快乐就是本质的东西，实际上在那个时候，自在地是本质性的东西并不是他的快乐，而是客观的普遍必然性，快乐和必然性两者之间有矛盾。而这矛盾由于快乐一方的毁灭而消除了，个体性便把自己提高到必然性的本质，也就是后面要讲的"本心的规律"了。

　　——个体经验到在它所做的事、即为自己**获取了**自己的**生命**这件事里面，有双重的意义；它抓住生命，但它由此所抓到的毋宁是死亡。

　　凡是讲到"经验"，就是很根本的东西，因为"精神现象学"就是"意识经验的科学"。那么个体经验到了，"在它所做的事、即为自己**获取了**自己的**生命**这件事里面"，个体做了一件事情，就是它抓取了自己的生命，它追求快乐，满足自己的欲望，这一切都是生命的体现。而在这件事

111

情里面"有双重的意义"，在它追求生命的过程中，本身就有双重的意义，即"它抓住生命，但它由此所抓到的毋宁是死亡"。它当然要抓住生命，因为它追求生命，但是它所抓到手的毋宁说是死亡，是生命的毁灭，是死的必然性。前面已经讲了，死的现实性，死的必然性，命运，这些都是没有生命的。个体受必然性支配，这个必然性是没有生命的，它要追求生命，但是它最后所抓到的却是死亡，是没有生命的东西，是支配它的那种命运和必然性。所以要获得自己的生命这件事情本身有双重的意义，就是方生方死，生命本身就是生和死的统一，自我意识的矛盾就体现在这里。从前面讲的快乐和必然性这一对矛盾里面得出来，生命本身就是一个自相矛盾的过程，所谓的生命，就是走向死亡，也就是向死而生，生和死的统一。

　　<u>因此，从它的活生生的存在走向无生命的必然性这个**过渡**，对它就显得是一个未经任何中介的颠倒。</u>

　　从个体性的活生生的存在走向无生命的必然性，这是一个过渡，这是我们刚才讲的，从生到死，生就是走向死亡，生就是去死。从活生生的存在走向无生命的必然性，这个是必然的，每个人都必有一死，每个人生下来就走向自己必死的命运。重要的是这个过渡、这个过程本身就是生命。因而这一过渡对它、也就是对个体来说，"就显得是一个未经任何中介的颠倒"。我们仍要注意这个"显得"，在《精神现象学》里面这个显得（erscheinen）往往就表明了，对于主体本身是这样的，但事实上、客观上可能不是这样的，只是表面上看起来是这样的。显得是一个未经任何中介的颠倒，颠倒（Verkehrung），这个词前面讲知性时用得很多，在后面我们还要多次遇到，特别是后面的"本心的规律和自大狂"这一小节里面多次用到这个词。未经任何中介的颠倒也就是直接的颠倒，生就变成了死。要说过渡，总还有一个过程吧，但是对于个体来说，好像没有过程，对个体来说就显得是一个未经任何中介的颠倒，好像生直接就是死，直接就

变成了颠倒。本来是要抓住生命的，但是抓到手里马上就是死亡，直接就变成了它的对立面，对于主体来说显得是这样的。为什么显得是这样？因为它不知道怎么回事，这个中介究竟是什么，是怎么过来的，它没有认识。在实践理性的初级阶段，完全不带有理论理性，而是把科学和理性都放一边了。所以它是出乎意料，一下子就颠倒过来了，感觉到像是受到了什么欺骗一样。

假如它是中介的话，它就必须是双方在它那里成为一的东西，因而意识就必定会在一个环节中认识另一个环节，在命运里认识它的目的和行为，又在它的目的和行为中认识它的命运，在这种**必然性**里认识**它自己的本质**。

这个"假如"是虚拟式啦，这个个体在颠倒的过程中它完全没有意识到这个中介，完全没有意识到怎么会发生这种事情。但是，"假如它是中介的话"，假如这个个体本身就是中介，不是固执地执着于眼前的快乐，最后"被命运拖着走"，而是"被命运领着走"的一个过程的话，"它就必须是双方在它那里成为一的东西"。哪双方？一个是快乐，一个是必然性，快乐和必然性在个体那里就会必然成为一，就必然是一回事。快乐就是必然性，必然性就是由追求快乐来实现的。要达到这样一种统一，它才能够成为中介，成为一个过程，而不是显得那么样的突兀，突然一下就被颠倒了，就被颠覆了，出乎意料。它就必须是双方在它那里成为一的东西。"因而意识就必定会在一个环节中认识另一个环节"，比如说在快乐中认识必然性，"在命运里认识它的目的和行为，又在它的目的和行为中认识它的命运，在这种**必然性**里认识**它自己的本质**"。命运就是必然性，在命运里面认识到它的目的和行为，也就是认识它的快乐的目的和追求快乐的行为，那它就会在追求快乐的时候意识到它对快乐的追求是受一种什么样的命运支配的，我对快乐的追求本身也是上天安排的命运。它的命运原来是不可认识的，天命不可违，但是天命是什么呢？不知道。那么如果它是中介的话，它就会在目的和行为中认识自己的命运，

113

命运无非是生命之运动，生命的运动就是命运，我已经被注定了"太初有为"。浮士德虽然一开始就对此有所意识，他在书斋里就把《圣经》上的"太初有道"改成了"太初有为"，但他一旦投身于生活本身，他就忘记了这一点，只盯着生活本身的目标。直到他屡遭挫折，屡败屡战，最后才悟到了自己的使命："要每天每日开拓生活和自由，然后才能作自由与生活的享受"。这种命运就不是被动的、消极的了，而是积极的，它本身就是对生活的享受，是最高的快乐。"我在这样宏福的预感之中 / 将这最高的一刹那享受"（《浮士德》第二部，第五幕，"宫中广大的前庭"），这就将外在的命运据为己有了。命运的必然性其实就是这种自由的呼声的无条件性，也就是人生永不言败、自强不息的使命，这才是每个个体的真正本质。但对这种命运加以认识和理解，仍然并非实践理性的事，而是在实践理性的基础上重建起来的理论理性的事，也就是社会政治哲学和法哲学的事，这是后面第三节标题"自在自为地本身就是实在的个体性"所讨论的话题。注意这里三次强调"认识"，这是浮士德一开始就加以"蔑视"的，他放弃了灰色的理论而抓住了常青的生命。

　　但是这个统一性在这个意识看来恰好就是快乐本身，或者就是**单纯的个别的**情感，而从它这个目的的环节到它真正本质的环节的过渡在它看来则是向其对立方面的一个纯粹的跳跃；因为这两个环节不是包含在并结合于情感中，而只存在于纯粹的自我中，这纯粹自我乃是一个普遍的东西，或者是思维。

　　"但是"是一个转折，前面讲到了假如是中介的话，那个体就会意识到这两个环节是相互依赖的，一个环节可以认识另外一个环节等等，但这都是虚拟式。"但是这个统一性"，就是双方的这个依赖性、统一性，"在这个意识看来"，在个体的这个意识看来，"恰好就是快乐本身"。这个统一性对意识来说，它事实上只是从快乐本身来理解的，只是从这个统一性的一端来理解这个统一性的。"或者就是**单纯的个别的情感**"，就是个体在它的快乐和必然性这个阶段上，它把这两环节的统一看作就是单纯的个别的情感，也就是它没有在这种单纯的个别情感中认识到它自在地是什么，它只知道它自为地是什么。浮士德仍然是凭情感感悟到了他的快乐与他的命运的统一，而不是从理性或认知上认识到了这一点。所以他用来把握这个统一的仍然只是单纯的个别的情感，只是从一端去把握这个统一。当然他也意识到双方有关系，但是这个关系立足于一端，他对另一端并不了解，他并不知道这个命运从何而来，不知道这个命运就是他自己造成的。我们讲"性格即命运"，这就是已经意识到了，你的个体的性格就是你的命运，那是你造成的，你要改变命运首先就要改变你的性格，这就是一个更高的层次了。但在目前这个层次上还没有达到这样一个认识。"从它这个目的的环节到它真正本质的环节的过渡在它看来则是向其对立方面的一个纯粹的跳跃"，从它这个目的的环节，就是这个追求快乐的环节，到它真正本质的环节，就是它自在的环节、它的命运、它的必然性，——这个是在它的情感底下起作用的真正本质的环节，这个过渡在它看来是向其对立面的纯粹的跳跃。就是说它完全是凭对生活的感悟，出乎意料地就跳到了它的本质，但是又不认识它，并没有理性的思维。浮士德一开始就把理性当作"灰色的"而撇在一边，到最后也没有恢复，所以它并没有成为中介，也不可能从中介出发来统一两个对立环节。在前面的虚拟式中，假如它一开始就从中介出发，它就会意识到我为什么会有这样的命运，那就不是跳跃了，那就会来试图掌握自己的命运了；但现在它在追求快乐的时候，其实完全没有想到这种客观的必然性有什么道理或规律，这些东西完全不在它考虑范围之中。所以它没有中介，只有一个单纯的快乐。只有一端，而不能够把对方统一进来。"因为这两个环节不是包含在并结合于情感中，而只存在于纯粹的自我中，纯粹自我乃是一个普遍的东西，或者是思维"，这两个环节，也就是目的环节和本质的环节，如果要结合的话，只能在纯粹自我中结合，只能在普遍的东西或思维中结合，而不能在其中的一个环节即它的目的环节、它的情感中结合。这两个环节都是极为抽象的，都是绝对的抽象性，从一个绝对的抽象性过渡到另一个绝对的抽象性,怎么能用情感来把它结合起来呢? 所以它们这两个环节只可能是存在于纯粹的自我里面,在普遍的东西或者思维里面。所以浮士德并没有跳出情感,这个统一性在意识看来恰好就是快乐本身,或者就是单纯的个别的情感,这个统一性就是情感,但是在情感的后面有一种理性的狡计,恰好是浮士德没有能够意识到的,上帝对他的拯救也是他始料不及的。情感是表面的,为所欲为,追求自己的快乐,追求到了就高兴,追求不到就沮丧,这就是情感;但是情感后面起作用的就是这两个环节的相互冲突,而这两个环节不是包含在情感中,也不是结合在情感中,而只存在于普遍的东西或思维中,那才是一个纯粹的自我,它是躲在情感的后面起决定作用的,这就是理性的狡计。

因此这个意识,由于自己的经验——在这个经验中,它的真理性本来是应该对它形成起来的——反而对它自己成为了一个谜,它的行为业绩的后果对它来说并不是它的行为业绩本身;

这个地方是个分号,我们先来看这半句。"因此这个意识,由于自己的经验——在这个经验中,它的真理性本来是应该对它形成起来的——反而对它自己成为了一个谜",这个意识已经有了经验,浮士德甚至有了一辈子的经验,这个经验本来是应该让它认识到自己真正的本质的,这里是虚拟式。因为实际上并没有达到这一结果,相反,这意识对它自己反而成了一个谜,"它的行为业绩的后果对它来说并不是它的行为业绩本身",即意识通过自己的经验,对它自己成为了一个谜,我究竟是一个什么东西,在我经验自己的过程中,反而变得不可知了,反而不知道自己是什么东西了。在没有经验的时候,好像还知道一点,我是自为存在,我要什么,我要追求什么,我要追求快乐,很清楚。但在追求快乐的过程中,你一旦去经验,反而就不知道自己是什么了,你受命运的拨弄,你想要追求的东西是虚假的,那么你究竟在追求什么? 这个问题对它自己来说是不可理解的。个别性、个体性已经不可理解自己了。它的行为业绩 (Taten)

的后果对它而言并不是行为业绩本身,它造成了后果,但都不是它要造成的,都是命运带给它的,它只有接受并感悟。结果和初衷完全背道而驰了,那就只好归结于命运了。我们讲,谋事在人,成事在天,最后得到什么结果,那个我支配不了,那是命运。比如它的行为本身是要追求快乐,但是它的行为后果使它进了监狱,这个就是一个谜了,我到底在追求什么东西呢?我在追求快乐吗?为什么我进了监狱呢?在这个经验中,它的真理性本来是应该对它形成起来的,意识主体的真理性在没有经验之前是不可能了解的。但现在你有了很多经验,为什么你对自己还把握不住呢?为什么自我的本质对它自己反而成了一个谜?看下面就更清楚了。

它所遭遇到的,**对它而言**,并不是对它**自在地**是什么的经验;这个过渡不是同一个内容和本质的单纯的形式变化,即有时被表象为意识的内容和本质,有时又被表象为它自己的对象或**被直观到的**本质。

"它所遭遇到的,**对它而言**","对它而言"打了着重号,为什么要打着重号呢?就是说它意识到了这一点,对它而言是这样的。在它看来或者在它的理解中是这样,它所遭遇到的"并不是对它**自在地**是什么的经验",并不是在情感背后的那个理性的狡计是什么。它并没有意识到它自在地是什么,它所遭遇到的并不是它自在的是什么,至少对它自己不是这样认为的。"这个过渡不是同一个内容和本质的单纯的形式变化,即有时被表象为意识的内容和本质,有时又被表象为它自己的对象或**被直观到的**本质",这是对前面的进一步说明。它经验到的并不是对它自在的是什么,它的确经验到了过渡,但这个过渡不是同一个内容和本质的单纯形式变化。如果是对于它自在的是什么的经验的话,这个过渡就应该是同一个自在的内容和本质的单纯的形式变化。同一个内容和本质是什么,就是它还是它,个别性还是个别性,个体还是个体,只是采取了不同的形式而已,一方面采取了个体的欲望和快乐的形式,另一方面采取了普遍性本质的形式,快乐和普遍的必然性两者之间不过是同一个内容和本质的单纯的形式变化。这样你就会看透了，知道这一切都是由你自己带来的，追求快乐也是由于你，造成你的命运也是由于你，快乐和命运都是你这个个体的单纯的形式变化，你还是你，个体还是个体。那么这就会形成你自在地是什么的经验：性格即命运，命运是自在的，性格是自为的，性格造成了你的命运，你就会有这种经验了。但是对意识而言现在还没有达到这个地步。意识到今天这个现状就是你当初所造成的，这需要更高一个层次。当然一般人意识不到这一点，一般的人只意识到我被命运捉弄了，这不对。

这样一来，**抽象的必然性**就被看成是使个体性遭到粉碎的那个仅仅否定的、未被理解的**普遍性力量**了。

这就导致一种误解，或者一种浅层次的理解，"**抽象的必然性**就被看成是使个体性遭到粉碎的那个仅仅否定的、未被理解的**普遍性力量**了"。抽象的必然性就是命运，命运使个体性遭到粉碎，命运击碎了个体性的理想、个体性的目的、个体性的欲望，它追求的目标被命运所粉碎，它本来想的很美好，我要怎么怎么样、我要得到什么，但是命运把它这种理想粉碎了。抽象的必然性，就是这种命运，由于它粉碎了个体性，所以它被看作仅仅是否定性的，但是又不被理解。它否定了你的主观意图，但是它为什么否定你的主观意图，这个不被理解，只知道它是一种普遍性的力量，没有人能够逃脱它的支配，没有人能够抗拒它。命运不可抗拒，这就是普遍的必然性，必然性走到这一步就被理解为这样一种不可抗拒性了，就是说它要粉碎个体性的快乐，它仅仅起一种否定作用。它对个体性的快乐是否定的，两方面绝对不能相容，你要追求快乐，它就要否定你，它就要粉碎你，但是这种命运的力量又是未被理解的。你没有从自己身上找原因，你把它归结为外在的一种不可预测的普遍的力量，你把它推给了外部力量，你认为这是不可抗拒的。在快乐和必然性这个层次上面两者的关系就是这样被理解的。

到此为止所谈的都是自我意识在这种形态下的显现；这种显现的实存的最后环节就是它丧失于必然性中这个思想，或它自己是一个对自己绝对**陌生的**本质这个思想。

"到此为止所谈的都是自我意识在这种形态下的显现"，在什么形态下的显现？在快乐与必然性这样一个形态之下的显现，快乐与必然性这个形态我们前面已经讲到了，就是浮士德这样一种实践理性的形态，即通过快乐达到必然性，通过生存走向死亡。浮士德一生追求快乐，但是处处受到命运、必然性的捉弄。"这种显现的实存"，实存也可以翻译成生存（Existenz），它的"最后环节就是它丧失于必然性中这个思想，或它自己是一个对自己绝对**陌生的**本质这个思想"，它最后达到了对命运的认可，它实际上每次都丧失了它的目的，快乐的个体性丧失于必然性的命运之中，它的目的微不足道，不堪一击，它完全受必然性支配。浮士德本来就是上帝和魔鬼打赌的一个筹码，这个本质对于他自己是绝对陌生的。所以他究竟是上天堂还是下地狱，这个只有在他死后由天使们和魔鬼去决定了，与他自己已经没有关系。这里有点区别，一个是它"丧失于必然性中这个思想"，就是我自己被粉碎了，我自己已经没有了，我已经丧失在必然性之中了，我认命了，这是一个层次；或它自己是一个对自己绝对陌生的本质这个思想，这个比刚才那个层次高一点，就是说，它自己就是一个对自己绝对陌生的本质，但我还是把这个命运看成是我的本质，只是我不认识，是我导致的，我怎么导致的我不知道，但我还是为此负责。这个思想要高一层，我是一个绝对的本质，但是我并不认识我自己，我自己在我的眼睛里面变得认不出来了，那么这个认不出来了的我还是我，仍然有责任能力，并没有完全丧失。

但自我意识**自在地**却在这个丧失中得以幸存；因为这个必然性或纯粹普遍性就是**它自己的**本质。

刚刚讲的那两层意思后面一层就是这个意思，就是说我认不出我自己来了，我自为地已经丧失了自身，但我自在地仍然是我自身。所以我就在这个丧失中得以幸存，我丧失了自己，但是在这个丧失过程中间，我感到这种丧失仍然是我自己在丧失，我虽然丧失于必然性之中，但是这个必然性仍然是我自己的必然性。那么当我意识到这个必然性仍然是我自己的必然性时，我就幸存了，我就留了一个根。自我意识幸存下来，只要它幸存下来，它就会把丧失掉的自我重新找回来，它就有这个能力。因为这个必然性或纯粹普遍性就是它自己的本质，虽然它不认识，感到陌生、感到异己，我把自己陌生化了，但是毕竟这个陌生化的自己还是我自己，不能怪罪于别人。浮士德是自愿签约投身于这场赌博的，对一切可能的命运他预先都认了。所以讲"这个必然性或纯粹普遍性就是**它自己的**本质"，"它自己的"打了着重号，就是它把这个必然性和普遍性看作还是它自己的本质，是它自己选择的，它也完全可以不选择。浮士德活得好好的，身处上流社会，德高望重，是他自己抛弃这一切，服从不可知的命运的。也就是他把命运纳入了他自己的人格之中，一个人如果能够不怨天尤人，把命运自己独立来承担，那么这个人的人格就已经立起来了，他自在地就是一个普遍的本质了。

[244]　　　意识这个自身反思，即知道必然性就是**它自身**，乃是意识的一个新的形态。

　　　"意识的这个自身反思，即知道这个必然性就是**它自身**"，这就进入到一个新的意识形态了。这就是把必然性的规律内化于自身，意识到自己本心的规律了。前面讲的那个意识形态是快乐和必然性相对立的形态，我们举例歌德的浮士德为例，当然不局限浮士德，而是一种文化心态，但是浮士德是一个很典型的例子。浮士德的人格就是这样的，追求快乐，但是处处碰壁，虽然它从魔鬼那里获得了无所不能的力量，但是不管你多么有能力，你都要受到命运的支配，最后你还得面对死亡。这个是一种形态，自我意识实践的形态首先就是这样一种形态，就是西方的浮士德精神。浮士德精神就是从追求个人快乐出发来完善自己的人格。那么比浮士德的人格更高的人格就从浮士德最后的觉悟、最终的"智慧的断案"里头引出来了,就是说你如果能够自觉地把这个命运纳入自己的人格,那就提升到一个新的意识形态了。我受命运捉弄也是归结于我自己的,不怪别人,命运为什么选择你来充当这个工具,那跟你自己的性格是有关的,你不要推给别人,而必须自觉地认同和承担。你能不能凭你的人格来完成你自己的使命,这才是更高层次的人格,这就是哈姆莱特的人格。当然浮士德最后已经大彻大悟,初步进入到这个人格层次了,但还没有来得及表现出来,它真正的表现是在哈姆莱特那里。哈姆莱特才是非常典型地把规律纳入到自己的本心,要用自己本心的规律来改造整个世界,来重振乾坤,表现出一种自大狂,一种颠倒的疯狂。

b. 本心的规律和自大狂 {202}

我们再看这一小节。前面讲了快乐与必然性,那是小标题 a,我们现在来看 b. 本心的规律和自大狂。"心"的规律我们在前面加一个"本"字,加一个"本"字说起来也比较顺口一点,而且,意思上也有一点根据,Herz 在德文里就是心脏,当然它也有很多引申的意义,心脏、心情,herzlich 就是衷心的、发自内心的。在德文里面还有一些别的词,比如说 Gemüt, Seele,都可以理解为心,但是这个 Herz 就指的比较具体的,因为它是心脏,在解剖学上是有根据的,所以我们把它翻译成本心。本心的规律,按照自己的本心来制定一个规律,把它实现出来,最后往往就变成自大狂,就变得过于骄傲。根据你自己的内心就能决定这个世界,这岂不是自大狂吗?所以这个里头有一种联系。这几个标题都是这样,快乐和必然性,快乐本身就是必然性,人肯定必然是要追求快乐的,但是在追求快乐时,他遇到了一种外在的必然性,那就是命运。本心的规律和自大狂也是有联系的,包括后面的德行与世界进程,都是有联系的,都是一对对范畴,它不是随便说的。我们先来看看这个本心的规律和自大狂。

121

　　在自我意识那里，凡是在真理中的必然性，都是对自我意识的新形态而言的必然性，在这新的形态里，自我意识自己本身就作为必然的东西而存在；

　　我们先看这半句。"在自我意识那里，凡是在真理中的必然性，都是对自我意识的新形态而言的必然性"，也就是说，自我意识的真正的必然性，这跟前面讲的必然性不一样，前面讲的快乐和必然性，那个必然性是没有被认识的，所以它不在真理之中，它是陌生的，它是不可知的。我们讲命运不可知，它也是必然性，我被命运决定了，但是我为什么被命运决定了，我怎么被命运决定了，这个是不知道的，所以我被命运所支配。但是凡是在真理中的必然性，这个就不一样了，这就是对自我意识的新形态而言的必然性，自我意识的新的形态到底是什么，现在还没有讲出来，但是是一个新的形态的必然性，和旧的形态不一样。旧的形态就是快乐和必然性，那个必然性不是在真理中，凡是在真理中的必然性都是对新形态而言的必然性。"在这新的形态里，自我意识本身就作为必然的东西而存在"，自我意识不再只是单纯的快乐。快乐与必然性是相对立的，快乐碰到了必然性，快乐遭遇了自己的命运，这个必然性是在快乐之外的，快乐本身谈不上什么必然性，但是它遭遇到了命运，那就有必然性了。但是在真理中的必然性，是自我意识自己本身就作为必然的东西而存在，自我意识主体本身就是必然的。

　　它知道它在自身中**直接**拥有**共相**或**规律**，这一规律由于它是**直接存在于意识的自为存在中**这一规定性之故，就称为**本心**的**规律**。

　　它，自我意识知道，"它在自身中**直接**拥有**共相**或**规律**"，它自己就是作为必然的东西而存在的，所以它知道这种必然性，它在自身中直接拥有共相和规律。这里"直接"打了着重号，这里特别强调直接，也就是不需要到外面去寻找，也不是上帝操纵的，我自己就有规律和共相，自己掌握着自己的命运。"这一规律由于它是**直接**存在于意识的自为存在中这一规定性之故，就称为**本心**的**规律**"，这里又是一个"直接"打了着重号，直接存在于意识的自为存在中，这个自为存在不再是快乐或冲动，而是自己的规律。由于这一直接的规定性之故，这规律就是不再是外部的命运，而称之为本心的规律。为什么叫作"本心的规律"呢？因为它是意识的自为存在中直接拥有的共相和规律。本心的规律是这样的，在我本心里面直接的就有一种规律，它不是外在的必然性，不是我碰到了什么障碍、遇到了什么挫折，才有这样一种必然性，而是自我意识本身就具有这样一种规律和必然性。

这个形态自为地，作为**个别性**就如同以前的形态一样，也是本质，但是它在规定上却更为丰富了，因为这个**自为存在**被它看作是必然的或普遍的。

自我意识的这个形态，也就是这个新的形态，自为地作为个别性，也是本质。这个形态自为地是本质，这个跟前一种形态是一样的，也是个人主义的。浮士德是追求个人的快乐，哈姆莱特是追求自己本心的规律能够实现，他们都是自我意识的个别性形态，这种个别性都是他们的本质。自我意识的自为的这个方面，作为个别性的这个方面，现在如同以前的形态一样，也是本质。也就是说它也是主体性的，它不是客观的规律，它是主体自身的规律，是自为的规律，而这个主体也是个别的，是自我意识的个别性，出自我的个别的本心。"但是它在这个规定上却更为丰富了，因为这个**自为存在**被它看作是必然的或普遍的"，它在它的自为存在这个规定上更加多了一些规定，更加丰富了，为什么更加丰富呢？因为这个自为存在被它看作是必然的或普遍的了。原来这个自为存在不是必然的，它跟必然性是对立的，它也不是普遍的，它就是个别的快乐，个别的欲望。那么自我意识这个本心的规律，现在它也是自我意识自己的一种自为存在，也是自己的目的、自己的追求，在这点上跟快乐是一致的，但是它又被看作必然的和普遍的，具有了必然性和普遍性。它不再是单纯的自己内心的一种快乐，而且是要作为规律实现出来的一种普遍的快乐，一种必然的规律。它就不再是与必然性完全对立的那样一种形态了，而是把必然性加入到了个别性这个自为存在里面,作为它更加丰富的一个规定性。所以这个形态比前面要提升了,本心的规律跟快乐相比较而言要更丰富,因为它有了规律。快乐是没有规律的,为所欲为是没有规律的,而本心的规律是有普遍性、有必然性的,这和前面相比是一个很大的进步,由此就形成了自我意识的一种更高的新形态,在它的实践活动中占据一个更高层次。

因此那直接就是自我意识固有规律的规律,或在自身中拥有一个规律的本心,乃是这个自我意识要去实现的**目的**。

"因此那直接就是自我意识固有规律的规律",也就是本心的规律,这规律其实也就是"在自身中拥有一个规律的本心"。本心的规律一方面是规律,另一方面又是出自本心,这两方面是同一个东西,它"乃是这个自我意识要去实现的**目的**"。为什么目的要打着重号? 因为前面讲了,它跟前一个形态是一样的,它的个别性也是它的本质,跟快乐这个形态一样,它的目的也是它的本质。快乐当然是个别性所追求的目的,但它并不把必然性当目的,那是它所遭遇到的命运;那么这个新的规律却是一个目的,当然这个目的和快乐的目的不一样,但是它还是目的。因此那个规律,那个本心就是这个自我意识要去实现的目的。本心的规律一开始表现出来仍然是主体性,仍然是主观目的,目的是否能够实现出来,那再说,但是它首先是一个主观的目的。那么现在这个主观目的提升了,它从快乐提升为本心的规律了,但它还是要去实现的目的。

必须考察的是,这目的的实现是否将符合于这个概念,以及自我意识在这个实现中是否将把它的这个规律作为本质来经验。

也就是我们下面要来考察的是这样一些内容:这个目的的实现是否符合这样一个形态的概念? 这个目的是这样一个新形态的目的,那么这个新的形态的目的一旦实现出来,是否将符合它这个概念呢? 这里用的是将来时,现在我们还不知道它将来要实现出来,是否会符合这个形态的概念。"以及自我意识在这个实现中是否将把它的这个规律作为本质来经验"呢？这个还在未定。也就是说出发点是好的，本心的规律要实现出来；但是实现出来是否就实现了本心的本质规律？效果如何？比如你的目的是好的，是不是就能办出好事情来呢？你把目的实现出来了，这是不是就代表你的本质的实现呢？这个是我们现在要考察的，暂时不能妄加断语。虽然你已经有一个目的，这个目的是本心的规律，但是这个本心的规律实现出来是否能够符合它的概念，是否能够成为新的形态的本质，那还要看。

［I. 本心的规律和现实的规律］

第一个小标题，本心的规律和现实的规律，这就是上面提出的问题，本心的规律是否就是现实的规律？首先提出两种规律，本心的规律和现实的规律，一个是本心，一个是现实，本心和现实还不是一回事，所以我们首先要考察的就是这两者之间的关系。

<u>与这个本心对立着的是一个现实性；因为在本心中，规律首先只是**自为的**，尚未实现出来的，因而同时是某种与这概念的存在**不同的东西**。</u>

这首先就提出一个对立了，就是说与这个本心对立着的是一个现实性，你本心的规律、目的、出发点是好的，但是你要把它实现出来，你面前矗立着一个现实性。"因为在本心中，规律首先只是**自为的**，尚未实现出来的"，因为本心中你自己制造了一个规律，但是还没有实现出来，那还只是你的目的，是你自己造成的、是自为的，没有哪个强加于你。但是问题是它还只是在你内心，它还没有实现出来。"因而同时是某种与这概念的存在**不同的东西**"，还没有实现出来的东西，在你的内心里，当然可以随便你去想，随便你设定一个什么规律、一个什么样的目标，那是你的事，但是它尚未实现出来，这概念还没有存在。所以它是与概念的存在不同的东西。

这不同的东西，借此也就把自己规定为一种现实性，这现实性是要

125

去实现的东西的对立物，从而是**规律**与**个别性**之间的**矛盾**。

这不同的东西，也就是说你的自为的目的、你的本心的规律这个不同的东西，"借此也就把自己规定为一种现实性"，因为你跟现实性相对立，你还没有实现出来，但是你又要实现出来，那么这样一个本心的规律本身就把自己规定为另一种现实性了。于是现在就有两个现实的东西了，这不同的东西借此就把自己规定为一种现实性，因为你面对这样一种现实性，你要跟它不同，你要跟它区别开来，那么你自己也就成了一种现实性。"这现实性是要去实现的东西的对立物，从而是**规律**和**个别性**之间的**矛盾**"，这个现实性，也就是本心的规律，它是和要去实现的东西相对立的对立物。你要把它变成现实，那么现在你还没有把它变成现实，你首先把自己的行动变成了现实，这个现实还是一种主观的现实性。主观的现实性和客观的现实性之间是对立的，主观的现实性要变成客观的现实性，也就是要把自己有效地实现出来，那要走过一个克服对立面的过程才能做得到，所以这样一种现实性和要去实现的东西的对立就是规律与个别性之间的矛盾。这里有两种现实性，一个是规律的现实性，一个是个别性，也是一种现实性。规律的现实性和个别性之间有一种矛盾，你要把自己的规律实现出来，你必须有一种个别的现实性，就是说你必须要发挥自己的个别性，把它实现出来，但是实现出来的东西是一个规律，这规律又不是个别性的，虽然是你本心的规律，但是它一旦实现出来，它就成了一个普遍的规律了、成了一个客观的规律了。所以规律与个别性之间形成了一种矛盾，一方面本心的规律在你的内心，它作为一种个别性还没有实现出来；但是它要实现出来，那么这个实现的过程本身和要实现出来的结果相互之间是对立的，你要克服中间的阻碍。所以这里有两种规律：一种是本心的规律，一种是现实的规律；也有两种现实性：一种是本心的规律的现实性，一种是现实的规律的现实性。它们的对立、矛盾实际上也就是规律和个别性之间的矛盾，个别性如果没有本心的规律的话它也不会去形成这个矛盾，但是由于个别性本身一方面是个别的，另一方面它要把自己的规律实现出来，因此就导致了一种矛盾。当它想要消除这一矛盾，自以为它的个别性就是规律、它的个别性的实现就是规律的实现的时候，就表现为自大狂。

　　所以现实性一方面是一种规律，个别的个体性受到这种规律的压制，这是与本心的规律相矛盾的一种强制性的世界秩序；——而另一方面，它又是这一秩序下受苦受难的人类，人类不是遵从本心的规律，而是屈从于一个异己的必然性。

　　"所以现实性一方面是一种规律"，我们这里看到有两种现实性了，规律只是其中一种；"个别的个体性受到这种规律的压制"，这种规律与个别的个体性是相矛盾、相冲突的，在这种规律面前，个体性受到了压制，所以这样一种现实的规律、客观的规律"是与本心的规律相矛盾的一种强制性的世界秩序"。这种现实性的规律是与本心的规律相矛盾的，是压制个体性、使得个体性的本心的规律无法实现出来的一种强制性的世界秩序。你要把自己本心的规律实现出来，你就要受到强力的阻碍、强大的压力，这是一方面。"而另一方面，它又是这一秩序下受苦受难的人类"，人类是体现为一种个体性的，受苦受难的人类就是这种被压制的个体性，人类（Menschheit）也可以翻译为人性。"人类不是遵从本心的规律，而是屈从于一个异己的必然性"，人类被异化了，它本来应该遵从本心的规律的，但现在只好屈从于一个异己的必然性了，所以它才觉得自己在"受苦受难"。这就是双重的现实，一方面是世界秩序，另一方面是遭到世界秩序压制的人，那么遭到世界持续压制的人也是一种现实性，一般来说，这些人不是遵从本心的规律，而是屈从于一个外在的、异己的必然性。但是这个里头就已经包含了，既然是人，那么里面就有某些人负有使命，他是具有本心的规律的，他是掌握了本心的规律的，虽然一般来说大众都不遵从本心的规律，而是屈服异己的必然性、屈服于世界秩序，但是有个别的人他会从这个里头脱颖而出。

　　——很明显，显得像是与意识的现在这个形态**对立着**的这种现实性，只不过是前面所说的那个在个体性与它的真理性之间相分裂的关系、那个使个体性遭到压迫的某种残酷的必然性的关系而已。

这句话是进一步解释，就是说，"显得像是与意识的现在这个形态**对立着**的这种现实性"，注意这里又是"显得"，就是表面上看起来，这种现实性是与意识的现在这个形态对立着的，好像是与意识的这个新的形态、这个本心的规律相对立的，表面上看来是这样。但是实际上，"只不过是前面所说的那个在个体性与它的真理性之间相分裂的关系、那个使个体性遭到压迫的某种残酷的必然性的关系而已"。就是主观上看起来显得是这样，就是世界秩序，包括在世界秩序底下被压抑的人类，只有无可奈何地去屈从于一个异己的必然性，屈从于自己的命运，所以这个新的形态，也就是本心的规律，就显得跟这样一种现实性是相对立的。但这种对立的现实性只不过是前面所说的那个分裂关系，即个体性与它的真理性相分裂的关系，也就是前面讲的快乐和必然性相分裂的关系而已。这种现实性的矛盾分裂只不过是从前面讲的快乐与必然性的分裂关系里面传承下来的，那使个别性遭到压迫的某种残酷的必然性的关系，显得是和这个新形态相对立的，但是实际上它有它的来源，它就是从原来的那种快乐和必然性的对立中遗留下来的，现在到了这个新形态里面，显得好像是与本心的规律相对立的，其实已经不是对立的了。这个对立是新形态从它的前一个形态继承而来的，但它已经不是完全外在的一种世界秩序了。下面一句就比较明确了。

在我们看来，以前的那个运动之所以与新的形态相对立，是因为这 [245] 个新形态自在地是从它那里产生出来的，因而新形态由之而来的那个环节对这个新形态来说是必然的；

"**在我们看来**"打了着重号，这在黑格尔那里就是，作为一个研究精神现象学的旁观者看来，也就是客观上看来的意思。"以前的那个运动之所以与新的形态相对立"，以前的那个运动，就是从快乐到必然性的运动，那样一个运动当然也是一个矛盾，现在它导致了与新的形态相对立，

128

新的形态就是本心的规律。前面那个运动,世界秩序处处和人的个别性不能相容,浮士德每次失败都只好逆来顺受,然后东山再起。这个运动与新的形态相对立,新的形态是什么呢? 是本心的规律,规律在我本心中,外在的规律我不屑一顾,我要改造这个世界、这个世界秩序。这个在浮士德生命的最后阶段已经意识到了,我的规律就是自强不息,这样的灵魂必然为上帝所拯救。这个世界秩序是我改造的对象,例如移山填海,造福人类。既然是你改造的对象,那它就在你的对立面,你的新的规律、新的形态跟这个外在的现实性是对立的。之所以是对立的,"是因为这个新形态自在地是从它那里产生出来的",客观上,新的规律本身就是从快乐和必然性的这样一个矛盾冲突中产生出来的,它是从那里发展出来的,从浮士德的改造大自然发展为哈姆莱特的改造社会和国家,都是把世界秩序作为自己的对立面来加以改造。"因而新形态由之而来的那个环节对这个新形态来说是必然的",新形态由之而来的环节就是前面的那个环节,是快乐和必然性形成的现实,这个现实是很糟糕的。这个现实一方面有世界秩序,它是压抑个体的;另一方面有逆来顺受的人类,在忍受自己的命运。那么这个环节对于这个新形态来说是必然的,这个新形态必然会遇到这个环节,你要把你的本心的规律实现出来,那么你必然会遇到外在的混乱不堪的现实性,外在现实性包括世界秩序,也包括那些哀其不幸怒其不争的人们,这都是你遇到的现实。那么这个现实对新形态来说是必然的,你不要抱怨,你注定了你的命运就是要与它作对,你的本心的规律要实现出来,不就是为了要改造这个世界、整顿这个世界秩序吗? 所以说这个环节对这个新形态来说是必然的,你本来形成这个本心的规律就是从这个环节、从这个世界秩序里面产生出来的,就是因为你经受了种种受压抑的情况,你的经历使得你在内心中形成了一种本心的规律,你立下改造世界的宏愿,这个宏愿哪里来的呢? 是现实和时代带给你的。是社会现实在你的心里面造成了你本心的规律,所以你的本心规律一旦确立,你必然要面对这个现实世界。你不要抱怨,你摊上了这样一个时代，你摊上的这样一个社会现实就是产生你的理想、产生你今天的本心的规律的一个根源，这种受压抑、受磨难，正是产生了你今天的要摆脱压抑、摆脱苦难、使一切变得合理的抱负的社会根源。所以每个人的本心的规律都背负着一种时代的使命感，当你想要改造这个世界的时候，你同时要意识到你的这种宏愿就产生于这个世界之中，不是天上掉下来的。这是从我们旁观者的眼光客观地来看是这样的。

　　不过，在新形态看来，这个环节显得是一种**偶然碰上的**东西，因为新形态对于它自己的**起源**毫无意识，它认为它的本质毋宁在于它是自己**自为的，**或在于它是对这个肯定的自在的否定。

　　"不过"，这个不过恰好就是针对前面讲的"在我们看来"而言的。也就是，"在新形态看来，这个环节显得是一种**偶然碰上的**东西"。就是在我们旁观者看来是必然的，这个环境、这个社会现实对于这个想改造世界的人来说，它是必然的，甚至它想改造世界的理想就必然出自于这个世界本身的环节。不过呢，在新形态看来，在想要改造世界的这个人看来，这个环节显得是一种"偶然碰上"的东西，偶然碰上，vorgefung-den，没有什么规律，反正我本来就是有一种本心的规律，我按我的良心、按我本心来看这个世界应该是怎么样，但是恰好这个世界不是这样。为什么不是这样？我不知道，但我已经摊上了这么一个世界，所以它是偶然碰上的东西。我生在这个世界，本来是天降大任与斯人也，本来是负有改造世界的使命的，但是这个世界不跟我合作，我碰上了这么一个糟糕透顶的世界，这就是哈姆雷特的名言："时代整个脱节了，啊，真糟！天生我让我把它重新整好！"天生我就是要把它整好的，这个时代很糟糕，这是很偶然的了。天偶然生了我，要我来把它整好，这个使命落在我身上了，这完全是偶然的。为什么选择我？不可思议。所以在新形态看来，这个环节显得是偶然碰上的一种机遇、一种偶然性，它就没有想到它这个目的本身就是从这种所谓偶然的糟糕的环境里面产生出来的，必然要产生这么一个人来收拾残局、收拾世道人心。它没有意识到这一点，只在我们旁观者才可以看出来。其实每一个历史人物都是这样，拿破仑啊，那些英雄人物啊，都会认为自己是偶然生在这个世界，是上帝派我来拯救这个世界的，而都没有意识到它其实就是这个世界的产物。因为新形态对于它自己的起源毫无意识，为什么会有这个新形态？从哪来的？怎么起源的？它毫无意识。"它认为它的本质毋宁在于它是自己**自为的**，或在于它是对这个肯定的自在的否定"，自为的打了着重号，也就是和浮士德一样，哈姆莱特的立足点仍然是主体自为的一方，将其视为自己的本质。他觉得自己完全不是由外界所决定的，他产生这种理想、产生这种本心的规律，要来拯救世界，这个理想完全是自己自发地产生的，他的正义感不是由于受到哪个的影响或者受到什么压抑，而是天生就有的。哈姆莱特是一个王子，他认为自己的那种正义感，他的那种拯救世界、匡扶正义的理想完全是他自己产生的，只是恰好碰上了这么一个时代，让他的正义感有了用武之地。所以它是对这个肯定的自在的否定，这个自在的对象世界是肯定的，它已经在那里了，客观存是既成事实了，那么它要对它加以否定，凭借自己本心的规律。

这个个体性于是一心要扬弃这个与本心的规律矛盾着的必然性、以及通过这种必然性而降临的痛苦。

这个个体性既然被抛入到这样一个既成的世界秩序里面来了，于是它一心要扬弃这个与本心的规律矛盾着的必然性，这个世界与我的本心的规律不合，我觉得它不公平不正义。这个世界已经在那里了，但是它不对，这个与本心的规律矛盾着的必然性以及由必然性而加到头上的痛苦，是它一心要扬弃的对象。要把自己的本心的规律在现实生活中实现出来，那你就要与命运搏斗，你就要战胜现有的规律。

个体性因而不再是以前那种只追求个别快乐的形态的轻浮，而是一 {203}种对高尚目的的严肃认真，即在显示它自己特有的**卓越**本质中、在创造**人类福利**中寻求自己的快乐。

131

　　个体性与命运搏斗，要扬弃必然性，扬弃由必然性所带来的痛苦，因而，它就不再是以前那种"只追求个别快乐的形态的轻浮"了。以前的那种轻浮，就像浮士德，一开始就是只要追求自己的快乐，要尝遍人生的各种快乐、各种滋味，当然痛苦他也不回避、也要承担，但他主要是要追求快乐，寻欢作乐，那是很轻浮的。现在个体性不再是以前那种只追求个人快乐的形态的轻浮，"而是一种对高尚目的的严肃认真"。什么高尚目的？ 本心的规律。有规律的东西跟幸运的快乐不一样，追求快乐要凭运气，那是很轻浮的，那是跳来跳去，"过把瘾就死"，没有什么远大的目标。而现在本心的规律它是有远大目标的，它是有规律、有法则的，所以它是一种对高尚目的的严肃认真的态度。这就是，"在显示它自己特有的卓越本质中、在创造**人类福利**中寻求自己的快乐"。它当然还是要寻求自己的快乐，但什么才能使它自己快乐呢？ 不是肉体的享受，而是展示它自己的卓越的本质，像哈姆莱特所讲的，人是一件多么高贵的东西！ 多么优雅！ 展示它的优雅的气质，人要活得像个人，要活得有自己的尊严，要在创造人类的福利、给人类带来幸福中，在这个里头获得自己的快乐。我们前面讲到，浮士德的晚年已经进入到了这个境界了，早期他是追求快乐，把灵魂抵押给靡菲斯特就是为了寻欢作乐，就是为了满足他自己生命本能的需要。生命之树常青，理论是灰暗的，做了一辈子的学问，什么书都看遍了，还没有真正生活过，觉得自己一辈子划不来，所以他想再重新活一遍，把魔鬼找来当他的助手，帮他实现各种各样的欲望目标。有些目标是非常突发奇想、非常狂想的，比如说跟古希腊的海伦恋爱，搞时空穿越，他想到什么魔鬼就可以帮他做到什么，天底下的欢乐他都尝尽了，乐极生悲的事情也都经历了。那是很轻浮的。但是随着生活的进展，浮士德到晚年一步步提高了，他所追求的东西越来越高尚了，最后是在展示自己卓越的本质和在为人类造福中寻求自己的快乐。浮士德晚年最大的心愿就是填海造田，造福人类，那么这就有一种使命。当然这种使命在浮士德那里还不是那种"天将降大任于斯人也"的使命感，而是自己给自己提出的使命感，他说我看到这个大海涨潮又退潮，好像很无聊，那么我就有种冲动，想要把它改造成一片土地。他说："我愿意看见这样熙熙攘攘的人群，在自由的土地上住着自由的国民。我要呼唤这样的刹那，你真美啊！请停留一下，我在地上的日子会有痕迹遗留，它将不至永远成为乌有，我在这样宏福的预感之中，将这最高的一刹那享受。"这是浮士德死之前的最后一段话，他说完这段话就死了。也就是他的理想完全是从自己的享受出发的，要尽量发挥自己的才能来改造这个世界、来造福人类，但出发点不是为了人类，而是为了完善他自己，为了自己的快乐。我们经常一讲到造福人类似乎就要牺牲自我，但是浮士德的造福人类是为了满足自我、满足自己的需要、满足自己的快乐。而最高的快乐是把这个无聊的世界变成有意义的，也就是造福人类是最有意义的，是最快乐的，这才能全面实现他的自我。所以这里讲的"在创造人类福利中寻求自己的快乐"，这是浮士德的境界，到哈姆莱特就连快乐都没有了。哈姆莱特不是要寻求快乐，他是要匡扶正义，所以他是很痛苦的，他不是寻求快乐，而是自讨苦吃。但是哈姆莱特那种人格是从浮士德那里发展出来的，浮士德到了晚年已经有了这样一种使命感，为人类造福，展示自己的卓越性，展示人的尊严、人的高贵的本质。而这是哈姆莱特所接受的，但他不是为了快乐，而是为了实现本心的规律，我的本心就是正义构成的，当然受到压抑我也不快乐，但是我要把它实现出来不是为了快乐，是为了规律、为了正当性，我觉得这样才有正义、才正当。

个体性所实现出来的东西本身就是规律，因而它的快乐同时也是一切人的本心的普遍的快乐。

这是一个境界了，在浮士德晚年已经达到这样一个境界了。个体性所实现出来的东西本身就是规律，造福人类，这本身就是一种规律。因而它的快乐同时也是一切人的本心的普遍的快乐，造福人类嘛，在自由的土地上活着自由的人民，这当然是所有人都会感到快乐的。我的快乐就是一切人的快乐，一切人的快乐也就是我的快乐，这是浮士德在最后、

133

最高的精神境界上所达到的一种意识。

对它而言，这两者是**不可分的**；它的快乐就是合规律性的东西，而普遍人类规律的实现又为它的个别的快乐做了准备。因为，在它自身以内，个体性与必然性**直接**就是一个东西；规律乃是本心的规律。

对个体性而言，"这两者是**不可分的**"，不可分的打了着重号。快乐与合规律有一种辩证的相互依赖的关系。早年的浮士德是完全不考虑这个的，他只追求自己的快乐，至于后果是怎么样，他不管，他给人家带来的纯粹是痛苦，那么到了晚年，他已经意识到了这两者是不可分了，快乐和规律性、快乐和善是不可分的，历史的发展、历史的规律跟个人的快乐是可以统一起来的，他的快乐就是合规律性的东西了。我看到合规律性的东西，我就感到高兴、愉快，有一种成就感，移山填海就有这样一种成就感，这么巨大的工程在我的指挥、设计之下完成了，这一辈子也值得了。所以"它的快乐就是合规律性的东西，而普遍人类规律的实现又为它的个别的快乐做了准备"，个别和一般的统一在这里达到了极致。"因为，在它自身以内，个体性与必然性**直接**就是一个东西；规律乃是本心的规律"，本心的规律的含义在这里突出出来了，个体性和必然性直接就是一个东西，这就是本心，本心才是直接的规律。

个体性还没有离开它的位置，两者的统一既没有通过这统一的中介运动、又没有通过规训来完成。

个体性还没有离开它的位置，也就是说它还是为了自己的快乐，这仍然是浮士德的立场，和哈姆莱特还有一点区别。在浮士德那里还是个人本位的，个人没有离开自己快乐的出发点。"两者的统一既没有通过这统一的中介运动、又没有通过规训而完成"，个体的快乐和规律这两者的统一既没有通过一个统一的中介运动来完成，又没有通过规训来完成。因为当浮士德意识到这种统一的时候，他已经行将就木，没有时间来完成这种统一了，因此他也来不及受到这方面的规训（Zucht）。浮士德到死还是为所欲为的"性情中人"，他不是按照某种规律性、按照某种原则，来一步一步地实现他的本心的规律,这样一个中介运动他已经不可能经历了。例如,移山填海是这么巨大的工程,他的资金哪里来? 土地哪里来? 这些东西都是通过不正当的手段而获取的。资金是通过海盗行径,他派魔鬼去海上抢劫而积累了移山填海的"原始积累"资本,而填海的这块土地是他帮助皇帝镇压了一次民众起义,皇帝赏给他的,这些偶然采取的手段都是不光彩的。他并没有按照本心的规律、按照必然性一步一步地去完成这样的统一,既没有中介运动、也没有严格的规训。

直接的、未受规训的本质的实现被当作了某种卓越性的显示、当作了人类福利的创造。

这两者的统一这时还是一种偶然的关系,直接的、**未受规训的**本质,仅仅还在追求自己的快乐,只是这种本质的实现"被当作了某种卓越性的显示",也就是当作了自己个人的人格的卓越性的证明。在浮士德心中,我这个人是一个了不起的人物,我可以移山填海,我可以万世留名,等等。我为人类谋福利,这有一种救世主的味道。我之所以为人类谋幸福,不是因为有什么中介,而是因为我的人格的卓越性,是因为我个人了不起。浮士德当年已经达到了这样一个人格状态,当然这个状态是哈姆莱特人格状态的一个前身,它还一半停留在快乐和必然性的阶段,但是另一半已经跨入了本心的规律的阶段,它处于这个过渡之间。

相反,与本心的规律对立着的规律是与本心分离开来、自由而独立的。

这个相反,是跟前面一段对比而言的,前面一段讲的是主观的规律,它在浮士德那里是直接实现的,这个规律直接就是他自己的快乐。而现在相反,这个规律与本心的规律分离开来、对立起来了,它是从客观方面来看的。主体现在意识到它是在客观的现实环境中、在既定的世界秩序中来实现自己的抱负、实现自己的理想的。前面讲了它的主观的方面,现在来看看它的客观的方面,也就是客观的规律。不但主观是有规律的,客观也是有规律的啊，这个客观规律"是与本心分离开来、自由而独立的"。这就是现实的规律，它是与本心的规律分离的，它有它的自由和独立性。你是一个自由人，但是现实界的每一个人也都是自由人，都有他的目的，都有他的自由独立，而他的这种规律与你的本心是分离的，人心不可相通，别人的本心跟你的本心不是一回事。

从属于这种规律的人类并不是生活在规律与本心的那种令人幸福的统一之中，而是要么生活在残酷的分裂和痛苦中，要么至少是在**遵守**规律时生活于**它自身的**享受的匮乏中，而在**触犯**规律时，则生活于对自己卓越性的意识的缺乏中。

现实的人类受制于这种客观规律，他们不像那种有幸将规律与自己的本心统一起来的人那样生活，例如哈姆莱特这种人其实是快乐和幸福的，因为他的本心就是这种规律，而这个规律就是他的本心，这是给人带来快乐的。但是人类是受制于一种客观的规律，他们要么生活在残酷的分裂和痛苦中，因为他们不能支配自己的命运，要么有两种情况，即他们在遵守规律时生活中缺乏对自身的享受，而在触犯规律时，则缺乏对自己在生活中的卓越性的意识。前面是讲，人类的生活要么受命运的支配，由此带来了巨大的痛苦和分裂；后面则讲了两种情况，或者你自觉地服从规律，那么你就要禁欲，斯多葛派的禁欲主义就是这样的，自觉地遵守规律，那么你就要禁止享受，或者触犯规律时，你为所欲为，那就缺乏人格的尊严。这后面两种情况其实就是对前面那种巨大的痛苦和分裂的具体说明。从属于这样一种规律的人类所过的就是这样一种生活。

由于这种强制性的神的和人的秩序是与本心相分离的，它对于本心就是一个**假象**，这个假象据说失去了那还与本心掺合在一起的东西，也就是失去了那种强制力和现实性。

"由于这种强制性的神的和人的秩序是与本心相分离的"，客观现实世界的这样一种秩序是神的和人的秩序，这个在下卷 [第六章"精神"] 中谈"伦理世界"时会有更细致的分析，即"人的规律和神的规律"，前者代表法律制度,后者代表家庭伦常。而这两方面的秩序都是人所不能支配的命运,是人所不可改变的。由于这种强制性的客观秩序是与本心相分离的,当然也就是与本心的规律相对立的、格格不入的。其实本心的规律就是从这种客观秩序中产生出来的,它之所以产生出来,就是要把客观秩序当成一种对象来加以改造。你要把它当成改造的对象,当然它就不是你的规律了,它就在你的对立面了,所以它是与本心相分离的。"它对于本心就是一个**假象**",就是本心把它看成是一个假象,这不是什么真正的秩序,这种既定的现实秩序是可以改变的,它的这种表面上的牢不可破、它的这种强制性只是一种假象,是有待于揭穿的,我相信我可以改变它。"这个假象据说失去了那还与本心掺合在一起的东西,也就是失去了那种强制力和现实性","据说"是从本心的规律的立场来看的,在本心看来这种秩序和我的本心一点关系也没有,也就失去了对本心的那种强制力和现实性,所以我应该用我的本心的规律的现实性来取代它、改变它。

这种秩序虽然可以在其**内容**上偶然地与本心的规律协调一致,从而本心的规律能够容忍它;但对于本心来说,本质不在于纯粹合规律的东西本身,而在于它在合规律的东西中拥有**对自己本身的**意识,在于它在其中**使自己**获得满足。 [246]

"这种秩序",也就是这种神的秩序和人的秩序,这种客观的现实的秩序,"虽然可以在其**内容**上偶然地与本心的规律协调一致",在内容上,这个现实的秩序也可能偶然地与本心的规律协调一致,也就是我的本心的规律要实现出来,在现实中有些内容是可以利用的。例如浮士德要实现自己的远大理想,跑到宫廷里去为国王服务,最后得到了封赏,有了海边的一块土地,然后他可以在上面实现自己的抱负,这不是利用了现实的秩序吗? 本心有一种规律,但是它也不能够完全脱离现实,它也要利用现实来实现自己的理想。"从而本心的规律能够容忍它",只是容忍而已,毕竟两种规律还不是一回事,是偶然凑到一起的。"但对于本心来说,本质不在于纯粹合规律的东西本身，而在于它在合规律的东西中拥有**对自己本身的**意识"，这就是我们刚才讲的，它实现自己的理想不是为人民服务，不是为了人民的利益鞠躬尽瘁死而后已，而是要拥有对它自己本身的意识，"在于它在其中**使自己**获得满足"，也就是获得快乐。浮士德最终还是为了自己获得快乐，所以他临死之前说的那段话也就是说，我这一辈子够了，我这一辈子心满意足，我什么都经过了，痛苦也好，快乐也好，我的生活是最丰富的，这本身就是我的快乐。所以这时本心的规律仍然还停留在快乐意识的层次，并没有本质上的超越。

　　但是当普遍的必然性的内容与本心并不协调一致时，则普遍必然性哪怕按照其内容来说，自在地也什么都不是了，而必须让路给本心的规律。

　　前面是说普遍必然性的内容与本心的规律偶然一致的情况，"但是当普遍的必然性的内容与本心并不协调一致时"，情况就相反了。浮士德还跑到宫廷去为国王服务，哈姆莱特则对宫廷已经是深恶痛绝。普遍的必然性的内容与本心并不协调一致，这时"普遍必然性哪怕按照其内容来说，自在地也什么都不是了，而必须让路给本心的规律"。普遍必然性的形式对于本心的规律来说是不可接受的，但是它的有些内容在浮士德看来还是可以接受的，所以还有偶然的一致；但在不一致的时候，则普遍必然性哪怕按照其内容来说，自在地也就什么都不是了，它的内容也必须让路给本心的规律，这就达到了哈姆莱特的这种人格状态。哈姆莱特的人格状态就是说要改变整个世界秩序，这个世界上没有什么是他可以现成地利用的，整个秩序都与他格格不入。所以他说时代整个儿脱节了，整个儿都颠倒了，天生我要把它重新整好，我的使命就是要把整个脱节的时代拨乱反正，按照我的心的规律把它整好。

［II. 将本心置入于现实］

　　这是第二个标题，将本心置入于现实。第一个是"本心的规律和现实的规律"，两种规律，本心的规律要去改变现实的规律，但是改变现实的规律，它还不是现实的规律，而只是利用现实的规律，现实的规律只是一个手段，通过改变它，本心的规律达到了自己最后的快乐。那么更高的层次就是将本心置入于现实，就是把本心的规律强加给现实，替天行道，按照自己的正义感重整乾坤，这就是哈姆莱特的层次。

　　<u>个体于是就来**实施**它的本心的规律；本心的规律成为了**普遍的秩序**，而快乐变成了一种自在自为的、合乎规律的现实性。</u>

　　前面讲，当普遍的必然性的内容与本心并不一致的时候，这个内容就必须要让路给本心的规律。"于是个体就来**实施**它的本心的规律"，要把它本心的规律贯彻到现实中去。"本心的规律成为了**普遍的秩序**"，本心的规律不再是仅仅个人为了自己的快乐而采取的一种手段了，而成为了一种普遍的秩序。不光是我心里面有，而且整个世界都要按照它重新安排，这就成为了一种普遍的秩序。"而快乐变成了一种自在自为的、合乎规律的现实性"，快乐不再只是自己自为的一种偶发的目的，而变成了一种自在自为的现实性，它是合乎规律的了。快乐本来只是自为的，而现在成为一种自在自为的，它具有了自在性、客观性，合乎规律就有现实的快乐，违背规律就带来痛苦。合乎规律就是合乎本心的规律，同时也是合乎普遍秩序。这个时候立足点已经转了，不是立足于快乐，而是立足于规律，不是立足于快乐来利用规律，而是立足于规律来支配快乐，这是哈姆莱特的新型人格所体现出来的结构。

　　<u>但在这个实现过程里，规律实际上已经逃离了本心，它直接地仅仅成为了本应加以扬弃的关系。本心的规律正是通过自己的实现而不再是**本心**的规律了。</u>

　　在这个实现过程里，当你要把你的本心的规律实现出来，要把它变成现实的秩序的时候，"规律实际上已经逃离了本心"，也就是本心的规律当你一旦把它实现出来的时候，它就脱离了你的本心，它看起来就好像不是你的本心的意图了，它往往变成了本心的一幅漫画。你的理想很

崇高，但是你试着把它实现出来看看，一旦实现出来，就不是那么回事了。所以在这个实现过程里，规律实际上已经脱离了本心，"它直接地仅仅成为了本应加以扬弃的关系"，它成了一种本来你想加以扬弃的关系，你的行动的结果和你最初所要加以批判、加以否定的现实并没有什么根本的区别。一个理想的社会只有在它还未建成的时候是美好的，一旦建立起来，你就会发现完全不是那么回事，它和旧的社会并没有什么本质的区别。甚至就在你实施你的理想计划的过程中，你的行动也已经卷入了这个社会本身的规律，不是你最初策划时那么理想那么纯洁了，它已经跟本心的规律完全不一样了，它脱离了你的本心。这是一切理想化地改造社会的工程常见的悖论，即"本心的规律正是通过自己的实现而不再是**本心**的规律了"。这句话很关键，本心的规律一旦实现，它就不再是你的本心了，甚至正是通过你的实现，它才不是你本心的规律了。因为凡是要实现什么，总免不了弄脏你的手，否则你就只有让你的理想停留在幻想中，只有在那里它才是纯洁的。这也是哈姆莱特不断地延宕自己的最后行动的原因，他不想让他的规律逃离本心，但是没有办法，他失败了。

　　因为它在这个过程里获得了**存在**的形式，它现在是**普遍的力量**，而对于普遍的力量来说，**这个**本心是无关紧要的，以至于个体正因为是它**建立**了它自己的秩序，而发现这个秩序不再是属于它的了。

　　"因为它在这个过程里获得了**存在**的形式"，存在打了着重号。本心的规律最开始是一个概念，是一个思想，还没有存在；但是在这个实现出来的过程里面，它获得了存在的形式，一旦变成了存在的形式，那么"它现在是**普遍的力量**"，本心的规律一旦实现出来就变成了普遍的力量。"而对于普遍的力量来说，**这个**本心是无关紧要的"，这个打了着重号。就是说，一旦成了普遍的力量，你个人的本心就是无关紧要的了，你最初是怎么想的，这完全无所谓了。这就是革命的异化现象，一切改造社会的行动都有这个特点，就是行动一旦取得成功，它就不是你最初所想的那样，它反过来成为了你的本心的异己之物，甚至要把你吞掉。"以至于个体正因为是它**建立**了**它自己的**秩序,而发现这个秩序不再是属于它的了",你自己建立的秩序恰好不属于你,而这正是你自己造成的,你自己走向了自己的反面,这可以说是一种历史的辩证法。你的本心也许是好的,或者不管是不是好的,至少你所建立起来的东西跟你的本心是背道而驰的,甚至你的本心越好,你的结果越糟。很多最坏的坏事都是由最好的好人作出来的,你越是真诚,所作出来的事情就越糟糕。"文革"期间无法无天的那些人很多都是非常纯洁的青少年,越是纯洁,做事就越无顾忌,因为他要实现自己的理想,他就越坚决,越不动摇,他所犯下的罪过就越大。武斗的时候最恐怖的就是那些十六七岁的青少年、中学生,初生牛犊,他们最不怕死,最勇敢。他们今天反思起来,很多人坚持自己当年的本心还是好的,纯洁的,只是被利用了,自己也是受害者;只有极少数人会怀疑这个本心本来就是可疑的,不可靠的,本心也是会欺骗人的,如果真是纯洁的,为什么干出那些伤天害理的事来,所以开始产生一种忏悔精神。

通过它的规律的实现,个体因而不是产生了**自己的**规律,而是由于这个秩序**自在地**虽然是属于它的,但对它来说却是一个异己的秩序,所以个体所造成的仅仅是让自身卷入于现实秩序里面去;而且它被卷入的这个现实的秩序是一个不仅对它陌生而且怀有敌意的超强势力。

这里还是在讲这个道理,这个道理说破了,其实也没有什么深奥的,但是一般人总是不懂。通过本心的规律的实现,"个体因而不是产生了**自己的**规律",你把自己的规律实现出来了,你以为是"你的"规律?错了! 产生出来的后果完全出乎你的意料之外,不管你是多么伟大的人物,都是这样。个体因而不是产生了自己的规律,"而是由于这个秩序**自在地**虽然是属于它的,但对它来说却是一个异己的秩序",或者陌生的秩序。这个秩序自在的当然是它所建立起来的,没有个体的努力这个秩序怎么能够建立呢? 但自己建立的秩序是不是就由自己自为地支配,这个就是另一回事了。你自己的规律实现了,这是你造成的,你不能摆脱责任;

但是对于你来说这却是一个陌生的秩序，它成了秩序就不以你的意志为转移了，你自己也没想到会搞成这个样子。"所以个体所造成的仅仅是让自身卷入于现实的秩序里面去"，个体把本心的规律实现出来，想要这样做而且这样做了，但是实际上产生的结果，仅仅是自身卷入到了现实的秩序里面去，"而且它被卷入的这个现实的秩序是一个不仅对它陌生而且怀有敌意的超强势力"。哈姆莱特就是这样，他想要把这个时代重新整好，怎么整好？他所做的事情没有一样是把这个世界整得更好的，每一件事都是把这个世界搅得越来越乱，哈姆莱特的悲剧就在这里。他的初衷是非常好的，他的父亲、国王被他的叔叔谋害了，他的母亲嫁给了他叔叔，整个世界都颠倒了，宫廷里面充满着一种犯罪的气氛，他要按照正义的原则重整乾坤，但是一旦开启进程，一系列的事情使得他无法支配，害死了很多无辜的人，而真正的凶手最后跟他同归于尽，这个世界没有变得更好一点，一切又恢复到原点。他是被卷入到现实的秩序里面去的，他原本想要按照自己本心的规律干干净净地做人，包括他杀他的仇敌，他都想要杀得干净，自己的手不要沾上任何一点无辜的血。但是你数一数他杀了多少无辜的人，包括他最爱的爱人奥菲利娅都死在他手里，所以他也双手沾满了鲜血，不比他叔叔沾的血少。你既然要把自己的本心的规律置于现实，那么你就逃避不了现实的肮脏，你就不能不弄脏双手。所以他被卷入的这个现实秩序，是一个不仅对他陌生而且怀有敌意的超强势力。他要改造这个肮脏的世界，他就不得不自己也弄脏手，他没想这样，他所杀死的这些人都不是他想要杀死的，他本来只想干干净净地杀掉一个仇人，而那些人跟他有没有仇，而且还是他爱的。但是他实际上没有办法，只好让他们都去死，这是一个对他陌生而且怀有敌意的超强力量，他控制不了。

{204}　　——个体通过自己的行为业绩，把自己置入**进**或不如说建立**为**存在着的现实性的普遍元素，它的行为业绩即使按照它自己的意思来说，也应该具有一种普遍秩序的价值。

"个体通过自己的行为业绩，把自己置入**进**或不如说建立**为**存在着的现实性的普遍元素"，它本来的目的是这样的。个体想通过自己的行为，把自己置入进现实的普遍元素，或者把自己建立为这种元素，把自己的主观原则变成一种现实的客观原则，也就是把本心置入于现实，要让现实按照个体自己的原则来安排、来生活。所以"它的行为业绩即使按照它自己的意思来说，也应该具有一种普遍秩序的价值"，它的行为业绩（Tat）的价值就在这里，就是本心的规律不仅仅是它个别地想出来的规律，而应该是一种普遍的秩序，即使按照它自己的意思来说，本来也是要匡扶正义，替天行道，要把我所领会到的天命在现实中实现出来，并不包含任何私利。那它就应该是一个普遍的原则，人人应该按照这个原则来生活。

<u>但是个体借此就使自己从它自己**摆脱**出来了，它作为普遍性而自为地继续生长起来，并从自身中清除了个别性；</u>

"但是个体借此就使自己从它自己**摆脱**出来了"，异化就是这样一种结构，即个体在实现自己的过程中摆脱自己而独立，而不受自己控制了。自己本心的规律既然应该具有一种普遍秩序的价值，那么你就必须要从自己摆脱出来，不能封闭于自身。首先你必须自我牺牲，你不能把自己一己的快乐放得最高，你必须把自己的快乐压制住，从自己的局限性、从自己的有限性摆脱出来，从自己的个别性摆脱出来。"它作为普遍性而自为地继续生长起来，并从自身中清除了个别性"，即个别性自己摆脱自己而得到了独立自为的发展，成为了普遍性，反过来在自身中清除了个别性，把你那些个别的快乐、爱好、欲望都清除掉。比如哈姆莱特对奥菲利娅的爱情都要把它牺牲掉，才能去实行自己的计划，为了正义而牺牲了个人的感情。

<u>个体只想以它直接自为存在的形式去认识普遍性，因此，它在这个自由的普遍性里就认识不到它自己，然而它同时也属于这个自由的普遍性，因为这个自由的普遍性就是它的行为。</u>

"个体只想以它直接自为存在的形式去认识普遍性"，个体把自己本心的规律置入于现实生活中，使它成为普遍的规律，使它具有一种普遍秩序的价值，但是个体只愿意以它直接的自为存在的形式去认识普遍性，这样一个本心的规律还是执着于自己直接的本心，以这种形式去认识它所造成的普遍性。所以我认识这个普遍性仍然是以我本心的形式去认识的，我并没有改变初衷。但这样一来，结果怎么样呢？"因此，它在这个自由普遍性里就认识不到它自己"，它出于本心来认识它所实现出来的规律的普遍性，但是它在这个自由的普遍性里面认不出自己来了。你的这个本心的规律一旦实现出来，那就不是你的了，而且你一开始就是自觉地站在一个非我的立场上来看待这样一个规律，那么这个自由的普遍性一旦实现出来，在它里面你就看不出、认不出你的本心了。你的本心首先已经把自己融化到这样一种普遍性里面了，所以这个普遍性实现出来，也就不带有你的本心的色彩，它是一种客观的、自由的普遍性。"然而它同时也属于这个自由的普遍性，因为这个自由的普遍性就是它的行为"，你所造成的这样一种自由的普遍性，尽管它离开了你的本心，不受你所支配的，它自由地发展、自由地生长起来了，甚至这个里头已经没有你的影子了，但是你同时也属于这个自由的普遍性，它还是你造成的，你还得为它负责。因为这个自由的普遍性就是你的行为，这是你造成的，你不能事情办坏了就说这不是我的初衷，我本来没想这样，那不行，你干的事情你就得负责。所以你还属于这个自由的普遍性，它就是你的行为的后果，因为这就是你这个个体的行为造成的。

这种行为于是具有颠倒的含义，即它与普遍的秩序相**矛盾**，因为个体的行为业绩应该是**自己的**个别本心的行为业绩，而不是自由的普遍的现实性；

"这种行为于是具有颠倒的含义"，这就很吊诡了，你最初的出发点是好的，但是你办成的事情是糟糕的，那不是很颠倒吗？这个世界的颠倒不就是由这样的一些好人造成的吗？每个人都是好人，每个人都是出于好意,造成的这个世界却很糟糕。这种行为于是具有颠倒的含义,"即它与普遍的秩序相**矛盾**",你这种行为与你所造成的普遍的秩序是相矛盾的,你的行为是好的行为,意图是好的,但是你的结果是坏的。"因为个体的行为业绩应该是**自己的**个别本心的行为业绩,而不是自由的普遍的现实性",个体的行为应该是,当然实际上不是,但是它本来应该是自己的个别本心的行为业绩,"自己的"打了着重号。你的主观的目的,主观的意图的行为,本来应该是这样的,而不是自由的普遍的现实性,自由的也就是离开你的本心的,随便它自己发展的那种普遍的现实性,本来不应该是这样的。应该是依本心的行为,一切都在你的控制之下嘛,应该是符合它的本心的行为而不是自由的普遍的现实性。

而同时个体实际上又**承认**了自由的普遍的现实性,因为这行为具有这种意识,就是要把它的本质建立为**自由的现实性**,也就是说,要承认这现实性就是它的本质。

前面是讲应该,个体行为应该是自己的个别本心的行为业绩,而不应该是自由的现实性。而这里是讲实际,"而同时个体实际上又**承认**了自由的普遍的现实性",实际上是这样的,你不得不承认。个体造成的这个实际后果你不能不承认,这就是你要的。"因为这行为具有这种意识,就是要把它的本质建立为**自由的现实性**",这种出自于本心的行为,它本来的意思就是要把它的本质变为自由的现实性,要建立起一个脱离它之外的现实性,这是它故意的,是由它的本心变来的,是按照它的本心在执行的,它本来就包含有这种意识。既然这样,那么你就要把它释放出去,你就不能够把它停留在蓝图或者理想或者纸上的草稿之中,要把它实现出来,实现出来那不就是把你自己实现出来了吗?"也就是说,要承认这现实性就是它的本质",哈姆莱特就是这样,他就是要把他心目中的正义在他的宫廷里面实现出来,所以他所做的事情一旦变成了现实,不管多么糟糕,都要由他负责,不能怪罪于别人。哈姆莱特的悲剧就体现在这里,就是说一旦他把他的理想实现出来,不管当初他想得多么好、多么纯洁,就不是那么回事了。实际上人的自由意志都是这样的，除了像康德那样完全停留在纯粹理性的云端，不接触现实；一旦你要接触现实，把它实现出来，都没有那么理想。当然话又说回来，虽然不理想，但是毕竟事情有了进展，再糟糕的现实，做总比不做要好，你不做它永远停留在理想之中、永远成不了现实。你做了，虽然失败、虽然很糟糕，但是它毕竟是一个推进，哪怕只是一个经验教训。所以从这个意义上来说，哈姆莱特虽然是一个悲剧，但是我们不以成败论英雄，认为它启示了某种人类的更深层次的人性，他在这方面对人类历史是有推进的。在《精神现象学》里面也是把它当作一个更高的人性阶段。当然《哈姆莱特》出版于《浮士德》之前，但这个没有关系，这里是研究的精神、自我意识本身的结构层次，哈姆莱特这个结构层次展示了人心深处的矛盾性，它跟浮士德那种一意向前、由自己主观快乐的追求最后上升到为人类造福这样一种高的境界还不太一样，浮士德那种追求仍然是理想化的，所以实际上他最后的那种理想仍然是一种幻觉。浮士德临死的时候以为他正在为人类造福，其实是魔鬼给他造成的一个幻觉，魔鬼在那里为他挖坟墓，他的眼睛已经看不见了，他就以为是在按照他的计划造堤。所以他那种"在自由的国土上住着自由的人民"的理想也是一个假象。但是不要紧，虽然是一个假象，但是它所启发出来的人应该向高处不断地追求，这个道理是实在的。所以浮士德死得不冤，上帝最后把他的灵魂拯救了，也说明他死得不冤，他的灵魂是值得拯救的。那么哈姆莱特其实也可以这样来看，虽然他由于本心的规律和自大狂，最后落入了一种悲剧的结局，但是并不是说本来可以不这样做。人性的结构一定要展示出来，一定会有它的展示的过程。那么哈姆莱特扮演了这样一个角色，展示了这样一个过程，这就是他的价值所在。好，今天就到这里。

*　　　　*　　　　*

好，我们再继续讲本心的规律和自大狂。上次已经讲到了"将本心置入于现实"。本心，它有它的规律，它自以为自己是直接拥有规律的，这跟前面的快乐和必然性是不一样的。快乐它不认为自己有什么规律，它就是要追求快乐，那么到了本心，就是说你追求快乐是一种动物性的本能，但是在这后面，它的本心应该是有规律的。这规律一般来说就是，像正义感啊，良知啊，这些东西。当然不一定明确意识到，但是它是在起作用的。比如说像哈姆莱特，他的父亲被他的叔叔谋杀，他的母亲又嫁给了他的叔叔，这在他看来是奇耻大辱，这个是不能容忍的，所以他要复仇，于是叫作《王子复仇记》。《哈姆莱特》中文又译作《王子复仇记》。那么为什么要复仇？也就是这个里头有一种正义在里面。你这种谋杀是不正义的，我就要匡扶正义。时代整个脱节了，脱节，out of joint，也翻译成这个时代整个地颠倒混乱了，这个时代已经一塌糊涂了，那么天生我要把它重新整好。重新整好就是要让它恢复到原来的状况，要恢复到正义的状况。这是上次已经讲到的，要将本心置入到现实。你的本心是有规律的，但是当你用这种规律面对现实的时候，你就会发现这个现实已经整个颠倒错乱了，所以我要把我本心的规律置入现实，来引导现实，来匡正现实。那么当你用自己本心的规律来匡正现实的时候，你的这种行为以及你对现实所造成的影响都带上了你个人的特色，带上了个性色彩，这就是我们今天要讲的这一段。上次已经开了个头，将本心置入现实；今天讲的这个第二段，第247页，就是讲到将本心置入现实的时候，整个这个活动都带有它个体性的风格、特征、行为方式。

　　个体通过它的行为的概念，规定了它使自己隶属于其下的那个现实 [247] 的普遍性如何转过来反对自身的更切近的方式。

　　我们来分析一下。"个体通过它的行为的概念，规定了……更切近的方式"，规定了什么更切近的方式呢？就是规定了个体使自己隶属于其下的那个现实的普遍性，是如何转过来反对自身的，也就是说规定了普遍性转过来反对个体自身的更切近的方式。本心的规律本来是一种普遍性，个体的本心把它看作是自己的直接的普遍性，如正义、良心这些东西在内心里面都是作为一种普遍的东西，一种普遍的法则，一种原则，属于自己的本心。但是，现实的普遍性我也隶属于其下，这种普遍性一旦成为现实的，那么，它就转过来反对行动者自身。就是说，当你把本心的规律置入于现实的时候，你就会发现，这个现实中的普遍性是转过来反对你的。你本来要在现实中间贯彻你的规律、法则，贯彻一种普遍的东西，因为这个时代已经脱节了嘛，那么我要用一种普遍的法则来贯穿它，整顿它。但是一旦你把这规律置入于现实，把它变成一种普遍的东西，那么它就转过身来反对你这个行动者，这也就是我们通常所讲的异化。你的理想一旦实现出来，它就变成了一种异己的东西，没想到它会变成这样。最初的理想是很好的，但是一旦把它变成现实，它就成了一种普遍性规律，这种规律是异己的，你反受其害。但是这样一种方式，恰好是由个体的行为的概念所规定的，个体不但规定了自己本心的规律，而且通过它的行为的概念规定了一种更进一步的方式，不限于内心的良知，而且让这规律在现实中转身反对自己。也就是说个体在还没有行动的时候，它是一个很抽象的本心的规律，本心的规律有它一般的方式，但是那是很抽象很空洞的，是单线的。但是一旦进入到现实中，它就具有了一种更切近的方式，也就是反身的方式，这种方式仍然是由这个主体所规定的。主体规定这种方式来反对主体，反对自身，这种方式其实比前一种方式更加切近于主体或个体本身。前一种只是泛泛地由自身发射出去，射向何方尚不确定。现在回到自身来了，更切近于自身了。

它的行为业绩是作为**现实性**而隶属于共相之下的；但是行为业绩的内容却是它自己的个体性，这个体性是要作为**个别的**、与共相对立的个体性而保持下去的。

"它的行为业绩"，就是个体的行为，个体的行为"是作为**现实性**而隶属于共相之下的"。它的行为本来是个体的，本来跟共相没有关系，是它自己的，但是，它作为现实性而隶属于共相之下。它的行为当然也有它自身的规律，但是，它作为现实性一旦实现出来，那么这个行为是隶属于共相之下的,你就要受到客观规律的支配。你一旦把它实现出来,它就成了客观规律。本来是你的主观规律,主观的本心,一旦你把它实现出来,具有了现实性,那么你就隶属于这个现实性之下了,隶属于现实的规律或共相之下了。我把这个 das Allgemeine 固定地翻译为共相,其他的 Allgemeinheit 我把它翻译成普遍性,das Allgemeines 我把它翻译成普遍的东西,稍微有一点区别,都是普遍的东西,但是有一点区别,就是这个共相,如果用这样一种方式来表述的时候,黑格尔带有一点贬义在里面,就是抽象的普遍性就叫共相,就叫 das Allgemeine,一般的就是普遍性或者普遍的东西,那就还没有确定它是抽象的普遍性还是具体的普遍性、具体共相。所以共相特别表达了一种抽象普遍性的意思。那么,个体的行为是作为现实性隶属于共相之下的,"现实性"打了着重号。就是说,一旦它作为现实性,一旦它实现出来,那么主体就隶属于共相之下,就要服从共相,共相对它就有一种强制。因为你是个别,个别的东西要服从普遍的东西。"但是行为业绩的内容却是它自己的个体性",你的行为要服从于共相,要从属于共相,但是你行为的内容却还是你自己的个体性,普遍性只是一种抽象的形式,行为的内容却是个别的个体性。这两方面是不同的,是对立的。"这个体性是要作为**个别的**、与共相对立的个体性而保持下去的",这个里头就体现出一种矛盾了。就是这个个体性,也就是它的个体性的内容要作为个别的个体性而与共相一直对立下去。个体性有它自己的一贯性,虽然它要服从共相,它是隶属于共相之下的,但是,它作为一种个体性,它还是要保持它自身,那么这里头就有一种矛盾,就有一种对立了。从这里我们就看到,个体性当它把自身的本心的规律置入于现实的时候,就引发了一种内在的矛盾,个别和普遍、或者个别和一般之间的矛盾。它一方面要服从现实的普遍性、现实的共相,但是它本身又是一种个别性,它要坚持自己的个别性,要把它保持下去。

　　这并不是任何一个可以谈得上去建立的确定的规律,相反,个别的本心与普遍性的直接统一是被拔高为规律和应当有效的思想的,即**每个**

本心都必须在成为规律的东西里去认识**自己**。

"这并不是任何一个可以谈得上去建立的确定的规律","这",也就是说,这样一种个别性与共相相对立、相冲突的状况,并不是任何一个可能会谈得上去建立的确定的规律。这样一种个别性保持自己与共相相对立,并不是一个确定的规律,这个规律连加以确定都谈不上。当然保持下去好像是一种规律了,但是它是一种个别性的保持,个别性当它保持下去的时候,它是不断变化的,它为所欲为,它今天这样明天那样,它一会儿这一会儿那,它没有那种普遍性,它要跟共相相对立嘛。共相,你可以说它可以建立一种规律,但是个别性与共相的这种持续的冲突,这本身要成为一种规律,那是谈不上的,因为绝对的个别性就是没有规律的。"相反,个别的本心与普遍性的直接统一是被拔高为规律和应当有效的思想的",既然个别性和普遍性的冲突、矛盾没办法建立一条规律,没办法在个别性的保持冲突的基础上建立一条规律,那么反过来说,另一方面,它是可以把这两者的直接统一提升为一种规律、提升为一种应当有效的思想的。这种思想是"应当有效"的,但它是不是有效,这个还没说。实际上,从后面讲的来看,它是无效的,它并没有客观的效用,而只你是主观意谓中的,你以为你的那种个体性它本身就是一种普遍性,个体性与普遍性应当直接统一,就是在你内心里面你觉得是统一的,但是还没有得到客观的验证,还没有得到他人的承认。你是直接统一,但是你一旦有效,一旦实现出来使它生效,就会发现它走向了反面。所以这种直接统一是被"拔高"为规律,并且被"拔高"为应当有效的一种思想,这是强行拔高的。拔高到什么思想?下面就讲了,"即**每个本心**都必须在成为规律的东西里去认识**自己**",就是说,每个本心,如果不成为规律,如果没有规律,那么本心就认识不到自己。本心的规律,本心为什么一定要是一种规律呢?它正是为了认识自己啊!比如说你是一个什么人,你就必须把自己的本心设定为、或者拔高为是有规律的。本心的规律一旦建立,那么你就可以在里面认识你自己了,我确实是这么一个人,那就是

我的本心。那么这种思想是应当有效的，个别性和普遍性的统一是这样
一种应当有效的思想，也就是说，每个本心都必须在成为规律的东西里
面去认识自己。我直接在我的内心里面，在良心里面，我拍拍胸脯想一想，
我有良心，这个良心不需要别人来承认，我自己直接就可以认可。需要
别人承认就麻烦了，别人怎么会知道你心里想的。所以最根本的还是你
有没有良心。我们经常说一个人，你的良心被狗吃了，你拍拍胸脯想一想，
你的良心何在？这就是诉之于你最直接、最根本的东西了。这是个别性
与普遍性的直接统一，就在你的本心里。这种直接统一被设定为应当有
效的思想，被拔高为一条规律。个别性本身的前后一贯性，这个没有规
律的，因为你要建立一个规律，你就会发现它是变动不居的，个别性本身
是当下的，是随时变化的，但是个别性与普遍性的直接统一，它是可以设
定为一条规律的，它可以看作一条规律，而且必须看作一条规律。因为
本心要认识自己就只能够在规律里面去认识，在快乐里面是认识不到的。
前面一节里面讲到的快乐与必然性，在快乐里面你能够认识自己吗？那
是认识不到的。一个沉溺于快乐中的人是没有对本心的自我意识的。那
么只有在本心的规律里面，我们才能够认识自己。所以每个本心都必须
在成为规律的东西里去认识自己。

　　**但是，只有这个个体的本心是在它的行为业绩里建立起了自己的现
实性的，这行为业绩向它表现了它的自为存在或它的快乐。**

　　"但是"，这里有个转折。前面是讲直接的统一，个别性和普遍性的
直接统一就是本心的规律了，本心只有在规律里面才能够认识自己。但
是，"只有这个个体的本心是在它的行为业绩里建立起了自己的现实性
的"，这个就不是内心那种直接的统一了。内心直接的统一，我不需要采
取任何行为，我自己拍拍胸脯就可以确认自己是有良心的，但是这并不
具有现实性。只有这个个体的本心在它的行为业绩里面，也就是在它作
出来的行为里面，才建立起了自己的现实性。就是说，本心虽然与规律
是直接统一的，但是，只有个体的本心这方面，规律先不讲，才建立起了

自己的现实性。我们先把规律撇开，先讲这个本心，这个本心是个别性，是个体性。那么只有这个个体的本心是在它的行为里面建立了自己的现实性的。在它的行为里面，也就是在本心置入于现实的时候。我是一个什么人，光是凭借我拍拍胸脯，凭良心想一想，这个是确定不了的。要真正确定自己是什么人，必须要行动，去做事，在现实生活中去确立起本心的现实性。一个人是一个什么人，不能凭他自我感觉良好，或者自以为怎么样，或者凭他自己说自己是怎么样，还要看他作出了什么。一个人自己自我感觉良好，觉得自己一切都是出自于好心，但是办成了坏事，我们就不能说这是一个好人，从现实的角度来看，他甚至是一个坏人，他干尽了坏事。如果一个人天天说自己坏，但是他干的事都是好事，那么我们也可以说他是一个好人，因为从现实的角度看，他确实就是一个好人，他给大家带来了好处。所以只有这个个体的本心是在他的行为业绩里建立了自己的现实性的。"这行为业绩向它表现了**它的自为存在或它的快乐**"，这个行为业绩向它，也就是向个体的本心，表现了它的自为存在或它的快乐。自为存在就是它自己的行为，它的行动中的存在，不是别人要它做的，不是别人强迫它做的，是它自由地作出来的。它的行为造成什么样一种行为业绩，那么，在这里就可以表现出来它是什么人。这行为业绩向它表现了它的快乐，快乐原来是作为一个起点，一个原点，由此去建立别的东西；而在这里，快乐成为了一种印证，这行为业绩向它表现了它的自为存在或它的快乐。快乐这时不是一个原点，不是一个基点，而是表现出来的行为业绩的后果。现在的基点是什么呢？是个体的本心的行动，在这个行动里面建立起了自己的现实性。那么这个现实性就是客观的了，你在你的行为业绩里面建立起一种现实性，就是客观的了。那么在这个客观的行为业绩里面，向主体表现了、表达了它的自为存在和它的快乐，也就是向它表现了它主观的个别性。那么这个快乐就不是内心的那种本能冲动，或者是一种不足为外人道的内心感觉，而是有现实的业绩摆在那里，是人人可以看得见的一种现实的快乐。它产生了一种快乐，不是你的本能产生了你的快乐，而是你自己的行为所带来的，是创造的快乐，是自为存在的快乐。因为它有现实性作为根据。这个现实性是你自己造成的，是你建立起来的。所以讲，这行为业绩向它表现了它的自为存在或它的快乐，虽然还是快乐，但是层次已经更高了，跟前面的层次已经不一样了。所以它所建立的已经是一种客观的现实性了，当然这个现实性还是个体建立的自己的现实性，是我的成就感。这个成就感证明了我是一个什么人，使我能够在这上面把握我自己。所以这归根结底还是主观的，还没有真正置入到客观世界，进入到现实的人际关系中、社会关系中、主体间之中来加以检验。这只是一方面。

　　这行为业绩应当被直接当作普遍的东西，就是说，它在真理中是某种特殊的东西，而且只具有普遍性的形式：它的**特殊的**内容**作为特殊的**内容应当被当作普遍的。

　　前面讲，个体性在它的行为业绩里面建立起了自己的现实性，但这个现实性还仅仅是个体自己的现实性，还不是所有人的现实性，只是你的成就感，只是你自己个人的快乐。这里讲，虽然如此，"这行为业绩应当被直接当作普遍的东西，就是说，它在真理中是某种特殊的东西，而且只具有普遍性的形式"。也就是说，这种行为，这种建立起自己的现实性、将本心置入于现实这样一个行为，它的业绩应当被直接当作普遍的东西。这个"直接"就说明了，它还是主体本身的一种现实性，只不过它同时又应当被当作普遍的东西，或者它自认为是普遍的东西。它自认为它的这种本心的规律"应该"普遍有效，但是不是普遍有效，这个还难说。"就是说，它在真理中是某种特殊的东西"，它在真理中，就是说客观上，实际上，真正说来，它是某种特殊的东西，还不是普遍的东西，它只是"应当"被当作普遍的东西。但是正因为它作为普遍的东西的这种直接性，所以它其实还不是普遍的东西，它在真理中其实是某种特殊的东西。"而且只具有普遍性的形式"，只是形式上是普遍的，内容上还是特殊的东西，它在真理中实际上还是特殊的东西。"它的**特殊的**内容**作为特殊的**

内容应当被当作普遍的"，它的特殊的内容作为特殊的内容，"特殊的"，后面又一个"作为特殊的内容"，这里都打了着重号，应当被当作普遍的。就是说，实际上它的内容是特殊的，但是在形式上，应当被当作普遍的。当作普遍的时候，它已经是形式了，或者是抽象的共相，而不是真正的普遍的东西，从内容上来说还不是普遍的。所以它还是一种个别性。

因此，别的那些个体在这个内容里所发现的不是实现了它们自己的本心的规律，而毋宁只是实现了**一个别人的**本心的规律，而且，正是按照每一个体都应该在成为规律的东西里发现它自己的本心这一普遍规律，别的那些个体恰好当这个个体反对它们的现实性时，也转而反对**这个个体**所设置的那种现实性。

这一句话就是点睛之笔了。就是前面讲了那么多，怎么把个体的本心置入现实，建立起了一种现实性，好像也是一种被当作普遍性的东西，但这种普遍性的东西实质上还是个别的。那么何以见得呢？这里就说，"因此，别的那些个体在这个内容里所发现的不是实现了它们自己的本心的规律，而毋宁只是实现了**一个别人的**本心的规律"。你把你的本心实现出来了，你认为这是你的良心，你的正义感，你匡扶了正义，你成功了，但别人的感觉如何？别人恰好没有你那种感觉，你认为正当的东西，在别人看起来也许并不认为是正当的。所以别的那些个体在这个内容里找不到它们自己的本心的规律。别的个体也有它们的本心啊，也有它们本心的规律啊，那么你把你的本心的规律实现了，别人的本心的规律并没有因此而实现，别人所找到的毋宁只是"一个别人的"本心的规律的实现，因为你对于别人来说也是一个别人。对于别的个体来说，你的本心的规律的实现仍然是一个别人的本心的规律的实现。你把它实现出来，对于别人来说还是别人的，不是它们自己的。这就把"将本心置入于现实"这样一个行为放到了社会关系中来考察，而一旦放到社会关系中来考察，就显出了它的局限性。你不要认为自己认定了是对的，你就无所顾忌地把它实现出来，而不考虑别人可能有一些什么样的本心的规律。

否则的话，你的这种规律不成为规律，或者说只是形式上的规律，只是你的个别性直接和它相统一的那种主观普遍性，而不是真正的客观的普遍性，只是主观的现实性，而不是客观的现实性。"而且，正是按照每一个体都应该在成为规律的东西里发现它自己的本心这一普遍规律，别的那些个体恰好当这个个体反对它们的现实性时，也转而反对**这个个体**所设置的那种现实性"，这个前面讲了，有这样一个普遍规律，就是每一个个体都应该在成为规律的东西里找到它自己的本心。每一个个体要意识到自己的本心，要具有自我意识，就必须在成为规律的东西里面去认识自己。不成为规律，只是一种本能的冲动，那是找不到自己的本心的。在作为规律的东西里面就可以找到自己的本心，这是一条普遍的规律。那么按照这样一条普遍的规律，那就不只是适合于你这个特定的个人，那就应该适用于一切人。你想要在普遍的规律里面去找到自己的本心，别人也想要在普遍的规律里面去找到他的本心，所以这就是一条普遍规律，不是只适用于哪个人的，而是适用于所有的人。那么按照这一普遍规律，"别的那些个体恰好当这个个体反对它们的现实性时，也转而反对**这个个体**所设置的那种现实性"。正因为有这样一个普遍规律，所以当这个个体反对其他个体的现实性时，也就遭遇到其他个体的反对。你把你的本心置入于现实，你就遇到了阻碍啊，你要整顿乾坤，你会发现整个现实都脱节了，跟你的本心的规律不相符合，那么你就要用你的本心的规律去整顿它，要把它整好，那就要反对它们。那么当这个个体反对它们的现实性时，别的那些个体也就转而反对这个个体所建立起来的现实性，别的个体就要阻碍你，就要反对你。你要反对它嘛，你要改变它，你要整顿它，它就不让你整顿，它就会转过来反对你这个个体所建立起来的现实性。这个比较好理解。人人都想按照自己的本心的规律来整顿世界，那么一旦进入到现实，它们肯定就会互相冲突。

　　所以，个体就像当初只发现僵硬的规律一样，它现在发现，那些人的本心甚至是与它的卓越的意图相反，并讨厌这意图的。

"所以，个体就像当初只发现僵硬的规律一样"，当初，当初是什么时候呢？就是快乐和必然性。在前面快乐和必然性这一节里面，个体只发现了僵硬的规律，那就是必然性，这个必然性是僵硬的规律，因为它是命运，命运是不可改变的。正像当初个体只发现僵硬的规律，或者说只发现命运，个体遇到了命运的必然性，命运不可违抗；那么"它现在发现，那些人的本心甚至是与它的卓越的意图相反，并讨厌这意图的"。这跟前面可有一比，前面是快乐遭遇到了必然性，而在这个地方是本心的规律遭遇到了其他人的本心的规律。那些人的本心与它的卓越的意图相反，并讨厌这意图。它们为什么讨厌？不知道，就像快乐为什么遭遇到命运？也不知道。命运是不可逾越的，它让你碰得头破血流。那么现在，本心的规律和自大狂也是这样，你想要匡扶世道，整顿乾坤，但是人家不合作，人家不但不合作，还要说你是自大狂。你是什么人？你想要整顿这个世界？我们觉得这个世界很好，我们有我们的规律，有我们的善恶标准，为什么就由你来整顿呢？你的意图很卓越，那是你自我感觉良好，你自认为卓越，但别人并不是这样看，别人讨厌你这个意图。你要匡正它，它有什么不好的？别人会觉得，我为什么要你来匡正呢？我还想要匡正你，我还想来改造你。所以一旦把这样一种本心的规律投入到现实性里面去，那么这种本心的规律就发现，它遇到的是一个不可改变的现实。那就不再是直接的个别性和普遍性的统一了，那就是主观的个别性和现实的普遍性相对立，相抗拒。你如果要跟现实的普遍性在更高的层次上达到统一，那个统一就是间接的了，那就不是直接的了。你凭良心想一下就想直接实现一种普遍的规律，那个是你太幼稚了。你的任何一个普遍的设想，要把它实现出来，都要经历漫长的过程，要经历误解，要经历斗争，要经历一系列的中介，要跟人打交道。你不能只停留在自己的理想和幻想之中，就以为普遍性和个别性达到统一了，那种直接的统一是主观的统一。一旦置入现实，一旦走进现实，你就会发现，要达到个别性和普遍性的统一何其难矣。你要把所有的人心都凝聚起来，跟你一样的想法，何其难矣。但是实际上，只有这样才能真正地实现本心的规律和现实性、普遍性的统一，那种普遍性的统一才真正是一种普遍性，而不是一种抽象的共相。当然这里跟前面相比，它还是高了一个层次，前面的那个层次，就是快乐与必然性那种对立、那种必然性还是非人的。快乐是人性的，人要追求快乐，但是被命运所拨弄，这种命运不一定是他人的意图，也许是偶然性，也许是不可知的命运，也许是大自然，当然也包括他人的意图在内。但是现在，提升了一个档次了，就是说，尽管形式上还是像当初的那样，快乐遭遇到了必然性，但是现在，本心的规律遭遇到的是他人的规律，是一切别人的规律。它是在一个规律的层面上来谈问题了，本心已经不是那种偶然的快乐，而是本心的规律，但是这种规律具有个别性，是你的规律，他人也有。所以我们现在进入到的是一个社会性的层面，是人与人的关系这样一个层面，这是更高的。

　　由于这种意识所了解的首先只是作为**直接**普遍性的普遍性，只是作为**本心**的必然性的必然性，它就不了解这种实现和效果的本性，不知道这种本性作为**存在着的东西**，在其真理性中倒是**自在的共相**，在这共相中，意识的为了作为**这一**直接的**个别性**而**存在**所托付给共相的那种个别性反倒沉没了；

　　我们先看这半句。"由于这种意识所了解的首先只是作为**直接**普遍性的普遍性"，这是我们刚才讲的，这种意识，这种本心的规律，它所了解的首先只是作为直接的普遍性的普遍性，个别性是直接地在内心和自己的普遍性相统一的，是在个别的本心之中直接呈现出来的那种普遍性。它"只是作为本心的必然性的必然性"，只是作为你内心的必然性的那种必然性，或者反过来说，它还不是间接的普遍性，它还不是现实社会的普遍性，还不是现实社会的必然性。它还不是客观的必然性，而只是一种主观的必然性和主观的普遍性。"它就不了解这种实现和效果的本性"，它停留在自己个体的内心嘛，只是它的主观的判断，它主观的本心的规律,它的自我感觉。那么它当然就不了解这种规律实现出来的效果的本性,这种实现和效果的本性不是主观的,而已经是客观的了,但是它这时还不了解。"不知道这种本性作为**存在着的东西**,在其真理性中倒是**自在的共相**",它们不知道这种本性作为存在着的东西,作为客观的东西,作为现实的东西,在其真理性中,也就是真正说来,客观地说来,倒是自在的共相。也就是说这种本性,这种实现和这种效果的本性,作为一种客观现实的东西,它才真正说来是一种自在的东西,是一种客观的共相。它不是一种主观的普遍性,而是一种客观的普遍性。这个"自在的"在这里可以理解为客观的。前面讲的是直接普遍性的普遍性,那是主观的。它不了解这样一种普遍性一旦实现出来,一旦产生了效果,它就具有一种自在的共相,它就成了一种客观的共相。它本身是有规律的。它不是那种像命运一样,不知所来、不知所往、不知其所以然的那样一种宿命,而是一种共相,它有规律,有客观现实的规律。但是个体并不了解,不了解这样一种现实的后果。"在这共相中,意识的为了作为**这一直接的个别性**而**存在**所托付给共相的那种个别性反倒沉没了",在这种客观的共相中,意识的个别性反倒沉没了,被淹没了,或者说意识的个别性被淹没在共相之中,隐而不显。在客观的普遍性这个里头,每个个人的个别性是看不见的。每一个人的贡献当然都在里面起了一种作用,因为这个历史潮流就是由每个人作出来的嘛。但是谁究竟在里头起了什么作用,这个是隐没不见、看不出来的,只看出一个总体上的潮流。所以意识的个别性反倒沉没了。这个意识的个别性是什么样的个别性呢?意识为了作为这一直接的个别性而存在,把自己所托付给共相,是这样一种个别性,但托付给共相之后反倒沉没了。就是说,个别性要得以存在,就必须把自己托付给共相,把自己托付给自在的客观的共相。用比较通俗的话来说,就是你要实现自我,你就必须投身于客观的社会生活,你就必须服从社会历史潮流,服从社会历史的必然性,你就必须把自己托付给历史的规律。而你一旦把自己托付给历史的规律,那么你的个别性就沉没了。

你献身于革命,那么你个人就微不足道了。个人算什么? 你个人要实现自己只有投身于这个社会的必然性,你才能存在,否则的话你更加微不足道。你献身于历史的必然性,虽然个人微不足道,但是这个历史的必然性一旦成功了,你也成功了,所以你是把自己托付给这种共相了。但是,毕竟,当你把自己托付给这种共相的时候,你的这种个别性反倒沉没了,就被淹没了。历史的必然性就把每一个个体淹没了。

所以,意识所达到的并不是**它的**这种**存在**,而是在这种存在里**对它自身的**异化。

"所以,意识所达到的并不是**它的**这种**存在**","它的"打了着重号,就是并没有达到它这个个体的个别存在。"而是在这存在里**对它自身的异化**",为什么不是它的存在,因为它已经沉没了,个体已经被淹没在客观的普遍性、必然性中了。意识所达到的并不是个体的自身存在,而是在这存在里对它自身的异化 (Entfremdung)。我献身于历史的必然性,那么我同时就被异化了,我的个体性就不用谈了,我没有自己的个体,我没有个人的需要,人民的追求、整个民族的追求就是我的追求,在这样一场事业里面,我没有个人的东西。那么你的个人就被淹没了,你所追求的那个东西就成了对你个人的东西的一种消灭,那这个东西就是一种异化。异化的意思就是这样的,本来是你追求的,但是一旦你把它实现出来,它就是异己的东西,它自己就有了生命,它就要来吞噬你这个个体。所以这是个体自身的异化,个体把自己异化为一种自在的共相,自在的普遍性。自在的,而不是你自己自为的,不是以你的意识为转移的,你一旦投身于它,你一旦促成了它,它就有它的规律,你就只有被它拖着走了。

但这样一种存在,意识在其中虽然认不出它自己,却不再是死的必然性,而是由普遍的个体性而激活了的必然性。　　{205}

"但这样一种存在",这样一种客观的自在的共相、客观的现实性,"意识在其中虽然认不出它自己",个体的意识虽然在这样一个异化的存在中已经认不出它自己来了,"却不再是死的必然性"。它不再是像以前的

"命运"那样的僵死的必然性。现在它跟命运已经不同了，社会历史规律
也好，客观的必然性也好，自在的共相也好，现在都不再是死的必然性，
"而是由普遍的个体性而激活了的必然性"。它不光是你个人的个体性，
而是由大家的个体性、由所有人的努力而激活了的必然性。命运是盲目
的，但是这样一种客观的必然性、历史的必然性，它不是完全盲目的，而
是由普遍的个体性、由千千万万民众的个体性所激活的必然性。每一个
人追求自己目的的实现，那么就把这样一种必然性激活了，赋予了它生
命。社会历史的必然性是历史的必然发展方向，它有自身的生命，它不
是一种命运，而是一种选择。一个民族，它所选择的道路是由每个人所
激活的，它就像一个生命体，它里面的每一分子都是有生命的，所以整体
就被激活了，不再是那种僵死的命运了。

[248]　　意识曾经把它碰到并生效的这种神的和人的秩序当作一种死的现实
性，在其中，正如意识将自己、将作为这个自为存在着的、与共相对立着
的本心的自己固定下来一样，同样，那些隶属于这个现实性的人都不会
具有对他们自己的意识的；但是意识却反而发现这个死的现实性被一切
人的意识激活了，发现它成了一切本心的规律。

　　"意识曾经把它碰到并生效的这种神的和人的秩序当作一种死的现
实性"，曾经，也就是在前面快乐和必然性的那一节里，意识曾经把它碰
到并生效的这种神的秩序和人的秩序当作了一种死的现实性。前面第
245 页倒数第 6 行说过，"这种强制性的神的和人的秩序是与本心相分离
的"。在后面，《精神现象学》的下卷里也提到"神的规律和人的规律"，
神的规律就是没有理由可讲的，自古以来天经地义的，比如说家族关系。
黑格尔在后面讲到，神的规律就是家庭神圣不可侵犯的一些伦常，那是
没有道理可讲的；人的规律则是人建立的法律，法制，如国家的法律。伦
常不是人制定的，天然有理的；人自己制定的法律，国家法律，刑法、宪
法、民法这些东西，也是人不能不服从的。意识曾经把它碰到并生效的
这种神的和人的秩序当作一种死的现实性，人注定了就只能这样，这是

一种必然性，人不这样就无法生活，人为了自己生活就必须遵守这一套规范。所以这些被当作一种死的现实性，不能通融的。这种现实性在前面被当作一种命运，你不可违抗命运。"在其中，正如意识将自己、将作为这个自为存在着的、与共相对立着的本心的自己固定下来一样，同样，那些隶属于这个现实性的人都不会具有对他们自己的意识的"，在这种死的现实性、死的规律之中，在这种必然性之中，正如意识将自己、将作为这个自为存在着的、与共相对立着的本心的自己固定下来一样。——在这个死的现实性里面，意识自己作为自为存在着的本心，而与共相对立，也就是坚持自己的个别性，意识把这个自己固定下来、坚持下来了。在这个死的现实性中，意识把自己定位为一个个别性，它是与这个共相是对立着的，那是它的本心。但这只是一方面，另一方面，正如意识把自己定位成这样一个个别性一样，"同样，那些隶属于这个现实性的人都不会具有对他们自己的意识的"。这一方面是意识把自己定位成一个个别的本心，与这个死的现实性相对立，而另一方面，其他那些隶属于这个现实性的人也和他一样，都不会在其中具有对他们自己的意识，就是他们也各有自己的小算盘。他们虽然隶属于这个现实性的法则之下，却同样也不认同这一法则，同样在这个死的现实性里面看不到自己。每一个人在其中都把自己看作是跟这个普遍的共相对立着的。死的现实性是跟每个人的个别性对立着的，所以我要服从它的要求，我就得放弃自己，我在这个现实性里面看不到自己，只看到一个异己的东西。那么其他人也是这样，其他的人，那些隶属于这个现实性的人，同样也都不会具有对他们自己的意识，都不会在这个死的现实性里面看出自己，认出自己。因为那是一个共相，而你自己是一个个别性，个别性和共相是对立的，个别性在共相里面看不到自己。这在当初是这样的，当初在快乐和必然性那里，是把这种死的现实性当作一种命运来看待的，看到冥冥之中有一种天意在决定你，那个是不由你的意识为转移的，所以你在里面，你认不出你自己。前面是用的过去时，下面一句是用的现在时了："但是意识却反而发现这个死的现实性被一切人的意识激活了，发现它成了一切本心的规律"。现在，当把本心的规律置入于现实的时候，你跳进了现实的洪流之中，你要把你的本心的规律实现出来。你本心的规律当然是个别的，但是你要把它变成普遍的，那么现在意识却发现这个死的现实性反倒被一切人的意识激活了。当你投身于这个现实的洪流之中的时候，要把你的本心的规律实现出来的时候，你也会意识到别人也有它本心的规律，那么这个死的现实性就被一切人的意识激活，一切人都投身于这个现实性之中，每个人都怀着自己的本心的规律，那么这个现实性就被激活了，不再是先定的或者天经地义的一种不可改变的命运了。你想改变命运，别人也想改变命运，那么你们就去斗吧，你们就去试一试，看谁能斗得赢。那么这个现实性就活过来了，就不是那种僵死的现实性了，不是一种死的规律，死的必然性。这个死的现实性就发现它成了一切本心的规律，每一个本心都有它自己的规律，这个现实性就是由一切本心的规律所造成、所激活起来的。

意识造成了这样的经验，即现实性就是被激活的秩序，同时实际上这经验正是由于它实现了它的本心的规律而造成的；因为这不意味着别的，而只是说，个体性本身作为普遍的东西而成为了对象，但在这个对象中，意识却认不出它自己来了。

"意识造成了这样的经验，即现实性就是被激活的秩序"，现实性是被激活的秩序，被什么激活，被一切人的本心所激活的秩序。现实性呈现出它的秩序，所谓秩序就是说它自己有自己的规律，自己有自己的轨道，它不以人的意识为转移。原来的那个秩序是死的，现在当本心的规律把自己投身于现实的时候，它就意识到，它在这样一个激活现实性的过程中也尽了它的一份力，当然别人也尽了别人的力。像恩格斯讲的，历史的规律是由每个人的合力所造成的。你要往这边拉，他要往那边拉，拉来拉去，扯来扯去，最后朝着一个方向，就像蚂蚁搬东西一样。蚂蚁搬东西是乱扯的，这边扯那边扯，最后，居然就扯到它的窝里去了。人类社会也是这样，你要往这边扯，他要往那边扯，然后，现实性被激活了。它是一种被激活的秩序，是很多人在用力所造成的一种秩序。"同时实际上这经验正是由于它实现了它的本心的规律而造成的"，这种经验正是由于它，就是意识，实现了它的本心的规律而造成的。这是它通过自己的经验所体会出来的。我们都在拼命地拉这个现实，在里面贡献了一份力量。"因为这不意味着别的，而只是说，个体性本身作为普遍的东西而成为了对象"，个体性本身作为普遍的东西，个体性本来是个别的东西，但是很多很多的个体性造成这个现实性，那么个体性就作为普遍的东西成为了对象。现实性也就是对象化了的东西。那么这个对象就不是你个人的内心的对象，你个人内心的还不成为对象，你个人的本心的规律，那是你自以为的一种主观的共相，一种抽象。但是当你投身于现实的时候，个体性本身作为普遍的东西就成为了对象，因为你就要考虑到别人了。你一个人关在屋子里，不管你怎么冥思苦想都可以，但是你一旦走出去跟他人打交道，要把你的在屋子里想的东西实现出来，那你就跟人家成了合作者，你的个体性就是以普遍的方式而成为了对象。你要使它成为对象，那就必须要和他人合作，那就要合作来造成这样一个现实，造成了这个现实才能成为你的对象，不然的话你就仅仅是个别性和普遍性的内在的直接统一，还不成为对象。一旦成为对象，那就是间接的，那要借助于他人。而借助于他人，他人怎么想的，你不一定知道，人心隔肚皮，你怎么知道他人怎么想的，一百个人有一百条心。所以最后一句讲，"但在这个对象中，意识却认不出它自己来了"，它认不出它自己了。因为这个对象是它和别人一起造成的，那么它的贡献究竟是哪一块，看不出来，看不出它自己的那一份。所以在这个对象中，意识却认不出它自己来。不光是看不出它这一份，甚至于你到底是给它作了贡献，还是给它造成了损失，都不容易分出来，在这个对象中意识认不出它自己来。严格说起来，它不是你个人的产物，或者说你个人的作用在里头被异化了。你加入进去了，你起了作用，如果没有你起作用，它不是这样的。你起了作用，但是，究竟起了什么作用，你看不出你自己，得出来的东西完全不是你原来所想要得到的。我们说一个人要在自己的对象上认识自己，它必须要让这个对象按照自己的意志创造出来，它才有一种成就感——这是我做的，我署上我的名字。我画了一幅画，我做了一个建筑，以我的名字命名，那我在这上面就可以看出我自己来了。我是一个什么人，你去看，我不用说，你一看就知道了。我全在那里头。但是在这个对象中，在大家合力造成的这样一个现实中，意识却认不出它自己。这是将本心的规律置入于现实的时候所造成的一种异化现象。本心在自己内心里面想一想是无所谓的，但是一旦你要把它置身于现实，它就会导致人的异化，导致你所造成的东西变成反对你自己的东西了，这就是异化。那么在这种异化中，个体的本心仍然要把自己置入于现实，那就会表现出一种个体性的自大狂。这就是下面这个小标题，"个体性的自大狂"。如果你执意地要把自己本心的规律置身于现实，要按照它不走样地改造现实，改天换地，那就是一种自大狂。你认为这个时代整个脱节了，我要把它整好。你有那个本事，你可以把整个天地都整好，把整个世界都整好？那就成了一种自大狂。

[III. 个体性的自大狂]

<u>因此，凡是自我意识的这种形态，从它自己的经验里作为真实的东西而取得的，都是与这种形态**自认为的相矛盾的**。</u>

前面提到了异化现象。"个体性的自大狂"就在于，自以为凭自己一己之力就可以改变整个世界，以为人家都会服从自己，而没有看到异化的必然性。"因此，凡是自我意识的这种形态，从它自己的经验里作为真实的东西而取得的，都是与这种形态**自认为的相矛盾的**"，自我意识的这种形态，这种本心的规律，从它的经验里，从它的经验的效果中取得了一些东西，你去经验，你把你的本心的规律置入于现实，你去试一试，那么你就获得了经验。获得了经验，就获得了真实的东西，一种真实的经验

164

造成了现实的效果。一旦实现出来了，那就是作为真实的东西而取得的了。而凡是这样取得的一些真实的东西，都是与这种形态自认为的相矛盾的。"自认为的"和"相矛盾的"，都打了着重号。都是出乎你的预料之外的，都是反过来反对你的初衷，违背你的出发点的。你所要造成的东西，结果成为了一个相反的东西。在经验中，你的理想的现实性都与你的最初的那个理想目的相反，相冲突。

但是，凡是它自认为的，本身对它来说都具有绝对普遍性的形式，这就是本心的规律，它与**自我**意识直接是一个东西。

现实与你的意识相矛盾，与你的目的，与你的初衷，与你的出发点相矛盾，但是，"凡是它自认为的，本身对它来说都具有绝对普遍性的形式"。就是自认为的东西与现实相矛盾，但是自认为的东西是不是放弃自己去服从现实，服从我的经验教导给我的东西，是不是这样呢？不是。凡是它自认为的都具有绝对普遍性的形式，都是一个绝对的出发点，都是不可动摇的。本心的规律，这是我的良心要我这样干的，任何时候我都不能够违背，哪怕在现实中、在经验中碰得头破血流，但它仍具有一种绝对普遍性的形式。"这就是本心的规律，它与**自我**意识直接是一个东西"，本心的规律就是自我意识啊，而且这里"自我"打了着重号，他特别强调这是自我的意识，这就是我，你要我放弃，那我就不是我了，那是不能接受的。本心的规律就是自我，那就是我的本质，你怎么能够让我放弃呢？我要坚持我的本心。一个具有强烈自我意识的人，它必须坚持自己的原则，不以现实的成败为转移，绝不向经验低头。

同时，持存的活的秩序同样是自我意识**自己的本质**和作品，自我意识所创造的不是别的，正是这种秩序；这种秩序与自我意识处于同样直接的统一性中。

"同时，持存的活的秩序"，前面讲这个现实的秩序被激活了嘛，现实的秩序被激活了，而且它本身是持存的，是不可动摇、不可中断的，是不以人的意识为转移的。这个活的秩序"同样是自我意识**自己的本质**和作品"。这样一个活的秩序不可能动摇我的自我意识，不可能动摇我的本心的规律，我的本心的规律是绝对普遍性的形式，这是不受外在的秩序所干扰，所动摇的；但是另一方面，持存的活的秩序同样是自我意识自己的本质和作品。持存的活的秩序，外界的秩序，虽然它不以人的意识为转移，但是它同样是自我意识的本质和作品，它是我全力以赴促成的。自我意识必须要在对象上面实现出来，才能够真正是自我意识，才能够建立得起来。自我意识不仅仅是自我这一方，还有对象那一方，人的自我意识必须要在对象上认出自己来，所以持存的活的秩序同样是自我意识自己的本质和作品。你是一个什么人，你要意识到自己，你就必须要从你的作品上面去看，文如其人，字如其人，事业如其人。你造就什么样的事业（这个"作品"Werk 也可以翻译成事业），它就反映出了你的本质。自我意识只有在这样一个过程中才形成起来，所以外界的秩序是自我意识自己的本质，不是完全异己的。"自我意识所创造的不是别的，正是这种秩序，这种秩序与自我意识处于同样直接的统一性中"，自我意识要把自己实现出来，它所创造的就是这种秩序，而这种秩序就是它的自己的本质和作品。那么这种秩序和自我意识处于同样直接的统一性中。同样直接的，前面是讲自我意识本身它自认为的那种情况，自认为它自己的本心的规律是一种直接的统一性，是个别性和普遍性的直接的统一；那么这里是讲的这种秩序和自我意识处于同样直接的统一性中。这个"同样"就是跟前面讲的同样，前面讲本心的规律是个别性和普遍性的直接的统一，那么这里讲的自我意识跟这个客观的秩序也是处于同样直接的统一性中，这个自我意识就不是那种单纯的本心了。自我意识要形成起来，它必须要涉及他人，涉及对象，什么是自我意识，自我意识是在与他人的关系中形成起来的。那么秩序是什么，秩序就是我与他人的关系啊，就是人与人的关系啊，这个"活的秩序"就是人与人的活的（生活的）关系嘛。那么它与自我意识同样是直接的统一，因为自我意识本身就是一种关系。虽然前面讲到，自我意识的这个"自我"打了着重号，自我的意识，但是自我意识本身它不是一个单独的自我，而是一种关系，所以它和这个秩序处于同样直接的统一性中。那么这种秩序就反映了自我意识自己的本质，也就是说，如果你在这个对象上面认不出你自己来了，这恰好说明自我意识还没有达到一定的高度，这就有待于去认识，有待于进一步地去经验。

　　自我意识以这种分属于一个双重而对立的本质性的方式，而自在地与自身相矛盾，并最内在地错乱了。

　　"自我意识以这种分属于一个双重而对立的本质性的方式"，自我意识的本质性有两个方面，它分属于两个方面，一个方面是自我的意识，它是属于自我那一方面的；另一方面，同时它又是属于秩序那一方面的。或者说自我意识同时属于主观的方面和客观的方面，同时属于个别性的方面和普遍性的方面。自我意识以这种分属于一个双重而对立的本质性的方式，"而自在地与自身相矛盾"，自在地，我们前面讲了，相当于客观的。自我意识不管它自己认为自己怎么样，但是客观上它是自己和自己相矛盾的，因为它分属两个相反的本质性。一个是个别性，一个是普遍性，一个是自我，一个是现实的活的秩序、普遍性的秩序。那么这个双重而相反的本质就导致了它客观上自相矛盾，自我意识就成了一个自相矛盾的东西，或者说自我意识本来就是一个自相矛盾的东西。"并最内在地错乱了"，它在它最内在的地方发生了错乱，这个"错乱"（zerrüttet）指精神上的错乱，这就为下面的自大"狂"作了铺垫。

　　这一个本心的规律只是自我意识自己在其中认出自己的那种规律；但由于这种规律的实现，普遍的、有效的秩序对自我意识来说同样成了它自己的本质和它自己的现实性；因而，凡是在它的意识里自相矛盾的，对它来说，双方都处于这一本质的形式和它自己的现实性中。

　　"**这一个**本心的规律只是自我意识自己在其中认出自己的那种规律"，我们前面讲了，有一种普遍的规律，就是自我意识只有在规律性的东西上面才能够认出自己，或者说本心只有在一种规律性的东西上面才能认出自己,这就是"这一个"本心的规律。本心的规律只是自我意识自己在其中认出自己的个别性的那种规律。"但由于这种规律的实现",我把这个本心的规律置入于现实,当我把这种规律实现出来的时候,"普遍的、有效的秩序对自我意识来说同样成了它自己的**本质**和它自己的**现实性**"。也就是说,自我意识现在有两个本质,一个是它在本心的规律上来认出它自己,这是它的一个本质,是一个内在的本质;另外一个,它是在普遍的、有效的秩序中把自己实现出来,这个本质就是一个外化了的现实的本质。本质成了双重的,一方面它是内在的,另一方面它是外化的。内在的没有外化,那它就是单方面的,它还不可以构成本质。要足以构成本质,必须有两方面,一个是内在的本质,一个是外化了的本质,一个是本心的规律,一个是现实的秩序。这两方面才构成了自我意识的本质,那么自我意识的本质就是一个双重的、矛盾的本质。"因而,凡是在它的意识里自相矛盾的,对它来说,双方都处于这一本质的形式和它自己的现实性中",这就是我们刚才讲的,在自我意识里自相矛盾的双方都处于这一本质的形式和它自己的现实性中。两方面都属于这样一个本质,都采取了自我意识的本质的形式。当然内容上是完全不同的,但是本质上是一个。同一个本质有两个不同的内容,一个是主观的,一个是客观的,一个是自我,个别性,个体性,而另一个是现实的普遍的秩序。而这个现实的、普遍的秩序是它自己造成的,不是由天上降下来的,不是一种不可知的命运。双方都处于它自己的现实性中,从客观的秩序来说好理解,它本来就是一种现实性,一种实现出来的后果;但是从自我来说,从个体性来说,它本来不是现实性,它只是一种内在的本心的规律,一种预设,一种理想,但是在自我意识中,它也是处于它自己的现实性中,也就是它的行为,它的行动意志。自我的个别性这一方面,它的现实性表现在什么地方? 不是表现在它想入非非,而是表现在它把自己的规律付之于行动,它的一意孤行的意志活动。行动的现实性和行动的后果的现实性,这是两种现实性。所以双方都处于它自己的现实性中,双方都体现为不

同的现实性,一个是现实的、既定的环境,既定的条件,另外一个是改变
这个环境、改变这个条件的主体的行为,这也是一种现实性。所以自我
意识就有两种本质和两种现实性,双重本质跟双重现实性,它们是相互
矛盾相互冲突的。自我意识本身就是一个矛盾。我们休息一下吧。

好,我们再往下讲。前面讲到了自我意识在本心把自己的规律置入
于现实的时候,出现了一个内在的矛盾,自我意识本身显示出一个矛盾,
一个是个别性的方面,一个是普遍性的方面,一个是本心的规律,一个
是实现出来以后的现实性。那么就有两种本质和两种现实性,它们都是
属于自我意识本身的相互矛盾的两个方面,这正是自我意识颠倒错乱的
根源。

由于自我意识把它自己意识到的这个毁灭的环节以及它从中经验到
的结果说了出来,它就把它自身显示为对它自己的这种内在的颠倒,显
示为意识的癫狂,对于这种意识来说,它的本质直接地就是非本质,它的 [249]
现实性直接地就是非现实性。

"由于自我意识把它自己意识到的这个毁灭的环节以及它从中经验
到的结果说了出来",自我意识自己意识到的这个毁灭的环节,也就是个
体毁灭的环节——前面第 242 页讲道,"个体只是遭到了毁灭,个别性的
绝对的脆性在同样坚硬但却持续不断的现实性那里被粉碎了",但"由
于个体作为意识是它自己与它的反面的统一,这种毁灭就仍然是为他
的"——,以及它从中经验到的结果,也就是客观的现实性。自我意识
把毁灭的个别性环节以及经验到的结果说了出来。自我意识它意识到了,
意识到了就把它说出来,把它付之于语言,这个"说了出来"很值得重视。
它把这两方面都说出来了,把自我意识的这样一种矛盾,这样一个毁灭
的环节以及它从中所经验的结果,把这些东西说出来,形诸语言。这
样,"它就把它自己显示为对它自己的这种内在的颠倒,显示为意识的癫

狂",它一旦把这种矛盾说了出来,——它不说出来那就还是只可意会不可言传的意谓,还可以把它掩盖住,但是一旦把它说了出来,那就是直接相冲突,成为了自相矛盾的命题,——它就把它自身显示为对它自己的这种内在的颠倒。内在的颠倒就是这种自相矛盾,这样一种直接地相冲突就"显示为意识的癫狂"。颠倒就是Verkehrung,癫狂是Verrückt-heit,这两个词有相近的意思,当然也不完全相同。前面讲的异化就是一种颠倒,本来是自己的东西,结果把它实现出来以后,成为了异己的东西,成为了不是自己的东西,这就是一种颠倒。那么癫狂,Verrücktheit,就是一种病态了。你把这种颠倒说出来,那就成了一种癫狂,就成了一种疯话,我们说你说疯话,发癫了,说疯话了,说话颠三倒四了。单纯的颠倒还不至于这样,只是令人觉得奇怪,但是你把它变成语言,把它说出来,那就是癫狂了。语言所表达出来的是一种内在的颠倒,不仅仅是一种外在的颠倒。内在的颠倒是更加本质的,它是自我意识本身的一种颠倒,显示为意识的癫狂。"对于这种意识来说,它的本质直接地就是非本质,它的现实性直接地就是非现实性",这就是癫狂,它是内在的颠倒、直接的颠倒。它的本质直接地就是非本质,因为它有两个本质,这两个本质是不能相容的,你从一个本质出发,另一个直接地就变成了非本质。这两个本质本身直接就是一个东西,你的个别性直接地就是普遍性,普遍性直接又是个别性,所以它的本质直接就是非本质。同样,它的现实性直接地就是非现实性。你把你的行为当作现实的,那么它所造成的后果就是非现实的,就是一种假象。我们前面已经讲到了,245页倒数第5行,"神的和人的秩序是与本心相分离的,它对于本心就是一个假象。"现实性也可以看作是非现实性,直接地就是非现实性。那么你从客观的角度来看主观,则主观的是非现实性,客观现实不可动摇,你的行为在你自己看来是现实的,但是它没有动摇客观现实,它在客观现实上碰得头破血流,那么你的主观的现实的行为就是非现实的。这就是一种内在的颠倒,而把这种内在的颠倒说出来,就是癫狂,就是说疯话。这就是哈姆莱特所说的那些疯话的来由，《哈姆莱特》的戏剧对白和独白里面，都是通过哈姆莱特的口把这些内在的颠倒说出来的，那么他说出来的那些话，在旁人听起来都是疯疯癫癫的。旁人说他疯了，而观众知道哈姆莱特是"装疯"，但是你说他装疯，他又不是装疯，他说出来的倒是真理。整个世界都疯了，他说出的疯话倒是清醒的。处在这个疯狂的世界里面的人听起来是疯话，但是站在哈姆莱特的立场上看，他说的都是真话。所有的人都疯了，众人皆醉我独醒，唯有他说出来的才是真实的。所以他是个说真话的人，但是在通常人看起来，哈姆莱特是一个说疯话的人，是一个癫狂的人，是一个疯子。他有时候也承认，我被这个疯病所折磨，我说的话你们都不要相信，我做的事情你也不要相信，不是我干的，是我的疯狂干的。他对人经常也这样说。但在他自己的意识中，他认为事情本身应该还是客观的，他认为自己是在装疯，他故意那样说，但是歪打正着，他恰好说出了真相。这个真相就是，它的本质直接地就是非本质，它的现实性直接地就是非现实性。这就是真相，而不是一种策略，不是一种采取的计谋，不是谁说出来的疯话。哈姆莱特却自己认为这只是计谋，我现在要实现我的计划，要报仇，但是，现在还不行，国王的势力太大了，那么我就采取装疯这样一种计谋来掩饰自己。

　　——这种癫狂并不能看作是这样：仿佛一般地将某种非本质的东西当作了本质的，将某种并非现实的东西当作了现实的，以至于凡是对一个人是本质的或现实的东西，对于另一个人就不是，而对现实的和非现实的意识或对本质性和非本质性的意识是互相分裂的。

　　这是对上面一句话的解释："它的本质直接地就是非本质，它的现实性直接地就是非现实性"，那么在这里就要避免一种误解了。"这种癫狂并不能被看作是这样"，并不能误解为这样，什么样呢？"仿佛一般地将某种非本质的东西当作了本质的，将某种并非现实的东西当作了现实的"。癫狂并不是一般地将非本质的当作本质，将非现实的当作现实，如果是这样，那就仅仅是错误的认识，或者由于立场不同而看到不同的方

171

面，而不是癫狂。相反，癫狂是把这一方看作直接地就是另一方，本质直接就是非本质，现实直接就是非现实，这个才是癫狂。但是不能理解成这样的，好像是将非本质的东西当作了本质的，将非现实的东西当作了现实的，"以至于凡是对一个人是本质的或现实的东西，对于另一个人就不是，而对现实的和非现实的意识或对本质性和非本质性的意识是互相分裂的"。这是通常的理解，把本质当作是非本质，但是本质并不是非本质，你搞错了。或者你认为是这样，他认为是那样，你们两个意见不统一，互相分裂，通常是这样理解。但是癫狂不能被看作是这样的情况，这还不是一种内在的颠倒，或者说这只是一种外在的颠倒。这里讲的癫狂则是一种内在的颠倒，即把本质性和非本质性、现实性和非现实性直接看作就是一个东西，它们不是互相分裂的，它们就是一个东西直接的自我等同。本质直接地就是非本质。你把本质抓在手里，你一看，它就是非本质。现实性直接地就是非现实性，它就是非现实性，不是说另外有一个现实性，然后你把它搞混了，那是通常的理解。

　　——当某种东西实际上对于意识一般是现实的和本质的，而对于我却不是的，那么在对它的虚无性的意识里，由于我就是意识一般，我同时也就拥有了对它的现实性的意识；——而由于虚无性和现实性这两者都被固定了下来了，所以这意识就是一个统一体，这个统一体一般说来就是疯狂。

　　"当某种东西实际上对于意识一般是现实的和本质的，而对于我却不是"，对于意识一般，某种东西被看作是现实的和本质的，或者说普遍的意识把它看作是现实的和本质的，而对于我却不是这样，我不把它看作现实的和本质的。那么我就跟所有人的意识不一致了，通常的判断就是，我是错的。我的那个想法只是我个人的想法，人家都不那样认为，所以我那个想法站不住脚，通常人都是这样判断。他说，"那么在对它的虚无性的意识里，由于我就是意识一般，我同时也就拥有了对它的现实性的意识"。对于意识一般是现实的和本质的，对于我却不是这样，那么对于我来说它就是虚无的，我就对它有种虚无意识。但就在对它的虚无性的这种意识里，由于我自己也是意识一般，所以我同时也就拥有常人的一般意识，那么我对这同一个东西就拥有双重的意识，就是我同时既有对它的虚假意识，也拥有对它的现实性的意识。按理来说，这两种意识是不可相容的，相互矛盾的，但是它们都出自于我的本质，或者说，出自于我的本质中矛盾着的两个环节，所以它们每一个都是那么言之凿凿。因此，当我说它是虚无的时候，我同时也肯定了它是现实的。"而由于虚无性和现实性这两者都被固定了下来了，所以这意识就是一个统一体，这个统一体一般说来就是疯狂"，一方面是虚无性，一方面是现实性，这两者在意识中都被固定了下来，这个意识就是一个统一体。这个统一体就是说，正是同一个我，把这个现实的东西当作是虚无的东西，同时也承认它是现实的，那么这就把现实的东西和虚无的东西统一在我之中了。但是你把现实的东西当作是虚无的，又把虚无的东西当作现实的，那岂不是疯狂了，所以"这个统一体一般说来就是疯狂"。我们通常讲的疯狂就是指的这一种。一个人把所有的人们所公认的价值观念都推翻了，都认为不屑一顾，而把自己脑子里面那个东西当作是现实的东西，把这两者颠来倒去，把现实当非现实，把非现实当现实，那我们一般来说，就认为这个人疯了。这个统一体一般说来就是疯狂，当然如果他不把这两者统一起来，我们还不会说他疯狂，而只会说他狡猾，说他见人说人话、见鬼说鬼话。或者至少可以说，这个人思想糊涂，对自己的话缺乏反思，没有梳理清楚自己思想上的矛盾。但如果他强行把这两者统一起来，那么一般说来，这个人显然是疯了。当然这只是就"一般说来"而言的，哈姆莱特的疯狂还不是这一种，不是说把现实当作非现实，当作是虚无的东西，或者是把虚无的东西当作是现实的东西，还不是。但是一般说来，这样一种颠倒那就是疯狂了。这不是认识上的错误，也不是别有用心的故意说谎，而是对矛盾双方的颠倒错乱，不自觉地把现实的东西当作是虚无的东西，或者把虚无的东西当作是现实的东西，那就是疯狂。

<u>不过在这种疯狂中，癫狂了的只是对意识而言的一个**对象**；而不是在意识中并本身自为的意识自身。</u>

这句话是对前面来做一个总结。前面讲到了，我们不能理解成这样一种疯狂，这样一种癫狂，仿佛是一般地将非本质的东西当作了本质的，将非现实的东西当作了现实的。一般来说这当然也是一种癫狂了，"不过在这种疯狂中，癫狂了的只是对意识而言的一个**对象**；而不是在意识中并本身自为的意识自身"，对象打了着重号。在这种一般的疯狂中，癫狂了的只是对意识而言的对象，只是在意识眼里的那个对象。我们只看到这个人分不清对象的真伪了，比如受迫害狂，把幻想当真实，于是就在意识的那个对象上陷入了癫狂。当然认识上的错误也是在对象上把幻想当真实，但认识的错误是可以纠正的，一旦纠正，错误就不存在了，错误和正确不可能并存；而癫狂则是始终把正确和错误、虚无和现实性统一在同一个意识中，是不可纠正的。一般的癫狂是在这种意义上讲的，就是在判断对象方面所陷入的疯狂，"而不是在意识中并本身自为的意识自身"所陷入的疯狂，在那里癫狂了的并不是意识自身。当然我们说，疯子已经失去意识了，失去自我意识了，他的疯狂是无意识的，是不自觉的、被动的。所以他癫狂的不是在意识中并本身自为的意识自身，因而不属于我们这里所要讲的癫狂。下面就要讲我们这里所谈的这个癫狂，即哈姆莱特式的癫狂是怎样一种癫狂了，而这前面都是一些澄清，本自然段的前面三个破折号所带起的句子都是一种澄清，就是说我们不能理解为那种一般的癫狂，一般的癫狂只涉及意识对象，而不涉及意识自身。

{206} 但是，在此处已经得到的经验的结果里，意识在自己的规律中把**自己本身**意识为这样一种现实的东西；而且同时，由于正是这同一个本质性、同一个现实性，在它看来已经被**异化了**，它就作为自我意识、作为绝对的现实性而意识到它自己的非现实性，或者说，这两方面，根据其矛盾，都被它直接看作是**自己的本质**，因而它这个本质就是在内在最深处癫狂

174

了。

　　这一句话是澄清了以后，开始正面地阐述他这里所谓的癫狂是什么意思。前面讲的都是排除，排除了那样一种意识对象上的癫狂，剩下的就是意识本身的癫狂了。"但是，在此处已经得到的经验的结果里"，意识的经验走到这一步，它在这个地方已经得到了经验的结果，即"意识在自己的规律中把**自己本身**意识为这样一种现实的东西"，就是说意识在自己本心的规律中，当它置身于现实，它就把自己意识为这样一种现实的东西了，它的经验的结果就是这样一种现实的东西了。而同时，"由于正是这同一个本质性、同一个现实性，在它看来已经被**异化了**，它就作为自我意识、作为绝对的现实性而意识到它自己的非现实性"。它本来是在自己的规律中把自己置身于现实，把自己本身意识为一种现实的东西了，但是同时，正是由于这同一个本质性、同一个现实性在它看来已经是被异化了，它自己的现实性已不是它自己的，而成了异己的了，那么它就作为自我意识、作为绝对的现实性而意识到它自己的非现实性，也就是它就丧失了自己的自我意识的现实性。我的主观意图实现出来怎么成了这样的呢？我的每一步都是设计好了的，都是我的可操作的一种现实行动，为什么得出的结果却不是那样呢？这是一种多么陌生的结果啊！但是它又的确是我造成的结果，那岂不是我所有这些行动都具有非现实性吗？所以它就意识到它自己的非现实性，意识到自己这种行动完全颠倒错乱了。"或者说，这两方面，根据其矛盾，都被它直接看作是**自己的本质**"，或者它不那样看，而是把这两方面都看作它的本质，我的行动也是我的本质，我行动的后果也是我造成的，我也要为它负责，这是我的行动，这是我的行动的后果，是我造成的。"因而它这个本质就是在内在最深处癫狂了"，因为这两方面都是本质，一方面是它的主体的行动，另一方面是它的客观的效果，两方面互相冲突，都是它的，那它是个什么呢？它就是这个矛盾本身。所以它把这两方面都容纳在这个我中，它的本质就在内在最深处癫狂了。也就是说，我们现在所谈到的癫狂不再仅仅是一个对象上的癫狂，而是意识本身的规律的一种自我异化，意识本身的规律和意识本身的标准的一个异化。意识本身作为一个标准，它本身就异化了，但是它又是同一个意识的本质的异化，它不能推到对象上去，不能说这个对象我看错了，或者说我下次换个角度再看。你没看错，哪怕你没有看错，你也自己否定了自己。所以这是一种有意识的癫狂，一种清醒的癫狂。它意识到了意识本身的最内在处、最深处是自相矛盾的，是癫狂的。这是不容易的，意识到这一点，那你的境界就大大地提升了一个层次，这就是哈姆莱特的层次。哈姆莱特的癫狂就是这样一种清醒的癫狂，所以有人说他是装疯，装作是疯了。既然"装作"，就是很清醒的了，他保持着一种自我意识的统一，保持着对自己的一种把握了。他把疯狂当作一种策略，他的头脑是清醒的。但是他说出来是疯话，而且只有当他说出来的是疯话的时候，他才说出了真话，他才说出了自己的本质。因为他的本质已经癫狂了，本身充满了矛盾，所以他的本质已经不能用正常的话、合乎逻辑的话来说了，只能用疯话来说。自从哈姆莱特遇见他父王的鬼魂以后，他所说的话都是疯话，都带有疯狂的性质，这恰好说明他意识到了自己矛盾的本质。他的自我意识在他说出疯话的时候，恰好是最强烈地意识到了自己的本质。

因此，为人类福利而跳动的本心，就转化成了癫狂自负的怒火；转化成了维护自己不受摧毁的那种意识的狂怒，而这种转化是由于意识自己本身是颠倒，它要把这种颠倒从自身中排除掉，并努力把这颠倒视为并说成是某种另外的东西。

"因此，为人类福利而跳动的本心"，这个还是在前面讲的浮士德晚年为人类福利而跳动的本心，已经到了浮士德的最高的层次了，就是为人类谋福利。而这个时候，就转化成了癫狂自负的怒火。浮士德为人类谋福利，当然他也有自负，他把这当作他自己的事业，当作自己的自由意志的一种体现，但是还没有到达像哈姆莱特的这样一种癫狂的自负。这个时候，当他意识到这种本心的自相矛盾，你为人类谋福利，但是这个本心里面本身是自相矛盾的，这个浮士德还没有意识到，但是哈姆莱特已经意识到了。它"就转化成了癫狂自负的怒火"，转化为一种最内在、最深处的癫狂。这种癫狂表现为一种怒火，一种愤怒，一种激怒：怎么是这样？！这个世界整个都脱节了，我要来把它整顿好，但是我越整顿，它越是跟我的初衷背道而驰，这就是让人激怒的。整个世界颠倒了，这是一个颠倒的世界，这个颠倒的世界本身就激怒了我。"转化成了维护自己不受摧毁的那种意识的狂怒"，意识为了自己不受摧毁，它的个体性想要一贯到底，但是做不到，做不到就转化成了一种意识的狂怒。意识的个体性已经无法维持。但是它又要维护自己不受摧毁，那么它就表现出一种意识的狂怒。"而这种转化是由于意识自己本身是颠倒，它要把这种颠倒从自身中排除掉"，意识本身就是一个颠倒，它狂怒的根子就在这里。意识本身颠倒了，它制都制不住，意识本身就是这样，它要向对立面转化。"并努力把这颠倒视为并说成是某种另外的东西"，它要努力把这种颠倒排除掉，它要维持自身的一贯，它的这种个别性不能受这种颠倒的支配。但是它止不住，它遏制不了，它就要把这种颠倒从自身中排除掉。排除掉的方式就把颠倒看作另外的东西，一个自嘲的对象，表现为冷嘲热讽，自嘲自虐，装疯。装疯本来就是一种自虐、自嘲，我说的话都是疯话。但是装疯本身也是对自己的一种维持，它是"装的"嘛。装的，就说明还有一个装的主体，那个主体还保持在那里。它所有说出来的东西都是它装出来的，那么在装出来的后面，那就肯定有一个不装的东西，虽然没有说出来。它通过装疯，拼命地维持它自己不受摧毁，拼命地要把这种颠倒从自身中排除掉。哈姆莱特也对人家讲，我说的都是疯话，我做的事情都是我在疯狂状态中做的，你们不要相信它。哈姆莱特的疯狂跟哈姆莱特本人不是一回事，他要把自己的疯狂撇开，努力把这颠倒说成是某种另外的东西。他说了一套一套的疯话，但这是另外的东西，不是他的本意。

于是意识就把普遍的秩序说成是对本心的规律和它的幸运的一种颠倒，说这种颠倒是由狂热的教士们、荒淫无度的暴君们、以及他们的那些企图通过侮辱和压迫更低贱的人以补偿他们自己所受到的屈辱的臣仆们，为了使被欺骗的人类陷入无可名状的苦难而发明出来的。①

"于是意识就把普遍的秩序说成是对本心的规律和它的幸运的一种颠倒"，根据上面所说的异化现象，意识就把普遍的秩序、即现行的秩序，看作是对于本心的规律和它的幸运的一种颠倒。本心的规律就是哈姆莱特的那种内心的规律，就是哈姆莱特的正义观念和复仇冲动，他要通过复仇来恢复正义。它的幸运则是他的这种天生的使命。我们前面讲了，哈姆莱特说，时代整个儿脱节了，天生我偏要我重新把它整好。"天生我"，天将降大任于斯人也，这是他的幸运，恰好要由他来整顿这个世界。他的幸运、他的使命就在于要把这个颠倒的世界再颠倒过来，要重整乾坤。他把这个世界看作是颠倒的世界，"说这种颠倒是由狂热的教士们、荒淫无度的暴君们、以及他们的那些企图通过侮辱和压迫更低贱的人以补偿他们自己所受到的屈辱的臣仆们"造成的，这些人"为了使被欺骗的人类陷入无可名状的苦难而发明"了这种颠倒。这种颠倒就是由那些人搞出来的，他的怒火是朝那些人发出的。哪些人呢？狂热的教士们、神父们、主教们，是由那些人搞出来的。《哈姆莱特》里面也有教士，有一段里面神父出面了，在安葬奥菲利娅时，怎么安葬，教士说她根本就不

---

① 黑格尔在这里讨论的"本心的规律"关联到与 18 世纪自然法理论以及它政治上的涵义和结论的争论。在那里常见的观点是，旧秩序是建立在权力的篡夺或教士的欺骗之上的，这观点出现在例如托马斯·潘恩（Thomas Paine）的《人的权利》（1791/1792）一书中，参看《托马斯·潘恩的生平和著作》，W. M. Van Weyde，10 卷，New Rochell，New York 1925，第 6 卷，特别是第 72 页以下，第 301 页以下；——此外还参看黑格尔早期对这一疑难的分析：《关于自然权利的科学探讨》，载《批判的哲学杂志》，由谢林和黑格尔编，第 2 卷，图宾根 1803 年；《黑格尔全集》第 4 卷，第 417—485 页（即研究版：《耶拿批判文集》Ⅱ，新版由 H. Brockard 和 H. Buchner 编，汉堡 1983 年，第 90—178 页）。——丛书版编者

配安葬在教堂的墓地里面，因为她是自杀的。但是又来勉强达成一种妥协，还是给她安葬了。在《浮士德》里面也有教士，《浮士德》里面的教士就是给皇帝出主意的，主教的身份跟宰相的身份合一，是一个人，他一会儿以主教的身份说话，一会儿以宰相的身份说话。在《浮士德》和《哈姆莱特》里面都有教士，反正教士在这里都不是什么好人。"由狂热的教士们、荒淫无度的暴君们以及他们的那些企图通过侮辱和压迫更低贱的人以补偿他们自己所受的屈辱的臣仆们"，《哈姆莱特》里面有几个臣仆，狐假虎威的，趋炎附势的，那些臣仆，那些恶仆，帮助国王干坏事。现实的颠倒就是由这些人"为了使被欺骗的人类陷入无可名状的苦难而发明出来的"，他们就是为了害人。这种颠倒是由这些坏人发明出来的，这就把自己撇开了。哈姆莱特虽然意识到他本质中的颠倒，自我意识本身本质中的颠倒，但是他还是尽量想把这种颠倒从自身中排除掉，把这种颠倒说成是某种另外的东西。这是他在无可奈何之中所想出来的一个办法，说明他的自我意识还没有彻底，他没有意识到这种颠倒正是他自己的本质，他把这种颠倒归罪于那些坏人。所以他认为这个世界已经彻底地坏了，丹麦是一个大监狱，所有的人在里面都受苦受难，那么我，就负有这种使命，要把它整顿好。但是他又不能采取正大光明的手段，他还必须要施展他的计谋，他卷入到了权斗里面。但他还是对自己的本心有一种坚持，他所做的那些坏事他都采取了一种装疯的方式。我干的那些坏事都不是我干的，都不是我的本心想干的，是我的疯狂干的。我装疯、干坏事是一种手段，是为了达到崇高的目的，为了崇高的目的可以不择手段，可以装疯。这里德文编者加了个注，说黑格尔所牵涉的是当时的自然法派如托马斯·潘恩的理论。这种猜测似乎依据不是很充分，我们在这里看不出和自然法有什么关系。虽然"本心的规律""普遍的规律"中的"规律"（Gesetz）也有"法律"的意思，但它们都不是自然法，也不是自然权利，而只是自我意识的矛盾结构。作为"自然法理论"（Naturrechttheorie）的基础的"法权"（Recht 或译"权利"）概念是直到后面"立法的理性"和

"审核法律的理性"阶段才出现的，^① 是实践理性和理论理性相结合的结果，此处则还处于单纯的实践理性阶段，尚未涉及法权或权利问题。因此这里的 Gesetz 还不能理解为"法律"，它只是一般的规律的意思。

意识在它自己的这种癫狂中将**个体性**说成是癫狂者和被颠倒者，但这是**一种异己的**和**偶然的**个体性。

"意识在它自己的这种癫狂中"，意识本来是自己发生了癫狂，但是，"将**个体性**说成是癫狂者和被颠倒者，但这是**一种异己的**和**偶然的**个体性"，就是说，它把自己这种个体性说成是癫狂者，就是说我疯了，我被颠倒了。但是这种被颠倒是一种异己的和偶然的个体性，这不是我要疯的，我遭到了疯病的折磨，我的这些行为都是出于疯狂，不能怪我；而且疯狂是偶然的，疯病也有好的时候，时疯时不疯。哈姆莱特有时候说话好像通情达理，有时候又说疯话，说疯话的时候他不是他自己，不说疯话的时候才是他自己，才是他的本色，他自己是这样认为的。所以他把这种癫狂，看作是一种异己的，偶然的个体性。我被疯病所控制了，这是偶然的，这不是必然的。当然这都是他的一种说辞，其实就他自己来说，这是他临时采取的一种策略。哈姆莱特是一个非常正常的人，而且是一个好人，全丹麦的人都拥护他。他是王储，已被定为他父亲的接班人，所有的人都尊重他，说他又贤明，又有智慧，又慈悲，心肠又好，他有这样的名声，那才是他的本色。他自己也是这样看的。我是一个好人，但是为了复仇，我临时采用了装疯作为一种手段，这种手段是临时采用的，所以是偶然的。

[250] 但是本心，或**意识**的那种**直接想成为普遍的个别性**，就是这个癫狂者和被颠倒者本身，并且它的行为所产生的，只是使得这个矛盾变成了**它的**意识而已。

---

① 参看贺、王译本第 282 页倒数第 5、6 行，第 284 页第 16 行，以及下卷第 18 页倒数第 6 行，都是在涉及立法、正义或财产关系的时候才出现"法权（权利）"一词。

他本来是这样看的，就是说，我的癫狂只是一种偶然的、临时的策略，一种个体性，一种主体性的状态，我采用了说疯话、故意疯疯癫癫这样一种方式。不过，我的本心，或意识的那种个别性，意识的直接想成为普遍的那种个别性，就是这个癫狂者本身。意识直接想成为普遍，直接想把自己的本心的规律置入于现实，那种个别性，它采取了一种计谋，一种策略，但它自己并不是这种策略，而是采取策略的主体，是这种个别性。这种个别性本身是这个癫狂者和被颠倒者，癫狂者是主动态，被颠倒者是被动态。不管是你主动地癫狂还是被动地被颠倒，反正是你的本心进入到了疯癫或被颠倒状态，这就是你的有意的行为，而且你是完全清醒的。但是你的本心现在已经露出来了，原来你认为你的本心是纯洁无瑕的，但是在你的行动中已经暴露出来，你的本心，你的那种个别性，在现实中就是癫狂者和被颠倒者，它是你摆脱不了的。你以为你临时作为一个手段采用一下，然后你就可以回归正常？你错了。那是你的本质，你回归正常才是你的假象。你的真正的本质就是这种癫狂，这种颠倒。"并且它的行为所产生的，只是使得这个矛盾变成**它的**意识而已"，"它的"打了着重号。它的行为产生后果就是使得这个矛盾变成了它的意识，它跟一般的癫狂不同之处，就在于它是自己意识到这种癫狂的，它意识到整个世界癫狂，它也不得不癫狂。它有这方面的意识，就此而言它是清醒的。它的癫狂其实是一种主体性行为，而不是病症。这个矛盾变成了它的意识，而且成为了它的意识的本质，它意识到这一点了。这是我们以哈姆莱特为例来解释，就是在他的行为过程中，他发现这事情本身就是颠倒的，不是你可以整顿得好的，不是你重整乾坤可以整得好的，你只能与癫狂共舞。最后搞得很糟，并没有按照他的理想把这个世界整顿好，终于还是由别人来收拾残局，他自己收拾不了。

因为对它来说，真实的东西就是本心的规律，——这是一种单纯**被意谓的东西**，它不像持存的秩序那样经得住时日，反而一旦在时日中显示出来，就归于毁灭。

这个矛盾成为了它的意识，使它意识到了这个矛盾，"因为对它来说，真实的东西就是本心的规律"。真实的东西就是本心的规律，这个是它的出发点，不管有什么样的矛盾，它都是从这个出发点来看的，都能够容纳得下来。它的出发点就是，我出自于我的本心，出自于我的良知来做事，这是最真实的东西。"——这是一种单纯**被意谓的东西**"，"被意谓的东西"打了着重号。就是说，最真实的东西虽然是本心的规律，但是它说不出来，一说出来就被颠倒了，就陷入矛盾了。所以你的真实的本心的规律，你的出发点，只是一种意谓，只在你的意谓之中，只可意会不可言传。只有你自己内心知道，你觉得是那样，你体验到自己的真诚，但是你没法说出来，没法具有现实的内容。一旦你有任何所指，它就颠倒了。所以你这个内心的意谓是无所指的，是绝对抽象的。这个我们在感性确定性里面，一开始就讲到了这一点。就是意谓实际上是非常空的，意谓是一种非存在、非现实的东西。你内心的那种东西，只可意会不可言传的东西，那是无足挂齿的。"它不像持存的秩序那样经得住时日，反而一旦在时日中显示出来，就归于毁灭"，这种本心的规律就是这样，它不像持存的秩序那样经得住时日。现实的秩序是持存的，是持续不断的，在时日中，在时间的考验中，它能够经受得住。而这个被意谓的东西，一旦显示在时日中，进入到光天化日之下，就归于毁灭。你把你的意谓作出来看看，一旦作出来就归于毁灭，就不是你的意谓了。你的那个本心，你的那个本心的规律，只能停留在意谓中，一旦实现出来就毁灭了。所以哪怕你自以为没有疯，你很清醒，但你的所作所为彻头彻尾是个疯子。你没有作出来的时候好像很崇高很理想，但是一作出来，就不是那么回事了。

它的这个规律本来是应该具有**现实性**的，在其中，这规律作为**现实性**，作为**有效秩序**，对它来说是目的和本质，但是同样是这个**现实性**，即正好这个作为**有效秩序**的规律，直接地对于本心来说反而是一个虚无。

"它的这个规律本来是应该具有**现实性**的"，也就是本心的这个规律,本来是应该具有现实性的。你本来是把它当作内心自己最现实的东西,难道我自己还不知道我的本心吗?每个人都可以反省一下,我自己自认为最具有现实性的,无非就是我自己内心的想法,别人怎么样我不知道,我自己怎么想的我自己肯定知道。有的人天天记日记啊,不就是要把自己最真实、最现实的东西记下来吗?"它的这个规律本来是应该具有现实性的",这里加了一个"应该",而且是虚拟式。就是说它还没有实现出来的时候,本来是应该具有现实性的。"在其中,这规律作为**现实性**,作为**有效秩序**,对它来说是目的和本质",在这个应当实现出来的过程中,——虽然一旦显示出来就归于毁灭,但是在这个过程中,这规律作为现实性,作为有效的秩序,对于它来说是目的和本质。虽然还未实现,但我是要追求这个东西的,是把这个东西的现实性和有效秩序当作自己的目的和本质去追求的,甚至我就是为此而生的。我本心的规律本质上就是要实现出来的,不是心里想一想,口头上说一说而已,而是要把它变成现实,这是我的目的,也是我的本质。本心的规律离不了这个本质。如果你不打算把它实现出来,那它就不是你的本心的规律,那就是虚假的,那就不是你的本心,而是欺骗了。"但是同样是这个**现实性**,即正好这个作为**有效秩序**的规律",即正好是本心的规律视为目的和本质的同一个现实性和有效秩序,就其本身来说,也就是作为真正的现实性和规律,"直接地对于本心来说反而是一个虚无"。这同一个现实性,也就是正好这个作为有效秩序的规律,它间接地作为目的是应该具有现实性的;而如果不是作为目的,而是直接地对于本心来说,它反而是虚无。仅仅作为目的来说,它确实在你的内心,但并不是作为真正的现实性,它还有待于实现;真正实现出来的有效的规律,它直接地对于本心来说反而是一个虚无。本心还是在内心的,当然它把现实有效的规律当作它的目的,但是它还没有实现出来,还没有实现出来那就是虚无啊。真正有效的规律对于它来说还是虚无,还是"未曾有"。而这个目的一旦实现出来,就不是原来的目的了,对于本心来说也就虚无化了。一旦有效了,它就不是它了,不是它原来的目的了。所以直接地对于这个本心来说,不管怎么样,它都是一个虚无。

　　——同样地,它**自己的**现实性,**它本身**作为意识的个别性,自己就是本质;但这本质对它来说就是目的,要把这个别性建立为**存在着的**;于是对它来说,事情反倒是这样,它的自身作为非个别性反而直接就是本质,或者说作为规律的目的反而是本质,这目的正因此而是普遍性,即对本心的意识自身而言将会是本质的那种普遍性。

　　"同样地,它自己的现实性","自己的"打了着重号。前面讲的是作为有效规律的那种现实性,那个对它来说是虚无的。那么它自己的现实性呢? 它自己当然还有现实性,这就是,"**它本身**作为意识的个别性","它本身"打了着重号。它本身作为意识的个别性,那是它内在的现实性。我现实地具有这样一种意识的个别性,这是我真正具有的,当然它是在我内心的意谓,只是一种主观的现实性。这种主观的现实性,"自己就是本质",本心的规律自己具有这一方面的本质。前面讲了自我意识的本质有两方面,至少这一方面是它的本质,它自己就是本质。"但这本质对它来说就是目的,要把这个别性建立为**存在着的**","存在着的"打了着重号。建立为存在着的,意思就是要把它实现出来,把这种实现当作目的。这个本质对它来说就是一个要把这个个别性实现出来的目的。你这个个别性,当然它有一种主观的现实性了,但是还缺乏客观的现实性。那么作为一个目的来说,这个本质就是要把这个个别性客观地实现出来,成为存在着的。这是从主体方面来看,这个本质,一方面它自己具有主观现实性,另一方面它的目的是要具有客观的现实性。主观的现实性和客观的现实性在它这里要达到统一。"于是对它来说,事情反倒是这样,它的自身作为非个别性反而直接就是本质,或者说作为规律的目的反而是本质",本来是说它的"个别性"自己就是本质,但是现在,由于它的目的就是要把它自己实现出来,于是对它来说,事情就转向了反面,它自身作为"非个别性"反而直接就是本质。本来个别性是它的本质,现在非个别性倒是成了它的本质，它必须把自己的个别性放弃，牺牲自己去实现目的，这才是它的本质。"或者说作为规律的目的反而是本质"，它的目的是要把这个规律实现出来，这个作为规律的目的反而成了本质。这个目的要把它的个别性实现出来，但是一旦实现出来，它就不是个别性了，而成了普遍规律。所以作为规律的目的就是非个别性的目的，它反而成了本质。"这目的正因此而是普遍性，即对本心的意识自身而言将会是本质的那种普遍性"，这目的就是作为规律的目的，所以它正因此而是普遍性。就是你的个别性所要达到的这个目的，因为是规律，所以恰好是普遍性。正因为你要把自己实现出来成为普遍规律，所以你这个目的，就是一种普遍性。是一种什么普遍性，"即对本心的意识自身而言将会是本质的那种普遍性"。就是这种普遍性对于本心来说，它将会成为本质，这是本心的另一方面的本质。这个"将会是本质"用的是虚拟式，就是说一旦你把它实现出来，它将会成为你的本心的本质。这个目的就是那样一种普遍性，它将会成为你本心的本质。当然现在还没有，你还没有把它实现出来嘛，一旦实现出来，当然它是异己的了，但这个时候，你的立场已经转移了，你不再执着于你的个别性，而是转到了非个别性上面，你就会发现，这个非个别性的普遍性作为你的目的恰好是你的本心的本质，当然现在还没有，所以他用的是虚拟式。在你还没有把它实现出来的时候，你是以个别性作为你的本质；而当你刚刚把它实现出来的时候，你还把它当作是非本质，是异己的、反对你的现实性；但是，有朝一日，你会把它当作本质。你实现出来的东西，你会看出来，它其实就是你的本质。但在哈姆莱特的这个阶段还没有达到这一步，这是要到后面立法的理性才能建立起来的意识形态。

　　——本心的这个概念通过它的行为变成了它的对象；所以它自己经验到它反而是不现实的东西，是作为它的现实性的非现实性。

　　"本心的这个概念通过它的行为变成了它的对象"，本心的这个概念也就是本心的个别性概念，它通过它的行为变成了它的对象，你把它实

185

现出来了，你把本心的规律实现出来，岂不是变成了它的对象吗？岂不是把自己对象化了吗？你把自己的概念对象化了，也就是异化了。"所以它自己经验到它反而是不现实的东西"，在这个经验中，在把自己的概念变成自己的对象的过程中，它于是就经验到了它自身反而是不现实的东西。就是它的出发点是从个别性出发的，现在个别性反而是不现实的了。"是作为它的现实性的非现实性"，它最初是把个别性当作现实的，它的自我实现活动也是现实的，而现在成了非现实的，所以是它的现实性的非现实性。黑格尔故意要用这样一种语式来刺激一般人的神经。"是作为它的现实性的非现实性"，这话听起来不是话，但是就是这个意思，这就是辩证法的意思。现实性的非现实性，它的现实性是它的出发点，它本来把自己的个别性当作是现实的，但是，一旦实现出来，对于它来说就是非现实性。它会把自己当初的理想看作幼稚的幻想，但它正是凭借这种不现实的幻想完成了现在的事业。

　　<u>所以，这个不现实的东西并不是一个偶然的和异己的个体性，相反，恰好是这个本心，从一切方面看来，在自身中就是那被颠倒者和颠倒者。</u>

　　这是结论了。"所以，这个不现实的东西并不是一个偶然的和异己的个体性"。现实的东西被异化成了不现实的东西，它就不是个体性自己的现实性了，在个体性自己来说，它变成了非现实的东西了。但它并不是一个偶然的和异己的个体性，它并不能够像哈姆莱特一样，用种种方式把它排除掉，说那不是我的本心，那是疯狂控制了我，这些说辞都是一种逃避。其实它并不是一个偶然的和异己的个体性，并不是外来的，陌生的东西。"相反，恰好是这个本心，从一切方面看来，在自身中就是那被颠倒者和颠倒者"，恰好就是这个本心，就是你的本心，你不要自我标榜，你不要以为自己还另外有一个说不出来的本心，你这个本心就在你的话语中，已经说出来了。而就是这个本心，从一切方面看来，不管是从主观方面看来还是从客观方面看来，在自身中就是那被颠倒者和颠倒者。被颠倒者和颠倒者，一个被动，一个主动，都是你自己。是你自己把

自己颠倒了，所以你既是被颠倒者，你也是颠倒者，你不能逃脱责任。你的颠倒就是你干出来的，是你对你自己的颠倒，这个是哈姆莱特还没有意识到的，他一直都还是把这个颠倒看作是一种异己的、偶然的个体性，是个体采取的一种策略。他是在装疯，而且他是在环境的逼迫下，不得不装疯。但实际上不是，那就是你的现实的本心，是你要实现你的本心所不可逃避的陷阱。好，今天就讲到这里。

＊　　　　　　＊　　　　　　＊

我们上一次讲到"本心的规律和自大狂"，已经讲到后面这一部分了。上一次第 250 页的上面这一段讲的是，本心的规律要实现出来，一旦实现出来，就走向了异化。那么这种异化，它不是来自于外部。我们上次举到像哈姆莱特这样的例子，哈姆莱特还没有意识到，本心的规律一旦实现出来就走向异化这样一个现象它不是来自于外部，而是来自于自身，来自于本心的规律它的本性。在这个意识的形态里面，这一点还没有暴露出来，或者还没有展示出来。所以哈姆莱特把他的这种颠倒的意识表现为一种策略，就是装疯。疯狂就是颠倒了，但是他自己认为他是装出来的，他的本心是很冷静的，是没有颠倒的。但是再进一步地发展，就意识到这一层了，意识到实际上不是策略，而是真相。就是说疯狂并不是你装出来的，而是事情的本相。你的这个原则本身，在它实现出来的时候，它就会发生颠倒，它就会出乎于你预料之外，它就会完全倒过来，好心变成了坏事。那么好心变成坏事，这个好心是不是真的好心，好心里面是不是已经隐藏着它自相矛盾之处，这个就应该加以反省。上一次最后这一句话讲道，"所以这不现实的东西并不是一个偶然的和异己的个体性，相反，恰好是这个本心，从一切方面看来，在自身中就是那被颠倒者和颠倒者"。本心自身，它既是被颠倒者，同时它又是颠倒者。你不要怪罪于环境，你被颠倒了，但是你要仔细想一想，实际上你自己就是颠倒者，就是主动的。一方面是被动的，另一方面它同时又是主动的。意

187

识到这一层，就已经进入到一个更高的形态了。下面我们来看看今天要讲的这一段。

　　但由于直接普遍的个体性就是被颠倒者和颠倒者，那么同样，既然这种普遍的秩序是一切**本心**的规律，也就是被颠倒者的规律，当这个规律表现出暴怒的癫狂时，则这秩序本身也是被颠倒者。

　　"但由于"，也就是说，前面讲了，本心既是被颠倒者又是颠倒者，但不止是本心是这样。"但由于直接普遍的个体性就是被颠倒者和颠倒者，那么同样"，这个"但"的意思就在这里，就是说，一方面，直接普遍的个体性是颠倒者和被颠倒者，那么同样，就不仅仅是这个个体性本身是被颠倒的和颠倒的，另一方面，即普遍秩序的规律也是一样。"既然这种普遍的秩序是一切**本心**的规律，也就是被颠倒者的规律"，普遍秩序是一切本心的规律，本心、也就是直接普遍的个体性被颠倒了，那这个秩序也就被颠倒了。"当这个规律表现出暴怒的癫狂时，则这秩序本身也是被颠倒者"，就是说，不仅仅前面讲的个体性是被颠倒者和颠倒者，而且，作为那被颠倒者的规律的这个普遍的秩序，本身也是被颠倒者，也是颠倒的。例如哈姆莱特，他的这种主体性，他的这种本心的规律，固然是颠倒的，但这个世界秩序也的确是颠倒的，这个世界脱节了嘛。整个世界都颠倒错乱了。所以一方面，主体、个体性，它是颠倒了的，但是，这个普遍的秩序，也是颠倒的，双方都是颠倒的。普遍秩序的颠倒是由于普遍的个体性是被颠倒者和颠倒者，由于个人，你要来整顿这个秩序，你本身就是颠倒的，那么由此可以推出来，整个普遍的秩序都是颠倒了的，因为这整个普遍的秩序无非是由一个一个的人所组成的，并没有凌驾于所有个别之上的一个普遍的秩序。所以他讲，这种普遍的秩序就是"一切**本心**的规律"，一切，不单是你这一个人，不单是你哈姆莱特自己，你有你的规律，你有你的价值观，其他人也有。正因为每一个本心都是被颠倒的，那么就可以说，这种秩序实际上就是被颠倒者的规律。于是，一切本心的规律，当它们表示了暴怒的癫狂，每一个人都颠倒了，这个时候，这个秩序本身当然就被颠倒了。

有朝一日，在一个本心的规律于其他个体那里遇到抵抗时，这种普遍秩序会证明自己是一切本心的**规律**。 {207}

"有朝一日，在一个本心的规律于其他个体那里遇到抵抗时，这种普遍秩序会证明自己是一切本心的**规律**"，规律打了着重号。本心的规律说出来很容易，但是你要成为一切本心的"规律"，那你就必须跟他人打交道，那么这个打交道必然会在别人那里遇到抵抗。他这里讲"有朝一日"，einmal，有一天，迟早总会有一天，当一个本心的规律在其他个体那里遇到抵抗时，你才能证明普遍秩序是每个人本心的规律。哈姆莱特想要整顿世界，那么你会遇到种种抗拒，其他的个体不会同意你，会给你制造障碍。那么恰好是在这样一种抵抗里，你在跟别人打交道的时候遇到的抵抗里，这种普遍秩序会证明自己是一切本心的规律。本心的规律真正地要成为现实的规律，就必须遭到他人的抵抗；那么在这种抵抗里，总会有一天，这种普遍的秩序会证明自己是一切本心的规律。或者说，一切本心就是在这样一种互相抵抗中把自己的规律建立起来的。在现实中人人都是自私的，一切人都对抗一切人，就像霍布斯说的，一切人对一切人都处于战争状态，别人总是对自己的干扰。但是大家既然要在一起过活，那么在这种互相抵抗中，终究会建立起一种普遍秩序，这种普遍秩序会证明自己是一切本心的规律。这个规律原来是在本心之中内在的，但是当它在外部世界中遭到抵抗的时候，通过不断的磨合，最后，有朝一日它会建立起一种现实的规律来。这里实际上引入了霍布斯的学说，已经开始向后面的"立法的理性"过渡了。当然真正要立法又还不够，它的基础即权利学说还未建立，还有待于理论理性进行大量的工作。那么普遍秩序对自己作为一切本心的规律的这种证明是一种间接的证明，它跟原来那种本心的规律的直接性——本心直接就是规律，是不一样的。那种直接性就是自大狂，我自己就是规律，我就是法律，我要整顿整个世界，那就成了自大狂。但是自大狂一旦在现实中碰壁，碰得头破血流，它就会明白过来，你要跟他人相互磨合，你要在他人的抵抗里面去建立起你的本心的规律。那么一旦建立起本心的规律，这个本心的规律就是经过了中介的，不是直接跟本心相统一的，而是通过他人间接地建立起来的。霍布斯曾设想所有的人都把自己的权利让渡给一个专制君王，这样来建立一个社会的普遍秩序。当然这是讲的"有朝一日"，在目前这个阶段还没有实现出来。

这些持存的规律在一个个体的规律面前受到保护，因为它们并不是无意识的、空的、死的必然性，而是精神的普遍性和实体，在其中，精神的普遍性借以拥有自己的现实性的那些本心都作为个体而活着，并意识到它们自己；

我们来看这半句。"这些持存的规律"，这是接着上面的"规律"来的，上面那句话最后的这个"规律"是打了着重号的。就是说在各个个体性的互相抵抗里面，普遍的秩序证明了它是一切本心的规律，那么这个规律当然是持存的了，在各种各样的冲突、矛盾，互相抗拒之中，它仍然保持着，仍然持存下来。那么这些持存的规律，"在一个个体的规律面前受到保护"，个体的规律跟这个持存的规律毕竟是两码事，虽然它在其中实现出来并得到了证明，但是，在持存的规律面前，个体的规律不得去伤害它。你固然有你个人的，个体的规律，你所认为的规律性，你所认为的公正，这个持存的规律你往往会不满意，它不符合你心目中的规律，任何一种普遍的秩序都有这个问题，它都不能够适合于每一个人，它总有某些地方是为个体所不满意的。但是它受到保护，不为个体的规律所侵害，个体也会接受这一点。虽然不满意，虽然它不完全符合我的规律，但是，也只能如此了，也不能去破坏它，只能求同存异。它做到这样已经不错了，这个社会总要有秩序啊，如果无法无天，那谁也活不了，只能同归于尽。所以它在每一个个体面前是受到保护的。"因为它们并不是无意识的、空的、死的必然性，而是精神的普遍性和实体"，这种持存的规律，这种社会的秩序，这种法制，并不是空的、死的、无意识的必然性——那就是命运了，但它已经超出命运那个阶段了。命运就是无意识的，它不期而至，它就决定了你，却禁止你去考虑它，去反思它，对它进行分析。而这些持存的规律是经过相互的磨合以后建立起来的必然性，那它当然跟这种盲目的命运就完全不一样了，它是经过理性的考虑而建立起来的一种社会契约。所以它是精神的普遍性和实体，"在其中，精神的普遍性借以拥有自己的现实性的那些本心都作为个体而活着，并意识到它们自己"。这样一种普遍的秩序，普遍的规律，是精神的普遍性和实体，其中每个本心都是活跃着的、有自我意识的。所谓精神，不光是你的个体，你个人的个体意识，你的自我意识，而是具有普遍性的。凡是讲到精神，都是具有社会普遍性的，那么这种社会普遍性就是实体。为什么是实体，前面讲了，这些持存的规律在一个个体面前受到保护，就是每一个个体的规律，它可能是千差万别的，但是它不会影响到或者不会否定这些持存的规律，这些持存的规律是实体，是不动摇的，所有那些个体的规律反而是一些偶性，反而寄生在这个实体身上才得以存在。你如果没有这样一个普遍的规律、一切本心的规律、普遍的秩序作为你的实体的话，那皮之不存，毛将焉附，你的这些规律都不能起作用。现在有了这样一个秩序，虽然它不完全合你的本心，但是你的本心的规律还可以在里面起一点作用，部分地实现你的目的。所以在这个精神的普遍性和实体之中，"精神的普遍性借以拥有现实性的那些本心都作为个体而活着，并意识到它们自己"。这些本心都是活生生的，它们每一个都有自己的规律，都有自己所认可的价值观、道德观、正义观，每一个都想用自己的这一套规律去整顿这个世界，那么它们就活跃在这个普遍秩序之中，它们有自己的活动。它们每一个人都是有意识的，都非常清楚自己要干什么，它们是出于权衡，理性地把自己的权利转交给普遍秩序的。

　　以至于，即使这些个体抱怨这个秩序，说它似乎违背了那内在的规律，并在这个普遍秩序面前坚持本心的意谓，它们实际上还是连同自己 [251] 的本心一起依赖于这个作为自己的本质的普遍秩序；如果从它们那里夺

191

去这个普遍秩序，或它们自己置身于这秩序之外，它们就失掉了一切。

根据前面讲的，每一个个体都活在精神的普遍性里面，并且意识到自身，"以至于，即使这些个体抱怨这个秩序，说它似乎违背了那内在的规律"，也就是即使这些个体抱怨这个普遍秩序，对这个普遍秩序不满，认为它违背了自己内心的普遍规律，它不符合我的内在规律，我所理想的社会应该是那样的，但现实的秩序却是这样。即使这些个体抱怨这个普遍秩序，"并在这个普遍秩序面前坚持本心的意谓"，这个普遍秩序已经是既定事实，但是我在它面前仍然坚持自己本心的意谓（Meinung），坚持那没有说出来、而且也说不出来的东西。我的本心只有我自己知道，但是我到底要什么，我又说不出来，我只知道这是不对的，我在这个普遍秩序面前坚持我的理想。虽然我的本心的意谓实现不了，但是我始终持保留意见，我持批判态度。但即使如此，"它们实际上还是连同自己的本心一起依赖于这个作为自己的本质的普遍秩序"，这句话就是点睛之笔了。即算它们心怀不满，即算它们持保留意见，始终怀有一种留有余地的批判态度，但是，它们实际上还是连同自己的本心一起，依赖于这个作为它们自己的本质的普遍秩序。这里就很吊诡了。它们内心里面认为这个普遍秩序跟它们的本心的规律是相违背的，但是实际上，——这个就不是内心的了，也不是意谓了，而是客观地来说，它们实际上连同自己的本心一起，却依赖于这个普遍秩序，而且这个普遍秩序是作为它们自己的本质的。你别看这个普遍秩序好像跟你、跟每一个人都格格不入，但它就是你们的本质，至少它对于你们来说，是一个"最不坏的秩序"。普遍秩序其实是每个个体的本质，前面讲到自我意识的时候，也多次讲到"我就是我们，我们就是我"，讲到类的意识才是真正的自我意识。社会的普遍的秩序，才是每一个人的本心的本质，因为人的本质是社会性的。甚至，"如果从它们那里夺去这个普遍秩序，或它们自己置身于这秩序之外，它们就失掉了一切"。你别看每个人都批判这样一个秩序，但是，如果从这些个体那里夺走这个普遍秩序，如果没有这个普遍秩序，那就是无法无天、大卜大乱，无人能够幸存。或者让某人置身于这个秩序之外，比如说把你赶到无人之地，赶到社会之外，你也就无法生存了。你这也不满意，那也不满意，但是一旦兵荒马乱，一旦孤立无援，你就失掉了一切。你还谈何理想，谈何你自己的规律。一切规律都没有了，你自己本心的规律也就没有了。

　　由于这里面持存着的是公共秩序的现实性和权力，所以公共秩序就显得是自身等同而有普遍生命的本质，而个体性就显得是这公共秩序的形式。——但这个公共秩序同样是被颠倒的东西。

　　"由于这里面持存着的是公共秩序的现实性和力量"，公共秩序（die öffentliche Ordnung），这里提出了一个新的概念。前面讲的是持存的规律，普遍秩序，那么这里讲的是公共秩序，这就涉及政治哲学了。这个普遍秩序，它具有公共秩序的现实性和权力（Macht），而且是持存着的，它不以个体为转移，你个人反抗它也好，拥护它也好，它就是它，它具有它的既成性、现实性，也具有它的权力或力量。哪怕你反抗它，你也脱离不了它，你一脱离它，你就失掉一切。"所以公共秩序就显得是自身等同而有普遍生命的本质，而个体性就显得是这公共秩序的形式"，这个公共秩序显得是自身等同，它就是它，它不是你，不是张三也不是李四，它是它自己。"而有普遍生命的本质"，什么叫普遍生命，普遍生命就是作为一个整体的共同生命，就是一个活的东西，公共秩序成了一个活的东西，国家成了一个活的东西，成了一个有生命的东西，这就是霍布斯所说的"利维坦"。利维坦是《圣经》神话里面的一个怪物，一个巨大的怪兽，那么国家也正像有它自己的生命的一个巨大的怪兽，它有它的普遍的生命。那么这个公共秩序就显得是自身等同而有普遍生命的本质，就好像国家是一个生命体，国家会吞噬一切，会吞噬它的每个个体而成就它自己，而营养它自己。这样一来，个体性就显得是这公共秩序的形式，这个公共秩序看起来就好像是一个独立的个体了。公共秩序必须要表现出来，必须要表现为各种形式，但它首先表现为个体性的形式，也就是君主专制的形式。在霍布斯看来，这是理所当然的，既然公共秩序必须有自己的现实性和权力，它就只能表现为君主专制的形式。"——但这个公共秩序同样也是被颠倒的东西"，这样一个公共秩序，这样一个国家秩序，当然也是被颠倒的。这一句就是黑格尔对这种个体性的、君主专制形式的公共性的批判了。黑格尔当然是不同意霍布斯的那种绝对君主制观点的，他主张君主立宪制，国家不能够真正是那种个体性的利维坦，而必须有一整套体制来分担这个权力。本来公共性是由个体所组成的，由个体的磨合，由个体的相互抗拒，最后达成的一个普遍的秩序；但是现在，它反过来成为了一个活物，成了一个利维坦，自己就是一个独立存在的个体，而把其他每个个体当作只是它的质料，这在黑格尔看来就是一种被颠倒的东西。下面一段则说明了它为什么是被颠倒的。

上面这一段整个来说讲的就是，本心要把自己的规律建立为一种普遍秩序，每一个本心都要建立一个普遍秩序，在局限于某一个个体的时候，它这样一种建立普遍秩序的意图就表现为自大狂；但是在一切个体的本心都在做那种努力的时候，它们陷入了一切人对一切人的战争，它们将要形成的那种一切本心的规律或普遍秩序，只是与每个人的本心相违背的一种公共秩序。而这样一个国家秩序就成了一个利维坦，每一个个体都离不了它，都把自己的生命注入它，使它具有了生命，具有了意识；但是它一旦具有了活力具有了意识，它就成了一个吞噬一切个体的怪物，所以这个公共秩序同样也是颠倒的。这里讲个别性和普遍秩序的关系是从普遍秩序的角度谈的，下面就是从公共秩序里面的那些个别性的角度来指出它为什么是颠倒的。

因为，既然公共秩序是一切本心的规律，而一切个体直接就是这个共相，那么这种秩序就是一种仅仅**自为存在着的**个体性的现实性，或本心的现实性。

"因为"，这个"因为"是解释，为什么这个公共秩序、这个利维坦是被颠倒了的东西。"既然公共秩序是一切本心的规律",这个前面已经讲了,有朝一日这个普遍秩序会证明自己是一切本心的规律,那么公共秩序就是一切本心的规律啊,是所有人的本心的规律经过磨合而建立起来的。"而一切个体直接就是这个共相",一切个体直接就是共相,这共相就是这种规律,这种普遍规律是共相。一切个体的本心的规律直接就是个别性和普遍性的统一,这个我们前面已经讲到了,它还没有经过间接的,跟他人发生的磨合关系。每一个人在自己的本心里面都有自己的共相,都有自己的规律,每个人都把这种共相当作是个体性的直接的普遍性。"那么这种秩序就是一种仅仅**自为存在着的**个体性的现实性,或本心的现实性",那么这种秩序,这种公共秩序、国家秩序,是一种什么样的现实性呢?是一种仅仅自为存在着的个体性的现实性,也就是本心的现实性。"自为存在着的"打了着重号,为什么这里打着重号?就是说,自为存在着的个体性或本心,它还不是自在存在着的,还不是自在自为地存在着的,它还只是主观的。我自己想把我的规律变成现实,但是还没有,我在努力去做,这就是一种主观的努力,这样一个过程就是一种自为存在的过程。那么这种秩序就只是这种自为存在着的个体性的现实性,而不是什么独立存在的利维坦。利维坦把一切个体的自为存在的现实性都吞噬了,只有这个普遍秩序本身是自为存在的个体,这就是一种异化,这就弄颠倒了。但是如果我们从下至上地来观察这个公共秩序的话,我们就可以看出这种颠倒的根源,就是这个公共秩序无非是一种仅仅自为存在着的个体性的现实性,是每个本心的现实性。"仅仅"自为存在着的,也就是说没有别的力量使个体性成为现实,而唯独靠个体性自己的能动性才能做到这一点,这是对利维坦的那种超越于每个个体的力量的反驳。自为存在的个体性或本心是能动的,但又是互相矛盾的,这种矛盾的整体效果就是这个普遍的公共秩序。

于是,将自己的本心的规律提出来的那个意识就经验到了从别的意识那里来的抵抗,因为这规律与别的意识的本心的**同样个别的**规律发生矛盾，而这些别的意识在它们的抵抗中所做的无非也就是提出自己的规律并使之有效。

　　到底什么是公共秩序，这句话就说得很明白了。"于是，将自己的本心的规律提出来的那个意识就经验到了从别的意识那里来的抵抗"，你是自为存在的，但是由于你还不是自在自为存在的，所以你是主观的，当然别人也一样。你要把你的主观的个体性和本心实现出来，所以，将自己的本心的规律提出来的那个意识就经验到了从别的意识那里来的抵抗。注意这个"经验到了"，意识的经验科学，在这里，经验又提升了一步，经验到了一个新的现象，一种意想不到的或者没有预计到的现象，就是从别的意识那里来的抵抗。别人跟你可不一样啊，你只从你自己出发，你按你本心的规律提出你的自大狂的意见，要改造这个世界，但是你遇到了从别的意识那里来的抵抗。"因为这规律与别的意识的本心的**同样个别的**规律发生矛盾"，"同样个别的"打了着重号。就是说，别人也是一个个体性，别人也有他的本心和本心的规律，你并没有任何优势。你是一个人，别人也是人，其他的人也是一个人，那么你们就发生矛盾了。你想要这样改造世界，他想要那样改造世界，你想要这样改变他，他还想要那样改变你。这就不是那种直接的统一性了，你想要把这种规律变成一种现实的普遍规律，那就必须要经过间接性，经过别人的反抗、抵抗，经过相互之间的磨合。"而这些别的意识在它们的抵抗中所做的无非也就是提出自己的规律并使之有效"，他们所做的跟你所做的没有什么区别，你以为你要整顿世界，人家也要整顿世界，你要改变世界，人家也要改变世界。所以这些别的意识，他们抵抗你，并不是要跟你作对，并不是为抵抗而抵抗，"无非也就是提出自己的规律并使之有效"，这就跟你发生冲突了。并不是人家对你特别不怀好意，不是的。每个人都是为了实现自己的目的，实现自己的正义，那么在这种情况下陷入到了霍布斯所讲的"一切人对一切人的战争"，这就是一种原始状态。

　　现成在手的那个**共相**因此就只不过是大家相互之间的一种普遍的抵抗和搏斗而已，① 在其中，每个人都努力使自己特有的个别性生效，但同时又都做不到这一点，因为个别性经验到了同样的抵抗，并交相为另外的个别性所消解。

　　这就是霍布斯所描述的一种景象了。"现成在手的那个**共相**因此就只不过是大家相互之间的一种普遍的抵抗和搏斗而已"，也就是在这个时候现成地有一个共相，这个共相打了着重号，在这种情况下有一个共同之点，有一个共同的东西。这个共同的东西是现成在手的，这个不需要你去争取了，它就是在现实中，什么共相呢？只不过是大家相互之间的一种普遍的抵抗和搏斗而已。一切人对一切人的战争是一个既成的事实，是一种普遍的状态，在这种共相中毫无共同之处，它是一种毫无共同之处的共相。每一个人对每一个人搏斗，我们都找不到共同之点，而这就是我们的共同之点。所谓公共秩序其实就在这里，并不是通过一次社会契约就能够建立起一个稳定的国家主权来，霍布斯想得太简单了。你要抵抗别人，别人也要抵抗你，大家都在抵抗，没有任何共同之点，唯有这个互相抵抗才是共同之点，才是共相。"在其中，每个人都努力使自己特有的个别性生效，但同时又都做不到这一点"，人都是自私的，都是要把自己的个别性实现出来，为了自己不惜牺牲别人的个别性，但是，又都做不到这一点。"因为个别性经验到了同样的抵抗，并交相为另外的个别性所消溶"。你要坚持自己的特有的个别性，但是，别人也要坚持他的个别性，那么你们都坚持不了，都做不到这一点，都不能使自己的个别性生效。"因为个别性经验到了同样的抵抗，并交相为另外的个别性所消

---

①　黑格尔的"大家相互之间的一种普遍的抵抗和搏斗"这一说法明显是影射他在耶拿时期集中研究过的托马斯·霍布斯。霍布斯赋予自然状态的特点是"一切人对一切人的战争"；他在《论公民》（第一章第 12 节）中谈到了"bellum omunium in omnes"［一切人的全面战争］，在《利维坦》中也谈到"bellum omnium contra omnes"［一切人反对一切人的战争］。——丛书版编者

解"，他们的力量互相抵消，大家谁也得不到好处。在霍布斯的描述中，在原始的自然状态之下，大家都会同归于尽。但黑格尔却不这样看，他认为正是在这种互相冲突中，会形成一种"世界进程"，它最终会通往国家实体，但不是那么简单，仿佛通过一个社会契约就建立起来国家。这个世界进程其实可以看作是对后面"立法的理性"的一种训练，只有在立法的理性的基础上，真正的国家才能建立起来。国家决不是一个怪物，而是理性的产物。

于是公共**秩序**就显得是这样一场普遍的混战，在其中各人夺取其所能夺取的，对别人的个别性施行正义，并将自己的同样会因别人的个别性而消失的个别性固定下来。

个别性交相消解，在这种情况下怎么办呢？"于是公共**秩序**"，"秩序"打了着重号，就是说在这种混乱的情况之下，公共的"秩序"就要建立起来了，因为大家都不愿意同归于尽嘛，所以还得有一个秩序。于是公共秩序"就显得是这样一场普遍的混战"。公共秩序，你不要以为是由某个圣贤所制定，一旦制定下来大家都和谐了，都安居乐业了，不是的。公共秩序虽然是秩序，它却显得是这样一场普遍的混战，什么样的混战？"在其中各人夺取其所能夺取的"，人都是自私的，每个人为自己，这个没变。每个人夺取其"所能"夺取的，你尽可能地为自己谋利益。"对别人的个别性施行正义，并将自己的同样会因别人的个别性而消失的个别性固定下来"。这里出现新的因素了：对别人的个别性施行正义（Gerechtigkeit，也译作公正）。本来如果说各人夺取其所能夺取的，一切人对一切人的战争，那就谈不上正义了。你对别人的个别性，那就要尽量地消灭，因为他人的所得就是我的所失，我要得更多，我就要从别人那里夺取得更多。但是这里有一个新的因素："对别人的个别性施行正义"。为什么出现这样一个因素？因为前面讲了公共"秩序"，它是公共秩序所显现出来的。虽然还是各自为战，还是普遍的混战，但是，对别人的个别性要施行正义。施行正义有什么好处呢？"并将自己的同样会因别人的个别性而消失的个别性固定下来"。在这个公共秩序之下，我们可以对别人的个别性实行正义，同时将自己的个别性固定下来。"自己的个别性"前面有一个定语从句：它"同样会因别人的个别性而消失"，如果没有正义的话，自己的这种个别性同样地会因别人的个别性而消失。如果没有这个秩序，如果没有公正，那么你自己的个别性也就保不住。有了这个公共的秩序，那么我们就可以对别人的个别性实行正义，并且同时把自己的个别性固定下来。这就是霍布斯所没有讲到的一个新的因素了。光是大家都放弃自己的权利，把它全部交给某个君主，这并不能实现正义，也无法建立起真正的公共秩序。所以，各人夺取其所能夺取的，不能放弃，但有一个前提，就是大家都要公正，每个人对别人都要公正，这才是真正的公共秩序。但这决不是一劳永逸的，而是一个过程。

这个秩序就是**世界进程**，即一个持续过程的映象，这个持续过程只是一种**意谓中的普遍性**，而它的内容毋宁是诸个别性的固定与消解之间的无本质的转换游戏而已。

"这个秩序就是**世界进程**"，这样一个公共秩序就是世界进程。世界进程，Weltlauf，Welt 世界，即世俗的，Lauf 就是一个过程。也可以说是世俗生活的过程。那么这样一个过程，"即一个持续过程的映象"，世界进程是一个映象，Schein 在这里也可以译作假象，但是没有那么重的贬义。与下面的"无本质的"转换游戏联系起来看，显然与他《逻辑学》中"本质论"中的"映象"有关，所以这里译作"映象"。也就是世界进程看起来好像是连贯的，比如说历史，这样一个历史看起来好像一直贯穿下来、持续下来，一条直线没有中断，人类则好像是被裹挟在这条历史长河之中。其实并没有这样一条长河，它只是其中的内容的映象或反映，实际上，只有无数的人的个体在这里纠结着，熙熙攘攘，前赴后继，有时相互合作，有时又相互冲突甚至相互毁灭。所以，"这个持续过程只是一种**意谓中的普遍性**，而它的内容毋宁是诸个别性的固定与消解之间的无本质的转换游戏而已"，意谓中的普遍性，意谓中的，gemeinte，也可以翻译成臆想中的。意谓中的普遍性，就是那种普遍性虽然好像是延续下来的，但是只是你以为的，是你自己内心里面所认为的那种普遍性，但实际上你找不到任何一个经验的证据，能够把这个世界进程的普遍性说出来。马克思也说："历史什么事情也没有做，……创造这一切、拥有这一切，并为这一切而斗争的，不是'历史'，而正是人，现实的、活生生的人。"①抽象的历史、抽象的世界进程只不过是人们自己意谓中的、臆想中的，而它的真正能够说得出来的内容是什么呢？"毋宁是诸个别性的固定与消解之间的无本质的转换游戏而已"，也就是世界进程的内容其实是许许多多的个别性，许许多多的个人，他们的个别性的固定与消解的不断转换的活动。有些人固定了、实现了自己的个别性；有些人消解了自己的个别性；但消解以后还可以变成固定的，而固定了以后也可能再次遭到消解，这都是一些无本质的转换游戏而已。在黑格尔看来，这种转换没有什么本质意义，只是一种非本质的"游戏"。Spiel 本来的意思就是游戏，我们前面遇到这个词，我们把它翻译成转换，它这两种意思都有，所以我们这里把它连起来，译作无本质的"转换游戏"。但在这种个别性的固定和消溶中，在这样一种不断转换的过程中，它也达成了某种稳定性的映象，某种普遍性的映象，比如说传统。虽然都是完全不同的个别的人，但是他们共同构成了一个传统，一个历史。世界进程好像有一种连续性，好像是一个持续的过程。当然实际上里面充满着冲突和矛盾，所以世界进程从具体的来看，它就是无数的个体性在里面相互搏斗，相互磨合，最后显出一种普遍秩序，但是它的实质上的内容还是个别性。普遍的那种秩序只停留在意谓之中，主观之中，这种意谓中的普遍性往往就体现为一种德行，就是认为这个世界总还应该有一定的普遍秩序。这就开始向后面的"德行与世界进程"过渡了。这两个自然段，前面一段主要是孤立地讲普遍秩序，它就是凌驾于无数个体性之上的利维坦；那么这一段，

---

① 《神圣家族》，参见《马克思恩格斯选集》第 2 卷，人民出版社 1995 年版，第 118 页。

主要是讲由个体性本身反映出来的普遍秩序,它的实质其实还是个别性。所以,第一段是讲由牺牲个体性所建立起来的普遍秩序,第二段是讲由个别性相互之间的冲突而反映出来的普遍秩序,这是普遍秩序的两种完全不同的模式。那么下面一段我们就比较好理解了。

如果我们把普遍秩序的这两方面对照起来考察,后一种普遍性就是以不安静的个体性为它的内容,对不安静的个体性来说,意谓或个别性是规律,现实的东西是非现实的,非现实的东西则是现实的东西。

"普遍秩序的这两方面",哪两方面? 一个就是那种牺牲个体性的公共秩序,利维坦,整体性的那一方面,这是第一段我们刚才所读到的那一方面。那么第二段,是强调它的另外一方面,就是在这种公共秩序之下所掩盖着的,其实是"个别性的固定与消溶的无本质的转换游戏",所以第二段所强调的是,在公共秩序底下的真正发生着的事情,就是个别性之间的冲突、矛盾、调和,我们讲的磨合,而普遍秩序则只是一种意谓或映象。那么把普遍秩序的这两方面"对照起来考察",一个是没有个体的普遍秩序,它本身是实体,是利维坦;一个是有无数个体在里面冲突的普遍秩序,即世界进程,但它本身是虚的,是映象或意谓。"后一种普遍性就是以不安静的个体性为它的内容,对不安静的个体性来说,意谓或个别性是规律,现实的东西是非现实的,非现实的东西则是现实的东西",这个很吊诡。在后一种普遍秩序中,你认为这样一种持续的过程是一种假象、意谓,但恰好这种意谓对你这个"不安静的个体"来说成了一种本质性的东西,是你真正想说而说不出来的现实的东西,而在现实中你与其他个体的冲突反而是非现实的。所以对照起来,前一种普遍秩序虽然抹杀一切个别性,却正好吻合于你心中的那种普遍秩序的意谓,它也是无视一切现实的个体冲突的。而后一种普遍性虽然以不安静的个体性为它的内容,但在意谓中却是把这些内容看作非现实的,而那只不过作为这些内容的映象(假象)的世界进程才是真正现实的东西。当然,这是"对不安静的个体性"来说的,也就是对那种仍然想要整顿世界的个别性来说的。这种个别性是本心的规律,而这个现实世界,其他人的现实,整个社会、整个时代都颠倒了,都错乱了,它们其实是非现实的,是必须要扬弃的。非现实的东西倒是现实的东西,我的那种规律,虽然现在是意谓,但是它倒是现实的。现实的东西,Wirkliche,我们要关注黑格尔的用法,这个"现实的东西"并不是现存的、已有的东西,而是在过程中的东西,在世界进程中实现着的东西。所以黑格尔讲"凡是合理的都是现实的,凡是现实的都是合理的",很多人都把它理解为凡是存在的都是合理的,凡是现存的都是合理的。还有人把它简化为"存在即合理",认为这是黑格尔的话。但是按照黑格尔在《法哲学原理》和《小逻辑》里面的提法,应该是"凡是合理的都是现实的,凡是现实的都是合理的",凡是合理的都会实现出来,凡是实现出来的都是按照理性的合理过程而实现的。这就是他的这句话的意思。凡是合理的东西都会实现出来,这个"现实"的意思就是实现出来的意思,不一定就是现存的东西。当然也包含现存的东西,但是不仅仅是停留在现存的阶段,而是现存的东西里面的那种现实性的力量,那种要把尚未实现的东西实现出来的力量,那就是现实的东西。

但是个别性同时又是这秩序的**现实性方面**,因为个体性的**自为存在**属于这个方面。

前面讲意谓或个别性与秩序的对立,现实的秩序是非现实的,而非现实的意谓倒是现实的东西,这就把这个关系颠倒过来了,把现实性和非现实性颠倒过来了。"但是个别性同时又是这秩序的**现实性方面**,因为个体性的**自为存在**属于这个方面",这个"现实性"和"自为存在"都打了着重号,说明这种现实性正是自为存在的现实性,也就是努力把自己实现出来这种意义上的现实性。个别性,一方面它是意谓,它是个体的内心的规律,相对来说它是这个秩序的非现实性这一方面;但是另一方面它又把现实性和非现实性颠倒了,它本身就是这个秩序的现实性方面,只不过这个现实性是*自为*存在的现实性,是自己把自己实现出来的现实性。世界进程虽然只是现实冲突的反映或映象,但它作为个体的意谓在现实中自为存在的实现过程,就是这个秩序的现实方面。这个秩序当然是现实的,但是它何以是现实的呢? 就是因为它是人所造成的,这种现实性就是一种主体性的行动,一种自由的创造性的行动。这是后一个方面,我们把这两方面对照起来考察,那么首先考察的就是后面这种普遍性,就是世界进程通过个别性而实现这一方面。那么再看前一方面。

　　——而前一方面则是作为**静止的**本质的**共相**,但唯其如此,它才是　[252]作为一种**内在的东西**的共相,这内在的东西并非根本不存在,但毕竟不是什么现实性,而且它只有扬弃了曾经自诩为现实性的那个个体性,自己才能变成现实的。

　　这是讲前一方面了,前一方面也就是普遍秩序、公共秩序的那一方面,利维坦的那一方面,它是凌驾于一切个别性之上的。"而前一方面则是作为**静止的**本质的**共相**","静止的""共相"都打了着重号。共相是一个静止的本质,它高高在上,受到保护,不为底下的个别性的矛盾冲突所动,反正一切个别性都得服从它,否则它们就会"失掉一切"。所以它是一种静止的本质,个体性则是骚动的、不安的、绝对不安静的,但这些个体性都以那个共相为本质。前面已经讲了,"它们实际上还是连同自己的本心一起依赖于这个作为自己的本质的普遍秩序"[贺、王译本第251页],这种普遍的秩序,倒是作为每个个别的本心的本质的东西。所以他这里也讲,"但惟其如此,它才是作为一种**内在的东西**的共相,这内在的东西并非根本不存在,但毕竟不是什么现实性"。"唯其如此",正因为它是作为静止的本质的共相,它是静止的,你们在那里闹哄哄的,你方唱罢我登场,每一个人都追求自己的利益,都在贬低别人,都在互相搏斗,那个共相却高高在上,不受干扰,只有这样,它才是作为一种内在的东西的共相。"内在的"打了着重号,就是它不参与外部世界的纷争之中,它是作为一种内在的东西,作为一种理想,甚至于作为一种假象。假象带有贬义了,在这个里头它不一定带有贬义,就是作为一种内在的东西的映象,我内心在追求,或者说我内心甚至于无意识地隶属于这样一种共相。但这种内在东西的共相,并非根本不存在。你要说它是假象,它就根本不存在了,但是它并非根本不存在,它还是存在的,它甚至是反映本质的,它是每一个个体、每一个个别的本心的本质。但是它不在现实中表现出来,它在背后起作用,所以它毕竟不是什么现实性,"而且只有扬弃了曾经自诩为现实性的那个个体性,自己才能变成现实的",只有它把自己的个体性置之度外,扬弃了它在现实斗争中的个人利益,献身于普遍秩序,它才能变成现实的,才能影响现实秩序。在这种意义上面,这样一种共相就成了一种理想。就是它并非根本不存在,这种理想并不是根本就没有,根本就毫无意义,当然不是;但它毕竟不是什么现实性。你要落实到每一个人身上,你就会发现他根本就不考虑这些东西,他只追求自己的利益,追求自己的野心,满足自己的私利,甚至损人利己,这才是现实性。我们在现实中看到的都是这样一些人。但尽管如此,这种普遍秩序的理想还不是完全不存在的东西,只不过,它只有把那些自诩为现实的个体性扬弃了,自己才能变成现实的。也就是理想要实现出来,必须把那种现实的利益加以扬弃,你要着眼于整个国家,整个民族,整个社会的公共秩序,你要着眼于这个方面。你不是为某一个人的利益服务,也不是为你自己的利益服务,你是为整个公共秩序服务,那才是本质的东西。那种公共秩序,虽然现在不是现实的,但是是值得追求的。只有超越于所有的这些个体的利益之上,我们才能去追求它,才能够把它变成现实性。这两种普遍秩序在这里就接上头了,前一种普遍秩序不是作为现实的政治体制、利维坦,而是作为后一种普遍秩序即世界进程中的理想、意谓,才是现实的。

　　意识的这种形态在规律里、在**自在的**真与善里,不是作为个别性,只是作为**本质**而形成自身,但它知道个体性就是被颠倒者和颠倒者,因而它必须牺牲意识的个别性，意识的这个形态就是**德行**。

德行，我们说德行（xíng），但是在普通话里面就叫德行（xíng），我们讲操行啊，品行啊，都是这个"行"（xíng），这个词有两个读法，它跟那个"性质"的"性"是不一样的。德行跟德性是不一样的，我们为了区别，我们把它读成德行（xíng），但是一般的读法是一样的，都叫德行（xíng）。"意识的这种形态"，这种形态就是这种新的形态了，"在规律里、在**自在的真与善里**"，"自在的"打了着重号，自在的真与善，就是说，在客观的真与善里。这个自在的真与善，当然还没有把它实现出来，甚至没有被那些个别性意识到，但它是超越于一切个别性之上的，每个人个别的自为存在都达不到它，它却是每个人的本质。所以它"不是作为个别性，只是作为**本质**而形成自身"，这样一种形态就是德行，而这种德行意识是作为本质形成起来的，不是作为个别性。个别性只是一种现实性，在现实性底下还有本质。这种形态对个别性的现实性是瞧不起的，因为"它知道个体性就是被颠倒者和颠倒者"，具体说是把自己的本质和现实性颠倒了，其实个别的现实性并非现实性，本质才是它真正的现实性。前面讲，个别性其实是离不了这种普遍秩序的，这在德行意识上面就体现出来了，就是德行意识恰好就指出了，你们这些形形色色的个别性，其实你们的本质是属于普遍规律、普遍秩序的。所以意识的这种形态在规律里形成起来，德行意识是把个别性扬弃了的：我不是为了我自己，我不是为了个人，我就是为了客观的真与善，我把自己完全撇开了，没有任何私利，"因而它必须牺牲意识的个别性"。就是这个形态，它不是作为个别性而形成自身，但是，它又知道个体性是被颠倒者和颠倒者，这种颠倒和被颠倒把它的本质掩盖了，所以你要追求本质的东西，你就必须把它牺牲掉。牺牲意识的个别性一方面意味着我自己要大公无私，德行意识我要表现出来，我首先就必须大公无私，我不是为了自己的私利；另一方面，我要牺牲世界进程中的人们的个别性，就是针对着这样一个颠倒的世界，这样一个自私自利的世界，我要整顿乾坤，让这个世界变好，让这个世界的个别性服从于普遍秩序。后一方面是哈姆莱特当作自己的本心的规律来追求的，但前一方面却超出了哈姆莱特的视野，也就是不再从个人的本心出发，而是从普遍秩序的实体性出发，不是为了报私仇，而是为了单纯的理想，抽象的正义，这已经是堂吉诃德的出发点了。当然这种抽象的正义仍然是个人内心的一种意谓，但这种意谓已超出了个人的理解，而被认定为一种普遍的社会理想，例如堂吉诃德式的骑士精神就是为抽象正义而打抱不平、舍己为公的精神形态。总而言之，不管是我的个别性还是这个社会的个别性，在这个意识形态中都要被牺牲掉，都要被扬弃，都要按照德行来安排世界进程。所以这里两个概念都已经出现了，前面出现了"世界进程"，世界进程虽然主要是从个别性方面来讲的，而个别性都是自私自利的，是一切人对一切人的战争，然而从中毕竟作为一种意谓或映象，显现出了世界进程的前进方向；而最后出现的这个"德行"，虽然是高高在上的，是从整体性、从普遍秩序的角度来谈的，但它的自为的现实性是通过扬弃个别性来推动世界进程的。所以这两个概念也是有矛盾有冲突的，但是又是互相依赖的。

{208}　c. 德行与世界进程

［ I. 个体性和普遍性的两种对立方式 ］

我们来看这个标题，"c. 德行与世界进程"。下面第一个小标题，是拉松版编者加上去的，原来译作："I. 自我意识与普遍的关联"。我觉得这个小标题还不太切题，不太切合后面讲的内容，我这里把它改成了："I. 个体性和普遍性的两种对立方式"。在这个标题之下，整个讲的是个体性和普遍性这一对矛盾在德行和世界进程两者里面的不同的对立方式，它们都是对立统一的，但是在两个环节中它的对立的方式是各自不一样的，或者说是互相颠倒的。他主要是要阐明这个问题。在德行与世界进程里面，其中的个体性和普遍性有两种不同的对立方式。而这两种不同的对立方式是从前面一直延伸下来的，前面 a 和 b 讲的是"快乐和必然性","本心的规律和自大狂";而进入到现在这样一个标题——"德行与世界进程"的时候,前面两个标题中遗留下来的那种关系在这个标题里面是如何表现出来的? 所以这个小标题下面主要是分析这个内容。

在能动的理性的第一种形态下,自我意识自身曾是纯粹的个体性,与纯粹的个体性对立着的是那空洞的普遍性。

"在能动的理性的第一种形态下",能动的理性 (die tätige Vernunft),也就是实践的理性,跟前面讲的观察的理性是不一样的。从"快乐和必然性",我们已经开始进入到能动的理性,也就是实践的理性了,它的第一种形态就是快乐和必然性。而在那里,"自我意识自身曾是纯粹的个体性,与纯粹的个体性对立着的是那空洞的普遍性",自我意识自身"曾是",也就是用过去时来表达我们前面已经讲过了的这样一个问题,就是自我意识的纯粹的个体性表现为快乐,享受,追求享乐。与之对立着的是空洞的普遍性,就是必然性,也就是命运。人逃不了命运,人总在命运之中,人随时都会遭遇命运,但命运又说不出里面有什么内容,那就是一种空洞的普遍性。你遭遇到了命运,但是你又不知其所以然,凡是解释不了的时候我们就诉之于命运,说"这是命",这就不需要解释了,它是空洞的。这是前面见过的第一种形态,实践理性中个体性和普遍性对立的第一种方式,就是这种快乐与必然性的对立。

在第二种形态下,对立的两个部分各自都曾拥有规律和个体性这**两个**环节于自身;不过本心这一部分曾是两个环节的直接统一,而另外一部分是这两者的对立。

"在第二种形态下",第二种形态就是我们前面讲的,"本心的规律和自大狂",这里也是两个环节。"对立的两个部分各自都曾拥有规律和个体性这**两个**环节",就是这两个环节,一个是本心的规律,其中本心是个体性,本心的规律就是普遍性了;另一个是自大狂,也是这样,自大狂本身是个体性,自大狂之所以是自大狂,就是它跟现实对立、相互颠倒嘛,所以现实的秩序、既定的秩序是普遍性，是普遍规律，所以它也包含有两个环节于自身。"不过本心这一部分曾是两个环节的直接统一"，本心和它的规律是直接统一的，我的本心，那当然是有规律的了，它不是我突发奇想，偶然冒出来的。这种规律跟我的本心直接统一，跟我的个体性直接统一，它就是我的良心，我自己拍拍胸脯，知道它在里面。所以本心的这一部分是两个环节的直接统一。"而另外一部分是这两者的对立"，自大狂跟现实是完全对立的，现实在它之外，有一个外在于它的现实，被它视为非现实的，所以它显出是自大狂，是一种癫狂。它把整个关系都弄颠倒了。自大狂本身是个别性，那么它所面对的普遍的秩序是跟它外在地对立的。一个是两者内在直接统一的，另外一方，两者是外在地对立的。

而在这里，在德行与世界进程的关系中，两项中的每一项都是这两个环节的统一和对立，或者说都是规律与个体性的相对运动，但却是一种互相反对的运动。

第三种形态就是"德行与世界进程"了，就是我们现在所要讲的。"在德行与世界进程的关系中，两项中的每一项"，"两项"就是德行和世界进程，它们的每一项"都是这两个环节的统一和对立"。就是每一项，德行也好，世界进程也好，每个都是个别性和普遍性这两个环节的既统一又对立。这跟前面不一样了，前面两种形态，要么是完全空洞的直接统一，快乐和必然性完全说不出它们有什么关系，就是乐极生悲，你就是这个命；要么是完全颠倒，互相不承认，都认为对方疯了。一种是直接统一，一种是外在对立。那么在德行与世界进程里面，这两个环节都是既统一又对立的。在德行里面有普遍规律和个别性的统一，也有它们的对立；世界进程也是这样，有个别性和普遍规律的统一，也有它们的对立。"或者说都是规律与个体性的相对运动，但却是一种互相反对的运动"。这里面双方有了相对运动，从规律到个体性，或者从个体性到规律，双方有了一个运动，这个是前面所没有的。前面要么就是互不相干，快乐和必然性互不相干，要么直接统一，本心和它的规律直接统一，要么，自大狂跟这个现实是直接对立、互相颠倒。它都没有一种相对运动。而在德行与世界进程里面，它们各自的两个环节都形成了相对运动，都是规律与个体性的相对运动，但却是一个互相反对的、反方向的运动。

对于德行的意识来说，规律是本质的东西，个体性是要扬弃的东西，因而既要在德行意识自身里又要在世界进程里加以扬弃。

如何反方向运动？首先我们来看德行意识。"对于德行意识来说，**规律**是**本质的东西**"，"规律"和"本质的东西"都打了着重号。这是它最要紧的。德行意识最看重的就是规律，而且它把这种规律看作是本质的东西。规律就是本质的东西，"个体性是要扬弃的东西"。规律可以看作是普遍性了，而个体性是要扬弃的。你自己的个体性首先要扬弃，你要克服自我，你要做一个有道德的人，你就必须要克制自己的欲望，你要牺牲自己，你要杀身成仁舍生取义。其次，你要对一切自私自利的现象展开斗争。每一个人的个体性在世界进程中所表现出来的那种追求个人的快乐、追求个人的享受，那样一种个体性都是要扬弃的。所以德行意识推行的是禁欲主义的态度，要实现规律，要实现本质的东西，不论是自己的个体性还是别人的个体性都是要扬弃的东西，"因而既要在德行意识自身里又要在世界进程里加以扬弃"。德行意识自身里，那就是你要做一个高尚的人，做一个大公无私、没有自己的利益的这样一个人，同时在世界进程里要加以扬弃，你就必须要对一切为了自己的私利、去谋私利的现象加以扬弃，要加以否定。

在德行意识那里，那特有的个体性必须接受自在的真与善的共相的规训；但在这里面，德行意识仍然还是人格性的意识；只有牺牲整个人格性，也就是保证德行意识实际上已不再执着于个别性上，这才是真正的规训。

"在德行意识那里，那特有的个体性必须接受自在的真与善的共相的规训"，德行意识当然还是有个别性的，还是有个体性的。你要替天行道，那么这个天道仍然是托付于你这样一个特殊个体身上的，替天行道要靠你这个独行侠去完成。所以特有的个体性还是有的，但是它"必须接受自在的真与善的共相的规训"，真与善的共相相当于天道，你必须要了解天道，受到天道的规训。这种天道是自在的，而不是你的个体性造成的，不是你的"本心的规律"，它是先在的，它本来就在那里，那么你就必须接受它的训练。它是一种共相，这种共相对你的个体性加以训练，去掉个别性，把你的小我变成大我。德行意识就是这样，抛弃自己的小我，把它变成大我，这就接受了自在的真与善的共相的规训。"但在这里面，德行意识仍然还是人格性意识；只有牺牲整个人格性，也就是保证德行意识实际上已不再执着于个别性上，这才是真正的规训"，德行意识仍然停留于人格性的意识，什么是人格性的（persönlich）？另外，"只有牺牲整个人格性"，什么是人格性（Persönlichkeit）？ "人格性的"和"人格性"，一个是形容词，一个是名词化的形式。按照黑格尔自己的解释"也就是保证德行意识实际上已不再执着于个别性上，这才是真正的规训"一语来看，它就相当于"个别性"。"人格"或"人格性"这个词来自于拉丁文 persona，本身有个人、私人的意思，所以这里理解为个人性、私人性、个别性都可以。① 德行意识仍然还是一种个体性的意识，个人性的意识，

----

① 但在《精神现象学》贺、王译本下卷中，在谈到"法权状态"时提到："**自我作为自我、作为抽象的人格（Person）就是绝对的本质**"（贺、王译本下卷第 230 页，丛书版第 489 页），并且说，在喜剧意识中，"对不幸的意识来说，所丧失的不但有它的直接人格性的自身价值，而且有它间接的**被思想到的**人格性（Persönlichkeit）的价值。"（下卷第 231 页，丛书版第 490 页）。这里区分了两个层次的人格和人格性，一个是直接的，另一个是间接的或被思想到的，也就是抽象的人格或人格性。后者是法律意义上的，它把个别性"纯化为权利的抽象普遍性"了，因此不完全等同于个人性和私人性。后来在《法哲学原理》中，黑格尔基本上都是在后面这种带有普遍性（社会公共性）的含义上使用这两个词。而在这里所讲的人格性则还是属于"直接人格性"的范畴，相当于个人性和私人性。对这两个概念的更精确的区分，请参看拙文：《关于 Person 和 Persönlichkeit 的翻译问题——以康德、黑格尔和马克思为例》，载《哲学动态》2015年第 9 期。

或者私人性的意识，这体现在它仍然像哈姆莱特那样，单枪匹马地去与整个世界作对。而它的这种用道德拯救世界的行为其实可以看作一种对个人化的德行意识的一种规训，"只有牺牲整个人格性，也就是保证德行意识实际上已不再执着于个别性，这才是真正的规训"。你靠个人道德抱打天下不平，世界进程却处处与你作对，这就是对你的整个人格性的规训（Zucht）。就是你要敢于吃亏，勇于牺牲，用自在的真和善来训练自己的个体性，只有到什么时候才算是真正训练好了呢？就是你完全放弃你的个人的人格性，将自己融化在世界进程中，从那里面去客观地考察自在的真和善，这才是训练到底了。但这样一来，单纯的实践理性也就结束了，它必须被提升到更高层次上的理论理性，从现实的世界进程中寻找客观历史规律，这是要到后面"立法的理性"中加以探讨的话题。

　　而在这种个别性的牺牲中，**世界进程**上的个体性也就同时被清除了。因为个体性也是一个单纯的双方共有的环节。

　　"而在这种个别性的牺牲中"，德行意识要牺牲个别性啊，德行意识牺牲个别性不仅仅是牺牲它自己的个别性，而且，"**世界进程**上的个体性也就同时被清除了"。你要把自己的理想，把自己的德行意识在世界进程中实现出来，首先你必须抛弃自己的个别性，抛弃自己的个人利益，完全大公无私，以身殉道；但是另一方面，世界进程中的个别性你也要把它清除掉。你以身殉道了，你就容不得人家自私自利啊，你就要把人家的人格也提高到一种大我，不光是你自己提高了，你也要帮助人家来提高自己的人格，提高到一种普遍性上面来。所以世界进程上的个别性也就同时被清除了，德行意识只有这样才能够实现出来。如果单是你自己大公无私，你毫不利己专门利人，结果你碰到的都是些小人，那你能够改变世界吗？所以要真正能够改变世界，你首先要把人改变好，把所有的人的小我都清除掉，成为一些高尚的人，一些纯粹的人，一些脱离了低级趣味的人，一些有道德的人，你才能够把你的德行意识推广到全世界啊。所以它同时就是对世界进程上的个体性加以清除，"因为个体性也是一个单纯的双方共有的环节"。德行意识也好,世界进程也好,都有个体性,双方共有。德行意识要靠个体来体现,世界进程也是要靠个体性来推动的,那么你放弃个体性,你同时也要把德行意识里面的个体性清除掉,因为这是你们双方共有的环节。这是分不开的。一个以天道自命的人,除了他自己大公无私以外,他也是对于一般老百姓的个人利益毫不在乎的。我既然放弃了一切私利,那你们大家都要放弃,这才能把德行意识贯彻到底,贯彻到全世界。因为这个个体性是双方共有的环节,一旦放弃就都放弃,你一个人放弃,其他人都自私自利,这是搞不成的。

在世界进程里,个体性的态度采取了与它在德行意识里被建立时相颠倒的方式,就是说,使自己成为本质,反之,**自在的**善和真则屈服于自己之下。

德行意识里面的个体性和普遍性是这样一种情况,前面已经讲了,要把个别性扬弃掉,要把普遍规律推广到全世界;那么在世界进程里面,也就是我们讲的客观现实生活中,"个体性的态度采取了与它在德行意识里被建立时相颠倒的方式"。在德行意识里个体性是放弃自我、把自我变成大我;反之,在世界进程里则是完全相反,在这里,个体性"使自己成为本质",人人都把眼睛盯着自己的利益,而"自在的善和真则屈服于自己之下",它不过是自私的个体拿来谋利的一种手段,一种工具,为我所用。这是与德行意识相互颠倒的,德行意识是把自己的个体屈服于真和善之下,你要为真和善服务,你就得放弃你自己。那么世界进程中的个体性,是相反的。我口头上也讲真和善,也讲得头头是道,但都是为自己的私利服务的。那么只有钱是真的,只有自己的利益是本质的,是靠得住的,其他的都是说得好听而已。这就是两种不同的、互相颠倒的模式,个别性和普遍性相互的关系,在德行和世界进程里面完全是一种颠倒的关系。

——此外,同样地,对于德行来说,世界进程也不仅仅是这个被**个体性颠倒了的**共相而已;相反,绝对的**秩序**同样**地**也是共有的环节,只是在

世界进程中它并不是作为**存在着的现实性**而对意识现成在手的,而是意　[253]
识的**内在本质**。

　　"此外",前面讲了一个是德行意识的情况,普遍性和个别性是那样
的关系,另外一个是在世界进程里面,个体性和普遍性则是完全颠倒的
关系。那么在这两种关系之外,我们还可以来看一看,换一个角度来看
一看。"同样地,对于德行来说,世界进程也不仅仅是这个**被个体性颠倒
了的**共相而已",这又回到德行。在德行意识看来,世界进程也不仅仅是
这个被个体性颠倒了的共相而已,也就是说,并不是所有的个体性都拿
普遍的共相、真和善等等这些东西当作为我所用的工具。的确,在现实
生活中,每个人都为自己的私利来利用德行,但是在德行意识看起来,它
们所有这些为自己的私利的而奔忙的人,其实都离不了那个共相,离不
了那个公共秩序。"绝对的**秩序**同样**地**也是共有的环节",他们还是靠着
这个公共秩序才能生存,才能谋自己的私利,这个公共秩序才是他们的
本质。虽然每个人都以为自己的本质就是自己的利益,但实际上,客观上,
它是跟这个公共秩序是分不开的。但是,这样一种公共秩序的共相被个
体性所颠倒了,个体性认为,这些所谓的共相不过是我的工具,我临时可
以借用一下,但是我的本质就是我的利益,为此可以不惜损害这些公共
秩序。这是一种颠倒的看法。被个体性所颠倒了的共相就成了世界进程
了,世界进程就是这样一种被颠倒了的共相,体现为个体性互相之间损
人利己,尔虞我诈,人与人像狼一样这样一种现象。但是,实际上它们都
还是离不了那个共相、离不了那种公共秩序的。那么对于德行意识来说,
世界进程也不仅仅是这个"被个体性颠倒了的共相"而已,它也有绝对
的秩序作为和德行意识所共有的环节,这秩序不光是德行的环节,也是
世界进程的环节。我在世界进程中推行德行,并不是为了我个人的好处,
而是为了大家都能够在一个普遍秩序中安居乐业,我的理想其实也就是
所有世界进程中的人类的理想。"只是在世界进程中它并不是作为**存在
着的现实性**而对意识现成在手的,而是意识的**内在本质**",也就是说这个

绝对秩序虽然是世界进程和德行意识共有的环节，但是在世界进程中，它并不是作为存在着的现实性而现成在手的，而只是每个人意识中暗中向往的，是他们的内在本质。这个在德行意识那里是不一样的，在德行意识那里，这个绝对的秩序是现成在手的，它的实际行动就是在实现这个秩序。但是在世界进程中，人们并不响应德行的召唤，甚至没有意识到这是可以实现出来的，顶多只是在内心里面希望德行能够成功。就是说德行意识现成地就有这样一个绝对秩序了，它就是心的规律，它要把它运用于世界进程之中，所以它手头已经有这个绝对秩序了，它把这个绝对秩序看作是世界进程本身也具有的本质。但是在世界进程那里，这个本质并不是存在着的现实性，它在自身中并没有体现出绝对的秩序，或者说没有意识到这种绝对的秩序。每个人都在追求自己的私利，巴不得无法无天才好，哪里意识到什么绝对的秩序呢？这个绝对秩序能够破坏一点就破坏一点，能够搞一点鬼就搞一点鬼，只要能够得到一点好处。偷税漏税啊，交通肇事逃逸啊，贪污腐败啊等等，都没有什么绝对秩序，所有的秩序都是可以破坏的。但尽管如此，在德行意识看来，这个绝对秩序仍然是"意识的内在本质"，是每一个人的意识中的内在本质。法律、秩序，实际上是对每一个人都有好处的，是每一个人都需要的。包括那些违背法律的人，他其实也不希望别人违背法律，他只是想要所有人都遵守法律，唯独自己例外。他的自私自利、他的个别性体现在这一方面，而不是体现在否认这样一个普遍秩序上。如果大家都遵守普遍秩序，那么违法的人才能例外一次，从中得点好处；而如果大家都不遵守秩序，他就一点好处都得不到，大家一起灭亡。可见这个普遍秩序还是他的内在本质，因为包括那些罪犯，无形之中都希望这个社会每一个人都循规蹈矩就好了。如果所有的人都跟他一样去偷去抢，那他偷和抢也就得不到什么额外的利益了，甚至于还更吃亏。当强盗的人绝对不希望所有的人都是强盗，他希望别人都是好人，都是绵羊，就他一只狼，他当强盗当然就可以得利了。如果都是狼的话，那只有大家同归于尽。所以意识的内在本质恰好是这种绝对的秩序，这个道理应该是很明确的。但是既然是内在的本质，那就是一种理想了。当强盗的人只不过是把这个理想遮蔽了，我们说他良心被狗吃了，并不是说他没有良心，他也有良心，但是他把它遮蔽了。

因此真正说来，绝对的秩序并不是只有通过德行才能产生出来，因为这种产生作为一种**行为**乃是对个体性的意识，并且不如说是对个体性的扬弃；但仿佛只有通过这种扬弃，才给世界进程的**自在**开辟了自在自为地进入实存的空间。

他说"因此"，这个"因此"是从上面得出的结论。我们刚才讲了，对德行意识来说，世界进程其实里面也是有绝对秩序的环节的，虽然它不是现实的，但是它是一切个体性的意识的内在本质。"因此真正说来，绝对的秩序并不是只有通过德行才能产生出来"，就是由此就可以得出来，绝对的秩序并不只有通过德行才能产生，因为世界进程也有这个环节啊。德行想把这个环节从外面贯彻到世界进程里面去，但是，世界进程本身其实就有这个环节，而且是一切个体性的意识的内在本质，或者说它就是世界进程的内在本质，因为世界进程就是由一切个体性所组成的嘛。一切个体性意识的内在本质就是绝对秩序，那么世界进程的内在本质也就是绝对秩序了，只不过它是内在的，还没实现出来。那么如何实现出来？德行意识想把它产生出来，但是并不是只由德行意识把自己的绝对秩序强加于这个世界进程，而是必须由这个世界进程中的个体性自己来产生这个秩序。"因为这种产生作为一种**行为**乃是对个体性的意识"，德行意识产生绝对秩序本身就是一种"行为"，它是对个体性的意识。这里"行为"打了着重号，德行意识作为一种现世的行为，即一种参加到现实性中去的个体性行为，它也是个体意识，而不是完全对个体性或人格性的牺牲。但它"不如说是对个体性的扬弃"，它其实又是对个体性的扬弃，是一种扬弃个体性的个体性，一种"规训"。前面讲过，德行意识不但扬弃自己的个体性，而且要扬弃世界进程里面的个体性，"但仿佛只有通过

这种扬弃，才给世界进程的**自在**开辟了自在自为地进入实存的空间"，
"仿佛 (gleichsam)"在这里有一种虚拟的语气，就是说，在德行意识看来，
单凭它自己还不能产生出绝对秩序，只有通过在世界进程中对个体性的
这种完全扬弃，世界进程才有可能自己自在自为地进入实存，也就是把
这种绝对秩序实现出来，产生出来，实现世界进程的本质目标。但这只
是仿佛如此，实际结果会怎么样，现在还无法预料。其实，德行意识的这
种过于自信，将导致对世界进程的某种颠倒的意识，一种理想化的疯狂。
这在下面一段就分析了其中的原理。

　　现实的世界进程的普遍**内容**已经出现了；在进一步的考察中，这内
容又无非是自我意识的前面那两种运动而已。

　　"现实的世界进程的普遍**内容**已经出现了"，根据前面的分析，世界
进程的普遍秩序的产生是个体意识的行为，作为一种行动，它既是对个体
性的意识，又是对个体性的扬弃，只有通过这种扬弃，世界进程才进入到
实存的空间：而这就展示了世界进程的普遍内容。世界进程当然是由个
体意识所组成的，但是它有它自己的绝对秩序的形成，这就是它的普遍内
容，最后形成一种普遍秩序，一种公共秩序。那么"在进一步的考察中，
这内容又无非是自我意识的前面那两种运动而已"。在进一步的考察中，
就是说我们在世界进程中已经看到这个内容了，那么我们对这个内容再
加以反思，再加以更仔细地考察，更深入一步地分析，我们就会发现，这
个内容是"自我意识的前面那两种运动而已"。前面那两种运动，一个是
快乐和必然性，一个是本心的规律和自大狂。自我意识的前面那两种运
动，或者说自我意识的前面那两种形态，在现实的世界进程中已经作为它
的内容出现了。它就是世界进程的内容，世界进程虽然比前面那两种形
态更高，但并不是撇开前面那两种形态，而是就是建立在前面那两种形态
基础之上的。所以从一个更高的层面上看，浮士德也好，哈姆莱特也好，
都无非是世界进程的普遍内容中的两个环节，两种运动方式。

德行这一形态就是从那两种运动里产生出来的；由于它们是德行的来源，德行就面临着这两种运动；但德行的目标是扬弃自己的来源而实现自身，或者说变成**自为的**。

"德行这一形态就是从那两种运动里产生出来的"，这个我们前面已经讲了，在上一个标题的最后一段，就是讲德行意识怎么来的，它最后一句话是："必须牺牲意识的个别性，意识的这个形态就是**德行**"。那么德行这样一种形态，就是从前面那两种运动里面产生出来的。前面的两种运动，从快乐到必然性的命运，然后再从本心的规律到自大狂。到自大狂其实已经体现出德行的倾向了：我要整顿这个世界，尽管这个世界根本就不可能由我来整顿，但是，我自以为凭我的本心的规律就可以做得到。这里面其实就是已经有德行意识的形态了，只要去掉本心的个别性，牺牲意识的小我性，大公无私，牺牲个人，去做那些本来和我没有任何利害关系的事，去干预那些我从来不认识的人的生活，要摆平他们之间的关系，这就是德行意识的来源了，它达到了堂吉诃德的层次。"由于它们是德行的来源，德行就面临着这两种运动"，也就是这两种运动就摆在德行面前，作为它的任务，要把这两种运动实现出来。德行要把这两种运动实现出来，当然不是重复过去的形态，而是立足于德行的高度。"但德行的目标是扬弃自己的来源而实现自身"，德行在这样两种运动的过程里面，它的目标是要扬弃自己的来源而实现自身。它比它的来源要更高一个层次，虽然它要从这两个运动的来源里面发展出来，但它实际上是对这两个来源的扬弃，通过这种扬弃才能够实现自身，"或者说变成**自为的**"。"自为"打了着重号。德行的目标无非是前面两种运动的自为性、能动性，或者说是前面两种运动的自觉。就是说自大狂不是为了要整顿这个世界，它不再有这种野心，它只是为了德行意识本身，那它就不再狂妄自大了，那就是德行意识了。自大狂认为自己是道德的，因此自以为自己可以把这个颠倒的世界整顿好，那么一旦付诸实践，你就成了自大狂了。但是德行意识不再是自大狂，它不是为了改变世界，只是为了完成自己，那就成了德行意识。但是在这种情况下，世界进程还是德行意识的一个对象。虽然它的目标已经不在于把自己当作是替天行道的救世主，要来整顿这个世界，但这个世界进程还是它离不了的一个对象。它投身于这个世界进程之中，与世沉浮，行侠冒险，把前面这两种运动当作自己的任务，从中提升起来，它面对着的就是世界进程。

因此，世界进程一方面是寻求自己的快乐和享受的个别的个体性，哪怕它在其中发现了它自己的覆灭，并因此而满足了共相也罢。

德行所面临的实际上就是世界进程，而世界进程首先就是寻求快乐，从快乐到必然性，这是德行意识不能不面对的运动。世界进程本身跟前面的两个运动息息相关，首先是从快乐到必然性，其次是从本心的规律到自大狂。"这样，世界进程一方面是寻求自己的快乐和享受的个别的个体性"，世界进程我们前面讲了，它的内容就是个别性，就是个体性，就是每个人寻求自己的快乐，寻求自己的满足，如同浮士德那样永不满足。"哪怕它在其中发现了它自己的覆灭，并因此而满足了共相也罢"，这就进到了必然性，这种在寻求自己的快乐中发现了它自己的覆灭的命运，就是从快乐到必然性的运动。所谓的"过把瘾就死"，我就是要过把瘾，哪怕最后导致了自己的覆灭也无所畏惧，也无所遗憾。人为财死鸟为食亡嘛，为财死为食亡这是正当的，这是合理的，这是完全问心无愧的。人生只要能够享受到快乐，能够追求到真正的快乐，那就足矣。当然它最后会提升自己的层次，从物质享受提升到为人类造福的快乐，最终会满足共相，凡是自强不息者，都能够得到上帝的拯救。但是在世界进程中的个体，它不是着眼于共相。比如说拿破仑，为了满足自己的野心，他无意中也满足了共相，推动了世界历史的发展，他所到之处，都把当地的社会状况提升到一个更高层次。但是拿破仑并不是有意这样干的，他无形之中"满足了共相"，却导致了自己的覆灭。他就是要追求个体的快乐，世界进程中的那些个体性就是为了自己的快乐而生的。

{209}　　但是这个满足自身，正如这个关系的其余的环节一样，乃是共相的一个颠倒了的形态和运动。

"这个满足自身"，也就是满足共相，这个满足本身它是满足共相，但是它是作为自己的一种满足，是作为满足个人野心和最高快乐的方式来满足共相的。所以它"正如这个关系的其余的环节一样，乃是共相的一个颠倒了的形态和运动"，你要满足共相，比如推动了世界历史的发展，它有种种环节，每一个环节都是为了自己的私利，而不是为了这个共相本身。它的各个环节都是冲着快乐而来的，包括浮士德的一系列追求，也包括跟随拿破仑的那些人，其实都是"共相的一个颠倒了的形态和运动"，因为他们不是为了共相，他们就是为了个体。世界历史中的这样一些共相的满足都是采取一种颠倒的形态而得到满足的，都是人们追求自己的私利结果，它反而成就了公共的秩序。而那些一心为了公共秩序的人反而在历史上没有起什么作用，甚至有时候起坏作用。倒是在世界历史中那些追求私利的人，像拿破仑这样的人，反而能起好作用。

现实性只是快乐和享受的个别性，但共相则是与个别性对立着的；它是一种必然性，这种必然性只是共相的空洞形态，只是一种消极的反作用和无内容的行为。

就是说在世界进程中，"现实性只是快乐和享受的个别性，但共相则是与个别性对立着的"。共相，抽象的道德，真、善，这样一些东西，是与个别性对立着的，与个人的私利相对立的，它们都是不现实的。但"它是一种必然性"，抽象地来讲，共相是一种必然性。然而"这种必然性只是共相的空洞形态，只是一种消极的反作用和无内容的行为"，如果与个别性相对立地，你去看共相的话，那么这种共相的必然性只是一种空洞的形态，"一种消极的反作用和无内容的行为"。消极的反作用，就是无意中成就的东西，比如通常讲的"作恶多端必自毙"，或者"否极泰来"。为什么会"自毙"，如何会"泰来"，不知道，说不出任何理由，那就成了一种神秘的命运了。所以这个共相对于个别性来说完全是一种外在的命运。在世界进程里面是这样一种情况。这是一个方面，世界进程，当它表现为快乐和必然性或者命运这两个环节的对立的时候，它是这样一种过程，在实践理性的第一种形态中，个别性和普遍性还处于这样一种分裂、对立的状态之中。

——世界进程的另一环节是这样一种个体性，它声称是自在自为的规律，并且由于这种自负的想象而干扰着现存的秩序；

这是分号，我们看这半句。"世界进程的另一环节"，前面讲的是世界进程的一个环节，哪一个环节？就是作为快乐和必然性而体现出来的环节。世界进程作为快乐和必然性所体现出来的环节，就是个体的快乐的追求虽然会实现它的必然性，但是这种必然性对于它来说是一种神秘的命运。虽然它可以实现一种共相，一种普遍秩序，但是这种普遍秩序对它来说是完全不可理解的，是一种无内容的空洞的形态。但是另一个环节，那就是本心的规律和自大狂了。"世界进程的另一环节是这样一种个体性，它声称是自在自为的规律，并且由于这种自负的想象而干扰着现行的秩序"，这是它的第二个环节，那就是本心的规律，它必然导致自大狂。在世界进程中，这种个体性声称自己就是自在自为的规律，但这是一种"自负的想象"（Einbildung 有自负和想象二义），它干扰着现存的秩序，那岂不就是自大狂吗？自大狂在世界历史中就体现为英雄主义。第一个环节是大众的环节，第二个环节是英雄的环节。第一个环节是不要英雄的，就是每个人追求自己的私利，他也不要拯救世界，但是客观上，成就了世界历史发展。那么第二个环节就是有英雄、有救世主出来了，他是这样一种个体性，这种个体性声称他就是自在自为的规律，他就代表天道。但由于这样一种自大狂，他实际上干扰了现行的秩序。干扰本身也是一种行动，也是一种行为，也具有它的现实性。所以它也的确进入到了世界进程之中，但是它所起的作用只是干扰了世界进程。

这个普遍的规律虽然在这种狂妄自大面前保持着自身，并且不再作为一种与意识对立的东西和空的东西、也不是作为一种死的必然性出场，而是作为**在意识自身中的必然性**出场。

　　"这个普遍的规律虽然在这种狂妄自大面前保持着自身"，本心的规律由这种狂妄自大而宣示出来，在现存秩序面前显得狂妄自大，但规律并不因为这种狂妄自大就失效，它在这种狂妄自大面前"保持着自身"。这种狂妄自大顶着它的名义，打着它的旗号去干扰现行的秩序，但是，这种普遍的规律本身还是有意义的。因为它"不再作为一种与意识对立的东西和空的东西"，这是和快乐所遭遇到的必然命运相比较而言的。命运对于快乐来说是与快乐意识相对立的东西和空的东西，是个体完全无法支配的东西。而现在，这种普遍的规律不再是一种与意识对立的东西和空的东西，而是世界的拯救者出自自己的本心而意识到的规律，因此"也不是作为一种死的必然性出场"。死的必然性就是命运，本心的规律不是作为一种外在的命运，而是自己的良心所发现的内在规律，是个人所实践的一种行为原则。所以它是"作为**在意识自身中的必然性**出场"，在意识自身中，我的意识里面就有必然性，我认为不公正就是不公正，我可以把一切偶然事物都纳入到这个必然法庭下来审判。这句话前面有个"虽然"，却缺一个"但是"，下面一句才接过这个"但是"。

　　但是，当它作为对绝对矛盾着的现实性的**有意识的**联系而实存时，它就是癫狂；而当它作为**对象性的**现实性而存在时，它就是一般的颠倒。

　　这个"但是"后面有两种情况。一种是，"当它作为对绝对矛盾着的现实性的**有意识的**联系而实存时，它就是癫狂"，这是主观方面。也就是这种普遍的规律，当它"有意识的"把绝对矛盾着的现实性联系起来而实存 (existieren) 时，那就是意识中的癫狂了。就是说，现实性是绝对矛盾的，现实性是颠倒的、是互相冲突的；那么作为把这样一种绝对矛盾着的现实性有意识地联系起来的实存，也就是故意把这个矛盾着的现实性在意识中联系起来，"有意识的"打了着重号。就是说这种普遍的规律是作为一种联系而实存的，联系什么而实存的呢？联系那种绝对矛盾的现实性，把它们的矛盾突出表现在意识中，说出的话就是疯疯癫癫的。普遍规律的这样一种实存就是癫狂，它意识到了这个现实的矛盾，意识到了现实的不合理,意识到了现实的冲突,它把这些矛盾冲突全都集合在自己的意识中,那这个意识岂不是疯了。当然,如果它不用这种规律来整顿世界,只停留于自己的本心中自命清高,那还不至于疯狂;而一旦在现实中说出来并实施自己的规律,接触到客观现实性,就成了癫狂。这是主观意识方面。下面是客观对象方面。"而当它作为**对象性的**现实性而存在时,它就是一般的颠倒","对象性的"也打了着重号,这跟前面的"有意识的"打了着重号,可以对照起来看。前面是从主观方面来说,从有意识的方面来说,它的实存就是癫狂;而这里是从客观方面来看,对象性就是客观方面了。从客观方面来看,它的存在就是一般的颠倒。普遍的规律在客观上就成了颠倒性,它对应于主观上,就成了一种癫狂。就是我意识到现实性是绝对矛盾的,那么我有意识地把这种绝对矛盾的现实性联系起来,我这种实存就是癫狂,也就是自大狂,以为凭一己之力就可以解决这一矛盾。哈姆莱特的自大狂没有意识到现实的矛盾的绝对性,他以为可以通过自己的有意识的整顿,来整顿好现实的矛盾。所以他的这个矛盾是在意识之外,他自以为自己是无矛盾的,他只是在与意识之外的这种颠倒作斗争,他的疯狂只是装疯。而到了堂吉诃德这里,他的疯狂不是装疯,他是真的疯了,但是这个真的疯又有很清醒的条理,有高尚的道德。堂吉诃德是很值得研究的一个人物,人们都说他是疯子,他有幻觉,他把风车当作巨人,把各种各样的日常现象都当作异象、怪物,产生一种疯狂的幻象。在他眼里,整个现实世界都是一幅疯狂的景象。但是他不是装出来的,他是很认真的,他以为就是那样。其实你要单独地把他的意识拿来看的话,他是很合情合理的,他并没有装疯,只是在客观上,在别人看起来他是疯子。他是非常合乎逻辑的,他的一举一动都是有理由的,但是一旦实现出来,就成了一种癫狂,成了一种颠倒。所以这里说,"当它作为对象性的现实性而存在时,它就是一般的颠倒"。颠倒就是荒诞性,他所作出来的事情都是很荒诞的,而他脑子里面想的那些事情在他自己看起来是很合理的。本心的规律和自大狂在这里也起作用,但是跟哈姆莱特那里所起的作用已经有所区别,他的这个癫狂已经不是当作一种策略,而是当作一种真实的本性:这个世界就是疯狂的。那么把疯狂当作是真实,而把真实当作疯狂,这样一种癫狂,我们说它就更癫狂了。真正的癫狂就是把疯狂当真实、把真实当疯狂,所以我们说堂吉诃德是真的疯了,到最后连他自己也意识到了这一点,并终于治好了自己的疯病,有如鲁迅笔下的狂人,最后病愈,"赴某地候补"去了。

因此,虽然在这两方面,共相都是把自己呈现为促使它们运动的力量,但这种力量的**实存**只是那普遍的颠倒。

"因此,虽然在这两方面",在哪两方面呢?就是刚才讲的,一方面是作为主观的癫狂,另一方面是作为客观现实的颠倒,现实的荒诞。虽然在这两方面,"共相都是把自己呈现为促使它们运动的力量",一方面在主观中,普遍的共相作为一种道德意识,作为一种道德理想,是促使它们运动的力量,促使堂吉诃德去摆平世界,去抱打不平,去冒险,去创造奇迹。而在客观上面也是,堂吉诃德的行为客观上确实造成了整个世界的混乱,扰乱了既定的秩序。"但这种力量的**实存**只是那普遍的颠倒",这里又出现了"实存"(Existenz),又译"生存",也就是现实生活。这种力量在现实生活中只是那普遍的颠倒,就是一切都在颠倒,不光是这个世界颠倒了,而且主体也颠倒了,都在向自己的对立面转化。哈姆莱特的名言就是说,这个世界已经脱节了,这个世界已经乱套了,天生我,偏要我把它整顿好。那意思就是说我还没有乱套,众人皆醉我独醒,我可以把这个世界来整顿好,当然他没有整顿好,但是他深信他自己是没有乱套的。而在堂吉诃德这里,他自己也乱套了。他有时候清醒,当他被打得半死的时候,当他失败了的时候,他有时候也清醒过来。人家反复地告诉他,那不是风车,那不是什么怪物,最后,可能他还有点清醒。但是因为他受到骑士小说的迷惑,沉醉于骑士的侠肝义胆,要当德行骑士,所以他脑子转不过来。所以他两方面都颠倒了,一个是他头脑里面也疯狂了,另外一个是他造成的效果,他在整个世界造成了扰乱,造成了一系列的荒唐事件。主观的疯狂与客观的荒唐,这两方面都是由这种普遍的共相所导致的。普遍的共相本身是很合乎逻辑的,非常合理的,但是不能接触现实,一旦接触现实,就在主观上和客观上都造成了颠倒,造成了混乱,造成了讽刺。黑格尔非常重视这个讽刺,Ironie,Irony 这个词,这个词是非常重要的一个关键词。世界历史总是出乎人们的意料,把人们预想的东西颠倒过来,呈现出一派荒诞的景象。事情过后,人们都会对自己当年的理想主义的疯狂感到可笑,就像我们今天嘲笑堂吉诃德一样。今天就到这里吧。

＊　　　　　＊　　　　　＊

我们上一堂课已经从本心的规律和自大狂进入到了第三个环节,德行与世界进程,德行与世界进程我们上次读完了第一个小标题,就是个体性和普遍性在德行和世界进程中的两种不同的对立方式。它们都是对立的,又是统一的,在每一方都有个别性和普遍性的对立统一关系,但是这两种关系是颠倒的,就是在德行里面,它的本质是普遍性,德行是对理想的坚守,同时它要以一种个别性的方式出现,要匡扶正义,要除暴安良,要打平天下、抱打不平,这是德行方面。德行方面的本质是普遍性,那么世界进程方面的本质是个别性、个体性。因为世界上的人都是一个一个的,都是自为的或者说是自私的,他们没有什么德行,但是潜在地、自在地,他们有一种德行,也就是我们通常讲的,人类的恶劣的情欲恰好成全了世界历史的善的方向。每一个人都为自己,但是客观上呈现出了一种世界进程,世界进程是通往善的。因此这两者的个别性和普遍性,它们的关系是互相颠倒的。这种互相颠倒在德行方面实现出来就体现为一种癫狂,就像堂吉诃德一样。那么在客观的方面,就体现为一种颠倒,一种荒唐,一种讽刺。堂吉诃德单枪匹马打拼世界,净干一些荒唐的事情,作出来的事情完全摸不着头脑。这是上一次讲的,德行与世界进程各自都有一种个别性和普遍性的互相颠倒的关系。今天接下来的这个小标题是:

224

[II.世界进程是普遍在个体性里的现实性]

"世界进程是普遍在个体性里的现实性",也就是说这两种颠倒的关系,当它们交汇的时候,当它们碰到一起的时候,会发生什么情况。这就要来加以分析了。普遍性在个体性里面,或者说共相在个体性里面,它的现实性,它在现实起作用的时候,它会怎么样? 或者说堂吉诃德在他准备出发去冒险,去打拼世界的时候,他会遇到一些什么样的情况? 这个里头我们可以做一番分析。

现在,共相应该通过对个体性、对颠倒原则的扬弃,从德行那里获得　[254]它真正的现实性;德行的目的因此也就必须将颠倒了的世界进程重新颠倒过来,并把世界进程真正的本质带出来。

前面已经把这个关系分别地摆明了,德行和世界进程是不同的,是对立的,而且它们每一方内部都有一个对立统一关系,都是个别性和共相相互之间的一种不同的或者看起来是颠倒的关系。那么把这一点摆明了以后,现在,"共相应该通过对个体性、对颠倒原则的扬弃,从德行那里获得它真正的现实性"。也就是说当德性和世界进程汇合到一起的时候,首先从德行这一方面来看,共相是德行的本质,德行就是要实践它的普遍原则,那么这个共相,应该从德行那里获得它真正的现实性,也就是要实现出来。这个共相在德行那里应该实现出来,怎么实现出来,通过对个体性、对颠倒原则的扬弃而从德行真正实现出来。德行意识对个体性的扬弃,这个好理解,就是说德行中个体性必须牺牲它自己,要牺牲个体性,这个前面已经讲到,要把自己舍出去,牺牲自己。那么牺牲自己,也就是对颠倒原则的扬弃了,也就是说原来德行意识它采取这种个体性的方式出现,是颠倒的,因为它实际上代表的是共相,代表着天道,但是它又是一个个体。所以在这个个体身上,你是在把它颠倒过来,你不把它看作是这个个体,而把它颠倒地视为是共相的表现——它是替天行道。那么要它来替天行道,那就是一种颠倒的原则了,把普遍的东西颠倒为个体、颠倒为个别性了。这是一种颠倒的原则。但是要把这种颠倒的原则扬弃，也就是你把个别的东西、把个体性扬弃了以后，就是把它倒过来了。它不是什么个别的东西，而是普遍的东西，它就是共相，它就是天道，而不含有任何个别性。要把这一点实现出来，这么一来，共相就从德行那里获得了它的真正的现实性。它的真正的现实性就是要把它的个体性扬弃掉以后实现出来，不然的话它仅仅是个别性的一个理想，一个意谓，好像它自己觉得是很现实的，但是实际上是不现实的，那只是它内心的一种信念而已，还没有实现出来。"德行的目的因此也就必须将颠倒了的世界进程重新颠倒过来"，德行的目的就在这里，就是把颠倒了的世界进程重新颠倒过来。颠倒了的世界进程是一种什么样的世界进程呢？就是在世界进程里面，它是以个体性为本质的，这个我们前面讲了。但是个体性的这个本质在世界进程那里是颠倒的，在德行意识看来是颠倒的，就是说世界进程应该是善的体现，但实际上现实的人都是自私的，都是罪恶的，都是个别性，所以这个世界是颠倒了的，世界进程是颠倒了的。这个在哈姆莱特那里已经看出来了，这个世界已经乱套了，必须要把它整顿好。那么德行意识也就是这样一种意识，堂吉诃德也是这样一种意识，就是要把颠倒了的世界进程重新颠倒过来，恢复其普遍共相，要打平世界，把不平的事情都要铲平，要按照普遍的共相、按照德行原则来重新安排世界上的各种事情。"并把世界进程真正的本质带出来"，世界进程真正的本质被颠倒了，那么我把这个颠倒的世界进程再颠倒过来，那岂不是把它真正的本质带出来了吗？之所以讲颠倒，就是因为真正的本质被掩盖了，所出现的世界进程不合乎共相，它是个别性，它都是一些个别的人。所以我要把它重新颠倒过来，为的是把世界进程真正的本质带出来，它的真正本质应该是趋向于善、趋向于德行的。

这种真正的本质在世界进程那里还只是作为其**自在**，它还不是现实的；因此德行只是**信仰**这一本质而已。

"这种真正的本质在世界进程那里还只是作为其**自在**"，这个自在也可以理解为潜在，潜在的东西。就是说，世界进程本来应该是那样的，但是被遮蔽了，人们没有看到它的本质，人们成天就在那里追名逐利，物欲横流，而世界进程本身它是有它的共相、有它的天道的，只不过天道被掩盖了。天道是世界进程的自在，但作为自在的，那就是说它还不是现实的。它本来应该是那样，应该是合乎天道、合乎天理的，但是，这种天道和天理还不是现实的，还有待于去实现，应该把世界进程的更本质的东西实现出来。这就是德行意识的目的。"因此德行只是**信仰**这一本质而已"，德行对于这种真正的本质只是抱有信仰。我有德行，我就把它当作信仰，天道，天理，在西方人心目中那就是上帝了。世界进程的本质就是上帝，就是神，但是，人们视而不见，或者说被人们日常的物欲所遮蔽了。那么你怎么能够把它揭示出来呢？在目前，对德行来说，对这种天道的本质只有一种信仰，它还不是现实的，它还没有实现出来。它潜在于世界进程之中，只是作为世界进程的自在而存在的，而不是作为自在自为的，而不是作为现实的而存在的。那么要作为现实的而存在，有待于德行意识去把它加以颠倒，这个颠倒的世界我要把它重新颠倒过来，要让所有人生活在共相之下，生活在德行之下。所以这个时候它只是一种信仰，一种理想。堂吉诃德就是要追求一种理想，这个世界，所有的不平事都应该铲平，路见不平拔刀相助，应该是这样。

德行必须把这种信仰提升到直观，但并不享受它自己的工作和牺牲的果实。

德行要把这种信仰"提升到直观"，也就是说要把这种信仰实现出来，让人们可以看得见。这种信仰还是自在的，还是潜在的，还是颠倒的，还没有被带出来，那么德行就必须把它带出来，把它实现出来，也就是把它提升到直观。潜在的信仰，那只是你的内心的一种信仰。这个时候你要把它提升到直观，要把它提升到一种现实性，不仅仅是你心目中的意谓。"但并不享受它自己的工作和牺牲的果实"，也就是说德行意识，它既然要把它的个体性扬弃，所以它在这样一种提升世界的过程中，它不是为了追求自己的快乐，这个时候它已经把快乐扬弃了，也就是把个体性扬弃了——我不是为了我自己,我不享受我的工作和牺牲的果实,工作和牺牲的果实都归给社会了,都给予了世界进程,我自己牺牲了,就是为了这个世界能够变得更美好。真正的德行意识,它是要扬弃个体性的,它是通过扬弃个体性才使共相取得现实性。牺牲自我是你实现理想的一种手段,一种方式,如果你最后还要从这里面得到一种个人的回报,要享受你自己的工作的果实,那就说明你还是没有把自己的个别性扬弃掉,那种德行是假的。所以德行意识在这个方面是采取一种无个体的禁欲主义,我们在《堂吉诃德》里面可以看到,堂吉诃德他是排斥一切享受的,采取一种蔑视世俗享受的态度。

因为就德行是**个体性**而言,它就是它对世界进程所发起的那场战斗的**行为**;但它的目的与真正本质则是对世界进程的现实性的克服;因此由这种克服而导致的善的实存就是对德行**行为**或个体性**意识**的中止。

"因为",因为就是说解释上面这句话,为什么它并不享受它自己工作和牺牲的果实呢? "因为就德行是个体性而言",德行当然是个体性,我们前面讲了,德行是个体性和普遍性的统一,所以两方面它都有,那么就德行是个体性这一方面而言,"它就是它对世界进程所发起的那场战斗的**行为**","个体性"和"行为"都打了着重号。就是说在德行意识里面,它的个体性是和它的行为相对应、相等同的,它的个体性就体现在它的战斗行动中。它对世界进程所发起的战斗行为就体现了它的个体性,而不是体现在它的享受,它的快乐,它的欲望的满足等等之上,这些在德行意识那里已经被扬弃了。这些东西都是世界进程里面的个体性所追求的,在德行的个体性那里,它是不追求这个的,它是特殊材料制成的。德行意识是一种特殊的个体性,它的个体性就仅仅体现在这场战斗中。这种行为就是一种现实的行为,但是它是德行意识的个体性的行为,是单枪匹马出去打平世界的行为。"但它的目的与真正本质则是对世界进程的现实性的克服",德行的目的和真正的本质,它作为一种个体性,它就是要克服世界进程的现实性,或者说要征服和战胜世界进程的现实性。

德行意识的个体性要跟世界进程的现实性作对,这就是它的目的。你说它不现实,你说它疯了,你说它太理想化,都可以,但这就是它的个性。堂吉诃德的个性就是这样,他就是要跟现实性作对。"因此由这种克服而导致的善的实存就是德行**行为**或个体性**意识**的中止"。你要克服现实性,你最后要实现什么目的呢?你最后要实现的无非就是善的实存嘛。善的实存是另外一种现实性。你把世界进程的现实性克服了,最后导致的是善的实存,善就是你的目的了,就是你的理想了,你要使它变成实存,你要把它实现出来,这就是德行的行为或个体性的意识的中止。善一旦实存了,你的目的达到了,你把共相实现出来了,你把你的理想、你的信仰实现出来了,实现出来以后,就是德行的行为或个体性的意识的中止。德行的行为中止了,或者说是个体性的意识中止了。"行为"和"意识"都打了着重号,说明它们两个其实是一回事情,就是你的个体性的行为,德行的行为,实际上是你的个体性的意识,你的主观的行为,已经达到了它的客观的效果。而善一旦实现,你的行为就不需要了,你的个体性的意识也就中止了。整个世界都成了孟子所说的"由仁义行,而非行仁义也",人们自然而然就会行善,用不着一个人把行善当作自己特殊的个体意识。

——这场战斗本身将会如何被经受,德行在战斗中将获得什么经验,是否由于德行所承受的牺牲,世界进程就会战败而德行就会胜利——这些都必须由战斗者们所掌握的活的**武器**的本性来决定。

"这场战斗",也就是德行所发动的对于世界进程的战斗,"这场战斗本身将会如何被经受",你发起这样一场战斗,那么你将如何经受这一场战斗,也就是德行意识在这场战斗中如何经受这场战斗。"德行在战斗中将获得什么经验",这跟前一句是一个意思,德行发起战斗,它得到的是什么经验呢?"是否由于德行所承受的牺牲,世界进程就会战败而德行就会胜利"?这是一个虚拟式了。当然德行本来的意图是这样的,我要通过我的牺牲来战胜世界进程,那么是不是能达到这个目的呢?他说

"这些都必须由战斗者们所掌握的活的**武器**的本性来决定","武器"打了着重号。这个是对后面的提示了,就是说,这场战斗将会有什么样的结果,将会获得什么样的经验,意识的经验科学在这场战斗中将会有什么样的推进呢? 是否就像德行意识所理想化地设想的那样,它就赢了,世界进程就败了呢? 这些问题都必须由战斗者们的活的武器的本性来决定。战斗者们,用的复数,也可以说是战斗双方,世界进程和德行意识在那里打仗嘛,那么它们双方所掌握的活的武器的本性就决定着这件事情。什么叫"活的武器"? 就是人本身啊! 实际上就是你的天赋啊,才具啊,能力啊,那样一些东西,就是你的能力,或者你的能动性。德行和世界进程是通过人来战斗的,人的素质就是它们双方的战斗武器。那么这个武器的本性、也就是战斗者的人的素质,在后面有分析,这里只是提示了,由它们所掌握的活的武器来决定。决定什么? 一个是决定胜负,再一个是决定德行意识在这场战斗中最后获得的经验是什么。根据后面的推演,这只能够是失败的经验,德行肯定战胜不了世界进程。德行意识在战斗中,它所获得的经验只能够是失败的经验,而不能够是胜利的经验。为什么? 是因为它所掌握的活的武器的本性就是如此,只能够导致它一种失败的经验。当然这里还没有讲,要到后面才讲,这里是提示一下。

　　因为这些武器不是别的,只是战斗者们自身的**本质**,而这种本质只对它们双方互相才显露出来。所以,它们的武器从这场战斗中自在地现成在手的东西里就已经产生了。

　　这里解释了什么是活的武器。"因为这些武器不是别的,只是战斗者们自身的**本质**"。德行与世界进程在战斗中所采用的这种武器是活的武器,是有生命的武器。有生命的武器也就是我们后面要看到的,人的天赋,才具,能力,也可以说就是人的个体的能动性。"而这种本质只对它们双方互相才显露出来",你的这种能动性,你的能力,只有在你面对着对方,面对着敌人,这个时候你才能够显露得出来。如果你不面对着敌人,你怎么能显露出来你到底有多大能耐? 对方也是这样。所以这一场德行意识的战斗，它的武器实际上就是人的本质，就是人的能动性。在战斗中，每个人发挥自己的能动性，发挥自己的生命的力量，所以它是一种活的武器。"所以，它们的武器从这场战斗中自在地现成在手的东西里就已经产生了"，它们的武器从哪来的呢？你看看在这场战斗中，是哪些人在战斗？那么这些人他自在地现成在手地已经拥有自己的武器了。什么样的人，在他投入战斗时，他就会有什么样的武器。所以是"自在地现成在手的"。"自在地"就是不要你去找的，它本来就在那里，就在你身上，你的武器就在你身上，你随身带着，因为那是你的本质。所以这一场战斗实际上就是人的本质的战斗，是在德行意识和世界进程相互之间所爆发的战斗。我们可以联系到前面讲自我意识的阶段，里面讲到主人和奴隶，主人和奴隶必须通过生死斗争才能够互相得到承认。在这里是德行，德行想要成为主人，那么世界进程的那些个别性都是一些奴隶，但是最后是奴隶赢了，世界进程赢了，世界进程战胜了德行意识，奴隶战胜了主人。在读到这个地方的时候，我们可以翻到前面对照一下，便于我们理解它这种关系。

　　这**共相**对于德行意识来说在**信仰**中或**自在地**是真的；还不是现实的普遍性，而是一种**抽象的**普遍性；它在这种德行意识自身那里是**作为目的**而存在的，而在世界进程那里是作为**内在的东西**而存在的。

　　这共相跟前面一段讲的共相是一贯下来的，前面刚才读的那一段，一开始是讲"现在，共相应该通过对个体性、对颠倒原则的扬弃，从德行那里获得它真正的现实性"；那么这一段开始也是，"这**共相**对于德行意识来说在**信仰**中或**自在地**是真的"。前面讲这共相通过对个体性的扬弃，从德行那里获得现实性，这里讲这个共相在信仰中，在自在或潜在中的真实性"还不是现实的普遍性"。在这种情况下，这只是主观现实性，还不是客观的普遍的现实性。它要在德行那里获得真正的现实性，就必须通过一个对个体性、对颠倒原则加以扬弃的过程。就是说如果还没有达到对个体性和颠倒原则的扬弃的话，它就仅仅是一种个人信仰，只对信仰来说是真的，或者说仅仅是自在的，它只是"一种**抽象的**普遍性"。它没有通过它的战斗，通过它的行为变成自在自为的，而是局限于它在信仰中的那种共相，那当然是一个抽象的共相了，它还没有实现出来嘛。"它在这种德行意识自身那里是**作为目的**而存在的，而在世界进程那里是作**为内在的东西**而存在的"，这里对德行意识和世界进程与这个共相的关系分别地加以考察。"它"，也就是这种共相，在这种德行意识自身那里作为目的而存在，德行意识自身它有一个共相，这个共相只是作为目的，当然这个目的也是真实的，也不是假的，它的确有这个目的。德行意识有这个目的，就是它要去追求共相，这对它来说，自在地是真实的。而在世界进程那里，这共相是作为内在的东西而存在的，世界进程中没有哪个个体意识到这个共相。世界进程都是些个别性的人，每个人都追求自己的利益，但是，共相仍然作为他们内在的东西而存在，作为隐藏着的、背后的东西而存在。除了德行意识以外，在世界进程里面没有任何一个人意识到了这个共相，但是它作为内在的东西仍然存在，它潜在着，它是要被发现并且要被发挥出来的，但现在还没有，它还是内在的东西。那么共相在这两方面，一个是在德行方面，它是作为目的而存在，这个对它自己来说是一种真实的目的；而在世界进程那里是作为内在的东西而存在，这个对世界进程中的那些人来说是还没有意识到的，还是内在的。所以共相在这双方是不一样的。那么这种双方的不一样，就是它们投入到战斗中时各自的一种状况。共相在各自那里处于不同的情况，一个是作为目的，那是很清醒的，我要追求的就是这个；另外一个是作为内在的本质，世界进程还没有意识到这一点，也就是说，它还是一种非现实的东西。

正是由于这个规定，共相即使在德行那里也在为世界进程而显示出来；因为德行仅仅**想**去实现善，还并未把自己的善冒充为现实性。

"正是由于这个规定"，这个规定就是前面讲的共相的规定，在德行意识里面是作为目的而存在,在世界进程那里是作为内在的东西而存在,这样一种规定。在这个规定中,"共相即使在德行那里也在为世界进程而显示出来"。既然共相在德行那里是一个目的,所以虽然它只是主观的,但它仍然是为世界进程而显示出来,要在世界进程中实现出来的,它是指向世界进程的。"因为德行仅仅**想**去实现善,还并未把自己的善冒充为现实性",德行仅仅是想去实现善,只把善的共相看作是自己的目的,虽然有种主观内在的现实性或真实性,但它知道这个目的只是一种愿望。它并没有把自己的善冒充为客观的现实性,所以它只是为世界进程显示出来的。假如它把自己内心的善冒充为现实的善,那么它就反而堵塞了到世界进程中把它实现出来的道路,——我有这个目的就够了,我就可以自鸣清高、自得其乐了,而不需要在世界进程里面把它实现出来。但它不是这样。它的目的就是要在世界进程里面实现出来,所以它是为世界进程的,它不是撇开世界进程,自己在那里孤芳自赏。我不能生活在主观想象中,我不能仅仅是主观的目的,我应当把它加以实现。那么你要加以实现,你就要为世界进程而显示你的目的,以便把这个目的变成现实。凡是要变成现实的,都要靠世界进程来实现。

　　这个规定性也可以这样来看待:善,由于它在对世界进程的这场战斗中出场,它就借此把它自己呈现为**为一个他者**而存在着的东西;亦即呈现为某种不是**自在自为地自己**存在的东西,因为否则,它就不会想通过对它的对立面的克服才表现出自己的真理性了。　　{210}

　　"这个规定性也可以这样来看待",前面讲到,由于这个规定性的共相"即使在德行那里也在为世界进程而显示出来",那么这个共相也可以这样来看待。如何看待呢? "善,由于它在对世界进程的这场战斗中出场,它就借此把它自己呈现为**为一个他者**而存在着的东西"。前面这个规定性也可以这样来看待,可以这样来理解,就是善这个共相,作为德行意识的目的,由于它出场对世界进程进行这场战斗,它就成了"为一个他者"而存在的东西。跟世界进程的这场战斗是很现实的,那就不光是你的一个主观内在目的了，而是要把你的主观目的付之于实现了，那就要和他者打交道了。就是在这场战斗中，善或者共相，借此把自己呈现为是为他的，从自为存在变成了为他存在，即为世界进程而存在。世界进程对于善来说是他者，善原来是主观的目的，世界进程是它的他者，但是这个主观目的是为这个他者的。"亦即呈现为某种不是自在自为地自己存在的东西"，善呈现为一种不是自在自为地自己存在的东西，就是说好像它能够自满自足，它作为一个目的，它就可以自己独立存在了，那是不可以的。它存在于德行意识的头脑里面，那个不是自在自为的存在，而仅仅是自为的存在，因为它不是能够独立存在而具有现实性的东西，它一定要投入到世界进程里面去才有现实性，才能既是自为的又是自在的。"因为否则，它就不会想通过对它的对立面的克服才表现出自己的真理性了"，"否则"，就是说假如它是自在自为地自己存在的东西的话，那么它就不会想通过对它的对立面的克服才表现出自己的真理性，它自己就可以表现出来了，它何必去克服它的对立面呢？那多困难啊。它自己在头脑里面天马行空想一想，那不就有真理性了吗？它自在自为地独立存在的嘛。但是正因为它不是这样一种东西，所以它一定要通过对它的对立面的克服才能够表现出它自己的真理性。尽管它在德行意识里面已经有确定性，但是它还没有真理性，它必须要在与世界进程的斗争中、战斗中，才能体现出它的真理性，它才能表现出它是真的、现实的。虽然作为目的，它对于德行意识来说也是真的，但是它还不是现实的，它还不是能够独立存在的，它还不是自在自为的。所以它是离不了这样一种战斗的，它必须要把自己投身于跟世界进程的这一场战斗，才能够获得它自己的真理性。

[255]　　　说善仅仅是**为一个他者**而存在的，这话和以前从对立的方面考察善时所显示出来的意思是一样的，即和说善仅仅是一个**抽象**，这抽象只是在关系中而不是自在自为地具有实在性，是同一个意思。

　　　这两种说法是同一个意思，哪两种说法呢？一个是"说善仅仅是**为

一个他者而存在的",另一个是,"善仅仅是一个**抽象**,这抽象只是在关系中而不是自在自为地具有实在性"。后面一种说法是"以前从对立的方面考察善时所显示出来的意思",也就是说,前面谈到世界进程中其实只有一些个别性在那里冲突,各自为了自己的利益,而作为共相的世界进程只是一种映象或意谓,并没有客观现实性。因为善就是世界进程的内在目的,所以前面讲世界进程的地方也适用于这里讲善,就是说,善和世界进程一样,仅仅存在于为他的关系中,它不是自在自为地具有实在性,而只是一个关系的抽象。所以,如果从对立方面来考察善,而不是把善看作一种与外界对象毫无关联的内心意谓,我们就可以看出,善必须要为一个他者而存在,或者说善必须在与他者的关系中才存在。但如果把善孤立起来看,它就是一个抽象,这个抽象"只是在关系中而不是自在自为地具有实在性"。这是从两个完全不同的角度来谈善,前面一个是把善放在关系中来谈,那么善仅仅是为一个他者而存在;后面一个是说,善仅仅是一个抽象,作为抽象它当然就不存在了,就不具有实在性了,所以他讲,"这抽象只是在关系中而不是自在自为地具有实在性"。你要它具有实在性,就必须在关系中,在关系中那当然就是与他者发生关系了,也就是要投身于与世界进程的关系了。这就说明德行意识和世界进程的关系,德行意识如果要变成现实性,要把善实现出来,它就必须是为世界进程的,它就不能够逃避世界进程,不能够隐居起来躲到山里面去,它就必须要从世界进程里面把世界进程本身的本质带出来,那就要通过战斗。

所以,善或共相正如在这里出场时那样,就是那种被称为**天赋、才具、力**的东西。这是精神的东西存在的一种方式,在其中,精神的东西被表象为一种普遍的东西,这种普遍的东西需要个体性原则去激活和推动自己,并在这种个体性中拥有自己的**现实性**。

"所以",这是从前面两段得出来的。"善或共相",前面两段都是讲共相,其实也都是在讲善,德行意识拥有的共相不就是善吗?世界进程所潜在的、内在的那种共相不也是善吗？所以看起来世界进程好像是恶，但是它内在地有善的共相。"善或共相正如在这里出场时那样，就是那种被称为**天赋**、**才具**、**力**的东西"，天赋是 Gaben，才具是 Fähigkeit，也可以翻译成才能；力则是 Kräfte，就是能力、力量，这三个都是指的人的素质或本质，也就是前面所讲的"活的武器"。因为前面讲到了，善和共相，如果它要变成实存的话，它就必须投入到那场战斗中，它就必须要跟世界进程打仗。而跟世界进程打仗，决定性的因素就是它所掌握的活的武器，也就是人的素质和本性。或者说人的能动性才是真正的善，你投入战斗，你凭什么投入战斗？就凭你的能动性，你的天赋、才具和力量，这才能够发挥效力，才能够起作用，才能够实现出来。抽象的善作为一种德行意识的主观目的，那还没有现实性。你必须要通过你的天赋、才具和力量把它实现出来，它才具有现实性，它才能够把世界进程里面的内在的善的共相带出来。天赋、才具和力是每个人都具有的，所以它是一种普遍的共相。在一切人对一切人的战争中，凡是要进行战斗，就要靠这些东西，靠天赋、才具和力。这就是现实的善或共相，它不在于天赋、才具和力最后所获得的是什么，所得到的结果是什么，是快乐呢还是享受呢还是你的目的的实现，它本身就是共相，每一个人都有。所以真正说来，善或共相就是那种被称为天赋、才具和力的东西。"这是精神的东西存在的一种方式，在其中，精神的东西被表象为一种普遍的东西"，这些东西是精神的东西存在的一种方式，也就是说天赋、才具和能力，即我们讲的能动性，人的这种能动性是精神的东西存在的一种方式。在这种方式下，精神的东西被表象为一种普遍的东西，因为它不再是局限于个别意识内在的意谓，而作用于他人，成了一种社会性的普遍的东西了。但另一方面，"这种普遍的东西需要个体性原则去激活和推动自己，并在这种个体性中拥有自己的**现实性**"。这种普遍的东西不是抽象的，它需要个体性原则，需要每一个人通过自己的个体性"去激活和推动自己"，把你的能动性发动起来，把你的能动性激活起来。如何激活起来？你要意识到自己是一个独立的个体，你只有自己把自己的天赋、才具和能力发动起来，你才能够把自己的普遍性实现出来。人人内在地都有一种普遍的共相，一种普遍的善，但是，它需要个体性原则去激活。普遍性和个体性在这里达到一种统一，每一个人发挥自己的个体性原则，就把这种能动性激活和推动起来了，普遍的东西在这样一种过程中才拥有自己的现实性。这"现实性"打了着重号，这就是现实发生的事情，即使结果跟它原来的心目中预想的善的目标不一样，但是它的能动性的现实性毕竟实现出来了。它的那种个人的目标只不过是一种激活的要素，它所激活的是它身上的那种普遍的能动性，这才是真正的现实性。

只要个体性原则在德行意识那里，这个共相就被这个原则**正确地应用着**，但是，一旦这个原则在世界进程那里，这个共相就被它**误用了**——这共相就成了一个被动的工具，它可以被掌握在自由的个体性的手里，面对个体性对它的使用可以漠不关心，哪怕被误用去造成一种使它自己被毁灭的现实性也罢；

我们先看这半句。"只要个体性原则在德行意识那里，这个共相就被这个原则**正确地应用着**"，我们刚才讲了，德行意识它发挥自己的个体性，众人皆醉我独醒，我一个人意识到了世界进程的目的，善或共相，普遍性原则。那么我通过这种个体性原则而把这种共相运用在德行意识之上，这时候"这个共相就被这个原则正确地应用着"。只要个体性原则是局限于德行意识内部，把这共相视为只是我用来律己的原则，那么它就被正确地应用着。也就是说，我把这个共相确立为我的个体性的一个内在的目的，不把它跟现实的共相相混淆，也没有把它冒充为现实性，这只是我的目的。在德行意识那里，它可以使个体性变得很有道德，可以保持个人的私德。我们今天也讲，儒家的伦理，我们可以作为个人的私德来应用，可以诚意正心、修身齐家，但是不一定能够治国平天下，我们可以拿来修养个人的私德，这是对的。堂吉诃德是一个有德之人，他非常有道德，大家都很敬佩他，就是这个人是一个非常正直的人，舍己救人，没有私利,不贪求享受,有正义感,个人私德非常好。"但是,一旦这个原则在世界进程那里,这个共相就被它**误用**了",只要这个个体性的原则放在世界进程那里,这样来运用共相,那么这个共相就被它误用了。就是在世界进程那里,一旦进入到现实生活,共相就被个体性原则误用了。例如,当堂吉诃德投身于现实世界进程的时候,他就把这个共相误用了,他的个体性原则就把这个德行的理想误用了。你可以维持你的私德,但是你不能够用你的私德来要求所有的人,按照你的私德的标准来改造一切人。一旦你把共相在世界进程中实现出来,那就是对这种共相的一种毁坏。你的主观意图、主观愿望是好的,但是你造成的结果往往事与愿违,你好心办了坏事。归结到根源,是这个共相被这个个体性原则误用了,你的主观意图再纯洁,你也不能用它来作为整个世界进程的共相。所以只要你的个体性原则把共相带进世界进程中,这个共相就被个体性原则误用了。世界进程本身本来就是充斥着个体性的,它就是一个一个的人,每个人都有自己的原则,它们的共相只能是抽象的,而不能用来处理它们相互之间的个体性的关系,那是一种误用。一旦陷入这种误用,"这共相就是一个被动的工具,它可以被掌握在自由的个体性的手里,面对个体性对它的使用可以漠不关心,哪怕被误用去造成一种使它自己被毁灭的现实性也罢"。在这种情况下,这共相,也就是这样一种理想,这样一种信仰,就成了一个被动的工具,它可以被掌握在自由的个体性手里,被自由的个体性任意使用,去达到别的目的。善和共相变成了你手里的一个筹码,我们讲"打道德牌",道德变成了一张牌,变成了一个工具。既然是工具,那么个体性对它如何使用,造成了什么结果,它是漠不相干的,也是不能负责的,"哪怕被误用去造成一种使它自己被毁灭的现实性也罢"。这是极而言之了,就是说有时候打着道德的旗号而所干的事情反过来恰好导致了道德的被破坏,对此这个工具可以漠不关心。堂吉诃德就是这样,他的那种骑士精神本来标榜是一种最纯洁的道德,但是通过堂吉诃德的道德实践,实际上是遭到了彻底的败坏。塞万提斯写这个

《堂吉诃德》，他的主题思想就是这样，即宣告了西方的古典骑士精神的灭亡。《堂吉诃德》这本书一出来，大家都恍然大悟，这样一种东西原来这么可笑。那就遭到毁灭了。我们今天的武侠小说，也可以说就是中国的骑士小说，今天迫切需要有一个塞万提斯出来写一本金庸的《堂吉诃德》，来对这个武侠精神宣布它的灭亡。武侠小说是中世纪的产物，现在很多人，包括很多知识分子，甚至高级知识分子，都沉溺于武侠小说，一直被它所毒害。那里头简单粗陋的善恶观，好人坏人，除暴安良，爱国卖国，黑白对立，凡是不符合自己的标准的，就要诉诸暴力，这跟《堂吉诃德》不是一样的吗？现在如果能够有一个人写一本小说，宣布这个武侠精神的终结，那是合乎时代精神的。《堂吉诃德》当时就起了这种作用。在它以前流行的骑士小说好多，堂吉诃德就是看这些东西看发疯的，他以为真的是那样，可以单枪匹马，游侠救世。但最后是导致了这样一种理想的毁灭。

它是一种无生命的缺乏自己自身独立性的质料，这种质料可以被赋予这种形式，也可以被赋予另一种形式，甚至可以被赋予那败坏它自身的形式。

"它"，这里还是讲的这种共相了，这个共相，这种理想，在这种情况下"是一种无生命的，缺乏自己自身独立性的质料"。它已经成了工具了嘛，谁都可以利用它，谁都可以满口的仁义道德，正义复仇，爱国主义，谁都可以说。"这种质料可以被赋予这种形式，也可以被赋予另一种形式"，这只是一种无形式的质料，可以任凭你怎么捏。质料是被动的，你把它装到这个形式里面，它就是这个东西，装在那个形式里面，它就是另外一种东西。"甚至可以赋予那败坏它自身的形式"，甚至于你可以赋予它自我毁灭、自我取消的形式。堂吉诃德就是赋了它以这种自我毁灭的形式，就是真实地展示了骑士精神的那种可笑的颠倒结构，那种令人醍醐灌顶、顿然开悟的讽刺性。骑士精神在堂吉诃德手里被毁灭了，被终结了。

好，我们再继续往下。这一段比较长。前面已经讲到了，就是善和共相它本来是德行的目的，但它也有可能会沦为一种工具。所以它有两方面，一方面，当它被德行意识当作自己的目的时，它是被个体意识正确地应用的，这个时候你可以保持你的私德；而当它被个体意识放到世界进程里面来利用的时候，它会成为一种工具，甚至可能会败坏这种工具。这是两种情况。所以下面这一段讲：

由于这共相以同样的方式听从德行意识和世界进程的诫命，所以就不能预料，德行在这样武装起来的时候，究竟是否会战胜罪恶。武器都是同样的，它们都是这些才具和力。

"由于这共相以同样的方式听从德行意识和世界进程的诫命"，共相要么被用作德行意识的目的，要么被用作世界进程的工具；而在被用作工具的情况下，这种共相就是那被称为天赋、才具和力的东西，也就是人的能动性。正因为作为这种工具的共相，除了服务于世界进程之外，也能够拿来服务于德行意识，因为哪怕是为了德行意识目的的实现，也同样需要这些天赋、才具和力，所以人的能动性是以同样的方式听从德行意识和世界进程的诫命。以同样的方式，就是同样都是工具，同样都被利用，德行意识可以命令它，世界进程也可以命令它。德行意识命令它时就是对它的正当的应用，世界进程命令它时则是误用；前者导致德行在个人生活中发扬光大，后者则导致道德的败坏。正因为两者都可以把它当作一种工具、当作一种武器来使用，那么就不能预料，"究竟这样武装起来的德行是否将会战胜罪恶"。前面已经讲到了，德行是否能够得胜，要取决于这个武器，"是否由于德行所承受的牺牲，世界进程就会战败而德行就会胜利——这些都必须由战斗者们所掌握的活的武器的本性来决定"［贺、王译本第 254 页］。现在，既然那种活的武器是这样一种未定的本性，它实际上作为工具是中性的，所以你就不能预料，究竟这样武装起来的德行是否能够战胜世界进程中的罪恶。这是一场冒险，你没有胜算，你不能够肯定你就会赢。因为"武器都是同样的，它们都是这些才具和力",它们的武器都是同样的。德行要实现自身,它的武器同样也就是这些才具和力,只不过它是真正出于德行意识的,而世界进程利用这些共相和武器则是别有用心。而根本的问题在于,你无法区分哪些是纯粹出于德行意识,而哪些则是出自世界进程的功利考虑,这个单凭这些工具是无法判断的。

虽然德行将自己对自己的目的与世界进程的本质这两者的原始统一方面的信仰作为伏兵,让这统一性在战斗期间从背后袭击敌人,并让这场战斗**自在地**完成,从而导致对德行骑士而言,它自己的**行为**和战斗真正说来实际上是一场和影子的搏斗,对于这场搏斗,它不**能够**当真,因为它把自己真正的强大置于这一点上:它相信善是**自在自为地自身**存在的,即善自身会实现自己,——对于这场和影子的搏斗,它也不**可以**让其弄假成真。

"虽然德行将自己对自己的目的与世界进程的本质这两者的原始统一方面的信仰作为伏兵",就是说,在这场战斗中,德行用信仰作为伏兵,作为最后的预备队。什么信仰呢? "对自己的目的与世界进程的本质这两者的原始统一方面的信仰",就是相信自己的本心的德行目的和世界进程的本质双方是原始统一的,也就是康德所设想的德福一致,至善,那是由上帝的信仰来保证的。所以德行口头上没有说出来、但却作为最内在的终极前提的一个根据,就是对上帝的信仰,这是德行意识的一支"伏兵"。当德行意识进入到世界进程中去冒险的时候,它相信上帝会保佑它的,因为它没有胜算,它在投入到战斗中的时候,它能否赢,它心里没有把握,因为对方跟它一样的有能力。所以,它必须让这支伏兵"在战斗期间从背后袭击敌人,并让这场战斗**自在地**完成",就是让这种德福一致的统一性、让这种上帝信仰从背后袭击敌人,为它战胜敌人加上决定性的砝码。它相信上帝也许会帮它一把,而这样一来,这场战斗即使打赢了,也不是它自己打赢的,而是这场战斗在上帝的帮助下客观上"自在地"走向了胜利。它在跟敌人战斗,但是背后它相信,暗地里神会帮助它的,我是否能够打赢没有把握，但是神会让世界进程自己完成这个过程。由于它有这样一个信仰，相信上帝会保佑它，"从而导致对德行骑士而言，它自己的**行为**和战斗真正说来实际上是一场和影子的搏斗"。它的这种战斗是表面的，实际上是一场虚假的战斗，一场作秀，作出一种战斗的姿态，实际上却寄希望于上帝的保佑。如果真有上帝保佑你的话，那不用你去战斗，你也会赢，无论怎么样你都会赢，那你去战斗个什么呢？所以它自己的行为和战斗真正说来是一场和影子的搏斗。"德行骑士"这里暗指堂吉诃德，他总是在和各种各样的幻影搏斗，一会儿是风车，一会儿是羊群，一会儿是猪，所有这些都是一些影子，都是过眼烟云，背后的总导演实际上都被设想为上帝。所以"对于这场搏斗，它不**能够**当真，因为它把自己真正的强大置于这一点上：它相信善是**自在自为地自身**存在的，即善自身会实现自己"，当你把希望寄托于上帝的保佑，寄托于原始的德福一致的统一，这个时候你的行为就变得可有可无、变得虚假了。你不能够认真地投入这场战斗，这并不是一场真的生死斗争，因为所有的这些战斗的对手都是一些影子。德行骑士的强大只是建立在这一点上，就是相信善是自在自为地自身存在的，由于有上帝保佑，它自己会实现自己。我的行为，当然是服从上帝的召唤，但是实际上并没有什么用，归根结底决定一切的还是自在自为的善，跟我没什么关系。我去战斗只不过表明我对于善的一种忠心，一种信仰，只不过表白了我的本心而已，但是对这个善本身，那不是由我决定的，不是由我来改变这个世界，善自己会改变世界，或者说，世界自己会改变自己。"对于这场和影子的搏斗，它也不**可以**让其弄假成真"，前面是讲"它不**能够**当真"，"能够"打了着重号；而这里是讲它"不**可以**让其弄假成真"，"可以"又打了着重号。不能够，说明它做不到，它不能够当真，它当不了真。堂吉诃德跟风车搏斗，你告诉他那是风车，那不是巨人，但是他还是去搏斗；他去搏斗的时候是不是就当真了，真的以为那是巨人了呢？也不是，他主要是要显示他自己的骑士精神，即算不是巨人，他也要把它当作巨人去搏斗一番，因为他的那股骑士精神发作了。所以他不能够当真,他自己也做不到这一点。当然他最后被风车打下来了,但是,他自认为他只不过是显示了他的那种精神,他仍然很满足。虽然结果证明他是错的,但是精神可嘉。所以他不但对这件事情没有当真,而且他一错再错,不断地出现幻觉,这种幻觉主要是出自他那种想当骑士的冲动,或者甚至于是半有意的。人家说他疯了,他也确实疯了,但是这个疯里面有不疯,他有一种下意识的观念在支配着他,让他产生出那些幻觉来。这是他不能够当真。那么这里讲他不可以让它弄假成真。前面是讲做不到,这里是讲不可以,不允许,为什么不允许?下面有解释。

　　但因为它所掷向敌人以及发现敌人掷向自己的那种东西,和它在它自己身上以及在它所面对的敌人身上都冒着用坏和受损的危险的那种东西,不应该是善本身;因为它的战斗正是为了维护和实行善;相反,在这上面处于危险中的只是那些漠不相干的天赋和才具而已。　[256]

　　它不可以任其弄假成真,为什么呢?因为"它所掷向敌人以及发现敌人掷向自己的那种东西",它投掷敌人,以及它发现敌人投掷自己的那种东西,"和它在它自己身上以及在它所面对的敌人身上都冒着用坏和受损的危险的那种东西,不应该就是善本身"。它掷向敌人并且发现敌人掷向自己的那种东西,也就是那种活的武器啊,也就是我们刚才讲的天赋、才具和力,你有能力,人家也有能力,敌人也有能力,我们互相拼能力。而不管是在它自己身上还是在它的敌人身上,这种武器都有被用坏和受损的危险,武侠小说里面讲"废了某人的武功",也就是那种武器有可能被用坏和受损。堂吉诃德多次被打得奄奄一息,他的那种能力,由于他的体质,由于他的天赋,他又瘦又高,也没什么力气,他就是冒着有可能被人家整死了或者整残了的危险。他用来和敌人战斗的,和敌人用来和他战斗的,都是那种东西。但这种东西"不应该就是善本身",这个东西不应该就是善本身,打来打去都触及不到善本身。虽然前面讲了,"善和共相就是那种被称为天赋、才具和力的东西",但是在它看来,这些

243

东西，这些能力，不应该是善本身。"因为它的战斗正是为了维护和实行善"，维护和实行善，那是它的一个静止的理想，一个观念，一个信仰，那跟它的能力没关系。它的能力只不过是用来实现那个善的，所以它的能力是可以用坏和受损的，但是那个善本身不会受损的，而是要它用这种能力来加以维护的和实行的。所以它追求的目标是远远悬挂于信仰中的目标。"相反，在这上面处于危险中的只是那些漠不相干的天赋和才具而已"，就只有那些漠不相干的天赋和才具可以受损，但却不允许波及它的那个高高在上的理想。必须把这整个战斗看成一场做戏，但决不允许假戏真做。

可是实际上，这些天赋和才具又不是别的，正是应该通过战斗来维护和实现的那种无个体性的共相本身。

"可是实际上"，前面是讲在它心目中的那种才具和能力"不应该是善本身，因为它的战斗正是为了维护和实行善"。为了维护和实行善，它才把自己的这种才具和能力投入危险之中，所以才具和能力肯定不是善本身，而是它为了维护和实行善所必要的牺牲，必须要冒一种危险，就是它的才具和能力可能会受到损害。这是从主观的"应该"这方面来看的。那么这里讲，从实际上来看，"这些天赋和才具又不是别的，正是应该通过战斗来维护和实现的那种无个体性的共相本身"。就是在现实中，这些天赋和才具恰好就是那种普遍的善本身。它不把这些现实的活的武器看作是一种善，那只是因为它的善只是停留在内心的目的上，与它在世界进程中实现出来的工具漠不相干。但是客观上，其实它的这种行为才是普遍的善本身，它的这种能动性，它在这种战斗中所使用的武器，才是真正的一种无个体性的共相，才是善本身。历史不看你怎么想的，只看你怎么做的，你一旦作出来，就不由你的主观意图来评价了，而是要由你的这一行动和导致的后果来评价了。所以这里有两种眼光，从它的主观的眼光来看，它的目的是很明确的，是毫不动摇的，而它的手段就是它的武器，那是可以消耗可以磨损的。但是客观地看，工具比它的目的更高贵。这个黑格尔在别的地方也讲过，工具比工具所要达到的目的更高贵，工具才是真正的目的。那些具体的目的会消失，被人忘掉，你的目的是过眼烟云，但是你所使用的工具流传下来了，它成为文明的代表。那么在这场战斗中也是这样，德行意识的战斗的目的那是很抽象的，那不具有现实性，而它当作手段的这样一些工具，这样一些武器，恰好成了无个体性的共相，这共相不以你的个体性的主观目的为转移。本来是个体的天赋和才具，那是很有个体性的，但是在战斗中，每个人的天赋才具都被抹去了它的个体性而得到评估，所以这种天赋和才具，恰好是一种无个体性的共相。个体的天赋和才具本来是应该通过战斗来维护和实现那种无个体性的共相的，结果它本身成了这种共相。当然，通过战斗，这种天赋和才具受到了磨损，但是也得到了实现。你不用它，你不磨损它，它又体现在什么地方呢？那不是空的？天赋、才具、才能、能力，都是要实现的，都是要用的，你不用它、不磨损它，它就等于白有了，它就等于没有。所以正是通过它的磨损和消耗，它其实就是保持住并实现了的那个无个体性的共相本身。所以这里所说的普遍共相，就是普遍的一种能动性，这才是真正的善，跟原来内心所理想的那种固定的抽象的善是完全不一样的。

　　——但是这个共相同时又通过战斗这个概念本身而直接地**已经实现了**；它是**自在、共相**；而它的实现只意味着它**同时又是为了一个他者**而存在的。

　　这就是上面讲的这个意思。"但是这个共相"，这种无个体的共相，这种天赋和才具的共相，"同时又通过战斗这个概念本身而直接地**已经实现了**"，"已经实现"打了着重号。也就是这种才具和天赋，作为一种无个体性的共相，它就不再是原来的那种抽象的共相了。原来的善，原来的理想，原来的信仰，原来的普遍性，在德行意识心目中当作目的的那种普遍性，是一种抽象的共相。但这个地方的共相，已经是天赋和才具的共相，虽然也是一种无个体性的共相，是所有的人都具有的共相，但是这个共相跟前面的那种抽象的共相相比,同时又通过战斗把这个概念实现出来了。它不再是抽象的共相了,它在战斗中直接实现了。以前德行意识通过战斗想要去实现的那个共相,那是抽象的;但是现在我们把眼光放到战斗这个概念本身,那么我们就可以看出,这个共相通过战斗这个概念本身而直接地已经实现了。它不是去追求另外一个抽象的共相,它本身就是一个现实的共相。"它是**自在**、**共相**,而它的实现只意味着它**同时又是为了一个他者**而存在的",现在它不再是仅仅个体自为的了,一方面它是自在,又是普遍共相,另一方面,它又是为他的存在。就是说,它具有了普遍的现实性,而不再是局限于个体内心的意谓了。它的实现只意味着它同时又是为了一个他者而存在的,它不再是独立自在的,而是为他的,也就是说,它是社会性的。当然它还不是自在自为的,如果它是自在的,又是为他的,并且通过为他而又回到了自为的,那就是更高层次的个体性了,那就是后面要讲的第三个标题:"自在自为地实在的个体性"[贺、王译本第 260 页]。它现在还没有达到那一步。但是它已经是为他的了,它是自在的,同时又是为他的,不再是个体内心的,像这个德行意识隐藏在自己内心里面的那种信仰,而是已经实现出来,成为为他的。它是为了世界进程的,因为德行意识为了世界进程而投身于一场战斗,那么它在这场战斗中所使用的武器,即它的天赋和才具,它的能动性,就是同时又是为他的。你不为他,这个能动性怎么能够发挥出来,能动性肯定是作用于整个世界的啊,肯定是要在战斗中体现出来的,这才是真正的能动性,才是现实的能动性。

{211}　　上面谈到的那两个方面,即按照每一方面共相都会成为一个抽象的那两方面,现在**不再是分开来的**,相反,在战斗里并且通过战斗,善同时以两种方式被建立起来了。

　　"上面谈到的那两个方面",那两个方面一个是德行意识方面,一个是世界进程方面,"即按照每一方面共相都会成为一个抽象的那两方面"。前面我们已经讲到了,共相运用于这两方面都将是抽象的,在德行意识中共相只是一个非现实的意谓或信仰，而在世界进程中，虽然共相自在地是每个个体性的本质，但仍然只不过表现为一种映象，它是超越于每个个体性的目的之上的。所以共相对于双方都是抽象的。但是现在，德行和世界进程这两方面的共相都结合起来了，它们"现在**不再是分开来的**，相反，在战斗里并且通过战斗，善同时以两种方式被建立起来了"。这个小标题，即"德行与世界进程"的第二个小标题，是"世界进程是普遍在个体性里的现实性"，就表明德行意识把自己理想中的普遍共相投入到世界进程的个体性里面，使它具有现实性，而这也就落实了世界进程本来所具有的普遍秩序的映象，使它显现为一切个体性的本质。而这正是通过德行意识将自己的武器投向世界进程来实现的。所以，"在战斗里并且通过战斗，善同时以两种方式被建立起来了"，这两种方式，一方面是德行，德行以它的个体性作为武器，把善建立起来了，另一方面是世界进程，世界进程以这种武器本身作为无个体性的共相，而把善建立起来了。而这两方面是同一个过程，同一个战斗。在同一个战斗里面，德行作为一种个体性的行为，在世界进程里面起作用，那么这种行为就是一种善的行为了。而世界进程在这场战斗里面，也建立起了一种善，这就是每个人的能动性都被激发起来了，都被激活了，这样一种普遍的能动性就是一种善。而这两种善就是同一个善。当然德行意识还不承认，它不认为、它也没有想到，那也是一种善。它只想到它自己的个体性是一种善，我的目的就是要实现善嘛，所以我的行为就是一种善的行为，就是一种匡扶正义的行为，别人的行为都不是。它只是从它这一方面来把自己的行为看作是善的行为，但是它没有想到它的行为在世界进程里面搅动起了所有人的能动性，所有人的天赋和才具和力。所以善同时以两种方式被建立起来了，这两个方面就不再是分开来的了。

　　——但德行的意识进入到与世界进程的战斗时，是把世界进程当作一种与善对立的东西；而它在战斗中呈现给世界进程的是那种共相，它不仅仅是作为抽象的普遍的东西，而且是作为一种因个体性而激活了的、为他者而存在着的普遍的东西，或者说是**现实的善**。

　　这就是我们刚才讲的，"但德行的意识进入到与世界进程的战斗时，是把世界进程当作一种与善对立的东西"。德行意识进入到与世界进程开战，它当然是把自己的行为当作善的行为，而别人的行为则是我开战的对象，乃至于整个世界进程都被当作是一个与善对立着的敌人。世界进程是恶，德行意识才是善，因为它把自己的目的看作是善，它在自己这一方面，在自己的个体性方面，把善建立起来作为一种共相。我是替天行道，我的这个特定的个人负有特殊的使命，就是替普遍的天道开路。那么凡是阻碍我的这个目的的，都是恶。所以它并不把世界进程当作是一种善，而是当作一种与善对立的东西。"而它在战斗中呈现给世界进程的是那种共相"，它在战斗中呈现给世界进程的是什么，是它的天赋、才具和能力，是它的能动性，而这种能动性是一种共相啊。你有天赋和才具和能力，人家也有，每一个人都有。你要跟世界进程开战，那你就必须面对每一个人的天赋、才具和能力。人家的才具和能力，当你不加入它们的时候，它还没有呈现出来，它是平静的。当你单枪匹马跃入其中的时候，你就把它们的能力激活起来了。你向它们挑战，你向整个世界挑战，所以整个世界因为你的挑战，就呈现出了一种共相，就是每个人都有它的能力，每一个人都是能动的。于是它在战斗中呈现给世界进程的那种共相，"它不仅仅是作为抽象的普遍的东西，而且是作为一种因个体性而激活了的、为他者而存在着的普遍的东西，或者说是**现实的善**"。这个共相就不再是抽象的共相了，而是因个体性而激活了的一种为他者而存在的普遍的东西。本来这种共相在每一个人身上都存在着，作为他们潜在的本质；但是当人们没有表现自己的个体性的时候，大家都还在沉睡之中，还是一个和谐的世界。在一个和谐的世界里面，每个人的能动性都没有被激活。而当堂吉诃德冲进这个世界的时候，他把这一切都搅乱了，搞得不和谐了，大家都被他激活起来了。所以这种普遍的能动性是为他者而存在的，由于他者，每一个人都有了个体性，每一个人由于他者的个体性而发挥自己的个体性,所以这是为他者而存在着的普遍的东西。"或者说是现实的善",这种能动性就是现实的善。每一个人都为每一个人而存在,每一个人都为每一个人而发挥自己的能动性,这就是世界进程,这就是现实世界进程中的善。我之所以要发挥自己的能动性,就是为了对付他者,这个善就跟原来的善已经不一样了。原来的善是抽象的,和他人不发生关系的,只是在头脑里面构思出来,这个世界应该怎么怎么样。这是一个由上帝来保证的信仰,凭借这种信仰,我冲进现实世界里面去胡搅一番,这就激起每一个人都来对抗你、都来反对你。那么这样一种每一个人发挥自己能动性的状况才是真正的现实的善。你不要怕乱,乱中有序,乱中有普遍性,乱中会导致一个方向,那就是普遍的能动性。你必须要把每一个人的能动性都激活起来,才谈得上现实的善。

　　所以凡是在德行触及到世界进程之处,它总是碰到这样一些地方,它们是善本身的实存,这个善本身作为世界进程的**自在**,不可分割地被缠绕进世界进程的一切现象中,并在世界进程的现实性里也拥有自己的定在;所以世界进程对德行来说是不可伤害的。

　　"所以凡是在德行触及到世界进程之处",德行要跟世界进程开战,那么它就要跟世界进程接触啊。凡是在德行接触到世界进程的地方,在实际地踏入到世界进程里面去跟它搏斗的地方,"它总是碰到这样一些地方,它们是善本身的实存",善本身的实存也就是现实的善了,这就是每个个体性所具有的普遍的能动性,这是德行要和世界进程打交道必然会面对的。"这个善本身作为世界进程的**自在**,不可分割地被缠绕进世界进程的一切现象中,并在世界进程的现实性里也拥有自己的定在",这个善本身,这个现实的善,也就是人的个体能动性,其实就是作为世界进程的自在。前面已经讲了,世界进程的内在的东西就是善,内在的东西也就是自在的东西。但这个自在不可分割地被纠缠进了世界进程的一切现象中。世界进程的一切现象里面都有这个善本身作为它的自在,这是不可分割的。世界进程的一切现象都是人的能动性造出来的,都是人的能动性搅和出来的,这个能动性和一切现象纠缠在一起。"缠绕"这个词,verschlingen,有缠绕、纠结、吞食、耗尽、挥霍等等意思。这里是本质和现象的互相缠绕,双方不可分割。所以德行只要和世界进程相接触,除了触及现象之外,肯定已经接触到自在的本质了。当然在现象里头暂时还看不出来,但是你一搅和,你就会发现它里头有自在的本质。这自在的本质在世界进程的现实性里也拥有自己的定在,在世界进程的现实性里,在世界进程实现的过程中,也拥有自己的定在,那就是各个个体性被激发出来的能动性。这样一个善本身在世界进程的现实进程里拥有的这样一些定在,是能够体现出来、能够作为一种实存而实现出来的普遍的能动性。"所以世界进程对德行来说是不可伤害的",德行不就是要跟世界进程作斗争吗?不是要发起对世界进程的战斗吗?但是世界进程实际上是不可伤害的。为什么是不可伤害的,因为它恰好是德行意识所成全的,从本质上来看是这样。表面上来看,它要跟世界进程的现象作斗争,但是这些现象底下恰好自在地就是善本身,就是普遍的能动性,这正是德行所激发起来的。所以世界进程对德行来说是不可伤害的,你想伤害它,等于扬汤止沸、负薪救火。堂吉诃德战斗了一辈子,造成了很多事件,但世界进程本身没有受到任何影响,它还是按照它自己的路子在那里走,堂吉诃德反而成了世界进程的一个道具。

恰好善的这样一些实存,因而那些不可损伤的关系,是本来应当由德行自己在自己身上冒险并加以牺牲的一切环节。

"恰好善的这样一些实存",也就是善以上述方式的实现,善的这样一些定在,"因而那些不可损伤的关系",善的不可损伤的关系,就是在战斗中不管哪方获胜都不被伤及的关系,也就是上面讲的,世界进程中被激发起来的普遍的能动性。这些实存和关系,"是本来应当由德行自己在自己身上冒险并加以牺牲的一切环节",善的这样一些实存以及那些不可损伤的关系就是一切环节,什么环节?是本来应该由德行自己拿这些实存和关系在自己身上冒险并加以牺牲的一切环节。德行要牺牲的、要拿来冒险的就是这些环节了，再没有别的环节了。就是说本来德行是要把这些的东西都牺牲掉的，它把它们当作是对立的。这些跟善相关的东西在德行意识那里本来是被当作与善对立的东西，它去跟它们战斗，但实际上损伤不了善本身。所以讲，"恰好善的这样一些实存"等等是本来应当由德行自己拿去冒险并加以牺牲的一切环节，这个"恰好"的意思就是说，本来世界进程中的善在德行面前是不可伤害的，但是恰好这些东西，是德行本来应该去加以冒险加以牺牲的。比如人的能动性，人的才智，人的能力，当然是工具了，这些都是武器，这些武器是要投入战斗、拿去冒险的，是要用来达到善的，但实际上这些武器恰好是善本身。所以世界进程对德行来说是不可伤害的，因为这些武器本身就是德行展开战斗时所借重的。但是，德行意识却把它们看作用来换取别的东西的手段，借以实现它的抽象的理想，这就是搞错位了，找错对象了。当然，德行不这样想也不行，如果不对它们作出牺牲，或者加以磨损，加以伤害，如何能够进行战斗呢？那就根本没有这回事了。实际上在战斗中，德行也意识到这一点。

因此这种战斗只能摇摆于维护与牺牲之间；或者不如说，不论是牺牲自己还是损害敌人，都是不可能发生的。

"因此这场战斗只能摇摆于维护与牺牲之间"，这场战斗，你到底是要维护善本身，还是要牺牲善本身呢？不牺牲善本身就维护不了善本身，但既然都牺牲掉了，又何来维护？当然德行意识并不认为是牺牲善本身，它认为只是牺牲一种工具，牺牲一种武器，但是这种工具和武器实际上就是善本身啊。所以德行意识只能摇摆于这两者之间。当它把人的这种能动性当作一种武器，当作一种工具的时候，它是准备把它牺牲掉，来换取它的目的的实现。它的目的一旦实现，这些东西都用不着了，刀枪入库，马放南山，都被牺牲掉了。但是这个善本身实现出来，它就是这些武器，所以你必须保护它，你必须维护这些武器。那么你到底是牺牲这些武器还是维护这些武器呢？你把它当作工具，那你就牺牲它，你要把它当作善本身，那你就要维护它。所以德行意识的这个态度只能够是摇摆于维护和牺牲之间；"或者不如说，不论是牺牲自己还是损害敌人，都是不可能发生的"。这种牺牲，牺牲自己的能动性，牺牲自己的天赋、才具和能力去达到某个目标，似乎一旦达到目标，这些能动性就不再有用，将被抛弃，这是不可能的。至于损害敌人，就是对敌人缴械，战胜敌人，让敌人失去他的能动性，让他的才能在你面前受到损害，屈服于你之下，这也是不可能发生的。或者不如说这两种情况实际上都是不可能发生的，那实际上是要求这场战斗根本不发生。但既然战斗已经发生，那就既没有牺牲自己，也没有损害敌人，而是把双方的武器都调动起来了，让其充分发挥。这种战斗摇摆于维护和牺牲之间，但是说得更确切一点，就是不论是牺牲自己还是损害敌人，都是不可能发生的，表面的牺牲和损害其实就是维护，就是成全。你在和影子战斗，谈得上什么牺牲和损害呢？你战斗的对象都是虚假的，都是些影子，其实倒是借题发挥的道具。

德行不仅像是这样一位斗士，它在战斗中所唯一关心的是保持其宝剑的光亮，而且德行之所以要发起战斗，也是为了要维护这些武器；并且，它不仅可以不使用它自己的武器，而且它还必须保持敌人的武器不受损害，并保持敌人的武器以对付它自己，因为所有这一切都是它为之而投入战斗的那个善的高贵的部分。

"德行不仅像是这样一位斗士，它在战斗中所唯一关心的是保持其宝剑的光亮"，德行，首先来说它像这样一位斗士，它在战斗中所唯一关心的是保持其宝剑的光亮，至于他是否达到他的目的，他是否战胜了敌人，他倒并不关心。堂吉诃德其实也是这样，他唯一关心的是他的姿态如何，他在战斗中，他能否保持他的骑士精神，至于他打得赢还是打不赢，他其实并不关心。哪怕被打败了，他也要像一个骑士那样被打败，他关心的是不要把他的宝剑弄脏了，搞得不光亮了。但是德行还不仅仅像这样一位斗士，"而且德行之所以要发起战斗，也是为了要维护这些武器"，也就是进一步说，德行最初发起那场战斗，就仅仅是为了要维护这些武器, 而并不真正是为了一个什么理想目标的实现。理想的目标是一个借口, 它有了这样一个理想的目标, 匡扶正义, 除暴安良, 路见不平拔刀相助等等, 这样一些目标只是表现它自己的全副武装的姿态的一个借口。它能够借这种借口来表现它的英雄姿态。德行之所以要发起战斗, 也是为了要维护这些武器, 至于这些武器所要达到的那个目的, 倒不在它的关心的范围之内, 或者说不是主要关心的。"并且, 它不仅可以不使用它自己的武器, 而且它还必须保持敌人的武器不受损害, 并保持敌人的武器以对付它自己", "并且", 这就更进一步了, 它甚至可以不使用它自己的武器。它有武器, 但是它可以不使用。在什么时候不使用? 比如说在它战胜的时候, 当敌人求饶的时候, 当敌人承认它赢了的时候, 它可以不使用。它要有骑士风度嘛, 骑士风度就是有些时候它可以不使用它的武器。它的武器当然是可以使用的, 但是, 它也可以不用, 比如说当敌人手里没有武器的时候, 它自己也不用它的武器。骑士精神就是这样, 甚至于它可以拔出自己的武器来丢给敌人, 让敌人来跟自己堂堂正正地搏斗。当敌人手里空空的时候, 它可以不使用自己的武器。它不杀没有武器的敌人, 它不跟没有武器或放下武器的敌人搏斗。所以它可以不使用它自己的武器。不仅如此, "而且它还必须保持敌人的武器不受损害"。敌人也应该有武器, 而且敌人的武器跟自己的武器应该相当, 如果敌人的武器用坏了, 它可以停止战斗, 让敌人换一把剑来, 让敌人的武器保持它不受损害。"并保持敌人的武器以对付它自己", 骑士精神就是这样, 当敌人意外地摔倒的时候, 或是武器脱手的时候, 骑士就可以住手, 等他爬起来, 等他拿好武器, 绝不可以趁人之危。敌人脚下一滑摔倒了, 你连忙上去一剑把他结果了, 这个是不符合骑士精神的, 必须要堂堂正正。"因为所有这一切都是它为之而投入战斗的那个善的高贵的部分", 德行意识是代表着这场战斗中的高贵的部分, 骑士的高贵精神, fairplay, 就是费厄泼赖, 公平游戏。鲁迅讲"费厄泼赖应该缓行", 在现代中国是不可能有这种骑士精神的, 到处都是流氓精神, 不能够有贵族的骑士精神。中国古代还有一点贵族精神，两军对阵，对方还没有完全渡河，是不是能够乘虚而击之呢？不行，那叫做"胜之不武"。所以骑士精神体现出一种高贵意识，这才是它为之投入战斗的那个善的高贵的部分。

[257]　　相反，对于这个敌人来说，本质却并不是**自在**，而是**个体性**；因而这个敌人的力就是那否定的原则，对于这原则而言，没有东西是持存的和绝对神圣的，相反，这否定原则能够冒损失所有一切东西的危险，并能承担这种损失。

　　前面讲的是代表德行意识的骑士精神的高贵性，与之相对照，"相反，对于这个敌人来说，本质却并不是**自在**，而是**个体性**"。这个敌人是什么，这个敌人就是世界进程啊。世界进程的本质是个体性，我们前面已经讲过，世界进程以个体性为本质，德行意识以普遍性为本质、以共相为本质，这是它们双方的不同之点。虽然双方都有个体性和普遍性，但是双方的本质是完全相反的。所以对于这个敌人也就是世界进程来说，本质却并不是自在，而是个体性。前面 [第 252 页] 也说过："在世界进程里，个体性的态度采取了与它在德行意识里被建立时相颠倒的方式，就是说，使自己成为本质，反之，**自在的**善和真则屈服于自己之下"。就是在世界进程里个体性成了本质，而自在的善的目标则成了为我所用的工具。它不在乎它自在地怎么样，它只是追求自己的个体性，它的私人的目标。在世界进程中，每一个人都是为自己的，至于客观上是什么，那个不管。人人为自己，上帝为大家，上帝才为它们的自在来考虑，而每个人都是以个体性作为自己的本质。所以世界进程的本质不是自在，而是个体性。"因而这个敌人的力就是那否定的原则，对于这原则而言，没有东西是持存的和绝对神圣的"，这也是跟前面对照而言的。前面讲的是骑士的高贵精神，那是有规矩的；而世界进程，它的本质是个体性，所以它是一种否定的原则，对于这个否定原则而言，没有东西是持存的和绝对神圣的。没有什么神圣的或高贵的东西，所有的东西都被拉到同一个平面上面来了。我们今天把它叫作人文精神失落，道德理想滑坡，我是流氓我怕谁。世界进程是一种流氓精神，跟前面的高贵意识相对照而言，是一种卑贱意识。所以他这里讲"相反"，与骑士精神的高贵意识相反，这个敌人就是卑贱意识，没有任何神圣性，没有任何崇高的东西。这是一种对任何肯定的东西的否定的原则，这种原则"能够冒损失所有一切东西的危险，并能承担这种损失"，因为它已经没有高贵意识了，所以它不怕损失任何东西，它没有底线。俗话说，赤脚的不怕穿鞋的，他反正打着赤脚，他不怕把鞋子穿破了，踩脏了。所以它能够冒一切危险，承担一切损失，因为任何损失对于它来说损失都不大，因为它本来一无所有嘛，大不了是一条命。"无产阶级失去的只是锁链"，只是一条锁链，它不会损失任何东西，所以它的革命性最强，它的否定原则最强。这是卑贱意识。我们可以跟前面讲的主奴关系对照而言，在主奴关系的生死斗争中就是这样，主人自认为他有德行意识，有高贵意识，而奴隶，他是无产阶级，他没有什么可损失的，所以他是没有底线的。奴隶是没有底线的，他具有一种卑贱意识，他卑贱到底了，他的生存就是他的底线，只要能生存，他什么都能干，它不怕任何损失。

这样一来，它的胜利是一定的，这既是由于它自己，也同样是由于它的敌人所卷入进去的那种矛盾。凡在德行那里是**自在的**，对世界进程就只是**为自己的**；世界进程摆脱了对德行是固定的、并且将德行束缚着的每一个环节。

"这样一来，它的胜利是一定的"，奴隶的胜利是一定的，奴隶一定要战胜主人，世界进程一定要战胜德行意识。前面讲，德行意识对于自己的胜负未定，它不知道自己能不能够战胜罪恶，但是你站在世界进程的立场上看，你会发现，德行意识一定战胜不了罪恶。真正的善只有在罪恶本身中才能产生出来。你靠德行意识、靠善良意愿去产生善，那是天方夜谭，你能搞得过那些流氓无产者？你对付不了那些没有底线的大众的。真正的善只有从这些群氓、市侩里面产生出来，大家互相耍流氓，互相伤害，最后谁也得不到好处，他们就会想到，是不是通过谈判，相互约定来建立一套对大家都有利或者损失最小的规范。这就是霍布斯讲的国家的产生，秩序的产生。秩序的产生不是由哪一个具有德行意识的英雄、道德骑士建立起来的，如果有那样的人，那就是疯子，那就是堂吉诃德。真正的世界秩序只能由世界进程里面产生出来，只能由这些卑贱到底的人慢慢从他们里面建立起自己的底线。你预先搞个底线给他，他肯定要突破的，他没有任何神圣的东西，他也不会有任何损失。所以真正地要建立秩序，要建立底线，还得由这些庸众自己来建立。所以世界进程肯定是赢家。"这既是由于它自己，也同样是由于它的敌人所卷入进去的那种矛盾"，它为什么能够胜利？一方面是由于它自己，它是能够冒一切危险，并且能承担一切损失的，就连生命都不珍惜，他们人多啊，死一个两个无所谓。他们的能量也很大，因为他们没有任何底线。另一方面，也是由于它的敌人所卷入进去的那种矛盾，它的敌人就是德行意识，德行意识是自相矛盾的，所以注定要输。德行意识卷入到了它自己的那种矛盾中，给世界进程提供了机会。什么矛盾呢？就是前面讲的，一方面它要维护善本身，另一方面它又要牺牲善本身，它既不能牺牲自己也不能损害敌人。所以德行意识实际上是无所作为，只能是作秀，它们自己就处在矛盾之中，什么也干不了。"凡在德行那里是**自在的**，对世界进程就只是**为自己的**；世界进程摆脱了对德行是固定的、并且将德行束缚着的每一个环节"，也就是在德行那里是作为信仰去追求的善，这个善对德行意识是自在的，是德行的自在的本性，但对世界进程就只是"为自己的"，也就是那些个体在世界进程中只是拿这种善当作为自己谋利的手段。"自在的"和"为自己的"都打了着重号，以作为对比。世界进程只是把那个德行的自在的目标拿来为我所用，世界进程打着德行的旗号来为自己谋私利，它利用德行。堂吉诃德跟世界作斗争，也好啊，有这样的人也好啊，但是他就是旁人利用的对象。在《堂吉诃德》书中，公爵伯爵那些人都拿他来开心，都利用他的德行意识来娱乐。所以世界进程只把德行的善的目标用作自己的工具,而不受这种工具的束缚。"世界进程摆脱了对德行是固定的,并且将德行束缚着的每一个环节",世界进程没有任何道德底线,凡是在德行看来是固定不移的、对德行有约束力的环节,在世界进程那里都从中摆脱出来了。人心不古,世道沉沦,逃避崇高,渴望堕落,这就是世界进程的本相。你不要指望世界进程本身有什么道德底线,有什么崇高,有什么不可逾越的神圣性的目标,那是没有的。世界进程摆脱了对于德行是固定的并且将德行束缚着的每一个环节。

　　<u>世界进程将一个这样的环节掌握在自己手中的方式是,这个环节对于它来说只有当它既可以将其扬弃,也可以让其持存时,才是有效的;因而它也将那位被捆绑于这环节上的德行骑士掌握在手中了。</u>

　　"世界进程将一个这样的环节掌握在自己手中的方式",世界进程前面讲它已经摆脱了一切环节,那些环节是束缚德行的,那么世界进程,它是把这个环节掌握在自己手中,掌握在自己手中可以任意处置,当作它自己的工具。那么它的方式是什么,方式是:"这个环节对于它来说只有当它既可以将其扬弃,也可以让其持存时,才是有效的"。它把这个环节掌握在自己手中使它有效,但只有这种情况下才有效,就是它既可以将其扬弃,也可以让其持存。就是说它可以任意地处置这个环节,它可以随意想取消就取消,想让它保存就让它保存。它可以随意支配这个德行的环节,这时它才让这一环节有效。它以这样一种方式把这个环节掌握在自己手中,把德行的原则玩弄于股掌之间。"因而它也将那位被捆绑于这环节上的德行骑士掌握在手中了",世界进程把那个德行骑士也玩弄于股掌之间了,因为德行骑士就是被捆绑于这个环节之上的。德行骑士受到德行原则的束缚,而世界进程因为已经把这个环节玩弄于股掌之中,那么也就把德行骑士也玩弄于股掌之中、掌握在手中了。

　　<u>德行骑士不能像脱掉一件披在外面的大衣那样从这环节中摆脱出来,通过将它遗弃,使自己自由;因为这环节是它不可放弃的本质。</u>

　　德行骑士被利用了,但是又没有办法,因为"德行骑士不能像脱掉一

件披在外面的大衣那样从这环节中摆脱出来"。这个环节并不是德行骑士披在身上的一件可以随时脱掉的外衣。如果能够随时丢掉，那它就可以使自己得到自由了。但是德行骑士不行，它不能够从中得到自由，"因为这个环节是它不可放弃的本质"。这些环节就是它的本质。刚才讲，世界进程摆脱了对德行来说是固定的并且将德行束缚着的那些环节。所以这是世界进程对于德行意识的优势。德行意识永远搞不过世界进程，世界进程总是占优势。所以不是德行克服了世界进程，而是反过来，世界进程克服了德行。

　　最后说到**善的自在**据说会狡诈地从背后冲出来袭击世界进程的那支伏兵，那么这种希望本身是无效的。世界进程是清醒地知道它自己的那种意识，它不允许自己被从背后偷袭，而是处处以正面相对抗的；因为世界进程是这样的东西，一切都是**为它的**，一切都立于**它的面前**。

　　"最后说到**善的自在**据说会狡诈地从背后冲出来袭击世界进程的那支伏兵，那么这种希望本身是无效的"，在前面第 255 页已经谈到了，见倒数第 8 行："德行将自己对自己的目的与世界进程的本质这两者的原始统一方面的信仰作为伏兵，让这统一性在战斗期间从背后袭击敌人，并让这场战斗**自在地**完成"，这是德行所打的埋伏，德行暗中所希望的。德行虽然失败了，但是它寄希望于上帝的干预。当然它没有说出来，因为它自己失败了嘛，但是它内心希望上帝来插手。善的自在指的就是对上帝的至善的信仰，据说这给德行在与这个世界进程的战斗中获胜留下了希望。康德就说过，"我可以希望什么？"这个问题是留给宗教学来解决的，最后上帝在自在的领域中终将达成德福一致。这里也讲，既然德行意识敌不过世界进程，那么是不是还有希望呢？最后还唯一留下的一个希望，就是相信上帝会来干预。但这个希望本身就是无效的。为什么无效？因为"世界进程是清醒地知道它自己的那种意识，它不允许自己被从背后偷袭，而是处处以正面相对抗的"。这个希望完全是渺茫的，德行意识自己在世界进程中间打不赢了，它更不用指望上帝的插手来改变失败的命运。虽然在德行意识一开始，它就隐含着这样一种指望，埋伏着这样一种指望，它之所以出战，挑起战斗，无非也就是相信上帝会帮助它。当它失败的时候，它仍然可以把希望寄托在这最后一丝希望里面。但是在这里，黑格尔把最后一丝希望也摧毁了，你必须面对世界本身，而世界进程本身是不抱任何希望的，世界进程就是恶，骨子里是无神论的。那种希望用来哄一下德行意识是可以的，但是拿到世界进程中来，这是不会有什么效果的，因为世界进程太清醒了，它敢于面对自己的现实处境。"因为世界进程是这样的东西，一切都是**为它的**，一切都立于**它的面前**"，世界进程就是这样一个东西，它里面的每个人都知道自己的利益所在，都是个人主义者、利己主义者，他们把一切都看作是为它的，一切都是为我所用。世界进程就是全部，所有的东西都在这里，没有什么高远的理想可以诱惑它。一切都看它对我有没有用，没有用我就可以不听它的，我就可以把它抛弃，有用我就可以拿来取乐，拿来开心。就像堂吉诃德变成了众人取乐的对象，大家都把他当一个傻子，但是觉得傻子可爱，他有层出不穷的幻想。世界进程是非常具有现实感的，不相信任何超现实的、彼岸的东西。

　　但善的**自在**呢，如果它是**为**它的敌人而存在的，那么它就存在于我们已经看到过的那种战斗中；可是只要它不是**为敌人**，而是**自在地**存在着，它就是天赋和才具的被动工具，是无现实性的质料；若表象为定在，它就会是一种沉睡着的、在后面不知何处持存着的意识了。 {212}

　　前面讲世界进程，世界进程是这样一种东西，一切都是为他的，一切都立于它面前。"但善的**自在**呢"，这里又提到善的自在，就是说，善的自在有另外一种情况，这就是，"如果它是为它的敌人而存在的，那么它就存在于我们已经看到过的那种战斗中"。善的自在如果只是在世界进程后面偷袭，那是没有什么希望的，完全是虚幻的；但如果它是为世界进程而存在，那倒是实在的，因为世界进程本来就是把一切都看作是"为自己"的。世界进程虽然是这样一种自行其是、没有底线的东西，但在它和德行的战斗中，它才是善的自在。看起来都是恶，看起来是物欲横流，是道德理想滑坡，从渴望崇高变成了渴望堕落，但是，里面就有善的自在。前面第 254 页上说过："善，由于它在对世界进程的这场战斗中出场，它就借此把它自己呈现为**为一个他者**而存在着的东西"；而这里是说，善的自在当他把自己呈现为为一个他者（敌人）而存在的东西，它就在这场战斗中出场了。当然善的自在首先是通过德行意识表现出来的，善的自在以德行意识为代表，德行意识以它为底线。但是在德行意识投入与世界进程的战斗中时，它的善的自在是为它的敌人而存在的。德行意识的善的自在是为它的敌人而存在的，是为了拯救世界进程，那么它就存在于我们已经看到过的那种战斗中。善的自在并不存在于德行意识所自以为的那种未能实现的目标、那种渺茫的希望中，而是体现在它与世界进程切切实实地展开了的战斗之中。这个时候善的自在是为它的敌人而存在的，为一个他者而存在的。善的自在从一个抽象的概念而变成了一种现实性，它的现实性就在于它的为了敌人的战斗。它在这种战斗中是为了把世界进程的本质带出来，那当然是为世界进程了。那么真正的善的自在就存在于这种战斗中，这就是这种战斗的意义，这种战斗激发起了每一个人的能动性。包括堂吉诃德的战斗也是有意义的，不要以为他在完全做的无意义的事情，他激发起了每一个人的能动性。他把骑士精神毁灭了，当每一个人的能动性被激发起来，就把堂吉诃德所代表的骑士精神毁灭了，从此以后，骑士精神在西方精神的发展过程中就被扬弃了。一个有教养的人再也不以骑士精神作为自己的最高荣耀，而是有了更高的精神标志。所以自在的善就存在于那种战斗中，关键是存在于战斗中，而不存在于战斗最后的结果中。战斗本身就是自在的善。"可是只要它不是为敌人，而是自在地存在着，它就是天赋和才具的被动工具，是无现实性的质料"。前面是讲自在的善如果是为它的敌人而存在的，那么它就存在于战斗之中，那它就有现实性了，那它就具有现实意义了；"可是"，这里意思一转，"只要它不是为敌人，而是自在地存在着"，这是从另一方面来讲了。如果它不是为敌人，而是高高在上，洁身自好，它爱惜自己的羽毛，它不去投入战斗，它孤芳自赏，这个时候，它自在地存在着，那它就只能是天赋和才能这样一些被动工具。你孤芳自赏，你觉得自己很了不起，当然这也是你的能力，是你的特色，因为你可以为了一个单纯善的自在而自我牺牲。但是，你这样就成了一种被动的工具，你的道德理想主义，以及为了这个理想而发挥出来的天赋和才具，都只能够被人们所利用，哪怕是用来开心。这种理想中的善的自在"是无现实性的质料"，只是一些未成型的质料，你的不现实的理想被当作一个筹码去做成了别的东西。"若表象为定在，那它就会是一种沉睡着的，在后面不知何处持存着的意识了"，表象为定在，就是并非真正的定在，而是把它想象为定在，比如说设想为上帝的存在，那它就会是一种沉睡着的，还没有觉醒的，在后面不知何处沉睡着的意识了。你想把它留作伏兵，也许在世界末日可能用得上，其实你对它的意识还沉睡未醒，它在你的意识中还未出场，而是埋伏着准备从后面袭击敌人，但正因此它本身是未经反思的，或者说只是一种意谓。就是它在现实中不能够起作用，你想象它在你的本心里头，但是它不能够拿出来，因为你拥有它不是为敌人的，而是自在存在着的，你没有把它投入到现实的世界进程里面去。所以这种意识是沉睡着的，它在后面不知何处持存着，你总是有那么一个理想，不断地在那里提醒你，但是这个理想不知存在于何处，它只是你的意谓。所以只有三种情况，要么善的自在就存在于这场战斗中，要么它就是世界进程的一个被动的工具，要么它就只是一种意谓。善的自在，或者自在的善，它的命运只能是这样。那么世界进程，它是不受这个所谓上帝的安排的偷袭的，它是不信邪的，只相信利益。善的自在要么就进入到战斗中来获得自己的现实性，要么它自己没有现实性，在战斗中只能够被人家利用，要么就作为个人的一种信仰，但是它自己还在沉睡之中，没有得到展现，只有这几种可能性。总之，世界进程它不可能由德行意识改变它自己的道路，它只能从自己的道路里面发展出它自己的自在的善来；而德行意识，它除了投身于这个战斗以外，也没有任何别的出路，它的价值就在于战斗，而不在于它所追求的目标。这里就展现出了德行意识一定会被世界进程所战胜的必然性。好，今天就读到这里。

＊　　　　　＊　　　　　＊

我们上次讲到了德行意识和世界进程相互之间的这种冲突，德行意识以堂吉诃德精神作为它的代表，而世界进程代表着现实世界，代表现实世界所谓的堕落，所谓的流氓化。至此，我们已经举了代表西方近代精神的三个典型例子，就是歌德的浮士德、莎士比亚的哈姆莱特以及塞万提斯的堂吉诃德。这三个例子在黑格尔的时代都是代表时代精神的标志性人物。例如当时德国诗人海涅就说过这样一段话："塞万提斯、莎士比亚、歌德成了三头统治，在叙事、戏剧、抒情这三类创作里分别达到登峰造极的地步。"① 海涅比黑格尔稍微年轻一点，也听过黑格尔的课。可见这三位占据当时文学制高点的作家，我把他们的作品作为解读黑格尔《精神现象学》这一部分的蓝本，还是很有根据的。按照当时的这个时代人们对这三个人的评价，以及这三种精神在当时的人们心目中所造成的影响来看，黑格尔以这三个人作为他的实例，这是完全有可能的。当然这归根结底还是我们的猜测，因为毕竟黑格尔没有直呼其名，他只是在一些用语方面透露出某些信息。所以历来也有研究者不举这三个人的作品，而是举一些别的作家，如席勒和别的人来加以解读，但他们的解释总是说不圆，总有的地方解释不了。只有我的解释才能破译这里的每一句话。当然黑格尔的着眼点不在于这几个人，而在于这几个人所代表的那种时代精神的结构，它的层次。而且它把这个层次作了这样一种安排，这是根据他的自己的需要来做的。总而言之，最后堂吉诃德精神代表的

---

① 见《中国大百科全书·外国文学卷》Ⅱ，中国大百科全书出版社 1982 年版，第 890 页。

是一种过时了的道德意识，一种德行意识，这种德行意识就是所谓的骑士精神。那种骑士精神一直到今天西方还有，我们经常可以看到西方的男人们在危机时刻表现出一种骑士精神，这是渗透在他们的文化血液里面的，也不能说完全就被抛弃了。但是没有人再把这个东西当作整顿世界的一个法宝，那只是个人的一种修养，一种文化教养。所以骑士精神在今天虽然已经消亡，但是并没有消失，而是积淀下来了。应该这样来看。我们下面来看第三个小标题，第 257 页。

［Ⅲ. 个体性是普遍的实在性］

个体和普遍，或者个体和共相，这两者本来是对立的，尤其是在德行意识和世界进程相互之间的这样一种冲突关系之中，你要献身于普遍性，你就必须牺牲自己，你要强调个体性，那你就会破坏普遍秩序，个体是实在的但没有普遍性。但是经过了历史的进程，意识的经验已经开始意识到了，个体性本身就是普遍的实在性。就是说，现在人们已经不再相信那些德行的大道理了，人人都以自己的个体性作为行动的基点，而且知道每个人其实都是自私的，但自私的个体性也有普遍的法则，就此而言，自私才是普遍的实在性。你不要和我讲德行，那都是虚的，不实在的，你只讲你想从我这里得到什么，我们可以寻求一种双赢的办法，因为个体性可以成为普遍的实在性。

德行于是被世界进程克服了，因为实际上，抽象的非现实的本质才是德行的目的，并且因为就现实性而言，德行的行为基于那些仅仅取决于言辞的区别之上。

"德行于是被世界进程克服了"，这个前面已经讲到了，德行要么被架空了，要么被利用了。德行被架空了，这体现在世界进程已经进入到了一个流氓化的状况，渴望堕落，人文精神失落，以往的德行意识成了一句空话。要么就被利用，堂吉诃德被利用来满足世俗人们的某种好奇心，某种娱乐精神，他被娱乐化，被人们所恶搞。书中有一个情节是堂吉诃德和他的仆人桑丘·潘萨被人们设局，来为大家取乐。现在是这样一个时代，所有崇高的东西都被人们所恶搞，所利用。那么在这种情况下，德行被世界进程所克服了。世界进程克服德行并没有什么冠冕堂皇的旗号，并不是另外打出一个比它更加有道德的旗号，而是自然而然地，德行就黯然失色了。在一片欢乐中，在一种享乐气氛中，在一场娱乐中，就被克服了。"因为实际上，抽象的非现实的**本质**才是德行的目的"，德行为什么被克服了呢？因为它的本质是抽象的非现实的本质。德行的目的是这样一个本质，它是非现实的，它根本就不切实际嘛。你今天讲传统道德也好，讲"学雷锋"也好，讲恢复儒家伦理也好，这不都是空的吗？你现在拿到现实生活中来看看，你怎么做？你顶多能做一点表面姿态，教小学生穿上汉服，背诵经典，这能有什么用呢？"并且因为就现实性而言，德行的行为基于那些仅仅取决于**言辞**的**区别**之上"，一个是因为德行的目的只是抽象的非现实的本质，再一个是因为，就现实性而言，德行的行为并没有作出任何区别，它们的区别仅仅是言辞上的区别。也就是它做同样的事，但说不同的话，口头一套，行为是另外一套。德行的行为并没有特别不同之处，仅仅是言辞上的区别，就是会说漂亮话。我们经常看有些人作大报告，讲得天花乱坠，讲得比唱得还好听，但是他背后的行为，和普通的老百姓比甚至还更差。所以他跟一般的老百姓甚至跟流氓的区别仅仅停留在口头上，除此而外并没有什么区别。因此，德行就被现实的世界进程克服了，一个是因为它的非现实的本性，一个是因为它仅仅停留于言辞的区别，只是在口头上说得好听而已。

德行本想把通过牺牲个体性而使善成为现实性作为自己的内容，但现实性方面本身无非是个体性方面。

德行本来的意图是想要这样的，即"把通过**牺牲个体性**而使善成为**现实性**作为自己的内容"。德行本来的内容，它是想这样的，就是通过牺牲个体性而使善成为现实性。通过自我牺牲使善实现出来，实现善的理想。这是德行意识本来的内容,是它的初衷和出发点。但是"**现实性**方面本身无非是**个体性**方面",它想通过牺牲个体性来在现实中实现善,但是所谓现实性是什么,现实性无非就是个体性啊。千百万先烈流血牺牲,不就是为了每个人都过上好日子吗？现在人家追求过更好的生活,你却指责人家不道德,丧失了牺牲精神,这只能说明你的那种道德是不现实的,因为现实性的方面无非就是个体性的方面。德行它本来是普遍性的方面,当然它也有个体性,但是它的个体性是要被牺牲的;而现实性,它本来就是个体性方面,它现在成了普遍的现实性,也就是人欲"横流"啊,人人都在想办法赚钱,为自己捞好处。所以现实性方面无非就是个体性方面。你现在要牺牲个体性,又要成为现实性,那怎么可能呢？比如说你讲"毫不利己专门利人",毫不利己就是牺牲自己的个体性,专门利人就是实现人家的个体性,这是个自相矛盾的命题。如果人人都毫不利己专门利人,那就没有人可以让你去"利"了,因为你让他一得"利",他就是在利己了。你要一利人,在人家就是利己啊。所以"毫不利己专门利人"这样一句口号只是停留在言辞上面,它不具有现实性。一旦成为现实性,它就自相矛盾、自我取消。你一个人上砧板,让大家都来割你的肉,这很道德吗？这正好是让大家都不道德啊！所以那种道德理想主义必定要被现实生活所克服,这其实也是它所追求的结果。牺牲一人为大家,那大家都是为自己了。所以这是德行意识的自相矛盾,它的归宿只能是自我取消。

　　<u>**善**本来应当是**自在地**和与**存在着**的东西相对立地存在的东西,但这**自在**从它的实在性和真理性来看,毋宁就是**存在本身**。</u>　　[258]

　　"善本来应当是",善本来应当是什么,是自在地存在的东西,"和与**存在着**的东西相对立地存在的东西"。善本来应该是这么一个东西,什么东西呢？自在地存在的东西,自在地存在的东西也就是潜在的,它还没有实现出来,它存在于你的目的之中。德行意识以善作为它的目的,但它还没实现出来,它还没有自为,更没有自在自为,它仅仅是自在。"和

与**存在着**的东西相对立地存在的东西", 存在着的东西就是现实的东西了。你的目的还没有实现出来, 但是它在你的心中, 每个人其实都是想要善的, 但每个人都在作恶。所以这个善就与现实存在着的东西相对立地存在着, 每个人都在做自己本来不想做的事, 为了生活, 为了要"现实一点", 不得不把善的理想抛在一边。只有德行骑士站出来为道德理想而战, 这就是与世俗的自私自利相对抗, 他明确表示善就是与现实的存在相对立地存在的东西。善的目的是你内心的存在, 那么这个内心的存在呢, 跟外部世界存在着的东西是相对立的。"但这**自在**从它的实在性和真理性来看, 毋宁就是**存在本身**", 这个自在就是善的这个自在, 也就是善作为一种自在的目的, 作为德行意识内心的一种自在的目的, 还没有通过自为实现出来的这样一种自在。但从它的实在性和真理性来看, 它毋宁就是存在本身。从它的实在性和真理性来看, 就是说客观地来看, 它的这个自在客观地来看, 其实就是存在本身。就是说, 即使你怀有善的目的, 但你也是一个存在于世的、活在世界上的一个人, 你也是存在的。你怀着一种内在的目的而存在于世, 但你自己首先还得吃饭穿衣。你想做圣人, 但你也是一个普通的人, 你也要吃喝拉撒, 你也要生活在这世界上。所以从它的实在性和真理性来看, 这个自在毋宁就是存在本身。你还是在这个世界上存在, 你以你的方式对这个世界发生着影响。我们经常讲, 某某人他"其实也是人", 当然是人啊, 不是神。你再有高尚的理想, 你也是一个存在本身。

　　自在首先是与现实性相反的**本质的抽象性**; 但这抽象性恰好是那种不真实的而仅只是**为意识**而存在的东西; 但这也就是说, 它本身就是那被称之为**现实的**东西; 因为**现实的**东西就是那种本质上**为一他者**而存在的东西, 或者说它就是**存在**。

　　这句话等于是进一步解释前面的。"**自在**首先是与现实性相反的**本质的抽象性**", 这是一个意思。自在首先, 或者是一开始, 它是与现实性相反的本质的抽象性, "本质的抽象性"打了着重号。就是说, 它不是现

存的东西, 它不是现实性, 它是本质, 它具有抽象性。现实性当然很具体
了, 但是自在, 之所以是自在, 就在于它是抽象的。它还没有实现出来,
它还是潜在的。我的生活虽然跟普通老百姓没什么两样, 甚至比他们更
差, 但是我胸怀远大的理想, 我志向很高, 我的本质比他们都高。但这个
本质是抽象的啊, 它没有实现出来之前, 它首先是一种本质的抽象性, 这
就是自在。"但这抽象性恰好是那种不真实的而仅只是**为意识**而存在的
东西", 这个抽象性恰好是不真实的, 它只是为意识而存在的东西, 它不
是现实的东西, 它只是对于我的意识而言的主观的东西, 是我的意识所
坚持的一种内心的理想。这是第二个意思。就是这个抽象性, 前面一个
意思是讲它是抽象的, 第二个意思是说它是主观的, 它仅仅是为意识而
存在的。下面第三个意思, "但这也就是说, 它本身就是那被称之为**现实
的东西**", 这是第三个意思。现在一下转过来了。前面一直在讲它不是
现实的, 与现实性相反的, 它是一种抽象的主观的东西。但是为什么一
下子就转过来说, 它本身就是那被称之为现实的东西, "现实的"还打了
着重号? 下面一句就解释了, "因为**现实的东西**就是那种本质上**为一他
者**而存在的东西, 或者说它就是**存在**"。这种抽象的东西为什么会成为
现实的东西呢? 因为现实的东西就是那本质上为一他者而存在的东西。
"现实的东西"也打了着重号, "为一他者"也打了着重号。这个"为一他
者"跟前面的讲到的"仅只是**为意识**而存在的东西"要联系起来看。为
意识而存在, "为意识"也打了着重号。这几个打了着重号的都是有联系
的。现实的东西就是那种本质上为一他者而存在的东西, 在前面, 就是
讲仅只是为意识而存在的东西。为意识而存在就是为他者而存在, 这个
他者就是说, 自在的抽象性是为了意识而存在的, 这个意识对自在来说
就是一个他者, 它是为了一个别的东西。自在作为抽象的东西, 它不是
局限于某一个人的意识之中的, 它是一种普遍的东西。德行意识嘛, 德
行意识的出发点就是那种普遍的抽象, 那种共相。但是这种共相是为意
识而存在的。那么为意识而存在就是为一个个体了, 就是我意识到了这

个共相，我坚持它，我把它当作我的理想，它只对我的意识而言才存在。那么对这个普遍的共相来说，就是为一个他者了，就已经是为他者了，因为普遍的共相不在乎你这个人那个人的意识，这个人那个人的意识对于共相来说都是他者。但是既然它在为一个他者、为一个意识而存在，那它就有了现实性，因为现实的东西就是那种本质上为一他者而存在的东西。为什么有了现实性呢？就是我怀抱这个理想，这个理想对我的意识起了作用，它是为我的意识而存在的。它为我的意识而存在，也就是为我的个体性而存在。我树立了这么一个理想，这个理想是我这个个体所树立起来的，那么它就要支配我的行为，因为意识是支配一个人的行为的嘛。它是为我的意识而存在的，它就不仅仅是停留在一种普遍共相的空中，而落实到了具体的人的意识，而为某一个人的意识存在了，那么它就已经存在了。它存在于某个人的头脑里面，它就已经有了它的现实性。意识代表个体性，虽然每个人的意识是主观的，但是对于那个普遍的理想、普遍的共相来说，当它被人们的主观意识所掌握的时候，它就具有了现实性。因为现实的东西就是那本质上为一他者而存在的东西，就是那种为他者所掌握了的东西。"或者说它就是存在"，比如堂吉诃德，他跟影子搏斗，他的行为他的举动出于他那种空洞抽象的理想，但是这个理想抓住了他的意识，支配了他的行动，他就对这个世界造成了影响，他就是这个世界中的一个现实。有一些这样的人，在现实中发生他的影响，这就是存在了。所以德行意识在坚持它的理想时，它要有这样一种自觉，它如果有这样一种自觉的话，它倒是对了。就是说，它的这种理想，要改造世界的这个理想，本身是这个世界的一种现实性。它不光是那种高高在上的理想性，它本身就是这个现实性，它要对现实的人发生作用。

但德行意识是基于自在与存在的这个区别之上的，而这个区别并不具有真理性。

就是德行意识如果意识到它自己也是现实世界中的一个现实存在，那它就会对自己进行分析了：我为什么会有这样一种理想，这种理想从哪来的, 我这种理想适不适合我今天所生存的这个现实世界。它就会提高到这个层次。但是, 它没有。之所以是德行意识, 就是因为它没有意识到这一层。所以他讲, "但德行意识是基于**自在**与**存在**的这个区别之上的", 之所以有德行意识, 就是它把自在与存在区别开来。自在不等于存在, 自在是我的理想, 它不食人间烟火; 存在是不合理的, 是肮脏的, 是必须要与之斗争的。德行意识就是基于这个区别之上的。"而这个区别并不具有真理性", 这个区别是它想象出来的, 只是表现于言辞中的区别, 只是它主观中划出来的一个区别, 这个区别并不具有真理性。它并不符合现实的世界, 并不符合世界进程的本来面目。这个是讲的德行意识。这里首先讲德行意识, 德行意识被世界进程克服了。那么为什么会克服呢, 是因为德行意识是这样的, 有这样一些特点, 那么下面再讲世界进程方面。

——世界进程本来应当是对善的颠倒, 因为它曾经以**个体性**作为自己的原则; 然而个体性是**现实性**的原则; 因为恰恰个体性是这样的一种意识, 通过这种意识, **自在的存在者**同样也是**为一个他者**而存在的;

我们先看这半句。前面是讲的德行意识方面, 这里接下来讲世界进程这方面。"世界进程本来应当是对善的颠倒", 世界进程是一个颠倒的世界嘛, 是善的颠倒, 道德滑坡, 人文精神失落, 整个世界的流氓化, 躲避崇高, 这都是善的颠倒了。世界进程本来就应当是善的颠倒, 是一个肮脏的世界, 一个脱节了的世界, 一个需要整顿的世界。"因为它曾经以**个体性**作为自己的原则", 为什么是一个颠倒的世界呢? "它曾经", "曾经"就是讲的在前面一个阶段了, 现在它已经把德行意识克服了, 但是在此之前, 它曾经是以个体性作为自己的原则。也就是在世界进程中这些人都是自私的, 每个人各自只顾自己, 都是以个体性作为自己的原则, 这恰好是德行意识要加以克服的。德行意识要牺牲个体性, 要普及, 要扩展共相, 要把它的理想在现实中普遍实现出来, 那就要牺牲个体性。一方面牺牲自己的个体性, 另一方面牺牲整个世界的个体性: 大家都不要为自己，天下为公。但是世界进程不听它这一套，天下为私，天下为个体，人为财死鸟为食亡，所以它曾经以体性作为自己的原则。"然而个体性是**现实性**的原则"，但是这个个体性又是现实的原则，就是说你要现实地对待世界进程，你就会看到，它就是个体性的。你对这个世界的眼光、看法不要太理想化，你要看到人都是自私的，这个世界上的人各顾各，没有人会为你奉献，所有的想要为别人奉献的都是挂在嘴皮上的，不要相信。所以个体性才是现实性的原则。"因为恰恰个体性是这样的一种意识，通过这种意识，**自在的存在者**同样也是**为一个他者**而存在的"，为什么个体性是现实性的原则，因为个体性恰好是这样一种意识，即意识到自在的存在者同样也是为一个他者而存在的。个体性的原则为什么能够构成现实性，就是因为它意识到自在的存在者同样也是为一个他者的。自在的存在者，那种潜在的、具有理想的目的的那样一种存在者，同样也是为一个他者而存在的，同样也是为他的。前面讲了，德行意识其实本身也是一个为他的存在者。它是为意识的嘛，它也是一个个体。自在的存在者同样也是为他的存在者，同样也是为一个个体的，我们讲屁股决定脑袋，它其实也是为他的个体，它也不是没有个体的。个体性是这样一种意识，就是它揭示出来，所有的自在存在者同样也是为一个他者而存在的，同样也有它的世俗性，也有它的个体性，也有它的生存需要。口头上你说得再好听，实际上你每天还得吃喝拉撒，那你就不能够保持自己那种自在的独立性和超然性，你就必须要跟人打交道，那就是为他的存在者了。个体性恰好就是这样一个意识，每一个人，哪怕他是自在的存在者，他也是为他的。人生天地间，人在江湖身不由己，你必须要为自己的个体来做些事情。这样一种意识就是个体意识了。

世界进程把不可转变的东西加以颠倒，但它实际上是将其从**抽象性的虚无颠倒成实在性的存在**。

"世界进程把不可转变的东西加以颠倒"，也就是说如果那种理想，你坚持到底，你不愿意转变，你不知道变通，你不知道如何把它变成现实，而始终坚持它高高在上的理想，那么这种不可转变的东西就被世界进程加以颠倒。对它来说，这个世界是一个颠倒的世界，它把不可转变的东西都加以颠倒了，所有一切坚持到底的道德原则在这个世界进程中都将要被颠覆。"但它实际上是将其从**抽象性的虚无**颠倒成**实在性的存在**"，就是这种颠倒，这种道德上的堕落，实际上是把这种不可变化的东西，这种坚持不变的道德理想，从抽象的虚无颠倒为实在性的存在，也就是指出坚持这种理想的个体实际上也不过一个俗人。你说得那么好听，你其实和我一样也是一个凡人，你的那些道德上的漂亮话其实也有它现实的目的。这就把那些高高在上的道德理想本身颠倒了，从它的抽象性的虚无底下揭穿了所隐藏着的利益考虑。

　　世界进程于是战胜了德行在与它自己相对立时所构成的东西；它战胜了以无本质的抽象性为本质的德行。

　　简单地说就是世界进程于是战胜了那个东西，什么东西，"德行在与它自己相对立时所构成的东西"。德行与世界进程相对立的时候，那就是德行在抽象的情况之下所形成的东西，这个已被世界进程所战胜了。世界进程也只能战胜这个东西，战胜那种抽象的东西，那种空洞的东西，那种虚无的东西。那个是该战胜的。那样一种东西是与世界进程相对立的，德行把自己看作清高的、高高在上的，那种东西当然应该被德行所战胜，那不费吹灰之力。因为你那个东西本来就没有现实性，所以世界进程轻而易举地就把这个东西战胜了。你想用这个东西来跟世界进程相对抗，那简直是不堪一击。"它战胜了以无本质的抽象性为本质的德行"，以无本质的抽象性为本质的德行，也就是空谈的德行。战胜了那种空谈的德行。但是不是完全就抛弃德行了，那也不一定。世界进程和德行最后的结果是达到一种互相统一，但是首先它要把德行加以扬弃，把以无本质的抽象性为本质的德行加以扬弃。

　　但是它战胜的并不是什么实在的东西，而是生造出来的一些不是区

别的区别，是奢谈人类的至善和人性的压迫，奢谈为善而牺牲和天赋的
滥用；

　　先看这半句。"但是它战胜的并不是什么实在的东西"，这个从前面
一句话已经可以看出来了，它战胜的东西其实是一个很虚的东西。它战
胜这些很虚的东西不费吹灰之力，顺便就把它战胜了。"但是它战胜的
并不是什么实在的东西，而是生造出来的一些不是区别的区别"。我们
前面讲了，德行意识是建立在这样一种言辞的区别之上的，言辞的区别
实际上是它生造出来的不是区别的区别，比如说理想和现实的区别。理
想和现实本来不应该有那么多区别，但它把理想完全和现实对立起来，
它执着于这样一个区别，就形成了它的道德意识、德行意识。所以世界
进程战胜的，是生造出来的一些不是区别的区别。不是区别的区别是些
什么呢？"是奢谈人类的至善和人性的压迫"，人类的至善这是一方，人
性的压迫是另一方。人类的至善就不能有压迫，人性的压迫就不是至善，
这是它生造出来的言辞上的区别。"奢谈为善而牺牲和天赋的滥用"，这
也是一对。为善而牺牲，把自己的天赋、把自己的才能才具、把自己的力
贡献出来，为善而牺牲，这是正面的，那么反面的就是天赋的滥用，你把
你的天赋你的才能都滥用在别的方面，甚至与善对抗，那就是恶了。你
有天赋，你有才能，但是你把它用来作恶，不是为善而牺牲，而是滥用来
为自己谋私利，为了实现自己的野心。这两方面是势不两立的，一个善，
一个恶，这是一种区分。这些东西被世界进程所战胜，在世界进程那里，
人类的至善和人性的压迫是统一的，没有压迫就没有文明的发展。为善
而牺牲听起来很高尚，但实际上是天赋的滥用，这两者在世界进程那里
也是统一的。在历史上真正地为善而牺牲的，不是那些空谈家，而是比
如说拿破仑这样的人，他推动了历史，然后他自己被流放到赫勒拿岛上，
最后死于流放，这不是牺牲了吗？但是他同时又是天赋的滥用。他有天
赋有才能，他把它用来实现个人的野心。拿破仑绝对谈不上有什么崇高
的理想，他就是为了自己个人的野心滥用自己的才能，但是他客观上起

了推动历史的作用啊，所以他才是为善而牺牲。这个是德行意识所不可想象的，在德行意识看来，这两者是绝对势不两立的。所以是"奢谈"。

——诸如此类的理想的本质和目的以清谈而误事，<u>这些清谈抬高本心，架空理性，有建设而无建树；这些夸夸其谈所说出的只有这样一个内容是确定的：那假装是为了这样一些高贵目的而行动并满嘴这种卓越的空话的个体，是把它自己当成了一个卓越的本质，——这是一种吹嘘，它使自己和别人都头脑膨胀，而这种膨胀却是出于虚骄自大。</u>

句号到这里才打上。"诸如此类的理想的本质和目的"，哪些理想的本质和目的？ 就是世界进程所战胜的这样一些理想的本质和目的。这些理想的本质和目的"以清谈而误事"。我们讲"空谈误国"，这里不一定是误国了，就是清谈，以空谈而误事。"这些清谈抬高本心"，把本心抬高，抬得很高。我们中国人喜欢讲"诚"，本心就是诚嘛，反身而诚，把本心抬得高高的。"架空理性"，把理性架空。抬高本心就是诉之于自己内在的情感，自我感觉良好，这个是最神圣的。情感是最神圣的，而理性，虽然也讲理性，但是实际上不用，把理性架空。"有建设而无建树"，不断地在建设，但是什么也没建起来。"这些夸夸其谈所说出的只有这样一个内容是确定的"，就是这样一种夸夸其谈，你实际上表达出来的真正的意思是什么呢，就是这一点："那假装是为了这样一些高贵目的而行动并满嘴这种卓越的空话的个体，是把它自己当成了一个卓越的本质"，实际上是一种标榜和自我炫耀。说来说去只有一点是确实的，就是把自己当成了一个卓越的本质，你自我感觉太好，有种道德上的卓越感。你说这说那，无非就是要表白你自己大公无私，你自己境界很高，占领着道德制高点。你很清高，你看不起小人，看不起世俗，无非就是要表白这一点。这些都是空话嘛。所以这些夸夸其谈的内容，无非是假装自己是为了这样一些高贵目的而行动。实际上自己当然也知道这些高贵的目的是不可能实现的，之所以要标榜自己是为了这些高贵的目的而行动，无非是要说，你看我是一个多么好的人，我是一个多么高尚的人，我是一个脱离了低级趣味的人，我是一个有益于人民的人，无非是要标榜这一点。这是一切"左"倾机会主义者的写照，他们把自己当成了圣人，并以圣人的标准去要求一切人，以便获得从上到下批评别人的权力。"这是一种吹嘘，它使自己和别人都头脑膨胀，而这种膨胀却是出于虚骄自大"，这实际上是吹牛嘛，明明知道做不到，却以此来自我标榜，使自己和别人都头脑膨胀，把自己吹胀得很大，脱离了自己实际的情况。但是他们每一个人都觉得自己非常高尚。我们只要到网络上看一看，看看那些跟帖我们就知道，那些所谓的爱国者，当他们发表那些爱国言论的时候，每个人都觉得自己无比地高尚。在日常生活中他就是一个微不足道的人，一只蚂蚁，人家一个指头就可以把他捏死，但在网络上突然就高大起来了。他是一种享受，你不要以为他真的是要实践他的爱国言论，他是在自我享受。你看，我可以骂这个骂那个，表现出我自己比所有人都高尚，所以这是一种头脑发胀。这种头脑膨胀是出于一种盲目的虚骄自大。这是一个意思，世界进程战胜了这样一些德行，这样一些德行实际上是虚假的，奢谈什么人类的至善人性的压迫等等，其实说出来的只有一个内容，那就是自我标榜、自我感觉良好，一拿到现实中就会露馅。下面是另外一个意思。

——古代的德行曾经有它一定的可靠的含义，因为它在人民的**实体里有它内容扎实的基础**，并以一种**现实的、已经实存着的**善作为它的目的；因而它当时也不是针对那作为一种**普遍的颠倒**的现实性的，不是针对一个**世界进程**的。

"古代的德行"，前面讲到世界进程战胜了德行，那么这种德性是什么样的德行呢？是这样一种古代的德行，比如说骑士精神。中古时代的骑士精神"曾经有它一定的可靠的含义"。我们中国的儒家伦理也是这样，儒家伦理在历史上曾经有它一定的可靠的含义。"因为它在人民的**实体里有它内容扎实的基础**"，人民的实体，黑格尔这里说得很抽象，其实我们可以把它理解得很具体，就是它跟当时的社会生活、历史条件、时代精神紧密相连，它是适合于那个时代所产生的一种精神。黑格尔在这里已经有一点历史唯物主义了。"并以**一种现实的、已经实存着的**善作为它的目的",当时的比如说骑士精神,它是以一种现实的、已经实存着的善作为它的目的。它在当时是那个特定时代的产物,以至于产生出那么多骑士小说,满足了当时人们的需要,有那么多人喜欢去读,跟那个时代的精神氛围是一致的。到了塞万提斯的时代,到了他写《堂吉诃德》的时代,这种精神早就过时了,那是骑士精神的衰微,骑士精神最后的一个音符。但在古代,它是有它的基础的,是针对现实中已经存在着的某种善的理解的。"因而它当时也不是针对那作为一种**普遍的颠倒**的现实性的,不是针对一个**世界进程**的",这是跟现在对比了。就是在当时,骑士精神所面对的也不是像今天那样一个普遍颠倒的现实性,不像堂吉诃德所面对的那样,整个现实在他的德行面前都是颠倒的了。他出门随便碰到一个什么东西,风车,猪和绵羊等等,他都用一种颠倒的眼光把它看作是一个颠倒的现实。在中世纪的时候没有那么多颠倒,整个世界跟骑士精神是非常符合的,他会到处遭遇到一些和他一样的骑士,而不必和那些日常事物打交道。现在他的骑士精神没有用武之地了,只能发泄在那些日常事物身上。所以骑士精神的产生有它一定的时代的土壤,历史的基础。而在堂吉诃德的这个时代,那个时代已经过去了。那个时代当时并不针对一个普遍颠倒的现实,也不针对一个世界进程,当时的骑士精神的道德意识面对的还是一个静止的世界,它跟那个时代的精神是融为一体的。但是由于世界进程后来往前进了,所以古老的道德就显得跟这个世界进程格格不入了,于是在古老的道德的眼光里面,这个世界进程就是一个完全颠倒的世界了。这跟我们今天很相像。我觉得黑格尔写这些话的时候,跟我们今天所处的是同样的时代,里面几乎句句都在讲我们今天的现实。我们古老的道德,今天想把它恢复起来,你要站在这样一个立场上,你就会觉得今天的世界一无所取,我们最好是回到古代,回到清朝,至少回到"文革"。回到"文革",那这个世界就顺了,而现在商品经济、改革开放,整个都是颠倒的,都在走邪路。当然我们今天看起来,"文革"是一个逆历史潮流而动的颠倒的世界，但是在当时的人们看起来，那是一个非常顺理成章的世界，那是无产阶级的天下，要拯救世界三分之二的受苦人，实现世界一片红。这个在理论上、在言辞上是无懈可击的，我们发表的"九评"，谁也驳不倒，在那时你是醒不过来的。而且直到今天，我们也没有从理论上把那个东西扭过来，所以它还有复活的可能。黑格尔在这里回想起了古代的德行，古代的德行它不是针对一个世界进程而来，它就是在那个静止的世界里面自然生长起来的，就像我们的儒家伦理，就是在那个自然经济的基础上自然生长起来的，大家都觉得应该是这样，没有哪个觉得这个世界颠倒了。就算底下的那些执行者或者是某些坏人搞颠倒了，但是有皇帝在啊，我们可以把希望寄托于清官啊，这个世道还是有"天理"的嘛。而我们今天的世道"没有天理"了，所以激起一大批堂吉诃德起来"救世"。

但现在所考察的德行却从这实体脱离开来，是一种无本质的德行，{213}　一种缺乏那个内容，仅仅是表象和言辞的德行。

现在所考察的德行从这个实体脱离开来了，骑士精神从它当年产生的那个土壤中脱离开来了，或者说当年的那个土壤已经一去不复返了，那么骑士精神就成了一个孤魂野鬼了，就游离于社会现实之外了。它"是一种无本质的德行，一种缺乏那个内容，仅仅是表象和言辞的德行"。我们儒家伦理也是这样，儒家伦理今天已经脱离了它的自然经济的基础，我们今天已经没有自然经济了。那么儒家伦理体现在什么地方呢？体现在表象和言辞之上，儒家伦理是用来说得好听的。因为我们中国人还有传统观念嘛，传统表象说起来是很好听的，但是就仅此而已。什么孝啊，什么忠啊，什么仁义礼智信啊，这一套东西都是停留在言辞上面，作为儒家伦理的一个整体的体系，它已经脱离了它的实体。当然不排除它里面的个别命题，个别的思想，我们可以抽象继承，但是作为一个儒家伦理的体系，你把这些命题放在那个体系里面，它是整个过时了的。

——这些与世界进程作斗争的空谈，只要请它说出它们这些空话究

276

竟有什么含义,它们的空洞性马上就会暴露出来;——所以这些空话就 **被假定为众所周知的。** [259]

"这些与世界进程作斗争的空谈",我们今天很多人批判当代的腐败现象,当代的各种各样的不合理的现象,与世界进程作斗争。作斗争有多种方式,一种是向前的方式,就是高扬普世价值和启蒙,另一种是向后的方式,就是恢复传统伦理。它们都与世界进程作斗争,这里讲的是这种向后的斗争,它是与世界进程作斗争的空谈,就是不愿意世界进程往前进,想把它拉向后退的这样一种空谈。那么"只要请它说出它们这些空话究竟有什么含义",比如说你儒家伦理究竟有什么含义?孝道啊,忠啊,现在没有君王了,你忠于谁?以前孝子可以养老,现在独生子女,一个人要养四个老人,可能吗?空话有什么意义嘛,天地君亲师,三纲五常,君为臣纲,你不是空话吗?你把那个含义说出来嘛!一旦说出来,"它们的空洞性马上就会暴露出来,——所以这些空话就**被假定为众所周知的**",那就不要说了,大家都知道的,众所周知,无非就是诉之于人们头脑里的传统观念了,或者是情感了。虽然君王不存在了,但是对君王的那种效忠的心理还存在,对上级就要像对君王一样忠。这些都是众所周知的,但是你不能说出来,都是潜规则,是可做而不可说的。

假如要求把这种众所周知的东西说出来,就会要么用新的一波空话来搪塞,要么援引本心来与之相对抗,说本心会**内在地**说出它们的含义,也就是说,这将会承认**实际上**说出**这种含义**的无能。

"假如要求把这种众所周知的东西说出来,就会要么用新的一波空话来搪塞",这是一种选择,要么换上一套新名词,换上一套西方来的名词,新瓶装旧酒;要么,"援引本心来与之相对抗",那些新名词都是空话,不如援引本心,这个是我们中国人最喜欢做的,动不动援引本心,援引情感。你要小心,不要伤害中国人的情感,这个是最有说服力的,因为一谈到情感就没有办法说了。但明明没有说出什么道理来,却感到自己已经内在地说出了它们的含义。"说本心会**内在地**说出它们的含义,也就是说,这将会承认**实际上说出这种含义**的无能",实际上等于承认自己在说出这种含义上的无能。"实际上"打了着重号,"内在地"也打了着重号。你没有办法实际上说出来,你只能在内心内在地说出来,只能在潜规则里面说出来,而不能在明规则里面说出来,或者说只能做不能说。有些东西你可以写在法律上,但是写在法律上的东西你可以不遵守,而你遵守的是内在的东西,是没有写出来的东西。所谓实际上说出来这种含义,就是一种明规则。你要采取法律的方式把它规定下来,那才是说出来了,就具有可操作性了。你不能只讲情感,只讲本心,而不讲道理。但是本心这个东西怎么能够用法律来规定呢? 即使规定了也是假的,规定要爱你的父母,法律上规定你要爱你的妻子? 那怎么可能呢。传统的道德都是诉之于潜规则,在明规则上面要诉之于法律,它就无能了。所以儒家伦理是反对法律的,从它的本心来说最好是没有法律,都靠潜规则来解决问题,那就是一个大同世界了。那就不用说了,各人凭良心,各人凭自己的情感,不忍人之心,恻隐之心,这个社会将多么和谐啊,不用打官司了。但实际上当然是做不到的。

——那些空谈的毫无意义在我们这个时代的教养看来,哪怕以无意识的方式也显得是确定无疑的了;因为由于那种空话连篇以及借此来装腔作势的方式,所有的兴趣都被空耗掉了;这种丧失兴趣表现在它仅仅造成了无聊。

黑格尔批判他的时代也批判得够狠的。"那些空谈的毫无意义",那些空谈在今天看来是毫无意义的。"在我们这个时代的教养看来","教养"我们前面多次提到,特别在导言里面序言里面都提到了,时代的教养。我们今天已经经过了这么多,应该有点教养了。在我们的国民性里面、在我们的民族性格里面应该有这一层教养了。历史就是给人提供教养的嘛,我们经过了这么多,这个教养应该有了。在这种时代的教养看来,"哪怕以无意识的方式",哪怕没有专门研究过,哪怕你不是搞理论的,但是我们有了这么多的历史教训,我们有了这么多的历史经验,我们什么都经过了,"反右"也经过了,"文革"也经过了,这种"左"的道德空谈的毫无意义"也已经是确定无疑的了"。我们可以看到现在确实是这样,老百姓虽然没有意识到这一点,虽然是以无意识的方式,但是,觉得那些空谈是毫无意义的。今天的道德宣传完全是空谈,有可操作性吗? 还要给老百姓个人建立道德档案,给百姓建立道德档案,每一个老百姓若是不道德你就把他怎么样呢? 你把他关进牢房啊? 这都是缺乏教养的表现。"因为由于那种空话连篇以及借此来装腔作势的方式,所有的兴趣都被空耗掉了,这种丧失兴趣表现在它仅仅造成了无聊",当然无聊也是一种兴趣,我们可以用来娱乐,用来恶搞。我们这里特别强调,黑格尔的历史感就表现在这个地方,所有这些事情经过了,它就成了教养。一个民族要有记性,你经过了的东西你要记住。如果连惨痛的教训都能够忘记,这个民族就是没有出息的民族,是永远在原地踏步的民族。

于是从这种对立中产生出来的结果就在于,意识让那有关一种**自在的**还不具有任何现实性的善的表象如同一个空洞的外壳那样蜕去了。

"于是从这种对立中",前面讲了,世界进程和德行意识相互对立,世界进程战胜了德行意识,但是战胜了德行意识是战胜了那些空话。那么从这种对立中"产生出来的结果就在于",结果是什么呢,就是:"意识让那有关一种**自在的**还不具有任何现实性的善的表象",那种自在的善的表象,既然是自在的,当然就还不具有任何现实性了,不具有可操作性了,不具有与这个时代相吻合的性质了。这些善的表象"如同一个空洞的外壳那样蜕去了",那些传统的道德楷模,我们今天还不愿意把它当作一个空洞的外壳蜕除掉,还把它穿在身上,是不是太小了一点。

意识在它的斗争中已经取得的经验是,世界进程并不像它当初看起来那样坏;因为世界进程的现实性就是普遍的东西的现实性。

在德行与世界进程的斗争中,我们的意识已经取得了这样一种经验,《精神现象学》最看重的就是意识的经验。什么经验? 就是"世界进程并

279

不像它当初看起来那样坏，因为世界进程的现实性就是普遍的东西的现实性"。我们现在发现，世界进程最开始看起来很坏，流氓化，道德理想滑坡，躲避崇高，渴望堕落，这就是世界进程。每个人的自私自利都要追溯到"人性是自私的"。20世纪80年代赵林参加"潘晓的讨论"，就是："人生的路为什么越走越窄"，赵林在《中国青年》上写了一篇文章，鼓吹人都是自私的，结果后来挨批、挨整，当然后来也没事了。就是人们一旦发现人都是自私的，那这个世界就是很坏的世界了。我们原来认为人的本性都是无私的，所有的私心都是因为受到了外来的影响；现在人性都成了自私的，那岂不是一个很坏的世界了吗？但是我们在这场斗争中现在取得了这样一种经验，就是世界进程并不像它最初看起来那样坏。人都是自私的又怎么样呢？天不会塌下来。知道人都是自私的，反而可以把那些虚伪的道德说教去掉，把那些停留在言辞上的德行意识的空话去掉，那些空话是遮蔽我们的理性的，奢谈道德对于改变现实一点用处都没有，都是些脱离现实的过时了的东西。所以世界进程不像它当初看起来那样坏，我不过就是自私一点嘛，谁不自私啊？"因为世界进程的现实性就是普遍的东西的现实性"，世界进程的现实性是什么呢？人都是自私的，这就是普遍的现实性。这个东西本身应该是道德的现实目标，比如我们今天讲民生，要关注民生，民生是什么？民生就是每个人为自己谋利益，不就是自私吗？这是普遍的东西，这就是普世价值。不是少数人，而是每个人都能够满足自己自私的愿望，这就是普遍东西的现实性。这种满足不是损人利己，而是大家共赢，否则就不是普遍的了。每个人都有追求自己的利益的平等权利，这并不像当初看起来那样坏啊。

意识借这个经验而抛弃了那种通过**牺牲**个体性来产生善的做法；因为个体性正是自在存在着的东西的**现实化**；而颠倒也就不再被看作对善的一种颠倒，因为这种颠倒毋宁恰恰是把作为一种单纯目的的善颠倒为现实性；个体性的这种运动就是普遍东西的实在性。

"意识借这个经验"，也就是凭借我们刚才讲到的意识在斗争中取得的经验，"而抛弃了那种通过**牺牲**个体性来产生善的做法"，"牺牲"打了着重号。通过牺牲个体性来产生善，这种传统德行意识的做法已经被抛弃了。我们今天也是这样，当然大公无私、舍己为人、自我牺牲的人还有，但是你不能用这个东西来要求所有的人，以此来实现善。通过牺牲个体来产生善的做法已经被抛弃了，"因为个体性正是自在存在着的东西的**现实化**"，自在存在着的东西就是你的本心，是你的本性，它实现出来就是个体性。每个人自在地就是为自己的，你说自私也好，你说个人主义也好，你说个体主义也好，总而言之，每个人的自在一旦实现出来，那只能是个体性的。人都是个体的，不可能有一个群体的人，不可能有一个共相的人，不可能有一个抽象的无己之人。雷锋也是很具体的，他也要讲享受，他也很喜欢舒服，他也有虚荣心，因为他也是一个个体。自在存在着的东西一旦现实化，那就是个体性了。"而颠倒也就不再被看作对善的一种颠倒，因为这种颠倒毋宁恰恰是把作为一种单纯目的的善颠倒为现实性"，颠倒就不再是对善的颠倒，因为这颠倒恰好是善本身的一种实现，善必须以一种颠倒的方式实现出来。直接实现出来是不可能的，那是抽象的，但是它可以通过一种颠倒的方式实现出来，颠倒为个体性。因为这种颠倒恰恰是把作为一种单纯目的的善颠倒为现实性，作为一种单纯目的的善是高高在上的，那是架空的、不现实的，单纯的目的是抽象的，不具有可操作性。但是经过颠倒，它就会被颠倒为现实性。就是说你不要太清高，你要让每个人追求自己的私利，追求自己的野心，追求自己的名望，这个都是世界进程本身中的一种正常的现象，你要宽容。而你的善，你的那种潜在的目的要实现出来，也只能通过这种方式，让人们追求自己的利益，使这种追求普遍化，也就是根据自由平等原则形成法制。这样一来，你心目中空想的那种善才有可能变成现实，而这个颠倒的世界既然有这样一种作用，那它岂不就是善吗？这个世界进程岂不就是善了吗？所以世界进程并不是初看起来那么坏，而是恰好相反，它就是善的实现。离开世界进程，那个善永远是高高在上的空话。所以，"个体性的这种运动就是普遍东西的实在性"，普遍的东西，共相，理想，脱离了个体性的运动就是空话，就是抽象，只有个体性的这种运动才是普遍东西的实在性。普遍的东西要实现出来，必须要通过个体。

刚才讲德行和世界进程在斗争中发生了颠倒，占据道德制高点的德行成了空话，成了虚伪的自吹自擂，而被视为道德沦丧的世界进程反而成为善的目的实现出来的现实途径，它战胜了德行。这表明德行和世界进程的关系必然从它们最初的位置上发生一种互相颠倒，或者说善的现实方式就是要颠倒，颠倒才是善，对善的颠倒才是善。用我们通俗的话来说，私才是善，公是恶。我们讲公私关系，在今天的公私对立中，公就是恶，公就是腐败嘛，而私才是善，私就是权利，私就是人权。或者说，只有维护私人人权的公才称得上是善的，这种公不是要放弃私，而正是从私中生长出来的，公私不是对立的。所以这种颠倒是正当的，这种颠倒才是世界进程，才是真正的善的一种实现过程。当然原来最开始公是善，私是恶，这个在几千年的中国历史中都是这样的，这个也无可非议。因为在当时的社会条件、历史条件下，人们指望一个圣人、天子出来维护一个"天下为公"的社会，最好是不要有任何个人私心，由国家来安排自己的一切，什么选贤与能，老有所终，壮有所用，幼有所长，鳏寡孤独残疾皆有所养之类，这就是大同理想。而今天，我们颠倒过来了，公变成了恶，私变成了善，这是世界历史本身的颠倒，只是我们的观念还没转过来，所以我们就觉得今天这个世界是一个颠倒的世界。其实我们这个世界是一个很正常的世界，各个国家民族都经历过，西方发展到今天的民主社会，都经过这样一个过程，这是一个正常过程，不是什么颠倒。所以黑格尔要为颠倒正名，说颠倒不是什么坏事。

但实际上，这样一来当初那种作为**世界进程**而与自在存在者的意识对立着的东西，同样也被克服而消失了。

这又是从另外一方面来说了。前一方面就是说，善的东西、德行最初与世界进程相对立，它被世界进程克服了，或者说它的那种对立的形态被世界进程克服了，因为它在对立中形成的那种空话，那种假象，那种虚伪的东西，肯定要被现实的世界进程所克服所抛弃。那么反过来说，另一方面，世界进程也被克服了，世界进程的那种与自在存在的意识、或者说与德行意识对立的东西，同样也被克服而消失了。这个其实刚才已经讲到了，世界进程并不像初看起来那样坏，这意味着什么，意味着世界进程初看起来显得很坏的那一方面其实随着世界进程的进一步发展，也被克服而消失了。世界进程不再坏了。它看起来坏只是由于跟那一套陈旧的德行意识相对抗，显得很坏。"但实际上，这样一来当初那种作为**世界进程**而与自在存在者的意识对立着的东西，同样也被克服而消失了"，就是世界进程也用不着去专门与德行意识相对立。德行意识就是自在存在者的意识，世界进程的那种自私性其实本身就自在地存在有德行意识，你只要让那些自私的个体正常地发展起来，它里面的潜在的德行就会得到培育，而那种狭隘的自私性也就被战胜了。世界进程是自私的，因为世界进程的本质就是个体性嘛；但是，世界进程把德行意识克服了以后，它自己倒是变得不自私了，变成普遍的东西了。你自私人家也自私，人人都自私，每个人都有自己的权利，而权利是普遍的，权利不是特权，是公权，是大家的权利，每一个人都有权利。那么你作为一种不道德的东西跟这个道德意识相对立的这种自私，在世界进程中同样也被克服而消失了。你争你个人的权利，不是为了个人，而是为大家。也许当事人自己没有意识到，他认为就是为了自己，我吃亏太大，我不能接受，但是他没有意识到，他争自己个人的权利就是为他人争权利。而反过来说，为他人争权利也就是为自己争权利。所以当他们为自己个人争权利的时候，反倒显出某种崇高，包括那些拆迁自焚的，都显出某种崇高啊。我们现在都要躲避崇高，是躲避那种空话，但是现实中发生的崇高你们见到没有？每个人在争取自己的权利的时候，就有一种崇高，就有一种尊严，他是在为我们大家争权利啊！这就有一种道德性，他实际上不是光为自己。

那些人为了争取自己的私权利而献身而牺牲,他们是英雄啊。当然他也是为他自己,他属于吃亏者。所以在这个里头才有真正的崇高产生出来。而那种自私性在世界进程中也被克服而消失了,或者说是被扬弃了。

个体性的自为存在在那里曾经是与本质和普遍对立着,并显现为一种与**自在存在**分离开的现实性。

"个体性的**自为存在**",个体性为自己,当然也就是个体性的自私了,"在那里曾经是与本质和普遍对立着"的,自私当然就是与大公无私相对立的了,是与普遍的道德意识相对立的了,这就是前面讲的公私对立。"并显现为一种与**自在存在**分离开的现实性",你那种自在的理想,你自在的那种潜在的目的,是与你的个体性分离开的,个体性是一种现实性,好像它是谈不上什么崇高性的,你为了自己个人的私利,那种现实性不是刁民的现实性吗?这和你的自在的普遍本质是相分离的,这种本质被表现为一些空话大话。当然这里是用的过去时,曾经是那样,但这种情况已经属于过去了。

但既然现在已经显示出,现实性与普遍的东西是处在分不开的统一体里,那么世界进程的自为存在就证明自己正像德行的自在只不过是一种看法一样,也不再存在了。

前面讲的那种对立是以前的那种情况,即个体的自私曾经是与本质和普遍对立着的,显现为一种与自在存在分离开的现实性。"但既然现在已经显示出",这里用的是现在完成时,就是说当世界进程把德行意识克服了以后,现在就显示出来,"现实性与普遍的东西是处在分不开的统一体里"。这里现实性就是个体的自为存在的现实性了,个人的自私自利的、自私的那种现实性,它与普遍的东西是处在分不开的统一体里。现在已经显示出来了这一点,就是个体性和普遍性已经统一了。"那么世界进程的自为存在就证明自己正像德行的**自在**只不过是一种**看法**一样,也不再存在了",这句话缩短一下:那么世界进程的自为存在就证明自己不再存在了。世界进程的自为存在也不再存在了,"正像德行的自在只不过是一种看法一样"。德行的自在只不过是一种看法,这个是在世界进程那里已经被揭示出来了,已经被战胜了。德行意识只是一种言辞上面的区别,既然是言辞上的区别,世界进程要战胜它就轻而易举了,不听它就是了,你说你的,我不听就够了,就已经把它战胜了。德行意识只是你的一种看法,那德行就不再存在了,它只存在于你的看法里,不是真正的存在了。而同样,世界进程的自为存在,也证明自己不再存在了,它也只是我对自己行为的一种看法。我自以为我的行动是自私的,其实并不是。一旦它把德行意识战胜了以后,它自己作为一种自为存在,也就不再存在了。德行的自在不存在了,世界进程的自为存在也不存在了。也就是德行本来是代表自在的方面,世界进程是代表自为的方面,两方面互相斗争。但是一当世界进程把德行的自在战胜了以后,那么它自己的自为也就不存在了,也就被战胜了。这个胜负都是双方的,双赢或者双败,双方都战胜了对方,双方又败于对方,双方都同归于尽。德行的自在在世界进程里面输了,它的自在已经不再存在了;但与此同时,世界进程的自为存在也不再存在了,在这方面它也输了,原来那种意义上的世界进程也输了。当然实际上两方面都没有输,两方面都把自己的那种孤立状态扬弃掉了,两方面都向对立方面转化,都把对立方面吸收为自己的一个环节,来补充自己原来的片面性。世界进程的片面性就是自为,就是每个个体性都是为自己,这个片面性已经被战胜,也不再存在了,因为为自己就是为大家。

　　世界进程的个体性尽可以认为自己在**自为地**或**自私地**行动着;但它比它所认为的要好,它的行为同时是**自在**存在着的**普遍的**行为。　　[260]

　　这句话很关键。"世界进程的个体性尽可以认为自己在**自为地**或**自私地**行动着",就是世界进程的个体性,它当然可以认为自己是自私的,它是为自己的,"但它比它所认为的要好"。他自己认为他是自私的,在世界进程中,在世俗生活中,你去问一下每一个小小老百姓,他都会这样说,我不过是为了赚点钱嘛,我没什么远大的理想,我就是为了生活,家里有老婆孩子，我要养家糊口，小孩子要上大学，还有老人要看病，他无非就是谈这些东西。他认为他自己是自私的，是自为的。这就是广大的老百姓，这就是我们的人民。什么是人民，人民就是这些人，就是这些每天为自己的生计而奔波的人，而不是那些满口仁义道德的人。但是人民的含义不仅仅是如同他们自认为的那样像动物一样生存的人，他们要比他们自认为的更好。所有的善都是从这里头产生出来的，都是从这些小小老百姓里头产生出来的。"它的行为同时是**自在**存在着的**普遍的**行为"，每一个小老百姓，他的行为就是一种普遍的行为。所有人都在为自己谋生，这是他们最真实的生活，李贽当年谈到跟那些贩夫走卒交谈，生动有趣，你会发现他们谈的都是实实在在的事情，不讲空话。所谓"治生产业"，就是他们的生产、经商，他们的谋利，他们的发财，这就是他们的日常生活。但他们的行为同时是自在存在着的普遍的行为，之所以自在存在着，就是他们没有意识到他们的存在，没有意识到他们的行为具有那样的普遍性。你在谋生，人家也在谋生，所有的人都在谋生，这就是民生，是一种普遍的行为。而从民生派生出民主、民权，这就是一种普遍的理想了。我们讲安居乐业，一个社会的理想就是人人都能够安居乐业，耕者有其田，居者有其屋，而要保证这一点，就必须有民主和民权。这就是自在存在着的普遍的行为。

　　如果它是自私自利的行动，那只是它不知道它的所作所为；而如果它肯定一切人都在自私自利地行动，那只是在断言，一切人对这行为是什么都毫无意识而已。

　　"如果它是自私自利的行动"，个体性自己认为它是自私自利的，我就是为了我自己，我就是为了多赚点钱。但是，"那只是它不知道它的所作所为"，它看不出它的所作所为里面有什么样的普遍意义，有什么样的自在存在的意义。"而如果它肯定一切人都在自私自利地行动，那只是在断言，一切人对这行为是什么都毫无意识而已"，每一个老百姓在这一点上都很现实，就是我要赚钱你也要赚钱，我知道所有的人都是为了谋私利,人不为己天诛地灭,人为财死、鸟为食亡,在成语和俗语里面早就已经体现出来这一点,这是广大老百姓的共识。说起来很难听,其实就是我们今天讲的民生。要关注民生,关注老百姓赚不赚得到钱,是不是会受到损失。"3·15"打假,食品药品监管这些东西,都是为老百姓服务嘛。为老百姓服务无非就是让他们赚得到钱嘛,为了让他们能够谋生嘛。但是他们在赚钱的时候,他们这个行为是什么,有什么普遍意义,他们毫无意识,只有哲学家才能看得出来,他们这种行为是历史的进步。我们今天已经可以不怕人家说我自私自利了,你不也是自私自利吗?你不也是为了自己赚钱吗?我们不再用道德的大帽子压人了,这就是历史的进步。从"文革"走出来以后,改革开放无非就是发挥广大群众的积极性,什么积极性?赚钱的积极性。但他们没有意识到自己行为的历史意义,没有意识到它的普遍的意义,尤其没有意识到它的道德意义。赚钱是有道德意义的,英国经济学家亚当·斯密早就指出这一点,他的《国富论》和《道德情操论》表明,赚钱是一种道德行为,它是有利于人类的,不光是有利于自己。它是要靠你自己发挥你的主动性去劳动,去操劳,在你辛苦操劳的时候你为自己谋利益,克制自己浪费和奢侈的欲望,无形中也为人类谋了利益,这是一种道德行为。辛苦地劳动、操劳是一种道德行为。当然老百姓不认为这是道德的,他认为我为自己的利益考虑,有什么道德不道德,那是没有办法。他们不会意识到这一层。但是,作为哲学家来说,他应该看出这一点。在黑格尔的时代,亚当·斯密的这两本书早已风靡了整个欧洲,黑格尔显然看过亚当·斯密的书,也认可他的观点。

　　——而如果它是**自为地**行动,那么这恰好导致了那仅仅只是**自在**存在着的东西成为现实性;于是**自为存在**的那个以为与自在相对立的目的——它的空乏的油滑以及它那些善于到处揭露自私自利的精明的解释,恰好和**自在**之目的及其空谈同样地也归于消失了。

　　"而如果它是**自为地**行动",如果它是自私的行为,"那么这恰好导致了那仅仅只是**自在**存在的东西成为现实性"。这就是我们刚才讲的,自为地行动,自己的辛苦操劳,本来是为了自己赚钱,为了自己生活得更好,但恰好造成了仅仅只是自在存在着的东西成为现实。自在的,指那种潜在的道德性,潜在的人性和人类合作的本性,在这种操劳中、在这种自为的活动中成了现实。这就把人的自在的本质发挥出来了,把人的理想也实现出来了。原来人性的本质、人性的理想仅仅是自在存在着的,而通过自为的活动成了现实。"于是**自为存在**的那个以为与自在相对立的目的——它的空乏的油滑以及它那些善于到处揭露自私自利的精明的解释,恰好和**自在**之目的及其空谈同样地也归于消失了",也就是造成了这样的结果,自为存在的那个自以为和自在相对立的目的也消失了。个体性的那个目的是自为的目的,它自己也自认为是自私的,是很渺小的,是与自在存在、与人类的本性、与人类的道德理想相对立的。老百姓自认为我没有什么道德,我就是要赚钱,他甚至于不讲道德,有时候还要害点人。当然过于伤天害理的事他也不敢干,他只是有点"空乏的油滑",并且喜欢以小人之心度君子之腹,善于到处揭露别人的自私自利,有种明察秋毫的细致。老百姓做生意还是很狡猾的哦。我最近正在搞装修,成天跑家居市场,装修建材市场,那你得步步小心,一不小心你就会上当。对于现实稍微有点了解的人都会知道,一切人都是自私自利的,你每一个判断和决定都要考虑他的这个盈利的目的,没有钱赚谁早起啊? 比如"3·15"的打假网站,它可以把假冒伪劣的东西公布于网站上面,你是不是可以相信它呢? 不行啊,网站也要赚钱啊,公布谁不公布谁,这个里头有巨大的利益。比如你掌握了某某厂家造假的证据,你要它公布出来,它不会公布的,它会通知厂家:我要公布了啊,你要不想公布你赶快送钱来! 到处都可以揭露这些自私自利,有时候让人真的对这个社会绝望。但是实际上,如果真的让人们能够自为地行动,不受其他因素的干扰,尤其是不受那些假道学的权力干扰,不受打着道德旗号进行的行政干预,那么事情就会起变化,这种完全自私自利的目的会逐渐消失,有一只看不见的手会在其中调节。这时候，那些到处都可以揭露出来的人的自私自利的本质，包括那种"空乏的油滑"以及这种精明的解释，就会和那些"自在之目的及其空谈"一起消失。自在之目的及其空谈也就是德行意识了，德行意识在世界进程中已经被抛弃了，人人都知道它的那些空谈只是嘴巴上说得好听，没人相信了。但现在，另一个极端即完全自私自利的解释也同样消失了，人们开始意识到赚钱谋生要通过诚实劳动，不要耍滑头，不能投机取巧、损人利己，这就走上正轨了。我们今天所遇到的这种情况还是市场经济的初级阶段，初级阶段体现为什么呢？不规范。到处都是油滑无赖，都是损人利己，不讲诚信，这个是我们现在所面临的状况。因为我们还处于德行和世界进程的战斗中，德行体现为"左"的一套，体现为用权力来压制权利；世界进程体现为改革开放和维权。正常的发展进程则会导致双方都同归于尽，就是世界进程把它的这种自私自利也扬弃了，走上了以诚信来赚钱的规范化的轨道；而德行意识把它的那些空谈也扬弃了，放弃了用道德裁决一切的制高点，而下降为经济活动中的公平原则。双方都被扬弃了，德行扬弃了它的自在，世界进程扬弃了它的自为，那么最后得出来的呢？就是自在自为的个体性，这就是下一节的标题："自在自为地本身就是实在的个体性"。这个标题怎么来的，就是从这里来。在这一场战斗中，德行把它的自在扬弃了，而世界进程把它的自为扬弃了。双方都同归于尽，于是就有了自在自为的个体性。

　　所以，**个体性的行为和冲动就是自在的目的本身；各种力的运用及各种力的表现的转换游戏就是**给这些力和力的表现提供生命的东西，它们在别的情况下会是僵死的自在，这个自在并不是一种尚未实行的、无实存的抽象普遍，相反它本身直接就是个体性的历程的这个当下和现实性。 {214}

　　这句是总结性的了，也是承上启下。"所以，**个体性的行为和冲动就是自在的目的本身**"，这里打了着重号的就是提示下面一节的主题，即个体性是自为和自在的统一。个体性的行为和冲动就是自为，但它就是"自在的目的本身"，就是道德的目的、德行意识的目的。我们知道德行意识把这种抽象的德行当作它自在的目的，但是经过这样的互相扬弃以后，个体性的行为和冲动就成了自在的目的本身，自为和自在就合并了。自在的目的在德行意识那里是一个理想的世界，天下为公，自我牺牲。其实这个根本跟老百姓没关系的，他们真正的理想是每个人要活得有尊严，要能够发挥自己的创造性。所以这里讲，自在的目的并不是一个抽象的理想社会，而是每个人的行为和冲动的发挥。所以真正的理想、真正的目的在这里，每个个体的行为和冲动、每个人的创造性，就是自在的目的**本身。"各种力的运用及各种力的表现的转换游戏（Siel）就是给这些力和力的表现提供生命的东西"**，这个回到了我们前面讲"力和知性"章的这样一些范畴了。各种力的运用本来在力和知性的第三章主要谈的是物理学里面的力和力的表现，作用力和反作用力的转化；这里是讲世界进程里面各种力的运用，以及各种力的表现的转换游戏。这个前面我们已经读到过了，力和力的表现，力和它的表现的互相转换，互相依赖。在世界进程中，这种转换游戏（Spiel）就是给这些力和力的表现提供生命的东西。各种力的运用，你的创造力，你的能动性的运用，你的自由的发挥，你的尊严，你的权利的行使，就是给这些力和力的表现提供生命的东西。这个力，前面已经讲到，能力啊，天赋啊，才具啊，这都属于力，Kraft，复数 Kräfte。力就是力的表现，力的表现也是一种力，这个前面已经讲过了。那么对这种力的运用及其对各种表现的转换，就是给这些力和力的表现提供生命的东西，就是每个个体性的行为和冲动就是干这件事情。干什么事情呢？把自己的力，把自己的天赋，把自己的才具发挥出来、表现出来并且加以转换，把它表现出来又转换为其他的力，激发起别人的天赋和才具，这样一个过程就是给力和力的表现提供生命的。"它们在别的情况下会是死的自在"，在别的情况下，就是如果抑制这种转换，将它们用某种体制固定下来，中国以前叫"重本抑末"，后来叫"计划经济"，黑格尔时代当然是农奴制了,不是鼓励这种个体性的行为和冲动,那它就被弄成一种僵死的自在了。老百姓被当作是没有自我意识、没有理想没有道德、老是有自发的资本主义倾向、需要随时割掉资本主义"尾巴"的群氓。但是在跟德行意识相互作用、最后同归于尽了以后,个体性的行为和冲动现在开始成了力和力的表现的生命,不再是死的存在了。世界进程已经活起来了,历史上的群众,人民,已经从被动的变成能动的了。以前都是被动的,以前都是被德行意识所支配的,德行意识高高在上,以皇帝为代表,以正统为代表,老百姓都是一些被动的质料,要他们干啥就干啥。但是现在呢,个体的行为和活动成了历史的主体,成了自觉的,不再是那种死的自在。所以他讲,"这个自在并不是一种尚未实行的、无实存的抽象普遍,相反它本身直接就是个体性的历程的这个当下和现实性"。这个自在,前面讲它会是死的自在,但是,由于个体性的行为和冲动现在成了自在的目的本身,它就不再是一种尚未实行、没有实存的抽象普遍了。通过个体性的这种主体能动性,它已经活起来了,已经有生命了。所以它本身直接就是个体性的历程的这个当下和现实性,已经成了历史的主体,已经成了世界进程的主体。这就是下面这个标题讲的,"自在自为地本身就是实在的个体性"的情况。为什么说个体性现在本身就是实在的,因为个体性的行为和冲动成了自在的目的,那这个自在就不再是还没有实行的没有实存的抽象的普遍了,不再像德行意识那样停留在高高在上的脱离实际的空中,相反它本身直接就是个体性的历程的这个当下和现实性。个体性的行为和冲动,千百万人的实践活动,那还不是当下的现实性? 当代中国人的维权,中国人的辛苦,建立起了这么多的高楼大厦,然后去讨薪去上访,这不是当下的现实性吗? 你不关注这个关注什么? 你鼓吹那些道德,那些儒家伦理,那不是空谈吗? 人家来讨薪,你说你们要学雷锋,这不是牛唇不对马嘴吗? 你要为他们提供一点法律支持,提供一点道德支持,这才是正事,有文化的人应该干这个事情。要告诉他们,你不是刁民,你在维护自己正当的权利。这就叫关注现实。

三、自在自为的本身就是实在的个体性

这是"理性"这一章的第三个标题，或者说第三节。观察的理性所观察的是自在的个体性，实践的理性所实践的是自为的个体性，而现在是观察的理性和实践的理性的统一，就是自在自为的本身就是实在的个体性，它既有观察的理性的认知的含义，又有实践理性的伦理道德含义，因而具有在社会普遍法则中主客观统一的含义。这一节主要就是描述自我意识如何在与其他自我意识的相互冲突中寻求普遍的理性法则，从而建立起一个有法可依的社会来的过程。当然这个法则本身也仍然是值得推敲的，它的形成和发展是下一章讲伦理精神或者说客观精神时所要仔细研究的。而在这里则还只限于提出，一个社会必须要有法，每个自我意识在实践活动中与人相处时都要求有法。这就必须调动人的认识能力来制定一些有关法的理论，而不能只停留于盲目的个人实践。只有在这种条件下，自我意识的个体性才能合理地实现自身，才具有自在自为的实在性。这种实践理性和理论理性的统一，哈贝马斯也许会称之为"交往理性"，它是一种主体间性的理性。

现在，自我意识把握到它自己的概念了，这概念当初仅仅只是我们对自我意识的概念，也就是在它自身的确定性中就有一切实在性这个概念，而它的目的与本质从现在起就是普遍东西的——天赋的与才具的——和个体性的一种自身运动着的贯通作用了。

"现在，自我意识把握到它自己的概念了"，这个也可以说是进入到了更高层次的自我意识的领域。在前面讲到力和知性，各个自为个体性之间的普遍关系在更高层次上表现了开头第三章中力和知性的关系，它跟这个德行和世界进程阶段是相对应的,当然层次不同了。那么现在,从力和知性再进到了自我意识,也就是从德行和世界进程现在开始进到了自在自为地本身就是实在的个体性。自在自为地实在的个体性,它的特点就在于,自我意识已经把握到了它自己的概念,也就是在更高的层次上已经确立了自我意识的概念。"这概念当初仅仅只是我们对自我意识的概念",当然这个自我意识前面已经讲了,前面第二节的标题就是"理性的自我意识通过自己本身而实现",就是这样一个实践的过程,通过自己本身的实践而实现。它与它前面的观察的理性相对照,属于实践的理性,实践的自我意识。观察的意识是理论的自我意识,通过自己本身而实现是实践的自我意识;那么通过理论和实践双方综合起来,现在我们要进入的是自在自为地本身就是实在的个体性,这就是理论和实践相统一的自我意识,那才是真正达到自我意识的概念阶段,也就是在社会生活领域里面达到了自我意识阶段。所以"这概念当初仅仅只是我们对自我意识的概念",就是在此之前虽然也有自我意识,但是,是"我们"对自我意识的概念,是我们研究精神现象学的人看到了自我意识的概念,但是自我意识自身还没有把握到它自己的概念。这概念是什么概念? "也就是在它自身的确定性中就有一切实在性这个概念"。自我意识在它自身的确定性中就有一切实在性,是这样的概念。自我意识不光是它有确定性,如果是它光有一个确定性,而没有实在性,那它就还没有达到自我意识,它必须意识到它和它的对象是同一的,因而它在自身的确定性中就是有客观实在性的,这才达到自我意识。但即使如此,这种自我意识也只是我们这些旁观者才能看得出来,而它自己则要么是观察的理性那样静观而没有实在性,要么是实践的理性那样行动而没有确定性。但现在的阶段则把这两方面都把握在概念中了。"而它的目的与本质从现在起就是普遍东西的——天赋的与才具的——和个体性的一种自身运动着的贯通作用了",自我意识的目的与本质现在是一种贯通作用。什么贯通作用? 一方面是普遍的东西,即天赋与才具,这个前面

293

讲了，每个个体在发挥自己的天赋和才具和力的方面都是普遍的，它们都是能动的；另方面是个体性，这是每个个体都不同的、独特的。而现在这两方面在自我意识中形成了一种自身运动着的贯通作用，这种普遍与个别的贯通就是自我意识的目的和本质。普遍的东西有现实性，现实的东西具有普遍性。德行有了现实的基础，这就是现实的公平正义；而现实的个体性也意识到了自己行为的道德性，这就是权利。这样一种自我意识，那就是真正达到一种自我意识的概念了。所以普遍的东西即天赋与才具作为能动性是人的普遍的特点，人都是追求自由的，人都是有自由意志的，人都是具有实现自己自由的能力的，这是一种普遍性；但是这种能力实现出来，用来干什么呢？用来追求个人的利益，满足个体的欲望，那是各不相同的。前面讲"天赋的滥用"，你把天赋用来追求你的野心，追求你的个人利益，好像是种滥用，好像应该为善而牺牲个体性。而现在这两者打通了，天赋就是给人"滥用"的。普遍性与个体性之间，人的这种普遍的能动性与个体性的欲望之间，形成了一种自身运动着的贯通作用。这个新的阶段就是自在自为地本身就是实在的个体性，它既有把自己实现出来的能力，同时又意识到这种实现不是单纯的图快活，不是自大狂，也不是高高在上的德行，而是合法的、合规律的行为。

　　——这种充实和贯通的那些个别环节在它们于**统一性**中配合起来以**前**，就是前此所考察过的那些目的。

　　"这种充实和贯通"，前面讲普遍的东西与个体性的一种运动着的贯通作用，那么这种贯通作用同样也是一种充实的作用，就是普遍的东西要充实以具体的内容。这种充实和贯通的"那些个别环节"，哪些个别环节呢？就是一方面是普遍性，一方面是个别性，一方面是道德理想，一方面是个体的目的，它们分别体现为快乐和必然性、本心的规律和自大狂、德行与世界进程。那些环节"在它们于**统一性**中配合起来以前"，也就是在它们被统一起来以前，现在我们已经达到统一性了，已经把它们配合起来、把它们贯通起来了，连道德理想和自私的目的都结合在一起了。但在此之前，"就是前此所考察的那些目的"。前此所考察的那些目的总的来看就是，一方面是道德理想的目的，那是高高在上的，另外一方面是自私的目的，那是下贱的，被人瞧不起的。现在自我意识的个体性把它们贯通起来了。

它们作为抽象和怪想① 已经消失了，这些抽象和怪想属于精神自我意识最初的那些陈旧了的形态，只有在本心、想象、言辞的那种被以为的存在之中，而不是在理性之中，才拥有自己的真理性，

先看这半句。"它们作为抽象和怪想已经消失了"，不管是道德理想还是自私的目的，它们其实都是抽象，因为它们都和自己的对立面割裂开来，被单独看待。再者，它们都是怪想，都是臆想出来的。道德的目的自鸣清高，而自私的目的把自己看得那么下贱，双方都相当于希腊神话中的怪物。现在它们都消失了，它们都被自我意识的概念统一起来了。"这些抽象和怪想属于精神自我意识最初的那些陈旧了的形态"，最开始当然人们都是这样认为的。道德理想多么高尚啊，而赚钱的活动多么地卑贱啊。其实都是精神的自我意识最初的形态，低级形态。注意这里首次用了一个"精神的自我意识"（das geistige Selbstbewußtsein），这一节的下面第一个标题是"精神的动物王国"，这里已经开始在为过渡到下卷一开始的"精神"而做准备了。自我意识作为自在自为的个体性，已经具有精神性了，就是不单纯是主观内在的，而且是客观的、社会性的。但是，当人们的见识还不高的时候，在刚刚进入到精神的自我意识的领域即社会生活领域时候，他们就采取了这样一种抽象和怪想来设想自我意识。而现在它们属于一种"陈旧了的形态"，因为它们"只有在本心、想象、言辞的那种被以为的存在之中，而不是在理性之中，才拥有自己的

---

① 怪想，原文为 Chimären，古希腊神话中狮头、羊身、蛇尾的吐火女怪，音译为"喀迈拉"。——中译者

真理性"。只有在本心、想象和言辞中，——一个是本心，本心的规律，一个是想象，幻想，一个是在言辞，口头上，作为对照的当然是自大狂和被颠倒的世界进程——只有在这些被以为的存在之中才拥有自己的真理性，但不是在理性中拥有自己的真理性。这个地方出现了理性，因为整个这一章都是在谈理性嘛，从观察的理性到实践的理性到自在自为地本身实在的个体性，最终都要归到理性上来。但是所有这些初级阶段都不是在理性之中才拥有自己的真理性，它们都被理性本身扬弃了。作为历史的发展阶段，作为精神现象，意识的经验科学，它们在每个阶段上都有其真理性，但是在理性之中并没有自己的真理性。这个"理性"是点睛之笔，就是点到了这个主题。我们现在谈的都是理性，都要站在理性的层次上面来看问题。

　　理性现在才试图自在自为地确立它自己的实在性，不再力求把自己只是当作与直接存在着的现实性**相对立**的**目的**而产生出来，而是把范畴本身当作了自己意识的对象。

　　前面讲那些环节"不是在理性之中"拥有自己的真理性，那么现在无疑是在理性之中了。"理性现在才试图自在自为地确立它自己的实在性"，现在不同了，我们已经到了一个比较高级的阶段，自我意识已达到了它自己的真理性了。所以理性现在试图自在自为地确立自己的实在性，注意一个是自在，一个是自为，自在自为这两个概念连起来了。前面一直是分开的，德行是自在地，世界进程是自为的，都没有达到自在自为。只有当双方都同归于尽了以后，那么新生的自我意识才进入到了自在自为。当然还只是"试图"自在自为地确立自己的实在性，它也要经历一个过程。但毕竟理性开始进入到确立其实在性的过程了。以前观察的理性也好，实践的理性也好，始终都没有能够确立起理性的实在性，因为理性的实在性必须要通过自在自为的个体性来实现，但是以往的个体性要么是自在的，就是德行意识，要么是自为的，就是世界进程中自私的个体，始终没有达到自在自为。而理性现在"不再力求把自己只是当作与直接存在着的现实性相对立的**目的**而产生出来"，不再力求，也就意味着以前都是力求把自己只是当作与现实性相对立的。理性和现实性相对立，而现在呢，不再是这样了。那么现在是什么样的呢？现在理性本身就是现实性，而现实性本身就是理性的，因为我们已经进入到社会和法制领域了。黑格尔《法哲学原理》里面一开始就讲，"凡是合理的都是现实的，凡是现实的都是合理的"。所以理性现在试图自在自为地确立它自己的实在性，也就是理性要把自己确立为现实的，而不再力求把自己只是当作与现实性相对立的目的。"而是把范畴本身当作了自己意识的对象"，这个"而是"跟前面是相反的。也就是说它不再是与现实性相对立的，而是理性现在已经自身成为了现实的对象，这就是范畴。范畴是什么？范畴是构成一切现实对象的构架，这个在康德那里已经是这样讲了。所谓的范畴，范畴的体系，就是构成现实的经验对象的一套先验逻辑构架。那么理性要跟现实性不再是对立的，那就必须把范畴本身作为自己意识的对象，你就必须要在现实中去发现范畴，并且通过范畴去建构现实，总而言之你必须把范畴当作自己意识的对象。我通过范畴把现实性建构起来，那这个现实性就是属于我自己的理性的，这个现实性就是合理的。一切现实的都是合理的，都是合理地建立起来的，这就是法治社会了。一切合理的东西都是会实现出来的，哪怕现在还没有实现，但有种历史必然性会使它实现。当然这个过程可能很漫长，可能需要几千年，但历史的必然性是不可阻挡的。

——这是因为理性当初在其中出场的那种**自为存在着的**或**否定的**自我意识的规定已被扬弃了；当初这个**自我意识所碰上的**某种**现实性**似乎是它自己的否定物，好像只有通过其扬弃才能实现它自己的**目的**似的。 [261]

"这是因为"，包括整个后面这一句了。这是因为两点，首先一个理由，"理性当初在其中出场的那种**自为存在着的**或**否定的**自我意识的规定已被扬弃了"。理性当初出场的那种自为的规定性被扬弃了。自为存在着的或否定的自我意识的规定性，这都属于世界进程。世界进程当初就是这样，人文精神失落嘛。我们看第 256—257 页，"相反对这个敌人来说，本质却并不是自在而是个体性，这个敌人的力量因而是一种否定的原则，对于这原则而言，没有东西是持存的和绝对神圣的"。这是从世界进程的方面来说的，它所树立的原则是一种否定的原则。那么现在这个原则也是理性，但理性最初出场的那种自为存在着的或否定的规定性已经被扬弃了，世界进程的自为存在，否定的自我意识，这种规定性已经被扬弃了。前面讲了两方面同归于尽，世界进程的这种否定原则、这种自为存在是被扬弃的一个方面。其次，这是另一个理由："当初这个**自我意识所碰上的**某种**现实性**似乎是它自己的否定物，好像只有通过其扬弃才能实现它自己的目的似的"。就是说站在德行意识方面看，自我意识又受到偶然的现实性的否定。因此自我意识似乎只有扬弃了它，否定了这种现实性，才能实现自己的德行目的。世界进程的现实对于德行意识来说是碰上的，我遭遇到了这样一个时代，这样一个社会，我想要对它进行改造。至于这个社会是怎么来的，我不知道，我就身处于这样一个现实中，这个现实性似乎是我自己的否定物。但我改造不了它，反而使自己的理想成了不切实际的空话，最初是这样的。如果你从德行意识出发，这个现实就是自我意识的否定物。这是对立的另一方面，它也将被扬弃。当初这两方面都是对立的。

但是由于**目的及自在存在**已经作为这样的东西，即本身是**为他者的存在和被碰上的现实性**，而产生出来了，这种真理性就不再与确定性分离开了；

我们先来看这半句。"但是由于**目的及自在存在**"，"目的"和"自在存在"都打了着重号，前面是自为存在着的或否定的自我意识，"自为存在着的"打了着重号，"否定的"也打了着重号，这是两两对应的。前面讲的自为存在和这里讲的自在存在，前面讲的否定的和这里讲的目的，都是相互对应的。这里讲的是上一句的后面这个理由，它这时扬弃了与前一个理由的对立而达到了双方的统一。"但是由于**目的**及**自在存在**已经作为这样的东西，即本身是**为他者的存在**和**被碰上的现实性**，而产生出来了，这种真理性就不再与确定性分离开了"，就是说，目的和自在存在，这是德行意识这一方面，它本来一直都是脱离实际的空话，但这时已经作为这样的东西，即作为本身是为他者的存在和被碰上的现实性而产生出来了。德行意识它们所拥有的是目的和自在存在，本来是一种内在的理想，但是现在呢，由于这种目的和自在存在已经作为现实的东西产生出来了，已经不再是单纯自在的目的了，已经是作为世界进程这样的东西而产生出来了，它本身已经成了现实性，所以，它的真理性就和确定性融为一体了。我们刚才提到了在世界进程里面已经具有了这样一种目的的现实性。你的个体性本身就能够带来一种普遍性，带来一种确定的理性法则，这法则既是自在存在又是为他者的存在；但同时它又是现实的，是"被碰上的现实性"，是和这个客观现实性相符合的，所以它既有真理性，又有确定性。那么这种真理性就不再与确定性分离开了，世界进程中那些偶然的个体性就都有了理性的法则。在此之前，这种真理性和确定性是分离开来的，确定性虽好，但是不现实，而现实性却又毫无规律，充满着不确定性。现在的理性或自我意识在这两方面就同时都具备了。

——那样就会把建立起来的目的当作目的自身的确定性，而把目的的实现当作真理性，但或者也把目的当作真理性，而把现实性当作确定性——；①

这两个破折号是袖珍版编者加上的，考证版（丛书版）原来并没有，因为这里突然转成了虚拟式，可以理解为前一句的插入语，插入之间是为了说明分离开来的情况。因为前面讲了，这种真理性就不再与确定性分离开了，紧接着说"那样就会"，就是说假如分离开来的话，就会把建立起来的目的当作它自身的确定性，而把目的的实现当作真理性。这是

---

① 这句的两个破折号都是袖珍版加的，考证版没有。——中译者

站在世界进程的立场看,我承认一个德行的目的是我自己的确定性,而把目的在世界进程中的实现当作真理性。但这两者当然是分离的,你确立起了一个目的,但目的虽好,却不能实现,那就是假的,是一句空话,那么目的性和现实性、确定性和真理性岂不是分离的吗?"但或者也把目的当作真理性,而把现实性当作确定性",把目的当作真理性,这是就德行意识而言的,德行意识只认死理,虽然德行没有实现出来,但德行仍然对于我是真的,只是在世界进程中确定不了而已。世界进程是把目的当作确定性而把它的实现当作真理性,而德行意识就是把目的当作真理性而把现实性当作确定性,认为目的是我内心的真理,但是力求在现实性中得到确定,由于条件有限,我总是不能够把我的目的实现出来。总而言之这两方面,双方都是外在对立的,都是分离的。所以两个破折号之间呢,可以看作一个从句,是解释这个分离开来的情况,解释这个真理性与确定性分离开来的情况。那样就会把建立起来的目的当作确定性,而把目的的实现当作真理性,或者会把目的当作真理性,而把现实性当作确定性。不管哪一种情况,都是把确定性和真理性分离开了。

相反,自在自为的本质和目的自身就是直接的实在性自身的确定性,就是**自在存在**和**自为存在**、普遍的东西和个体性的贯通;

"相反",这个相反就是把破折号中间虚拟的内容否定掉了,现在已经不再是那样了,相反呢,"自在自为的本质",注意这个地方"自在自为"连在一起讲了,自在自为的本质"和目的自身就是直接的实在性自身的确定性"。自在自为的本质和目的,既是自在的又是自为的,既是理想的又是在实现中的,这样一种本质,这样一种目的自身,就是直接的实在性自身的确定性,就是确定的实在性。这个实在性或者这个现实性,不再是偶然的各自为政的个体性,而是本身就具有了确定性,本身就具有了规律,本身就遵守着法制规范。所以"就是直接的实在性自身的确定性,就是**自在存在**和**自为存在**、普遍的东西和个体性的贯通",自在存在和自为存在的统一,普遍的东西和个体性的统一,这种统一也就是贯通了,现在这两方面已经贯通起来、统一起来了。这就是后面要讲的"立法的理性"的状态。

行为在自己本身中就是自己的真理性和现实性，而**个体性的陈述**或 {215}
表达就是行为的自在自为的目的本身。

"行为在自己本身中就是自己的真理性和现实性"，世界进程中那些个体性的行为，现在在自己本身中就是自己的真理性和现实性。一方面是真理性，另一方面也是现实性，凡是合理的都是现实的，凡是现实的也都是合理的。"而**个体性的陈述**或**表达**就是行为的自在自为的目的本身"，个体性的陈述或表达，个体现在找到了自己的陈述和表达，比如说这是我的合法权利，这个陈述或表达就是行为的自在自为的目的本身。虽然我是追求个人的利益，但是我追求个人的利益不是仅仅为了我个人的那点好处，而是为了我的个体性的表达，或者说是为了我的个体性的尊严，是为了我的人权的捍卫，这是法律赋予我的权利，没有什么说不出口的。我的行为的自在自为的目的本身就在于这种表达，我要表达我的自我。对个体性的陈述和表达才是行为的自在自为的目的本身。我本来的目的是要求补偿，比如我房子被拆了我要告状，我一辈子辛辛苦苦赚来的财产，结果你一下子把它毁掉了，那怎么行。我们现在经常处理的办法就是说，这样好不好，我们双方调解一下，返还给你一半，补偿一点。一般老百姓就算了，就被"封口"了，反正你全要讨也讨不回来，补偿一点算一点，总比没有好，都是这样想。甚至于死了人也就是补偿一点，总比没有好。这就完全没有尊严，完全没有意识到自己的权利，也没有地方讲理。所以秋菊打官司要"讨个说法"，什么叫"讨个说法"？就是要维护自己的尊严，这才是行为的自在自为的目的本身。自在自为的目的不是为了那些小利，或者说为了能够捞到更多的补偿。像有的人说，那些老百姓都是刁民，就想利用这件事大捞一笔。确实也有。某个地方要拆房子了，于是我赶紧再把它加高一层楼，然后拆房子可以得到更多的补偿。确实有。但是那也是他的权利啊，谁叫你拆他的房子？你拆他的房子你就得补偿，不管他要把它搞成什么样，那是他的事情，只要他没有违法，那你管不着。所以我们脑子里就没有这一根弦，就是说，那是他的权利，那是他的尊严，你不能够限制他。他的地，他的房子，他爱怎么着怎么着。而你要拆他的房子，你就得根据它现有的这种价值去给他相应的补偿，你管他刁民也好老实人也好，人家心里的事情你管不着，那是他的隐私。这涉及你承不承认他的人权的问题，他的财产权，他的隐私权，他的尊严。在这方面，你要把他的行为当作一种自在自为的目的，它就是自在自为的目的本身。我们今天讲民生，民生我们理解为就是给老百姓带来利益。当然中国老百姓好说话，你只要给我带来利益就够了，我也不需要什么尊严，你哪怕把我看作无赖，只要你给了我钱，我就不作声了，你骂我什么我不在乎。中国老百姓没有什么尊严的意识，没有人格意识。但是我们现在要唤醒这样一种意识，就是你为财产打官司，不是为了那几个钱，是为了你的尊严。有的人甚至于不惜牺牲更多的钱去打那个官司，他为了什么，就是为了尊严嘛。秋菊打官司不就是这样吗，花那么多精力那么多时间去泡在里头，她就是要讨个说法嘛。这都是在一个转型期所发生的事情，大概黑格尔那个时代也处于转型期，所以我们可以看出，他讲的那些道理都是非常深刻的，结合我们今天的现实，可以引出很多对我们有价值的观点。

*　　　　　*　　　　　*

好，我们再接下来讲啊。在"自在自为的本身就是实在的个体性"这个大标题下面，我们上次讲了第一段，这是作为序言的三个自然段中的第一段，主要是讲自我意识已经把握到了它自己的概念。这个概念当初只是我们旁观者对它抱有的概念，现在它自己已经确立了。自我意识在它自身的确定性中就有一切实在性，它就可以从这个实在性上面确确实实地把握到它自己，把握到它自己的真理。我们上次也谈到了，这样一种理性的实在性，实际上跟人的自我意识的独立性有关，跟人对自然的关系，人对于对象，人对于现实世界的占有有关，也就是说与人的这样一种所有制，或者是所有权有关。所谓自在自为的本身就是实在的个体性，整个这一部分讲的就是这样一个事情，就是人的这样一种跟自然界的最基本的关系，这种合为一体的关系，也就是产权关系，是怎么形成起来的。人为什么可以像卢梭讲的，把一块地圈起来，宣布说这是我的？在《人类不平等的起源和基础》中，卢梭就是在谈这个东西是怎么来的。那么黑格尔是从自我意识的哲学方面来探讨这样一个过程。人什么时候能够把现实世界的存在，把现实性当作是自己的一个本质环节。我们通常以为人和自然界是分离的，人就是人，自然是自然，自然是你面前的一个对象，它跟你无关，它不受你控制，你要到它那里去讨生活，它给你什么你就得什么。我们通常是这样理解人和自然的关系的。但实际上呢，自我意识到达这样一个程度的时候，它就会意识到自然界就是我的自然界，自然的对象是我的对象。人的自我意识本身的这个概念就被它当作自己的对象来加以把握，我们上次讲到，它属于民生的范畴。我们今天讲要关注民生啊，孙中山提出三民主义，其中民生主义，就是人开始意识到民生是自己的本质，人在这个世界上并不是向自然界讨生活，而是具有占据自然界对象的这样一种主动权，而且把这样一种主动权当作自己的一种本质。当人意识到这一点的时候，就从一种民生主义进入到了民权主义。就是说我占据这个对象不光是在上面讨生活，而且我占据这个对象，这件事情本身是我的权利。人就应该有占据自然对象的权利，占据财产的权利。上次已经接触到了这样一个问题，就是凡是现实的东西都是合乎权利的。凡是现实的都是合理的，合什么理，就是合这种正当之理，这种权利之理。

所以，借这样的概念，自我意识就从那些对立的规定里返回到自身，这些对立的规定乃是对自我意识而言的范畴所曾具有的，也是自我意识对待范畴时作为观察的自我意识、然后又作为能动的自我意识的态度所曾具有的。

他说"所以，借这样的概念"，借哪样的概念呢？就是上面一段开始就讲，现在自我意识已经把握到了它自己的概念，不再是我们从一个旁观者的角度对它所看出来的这个概念，而是它自己已经自觉到了它自己的概念，它已经具有了一种理性的实在性。那么借助于这样一种概念，"自我意识就从那些对立的规定里返回到自身"，"对立的规定"是什么呢？就是上一段最后讲的，自我意识的自为存在和自在存在的对立，它也是真理性和确定性、目的和现实性、普遍的东西和个体性等等的对立。在这个第三节标题里面提出了"自在自为的本身就是实在的个体性"，而在此之前自在和自为是对立的，所以还没有形成实在的个体性，自我意识还不具有本身的实在性，实在性还在它的对面，跟它相对立，还没有被它据为己有。那么，借助于这样的概念，"自我意识就从那些对立的规定里返回到自身"。自在和自为的规定，在前面表现出一系列的对立，我们第二节讲到了各种各样的对立，快乐和必然性啊，本心的规律和自大狂啊，德行和世界进程啊等等，这都是些对立的规定。那么从那些对立的规定里面自我意识返回到了自身，所有这一切都由自我意识来统摄，都被纳入到自我意识的概念里面作为它自身的环节，这样一来自我意识就返回到自身了，它不再是它的对立环节中的一方，而是各个对立环节的统一体。那么"这些对立的规定乃是对自我意识而言的范畴所曾具有的"。它是对自我意识而言的范畴曾经具有的，就是在自我意识面前的范畴，它在前面那些阶段一度曾经具有这样一些对立的环节。什么是自我意识面前的范畴，下面马上就要出现了。对自我意识而言，那个范畴曾经一度具有那样一些对立的规定。"也是自我意识对待范畴时作为观察的自我意识、然后又作为能动的自我意识的态度所曾具有的"，这都是过去时。前面是讲那些范畴曾经具有，后面是讲这个自我意识的态度所曾经具有，这是分客观和主观两方面。客观就是范畴，范畴中曾经具有那些对立的规定；那么主观态度中也曾经具有这样一些对立的规定，这都是相应的。而主观态度中又有两个阶段，就是自我意识对待范畴时先是作为观察的自我意识，然后又作为能动的自我意识，这就把前面两节的含义都包括在内了，也就是作为观察的理性，以及作为实践的理性。我们现在讲的这个阶段是观察的理性和实践的理性的统一，那么我们回顾这样两种自我意识、或者这样两种理性的态度，它们曾经具有的这样一些对立的规定。这就是我们前面所遇到的一系列的对立面的互相斗争，对立面的冲突，以前那样一些态度都还没有达到这些对立规定的统一。

自我意识现在以纯粹范畴本身为它的对象，或者说它就是这种意识到自己本身了的范畴。

自我意识现在以纯粹范畴本身为它的对象，而且它就成了这种范畴，它是已经意识到自身的范畴。那么这就是我们刚才讲到的，自我意识已经意识到了自己的权利，人权。自我意识成了一个范畴，什么范畴？所有它拥有的东西都不是范畴，都是现象，在这些现象背后，在它的财产，它的所有物，在所有这些现象背后有一个范畴，那就是权利。这些都是我的权利。什么是权利，你当然可以举例，我的房子，我的车，我的存款，我的股票，这都是"我的"，但所有这些东西后面有一个权利：财产权。当然也不光是财产权，还有人格权，归根结底是自由权。那么这就很抽象了，财产权也好，自由权也好，它超越于所有的那些现实的财产，那些自然物，而成了一个范畴。自我意识本身就是一个范畴，它拥有这个拥有那个，它有了实在性嘛，但是它本身是一个范畴，它以范畴为自己的对象，以纯粹范畴本身为它的对象。我们上次也提到，我争财产权，《物权法》颁布了以后，我们都有这个意识了，就是人是有权利的。首先我们最重视的当然是财产权，产权，争产权不是争东西啊，争产权是争权利，争取人的尊严。这些东西当然要有东西体现出来，要有财产，要由物体现出来，它是物权；但是它不仅仅是物，而是对物的权利，它本身是纯粹范畴。自我意识现在以纯粹范畴本身为它的对象，我要争取的不在于那些东西，那些东西可多可少、可大可小，但是那是"我的"啊，你剥夺了就不公平。不在乎你剥夺的多少，而在于你侵犯了我的尊严，侵犯了我的权利。"它就是这种意识到自己本身了的范畴"，这就从民生意识上升到了民权意识。我们现在讲民生讲得很多，但是讲民权讲得很少，我们认为老百姓嘛，你只要给一点好处给他，他就满足了，至于他的尊严他的权利，那个是虚的，那个是纯粹范畴。纯粹范畴在中国人心目中一钱不值，纯粹范畴值几个钱啊？如果你能给我一万块钱，我可以把纯粹范畴让给你，我可以卖掉，我可以不管。不要它也可以，你只要给我一点补偿，我满意了就够了。但是他没有意识到，自我意识就是这种纯粹范畴，就是这种意识到自己本身了的范畴。所以我们今天不能光是满足于民生主义，我们还要进入到或者提升到民权主义。一个叫花子也有民权啊！甚至于一个罪犯他也有尊严，他也有他的权利，你不能任意剥夺他的。

这样一来，自我意识就清算了它以往的那些形态；这些形态被置于它的身后而被遗忘了，不再作为它所碰到的世界而立于对面，而只是作为一些透明的环节在它自己内部展开着。

"这样一来，自我意识就清算了它以前的那些形态"，以前那些形态包括快乐和必然性，本心的规律和自大狂，德行与世界进程，那些东西都是一些表面的形态。现在自我意识已经意识到它自己，它的权利，它的人格。意识到这些东西以后呢，它就把以往的那些对立全部清算了。"这些形态被置于它的身后而被遗忘了"，这些具体的对立的形态被超越了，被遗忘了，或者说不再当作一个对象来追求了。以前陷入对立就是因为对这些具体的形态一个个去追求，所以陷在矛盾中不可自拔。而这些形态现在被置于身后而遗忘了，"不再作为它所碰到的世界而立于对面"。它所偶然碰到的世界，不管是快乐和必然性还是本心的规律与自大狂，还是德行与世界进程，都是它遇到的一个对立的世界，现在却不再作为一种外在的、偶然的处境，不再是作为一个要追求但是又追求不得的对象而立于对面了。"而只是作为一些透明的环节在它自己内部展开着"，这句话就是说，虽然把它们遗忘了，置于身后了，但是并没有抛弃，而是把它们下降为它自身内部的一些环节。它现在已经把它们统一起来了，于是就不再陷于这些形态的对立之中，不再陷入这种矛盾冲突之中，把这样一些冲突都加以清算，都结清了，归结到什么上面了呢，归结到自我意识它的范畴，它的权利，它的人权，归结到这方面来了。以往那些环节作为一些透明的环节，透明的环节就是说，从这一个环节就可以看到那一个环节，整个是透明的，不再是互相遮蔽的，不再是互不知情的，而是互相之间不冲突，作为同一个自我意识、同一个人权本身内部的各环节，而在内部展示出来。刚才讲了，骑士精神在西方仍然随时都可以看到，但只是人格的一个方面，作为一种环节而展开着，而不再作为一种外在的对立关系而处于冲突之中。其他如浮士德精神和哈姆莱特的本心也是如此，它们还是要展开，以往的那些东西都没有白费，它们都是自我意识所经历过的，但现在是在更高的形态的统一之下重新展示出它们的那些关系。我们下面马上就要看到，包括快乐和必然性啊，命运啊，本心啊，这些东西在后面都要逐个地展示出来，但是已经不是以往的那种方式，而是在个人权利意识已经觉醒的这样一个基础之上，再加以展开。

不过在它的意识里，这些形态毕竟还是作为有区别的环节尚未结合到它们的实体统一性中的运动，而相互分离开来。

这句话就是我们刚才所讲的，虽然这些环节被置于身后了，被超越了，提高到一个更高的层次了，但是，在自我意识里面，这些形态仍然作为有区别的环节的运动而相互分离，它们尚未结合到它们的实体统一性中。这些环节在运动中仍然是分离的，仍然是运动的每个阶段表现了不同的环节。在自我意识的权利范畴的运动过程中，这些环节仍然表现为各个不同的阶段，所以运动打了着重号。这些环节处于运动之中，一种什么运动呢？"作为有区别的环节尚未结合到它们的实体统一性中的运动"。互相区别的环节还没有结合为一个统一的实体，它是这样一个运动过程，在这个运动过程里面，这些环节还是分离开来的。虽然它们是透明的，透过这个环节可以看到另外一个环节，互相反映互相渗透互相透明，但是它们还是分离的。不是说到了自我意识的这样一个自在自为的个体性阶段就没有运动了，不是的，在这个阶段还是有它的阶段性的发展。那么在这个发展过程中，以前那些环节在每个阶段上面都体现出它的特色。所以它们相互之间还是分离的，在更高层次上面又体现出新的一轮相互关系。

但在所有这些环节里，自我意识都紧紧抓住存在与自我的单纯统一，这个统一就是它们的类。

"但在**所有**这些环节里"，"所有"两个字打了着重号。这些环节虽然在不同的阶段上都分离开来，但是在所有这些环节里，"自我意识都紧紧抓住存在与自我的单纯统一"。也就是所有这些环节组成的运动里面贯穿着一条红线，是自我意识要紧紧抓住的，这就是存在与自我这两者的单纯统一。存在与自我在此之前是对立的，存在是对象，自我是主体，两者是对立的。但是经过了理论理性和实践理性以后，这两者已经统一起来了。那么自我意识必须紧紧抓住存在与自我这两者的单纯统一。注意这个"单纯"，为什么要讲单纯统一，就是前面讲的所有这些环节都是杂多，是形形色色的、互相对立互相冲突的环节，但它们最后都归结到一个一，这个一是单纯的，那就是自我意识。自我意识的统一性在这时候已经归结到单一性了，是单纯的统一。而"这个统一就是它们的**类**"，"类"也打了着重号。我们前面讲自我意识的那一章的时候也接触到这个概念，就是类的概念，类的概念在前面我们讲到了"我和我们"的关系，我和我们都是同类，我们是人类，我就是我们，我们就是我，这就是我们的类。我们都意识到我们都是一个类，这个时候我和我们就打通了，就统一起来了。那么在这个地方又提到这个类，这个是更高层次的了，自我意识作为自在自为地本身实在的个体性，在这个意义上面所意识到的类，那就不仅仅是在自我意识的最初的那个阶段上面的类了。这个类涉及人和自然的统一，其中体现为人的所有权，人占有自然的权利，这就是人的类。只要是人类，每个人都有占有物品、占有财产的权利，这就是类。在这样一种统一之上建立起来的类，那就具有了一种具体的社会性。人的社会性，按照马克思的说法，首先是经济关系，首先是财产关系。人和自然的关系体现在人和人的关系中，那首先就是经济关系，即人对自然界的一种所有制关系。人占有自然界，那么通过人占有自然界的方式，人和人发生关系，人和人打交道。自在自为地本身就是实在的个体性，就体现为每个人都具有实实在在地占有自然物这样一种权利关系。所以这个类跟以往最初提出的那个类在等级上、层次上有所不同。这个类是人类的一种最基本的普世价值，就是权利。权利首先体现在财产权，所有权，或者说私有权，这就是人的类。那么在哲学上来说呢，就是存在与自我的统一，或者说人和自然的统一，主体和对象的统一，人和它所占有的财产的统一。它最终体现为一种范畴，这个范畴就是人的财产权，或者说人的权利，人的人权。

因此意识摆脱了所有的对立和其行为的一切条件；它自行更新，不是针对他者，而是针对它自己。

"因此意识摆脱了所有的对立和其行为的一切条件"，前面所有那些对立在这个时候都被意识摆脱了，包括快乐和必然性，德行和世界进程等等，所有那些对立都被摆脱了。它的行为的一切条件也都摆脱了，它的行为现在成了绝对的、无条件的了。人在类的层次上面已经意识到他自身的权利是无条件的，所以我们经常讲，西方文化有一个源远流长的原则，就是私有财产神圣不可侵犯。神圣不可侵犯，神圣在什么地方？它没有条件，它就是绝对的行为——占有，人占有他的财产是天经地义的，是人之为人的根本。摆脱了一切条件以后，"**它自行更新，不是针对他者，而是针对它自己**"。它自行更新，它自己发展自己，不是针对他者而是针对它自己。现在一切都由自我意识自己来决定自己的发展水平了，当然它要征服自然，它要占有自然物，它要占有物品，这个当然是要针对他者；但是针对他者就是针对它自己，它和他者已经统一了，它和它的财产、它的所有物已经统一了，人和自然已经统一了。它占有自然就是占有它自己，因为自然是属于它的，自然是属于人的。我们今天对这一点会很不以为然，人凌驾于自然之上，改造自然，主宰自然，今天我们已经看到它的弊病。但在当初，这是一个非常激动人心的观点。近代以来，西方人突然发现自然是我的自然。我们今天讲要敬畏自然，要敬畏大自然，那是中世纪的观点，古代的观点。近代以来敬畏已经变成了占有，主宰大自然，主宰大自然带来的一个很重要的后果就是人的独立。人在敬畏自然的时候还没独立，敬畏可以出于种种原因，一种是出于对神的敬畏，因为自然界是神创造的，不是你创造的，所以你必须敬畏它，再一个就是世俗的原因，就是，那是别人的财产，你必须敬畏。人家立了一个栅栏在那里，你不能把它推倒，你在这个牌子面前必须停下来，上面写着"私人领地，游人止步"。我们到香港去就可以发现有些地方路旁边立一个牌子，此处是私人领地，游人止步。那你不由自主地脚下就要停下来，私人领地很神圣的，你要侵入他的私人领地那就已经违法了，他就可以告你，所以私人财产不可侵犯的。但这种敬畏已经不是敬畏大自然，而是敬畏他人了。至于人和自然的关系现在成了一种占有和所有的关系，谈不上敬畏，我要有钱完全可以出高价把那块地产买下来，插上我自己的牌子。所以这种关系就成了自我意识本身内部的一种关系，它是自行更新的，它要把这个地方改造一下，把它重新安排一下，你只能由它自己，因为那是它的财产，那是它的所有物。我对现实的这样一些存在怎么处置，那是我私人的事。这个时候，个体在个人权利意识的基础之上就独立起来了。

由于个体性自身就是现实性，所以这种作用的**材料**和行为的**目的**就在行为本身之中。

"由于个体性自身就是现实性"，个体性自身成了现实性，为什么成了现实性,因为它有财产。一种个体性如果没有财产,如果是个穷光蛋,如果赤贫,那他的个体性是立不起来的。孟子讲有恒产而有恒心,有了财产就有了恒心,就有了一种持存一贯的个体性。因为他有寄托了,他的个体性就体现在他的这个财产上,他怎么打理它。他在这个财产上看到了他自己,看到了他自己的现实性。个体性独立就意味着这样一种现实性的建立,这种现实性是建立在私有财产的基础之上的。"所以这种作用的**材料**和行为的**目的**就在行为本身之中","材料"打了着重号,"目的"也打了着重号,它们就在行为本身之中。因为这是我的财产,所以作用的材料就是我们行为本身的材料,行为的目的也就是行为本身的目的,不用从别处借来材料和目的。所以材料也好,目的也好,全在行为本身之中,不需要外求了。个体性自身就是现实性嘛,就是我的行为本身的现实性,我就在我的现实性中独立起来了,我自己打理自己的事情,跟别人没有关系。个体意识实现了自己的独立,那么它就形成了一种新型的人格。

　　<u>因此,行为就带上了某种圆圈运动的外观,这个圆圈自由地在虚空</u> [262]
<u>中把自己推向自己本身,无拘无束地时而扩大,时而缩小,完全心满意足</u>
<u>地只在自身中和自己本身做游戏。</u>

　　这就是一种自由经济了。个体意识借助于私有财产而独立起来以后,就达到了一种自由境界。"因此,行为就带上了某种圆圈运动的外观",圆圈运动 (die Bewegung eines Kreises) 也可以翻译成循环运动,就是在自我内部循环。当然其实并不是循环,而是自身发展,但看起来好像是在循环,因为它的运动与外界推动无关,而是自己运动。个体自身独立起来了,它跟外界没有关系,它不依赖于任何条件,它自由独立,自满自足。"这个圆圈自由地在虚空中把自己推向自己本身",在虚空中,就是没有任何东西阻碍它,它是自己把自己推向自己本身,使自己运动到自己本身里面去,不断向自身深入,越来越进入到一种更加内在的自由。"无拘无束地时而扩大,时而缩小",这是它自己的一个小宇宙了,它的小宇

311

宙可以扩展到大宇宙，也可以深入到它自身，它既可以向外扩张，也可以向内深入，这是一种自由境界。"完全心满意足地只在自身中和自己本身做游戏"，游戏当然是一种自由境界。个体独立以后在自己内部随心所欲，自满自足。个体意识到自己的权利、意识到自己的现实性以后，这个现实性把整个世界都包括在内，整个世界也许还不是它的财产，但是有可能成为它的财产，只要你去争取，你就可以把它变成自身的一个环节，这样一来你在自然中、在社会生活中就自由了。

所以，个体性借以呈现自己形态的那个元素具有对这个形态的一种纯粹接纳的含义；它就是意识想要在其中显示出来的那个光天化日。

总结前面得出这样一个结论："个体性借以呈现自己形态的那个元素"，元素 Element，黑格尔在前面也用过这个词，一般用这个词的时候，黑格尔心里面想的是古希腊的四大元素，水火土气，实际上就相当于物质的意思，物质元素。个体借以呈现自己形态的那个物质元素，"具有对这个形态的一种纯粹接纳的含义"，就是物质世界在私有权之下，在物权之下，它不能抵抗个体性对它的占有、对它的控制，它只能纯粹接纳这样一个形态。它不再能够抗拒这种形态了，它是"我的"，所有这些东西都是我的，都是个体性所有的。它是被动的，是任我支配的，我想要干什么都可以在它上面去干，它是不会反抗的，因为它是我的嘛。"它就是意识想要在其中显示出来的那个光天化日"，意识想要显示出来，在什么中显示出来？就在它们之中，在我所支配的这些物、这些元素中显示出来。这些元素把我的意图充分地、淋漓尽致地呈现出来了，所以这样一些元素就是意识的光天化日。也可以翻译成意识的白天，明明白白的，你有什么意图，那就看你如何使用你的财产，你的财产就把你的意图完全表达出来了。除了财产以外还有什么呢？没有了，背后已经什么都没有了。你完全可以用你的所有物表达你的意图，而且别人也这样相信。当然在一个私有制的社会里面，发展到后来人甚至就变成了物，人就是他的财产。人的意图，人的目的，人的那种以前不可言说的东西，现在都明明白白地摆在你的账本上面了。根据一个人的财产，就可以判断这个人的价值，判断他的内在的东西。我们讲，有钱能使鬼推磨，有了钱以后，它就成了衡量人的价值的甚至是唯一的标准。我们看一个人有没有价值，就看他有多少钱。但是他后面还有东西啊，比如说他的欣赏口味，他的文学修养，他的道德观念，这些东西我都不考虑了，都只考虑他显示出来的那个东西，就是那些元素，那些物质元素，那些财产关系。

这行为并不改变什么，也不反对什么；它是把不被看见的东西转译成被看见的东西的纯粹形式，而被揭露和呈现出来的内容也不是别的，只是这个行为自在地已有的东西。

"这行为并不改变什么，也不反对什么"，这个行为现在已经成了财产行为了，已经成了占有行为了，已经成为人对自然物的占有了。那么这个占有行为是中性的，它并不改变什么，也不反对什么，它是很客观很中立的。财产关系嘛，它既不是哪个党哪个派的，也不是有什么别有用心的意图，它是明明白白的一些数字关系。所以资本主义的这样一种财产关系是非常单纯的，它按照一种价值规律，如同数学公式一样明确。马克思为什么能够写出《资本论》来，写出这样一部关于人性的科学来，就是因为这种关系非常单纯，非常中性，它没有别的蓄意的倾向，要改变什么，要反对什么，它没有这一套，人性在这里变成了科学。"它是把**不被看见的东西**转译成**被看见的东西**的纯粹形式"，哪怕是不被看见的东西，也就是你的意图、倾向，它也将之转译为被看见的东西，那就是可以量化可以确定的东西，它只做一种纯粹形式上的转换。有的人也许会说，我这后面还有没说出来的东西。那它不管，它只看你实实在作出来了的事情，以此来衡量你的内在价值。转译，übersetzen 就是翻译了，把不被看见的东西翻译成可以看见的东西，这是多么简单啊。在这种财产关系之下金钱就是一切，内心的东西全部换算成了金钱关系。所以这就变得很简单了，光天化日之下，明明白白，可以算得出来的，所有的关系都摆在面上了，没有什么遮蔽。对于人来说，物成了透明的，透过这物就可以看到人，看到人的才能，看到人的目的，看到人的智慧，看到人的价值，没有遮蔽。"而被揭露和呈现出来的内容也不是别的，只是这个行为自在地已有的东西"，揭露出来呈现出来的内容就是这个行为自在地已有的东西。这行为自在地已经具有了内容，它不需要去再去创造出什么东西，也没有需要更深入挖掘的内容，而只有它本来固有的内容。它表达出来并不是因为他变了，而是因为它把它没有被看见的东西展示出来了而已，这就把人性变得非常肤浅化、没有深度了。

它是**自在的**——这就是它作为**思维到的**统一性的形式；而且它是**现实的**——这就是它作为**存在着的**统一性的形式；它本身则只有在这个单纯性规定中，在与它的过渡、它的运动的规定相对立时，才是**内容**。

"它是自在的"，"自在的"打了着重号。"——这就是它作为**思维到的统一性的形式**"，这里"它"就是前面讲的行为，这个行为一直是主语。那么，这行为作为思维到的统一性，它采取的是"自在的"形式。前面讲，"它是把**不被看见的东西**转译成**被看见的东西**的纯粹形式"，那么这个纯粹形式在它的思维到的统一性方面，就采取了自在的形式。或者说，它自在地思维到了自己的统一性。下一句是作为对照的："它是**现实的**——这就是它作为**存在着的**统一性的形式"，就是说，这行为作为存在着的统一性，它采取的是"现实的"形式，这也是一种转译的纯粹形式，那么这种形式它是现实的。前一种是自在的，相当于潜在的；而这一种是现实的。因为这行为作为思维到的统一性，它的形式只能是自在的，就是它潜在地想要保持思维中的统一性，但这种统一性还没有实现出来，而只是有这个目的，它在思想中已经有这个目的了，在思维中有一种统一性了，它在思维中是以这样一个统一的潜在目的为形式的。所有的行为都是抱有一个目的的行为，这个目的就是思维到的统一性，是这样一个形式。"而且它是**现实的**"，自在的还不是现实的，那么在现实的方面，"这就是它作为**存在着的**统一性的形式"，这行动是以现实的形式而成为存在着的统一性的。这就有两种转译的纯粹形式，一种是思维着的统一性的自在的形式，潜在的形式；另一种是存在着的统一性的现实的形式。当我们把一个行动中的思维到的统一性转译为存在着的统一性时，我们就进行了一种从潜在到现实的纯粹形式上的翻译。这种翻译并不涉及内容，不涉及行动者内心真正在想什么，而只是外在的形式转译，一种是思维的形式，一种是存在的形式。那么它本身到底是什么内容呢？"它本身则只有在这样一个单纯性的规定中，在与它的过渡、它的运动的规定相对立时，才是**内容**"，这里"内容"打了着重号。前面讲的两个都是形式，这两个形式互相转换它们的统一性，而行为本身的内容只在这样一个单纯性规定中才是内容，它与行为的过渡和运动的规定相对立，也就是和那种纯粹形式的转换相对立。那种转换完全是数学的转换，不涉及内容，行动的真正内容是不能换算的，不能数字化的，它只能是单纯规定性。各种各样的形式，转化也好，过渡也好，运动也好，都是独立起来的个体性的一种体现。独立起来的个体性不管这些过渡这些运动如何规定，它始终是它，它凌驾于所有这些规定之上，它支配着这些规定。这样一个人就独立起来了，这样一种个体性就独立起来了。我们意识到人的尊严，意识到人的权利，虽然我的财产的数目是我的尊严、我的独立性的反映，但是那只是一种形式，真正的内容则是个体的这样一种独立性，这样一种单纯性，这样一种绝对性、不可侵犯性。前面这三个自然段整个等于是一篇导言。

a. 精神的动物王国和欺骗，或事情自身　　{216}

　　这个标题就开始进入到正题了。事情自身，die Sache selbst，这是一个关键词。前面已经多次出现了事情自身，在这里专门来谈这个事情自身，在标题里面出现了，这个是很重要的。我们下面来看看它的真实的含义，在黑格尔看来，事情自身到底是什么东西，万事万物，它自身究竟如何理解？这是一个极其古老的问题，它要追溯到亚里士多德的"作为

315

存在的存在"，也就是个别实体。而在社会生活意义上的个别实体当然就是个体人格了。亚里士多德当年举个别实体的例子时也用到"苏格拉底"这个个体的例子。但要形成个体人格的概念，必须经历一番精神的动物王国和欺骗，最开始只是一个实在的个体性，每个人为所欲为；然后意识到自己有一个一贯的人格或实体；再就是力求按照自己的人格实体和别人打交道，以诚待人，但到头来发现根本做不到，诚实的意识变成了自欺欺人，变成了互相欺骗、尔虞我诈。这就是事情自身的三阶段，也是德文版编者所列的三个小标题，它们最终是通往法制社会的。整个这一小节要说明的，就是法制社会的形成是很艰难的，它不是由任何道德理想建立起来的，而是由一些精神的动物通过相互博弈和欺诈而建立起来的一套游戏规则。

　　这样一种自在地实在的个体性，首先又是一种**个别的**和**特定的**个体性；个体性知道自己是绝对的实在性，所以这种绝对的实在性当它为个体性所意识到时，就是**抽象的普遍的**实在性，它没有被充实，没有内容，只是这个范畴的空洞的思想。

　　"这样一种自在地实在的个体性"，这个前面已经讲了，个体性通过它的占有财产的实在性已经独立起来了，已经是自在自为地本身就是实在的个体性了，那么它"首先又是一种**个别的**和**特定的**个体性"。注意这个地方开始进入到又一轮运动和发展的历程中了，这和前面那一轮循环是平行的。它的起点又是一种个别的和特定的个体性，这正像上面一节一开始就是"快乐和必然性"一样，只不过这个地方是建立在私有财产之上的快乐和必然性。这种实在的个体性首先是一种个别的和特定的个体性，占有财产的快乐就是个别的和特定的，我们要从这样一种个体性出发，把这里作为起点。当然它不是单纯的快乐，它是私有财产。首先我是要追求我的快乐，这是我的个别的和特定的个体性，但是这跟动物追求快乐不一样，跟浮士德追求快乐也不一样，它是跟私有财产、跟人的权利结合在一起的。我有权追求快乐,这里面有精神的内涵,但是如果没有别的内容,我就还是一个精神的动物。但毕竟,我的个别的和特定的个体性跟权利、跟私有财产结合在一起,就达到了一个比动物性的本能欲望更高的层次。"个体性知道自己是绝对的实在性",个体性在追求快乐的时候,它知道自己是绝对的实在性,意识到这是我的财产,我要享受它,没有任何人能够干扰,任何人无权干扰。"所以这种绝对的实在性当它为个体性所意识到时,就是**抽象的普遍的**实在性",这种绝对实在性当它被意识到、当它被作为个体的私有财产来加以享受的时候,就是抽象的普遍的实在性。"抽象的普遍的"打了着重号。就是这样一种对自己私有财产的占有和享受是一种抽象的普遍的实在性,也就是说,你有这个权利,当然别人也有这个权利,这不是你个人的一种权利,这是所有人都有的权利,只要有财产它就可以自己享受,它就可以自己占有。这是一种实在性,但是是一种抽象的普遍的实在性。一般讲来实在性就是具体的,但这里有一种抽象的、普遍的实在性。就是你可以去享乐,这是很实在的,你随时都可以去拿来享乐,因为是你的财产;但是你也可以不去享乐,像守财奴那样让它们都摆在那里。它只是一种享乐的权利,享乐权,而不是真正地实在地在那里享乐。当然它也是很实在的,但是不一定要你现在就马上把它消费掉。你有这个消费的权利,金钱就是这样一个东西。我们通常讲金钱不是万能的,但是没有金钱是万万不能的,万万不能的,就是它是实在的,它很实在。但是,它又是抽象的普遍的实在。金钱多么抽象啊,金钱是一种符号,金钱甚至于是一张纸,纸币,那还不抽象吗? 还不普遍吗? 你拿到哪里都可以买东西。它既是抽象的,又是实在的。钱多么实在啊。我们通常口语里面一讲到实在性的时候,就作出一个数钱的动作,这是最实在的,我们要的就是这个数钱的动作,这是最愉快的。所以它是一种抽象的普遍的实在性,"它没有被充实,没有内容,只是这个范畴的空洞的思想"。它没有被充实,没有内容,它是一个普遍的符号,它只是这个范畴的空洞的思想。哪个范畴? 权利的范畴。它就是人的权利的范畴的空洞的思想。我有了钱，我就可以有权去买各种各样的东西，我付了钱，你就得给东西啊，这是我的权利啊。这里头就有权利的概念。金钱这样一些东西，它里面有范畴。虽然你认为它是最实在的，但是它实际上是一张纸，它除了代表享受的权利，什么都不代表。这样一种绝对的实在性，是一种抽象的普遍的实在性，它只是权利这个范畴的空洞的思想。我们有时也说，人穷得只剩下钱了。因为它只是一种空洞的思想，一种观念，它没有被充实，它也没有内容。也就是说个别的和特定的个体性看起来是最实在的，其实是最空洞的。就像感性的确定性一样，感性确定性是最实在的，但同时也是最空洞的。那么这样一种个体性要从这里开始起步，要从抽象慢慢地再进入到具体。最开始看起来是最实在的，但实际是最抽象的。

需要考察的是，自在地本身实在的个体性这一概念是怎样地在它的诸环节中规定自己的，个体性的关于它自身的概念又是怎样进入到意识中来的。

这是给下面整个这一小节设定课题了。"需要考察的是"，这个是提起话头，提起下面要讨论的问题了。"自在地本身实在的个体性"，这个个体性已经是实在的了，但是这个实在还是自在的，因为它最初是一种个别的和特定的个体性，它还在起点上面，还是很抽象的。它是自在地本身实在的个体性，"这一概念是怎样地在它的诸环节中规定自己的"，也就是怎样自为起来的。它有它的诸环节，它如何在它的环节中一个个地使自己展示出来，使自己得到规定的。"个体性的关于它自身的概念又是怎样进入到意识中来的"，就是个体性是怎么样意识到这个概念的呢，换句话说，这种法权的观念，这种个体性的权利的概念，是如何建立起来的呢。这是近代的原则了，近代的原则就是法权的原则，它是如何建立起来的。这样一种个体性的关于它自身的概念是怎样进入个体性的意识中来的，人们怎么样一步步地意识到了它自己的权利。首先，它的起点是非常狭隘的，就是自私嘛。它的起点，人都是自私的，人就是为了占有自己的东西而建立起了私有制。最初这个私有制是完全出于人的自私，具有排他性，这个东西是我的，不是你的。卢梭说，有人把一块地圈起来，插上一个标志，宣布这是我的私人领地，同时找到一些傻瓜相信了他的话，于是私有制就产生了。卢梭说得没错，一开始人的权利就是这样体现出来的，是通过人的占有欲、私有欲而建立起来的。但这是很表面的，只看到那块地，只看到那些东西，至于那后面的范畴、后面的权利，究竟它的内容何在，并不是很清楚。你知道你占有一个东西，但是你不一定知道你的权利何在。这个权利的概念要建立起来要经历一个过程，不是说你划一块地出来就成了的，以前叫作"跑马占荒"，清朝的时候那些八旗子弟放马去跑，你马跑到的地方就是你的领地。那是非常表面的一种所有观念，其实是凭借武力，如果你的武力失去了，这些地都会被别人夺走，还不一定是你的。卢梭是说，有人找到了一些傻瓜相信他的话，私有制就产生了。其实那些人并不是傻瓜，每个人都是自私的嘛，他们之所以承认他说的话，是因为他们每个人也都想圈一块地，所以承认了他的权利，也就等于维护了自己的权利，他们精明得很哪！但是这个观念要建立起来，要经过一番很漫长的历程，不是那么简简单单地就能够建立起来的。也许你搞了几千年也没能建立起来，你所能建立起来的东西还停留在起点上，无非是自私。所以我们经常呼吁人不要太自私，呼吁这些商人，这些企业家要讲道德，所谓讲道德就是把你的东西要分一点给别人，不要那么自私，这就连那个起点也否认了。于是我们永远不能起步。你要承认这个自私有它的合理性，你要把自私的这个起点当作一种合理的规范，把它建立起来。那还要做很多的工作，不是你做道德谴责就可以把它否定掉的。

[I. 个体性的概念作为实在的个体性]

这就是起点了，这个小标题就是讲个体是自私的。什么叫精神的动物王国？它是精神的，但是又是一个动物王国，看起来很矛盾。但恰好说明精神在它的起点上面就是从一种动物性出发的，你撇开这个动物性，你那个精神是空的。精神再高，它的出发点还是人的本能，还是从人的本能欲望出发的，是从人的原始本性出发的。它的起点在这里。"个体性的概念作为的实在的个体性"，最开始作为实在的个体性，就是人的本能，就是人的追求快乐的欲望。但比浮士德那种"快乐和必然性"要高，它已经把个体性当作概念，当作范畴来看了。

这个个体性当它本身自为地自己就是一切实在性时，它的概念首先是一种结果；它还没有将它的运动和实在性呈现出来，它在这里是被直接地建立为单纯的自在存在。

"这个个体性当它本身自为地自己就是一切实在性时"，本身自为地就是一切实在性，这个"自为地"已经表明它在行动了，在行动中它自己就是一切实在性了，这个"行动"我们可以理解为占有行动。人的第一个行动就是占有，占有一个自己的世界，占有自然界的一件东西。这时，它本身自为地自己就是一切实在性，占有这个行动本身就是一切实在性，一切实在性都在它的这个行动之中。"它的概念首先是一种**结果**"，个体性的概念首先是一种结果，它占有了，这是"我的"了，那就是一个结果了，我经过了一个占有的行动以后，已经占有了一个东西，那么我的个体性概念就立起来了。这是"我的"，既然是我的，那就有一个我啊，而且这个我是占有一个东西的我，所以它是一种独立的个体性。但是，"它还没有将它的运动和实在性呈现出来，它在这里是被**直接地**建立为**单纯的自在存在**"。它虽然有一个行动，有一个自为的行动，但是，它还没有将它的运动和实在性呈现出来，没有把它的这样一个占有的行为以及占有行为的实在性，整个运动过程的实在性呈现出来，它考虑的只是结果。这相当于跑马占荒，它在这里只是被直接地建立为单纯的自在存在，至于过程，不管是巧取豪夺还是武力占领，都只是偶然的、一次性的，并不呈现在它自己的概念中。它只考虑结果，它不考虑过程，它不知道它真正的实在性在过程而不在结果。所以它还是自在的存在，它把自己的自为的活动只是作为自在的建立起来，因为它没有意识到它的行为的实在性，没有把它的运动和实在性呈现出来。在它的自我意识里面没有把这个考虑在内，考虑的只是结果。我们见到很多青年，他们所考虑的就是结果，就是"成功"，当然也考虑过程，就是谁成功了，我就向哪个学，就是唐骏所讲的"我的成功可以复制"，按照他的模式去复制，不需要你去考虑怎么去达到那个结果，你照着依样画葫芦，人家怎么走的你跟着走就是了。所谓成功就是比如说百万富翁啊，亿万富翁啊，那就看你的期望值是多少了。至于手段，那就是不择手段。这样一种个体性，固然有了个体性，你是自私的，你是意识到自己的自由，意识到自己的可能性的。但是，这种个体意识还是一种单纯自在的存在，还没有自觉。

但是否定性既然就是显现为运动的那种东西，它就在这单纯自在中作为规定性而存在；并且存在或单纯自在就成了一个规定了的范围。

"但是否定性既然就是显现为运动的那种东西"，否定性，在你的占有过程中就有否定性。你为什么要占有？就是排他嘛。你为什么要把一块地围起来呢？围起来就是否定性，拒绝他人入内嘛。黑格尔多次讲到过斯宾诺莎的一个命题：一切规定都是否定。所以否定性既然显现为运动，"它就在这单纯自在中作为规定性而存在"。"单纯自在"就是刚才讲的，"它在这里是被**直接地**建立为**单纯的自在存在**"。而在单纯自在存在中呢，否定性又是作为规定性而存在。你要追求结果，你就必须要有结果的规定性啊，你必须把某些东西据为己有啊，那就意味着这里头有排他性和否定性。否定就作为你的结果的规定性而存在，你那种否定性就是它的规定性，就是拒绝他人进入的规定。你插上一个牌子，"闲人免入"，这是我的，这就是否定性，同时它就是规定性。"并且**存在**或单纯自在就成了一个规定了的范围"，存在就是你的所有物，它就成了一个规定了的范围。你把这块地方围起来，那这个范围内的土地就是我的了，这个范围就是我的了，这就是我的存在。我的存在就体现为我占有多大一块地盘。

因此，个体性就作为一种原始地被规定了的本性而出场，——之所
[263]　以是**原始的**本性，乃因为它**自在地存在着**，——之所以是原始地**规定了
的**本性，乃因为否定的东西就在**自在**中，而这个自在因此就是一个质。

"因此，个体性就作为一种原始地被规定了的本性而出场"，原始地
被规定了的本性，我们在这里可以理解为本能，人的本能就是一种原始
地被规定了的本性。这个本性（Natur），就是自然，人的自然本性那就是
本能。个体性作为自我意识和理性当然早已不是本能了，但在这种情况
下，它是作为一种原始的本能而出场的，或者说个体性就以本能的方式
出现。我之所以要占有这块地方，是因为我的本能需要，我之所以要占
有这么多财富，那最初就是由于我本能需要。我要享乐，我要享受，甚至
我要有起码的生活来源，这就是我的出发点。每个人都是自私的，这个
自私是他生身之本，一个人不自私他是活不下来的，从婴儿生下地他就
自私，不顾别人只顾自己，这是它的起点。"之所以是**原始的**本性，乃因
为它**自在地存在着**"，"原始的"打了着重号，人的原始本性，人的本能，
它是自在的，我甚至于可以不意识到这个本能，但这个本能支配着我，它
就是我自己的自在，我摆脱不了它。个体性受这个自在本能的控制和支
配，因为那就是它自己啊。"之所以是原始地**规定了的**本性"，这里"规定
了的"打了着重号。就是说这个原始的本性，这个本能，它又不是完全像
动物那样无所规定、任其自然的。它是被规定了的本性，人的原始的本
能跟动物的原始本能已经有很大的不同，就在于人的原始本能是被规定
了的。所以个体性一方面是原始的本性，它是自在的；另一方面又是原
始规定了的本性。为什么是规定了的？"乃因为否定的东西就在**自在**中，
而这个自在因此就是一个质"，因为否定的东西就在自在中，"自在"打了
着重号。前面讲是自在地存在着的，但是在自在地存在着的这样一个本
性之中，它就包含有否定的本性。我们刚才讲了，这个原始的本能在人
那里加以规定的时候，就包含有否定性，它就否定了他人，否定了别的人

对该物的占有,具有一种排他性。当然动物也有排他性,抢食啊,狮子标记领地啊,排斥别的动物啊,但是动物的那种排他性还是一种自在的原始本能。但是人的这种本性是通过他的自我意识的个体性来规定的,他占有这块地盘并不只是限于享用那上面的食物,而是让这块地盘成为了具有"我的"性质的对象,因此"我的"就成了这个自在对象本身的"质"。为什么说自在对象成了一个质呢?这是从康德的范畴表来的。康德的范畴表中的第二类范畴就是质,质的范畴里面包含三个范畴,即实在性,否定性和限制性。实在性就是肯定性,否定性可以理解为排他性,到了限制性,才充分体现出质,质就是一种限制,就是一种在肯定的基础上的否定,是这个而不是那个,这就把质区分出来了。你要说明一个事物的质,你就必须首先肯定它是这个,然后指出它和其他的东西有什么区别,然后对这个东西加以限制,这就是质。为什么说这个自在因此就是一个质呢,因为它包含有肯定和否定两个环节在内,并且它本身是第三个环节,就是限制性。下面马上要出来"限制"这个概念了,所以我们对黑格尔在这个地方用的这些词都要有点熟悉,你要知道他这里是用康德的范畴表在说事。

然而,存在的这个限制并不能限制意识的行为,因为这种行为在这里是一个完全**自己对自己本身的**联系;而本可以当作对行为的限制的那种对他者的联系已经被扬弃掉了。

这个地方,"然而"后面出现了"限制",这个地方跳过了一个环节,就是:"质"其实就是"限制"。前面讲到了肯定和否定,规定和否定,一切规定都是否定,而否定的规定就是限制,中间应该还差了这样一个环节。他认为这是众所周知的,康德的范畴表谁没读过,都知道。但是我们没读过,所以我们要讲。"然而,存在的这个限制并**不能限制**意识的行为",前面已经谈到了质,就是限制了,但存在的这个限制并不能限制意识的行为,"因为这种行为在这里是一个完全**自己对自己本身的**联系"。这就是我们刚才讲的,狮子也许有对其他狮子的否定,它要吃那块肉,它就不准别的狮子来吃，这是存在的限制。但是人的这个限制，人的这种否定性，它是有更高的基础的。存在的这个限制并不能限制意识的行为。存在本身，当然它的规定就是否定了，它的规定和否定结合起来，也可以说在存在方面，在客观事物方面，也有一种限制、有一种质了。但这个限制并不能限制意识的行为，意识是在一个更高的层次上对于存在的限制发生关系，因为这个行为是一个完全自己对自己本身的联系。这个是狮子所不具有的。狮子在吃一块肉的时候，它不准别的狮子来吃，那是一种本能，它就限制了它自己和别的狮子的行为；但是人划的一块地方不准人家进入的时候，他是一种意识的行为，这种行为是一个完全的自己对自己本身的联系，是一种自我意识的关系，是一种把存在当作自己本身的一个环节来加以确定的这样一种联系。它是在自己内部的，它哪怕拒绝别人进入，它也并不实际阻拦别人进入的行为。就是说它是出于一个原则拒绝别人进入，这个原则是：我的就是我的，我的就不是他人的。既然是一条原则，我在对待他人的时候也是一样的：你的就是你的，我不侵犯你。所以这是我的一种内在的原则，自己对自己的一种关系，一种联系。存在的这个限制并不能直接限制意识的行为，而是以"你要侵犯我，我可能也会侵犯你"或者"我不侵犯你，你也不要侵犯我"的对等原则来使行为不发生，而这里的"我"和"你"其实都是自我意识中的自己。意识的行为并不止于存在的这样一种限制之上，并不停留于、限制于对"他者"的联系之上，人的意识要更高，人提高到了那种动物本能的意识之上。动物的本能已经有限制了，凭借直接的蛮力；但是人的这种限制是意识和自我意识内部的限制。"而可以当作对行为的限制的那种对他者的联系已经被扬弃掉了"，在动物的本能行为中，对他者的联系就是对动物行为的限制，比如说狮子要吃一块肉，不准别的狮子来染指，拒绝别的狮子来共享，这是对他者的联系。但是在人这里呢，这样一种对他者的联系已经被扬弃掉了，在自我意识里面已经不是对他者的联系了，它就是对自己的联系。它不是诉诸武力，而是诉诸每个人的权利意识，它是自己的一种内在的原则。因为他者在人这里已经不是一种外在的存在了，这个他者已经属于他自己了，他们有共同的法权观念，有"类"意识。人的所有物那已经不是一个他者，或者人跟他的所有物的联系已经不是人对他者的联系，而是人对人的联系，最终是人对自己的联系，自己对自己的联系。所以人自己对自己的联系不再是对于行为的一种限制，因为这个限制不再是对他者的限制，或者说用康德的话说，它不再是他律，而是自律。它自己有一套规律，有一套财产关系，排他也好，占有也好，所有也好，这些都是自我意识自己内部的一套规律，不是它偶然碰上的，也不是由本能所决定的。当然它的基础是本能，但这个本能的限制已经被扬弃了，它不能限制意识行为。意识的行为是在一个更高的层次上面来把握它的财产，把握它的所有物。所以在动物水平上的那样一种联系，人跟他者的，人跟财产，人跟自然界的联系，这样一种联系已经被扬弃掉了。所以它不是动物的王国，它是"精神的"动物王国，就体现在这里，就是人的意识已经超越了单纯动物的层次。

因此本性的原始规定性只是一种单纯的原则———一种透明的普遍元素，在其中个体性同样也保持着自由、同时自我保持，正如它在其中无阻碍地展开自己的区别，并在它的实现过程中与自身进行着纯粹的交互作用那样。

"因此"，从上面得出的结论，"本性的原始规定性"，也可以译作"自然的"原始规定性，就是个体性的本能了，"只是一种单纯的原则———一种透明的普遍元素"。这也是跟动物不同的，本性的原始规定性在这里只是一种单纯的原则，在动物那里就不是单纯的原则，在动物那里充满着偶然性。但是在人这里呢，本性的原始的规定性成为了一种单纯的原则，就是人人都是自私的，人人都要有自己的财产，这个原则非常单纯，它不管所有的偶然性。也许你没有财产，也许你穷得叮当响，你机遇不好等等，那不管，你总有拥有财产的权利。这是"一种透明的普遍元素"，有元素，有物质存在，人的本能和肉体的需要，这些东西都是一些元素，都是一些物质的存在，但是是一种透明的普遍元素。它已经透明了，不再是就物来论物，就物质来论物质，而是透明的，是普遍的。这个物质虽然摆在你面前，但是你要看透它，它里面有普遍的原则。它不是就这个事情本身来看的，它底下隐藏着、蕴含着一种普遍性，一种普遍原则。"在其中个体性同样也保持着自由、同时自我保持"。在这些透明的普遍元素里面，个体性同样也保持着自由，因为它就是这个物质元素的主人，并且它在其中自我保持，靠这种元素为生。个体性就体现在这些透明的元素之中，前面讲了，这些透明的元素就是它在里面显示自身的光天化日。"物权法"就有这个意义，物权就是个体性对物的权利，实际上体现出个体性的这种自由的自我保持。"同样也保持着"，与什么同样？"正如它在其中无阻碍地展开自己的区别，并在它的实现过程中与自身进行着纯粹的交互作用那样"，这当然是另一方面了。一方面是在其中保持着自由，另方面呢，同样也把自己区分开来，在一个过程中与自身交互作用。也就是说这种自由的保持或者自我保持不是静止的，而是动态的，是不断地展开自己的区别、自己和自己过不去，把自己呈现为一个矛盾进展过程。只有这样才能自由地保持自我的统一性。在这方面个体性毫无阻碍，物质元素已经变得透明的了，光线在透明的东西里面是无阻碍地自由进入的。个体性的各种各样的自我区别可以自由地在它的所有物里面展开，"并在它的实现过程中与自身进行着纯粹的交互作用"。个体性靠什么实现呢，就靠这些物来实现，靠这些元素来实现，但在它的实现过程中它不是与物打交道，而是与自身进行着纯粹的交互作用。我通过这些物来实现自己，那么在这个实现过程中呢，我实际上只是在跟自己打交道，所以是"纯粹的"交互作用。因为这个物是"我的"物，它已经成了我自己。当然看起来我是在跟物打交道，实际上我是在跟自己打交道，我没有受到任何外在的限制，我是自由的。

就像未被规定的动物生命那样，将它的生气（Odem）吹进比如说水、气或土等元素里，也吹进在这些元素内再次得到规定的那些原则里，并

326

使自己的每一环节都浸润于其中，

我们先看这半句。"就像未被规定的动物生命那样"，未被规定的也就是抽象的、一般的，不是特指这个那个的，一般来说，动物的生命，或者说一般的生命。当然这个地方要突出动物生命，用动物来打比方，就像动物生命那样，因为是精神的动物王国嘛，动物也有生命啊。一般的动物生命，未被规定的动物生命，"将它的生气吹进比如说水、气或土等元素里"，就是一般的动物都是这样的，只要是有生命的动物都是这样的，就是把生气"吹进"物质里。这用了一个形象的比喻，上帝造人，吹一口气，把生气吹进了物质里面，物质是什么呢？水、气和土等等。黑格尔满脑子还是古希腊的水火土气四大元素，就像我们中国人讲金木水火土，都是物质。但是水火土气是没有生命的，动物是由于把生气吹进去了，把生命的嘘气吹进去了，也可以说是灌输进去了，赋予了它们以生气。动物就是由水火土这些物质元素所构成的，四大元素是一切物质的基础嘛，这些元素在一般动物生命那里都被吹进了一种生气，都被吹进了一种生命的气息。"也吹进在这些元素内再次得到规定的那些原则里"，不光是吹进了水火土气的元素中，而且吹进了它们的更高的原则中，这些原则在四大元素的基础上再次得到了规定。当然讲水火土气显得太简单了一点，水火土气上面还有一些以此为基础再得到进一步规定的原则，比如说物理学的分子运动原则，化学元素的化合作用原则，一层层地都有一些进一步的规定的原则。但这些原则单纯是物理化学原则那还不行，还要由动物的生命把生气吹进来。"并使自己的每一环节都浸润于其中"。动物的生命就是这样，每一个环节都浸润在它的生气之中，它的肉体是物质存在，但是这个物质存在是每一处都浸透生命气息的。人的有机体也是这样，你把人的手砍下来它就已经不是手了，你把它的任何一块切除下来，它就没有生气了，它就会腐败，它就会还原为水火土气那些东西。所以在一个生命体上，以动物为代表，它是每一环节都浸润于生气之中。

但却不顾这元素的限制,而仍然将这些环节维持在自己的掌控之中,维持其自身为一个一,并且作为这个特殊的有机体而保持为同一个普遍的动物生命。

"但却不顾这些元素的限制",一般动物的生命每一个环节都浸润于生气中,但是,又不受这些元素的限制。在自然界,这些元素是受限制的,水火土气在自然界相互限制,但在人和动物的身上,它是不受这些元素的限制的。一般动物都不受这些元素的限制,而仍然将这些环节维持于自己的掌控之中,使它们保持自身为一。动物体就是这样的,动物体本身就要维持它自身为一,它不是随着自然界的物理作用化学作用就解体了,而是要把这些元素本身综合起来,统一起来,维持自身。"并且作为这个特殊的有机体而保持为同一个普遍的动物生命",这是特殊和普遍的统一,动物生命本身就是这样。普遍的动物生命,就是由特殊的个体而世代延续下去的动物生命。它不会受到那些元素的物质的限制,而是跳出之上,要把这些环节维持于自己的控制之中,保持为同一个普遍的动物生命。这个"一"既是个别有机体,同样也是普遍的种类。个别有机体中那些元素每天都在更换,但它仍然保持为同一个个体;一种动物每年都在更换个体,但通过繁殖而把同一个种质传递下去。这是所有的动物所共同具有的一种生命结构,当然人是更高层次的,人是进入到了意识层面,在这个层面上它超出了动物。但是人首先是动物,人类的那些结构跟动物的结构有同构性,也必须从动物的结构开始才能进入理解,人类的普遍性正是在动物的普遍性中有其根源。为什么这里要从和动物的比较讲起,就是这个原因。

好,我们再看下面。刚才讲了,人的这样一种个体性跟动物有同样的结构,或者说具有一种同构性,但是它还不是完全动物的生命。所以你看他上面这一段讲的是,"就像未被规定的动物生命那样",就像动物那样,恰好说明人已经不是动物了,它已经是在意识的层面上来建立自己的个体性。但是个体性的这样一种行为就像动物生命那样，他把动物生命打一个比方，表明人要超越于动物生命之上，还得从动物生命的这样一种结构开始。当然人的结构是跟动物生命层次完全不同的更高的一种结构，但他的初级阶段还得回复到动物的生命结构，在更高的层次上从头开始。人在他的本能的生活方面有很多跟动物是相通的，或者是类似的，是像动物那样的，人在这方面也是一种动物，精神的动物。精神的动物王国，相当于人类的自然状态、野蛮状态。

这样一种原始**本性**，即意识在其中保持着自由和完整的那种被规定的原始本性，显现为对个体而言就是目的的东西的那种直接的、唯一的**本真内容**；

这个地方是分号，我们看这半句。"这样一种原始的**本性**，即意识在其中保持着自由和完整的那种被规定的原始本性"，这样一种原始本性就是刚才讲的原始自然，这个"本性"打了着重号。在其中，意识保持着自由和完整性，这是被"规定了的"原始本性。这就跟动物的那种未被规定的生命不同了，这种原始本性现在已被意识自由地和完整地规定下来了。动物是凭借生气将自己的各环节保持为一，人的原始本性则是通过意识来保持自己的自由和完整。人的这样一种原始本性跟动物的原始本性的区别，就在于动物的那种保持自身为一，保持为同一个普遍的动物生命，现在已经被提升到了意识在其中保持着自由和完整，是那样一种被规定了的原始本性。原始本性已经被意识所规定，被意识所控制所把握。人哪怕是在本能中，他也是受意识所控制的。那么意识所控制的原始本性现在显现为什么呢？"显现为对个体而言就是目的的东西的那种直接的、唯一的和本真的**内容**"，"本真的内容"也可以翻译成真正的内容，"内容"也打了着重号。就是这种原始本性在人那里显现为目的的东西，目的的东西是一种直接的、唯一的和本真的内容。它在内容上面就显现为这样一种内容，就是目的，就是目的性，这是人的本性的直接的、唯一的和本真的内容，真正来说就是个体的直接目的。这里用了"唯一"

这个词,后来麦克斯·施蒂纳,也就青年黑格尔派的弟子,写了一本书叫做《唯一者及其所有物》,马克思、恩格斯在《德意志意识形态》里面重点对他进行了批判。他就是从黑格尔来的,就是从人的起点来研究人的本性。人的起点是什么?唯一者及其所有物,唯一者和他所拥有的东西。那么这个原始本性就体现在这个地方,就显现为对个体而言就是目的的东西的那种直接的、唯一的和本真的内容。前面讲的可以说是一些显现的方式,显现的形式,如个体的所有权、私有制把思维的统一翻译为存在的统一,这是纯粹形式的眼光,把内容撇开了。而原始显现出来的内容是什么呢?就是唯一的目的,用我们的话来说就是人不为己,天诛地灭,这是人的本性。

{217} 这个内容诚然是**被规定的**内容,但只有当我们孤立地考察**自在存在**时,它才一般地是**内容**;但在真理中,它是被个体性所贯通了的实在性;它是现实性,就如同意识把这现实性当作它自己身上个别的东西来拥有、并且首先只将其建立**为存在着的**,还不是建立为行为中的那样。

"这个内容诚然是**被规定的**内容","被规定的"打了着重号,已经有规定了,这个跟动物已经不一样了。人的本能的内容是规定好了的,它是一种有意识的目的,它用这种目的对它的本能作了规定。我们讲有意识有目的的活动,这是人的活动跟动物的活动不一样的地方。"但只有当我们孤立地考察**自在存在**时,它才一般地是**内容**",这个内容当然是很空洞的了,一般地来说人的行为被自己的目的性所规定,但它的内容是什么呢?无非是自在存在的内容,也就是自然本能。只有当我们孤立地考察自在存在时,孤立地考察一个个体,它的本能需要,那么它才一般地是内容。每一个人都是为他自己的本能欲望所决定的,这是一个非常一般的内容,非常抽象的内容,撇开了他的社会关系,撇开他与事物的占有关系或权利关系,只考察他自己的自在存在。这个内容被看作是唯一的、本真的内容,唯一者及其所有物在这个时候才出现,所以马克思、恩格斯特别嘲笑施蒂纳的《唯一者及其所有物》,说它是非常空洞、非常抽象的一种内容。"但在真理中"，在真理中那就必须要有现实的内容，那不是一般的抽象的内容，"它是被个体性所贯通了的实在性"。在真理中，你要考察这个内容的真理，那么，这个内容就不再是自在的本能欲望，而是被个体性所贯通了的实在性。这样一个内容，唯一者及其所有物，它被个体意识所贯通，有种单纯的透明的原则贯穿于其中，它是由个体性的能动性所实现出来的，你要考察这样一个过程，才能够把它在真理性中揭示出来。你光是停留在唯一者及其所有物那个抽象的起点上面，它是没有真理性的，它只有确定性而没有真理性。"它是现实性"，在什么意义上是现实性呢？下面讲，"就如同意识把这现实性当作它自己身上个别的东西来拥有、并且首先只将其建立**为存在着的**，还不是建立为行为中的那样"。它是这样一种现实性，就是说，意识在这个里头是起支配作用的，唯一者及其所有物，它的内容是受意识所支配的，意识把这个现实性当作它自己身上的个别东西而拥有。意识把自己个别化，从而使自己带上了现实性，所以现实性是意识身上的个别性环节，例如说个别的财产。在这里，唯一者是根本性的，哪怕你一无所有，但是你还有一个空洞的唯一者的所有权，只要有这个所有权，你就可以拥有任何东西。一般来说你孤立地考察一个人的时候，你就会得出这样一种内容，因为他有所有权嘛，虽然还他没有任何所有物，但是他有所有权。这样一种现实性最初只是被建立为"存在着的"，而不是被建立为"行为中的"，也就是在财产权上空洞地被承认而已，我"有"这种权利，但意识还没有在行为中把它的全部内容展示出来。我已经拥有了现实的财产权，这是我最根本的"所有物"；但是，还没有通过行动使用这种财产权，还没有进入到现实的财产关系之中。

但对于行为来说，一方面，那种规定性之所以不是行为曾经想要超出的那样一种限制，是因为被视为是存在着的质的那种规定性就是行为自身在其中运动的那种单色元素；但另一方面，这否定性只有在存在身上才是**规定性**；但**行为**本身无非就是否定性；因此，在行为中的个体性那里，规定性就消溶在一般的否定性或一切规定性的总和中了。

"但对于行为来说"，前面讲这内容只是存在着的而不是行为中的。那么对于行为来说又是怎样呢？"一方面，那种规定性之所以不是行为曾经想要超出的那样一种限制"，对行为来说，那种规定性，也就是意识对于现实性的规定性，并不是行为曾经想要超出的那样一种限制，就是说意识对这样一种现实性的掌控，这样一种占有，这样一种所有，并不是行为曾经想要超出的那种限制，比如说欲壑难填，人们总是受到条件的限制，但却总是想要多吃多占，穷奢极侈，总而言之是要超出现有的条件，不受限制。这种限制是低层次的，它是一种本能的规定性，具有物质和肉体上的多方面性。相反，对行为的这种规定性是超越于这些本能规定之上的再次规定，之所以如此，"是因为被视为是存在着的质的那种规定性就是行为自身在其中运动的那种单色元素"。也就是对行为来说，那种规定性已经提升到了一个主体性的地位，对物质元素的那种限制，那种被视为是存在着的质的规定性，成了行为在其中运动的单色元素，它不再是这个那个财产，而是一般的财产权，不再是我的这个那个东西，而是一般"我的"。这就是财产行为在其中运动的畅通无阻的媒介，它不是各色各样的，而是单色的。它是你的所有物的那种普遍的规定性，是你的所有物的单纯色彩，在财产关系中，你可以凭借你的所有物的这种单纯色彩和他人打交道，进行普遍的交往。"但另一方面，这否定性只有在存在身上才是**规定性**"，前面讲的是普遍性方面，这是财产关系的普遍交往所要求的，但另一方面，也就是特殊方面，这否定性只有才存在身上才是规定性，"规定性"打了着重号。就是说，一方面这种规定性是抽象普遍的、单色的，是行为所要求的；但另一方面，这否定性，也就是规定性，是依附于具体存在的。前面讲意识对现实性"首先只将其建立为**存在着的**，还不是建立为**行为中的**"，意识的规定性必须先针对存在，然后再针对行为，先占有一个物，然后排斥他人，这是顺理成章的。"但行为本身无非就是否定性"，这个行为是什么行为呢？无非就是否定性的行为，是排他的行为。"因此，在行为中的个体性那里，规定性就消溶在一般的否定性或一切规定的总和中了"，行为中的个体性，也就是当个体性投身于行为时，原先那种针对存在的静止的规定性或质，就消融掉了，你不要老是只看到这是"我的"，你只要投身于行动，和他人发生财产关系，你会发现有很多东西是"他的"，你必须把"我的"这一规定投入"一切规定的总和"中来考察它的关系。这样，规定性就消融在一般否定性或一切规定性的总和中了，这时你的行为本身作为一种否定，就是一种划清界限的行动。当你规定你的行为本身时，就意味着划出了一种界限，作出了一种否定。我们前面讲到，私有财产的规定就意味着排他，那么你的规定的行为本身就是否定，在行为的个体那里规定性就成为了一般的否定性，即你要否定他人，他人也要否定你，你要排斥人家，人家也要排斥你，你要人家尊重你的规定性，你也要尊重人家的规定性。那么这就意味着什么呢，这就意味着"群己权界"。规定性就是否定性，而否定性就是一切规定性的总和，那就是群己权界。严复翻译密尔的《论自由》的时候，翻译成"群己权界"，个体和他人之间的权利的界限。群己权界是一个一般的原则，是一个普遍原则。自由权就是一种群己权界，要划清人与人之间的权利的界限。自由不是为所欲为的意思，他那个 liberty 的意思跟我们中国人理解的自由不一样，所以严复要翻译成群己权界。自由不是任意性，不是想干什么就干什么，那是低层次的，是动物层次的；而到了人的有意识的理性的层次，到了我们这里讲的精神的动物王国这个层次，那么自由就是群己权界。你把一块地圈起来，你想在这块地上为所欲为，你就要防止人家的干扰，你就要建一个栅栏把它围起来，所以必须有一个界限，这就是否定了。所以规定性就消溶在一般的否定性中了，规定性要成为一般的原则，而不是某个事物的特殊原则，它就必须变成一般的否定性，只要我们把一般的否定性确立下来，那每个人的规定性也就确立下来了。这就进入到法的这个层次上了，法律只说，你不要侵害别人的自由；但是法律绝不会说，每个人必须自由，法律从来不这样规定，因为这无需规定。只要规定了不得侵害别人的自由，那么一切人都要的自由就在其中了。所以这种规定性消溶为一般的否定性，就是要建立一种界限，防止别人侵害你的权利，也防止你去侵害别人的权利，群己权界就是这个意思。那么一般的否定性就是一切规定性的总和了，大家都从中得到最大的自由，大家的规定性的总和就达到了最大值。如果你能够把这种一般的否定性规定下来，那就达到了一切规定性的总和。当然这个时候还没有建立起法，还没有立法，还只是一种原理，人们还没意识到这一点，还只是基于原始的本性，现在我们还在谈原始的本性，精神的动物王国，还没有建立起法治状态。要到后面的这两个标题，"立法的理性"和"审核法律的理性"，才正式确立了人的王国的规律。那就是一个更高的层次了。但在立法的理性之前，我们还没有意识到这种群己权界，我们只是在无形之中，在我们的原始本能的意识之中，我们已经开始有了这样一种规定性和否定性，但还只是一种原始的本性，还在精神的动物王国中摸索。

[264]　　现在，单纯的原始本性在**行为**和行为的意识里产生了与这一行为相适合的区别。行为**最初**是作为对象而现成的，也就是作为那还属于**意识**的**对象**、作为**目的**而现成的，因而是与现成的现实性相对立的。

　　"现在，单纯的原始本性在**行为**和行为的意识里"，单纯的原始本性，它最初是在自在的，基于本能的，而现在进入到了行为和行为的意识中，这是一种提升。前面讲，意识把现实性"首先是只将其建立为存在着的，而不是建立为行为中的"，这就是一种单纯的原始本性。而现在呢，是在行为和行为的意识里"产生了与这一行为相适合的区别"，也就是这一行为本身分化为几个阶段来进行，不再是那种静止的存在了。单纯的原始本能作为存在不会有这种区别，只有当它进入到行为过程中，才会发生这种区别。原始的动物性的本能要能够成为占有的财产关系，必须要经历这种行为过程，在行为和行为意识里产生这种分化的步骤。具体来说

334

是如下三个步骤。第一步，"行为**最初**是作为对象而现成的，也就是作为那还属于**意识**的**对象**，作为**目的**而现成的，因而是与现成的现实性相对立的"，"最初"打了着重号。我们从起点已经开始迈步了，第一步就是设立意识的对象，也就是目的。当然我为什么设立这样一个目的或对象，是基于原始本能，单纯的原始本性，是因为我的本性的需要。那么迈出的第一步，就是瞄准目标的行为，这种行为最初是一种什么行为呢？它是作为对象而现成的，有一个现成的意识对象或目的。"现成的"意味着它出自本能，不需要去思考权衡；但它同时又只是作为意识的对象、作为目的，因而它与现成的现实性还是对立着的，它只是瞄准了那个现成的现实性的客观对象。而这种瞄准目标本身就已经是行为的一个环节了，是行为最初迈出的一步。现在我已经看准目标了，我要采取行动了，但我还没有采取实际的行动，还只是在内心、在意识中准备好了行动。人的行为在起步的时候首先是有一个目的，目的在先，目的支配行为，人的行为跟动物的行为不一样的地方就在这里。人是有目的、有意识地去采取行动的，他首先在心目中有一个策划，在意识中有一个对象，那就是它的目的，这个目的是既定的，是现成的。哪怕你还没有作出行为，你准备作出行为，最初促使你采取行动的，就是你的目的。而当你抱有这个目的的时候，你当然已经有了一个意识的对象摆在你面前了，这是现成的。你要去追求它，你要追求这个目的。目的后面是你的本能，你的需求，是动物的本能促使你产生一个目的；但这个目的已经是属于意识的一个对象，在你的脑子里面已经准备好了，这也就是起步了。注意这个地方所用的现成的，vorhanden，就是现成在手的，已经在手边的。这里有两种现成的东西，一种是主观的目的，意识中的目的，它是现成的；一种是外在的现实性，跟你的目的相对立，也是现成的。这两种相互对立的现成的东西产生的张力，就激发出现实的行为。

　　另一个环节则是那个被表象为静止的目的的**运动**，是实现活动，即是说，是目的与完全形式上的现实性之间的联系，因而是与**过渡**本身的表象、或者说与**手段**之间的联系。

这里是第二步。"**另一个**环节则是被表象为静止的那个目的的**运动**"，"另一个"和"运动"都打了着重号，"是实现活动"。这跟前一个环节也就是第一步就不同了，第一个环节是设立目的，但还未采取行动，只是一个静止的意识目标；而第二个环节就是这个在表象中是静止的目的的运动，它投入到运动中了，正式进入行为过程了。但是那个目的被投入到运动中后，它本身仍然是静止的，因为它始终贯穿着整个行为过程，它一直是你所要追求的，所以那个目的是静止不变的，在你的表象中、在意识中是静止的。那么另一个环节作为目的的运动并不取消目的在表象中的静止，而是始终受这个静止的目的的掌控，形成一种动静之间的张力。所以这一过程"是实现活动"，也就是那个目的的实现活动，"即是说，是目的与完全形式上的现实性之间的联系"。为什么是"完全形式上的现实性"呢？形式上的现实性就是刚才讲的那种现成的现实性，现成在手的现实性，那就是形式上的现实性，而严格说来这还不是真正的现实性。真正的现实性应该是过程，是实现活动，那种现成在手的、形式上的现实性只是这一实现活动中的一个环节。什么环节？就是手段的环节。所以实现活动也就是目的与形式上的现实性之间的联系，"因而是与**过渡**本身的表象、或者说与**手段**之间的联系"。形式的现实性只是用来过渡的手段，目的和这种手段结合起来才形成整个实现活动的过程。在这里，"实现活动"跟"现实性"是同词根的两个词，Verwirklichung 和 Wirklichkeit，后者是名词，它就是单纯的现实性，不需要有目的；前者是后者的动词形式，是实现、实现活动，把现实性实现出来，它必须有个目的。这一实现过程就是目的与完全形式上的现实性之间，也就是与手段之间的联系。目的性的活动是一种联系，是一种表象中的目的和外部的现成的既定的现实性之间的联系，也就是目的与手段之间的联系。目的要实现出来必须借助于手段，有了现实的手段，目的就成为真正的现实性了。所以手段就是"**过渡**本身的表象"，是中介。过渡就是中介，就是手段，就是中间环节。所以"另一个环节"实际上就是中介环节。整个目的实现出来的活动，首先是主观的目的，在表象中、在意识中的目的；然后是目的与手段即形式的现实性之间的联系，这就是中介环节；那么通过这个环节，我们就可以达到第三个环节。

最后，第三个环节是那样一种对象，这种对象不再是行为者直接作为**自己的东西**而意识到的目的，而是从行为者脱离开来，并且**对行为者作为一个他者**而存在。

这是第三个环节，即实现了的目的。"最后，**第三个环节**是那样一种对象，这种对象不再是行为者直接作为**自己的东西**而意识到的目的"，"行为者""自己的东西"和"目的"都打了着重号，它们其实是一个东西，即造成第三环节的东西，但本身不是第三环节。第三环节已经是行为所造成的对象，这个对象"从行为者脱离开来，并且**对行为者**作为一个**他者**而存在"。这个对象已不再是最初所直接意识到的那个目的了，那个目的还是属于行为者自己的东西、主观的东西，虽然它支配着全过程，但毕竟还停留于行为者内部。这个最初的目的，我们通常称之为动机，或者意图，那是行为者直接作为自己的东西而意识到的，那是最初的目的。现在，不再是那样一个目的了，而是从行为者脱离开来而对行为者是一个他者了，这就是实现出来的目的。我们通常讲目的有两个含义，一个是行为者的动机，另外一个是行为的结果、效果。目的同时既指动机也指结果，结果就是动机的实现，或者动机就是预先设定的结果，结果在动机中已经预设了，这就是目的。到有了结果以后，我们指着结果说，这就是它的目的，因为它原来就是想要这样的嘛。所以目的这个概念，它有双重含义，一个是在它的动机中，尚未实现出来，只是意识的表象；而当它实现出来以后呢，它已经从行为者脱离开来，而对行为者成了一个他者。目的一旦实现出来，就不再受行为者支配了，那就是一个公共的事件了。我们经常看到，就是你的目的实现了，但是，始料未及，你不知道它为什么就成了这样。虽然你是实现了，实现出来又怎么样呢？会不会有你原来设想的那么好呢？这就不一定了。所以它已经从行为者脱离开来，对行为者是一个他者了。我们有时候把这种他者甚至看作是异化，你的目的行为所得出的结果成为了不是你所能控制的，甚至于不是你所期待的，它会反过来反对你，这就是异化。所以这个地方有三个环节，第一个环节就是动机，作为动机的目的，但是它还不现实，跟现实是对立的。第二个环节就是目的活动，那就是手段，就是抓住现成的现实性来实现你的行为。手段作为中介，最后得出来了第三个环节，那就是实现了的目的，就是结果。实现了的目的跟前面那个动机，它有所不同，虽然它们是同一个东西，但是动机是主观的、任意的，而后果已经不受你支配了，它是客观的。

　　——但这几个不同方面现在必须按照这个范围的概念这样记录在案：在这几个方面中，内容仍然是同一个内容，而没有任何区别加入进来，既没有个体性与一般存在的区别，也没有**目的**对作为**原始本性**的**个体性**的区别，也没有**目的**对现成的现实性的区别，同样，既没有**手段**对作为绝对**目的**的现实性的区别，也没有**所造成的现实性**对目的或原始本性或手段的区别。

　　这一段话整个来讲就是，所有这三个环节相互之间都是没有区别的，强调它们的没有区别。当然他最开始排列这三个环节的时候，他是着眼于它们的区别，但是实际上这三个环节是没有区别的，它们的区别只是同一个概念的自我分化，这个没有区别是一个范围的概念。他说，"但这几个不同方面现在必须按照这个范围的概念这样记录在案"，就是作为动机的目的、手段、作为结果的目的，这三个方面，它们形成了一个范围的概念，类似于一次行军记录。现在要把它们记录在案，抓住不放，你不能把它们割裂开来，让它们散失了。"在这几个方面中，内容仍然是同一个内容"，它们同属于这个范围的概念，我们可以把它设定为就是目的性的概念。一个是作为动机的目的；一个是目的性的活动，作为手段；再一个是实现了的目的。这三者构成目的性，缺一不可，它们是同一个概念的范围。所以在这几个方面中,内容仍然是同一个内容,"而没有任何区别加入进来"。同一个内容没有任何区别加入进来,你要实现的东西,和你用来实现它的东西,最后你所实现了的东西,都是同一个概念,同一个过程,没有任何区别加入进来。你不能说我的手段是恶劣的,但是我的动机是好的,或者说我没有料到这个结果,那我就不负责任,或者我为了达到目的,可以采用任何手段等等,使自己脱离干系。所有这些说法都是没有意识到它们之间的紧密的关联。但是,实际上它们没有任何区别加入进来。什么样一些区别,下面列举了五种区别,都是它们所没有的。第一种是:"既没有个体性与一般存在的区别",现在个体性和一般存在已经合为一体了,行为不仅仅是个体性内部的活动,而且是个体性与一般存在相统一的活动。第二种是:"也没有**目的**对作为**原始本性**的**个体性**的区别",这是从起点上来说的,行为的目的就是基于作为原始本性的个体性、也就是作为本能的个体性而设定的,因为每个人都是自私的,都是为了满足自己本能的欲望而提出自己的目的,最开始都是从这里出发的。凡是目的,它都在现实的原始本性中有它的根基,这样它才是一种现实的目的性。所以目的对作为原始的本性的个体性的区别,现在也被取消了。第三种是:"也没有**目的**对现成的现实性的区别",现成的现实性我们前面讲了,那就是一种形式上的现实性,它是作为手段而加入目的活动中来的,目的与这种可作为手段的现成的现实性也没有区别。第四、第五两种是:"同样,既没有**手段**对作为绝对**目的**的现实性的区别,也没有**所造成的现实性**对目的或原始本性或手段的区别"。这里,"作为绝对目的的现实性"既是主观目的的现实性,又是实现出来的目的或者说结果的现实性,手段和它们都没有区别。因为手段本身也可以看作是一个目的,一个手段可以是许多其他手段所要达到的目的,而我达到这个目的又是为了达到更高的目的。工欲善其事,必先利其器,"利其器"也是一个目的啊。你要获得一种手段,去达到另外一个目的,那么这个手段也是你要获得、你要实现的一个目的。这种手段哪怕和最高的目的之间，就现实性而言也是没有区别的，因为最高目的一旦实现，它必然也会成为别的目的的手段。至于"所造成的现实性"则是指后果，它与目的、原始本性和手段都没有区别，因为它一旦造成，便被看作其他人的手段，或者满足了其他人的原始本性的目的。总而言之这三个概念，一个是作为动机的目的，包括原始本性在内；一个是作为手段，或者说作为手段的相对目的；最后一个是作为实现了的目的，包括所造成的现实性在内。这三个环节都构成目的性，它们都是同一的。所以在每个环节里面你都可以从这三个环节去看它，甚至于都可以把它每个环节又分成三个环节。我们人的行为总是连贯的，总是为了追求一个目的去追求一个手段，为了追求一个手段又去追求另一个手段。人的特点就在这里，它不断地可以插入中间环节，跟动物相比，人的高明之处也在这里，它可以不断地插入更多的中间环节，但是又维持它整个过程的一致。但严格说来，在上面五种区别中，有两个要素其实是处于过程之外的，一个是原始本性，这是人和动物共有的；一个是后果，即所造成的现实性，这是离开了人的行动而为行动者所不能控制的。而只有中间这三个要素即主观目的、手段和实现了的目的，才是完全属于目的活动本身的范围。但是上面第一种区别即"个体性与一般存在的区别"的取消，使得过程之外的那两个要素也被包括进这个范围的概念之中了。也就是从概念上说，个体性与一般存在的同一将把一切存在，不论是原始本能还是在客观世界中所造成的后果，也不论是否积极加入到过程中来，都统统纳入到主体的这一行动中来了。因为人占有对象原则上是主体和客体、思维和存在相统一的行动，这一哲学层次上的行动势必把一切现实性都卷入进来。今天看来就只能讲到这里了。

*　　　　　*　　　　　*

我们上次讲到了"精神的动物王国和欺骗，或事情自身"前面几段。前面讲到精神的动物王国，就是说人从动物来，人的精神生活最开始跟动物的有机体有类似的结构，就是以个体为本，建立在个体的这样一种生命的基础之上；但是跟动物的生命已经有所不同，就是说人的这个个体跟动物的生命相比多了一个意识的层次，多了一个自我意识的层次，这个自我意识的层次使得人跟自然界的关系不再是那种动物性的适应的关系，而是成为了一种占有的关系，成为了一种人对物的占有。那么人的整个个体性现在都是建立在这样一种关系之上了，跟动物不一样的就是人从动物的本能出发，建立了一种财产关系，人跟人之间的一种财产的划分，一种规定性或者一种否定性。那么人跟对象的这样一种占有关系，首先体现为一种目的性。我们上次也讲到了，目的、手段和实现了的目的，这三个环节的同一性，这三者都是同一的，人跟占有物之间具有一种三个环节统一的这样一种关系，就是首先是目的，然后通过手段去实现目的，最后把目的实现出来。这样一个过程就是人的个体性本身。我们今天要讲到的第 264 页下面这一段，就开始接着上次已经提到的这个目的关系，对这样一种目的关系的结构进行一番深入的分析，分析目的关系中这三个环节相互之间是怎么构成的。上次已经谈到目的性的三个环节，最初第一个环节那就是目的的产生，首先目的是如何产生的。所以我们今天讲的这一段一开始就讲到这点。

因此最初，个体性的原始规定的本性，它的直接的本质还没有作为行为者建立起来，它被称之为极其**特殊的**才具、才能、性格等等。

"因此最初"，首先分析这三个环节的第一个环节，最初的环节。"个体性的原始规定的本性，它的直接的本质"，个体性的原始规定的本性，也就是它的那种动物性的本能，直接的本质，那就是动物本能。"还没有作为行为者建立起来"。人也有本能，人要吃饭穿衣等等，所有这些都是属于直接的本质。但是，还没有作为行为者建立起来，还没有体现为行为者。那么，没有体现为行为者，它体现为什么呢？"它被称之为极其**特殊的**才具、才能、性格等等"。每一个个体之所以是个体，就是因为它的才能，它的性格是特殊的，跟别的不一样的。这种不一样是通过自然的天赋来划分的，人的天赋的这样一些能力，人的力气，人的智慧，人的性格，人的气质等等，这是它的直接的天赋，它的个体性的原始的规定。就是靠这些原始的规定，一个个体和另外一个个体得以区别开来。但是它又不完全是动物性的那样一种原始的本能，它已经带上了自我意识，已经带上了精神的特点。所以下面接下来讲，

精神的这种独具的色彩，应该被视为是目的本身的唯一内容，并完全单独地被视为实在性。

它是精神的一种独具的色彩，这跟动物已经不一样了。同样是动物性，在人身上它表现为精神的独具的色彩。每一个个体，它的精神独具的色彩是通过它的气质、天赋、才能，通过这些东西所表现出来的。他说这些色彩"应该被视为是目的本身的唯一内容"，这样一些个体本身的才能、才具、性格等等，目的已经具备了它们作为自己的内容，而且是唯一的内容。最开始的目的，它的唯一的内容不是外在的某个目的的对象，而是它自己的特殊的才具、才能、性格等等，要把它们实现出来。就是说，我们可以想想，任何目的最初并不是你所追求的那个外在的东西，而是你自己的能力的实现。最初的目的就是这个，因为它是一个生命体，它是一个精神的个体，它就必须要把自己的精神的独具的色彩把它实现出来。或者说这样一种目的是内在的目的，至于外在的目的，那个具体的对象追求得到追求不到，那个还在其次，那个有成功也有失败，但是最重要的是你是否把自己的能力实现出来了，你是否能够发挥自己的特长，发挥自己的能力。我们高考填志愿的时候，要考虑这一方面。一方面是哪个志愿将来更加赚钱，但是更重要的是哪个志愿能够发挥你的能力，发挥你的特长。这个是根本的。那个专业尽管能赚钱，但是不适合于你，那你也不要去报。所以最初的时候，目的本身的唯一的内容就是你特殊的才具、才能、性格等等。"并完全单独地被视为实在性"，你要现实一点啊，所谓现实一点，不是说你盯着那个钱多的地方去，而是说你先要考虑一下你自己现实的本钱，你的本领、你的本事，你适不适合于做某件事情。

这是唯一的实在性，必须单独加以考虑，不受其他因素的干扰。你最开始的时候要考虑这个唯一的实在性。外在的东西可以变来变去，以前热门的现在也许不吃香了，但是你能干什么，这个是你个体所独具的，它不会随着外在的形势变化而改变。

假如有人把意识设想为一种跨过这种内容而想赋予某种别的内容以现实性的东西，那么他就是把意识设想为**一种努力化为虚无的虚无**了。

就是说，你最初的目的应该是立足于你个体的精神由你自己这样一种能力、这样一种才具、这样一种性格所带来的独具的色彩。但是，"假如有人把意识设想为一种跨过这种内容而想赋予某种别的内容以现实性的东西"，人的意识如果是被想象为不顾这种内容，撇开自己能干什么，撇开自己的才能、性格，而想赋予某种别的内容以现实性的东西，那些东西是外在的，那是跟自己不相干的，或者是不属于自己的东西，人离开自己的能力想把那些东西赋予现实性，这就是不看现实了。什么是现实呢？最根本的现实就是你自身的现实。如果你把自身的现实跨过去了，而想赋予某种别的内容以现实性，"那么他就是把意识设想为**一种努力化为虚无的虚无**了"。努力化为虚无的虚无，虚无本来它不一定要化为虚无，可以无中生有，可以创造，意识本来是这样的。人的潜能在还没有发挥出来的时候只是虚无，但是一经发挥和实现出来，它就无中生有了；但如果你把自己实在具有的潜能撇开，追求那种超出你能力之上的别的内容的现实性，那所追求的实际上只是一种虚无，是努力把自己的虚无化为虚无。一般来说黑格尔并不否认虚无，存在和虚无是不可分的，存在和非存在是不可分的，是互相转化的。但是如果是化为虚无的虚无，而且是努力要化为虚无的虚无，那就是和存在完全对立或者甚至完全不相干的，那就是毫无意义的虚无了，或者说那就是一种空想。

——而且，这个原始的本质不仅是目的的内容，而且自在地也是**现实性**，它通常显现为行为的一种**给予的**质料，显现为**被碰上的**并且必须在行为中构成起来的现实性。

"这个原始的本质不仅是目的的内容"，这个原始的本质也就是刚才讲的，你的这种本能，天生所具有的才具、能力、才能、性格，这样一些东西，它不仅是目的的内容。它是目的的内容，最开始当然就是，你的最初的目的就要以它为内容，但不仅仅如此。"而且自在地也是**现实性**"，自在地，它本身就是一种现实性。你把它当作目的，当然目的一般来说呢，还不是现实性。有了这个目的，但是还没实现。但是这样一种才具、才能这些东西，除了是目的，除了是你追求的目的以外，而且它本身就是现实性，已经有了。天赋的原始本能，一开始你天生地就具有这样一方面的性格、气质、才能、才具。所以它自在地也是现实性。目的的内容不一定是现实性，它可能是仅仅停留在一种倾向、一种意向、一种企图，但是这样一种意向，这样一种企图，它本身就是自在的现实性。你要发挥自己的才能，你要把这作为自己的目的，那总是可以做到的，不管你做什么，只要你做，你就会体现出你的才能来。所以它自在地也是现实性。"它通常显现为行为的一种**给予的**质料"，你如果在行动中，那么有一种质料是被给予了的，那就是你的性格，你的才能，你的才具，这些东西是天生的，它就是你的行动的质料，你的行动就靠这些。它就是一种被给予的质料，天生被给予的质料，你的行为必须通过这样一种质料才能够进行，因为是你的行为就要把你的这样一些能力用作质料。"显现为**被碰上的**并且必须在行为中构成起来的现实性"，显现为被碰上的，被碰上的也就是被给予的，也就是被偶然遭遇到的。天生的嘛，天生的那是不由你预先策划的，你是个什么人就是个什么人，你就恰好碰上了，你摊上了。你就是这样一种人，你就有这样一种素质条件，你身高一米九，那你有成为篮球运动员的潜力。但碰上了之后，还要在行为中构成起来，才真正成为现实性。原来那些才能也是现实的，但还是自在的现实性，也就是潜在的现实性，这种质料，这种原始的本质，只有在行为中构成起来才能从潜在的成为真正现实的。你有这些天生的气质，但是你如果不行动的话，它们也构不成现实性。你的先天条件必须在后天行为中才构成起来，才成为现实性。你如果躺在床上一动也不动，那当然就浪费了才能，你有了等于没有，你白有了这么一些才能，必须通过行动它才成为现实性。

也就是说，行为只是纯粹将尚未呈现的存在的形式转译为呈现出来的存在的形式；与意识相对立的那种现实性的自在存在就下降为只是空虚的假象了。

这是对前面那句话加以进一步解释，"行为只是纯粹将尚未呈现的存在的形式转译为呈现出来的存在的形式"。所谓行为，什么是行为呢？行为只不过是纯粹的转译。转译也就是翻译，übersetzen，前面第 262 页也有这种说法：行为就是"是把**不被看见的东西**转译成**被看见的东西**的纯粹形式"。他这里特别用这个词，他不用一般的转变、转化，verwandeln或者 wechseln，他不用，他用这个 übersetzen，特别强调它的这种"翻译"的性质，原原本本地翻译，把尚未呈现的存在形式翻译为呈现出来了的存在形式。还没有呈现出来的存在形式也就是我们通常讲的潜在的，把潜在的存在的形式，把它转化为呈现出来的或者现实的存在的形式。从潜能到现实，这是亚里士多德对运动的定义，也是这里对行为的规定。这样一来，"与意识相对立的那种现实性的自在存在就下降为只是空虚的假象了"，与意识相对立的那种现实性，它的自在存在，就是存在于意识之外不以意识为转移的那个现实性，就下降为只是空虚的假象。为什么下降为只是空虚的假象了？就是说现实性并不是真正地与意识相对立的自在的存在，表面上看起来意识是意识，现实性是现实性，现实性是与意识相对立的自在的存在。那么在这种纯粹的转译过程中，这种自在存在就下降为一种空虚的假象了。没有什么与意识真正相对立的现实性，在行动中我们可以把意识中的那种潜在的存在形式，把它转化为现实的存在形式，那么这个现实的存在形式就不是和意识中潜在的存在形式相对立了。那种对立只是一种空虚的假象，而真正说来它们是相统一的，它们不是相对立的。所以那种与意识相对立的现实的存在，就下降为只

345

是空虚的假象。为什么要说下降为空虚的假象，就是说，它本来不应该是空虚的假象，但是，它又作为空虚的假象呈现在意识面前，但是意识已经知道，这只是假象。就像康德讲的，这种幻相即使我们识破了它，它仍然还在。但是它下降了，不再被当真了。我们说太阳每天"升起来"，但是天文学家告诉我们，不是太阳每天升起来，是地球每天转过去，是日心说不是地心说，告诉我们这个道理。我们知道这个道理，但是我们还是说太阳每天升起来。但是它下降为一种日常用语，日常习惯，而不再是一种真理。原来被当作真理，现在它还原为假象了。

{218}　　**这种意识由于规定自己去行动，于是就不让自己受现成现实性的假象所迷惑，并且同样，它必须不再在空虚的思想和目的中兜圈子，而是一心执着于自己本质的原始内容之上。**

　　"这种意识由于规定自己去行动，于是就不让自己受现成现实性的假象所迷惑"，这种意识，我们刚才讲了，它只要一行动，它就把自己潜在的才能实现出来了，它就自己成了现实性。所以这种意识由于规定自己去行动，于是就不让自己受现成现实性的假象所迷惑。所谓现成的现实性，就是与意识相对立的自在存在的现实性，现成的，摆在那里的。我们通常也这样说，我们要现实一些，要睁眼看看现实，所谓睁眼看看现实，就是说现实已经摆在那里，它不是你想怎么样就怎么样的，这是一种现成的现实性。但是这种现实性是一种假象，意识既然要去行动的话，那它就不受这种假象迷惑。现成的现实性又怎么样呢？我可以改变它，我可以使它变成非现实性。它是现成的，我可以把它变成过去了的，我可以把自己的不现实的潜在的能力变成现实的，这才是真正的现实性。而既定的、现成的那种现实性只是假象，好像是牢不可破，好像是不可动摇，好像是咄咄逼人，但是那只是一种假象，我不受它的迷惑。现实的、既定的力量再强大，但是人是活的，东西是死的。愚公移山，一座山在那里，我要把它移走，它就只能让你移走。问题只在于你必须规定自己去行动。"并且同样，它必须不再在空虚的思想和目的中兜圈子，而是一心执着于自己本质的原始内容之上",意识不再停留于空虚的思想和目的,它不在自己内部兜圈子。仅仅在空虚的思想和目的中兜圈子,那是无济于事的,那不但不能改造客观的现实,而且不能实现它自己的现实。所以它必须执着于自己本质的原始内容上,也就是你到底要什么,你到底想干什么,这要立足于你的本质的原始内容。这个不要天马行空,不要胡思乱想,不要好高骛远,眼高手低,你现在必须立足于自己本质的原始内容,原始内容是最根本的,那就是你的天赋的才能、才具、性格。立足于这些去行动,那就是发挥你的主观能动性了。你不要停留于、耽于幻想,要知道你自己的本钱在哪里,把握自己的能力,然后立即采取行动。采取行动干什么呢? 发扬你自己本质的原始内容,也就是通常说的自我实现,成就自己这块材料。

　　——这个原始内容虽然只是**为**意识的,**因为是意识把它实现出来的**；[265]
但是这样一种**对这**意识**而言**只**在意识内部**存在的东西与一种在意识以外自在存在着的现实性之间的区别已经被消除了。

　　"这个原始的内容",也就是我本身天生的那一套,天赋、才能、才具、性格等等,"虽然只是**为**意识的","为"字打了着重号。我意识到了,我有这样一些本钱,我天生就具有这方面的才能,那么这个内容虽然只是为意识的,也就是为意识所用的,"**因为是意识把它实现出来的**"。就是你意识到这些东西,那么这些东西就成了意识的对象,意识要把它们实现出来。如果没有意识的话,像动物那样,动物也有天赋,各方面的才能,但动物不是有意识地把它实现出来。但是人是把这样一些天赋的才能有意识地实现出来。所以这些才能不再像动物那样是自在的,而是"为"人的意识而存在的,它由意识所控制,它由意识把它们实现出来,它们是属于意识的。虽然是这样,"但是这样一种**对这**意识**而言**只**在意识内部**存在的东西",这个"对这"打了着重号,与前面的"为"意识的相对照。"意识内部"也打了着重号,这三个着重号都是强调原始内容本来是内在主观的；但正由于意识把它"实现出来",于是它"与一种在意识以外自在存在着的现实性之间的区别已经被消除了"。就是说它们虽然是主观的，它们是对主观意识而言只在意识内部存在的东西，因而与一种在意识以外自在存在着的客观现实性之间是有区别的，但现在它们和客观的现实性的区别已经被消除了。意识把自己的才能实现出来，使它具有了现实性，这样一种现实性虽然还是一种对意识而言的只在意识内部存在的主观东西，但是它却与在意识以外自在存在着的客观现实性没有区别了。你把自己的才能实现出来，这固然是为意识的，是对意识而言的，但同时也是客观的，你把自己的天赋的才能实现出来了，使它成为了现实性。这种现实性虽然是意识实现出来的，难道它不就是客观的吗？这个主观的现实性同时就是客观的现实性，因为是意识把它实现出来了嘛，或者说这两种现实性已经统一了，已经成为了同一个现实性。意识内部的现实性已经外化为意识之外的现实性，所以两者没有什么区别。

——只不过使意识**自在地**所是的东西成为**自为的**，这是必须付诸行动的，或者说，这行动正是精神的**作为意识**的生成过程。所以，凡是意识**自在地**是什么，意识都从自己的现实性中知道了。

"只不过使意识**自在地**所是的东西成为**自为的**，这是必须付诸行动的"，意识自在地所是的东西就是那些本能，就是你天生的才具、才能，那是意识自在地所是的东西。但要使它成为自为的，这是必须付诸行动的。把自在的变成自为的，没有那么容易，需要付诸行动。"或者说，这行动正是精神的**作为意识**的生成过程"，换句话说，这个行动，使意识自在地所是的东西成为自为的这样一个行动，正是精神的作为意识的生成过程。正是精神的生成过程，但是精神在这里是作为意识来生成的。精神和意识当然层次上是不同的，精神是更高的层次了，意识是低级层次。《精神现象学》一开始就是意识，然后是自我意识，然后是理性，理性以后才是精神。那么这里讲的就是精神的作为意识的生成过程，"作为意识"打了着重号。也就是说这个层次上的精神还是作为意识的精神，但是它已经是精神了，它的生成过程是通过意识把自己的自在变成自为的行动而实现的。我们也可以说，它是精神的初级阶段，它还不是作为精神的精神。作为精神的精神那就是客观的精神了，但是这里是作为意识的精神，也就是主观的精神，只是由主观意识的这种发自内部才能的行动来实现的。精神生长起来，它最开始是作为意识生长起来的。人有了意识，当然在某种意义上，他就已经有了精神，但是还是潜在的。意识，它还不能直接地等同于精神，自我意识也不能直接等同于精神。为什么呢？因为精神这个概念，它是主客观的统一，意识和对象，自我意识和对象意识，要统一起来，要成为社会性的。它不是你个人的，不是你的意识，也不是你的自我意识，而是整个社会的意识，那才能够称为精神。所以精神是一个更广大的概念，是明确具有社会性的。当然自我意识也具有社会性，但是自我意识的社会性还没有实现出来，必须在精神中才实现出来。但是在这个地方，因为主客观已经统一了，所以，精神已经生成了，只不过是作为意识的生成过程。"所以，凡是意识**自在地**是什么，意识都从自己的现实性中知道了"，这就是作为意识的精神的主观性。凡是意识自在地是什么，潜在地是什么，那你就要看它的行为，看它实现出来是什么。意识从它自己的现实性中，从它自己实现出来的现实性中，知道了自己自在地是什么。我们通常也讲，是骡子是马牵出来遛一遛，你关在栏里面，你说这到底是骡子是马，哪个骡子好哪个马好，这个都是嘴皮子上的。你牵出来遛一遛嘛，这就一目了然了。那么意识自在地是什么也不能停留在嘴巴皮上，口头上，停留在猜测之中，而必须通过行动把它实现出来。它一旦实现出来，那就知道了，原来意识就是这么个东西。在现实的行动里，我们就可以看出来意识本来是什么东西。这就是主客观统一了，主观的东西是什么要在客观的东西里面看得出来，这就使意识成为了精神。

因此，个体在通过行为使自身成为现实性以前，不可能知道**它是什么**。——但这样一来，似乎个体在作出行为以前就不能规定它行为的**目**

的了；但同时，由于它是意识，它又必须事先把这个行动作为**完全是自己的行动、也就是作为目的摆在自己面前。**

"因此，个体在通过行为使自身成为现实性以前，不可能知道**它是什么**"，你没有通过行为把自己实现出来以前，你空谈我是什么，那个是没有用的，不可能知道它是什么。当然每个人都可以猜测，感觉到我可能是一个做什么什么的料，我可能是一个当画家的料，但是在我没有真正使自己成为一个画家之前，别人不可能知道我真的是一个画家。你是不是画家，你当了画家才知道，你拿作品出来才知道。你没有当成，那你就不是画家，你就不是这个料。"——但这样一来，似乎个体在作出行为以前就不能规定它行为的**目的**了；但同时，由于它是意识，它又必须事先把这个行动作为**完全是自己的**行动、也就是作为**目的**摆在自己面前"，这就出现了一个矛盾。就是说既然你在实现出来以前，你不可能知道你是什么，那么一方面，这样一来呢，你在作出行为以前就不能规定你的行为的目的了，就是你这些目的都是空的，都是空想，你觉得自己恐怕不是这块料，你必须作出来以后，你才能规定你最初的目的。但是另一方面，你如果没有一个目的摆在自己面前，那你如何能够开始行动呢？你盲目地去做，做到哪一步算哪一步，那就是一种无目的的行为，无目的的那就不是行为了，那就不可能成功，甚至什么叫成功都不知道。所以这就是一个矛盾了。既然只有在行动以后才能够知道自己是什么，那么你行动以前的想要知道自己是什么，那岂不是假的、岂不是自欺吗？但如果你就此取消你的目的，听天由命、随波逐流，那是完不成任何行动的。任何一个行动都"必须事先把这个行动作为**完全是自己的**行动、也就是作为**目的**摆在自己面前"，"完全是自己的"打了着重号。如果你随波逐流的话，那个行动就不是你自己的了，那就是自然过程了，那我们就是完全顺其自然了，那你自己就没有行动了。有些病人，像帕金森氏综合征，他的行为就不由自己支配，他的动作，我们有时候觉得很怪异，但是你不能说他的动作是一个行为，他那不是行为。因为他那是没有目的的，不受他控制的。

只有一个有目的的行为才能叫做行为，而这个目的必须是完全由自己建立的。再一个就是，它是事先摆出来的，你要实现的目的，在这个目的实现出来之前，必须已经存在于你的主观头脑里面了，那才是目的。但是，前面讲这样一来，似乎个体在作出行为以前就不能规定自己的行为的目的了，而现在由于它是意识，它又必须事先把行动作为目的摆在自己面前，这岂不是一个矛盾吗？到底哪个先哪个后，是先有了行动才知道自己是什么人，还是先根据自己是什么的一种策划才有了行动呢？

因此，要着手行动的个体似乎处在一个圆圈之中，在其中，每一个环节都已经以另一个环节为前提，因而好像不可能找到开端，因为它对于那必须是它的目的的原始本质，**只有从行为业绩里**才得以知晓，但是它为了作出行为，又必须**事先拥有目的。**

这就是个自相矛盾，或者说这就是个圆圈，是个循环圈。"因此，要着手行动的个体好像处于一个圆圈之中"，好像处于一个圆圈之中。这个圆圈我们前面已经看到了，第 262 页我们读到："这个圆圈自由地在虚空中把自己推向自己本身，无拘无束地时而扩大，时而缩小，完全心满意足地只在自身中和自己本身做游戏。"当时我们看到这里觉得有些不太理解，为什么是圆圈，自由地在虚空中把自己推进到自己本身，时而扩大时而缩小，我们把这解释为一种自由经济的状态，个体自身独立的状态。那么这里就讲到了，"因此，要着手行动的个体好像处于一个圆圈之中，在其中，每一个环节都已经以另一个环节为前提，因而好像不可能找到开端"。在圆圈之中，你不可能找到开端，每一处都以另一处为前提，首尾相接。你以它为前提，它也以你为前提，到底是先有了目的才有行动，还是先有了行动才能够表现出你真正的目的，这个就构成一个循环，构成一个圆圈，在圆圈上是没有开端的。"因为它对于那必须是它的目的的原始本质，**只有从行为业绩里**才得以知晓"，行为业绩，前面我们已经碰到这个词了，Tat，它本来的意思也是行为，但是它着眼于行为的实际后果，所以我把它翻译为行为业绩，跟 Tun 区别开来。Tun 就是行为。Tun

351

跟 Tat 本来是一个词，一个是动词一个是名词，名词就表现出行为业绩，有时也翻译成业绩。个体对于那必须是它的目的的原始本质，这个原始本质本来是它的最初的目的、最初的出发点，却只有从行为业绩里才得以知晓。"但是它为了作出行为，又必须**事先**拥有**目的**"。为了要作出这个行为，又必须事先要拥有目的，而这个目的呢，只有从它干出来的事情才能够知道，这就是圆圈了，在逻辑上就是一个循环论证。但这里不是从形式逻辑上说的，前面讲这个圆圈时而扩大时而缩小，什么叫时而扩大时而缩小？前一个就是时而扩大，只有从行为业绩里才得以知晓它的原始本质，就是你把它作出来了，扩大了，不再缩在你的主观的目的之中，而是把它扩大成为一个业绩，这个时候你才能知道它的最初的目的是什么。时而缩小，也就是说，它为了作出这个行为必须事先拥有目的，必须事先在脑子里面把它策划好，把它谋划好，这就必须要缩回到内心，必须缩小。一会儿干出惊天动地的大事来，一会儿又回到自己的内心去谋划，或者先谋划好了，再去干一番惊天动地的大事。这其实就是一切自由行为的结构，它就是一种自相矛盾、自我缠绕。

但唯其如此，它必须**直接地**开始，而不论状况会如何，都必须在毫无对**开端**、**中介**和**结局**的任何考虑时就展开活动；因为它的本质和**自在**存在着的本性乃是开端、中介和结局的一切归一。

"但唯其如此，它必须**直接地**开始"，正因为如此，它必须直接开始，这就是自由意志的决断了。因为它是个圆圈，你找不到开端，找不到开端怎么办，你就罢手不干了吗？只有一个办法：直接开始。动手啊！既然它是一个圆圈，你处在任何一个位置上你都可以直接动手，你处在圆圈上的任何一点上，你都可以不考虑你的开端，你的前提，你前面是什么后面是什么。不要陷入到因果律中，要敢于冒险、敢于突围，你不要管，你就直接开始。"而不论状况会如何，都必须在毫无对**开端**、**中介**和**结局**的任何考虑时就展开活动"，不论你所处的位置如何，不论你处在这个圆圈上面的哪一点上，你都不考虑，你都不要对开端、中介和结局做任何考虑,要直接展开活动。或者反过来说,这个圆圈就是靠你展开活动才得以运行的,才有这个圆圈。所以你在这个圆圈上面任何一点,你都可以直接展开活动,你不必去考虑你这个活动是开端,还是中点,还是最后的结局。你可以是任何一点,你也可以说我这是开端,你也可以说我这是中介,你也可以说我这就是以往的所有的历史所造成的结果,我就是这么个人。所以你可以不考虑,你就直接地展开活动,发挥你的能动性和独创性。"因为它的本质和**自在**存在着的本性乃是开端、中介和结局的一切归一",因为个体行动的本质和自在存在着的本性体现在这个圆圈的每一个环节上,它的本质和自在存在着的本性,就是三者的一切归一。它的本质就是这个,在这个圆圈上面的任何一点上,都可以同时看作是这三者。任何一点都可以同时看作既是开端,开始一个过程,又是一个中介,是从前面一个环节过渡到后面一个环节的中介,同时它又是结局,又是所有前面环节最终的归结点。圆圈上面任何一点不都是这样吗? 你任取一点都有这个特点,一方面它是开始,就从它这里开始,这里是罗陀斯,就从这里跳吧。同时这里又是中介,你一开端,你就把前面和后面接起来了,对于你来说是开端,对于前面和后面的人来说你就是一个中介。同时它又是结局,它是所有前面的环节最后的结果,你能在这里开端,是所有前面的历史所造成的。所以每一个环节都是这三者的一切归一,归于哪个一? 归于自由意志的行动,没有自由意志的行动,这个圆圈根本就展不开。

作为开端,这个自在存在着的本性在行动的**状况**里就现成在手了,而个体对某物所感到的**兴趣**,也已经是对这里是否要有行为和要有什么行为的问题所给出的答案了。

"作为开端",在开端、中介和结局三者中,先讲开端,"开端"打了着重号。"这个自在存在着的本性在行动的**状况**里就现成在手了",这个自在存在着的本性、也就是原始的本性或天生的天赋,在行动的开端就已经现成在手了。开端是一个行动啊,它不是一个静止的点,开端是一个行动。在这个行动中，你的本性，你的天赋，你的才干，你的能力，你有什么能耐，在行动的状况里面就现成在手了，已经体现出来了，因为是你在开端。你是一个什么料，在你的开端行动里面就已经体现出来了。只要你行动，它就体现出这是你的行动，你的行动就带上了你独具的特色。行动的状况，Umstände，它就是一种状况，就是你是怎么行动的，这就已经体现出了你的存在着的本性。"而个体对某物所感到的**兴趣**，也已经是对这里是否要有行为和要有什么行为的问题所给出的答案了"，个体对某物感到兴趣，你的行为里面是有兴趣的。这个兴趣也可以翻译成关切、关怀，当然也可以翻译成利益、利害等等，Interesse，其中 esse 拉丁文里面就是事物，inter 就是介入，介入到事物里面去，这就是兴趣。就是说你对这个东西感兴趣，你已经进入到那个事物里面去了，你已经沉浸到里面去、和它息息相关了。个体对某物所感到的兴趣或者说所感到的关切，就已经是对这里是否要有行为和要有什么行为的问题所给出的答案了。你有什么样的兴趣，那么你就会有什么样的行为，你没有兴趣也不会产生行为。任何一个行为都必须要有兴趣，你对这个行为没有兴趣，那你就不会有行为，即使有，这个行为也不是你的行为，那就是被动的，完全被支配的，你完全失去了兴趣。你是否要有行为，看你有没有兴趣，你要有什么样的行为，也要看你有什么样的兴趣。当然这个兴趣跟这个存在着的本性，在层次上还是有不同的。存在着的本性，它是决定你的兴趣的，是决定你的目的的。有的人对这个感兴趣，有的人对那个感兴趣，当然都是由他们存在着的本性所决定的，什么样的人就对什么样的事物感兴趣，所以这里有一个层次的不同。作为开端，这个自在存在着的本性已经现成在手了，而个体对某物所感到的兴趣也已经是一个答案，是一个什么答案，就是回答这里是否要有行为和要有什么行为的问题。这是两个层次，一个是存在着的本性已经现成在手，一个是兴趣指引着我们在这里所作出的行为。所以前面那个存在着的本性，可以说是内容，而兴趣可以说是形式，兴趣是行为的一种方式。

因为凡是看起来好像是一个被碰上的现实性的东西，自在地都是它的只具有一个**存在**的假象的原始本性——这假象包含在自行分裂的行为这一概念里，——但却作为**行为的**原始本性而在它于这本性中所感到的**兴趣**里把自身表现出来。

"因为"，这是解释为什么前面说个体在开端中所感到的兴趣可以用来解释行为的动机问题。因为"凡是看起来好像是一个被碰上的现实性的东西，自在地都是它的只具有一个**存在**的假象的原始本性"，看起来好像是被碰上的现实性，就好像是一种外在的现实性，你偶然碰上了，包括你的天赋，你的才能、才具，也是偶然的。但是，其实这种原始本性自在地都只具有一个存在的假象。存在的假象，就是说好像是固定存在的，好像是本来就存在于你身上的，比如说你的天赋，好像是你与生俱来的某种东西，你就是这块料，那么你就像是一个固定了的存在。但是那只是假象，"——这假象包含在自行分裂的行为这一概念里"，这样一种假象是由自行分裂的行为这一概念带来的。前面讲过，目的性行为是不可能区别开来自身的各环节的，它的各个方面的内容都是同一个内容，但它在行为过程中有种自行分裂的倾向，是同一个概念的自行分裂。于是现在原始本性就被单独分裂出来，被看作是脱离行为、在行为之先被碰上的现实条件，这使它带有一个存在的假象。它好像是一块材料，那块材料好像就摆在那里，从你生下来一直到现在都没动，等着你去利用它，但是实际上，它不是一块料，它是和行为分不开的。所以它是一个存在的假象，这个假象就包含在这样一个自行分裂的行为里，它实际上就是尚未实现的目的。你以你的原始本性作为目的，但这个目的尚未实现，所以它具有一种存在的假象，因为它还没有实现。所以它好像是存在了，但是它是以一种假象的方式，只存在于你的主观目的之中，它还不是真正的客观存在。存在的假象实际上就是那种还没有实现但是将要去实现的目的。"但却作为**行为的**原始本性而在它于这本性中所感到的**兴趣**里把自身表现出来"，"行为"打了着重号，就是其实你并不能脱离你的行为去看待它。它是你行为的原始本性，并在行为所感到的兴趣中表现出来，"兴趣"也打了着重号。就是原始本性看起来似乎是个体身上一个既定的存在，但其实是行为本身的原始本性，它只表现为行为的兴趣。它不是一种静止的素质，而是一种活动的方式。你在这个原始本性中所感到的兴趣才表达了这个原始本性，除此之外这种原始本性并不真正存在，只是存在的假象。当你把你的原始本性设定为一个目的，也就意味着你对这个原始本性感到兴趣，你把你的兴趣都集中于如何能够发挥你的原始本性，把这一点作为你的目的，那么这个原始本性才在这样一种兴趣里面把自身表达出来了，也就是作为一种尚未存在、尚未实现的目的而把自己表达出来了。

　　——**如何**表现或用什么**手段**表现，同样也是这样自在自为地得到规定的。同样，**才能**也不是别的，只是规定了的原始的个体性，它被看作**内在的手段**或从目的到现实性的**过渡**。

　　不但行为的原始本性是在兴趣里面表现出来的，而且它"如何表现或用什么**手段**表现，同样也是这样自在自为地得到规定的"，就是说，你的原始本性用什么手段和方式表现出来，这同样也是要在行为的兴趣中得到自在自为的规定的。原始本性先得有一个自在存在的假象，好像是碰上的现实性的那种东西，实际上是在你的自为行动中实现出来的，它就表现在你的兴趣中。所以它自在自为地得到规定，一方面是自在地得到规定，另一方面是自为地得到规定，或者说，一方面是无意识地得到了规定，但是当然同时也是有意识地在行为中得到了规定。"同样，**才能**也不是别的，只是规定了的原始的个体性，它被看作**内在的手段**或从目的到现实性的**过渡**"，这个"才能"为什么要打着重号呢？因为它是跟前面"作为开端"相呼应的。前面讲"作为**开端**，这个自在存在着的本性在行动的状况里就现成在手了"，开端是自在存在着的目的，这是第一个环节，它在行为的兴趣里表现出来；那么在这里就开始讲第二个环节，就是才能。才能是第二个环节，它相当于中介。正如开端不是静止不动的，而是在行为的兴趣中表现出来的，同样，才能也只能是被作为"内在的手段"而表现为从目的性到现实性的过渡。"过渡"也打了着重号，就是中介这个第二环节同样也必须从动态的眼光来看，它不是一个固定的中间物，而是从内到外的过渡。当然才能本身还只是内在的手段，还未成为外在现实的手段。我们有时候听到有人说，某某人的"脑子很好使"，会觉得有点别扭，脑子也可以被当作一种工具吗？在某种意义上就是如此，或者说才能就是中介，它可以帮助我们规定原始的个体性，并从目的到现实性过渡。开端前面已经讲了，它是在行为状况中自在存在的一种原始的个体性；那么同样地，才能也不是别的，只是规定了的原始的个体性，但它被看作内在的手段。前面开端可以看作是目的或动机，那么才能呢，是一种内在的手段，或一种过渡，它使得我们的目的能够实现。我们前面讲了，目的性的三个环节，开端、中介和结局，那么中介首先就是你的才能，你的天赋的才具。你能不能承担这样一个中介的使命，你给自己提出了一个目的，提出了一个任务，那么你有没有完成这个任务的能力，这就是才能。所以才能是内在的手段，当然还有外在的手段，比如说你掌握一件工具。但是才能是内在的，它就是你本身，你掌握你自身，你把你自身作为手段，那么你才可以继续再把握下一个手段，去掌握外在的物质手段，这就有一个从目的到手段的不断延伸的链条。那么这链条的起点首先就是你自己的才能，你有没有这方面的才能。如果什么东西都给你配齐了，但是最后发现你没有这个才能，那一切都白费了。所以最根本的才能就是内在的手段，或从目的到现实性的过渡。才能不是别的，只是规定了的原始的个体性，原始的个体性在才能这里被规定了。开端是把原始的个体性当作目的，但是，才能使得原始的个体性得到了规定，成为了内在的手段。

但现实的手段和实在的过渡是才能与在兴趣中现成的事情本性的统一；才能在手段里表象出行为的方面，事情本性则表象出内容的方面，双方都是作为存在与行为相贯通的个体性本身。[266]

357

"但**现实的**手段和实在的过渡"，为什么"现实的"打了着重号？是因为前面讲，才能只是规定了的原始个体性，它被看作内在的手段或从目的到现实性的过渡，在那里"内在的手段"打了着重号，那么这里"现实的手段"也要打着重号，以便跟前面"内在的手段"相对应。所以他这里讲，"但"现实的手段和实在的过渡是另一种情况。什么情况？现实的手段和实在的过渡"是才能与在兴趣中现成的事情本性的统一"。才能已经是内在的手段了，但是现实的手段就不仅仅是才能了，你内在地有这个才能，但是，还必须有另外一方面，就是必须与在兴趣中现成的事情本性统一起来。在兴趣中现成的事情本性，在兴趣中，有一个现成的事情本性，不光是一种主观的才能。你的兴趣所针对的那个对象，那个事情的性质，它的本性，都是现成的，客观给定的，那么主观才能和客观事情的性质这两方面要在兴趣中统一起来。你有这方面的才能，但是当你把你的兴趣指向一个事情的本性的时候，必须把这两方面统一起来，那才能够成为现实的手段和实在的过渡。当然才能是一个起点，才能是你的内在的手段，你没有这个内在的手段一切都免谈。但是有了这个内在的手段，你要把它真正地实现出来，你还必须要形成一种统一，就是才能与兴趣中的现成的事情本性的统一，这才能够成为现实的手段。就是你的才能必须要跟兴趣中那种事情本性的特点，现成的特点，要结合起来。"才能在手段里表象出行为的方面，事情本性则表象出内容的方面"。这两方面，一个是才能，一个是在兴趣中现成的事情本性。这个事情的本性使你感兴趣，当然这个感兴趣是由你的原始的本性、原始的本能所决定的，但是你所指向的那个东西，它的事情本性是怎么样的，你必须把它结合起来。你光有这方面的能力，但是你不和一个具体的事情的本性结合，那你就还没有找到自己的现实手段。虽然才能已经是一种手段了，但是那只是内在的，你真正要找到一种现实的手段，你还必须要跟客观的事情本性相结合。所以才能在手段里面表象出的是行为的方面，而事情本性呢，则表象出了内容的方面。行为在这种意义上可以看作是一种形式，行动的这种能动的形式是由你的才能所决定的，而它的内容则是由事情本性所决定的。"双方都是作为存在与行为相贯通的个体性本身"。双方都是个体性本身，不管是才能也好，还是事情本性也好。才能是个体性，这个毫无疑问；事情本性也是个体性，因为这个事情本性是你的兴趣的事情本性，是你的兴趣中现成的事情本性，已经被纳入到你的兴趣中了。什么样的人就对什么样的东西感兴趣，你对这个东西感兴趣，那这个东西就成了你的个体性，这是你的，它与你利害相关。所以双方都是作为存在与行为的贯通活动的个体性本身。存在与行为的内容在个体性里就相互贯通了，主观和客观、主体和客体相统一、相贯通，这样形成的就是个体性本身。

　　因此，凡是现成在手的东西都是被碰到的状况，这些状况自在地都是个体的原始本性；然后是兴趣，兴趣把这些状况恰恰当作它自己的东西或当作目的建立起来；最后则是这一对立在手段中的结合和扬弃。

　　这一段话划分出了三个层次。"因此，凡是现成在手的东西都是被碰到的状况"，"状况"打了着重号，"这些状况**自在地**都是个体的原始本性"，这是第一个层次。凡是现成在手的东西都是被碰到的状况，这种状况就是你的原始本性了，每一个现成地落在我身上的东西，它们自在地都是我的原始本性，都是我的天赋才能等等。但还有第二个层次："然后是兴趣，兴趣把这些状况恰恰当作**它自己的东西**或当作**目的**建立起来"。这个前面我们已经提到了，兴趣把这些状况，把你的天生的天赋的这些才能、才具当作自己的东西或者当作目的建立起来，或者说，兴趣把实现自己的才能当作目的。这是第二个层次。"最后则是这一对立在**手段**中的结合和扬弃"，这是第三层次。就是说前面首先是原始本性、才能，然后是兴趣，这两方面本来是对立的。因为原始本性是被碰到的，天生具有的；而兴趣是把它们当作自己的东西而建立起来的，那就不是被碰到的了，而是主动的。那么原始本性是自在的东西，兴趣可以说是自为的东西，兴趣把这些自在的状况恰恰当作它自己的东西或当作目的而建立起来，它是能动的东西。最后，则是这一对立在手段中的结合和扬弃，这两方面结合为同一个手段。才能和兴趣都是主体的手段，它们一起指向事情本性，把它当作目的。才能是自在的，而兴趣是自为的，这两方面结合起来就构成手段，凡是手段都必须要有这两方面，一个是才能，就是你有没有能力，你有没有这方面的本事和原始本性；再一个就是你有没有兴趣。所以行为将这一对立在手段中结合起来并加以扬弃，所谓扬弃就是它们两者不再对立，而结合为同一个手段了。它们的对立已被扬弃了。

{219}　　这个结合本身还属于意识之内，而刚才考察的那个整体是对立的一个方面。

　　"这个结合本身还属于意识之内"，就是这样一种结合，自在和自为两方面的结合，还是属于意识之内的。属于意识之内也就是说还是主观的。这种手段还是主观的，前面讲到"内在的手段"，它还是被看作内在的手段，还没有成为现实的手段。你光是把这两方面结合起来，把自在和自为结合起来，把才能和兴趣结合起来，那整个还是一种内在的手段。"而刚才考察的那个整体还是对立的一个方面"，刚才考察的那个整体，也就是在手段中把才能和兴趣这两个对立面结合起来并且把它们的对立扬弃了，那么这个整体呢，其实还是一个更大的对立的一个方面。它只是内在的方面，它还是主观的。所以这个结构本身属于意识之内，也就是在主客对立中它整个还属于主观方面，这样一个手段还是主观的手段，还是内在的手段。

　　这个还余留下来的相对抗的假象，通过这**过渡**自身或**手段**而被扬弃了；——因为手段是外在的东西与内在的东西的**统一**，是把手段当作**内在的东西**来拥有的那种规定性的反面；手段于是扬弃了这个规定性，并将其自身，即将这个行为与存在的统一体同样也作为**外在的东西**，作为变成现实了的个体性本身建立起来了，即是说，这个个体性**为了个体性自身**而被建立为**存在者**。

　　"这个还余留下来的相对抗的假象"，就是说，刚才考察的那个整体

360

是一个对立的一方面，它只是一方面，它跟另一个方面是相对抗的，它只是主观的手段，它还不是现实的手段。那么这个余留下来的相对抗的假象，也就是这样一个主客观对立的假象还剩下来未解决。因为前述内在的手段虽然是才能和兴趣相统一的一个整体，是两个环节、两个对立面的统一，但是，这个统一的整体仍然还是一个更大的对立的一个方面，所以还剩下一个相对抗的假象。但这个假象"通过这**过渡**自身或**手段**而被扬弃了"，就是要扬弃这个更大的对立，不需要到其他地方去寻求中介，就通过这种内在的手段的过渡就被扬弃掉了。内在的手段它跟外在的东西是对立的，但是这个对立的假象呢，通过这个内在的手段本身，通过它的过渡，就把这个对立的假象扬弃了。"因为手段是外在的东西与内在的东西的**统一**，是把手段当作**内在的东西**来拥有的那种规定性的反面"，为什么就凭这种内在的手段就能够扬弃那个对立呢？是因为这手段本身就是外在的东西和内在的东西的统一，"统一"打了着重号。手段本来就是一个媒介嘛，就是一个中介嘛，本来就是把内在的东西和外在的东西连接起来的一个中介。虽然现在把手段仅仅当作内在的，但其实它本身就已经是外在的东西和内在的东西的统一了，比如兴趣虽然是内在的，但它本身就是对外在的事情本性的关切，所以它是自身矛盾的，是把手段当作内在的手段来拥有的那种规定性的反面。你把手段当作内在的手段来拥有，这样一种规定性本身就已经不是手段的规定性了。手段是内在的东西，但它就是不能够仅仅被当作内在的，它就是内在和外在的一个沟通，你怎么能把手段本身也仅仅当作内在的手段呢？所以，前面讲的这个还余留下来的相对抗的假象，通过这过渡自身或手段而被扬弃了。为什么被扬弃了，就是由于手段的两面性。"手段于是扬弃了这个规定性，并将其自身，即将这个行为与存在的统一体同样也作为**外在的东西**，作为变成现实了的个体性本身建立起来了"，手段不可能只是内在的规定性。手段之所以称之为手段，就在于它是内在的东西和外在的东西的统一。你把手段仅仅限于内在的东西，它肯定要被手段本身所扬弃。所以手段不再能片面地规定为内在的手段，而且同样也必须规定为外在的东西，规定为成了现实的个体性。它原先作为行为与存在的统一、兴趣和原始本性的统一当然是必要的，但还不够，还必须作为内在东西和外在东西的统一而建立起来。"即是说，这个个体性**为了个体性自身**而被建立为**存在者**"，"存在者"（Seiende）就已经不单纯是内在的东西了，而是具有现实性和实在性的存在主体，它是由个体性自身为了自己而建立起来的。为什么是为了个体性自身？因为个体性如果不在现实中成为存在者，它就等于虚无，它没有结果，也就是没有作品。所以为了自身得以存在，个体性也得把自己变成自为的存在者，变成掌握着手段来作用于现实世界的现实的个体性。个体性成了存在者，存在者就意味着它已经具有现实性了，但是这种现实性呢，它是自为的，它不再是偶然碰上的一种现实性，而是被个体性自己为自己建立起来的一种存在者。这种外在的、客观的存在者是为个体性自身的，是被个体性据为己有的，它是主客观统一的这样一种存在者。

这整个的行动以这种方式，无论作为那些**状况**，还是作为**目的**，或作为**手段**，还是作为**作品**，都没有走出自身以外。

最后这句话非常关键了。前面已经讲到，手段扬弃了内在的规定性，把自己建立为外在的东西，建立为变成现实了的个体性本身。但是，"这整个的行动以这种方式，无论作为那些**状况**，还是作为**目的**，或作为**手段**，还是作为**作品**，都没有走出自身以外"。看来走出自身真是很难啊！上面已经走了这么长的路程，还没有真正走出去。因为整个的手段，把客观的东西据为己有，或者把自己变成客观的东西，把自己实现出来，把自己客观化，等等等等，都还是主观范围内的。哪怕现实的手段已达到了主客观的统一，但仍然还是统一于主观中，因为手段嘛，本身就是主体性的环节，顶多是与客体打交道的中介。那么这整个的行动，无论是作为那些状况，那些状况就是行为所碰到的状况，就是那些原始本性或天赋才能；还是作为目的，还是作为手段，还是作为作品，这四个词都打了着重号,"状况""目的""手段""作品"。作品就是结局,就是结果。就是说,不管是作为开端还是中介还是结果,都没有走出自身以外,这整个行动都还没有走出自身以外,还是作为个体性本身内部的一种行动。哪怕是作为作品,也是作为它的作品,是它自我欣赏的作品。作为目的是它的目的,作为手段是它的手段,作为状况是它的状况,这些都是主体的状况。最后作为作品,都没有走出自身以外。虽然主体把自己建立为外在的东西,建立为客观的东西,使自己成为现实地实现了的个体性或自为的存在者,但是它还是个体性。所有这一切都还是它自己个体所拥有的。我们前面提到麦克斯·施蒂纳的那本书叫做《唯一者及其所有物》,它的所有物就是它的作品,但是它还是唯一者,所有这些东西都是属于它的,作品也是属于它的,它不考虑这些东西跟他人之间的关系,它只是主体内部的一种目的和手段的关系,一种目的性的关系。这个是非常根本、非常要命的一点,就是说来说去,你讲的目的性的活动,你仅仅停留于一个主体内部来讲目的性的活动,那是非常地片面的。尽管你也讲到主体和客体,内在的手段和现实的手段等等,对于你来说是现实的,连你的被碰上的原始本性对于你来说都是现实的,你的手段、你的作品对于你来说也是现实的,但都是对你而言的。整个来说都处于主体之中。

这一段非常长,都是讲主体性,自在自为地本身就是实在的个体性,首先讲个体性内部,它是怎么样构成起来的。通过目的性的三个环节以及通过手段的三个环节,手段是两个环节的统一嘛,中间这个手段的三个环节,最后导致了一个圆圈,但是这个圆圈始终没有转出自身之外。它当然获得了它自身的自由,但这种自由仍然停留于主体之内。我们休息一下吧。

好,我们再继续往下看。下面这一段可能还是比较关键的。就是个体性要作为实在的个体性,除了你自己个体内部具有一种现实性,把自己内部的,现实的,你的天赋、才能这些东西实现出来,把它做成一个作品以外，还有一个更重要的方面，就是说主体本身如何在主体间得到确立。下面这一段就是从这种主体性引出一种主体间的关系，主体跟另外一个主体之间的关系。前面讲到目的与活动，目的性，都是局限于一个主体内部，它怎么样把自己的才能当作工具，把自己的原始本性当作目的，通过这个工具，通过这个手段，把这个目的实现出来。实现出来以后，还没有得到别人的鉴定或认可，没有和别人发生关系。那么下面就讲到，随着你的作品的产生，你和其他的人就发生了关系。

但伴随着作品，似乎就发生了诸原始本性的区别；作品正如它所表达的原始本性一样，是一种**规定了的东西**，因为被行为作为**存在着的现实性**解放出来时，否定性是作为质而存在于作品里的。

"但伴随着作品"，"作品"上面最后一句话已经出现了，在总结目的活动中，最后出现的是四个打了着重号的概念：状况、目的、手段、作品，作品是手段中最外在最现实的环节了。但是包括作品在内，都还是没有走出自身之外。你自己把自己的作品拿来自我欣赏，这个可以，它也有现实性，但是那是你个人的现实性。但是这并不保证它对别人也是作品，或者别人也欣赏你的作品。不过，只要产生了作品，它就会对他人产生一种关系，所以他接下来这一段就讲："但伴随着作品，似乎就发生了诸原始本性的区别"。你有一个作品，是出自你的原始本性的，人家也会出于他的原始本性来看待这个作品，于是随着这作品的产生，就发生了"诸原始本性"的区别。你有你的原始本性，人家也有人家的原始本性，在对一部作品的态度上就会表现出来，表明这些原始本性是有区别的。"作品正如它所表达的原始本性一样，是一种**规定了的东西**"，作品既然它要表达原始本性，它是你的原始本性的目的通过你的天赋、才能作为手段而产生出来的，那么它肯定就要表达你的原始本性，表达你的目的。你的作品是你的原始本性的表现，它使得这种原始本性成为一种规定了的东西，或者说，作品是规定原始本性的东西。我们通常讲"文如其人"，"字如其人"，你的作品就表达了你的原始本性，就有你的风格、你的性格的规定，你的作品跟别人的不一样。"因为被行为作为**存在着的现实性**解放出来时，否定性是作为质而存在于作品里面的"，也就是行为通过创造出作品来而把存在着的现实性从内在封闭状态中解放出来了，而这种解放就是一种否定性，即否定那种封闭状态，打开心扉，这本身就是对原始本性的规定。原始本性被规定为作品的形式了，不再是那种潜在的、只可意会不可言传的东西了。而把原始本性规定为这个作品而不是别的作品，这就是否定性，里面包含着对别的东西的否定，这是你此时此刻的作品，而不是他人作品，甚至也不是你自己的别的作品。那么这个作品，就体现出你此时此刻的原始本性的特点，你的这部作品的风格。所以这种否定性作为质而存在于你的作品里面，成为你作品的灵魂。它使你的作品跟其他的作品有质的不同，它对其他的作品而言都具有一种否定性，一种区别，它格外不一样，这就是真正的作品。

　　<u>但意识与作品相对立，把自身规定成一种这样的东西，它在自身将规定性作为**一般**否定性、作为行为来拥有；因此，意识乃是与作品的那种规定性相对立的共相；</u>

　　我们先看这半句。"但意识与作品相对立，把自身规定成一种这样的东西，它在自身将规定性作为**一般**否定性、作为行为来拥有"，这里是分号。"但"，这个"但"就是说跟前面的有不同的意思了，前面是讲作品是一种被规定的东西，它在被行为作为存在着的现实性解放出来的时候呢，否定性是作为质而存在于作品里面的，但是，意识与作品相对立。前面是讲作品，作品里面已经包含着否定性了，这否定性就是作品的质，也就是与众不同的个别特质。但是意识与作品相对立，把自身规定为一种这样的东西。作品本来是意识自身产生出来的，创作出来的；但是意识又与作品相对立，它把自身规定为一种这样的东西，它跟作品的那种否定性不一样，它在自身将规定性作为一般否定性、作为行为来拥有。"一般"打了着重号。就是它的拥有规定性是把它作为一般否定性，而不强调否定性的那种特殊个性。这些否定性不过就是它的行为，所有的否定

性都是它的一般行为而已,这跟作品的否定性是不同的,它们是一般和个别的对立。作品的否定性是作为一种质,意识的否定性不是一种质,而是它拥有的一般的否定性,也就是作为行为来拥有。作品的否定性是一种质,是一种固定的规定性,而意识的否定性是一种行为,它是创造作品的,同时又与作品相对立,因此它可以评价自己的作品。作家一般都对自己的作品不太满意,因为他们的意识中有一般否定性的标准。"因此,意识乃是与作品的那种规定性相对立的共相"。作品的否定性是它的规定性,是它的特点,使它跟所有的东西都不同,是它的个别的特性;而意识的否定性呢,与作品的规定性相对立,它是一种共相,一个普遍标准。意识的否定性并不陷入到作品的否定性里面,它凌驾于作品的否定性之上,作为一般否定性,它是一个共相。

所以它能将一个作品与别的作品相**比较**,并由此而将这些个体性本身理解为**各不相同的**;在其作品中涉及面更广的个体要么意志力更强,要么本性更为丰富,即是说,这种本性,其原始规定性所受的局限更少;——相反,另外一个本性则更软弱,更贫乏。

"所以",就是说,由于意识是一个共相,是一个一般否定性,所以"它能将一个作品与别的作品相**比较**,并由此而将这些个体性本身理解为**各不相同的**"。意识由于它凌驾于作品之上,它是否定性一般,所以它是一个共相,它就能够把一个作品和别的作品进行比较,因为它成了这些作品的可比性的基础。如果你站在一个作品的殊相、特殊性的立场上来看,那就和别的作品没有可比性了。一个作品单独跟另外一个作品没有可比性,它完全是否定性的,这个否定性就成了它的规定,成了它的风格,成了它自身的特点。但是意识,它的规定性作为否定性一般,它是一个共相,它站在共相的层次上面,所以它能够把所有这些作品拿来进行比较。本来一个一个作品是不可比的,但是由于意识站的层次更高,它站在共相的层次上,所以它能够把这些作品相互比较,由此而将这些个体性本身理解为各不相同的,"各不相同"打了着重号。也就是说所有这些个体性,它们所创造的作品是各不相同的,因此它们这些个体性也是各不相同的,因为它们的作品都是由它们的个体性所创造出来的,作品上的区别表现出了个体性的区别。这个只有站在更高的层次上面才能够看得出来,你如果陷入其中,陷入到其中的某一个,你是看不出来的。我们今天讲普世价值,为什么要讲普世价值呢? 有些人就是不愿意提升到这个共相的层次上面来看待、来比较,而总是局限于某一个个体性,一个民族也是一个个体性嘛。局限于一个民族的个体性,那你怎么能理解,怎么来从宏观上来把握各个民族,它们的各不相同性呢? 人与人也是这样,你必须要从一般人的这个角度观察,你才能比较各个不同的人。这样就可以比较出一些结果来,比如"在其作品中涉及面更广的个体要么意志力更强,要么本性更为丰富"。也就是如果个体在它的作品中涉及很多很多方面,那么这说明什么呢? 说明作者要么意志力更强,要么他的本性更为丰富,所以它的作品才能够涉及到那么广的面,能够涉及那么广大的范围。这就是根据作品判断作者,文如其人嘛,根据他的作品来看这个人的才能,我们可以把他们区分出来,有的人比较意志力更强,有的人内涵更为丰富。"即是说,这种本性,其原始规定性所受的局限更少",这就说明,从它的作品上可以看出来,这种本性,它的原始规定,它的原始本性,所受的局限更少,所受的束缚更少。"——相反,另外一个本性则更软弱,更贫乏",我们就可以把个体加以比较和对比了。既然一个作品是他的意志的产物,也是他的本性的表现,那就可以从这两个方面来比较这些个体性。诸原始本性是有区别的,这一开始在这一段的第一句话就讲到了:"伴随着作品,似乎就发生了诸原始本性的区别"。诸原始本性的区别,那就是主体间的区别了,一个主体跟另外一个主体之间,它们是有区别的,有的意志力更强,有的本性更为丰富,而另外一些呢,本性更加软弱更加贫乏,就会有这样一些区别了。所以人与人之间是有区别的,我们从作品可以看出人是五花八门的,各种各样。当然这里的作品 (Werk,有工作、事业、作品、行为等意思) 是广义的,不限于文学艺术作品,而是泛指人的一切行为的产品。

[267]　　　与**大小**上这种非本质的区别相反，要是讲**好**和**坏**的话，就会表达出一种绝对的区别；但在这里并不发生这种绝对的区别。

　　这一句和上一句之间贺、王译本截断成两个自然段了，原文并没有分段。"与**大小**上这种非本质的区别相反"，前面讲到了意志力更强，本性更丰富，范围更广，或者相反，另一个本性则更软弱更贫乏等等，这都是一些大小上的区别。大小，Größe，也可以翻译成量，量的区别。大小上的这种区别是非本质的，一个人比另外一个人意志力更强，另外一个人更软弱等等，这些区别是非本质的。与这此相反，"要是讲**好**和**坏**的话，就会表达出一种绝对的区别"，这里用的是虚拟式，如果讲到好和坏，就会表达出一种绝对的区别。好坏的区别是绝对的，大小的区别则是相对的，两者不一样。一个人的能力有大小，这个是很常见的，但这种区别不是本质性的，关键在于他是不是一个好人，好人跟坏人这个区别更本质。"但在这里并不发生这种绝对的区别"，就是说在这里，我们所讨论的这个个体性以及个体间、主体间的这种关系，这种比较，并不发生这种绝对的区别。当我们把一个个体和另外一个个体相比较的时候，并没有好坏之别，每个人都是实现自己的目的，实现自己的目的有强有弱，能力有大小，知识面有宽广和狭窄等等，这些方面有区别。但是这不是好坏的区别。一个人跟另外一个人相比的时候，你一开始并不能决定哪个更好一些，哪个更坏一些。没有好坏之别，好坏这种绝对的区别在这里并不发生。为什么这样说？

　　不论采用这种还是那种方式看待，一个行为和冲动都以同样的方式是一个个体性的自身呈现和自身表达，因此总是好的；而真正说来，也许就根本不能说什么是坏。

　　这就是理由。"不论采用这种还是那种方式来看待，一个行为和冲动都以同样的方式是一个个体性的自身呈现和自身表达，因此总是好的"，不论你采取什么方式，不管你从大小的方式，从意志力的方面还是个性的丰富性方面等等来看，一个行为和活动都以同样的方式是一个个体性自身的呈现和自身表达，所以总是好的。这是什么理由？这是古希腊苏格拉底的论点，即无人故意作恶，凡是人作恶都是因为他以为那是善。近代启蒙运动思想家如爱尔维修等人也主张人性本善。黑格尔当然并不主张人性本善，但他这里是说，如果你只从一个人的意识来看待他的作品，那它总有它的好的理由。所以他说这话的前提是，一个行为和冲动作为个体性的自身呈现和自身表达，它就总是好的，"而真正说来，也许就根本不能说什么是坏"。也就是说，一个个体性，它的行为和冲动，作为它的个体性的自身呈现和自身表达，无所谓好坏。它们只有大小或量的区别，只有意志力强和弱的区别等等这样一些非本质的区别，但是根本上来说没有区别。这里的原则是，一个人跟另外一个人相比，能力虽然有大小，但人和人是一样的，也就是说人格是平等的，人格无好坏。一个残疾人也好，一个运动员也好，虽然他们的能力有大小，但是在人格上他们是平等的，人格本身无好坏，人格这个概念没有道德含义。我曾经写过一篇文章《人格辨义》，里面提出来，人格这个概念没有道德含义，每个人不论好坏，都有人格，所以哪怕他是一个罪犯我们也要尊重他的人格。他是一个坏人我们为什么要尊重他的人格呢，因为人格无好坏，尊不尊重人格才有好坏。不尊重人的人格才是坏，尊重人的人格才是好，但是人格本身无所谓好坏。当然人格这个外来词在中国人的口里面说出来就带上了道德的含义了，我们常常把它和"人品"混为一谈，我们说人格低下，或者某人没有人格，其实意思是人品低下，缺乏人品。人格无所谓低下不低下，人格都是一样的，都是一个人。人格无好坏。人跟人相比的时候，在他的个体性这方面来说，还谈不上好坏的问题。你要说好坏的话，它总是好的。因为人比动物要高级，他只要是一个人，他就是好的，在这个意义上面。这个好不是道德意义上的好，而是高级的意思，或者说在上帝的眼睛里面，一个按照自己的自由意志去行动的人就是一个善人。在歌德的《浮士德》里面讲到，上帝说，一个善人在他的行动中不会迷失方向。他这个"善人"就是指有自由意志的人，其实浮士德哪里是什么通常意义的善人，他只是一个自由人，但他因此就不会迷失方向。人格没好坏，正像自由没好坏一样，尊重人的自由才是好，扼杀人的自由才是坏。自由本身可以干坏事也可以干好事，这就是自由。在这个层面上，你不能首先就把好和坏作为一个标准来衡量这个是好人，那个是坏人，这个是好民族，那个是坏民族。有人说，中国人是一个善良的民族，而西方人是一个邪恶的民族，所以西方人必须要忏悔，而中国人无可忏悔，中国人要讲忏悔就是无病呻吟，因为中国人是好人，所以好人不需要忏悔。这就不像成年人说的话。

　　凡是有可能叫作坏的作品的东西，乃是那将其自身实现于这个作品中的某个规定了的本性的个体生命；它只是由于比较的思想才会被贬低成一个坏的作品，但比较的思想是某种空洞的东西，因为它撇过作品是个体性的自身表达这一本质，而在上面另外去寻找和要求谁也不知道是什么的别的东西。

　　"凡是有可能叫作坏的作品的东西，乃是那将其自身实现于这个作品中的某个规定了的本性的个体生命"，人们往往会把一些作品称之为坏的作品，所谓的坏作品其实是什么呢，其实是把自身实现于这个作品中的某个规定了的本性的个体的生命。其实是个体的生命，简单说，凡是可能被人们叫做坏作品的东西，其实是个体的生命，这种个体的生命将其自身实现于这个作品的某个规定了的本性中。实际上是你把这种被规定了的本性称之为坏的。那么你为什么把它称为坏的呢？"它只是由于比较的思想才会被贬低成一个坏的作品"，你把它跟别的东西相比较，于是你把它称之为坏的。才会被贬低成，这个"贬低"直译为"败坏"，就是说，你把它糟蹋为一个坏的作品。其实它无所谓好坏的，但是由于比较的思想，所以，你把它贬低为一个坏的作品。如果没有比较，例如说单独一个人在大自然中为所欲为，不影响任何人，没有人会说他不好。但由于比较的思想，就有可能被贬低为一个坏的作品。"但比较的思想是某种空洞的东西"，比较的思想，就是说你把它的这个作品跟某一个其他的作品来加以比较，两个作品单独来看是没有可比性的，你把一个坏作品的头衔加给它，这种比较的思想是空洞的东西。"因为它撇过作品是个体性的自身表达这一本质，而在上面另外去寻找和要求谁也不知道是什么的别的东西"，它把这个作品是个体性的自身表达这样一个本质撇开了，而用一个另外的标准加在它的上面，这个外在标准是"谁也不知道是什么"的东西。另外去寻找一种东西，这种东西并不植根于个体生命，是很不确定的，谁也不知道它究竟是什么。你可以从它造成的经济后果、社会效益、政治效应、道德观念、风俗习惯、饮食口味或者其他的种种后果来评价它，随你的便，你想把什么东西加给它，就可以把什么东西加给它。但是，它撇开了作品是个体性的一种自身表达这样一个本质，所以这种比较是一种空洞的思想，它没有意识到这个作品是它个体性的一种自身表达。它也在里面表达它的个体性，表达了它的人格。所有这些评价都是从它所造成的对他人的后果上来看，而不是从它自身来看的。

　　——比较的思想，顶多能涉及前面提到的那种区别；但那种区别本身作为大小的区别，是一种非本质的区别；它之所以在这里得到规定，乃是因为这是一些一旦被互相比较就会是各不相同的作品或个体性，然而它们是互不相干的；它们每一个都只与自己本身相联系。

　　"比较的思想，顶多能涉及前面提到的那种区别"，前面提到的那种区别就是大小的量的区别了。比较的思想只能够涉及那些大小的区别，那是非本质的，一个人能力大，知识面丰富，意志力很强，另外一个人很弱，很贫乏，等等，"但那种区别本身作为大小的区别，是一种非本质的区别"。我们经常说一个人的能力有大小，这个不要紧，有多少能耐就做多大的事。一个叫花子能够捐一块钱也不比一个亿万富翁捐一百万要差。所以单纯从这个能力的大小这方面来看待一个人，是非常表面的。"它之所以在这里得到规定，乃是因为这是一些一旦被互相比较就会是各不相同的作品或个体性"，这种区别之所以能够得到规定，非本质的区别也可以得到规定，仅仅是因为一旦被互相比较，这些作品就会互不相同，这些个体也就会互不相同了。我们讲不比较就见不出差别，一比就比出差别来了，也就是把这些个体区别开来了。所以这些表面的非本质的区别只依赖于比较。"然而它们是互不相干的，它们每一个都只与自己本身相联系"，也就是这些个体性包括它们的作品其实是互不相干的，从本质上来看没有可比性。一个人自己创造出了自己的作品，他在社会上引起了什么样的影响，导致了什么样的反响，和别人相比结果如何，这个其实跟他无关，每一个人都只与自己本身相联系。每一个个体都和自己本身相联系，他们没有可比性。我们说人比人气死人，你要从外在的成就，从这些方面去比的话，一个个比的话，那你是比不完的，而且没有意义，因为没有可比性嘛。你成功了又怎么样，成功了你照样有苦恼，你照样活得不痛快。我也许一事无成，但是我一辈子也可以快快乐乐。这个都是一样的，没有什么可比性的，要比的话，你和自己比，不要和别人比。每个人其实都是和自己相联系的。

　　只有原始的本性才是**自在**，或者说才是可以作为尺度被当作评判作品之基础的东西，反过来说，只有作品才是评判原始本性的基础；但两者相应相符：没有哪一种**为**个体性而存在的东西不是**通过**个体性而存在的，{220}或没有哪一种**现实性**不是个体性的本性和它的行为的，也没有哪一个个体性的行为和自在不是现实存在的，而只有这些环节才是可以比较的。

　　"只有原始的本性才是自在"，也就是说每一个个体，只有原始的本性才是它本身，你不要去跟别人去比，你不要去跟别人的原始的本性去比，每一个原始本性都是自在，"或者说才是可以作为尺度被当作评判作品之基础的东西"。原始的本性才可以作为尺度，当作评判作品之基础，评判你的作品的基础是什么，就是你的原始本性，就是你的原初的目的是否能够淋漓尽致地在你的作品中表达出来，这才是你的个体性的评判标准。你这一辈子活得成不成功，就看你的原始本性在你的作品中是不

是能够完完全全地表达出来。所以你的原始本性才是评判作品之基础的
尺度。"反过来说，只有作品才是评判原始本性的基础"，这是反过来说，
也成立。只有作品才是评判你原始本性的基础。你这个人是一个什么样
的人，不凭你口头上说得如何，就看你的作品，这个作品才是评判你的原
始本性的基础。文如其人，我们看到一个人的文，就看到这个人的原始
本性。"但两者相应相符：没有哪一种**为**个体性而存在的东西不是**通过**
个体性而存在的"，前一个"为"和后一个"通过"都打了着重号，是反面
对照的，同一个个体性既是目的 (为) 又是手段 (通过)。为个体性而存在
的东西，其实正是通过个体性而存在的，这看起来是一个悖论。"或没有
哪一种**现实性**不是个体性的本性和它的行为的"，每一种现实性其实都
是个体性的本性和行为的。现实性就是表现在作品上的现实性，一个作
品造出来了，它就是现实性；但是每一个现实性都体现出了个体性的本
性，并且是个体性的行为，因为"现实性"（Wirklichkeit）这个概念本身
就有"作出作品"（wirken）的意思。"也没有哪一个个体性的行为和自
在不是现实存在的"，就是任何个体的行为都是现实存在的，都是有作品
的。任何一个个体的自在也是现实存在的，这种自在虽然也许还不是作
品的自在，还不是作品的现实性，但是已经是它的本性的现实性了。所
以任何一个个体的行为和自在，一个行为，一个自在，都是现实的。行为
是现实的，自在也是现实的，行为的现实性体现在作品上，自在的现实性
体现在它的天赋，它的才能，它的性格等等这些方面。这些都是现实的。
"而只有这些环节是可以比较的"。你可以比这些环节，在个体内部的这
些环节，自己跟自己相比，不必去跟别人比。或者说你在跟别人打交道
的时候，你首先的立足点应该是自己的个体性，自己的人格，自己的独立
性，自己的自由。你考虑的是，自己的行为是否实现了你自己的原始本性，
是否是你真正感兴趣的。这就是个体性的实在性。我们前面讲到第一个
小标题，第 262 页，"Ⅰ. 个体性的概念作为实在的个体性"，就是从这一点
出发，自己跟自己比，自己跟自己的实在性相联系。当然这一段整个来说，

它是要进入到主体间性的。但是主体间性首先要有主体性，首先是主体本身的实在性。下面一段就是放在与他人的相比较的关系中来谈这个主体本身、主体的实在性了。

因此，一般说来既没有发生**赞颂**，也没有发生**抱怨**，也没有发生**悔恨**；因为所有这些都出自于这种思想，它想象出另外一种**内容**和另外一种**自在**是不同于个体的原始本性及其在现实性中现成地实行着的那种内容和自在的。

"因此，一般说来既没有发生**赞颂**，也没有发生**抱怨**，也没有发生**悔恨**"，这里面缺一个主语，这个主语就是个体性。个体性既没有赞颂，也没有抱怨，也没有悔恨。这都是讲自在自为的个体的实在性，这个实在性既不赞颂和崇拜别人，也不抱怨自己命运不好，也不悔恨自己当初的决断，这个事情做错了，感到后悔啊，等等，这些都谈不上。"因为所有这些都出自于这种思想，它想象出另外一种**内容**和另外一种**自在**是不同于个体的原始本性及其在现实性中现成地实行着的那种内容和自在的"，也就是所有这样一些情感，赞颂也好，抱怨也好，悔恨也好，都出自于这样一种思想，就是，它想象出另外一种内容和另外一种自在，以为自己本来是有可能作另外一种选择的。这种另外的选择"不同于个体的原始本性及其在现实性中现成地实行着的那种内容和自在"，这都是一种毫无根据的想象。我自己作事，一人作事一人当，我不羡慕别人，我也不抱怨自己，我也不后悔自己做过的事情，这就是个体的原始本性及其在现实性中现成地实行着的那种内容和自在。但是所有这些情感，赞颂也好，抱怨也好，悔恨也好，都是超出个体性本身之外，用一种别的标准，和别人相比。他比我强，那我就羡慕他，我就称赞他；我比他弱，我就产生一种抱怨；我做事情效果不好，那么我就产生一种悔恨。这都是从人与人的关系方面来考察个体性，而从个体性自身来说，是没有这些东西的。一个人首先要在世界上独立，要有自己的独立人格，在这方面不要怨天尤人,而必须要有一种自我承担。你做的事情,你自己要有勇气承担,而且要理所当然地,毫不犹豫地承担自己的义务,承担自己的生存的责任。

　　个体所做的和个体所遭遇的不论会是什么,都是个体所作出来的事,并且就是个体自身;个体所能够拥有的,只是对它自身从可能性的黑夜到当下的白昼,从**抽象的自在**到**现实**存在之含义的那个纯粹转译的意识,以及对在白昼向它出现的东西无非都是在黑夜里曾经沉睡着的东西的确信。

　　这是继续详细地解释。"个体所做的和个体所遭遇的不论会是什么,都是个体所作出来的事,并且就是个体自身",你自己所做的事情,哪怕是你所遭遇到的事情,不论什么都要承担,你不要把它推给别人,你不要说那不是我做的,那不是我要做的,那不是我的本性,那是受到别人的压迫、威胁等等。它就是你这个个体自身,你个体除了你做的事情还有什么呢?有的人一辈子坏事干尽,但是他说我不是这些,我还另外有一个本质,我的本意是好的。但是你的本意那是虚无啊,你就是你干的事情,我们要通过你干的事情来评价你这个人,不能通过你自己说什么来评价你这个人。所以你干的事情就是个体自身,就是你自己,你要勇于承担。"个体所能够拥有的,只是对它**自身**从可能性的黑夜到当下的白昼,从**抽象的自在**到**现实**存在之含义的那个纯粹转译的意识",个体能够拥有的,我们刚才讲了,你能够拥有的不是你那种没有表现出来的、不可言说的,你的隐藏的某种不为人知的目的,而是如何把它转译出来的意识。"转译"(Übersetzen)我们前面已经遇到过这个词,第262页:行为"是把**不被看见的东西**转译成**被看见的东西**的纯粹形式,而被揭露和呈现出来的内容也不是别的,只是这个行为自在地已有的东西"。不管你自己觉得自己如何,人家看的不是你自己说的和感觉到的,而是你做的。所以个体所能够拥有的只是对它自身如何转译的意识,也就是从可能性的黑夜到当下的白昼,从抽象的自在到现实存在之含义,要做一个纯粹的转译,要把不被看见的东西转译成被看见的东西。个体能够拥有的只是这样一种意识。你的可能性谁也看不清，隐藏在黑夜中，那么就要把这个可能性变成现实性，变成当下的白昼，展示在光天化日之下，这就是转译。抽象的自在，我自在地是那么一个人，你可以这样说，但是这不足为凭，我到底是一个什么样的人，必须要转译成现实存在的含义才知道。这样一个过程是一个纯粹的转译，"纯粹"的意思就是不管外界如何看，你把自己的转变工作做好就行了，你能够拥有的只是这样一个纯粹转变的意识。"以及对在白昼向它出现的东西无非都是在黑夜里曾经沉睡着的东西的确信"，这种转译必须有种确信，什么样的确信呢？确信在白昼向它出现的东西无非都是在黑夜里曾经沉睡着的东西，也就是对"可译性"有种确信。在黑夜里面沉睡的东西不为人所知，甚至于你自己都不知道，它没有醒。但是在白昼里向它出现的东西就是在黑夜里沉睡的东西的反映或者表现，你要相信这一点。你作出来的东西就是你的本心，你要从你所做的事来发现你自己是什么人。我们经常不承认这个，我作出来的东西不是我的本心啊，我的本心只有我自己知道，外界表现的都不是真的。所以我作出来的事情不管是什么，我都可以有借口不负责。这就太相信自己的自我感觉了，其实自我感觉往往是表面的、肤浅的，甚至是歪曲的、错误的，以这个为标准是很危险的，说不定作出伤天害理的事来，犯下滔天大罪，都不知道忏悔。其实一个人的本心要看他做的事情，你自我标榜的本心再好，但是你没做一件好事，你就不是一个好人。当然这里还没有涉及到好坏，不管你做坏事还是做好事，都是这个道理。就是说在白昼里向你出现的东西，无非都是在黑夜里曾经沉睡的东西的转译，你要有这种确信。这才说明你的个体意识独立了，你的个体意识确立起来了。光是自我感觉良好，那有什么了不起，任何人都可以自我感觉良好；但是你不要相信自己的自我感觉，而要相信你做的事情，那才可以看出你的本心。你的自我感觉仅仅是你的自我感觉而已，你要确信你做的事情反映了你的本质，你做了坏事，那就是你的本质是坏的，做了好事，你的本心才是好的，你要相信这一点，为自己所干的任何事情承担责任，这才是个体人格独立的表现。

对这个统一性的意识，虽然同样也是一种比较，但是，被比较的东西 [268] 恰好只具有对立的**假象**；这是一种形式的假象，它对于理性的自我意识 而言，当个体性在其自身即是现实性时，就不再作为假象存在了。

"对这个统一性的意识"，这个统一性的意识就是白昼和黑夜的统一 了。我们从白昼可以看出它就是黑夜的表现，就是在黑暗里沉睡着的东 西的表现。我们确信它们有统一性。那么，"对这个统一性的意识，虽然 同样也是一种比较"，当然这是一种自己和自己的比较，"但是，被比较的 东西恰好只具有对立的**假象**"，"假象"打了着重号。白天和黑夜，好像 是对立的。在希腊神话中，俄狄浦斯尽量地想要摆脱他的命运，但是他 最后没有摆脱，犯了杀父娶母之罪。当然我们说他是受骗了，我们旁观 者可以这样说，但是他自己不能这样说。因为你之所以受骗，还是因为 你的本性适合于受骗，你还是要归咎于你自己。为什么命运不让别人受 骗呢，还是因为你这个人适合于干这件事情嘛。俄狄浦斯因此自己弄瞎 自己的双眼，离开王位去流浪，为自己承担罪责。所以，被比较的东西有 对立的假象，好像这行为不是出于我的本性，但这不是真正的对立。"这 是一种形式的假象，它对于理性的自我意识而言，当个体性在其自身即 是现实性时，就不再作为假象存在了"，一个具有了理性的自我意识的个 体，像俄狄浦斯，对他而言，他自身就是现实性，就是把自己实现出来的 行为。对一个有理性的自我意识而言，他不相信自己的自我感觉，而相 信自己作出来的行动，他自身就是现实性。那么这样一种对立呢，就不 再作为对立的假象而存在了，它就是一个完整的统一过程了。

那么个体，既然它知道它在自己的现实里所能找到的不外乎是这现 实性与它自己的统一，或只是它自己在现实性的真理中的确定性，以及 它因而总能达到自己的目的，所以个体就**只能在它自己身上体验到愉快**。

前面讲了，对于理性的自我意识而言，当个体性在其自身即是现实 性时，它的内心和外在行动就不再作为对立的假象了，而是内外相通的，是由黑暗变成白昼这样一个统一的过程。那么这个时候，个体"既然它知道它在自己的现实里所能找到的不外乎是这现实性与它自己的统一"，它在自己的现实性里、在自己的作品里所能找到的，无非是这现实性与自己的统一。这个作品就反映了它，文如其人，作品就是它的本性，它知道这一点。"或只是它自己在现实性的真理中的确定性"，它自己在作品上面，找到了自己在现实性的真理中的确定性，在作品的现实性上面使自己的真理性得到了确定。真理性和现实性在作品中达到了统一，作品既是真理性，因为它是主观符合于客观的东西，它已经具有了客观性了，具有了真理性了；同时又具有了确定性，就是你的本心，你在黑暗中的那种意图，那种冥冥之中的本能，在作品中得到了确定。"以及它因而总能达到自己的目的"，不管它是否看起来违背了自己的目的，但是实际上它还是达到了它自己的目的。它运用自己的才能，运用自己的天赋，它所能作出来的就是这样一种作品，所以它总是实现了自己的目的。"所以个体就**只能在它自己身上体验到愉快**"，因为它实现了自我，它享受着自己人格的独立，它不再赞颂和羡慕别人，也不再怨天尤人，也不再悔恨自己，它在自己身上体验到的只有愉快。一个人实现自我的时候，总是愉快的。我们不要以成败论英雄，也不要以干的事情从世俗的眼光来看是好的还是坏的来评价一个人。一个人虽然可能干了坏事，但是作为一个人格来说，他前后一贯，敢于承担责任，甘于受罚，他也可以是伟大的。像莎士比亚的麦克白，麦克白我们说他是一个坏人，但是他敢于为自己承担责任，他敢作敢当，他是一个了不起的人格，一个了不起的个体。为什么我们说，哪怕是坏人，我们也要尊重他的人格？因为人作为一个人格是了不起的，他有自由意志，哪怕他是一个坏人，他做了坏事当然应该受到惩罚，但作为人格我们要尊重他，他也可能干出大好事来，道理在这里。那么一个人他自己意识到这一点的时候，他只能在自己身上体验到愉快，他不再会怨天尤人。我做了我自己能做的事情，也做了我自己该做的事情。我发挥了自己的可能的才能。虽然在具体做的事情上面，也许有悔恨，也许有忏悔，也许有抱怨，但是从根本上来说，作为一个人格，他只要发挥了自己的本性，是不会存在遗憾的，也不应该有什么遗憾。他做了他自己的事情，世界就是这样构成的，就是由活生生的一些个体所构成的，每个人在实现着自我。这是个体性的概念作为实在的个体性，它构成第一个环节。第一个环节是立足于个体性的环节。当然已经涉及主体间了，但是还未能建立起主体间性。下面一个小标题，就是"Ⅱ．事情本身与个体性"，事情本身就涉及到主体间性了。我们下面一小节要讲的，就可能要偏离个体性的这种基本立场，再更进一步地要讨论个体与个体之间的关系了。前面虽然触及到了，但是还没有专门来谈，还是立足于个体的实在性，个体的这样一种行为在自己的作品上如何表现它自身。今天就到这里。

＊　　　　　＊　　　　　＊

好，我们现在讲下面一部分。我们上次已经讲到了个体性。精神的动物王国首先是一个个体性的概念，首先是作为动物的个体，从动物里面发展出来，它们构成了一个群体，那么我们首先就要考察个体性概念。所以上面第一个小标题就讲到"个体性的概念作为实在的个体性"。个体性作为实在的个体性组成了一个王国，它们就是些原子，每一个个体是一种什么样的原子结构，在前面一小节里面进行了一番探讨。通过这个探讨，我们看出来，这个社会或者这个精神的动物王国，是由一个一个的个体的人所组成的，每一个人有他自己的独立性，有他自己的封闭性，有他自己的人格。而且他在他的行为中呢，他是在自我享受自己的人格。他在享受自己的人格独立，他不去抱怨别人，不去羡慕别人，也不后悔自己做的事情。反正他所有的行为都是他自己的内在的东西表现在外，或者从内在的黑夜走到外在的白天，包括他的作品，都是他自己的表现，所以他无怨无悔。最后一句话就是讲，个体只能在它自己身上体验到愉快。每一个个体在这个世界上生活，只要它能够把它自己内在的、潜在

的东西表达出来,它就死而无憾。如果一个具有个体独立意识的人,那
么他就会这样来考虑问题。他所有的行为,他所有的作品,都是他作出
来的,好也好,坏也好,由人家去评说,但是人家的这些评说并不能改变
他自己的信念,并不能破坏他自身的这种愉快、这种自我感觉。所以单
个的人孤立起来看,他是自我感觉良好的。如果仅就他个人来说,仅就
他的个体性来说,当个体独立起来以后,每一个个体都会有这样一种独
立感。各人有各人的独立感,顶天立地,没有任何人能够干预他,能够干
扰他。这就是所谓唯一者,《唯一者及其所有物》,我们前面提到施蒂纳
的那本名著。在黑格尔的哲学里面,这是一个很重要的成分。后来的青
年黑格尔派,其中有一派,像布鲁诺・鲍威尔和麦克斯・施蒂纳,他们就
是执着于黑格尔哲学中的个体意识、自我意识这样一个环节。那么青年
黑格尔的另外一派呢,就是大卫・施特劳斯,也就是写《耶稣传》的,他
们就是执着于黑格尔哲学的实体性那样一个环节。黑格尔哲学里面有两
个环节,一个是自我意识,一个是实体,费希特的自我意识和斯宾诺莎的
实体。前面讲的是自我意识是怎么样独立起来的,也就是主体意识怎么
样独立起来的。那么下面要讲的,就是在这样一种主体意识里面如何建
立起实体,主体如何实体化。在导言里面黑格尔就已经讲了,最重要的
问题就是要把主体看作实体,把实体看作主体。那么这个地方就开始讲
到,主体独立起来以后,怎么样把自己建立为实体,或者用今天的话来说,
怎么样去找到主体间性。主体已经树立了,那么主体间性凌驾于每个主
体之上,是每个主体所依赖的,那就是实体了。所以接着我们上次讲的,
我们今天要讲的这一部分就是第二个小标题:

[II. 事情本身与个体性]

事情本身 (die Sache selbst) 可以说就是实体。当然这个地方还没有
提出实体这个概念来。这里讨论它与个体性之间是一种什么样的关系。
主体间性在黑格尔那里被看作一种实体,它是由每个个体所组成的,但

是它又凌驾于个体之上,或者它又比每一个个体更带有根本性,它是事情本身。事情本身到底是怎么回事。你老是讲个体,讲个体讲到最后就会陷入到施蒂纳那样一种唯我论,唯我主义,唯一者及其所有物。但是黑格尔当然不是那样的,这只是他的一个环节。

　　这就是确信它自己即是个体性与存在的绝对贯通的那个意识由自身所构成的概念;现在让我们看看,究竟这个概念是否通过经验而向意识证实了自己,究竟意识的实在性是否与这个概念协调一致。

　　这句话就是承上启下,既是总结前面的那种个体性的概念,又是开启下面的实体概念。"这就是确信它自己即是个体性与存在的绝对贯通的那个意识由自身所构成的概念",个体性与存在的绝对贯通,这是跟整个第三节,就是 260 页的标题"三、自在自为地本身就是实在的个体性"有联系的,自在自为地本身就是实在的个体性,也就意味着个体性与存在的绝对贯通,个体性本身就是实在的。但是当然这是一个概念,这样一种概念是独立的,它不需要依赖其他的东西,它本身就是与存在绝对贯通,而且自在自为地本身就是实在的个体性,是独立不倚的个体人格。我就是我,我就是存在,而且我就是全部存在,我只在自己的存在里面转圈子。就像费希特所讲的,自我建立非我,自我和非我的统一是绝对自我,这样一个绝对自我的概念。前面讲的个体的人格独立性的概念建立起来了,从这样一个意识里面构成了这样一个概念。"现在让我们看看,究竟这个概念是否通过经验而向意识证实了自己,究竟意识的实在性是否与这个概念协调一致",也就是这里所要探讨的是这样一个问题,就是个体性、主体性的概念已经立起来了,那么现在让我们看看,究竟这个概念是否已通过经验而向意识证实了自己。唯一者及其所有物还仅仅是在概念里面转来转去,你最终没有走出自身嘛。你已经把一块地圈起来了,但是否能够像卢梭说的,找到一批"傻瓜"相信你说的话? 前面第 266 页讲,个体性不管是作为目的还是作为手段还是作为作品,都没有走出自身以外。个体固然独立了，但是也把自己封闭起来了。那么现在要考察的就是，这样一个被封闭在个体之中的概念，是否已通过经验而向意识证实了自己。你光有概念不行，意识的经验科学，精神现象学，它必须要考察意识的经验，意识怎么样走过来的。那么这样一个概念是不是通过经验而向意识证实了自己呢？在意识中是否已经具有了这样一种经验呢？究竟意识的实在性是否与这个概念协调一致呢？你有了存在的绝对贯通的那个概念，但是，意识的客观实在性，与这个概念是否能够协调一致，那就不是封闭在你个体的内部可以解决的问题了，你就必须走出自身以外。

作品是意识赋予自己的实在性；它是这样一种东西，在其中，个体就是那为自在存在着的东西而存在的东西，并且这样一来，个体在作品中对意识形成起来，而这意识就不是特殊的意识，而是普遍的意识；意识在作品中已经将自身一般地置于外部，放到那普遍性的元素之中，放到存在的无规定性的空间里去了。

"作品是意识赋予自己的实在性"，这一句比较关键了。前面讲概念跟意识的实在性是否能够一致，那么什么是实在性？在个体那里，作品就是意识赋予自己的实在性。前面已经讲了，个体的目的活动，包括目的、手段和作品，作品是最终的结果。但是在个体意识那里这个作品还没有走出自身之外，只不过这个作品已经有了实在性了。在一个目的活动中，最后所达到的目的就是作品，那么这个作品一旦建立起来，它就具有实在性了。其他的环节都还不能证实自己的实在性，还是封闭在个体内部的。那么到了作品，我们要抓住它了，要抓住这个作品做文章。当你的目的活动有了实在的结果，这个结果就是你的作品，那么作品就是意识赋予自己的实在性。你的实在性何在，你拿东西来看啊，你作出了什么成绩，你是一个什么样的人，在你的作品里面就表现出来了。"它是这样一种东西，在其中，个体就是那为自在存在着的东西而存在的东西"，作品是这样的东西，在其中，个体的存在是为自在存在的东西而存在的，"自在"打了着重号。就是作品这样一个东西，说得通俗一点就是，它是为客观的东西而存在的。它不是单纯主观的东西，作品必须是客观的，必须有自在的东西摆在那里，而你的个体，你的个体性，就是为那个客观存在的东西而存在的。当然你可以说，那个作品是自在的，但作品中的主体是自为的，作品是你创造出来的。但是你这个创造就是为了成为自在，所以个体在这个里头是为了自在存在着的东西而存在的。"并且这样一来，个体在作品中**对意识**形成起来"，"对意识"打了着重号，个体在作品中成了意识的对象。就是你为了自在的存在而创造出了这个作品以后，那么个体在作品中对意识形成起来，也就是在作品中你意识到了自己的个体性。如果没有作品的话，我的个体性我自己是意识不到的，我看不到自己，我究竟是谁，我究竟是什么人，我不能凭我的内心感觉，我必须凭我所创造出来的作品。你要相信你自己是一个艺术家，你必须要有作品摆在那里，客观地向你的意识证明了你确实是一个艺术家。"而这意识就不是特殊的意识，而是**普遍的**意识"，这样一个意识就不再是特殊的意识，而是普遍的意识了。为什么是普遍的意识了呢？因为它不是停留在你的自我感觉里面了，它有作品为证，作品把它的个体性摆出来了，不再是龟缩于它的自我意识的内部，不再是躲在黑夜里面，它已经明白摆在光天化日之下，让大家来看。众目睽睽之下，有目共睹了。那么你的个体性就不再是封闭在你的内心的一种自我感觉，而是可以被大家所理解的一种个体性，而这个个体性就成了一种普遍意识。所以这种意识就不是特殊的意识，而是普遍的意识了。"意识在作品中已经将自身一般地置于外部，放到那普遍性的元素之中，放到存在的无规定性的空间里去了"，意识既然创造出了一个作品，那么在作品中它已经将自身一般地置于外部。这个好理解，你的意识，你有什么意图，你有什么想法，在作品中已经为人所共知，你已经表达出来了。它已经被放到那普遍性的元素之中，具有了物质的载体，大家都可以看，都可以理解。水、火、土、气这些都是普遍性的元素，它不是虚无缥缈的，它是每一个人都可以去检

383

验的。你的作品已经是一种物质存在了,它被放到"存在的无规定性的空间"里了,无规定性,是因为它是普遍的,它不是你个人的,不是仅仅局限于你自己的规定性之中的。它无规定性,它有待于任何人来规定。你的作品已经进入到了一个无规定性的空间,那个空间是有待于规定的,是可以由人规定的,任何人都可以作出自己的规定,但是它本身是无规定的,任大家来评说。你的作品拿出来,你不要先给它加一个什么规定,你就是客观地摆出来,你一句话都不要说。你不要首先出来做一个广告,我这个作品是划时代的,它好在什么地方。你不要说嘛,你摆出来就是了,人家会来对它加以规定。这样一个空间就是一个无规定性的空间。你把你的作品摆到存在的无规定性的空间里,这就把它客观化了。也就是,你的个体性在作品里面虽然表达出来,但是,它已经放弃了它的特定的规定性,放弃了它的特殊性,这就为作品建立起主体间性提供了前提。你的主体已经不是你的个体的主体,你个体的规定性将在主体间性里面被扬弃。任何一个主体都可以在这个主体间性里面作出自己的主体性的规定,而主体间性本身立足于一个无规定性的空间。主体间就是一个空间,大家都可以在这个空间里面,在同一个空间里面,来作出自己的规定。

　　实际上,这个从自己的作品中退回来的意识,相对于它那个**被规定了的**作品而言,是普遍的意识——因为它在这一对立中成了**绝对的否定性**或行为;这个意识因而超越了作为作品的它自身,本身就是那个并不觉得自己被意识的作品所充满的无规定性的空间。

　　"实际上,这个从自己的作品中退回来的意识",就是说,这个意识已经把自己放到作品里面去了,但是,它又从这个作品里面退回来了。为什么讲退回来了呢? 前面讲到了,它只有在作品里面才能够看到它自己,一个意识只有通过它的作品才能够看到它自己的主体性、个体性。那么当它在作品上面看到自己的个体性的时候,它就是从作品上面退回到了它自己,就像照镜子一样,从镜子里反观到自己。它不再封闭在内部,像前面一节所讲到的,一个个体独立了,所有的东西都在它内部,都没有走出它自身之外, 那个是封闭的黑夜。那么在作品上面呢, 黑夜走到了白天, 在白天它再来看自己, 通过作品来看自己, 那么它在作品上面就重新退回到了它自身。虽然作品是把自己抛出去了, 摆出去了, 但恰好是通过把自己摆出去, 它才能够回到自己, 它才能够更清晰地看到自己究竟是个什么人。所以他说这个从自己的作品中退回来的意识, "相对于它那个**被规定了的**作品而言, 是普遍的意识"。从作品中退回来的意识, 那就是一种普遍的意识了。原来没有作品的时候, 它封闭在自己内部, 那就谈不上普遍性, 它是孤立的, 它是孤独的, 它对自己的自我感觉是别人不可理解的。你不说话, 人家怎么理解你? 你不作出某种行动来, 人家怎么理解你? 你必须要把你的作品摆出来, 说出来, 人家才能借这个作品来理解你, 那么你也才能够借你自己的作品理解你自己。当你这样理解自己的时候, 你这个理解就成了一个普遍的意识, 你对自己的理解就不再是一个特殊的、一个被规定了的东西。相对于它那个被规定了的作品而言, 这个退回来的意识是普遍的意识。那个被规定了的作品, 应该说是个别的, 是特殊的。但是你从这个个别、特殊的作品身上退回到的你的意识, 却是普遍的。为什么是普遍的呢, 因为它摆出来了, 每个人都可以理解。一个文学作品一旦摆出来, 虽然是你的创作, 贾宝玉也好林黛玉也好都是曹雪芹的创作, 都具有作品的规定性的, 都有特定的不可重复性, 有他的个性, 别人写不出来。但是一旦摆在作品里面, 人人都能理解, 林黛玉就成了典型, 她就成了一种普遍的意识。每个人都认为自己能够理解她, 并且自己的人性里面也包含有她的因子。为什么人家都能够理解她, 都能够欣赏她, 就是因为每个人都有可能成为她。所以这样一种意识是一种普遍的意识。它不再局限于那个规定性之中, 而是超出这个规定性的范围之外, 成为一种普遍的意识。反而那些个性不强的作品, 人家马上就把它忘记了, 它反而没有普遍性。就文学作品来说, 你越是特殊, 就越是具有普遍性, 越是具有独创性的作品, 就越是让更多人都能够产生共鸣, 这正是相反相成。"因为它成了在这一对立中**绝对的**

否定性或行为"，什么叫绝对的否定性，就是它不是否定这个或者否定那个，而是否定一切特殊性而成为了超越于个体性之上的普遍性。这个普遍的意识呢，是一种绝对的普遍性，就是说它不是任何个人的意识，它是一个普遍的意识，对于每个特例来说，每个偶然性来说，它具有一种否定性，是一种超越于任何个别意识之上的普遍的意识。所以在个别性和普遍性的对立中，它是绝对的普遍性，和行为，即一种超越行为、提升行为，把个别的规定性提升到了普遍的规定性。一部好的作品，它就起了这样一种作用，就是它能够把个别的东西提升到普遍的东西。作品就是这样一个创作的行为，把个别的东西表达出来，它就成了普遍的东西。在个别和普遍的对立之间，作品就是这样一种把个别变成普遍的行为。"这个意识因而超越了作为作品的它自身，本身就是那个并不觉得自己被自己的作品所充满的无规定性的空间"，这个意识由于它是一种绝对否定的行为，绝对提升的行为，绝对摆脱个别规定性而上升到普遍性的行为，因而，这个意识超越了作为作品的它自身。作品本来是个体意识的一种表现，它自身尚未走出自身之外，它就是作为作品的个体性意识。但意识在这个时候通过这样一种提升，它超越了作为作品的它自身，或者超越了被束缚在作品中的它自身。作品是它创造出来的，它自身也在作品之中，但是由于作品是这样一种行为，所以它在作品之中，它并不被作品所束缚，而是提升起来了，超越了作为作品的它自身。这个意识因为它超越了作品，超越了在作品中的它自身，所以，它并不被自己的作品所充满，所填满。并不是说它就只能陷在、束缚在它的作品之中，整个地被它的作品所充满。它并不觉得是这样。我创作出了这个作品，但是，我从这个作品中所看到的并不是仅仅限于这个作品，而是看到了一个无规定性的空间。无规定性的，也可以说是无个性的。我看到的是一个普遍的、无个性的空间，没有被个性所分割的，所划定的一个空间，一个无限可能性的空间。就是一个作品创作出来了，谁都可以去规定它，一千个观众就有一千个哈姆莱特，但是《哈姆莱特》本身是无规定的，或者说是可以无限规定的。虽然是莎士比亚把它规定下来的，但是它一旦成了作品，它就是无规定的，它就必须任人评说。并不能说它只能是作者所说的那个意思，它再不能做别的解释了，已经充满了。不是这样的，它并没有被自己的作品所充满，还留下了无限遐想的余地。这就可以形成主体间性了，你创作出一个作品出来任人解释，这样一个无规定性的空间就是主体间性的空间。

<u>如果说以前在概念里，意识和作品毕竟还保持着统一</u>，那么其所以<u>如此，恰恰是因为作品作为**存在着的**作品，那时是被扬弃的。</u>

如果说以前，以前什么时候呢？我们可以翻到 266 页，就是我们刚才也点到的，中间的这一句话："无论作为状况，还是作为目的，或作为手段，还是作为作品，都没有走出自身以外"。它整个的行动都没有走出自身以外，都还是被困在主体之中。前面一个小标题主要就是讲主体性是怎么样独立出来，怎么样封闭自己，怎么样在自己内部自得其乐，自我实现，每一个个体都是一个自满自足的小天地。那么现在已经不同了，现在要走出个体之外了，要形成主体间性了。"如果说以前在概念里，意识和作品毕竟还保持着统一"，以前在概念里，就是在这样一种个体性和存在绝对贯通的那样一个个体性的概念里，意识和作品毕竟还保持着统一。在个体性里面，它已经有作品了，但这个作品呢，还没有走出自身以外，它仅仅被主体当作是自己的作品，它不需要人家去评论。它自己从黑夜走到光天化日之下，这个光天化日还是它自己的光天化日。它自己看明白了，我的作品就是这样的，那么我就是这么一个人，我的个体性已经明白摆出来了，我自己看到了，那就够了，至于别人怎么评价，我先不管。所以在那样一个概念里面呢，意识和作品毕竟还保持着统一。这个作品是我的作品，它只对我有意义，我想拿出去就拿出去，不想拿出去，死了以后，我把它烧掉。很多作家就是死了以后嘱咐后人，我的作品都烧掉。卡夫卡就是这样。结果他的朋友没有烧掉，没有烧就保存下来，他就是一个了不起的伟大的作家了。但是那跟卡夫卡已经没有关系了，他并不

希望有这样的名声，那个作品在他那里还是封闭的。所以这里讲，"那么其所以如此，恰恰是因为作品作为**存在着的**作品，那时是被扬弃的"，作为存在着的作品被扬弃在主体性中，它的存在根本无关紧要。为什么把自己的作品烧掉呢，因为它属于我的了，至于是不是也属于别人，那我不管，没有想到要奉献给人类。对于个体来说，他在自己内部自得其乐，那就够了，他也不想去影响人类。所以恰恰是因为作品作为存在着的作品在那里是被扬弃的，它才能够保持意识和作品的统一；如果你不把它扬弃，你让它存在起来，那意识和作品就不统一了。

但作品应该**存在**，必须考察的是，在作品的**存在**中，个体性将如何获得其普遍性，如何懂得满足自己。

"但作品应该**存在**"，就是现在已经到了更高的阶段了，已经不再是主体性的阶段，而是主体间性的阶段了，所以在这个阶段上来看，作品应该存在。个体性就是靠作品的存在才建立起主体间性的。所以在这个阶段上面，我们必须要承认，作品应该存在，"存在"也打了着重号。"必须考察的是，在作品的**存在**中，个体性将如何获得其普遍性，如何懂得满足自己"，个体性在作品的存在中，是如何取得它的主体间性的呢？如何获得它的普遍性的呢？如何懂得满足自己的呢？也就是作品在个体性的封闭的状况之下，它仅仅是自满自足，自娱自乐。但是作品为什么要创作出来，不就是给他人看的吗？虽然你也可以自得其乐，自我欣赏，但毕竟从作品本身来说，它还没有满足自己。你把它烧了，尽管以前存在过，但也等于没存在，个体性并不懂得在作品的存在中如何满足自己。但是作品如何才能存在，那就是必须有目共睹才是存在。必须要借作品的中介走出封闭的自己，让所有的人都看见作品，然后用所有的人的眼光来看自己的作品，从中获得普遍性，感到自己也具备了所有人的普遍眼光，自己的眼光已经提升到了人类的眼光，这样来满足自己。这才叫作懂得满足自己。要善于满足自己，如何善于满足自己？取得了普遍性才能满足自己。一个作品必须要成为人类的财富，它才能够完成自己的使命。一个作品不是为你个人创作的。虽然你自己是为了自己创作的，但作品本身，它不是为你个人的。作品本身有它的要求，它不是你个人、作者的要求，它是人类的要求。所以你必须学会从作品本身的客观存在中满足自己。现在我们所要考察的是个体性通过作品的存在，怎么样开展一种指向外部的行动。

　　——首先，必须考察那自为地形成起来的作品。

　　这句和上一句是连着的，不分段，但贺、王译本把它截断了。"首先我们必须考察那自为地形成起来的作品"，就是说要抓住作品这个环节来考察它。我们以往总是把作品当作个体性的一个附庸，作品是个体性创造出来的嘛，所以作品是个体的作品，这个毫无疑问。作品怎么离得开作家呢？但是现在我们要单独考察作品本身。作品本身是什么样的，它是自为地形成起来的，它不完全是被动地形成起来的，而是主动地形成起来的。很多作家都有这个感觉，就是他笔下的人物不听他的意愿的指挥而自行其是。托尔斯泰的安娜·卡列尼娜完全不是他最初想描写的那个"堕落女人"。

　　作品把个体性的整个本性一起接受下来；因而它的**存在**本身就是一种行为，在这种行为中，一切区别都贯通了并且消溶了；作品于是就被抛出到一种**持存**之中，在其中，这原始本性的**规定性**实际上对其他那些规定了的本性凸显着自己，就像那些本性干预它那样，它也干预那些本性，并作为消逝着的环节而在这个普遍的运动中丧失了自身。 {221}

[269]

　　"作品把个体性的整个本性一起接受下来"，文如其人。一件作品就是把个体性的整个本性都接受下来了。作品摆在你面前，就是一个人，就是一个个体站在你面前，他的整个本性都表现在作品之中。"因而它的存在本身就是一种行为"，作品的存在本身就是一种行为。你不要以为那个作品是一个死的东西摆在那里，它在向你说话，它就是作者的行动。它是这个人创造出来的，创造出来以后，作品就表现了这个人的创造行为，它的存在本身就是一种行为。作品的存在就是一种能动的行为，它是自为地形成起来的，"在这种行为中，一切区别都贯通了并且消溶了"。在这种行为中，一切区别都贯通了，作者和作品的区别都消溶了，都贯通了，作品和读者的区别也贯通了，也消溶了。因为作品是一个客观摆在那里的东西，但是它同时又是一种行为，这种行为把很多区别都打通了，一切区别都贯通了并且消溶了。怎么消溶的？ "作品于是就被抛出到一种**持存**之中"，作品把一切区别都贯通了，都打通了，作品于是就被抛出到一种持存之中，被抛出到持久存在之中。作品被抛出去，进入到我们前面讲的主体间性之中，成为了一种持续的存在。它被摆在那里，让所有的人来看，来读。这种持存也可能是永恒的，如果你是伟大的作品的话，那就永远有人读，那就是抛出到一种永恒之中。"在其中，这原始本性的**规定性**实际上对其他那些规定了的本性凸显着自己"，在这个持存中，在这个作品的持存中，这原始本性的规定性，"规定性"打了着重号。规定性也可以理解为特定性，什么特定性呢？作品的特定性，作者的原始本性的特定性。这个人就是这么个人，表现在他的作品上也是独一无二的。他的作品出自于他的原始本性，每个作家的作品都是出自于他的本色、本心的原始规定，包括他的最原始的冲动、本能、欲望、气质，他这个人的性格。这些都属于原始本性的规定性。这原始本性的规定性实际上对其他那些规定了的本性凸显着自己，凸显，herauskehren，有出风头、炫耀、显摆的意思。你这个原始本性的规定在作品里面获得了持存，在其他人的原始本性面前凸显了自己，你的作品脱颖而出，非常有性格，非常有震撼力，震撼了其他人，把其他人从原始本性的根底上都震动起来了，这就是一个成功的作品了。其他那些人凭借他们的规定了的本性，在读你的作品的时候，明显地感到你的作品格外不同。"就像那些本性干预它那样，它也干预那些本性"。一个作品被抛出来，那么它就要干预其他人的本性，而其他人的本性也要干预它。所以作者和读者，他们的各自的原始本性就处在一种交互影响之中，通过你的作品可以和他人互相影响。以往我们总认为作品是影响别人的，但实际上别人也影响作品，因为作品是什么样的作品,取决于别人的评价。黑格尔非常超前的地方就在这里,这跟现代解释学和接受美学的说法非常相通。现代解释学强调读者的主动性,读者不是完全被动的,读者在读作品的时候,他把自己的本性加入进去了,他把自己原始本性的规定性加入进去了。作者和读者共同创造了作品,作品不是作者单方面造成的,而是有待于读者来最后完成的。所以作者和读者交互之间是相互干预的,作者的原始本性的规定性跟其他人的那些规定性互相干预。"并作为消逝着的环节而在这个普遍的运动中丧失了自身",作者的原始本性的规定性在这样一种交互作用中成为了消逝着的环节,在这个普遍的运动中丧失了自身。作者的主体性就消失在作者与读者的主体间性中了。它不再是决定作品的唯一的力量了。你要和别人打交道。你要影响别人,你要拨动别人的心弦,但因为原始本性的不同,那么别人也可能会对你产生误读,误解,你还不能埋怨,你不能说你们误读了我的作品。人家误读你的作品,也是因为你自己对人家的原始本性不够了解,你应该从这种误读中进一步了解人性,并进一步了解你自己。人家的误读恰好使你更清楚地认识了你自身——原来你还是不清楚的。高明的作家就能够将错就错,展开博大的胸怀纳入这种误读,使它成为正解,正如托尔斯泰所做的,他最终认可了人们对安娜的"误读"。总而言之这个作品是双方共同的产物。那么作者的这种规定性在这里面就丧失了,只剩下什么呢,只剩下一种普遍的运动。当然它还在里头,但只作为普遍运动的一个环节,不再是个人独特的规定性,而成为全人类的开放的普遍性,也就是主体间性了。

如果在自在自为地本身实在的<u>个体性</u>这个**概念以内**,一切环节如状况、目的、手段和实现过程都彼此是一样的,并且如果原始的被规定了的本性只被看作是一种普遍的元素,那么与此相反,由于这种元素成为了对象性的存在,它的**规定性**本身就在作品中显露出来,并在其消溶中获得了自己的真理性。

"如果在自在自为地本身实在的个体性这个**概念以内**",自在自为地实在的个体性，就是前面第 260 页的标题，也就是这一节的主题。这个概念我们前面第一小节已经提出来了，但现在问题就是怎么在经验中证实这个概念。那么如果在这个概念以内，也就是如果仅仅从它的概念上来看，"一切环节如状况、目的、手段和实现过程都彼此是一样的"，这是 264 页那段话讲的："但这几个不同方面现在必须按照这个范围的概念这样记录在案：在这几个方面中，内容仍然是同一个内容，而没有任何区别加入进来"，接下来提到了个体性与一般存在的区别，目的对个体性、对现成的现实性的区别，手段对作为绝对目的的现实性的区别，以及所造成的现实性对目的或原始本性或手段的区别，这些区别一概不存在了。所有这些都没有区别，都是我的行为，在这一点上，它们都是一样的。在这个概念中，一个目的活动的各个环节都是同一的，都是封闭在这个个体自身内部的。包括作品，虽然已经是一种客观的东西了，但是我还是把它当作一种主观的东西来自我欣赏，我不在乎它的存在，我不在乎它的客观性。所以在这个概念内部呢，所有这些环节都是一样的。"并且如果原始的被规定了的本性只被看作是一种普遍的元素"，这句跟上句并列。前面是讲，如果在这概念里面一切环节都是一样的，那么再一个，如果原始的被规定了的本性只被看作是一种普遍的元素。原始的被规定了的本性，你的个别的那种性格，你的不可重复的个性，却只被看作一种普遍的元素，只被看作一种完全没有区别的普遍元素。"那么与此相反，由于这种元素成为了对象性的存在，它的**规定性**本身就在作品中显露出来，并在其消溶中获得了自己的真理性"，与此相反，相反在哪里？前面是从概念内部来看，现在相反，要超出概念，从这元素作为对象性的存在这个客观的眼光来看。而这样看来，作品的规定性，或者说个别的独一无二性就显露出来了，并在其消溶中获得了自己的真理性。作品的独创性显露出来，同时又消溶在别人的理解中，成为社会的共同财富，并由此获得了自己的真理性或客观性。在它的消失中，它恰好获得了它的真理性，因为它的作用就在于特殊规定性的消失，使自己变成一种普遍的东西，为他人所接受。它真正说来就是要干这件事情，如果你还是执着于你内在的个别规定性，那你就没有达成目的，那别人就无法理解你的作品了。你的目的就是要使自己的观点变成大众的观点，变成读者普遍的观点，那么它就不再是你的规定性了，那就是一种主体间性了。你的规定性就消失在这种主体间性之中，那才是你的规定性的真正的使命，那才实现了你的规定性的真理性。你要达到的真理性，你要达到的一种客观性，只有通过这种方式，通过你的规定性的消溶，你的规定性就变成真的了。这是两种相反的眼光，从概念内部看是把规定性看作普遍的元素，从对象性的存在看则是把规定性看作作品的独创性，它不是消失在主体性内部，而是消溶在他人的认同中，消溶在主体间性中。

更确切地说，这个消溶是这样呈现出来的：在这个规定性里，个体作为**这一个**而自己成为了现实的；但这个规定性不仅是现实性的内容，而且同样也是现实性的形式，或者说，这个现实性本身一般说来正是与自我意识相对立这样一个规定性。

"更确切地说，这个消溶是这样呈现出来的：在这个规定性里，个体作为**这一个**而自己成为了现实的"，就是个体的规定性，在它作品里面显露出来并且消溶了，并在消溶中获得了它的真理性；但更进一步说，它怎么消溶的呢？个体的个别规定性怎么会消溶掉的呢？是这样呈现出来的，即在这个规定性里，个体作为这一个而成为了现实的，"这一个"打了着重号。个体是这一个。作家的创作，作家的作品，肯定是独创的，他是唯一的这一个。我们在"感性确定性"看到，"这一个"就是特指的、特定的这一个，但当我们把这一个用来指某个现实的对象时，它马上就不是这一个了，刚才的这一个已经消失了，现在已经另外一个了。但这正说明，另外的一个也是这一个，这一个通过它的不断消失而成为了一个共相。这里也是同样的情况，当个体在作品里作为这一个而成为现实的时，这一个既在作品里面表现出来了，同时也就失去了。个体的这一个在作品里面是由这个规定性所造成的，"但这个规定性不仅是现实性的内容，而且同样也是现实性的形式"，当然个体规定性首先是内容，因为一个作品就是要表现"这一个"嘛。但它同样也是现实性的形式，就是不光是表现了特定的"这一个"的内容，这一个作家，他的想法，他的观念，他的思想，这都是内容；而且也同样是现实性的形式。就内容来说它是个体本身内在的，没有走出自身之内；但作为形式它不再是内在的，而是真正客观现实的。"或者说，这个现实性本身一般说来正是与自我意识相对立这样一个规定性"，也就是说，这个现实性本身，它的规定性是什么规定性呢，一般说来就是与自我意识相对立。也就是说你把它变成现实性，那么什么叫现实性呢？那就是在自我意识之外嘛。你如果还停留在自我意识之中，那它就还没有走出自身成为现实性。你必须把它作为作品创作出来，不单纯是为了自己欣赏，而且是为了作为现实的作品让大家欣赏，那么它就获得了这样一种规定性，就是与自我意识相对立这样一种规定性。它本来是自我意识创造出来的，但是它一旦创造出来获得现实性，它就与自我意识相对立了，那它就是一种不可预料的东西，一种碰上的、一种偶然的东西了。这就是现实性的形式，这样的现实性是在自我意识之外，是自我意识所不能控制的。作家把自己的作品创作出来以后，如果真正是一件成功的作品，一个"这一个"的作品，那叫作"偶得"。我们中国诗人最喜欢讲这个"偶得"，偶然得来的，那才是最可宝贵的。事先没预料到，不在计划之内，不是我想好了才写出来的；但是它是我的，它就是我的个性，它才是我的个性，你想好了的倒不一定了。所以这样一个现实性呢，它本身是与自我意识相对立的，它获得了这样一种规定性，这就是"这一个"。在形式上来说，它必须要把主体的规定性加以消溶，看作是与自我意识相对立的。成为一种不可预料的、偶然碰上的东西，获得这样一种规定性，那才是现实性的规定性。现实性在我之外，我不能支配它，我的作品产生出来，它就不是我所能够支配的了，甚至于也不是我所能理解的。当然我对我的作品是能理解的，但是它成为作品以后，究竟应该怎么理解它，应该怎么评论它，应该怎么分析它，这不是我能够完成的，也不由我的意识为转移。它是·个客观现实的作品，应该由客观的眼光来对它加以评论。很多作家很明智，我对我的作品，我不加评论，我评论不算数，要由大家来评论，要由所有人来评论，要由历史来评论。所以自我意识在自己的作品面前，感觉到它是一种外在的东西。作品作为现实性来说，对自我意识是一种外在的东西，只有这样，它才是真正的作品。你把作品抛出去，它就不属于你了，它属于客观现实性。

从这一方面来看，这个现实性把自己显示为从概念里消失了的、只是被碰上的一种陌生的现实性。

这句说得比较明确了。作品的这种现实性把自己显示为从概念里消失了的。作品从概念里消失了，你不能用概念来把握它，不再能用概念来掌控它。它不像那些公式化、概念化的作品，一直由概念牢牢控制着，看着哪里有点不符合概念，随时可以去加以修改，就像"文革"中那些"样板戏"那样，那其实不能叫作品。真正的作品是被碰上的一种陌生的现实性，一种异化了的现实性。作品创造出来，它对于作者来说就是一种异化了的现实性，它就从作者的概念里面消失了，你就不能用概念来对它加以把握了。原来是说，自在自为地本身实在的个体性，在它的概念里面，一切环节都是同一的，前面讲过这样一个观点；但是现在这个现实性从概念里面消失了。这个对自我意识来说当然好像是失去控制了，但这是必然的。如果没有从概念里面消失，你永远达不到现实性，你永远只在你的概念内部打圈圈，走不出你自身。你要走出你自身，你必须放它出去，让它从你的概念里面消失，让它造成你不可预料的外部的影响，这是必然的。所以从这方面来看，这个现实性把自己显示为从概念里面消失了的，只是被碰上的陌生的现实性，这是符合文学创造的规律的。不从概念里面解放出来，作品就不拥有现实性，而只是主观意向和倾向的传声筒，只是意识形态宣传。

作品存在着，这就是说，作品为别的个体性存在着，而且它对于别的个体性而言是一个陌生的现实性，而**别的个体性**必须建立它们自己的现

395

实性来取代这个现实性，以便通过**自己的**行为给自己提供**自己**与现实性相统一的意识；或者说，**它们**通过**自己的**原始本性所建立起来的对这个作品的兴趣，是不同于这个作品**自己固有的**兴趣的，而这样一来，作品也就被变成了某种另外的东西了。

这还是上面那个意思。"作品存在着"，"存在着"打了着重号。前面讲到作品如果仅仅是在概念内部转来转去，那个作品的存在是被扬弃了的。第 268 页讲，"作品应该**存在**，必须考察的是，在作品的**存在**中，个体性将如何获得其普遍性，如何懂得满足自己"。前面已经讲到这一步了，那么这里就讲，作品存在着。什么叫作品存在着呢？作品应该存在，不错，但是什么叫做作品存在呢？"这就是说，作品为别的个体性存在着"。如果你仅仅是一个单个的个体性，固然是独立的个体性意识，但是作品在这种意识之内，它还不是存在的，或者说它的存在是被扬弃了的。那么作品真的要存在，那就意味着作品为别的个体性存在着。就是在你的个体性之外，还有别的个体性，还有读者，你的作品就是为读者的个体性存在的，就是为了沟通你和读者的。"而且它对于别的个体性而言是一个陌生的现实性"。作品对别的个体性来说是一个陌生的现实性，它是作者的产品，别人做不出来的，所以对于读者来说，它是一个陌生的现实性。现在有一个你没有读过的作品拿到你面前了，你读一读看，当然是你没有想到过的，它不是你的作品嘛，有种新鲜感。所以它是一个陌生的现实性，出乎意料的作品你才去读它，否则就是老生常谈，失去了阅读的兴趣了。但是，"而**别的个体性**必须建立它们自己的现实性来取代这个现实性"，所有的读者都是这样的，所有的读者都在重构作品。因为作品是陌生的嘛，读者必须要用自己已有的那一套知识储备，或者用解释学的话说，用自己的"期待视野"去重新理解作品，把它的意义揭示出来。"以便通过**自己的**行为给自己提供**自己**与现实性相统一的意识"，读者在阅读的时候，他不是被动接受的。他必须采取主动的行动，给自己提供自己与现实性的统一。我自己的思想跟这个现实的作品是统一的，我的思想在这个现实的作品里面得到了共鸣，得到了统一，我通过自己的阅读行为，给自己提供自己与作品的现实性相统一的意识。这个作品表达了我想说而没有说出来的话，而现在我想说的话在这个作品里面变成现实了，这就提供了自己与现实性的统一的意识。我想说的话现在活生生地在这个现实的作品里面说出来了。"或者说，**它们**通过**自己的**原始本性所建立起来的对这个作品的兴趣，是不同于这个作品**自己固有的**兴趣的"，"它们"，也就是别的个体性，读这个作品的读者们。他们在读作品时，是通过自己的原始本性来建立起对这个作品的兴趣的，这种兴趣是不同于这个作品自己固有的兴趣的。自己固有的（eigentümlich）兴趣，也就是这个作品的作者本来固有的兴趣，这个作品的作者在写这个作品的时候，他所放进去的那种独特的兴趣。那么读者所建立起来的兴趣是不同于作者的兴趣的，这种情况很常见，也很正常。"而这样一来，作品也就被变成了某种另外的东西了"，这样一来，作品就变成某种不同于作者最初所设定的另外的东西了。本来它是作者的产物，是作者的合目的性的活动的产物，是作者的目的的实现，它体现了作者把自己的目的实现出来的这样一种行为，本来是这样的。而现在呢，通过一种客观化，变成现实性以后，我们把它当作一种客观存在的作品来看待的时候，它就变成了一种另外的东西，不同于作者原先把自己的目的实现出来的那样一个作品。它已经参与了其他的人、别的个体性，他们在里面所建立起来的他们的现实性。每个人都把自己的现实性建立在这部作品里面，这部作品就不单纯是作者本身的现实性的一种体现了，而且是一种主体间性的现实性。

　　所以一般说来，作品是一种易逝的东西，它因其他的力与兴趣的对抗作用而消溶，它所呈现出来的作为消逝着的个体性的实在性，比起作为完成了的个体性的实在性来，要多得多。

　　这是结论了。"所以一般说来，作品是一种易逝的东西"，一般说来，作品本身是一种容易消逝的东西。作品并不是那样一种固定不变的东西。

我们通常以为作品作为一个物质存在嘛，它就摆在那里了，这是种很表面的看法。一部作品，一个艺术品，蒙娜丽莎也好，大卫也好，它摆在那里，只要没有外力破坏它，它就是永恒的，它永远就是那个东西，这是只从物质的表层上面来看待作品。从作品的本质上来说，作品是一种易逝的东西。容易消逝不是说它不存在了，而是说它可以变成别的东西。它是一种善变的东西，或者说易变的东西。"它因其他的力与兴趣的对抗作用而消溶"，因为其他的力和兴趣而消逝。这个地方又用到"力"，在黑格尔用这些词的时候，我们都要联想到他曾经用过，在什么地方用过。这个"力"，包括"这一个"，都要联系到他前面讲的感性确定性啊，知觉啊，力与知性啊。其他的力与兴趣的对抗作用，也就是其他人的，读者的力与兴趣的对抗作用。作品要以读者的兴趣为转移，读者的兴趣和读者的力可以抗拒作者本人的意图，改变作品的形象。作品在其他的力与兴趣的对抗作用中会消溶，这个消溶就是说，作者的那样一种力和兴趣被消溶了，被融化了。大家都这样评价，也许作者的初衷根本就不是这样，作者根本就没有想表现那样一种东西，结果大家众口铄金，大家都这样说，于是它就成了这样了。历史上的作品都是这样的，不光是文学作品，包括人做的事情也是这样，历史事件都是由后人评说的。你的主观意图也许是好的，但是你作出来是坏事，人家就说你是个坏人，你有口难辩。我的本心还是好的啊，人家不管，你的本心谁能知道，反正你的作品这样的，是要由社会来评价，由主体间性来评价，不是由你个人的主体性来评价。"它所呈现出来的作为消逝着的个体性的实在性，比起作为完成了的个体性的实在性来，要多得多"，这个他还留了一点点余地，就是作为完成了的个体性的实在性，就是说你的个体实实在在地把自己的意图在作品中完成了，那么，这种实在性还不如作为消逝着的个体性的实在性要多。就是说你丧失的比你建立起来的还要多得多，你这个作者在作品里面把你的意图实现出来，这个是很少很少的。更多地是你失去了的，更多地是由别人借助于你这个作品而建立起来的东西。所以我们不能够从表面上来看待所谓的作品。不光是对文学艺术的作品，我们对于人的历史作品也应该这样看。人在世界上生活，他总要造成一些事情，这些事情由他自己的主体性固然可以评价，但是那是封闭的，那是他的自我感觉。真正要客观地评价一个人和他所做的事情，还是要放到主体间性这样一个大的空间里面来看。历史要由后人来评价，为什么要由后人来评价呢？到了后人，你这个主体已经消失了，你的主观意图在里面就不再起干扰作用了。后人来评价你这个作品，人数要多得多。不光是当时的人，还有后代，还有的儿子辈孙子辈，他们一起来评价，才能够把你这个作品真正的价值加以定位。文学作品、艺术作品是这样，历史作品也是这样。反正只要是人的行为，它的价值都要由主体间来加以定位，而不能够由单个人封闭在自己内部，凭自己的主观意图和自我感觉来定位。不管你怎么说得天花乱坠，你死了以后，自然有人来评价，由人类来评价，由历史来评价。

于是对意识来说，在它的作品中就产生了行为与存在的对立，这对立在意识先前的诸形态中曾经同时是行为的**开端**，而在这里则只是**结果**。

"于是对意识来说，在它的作品中就产生了行为与存在的对立"，意识在作品中发生了行为与存在的对立。行为与存在都属于意识，但是这两者是对立的，一个是作为行为，一个是作为存在。作为行为，意识可以孤立地封闭在它的个体性里面，这就是我的行为，我无怨无悔，我做了就做了，我自得其乐。但是你把你的作品放在存在里面来看，那就是另外一回事了。你把作品放在存在这个维度里面，放在这样一种无规定性的空间里面来看，那它就要由人评说啊，你的作品究竟是个什么作品。所以行为与存在在这里是对立的。你的行为由你的意识所支配，但是作品的存在不再由你支配，它的现实的后果不是你所能掌控的，那要由那些承受你作品的后果的人去评价。"这对立在意识先前的诸形态中曾经同时是行为的**开端**，而在这里则只是**结果**"，行为与存在的对立在意识先前的诸形态中曾经，这是用的过去时，双方同时都是行为的开端。行为就是从行为和存在的对立开始的，它们都属于行为本身的过程，没有走出意识以外，在意识先前的形态中是这样的。而在这里呢，它们的对立只是结果。"开端"和"结果"都打了着重号。这个"先前"，我们可以追溯到整个实践的理性，从第二节"理性的自我意识通过自己本身而实现"开始，整个实践理性都是讲行为和存在的。那么一进入到实践的理性，讲行为和存在的关系，那么就有这种对立，那就是行为的开端。我们在前面已经看到了，它有很多对立的方式，像快乐和必然性，本心的规律和自大狂，德行和世界进程，都是行为和存在的对立。快乐是行为，规律是存在；本心是行为，自大狂，客观上成了自大狂；德行是行为，那么世界进程又是存在，所有这些形态中双方一开端就是处于这样一种对立之中，但都没有造成结果，而只是从一个对立向下一个对立过渡。而在这里则成为了一个结果，在作品中，作品是一个结果。在作品中发生的行为与存在的对立是作为结果发生的。在这里开端就不再是这种对立了，在这里的开端是一个已经自在自为地本身实在的个体性的概念，它是完全统一的，它的行为就是它的实在性，它的实在性就是它的行为。但是当它创作出它的作品，并且把自己抛入到一种客观的持存中的时候，这种存在和行为的对立就成了它的结果。

但由于意识作为**自在地**实在的个体性已着手于行动了，这个对立实际上同样也成为了基础；因为对这行动而言，那**被规定的原始本性**作为**自在**，先前已被建立起来了，而且为实行而实行的那个纯粹的实行也曾将这个原始本性当作**内容**。

行为与存在的对立在这里是一个结果，但是实际上，这个对立已经作为一个基础，在前面为这个结果做了铺垫。因为这个第三环节，这个所谓自在自为地现实的个体性，它本身就是从前面的快乐和必然性啊，本心的规律和自大狂啊，德行和世界进程啊，从那里一步步走过来的。所以前面的那种对立已经给它垫了底，奠定了基础。所以他讲，"但由于意识作为**自在地**实在的个体性", 就是这一大节里面讲的自在地实在的个体性, 也就是自在自为地本身就是实在的个体性,"已着手于行动了", 已经把自己投入行动了, 已经在进行作品的创作了。"这个对立实际上同样也成为了基础", 这个对立, 当然现在是一个结果, 但是它实际上同样也已经成为了基础, 所以它也是开端。这里又说回去了。"因为对这行动而言, 那**被规定的原始本性**作为**自在**, 先前已被建立起来了", 这里都用的过去时。因为对现在这个行动而言, 那被规定的原始本性, 即自在的原始本能, 这行动就是针对它来作规定的, 它作为自在, 那就是快乐和必然性啊。它先前已被建立起来了, 当时叫做快乐和必然性, 但是现在我们把它叫做已被规定的原始本性, 作为自在的原始本性。为什么这种对立是基础? 就是因为在原来作为原始本性的自在, 已经在快乐和必然性那里被建立起来了。最初它作为自在的原始本性, 那就是快乐。现在在这个地方当然不仅仅是快乐, 它还包括人的性格啊, 包括人的能力啊, 各个方面。但是作为自在的原始本性, 它就是快乐, 已经事先被建立起来了。"而且为实行而实行的那个纯粹的实行也曾将这个原始本性当作内容", 为实行而实行的那个纯粹的实行, 那就是前面讲的本心的规律。本心的规律就是把这个原始本性当作内容, 要把它实行出来, 纯粹是为实行而实行, 而不是为了它的内容, 但它的内容还是那个原始本性。在本心的规律那里, 就是要用它的良心来整顿这个世界, 已经不是为了快乐了, 但起因还是心中不快的原始本性。当这种为实行而实行的形式完全脱离了内容, 成为纯粹形式, 那就是德行意识了。在前面三重对立环节里, 一个是快乐和必然性, 一个是本心的规律和自大狂, 一个是德行意识和世界进程, 都已经在为行动的结果奠定基础。

可是纯粹的行为是**自身等同的**形式, 因此它与原始本性的**规定性**是　[270]
不同的。

"可是纯粹的行为是**自身等同的**形式", 这个在德行意识那里看得最清楚。纯粹的行为, 德行意识就是纯粹的行为, 它不管它的内容。虽然最初它是出于它的内容，但是到了纯粹的行为，那就是德行意识。它是自身等同的形式，它只讲它的形式了，只在乎那种形式，而不管它的内容。像堂·吉诃德那样征服世界，打抱不平，它只是展示一种姿态，一种骑士精神。它是自身等同的形式，它不管遇到任何具体内容，它都采取同样一种形式，以强加于这个世界。"因此它与原始本性的**规定性**是不同的"，它与原始本性的规定性、也就是个体性不同。每一个个体性的原始本性，它都有它自己的规定性；德行意识则是不管个体性的，它要牺牲个体性嘛，它要打平世界，把一切个体性的规定性都荡平。所以它与原始本性的规定性是不同的。这两者，德行和世界进程，它们是不同的。德行意识它是只顾自身等同的形式，而世界进程呢，是着眼于原始本性的形形色色的规定性，各种各样的规定性，它不求统一。所以这两者是完全不一样的。

在这里，像在别处一样，两者之中何者被称为**概念**，何者被称为**实在性**，是无所谓的；原始的本性是**被思想的东西**或与行为相对的**自在**，它只有在行为中才拥有自己的实在性；或者原始的本性同样可以是个体性本身的**存在**，正如它对个体性而言是作为作品的存在一样，但行为则是作为绝对的过渡或作为**形成过程**的原始**概念**。

"在这里，像在别处一样"，在这里，就是在我们现在讨论作品中的对立这个层次上面来看，像别处一样，也就是像前面那些意识形态中那样。"两者之中"，哪两者？也就是纯粹的行为和原始本性的规定性，前者作为自身等同的形式，后者作为一种不同的个体性。这两者"何者被称为**概念**，何者被称为**实在性**，是无所谓的"，就是说，是纯粹的行为被称为概念，还是原始本性的规定性被称为概念，都可以；或者是纯粹的行为被称为实在性或者现实性，还是原始的本性的规定性被称为现实性呢，也都可以。或者说双方都既有概念的方面也有实在性的方面，都是一样的，看你采取哪一种眼光，每一方都同时可以看作既是概念也是实在性。当然概念和实在性还是不一样的，概念是还不具有实在性的，而实在性已经突破了概念，已经是外在的了。这两者，概念和实在性或者概念和现实性，概念和存在，也可以理解为思维和存在的关系。思维和存在这两者当然是不一样的，但是这双方同时都可以既看作是思维也可以看作是存在，既可以看作是概念也可以看作是实在性。"原始的本性是**被思想的东西**或与行为相对的**自在**，它只有在行为中才拥有自己的实在性"，这是一种眼光，就是我们从原始的本性的规定性这一方面来看，它是被思想的东西。这个体现在目的性中，所谓目的，就出自于原始的本性的思想。从这个角度来看，原始的本性它就是一种目的，目的还没有实现啊，只是一个企图，只是一个动机，所以它是被思想的东西。"或与行为相对的自在"，它还没有行为，与行为相对而言，它只是一个自在，它还没有自为。我们说自在自为，从自在到自为，在这个时候呢，原始的本性还只是一个自在，它有这样一个目的，有这样一个欲望，有这样一个冲动，它想要做某件事情，但是还没做。那么这个时候呢，它当然就是思想的东西或者说概念的东西，它只是一个概念，还不具有实在性。所以，"它只有在行为中才拥有自己的实在性"。这个目的只有通过行为把它实行起来，它才获得了它的实在性。那么这个实在性是从哪里获得的呢？从行为。前面不是讲，存在的行为和原始本性的规定性，这两者之中何者被称为概念，何者被称为实在性，这是无所谓的。一个是行为，一个是原始本性的规定性。那么这一种可能就是，原始的本性被看作是概念，它只有在行为中才有自己的实在性。换句话就是说，行为是实在的，而原始本性是概念。这是一个视角。再就是还有另外一个视角："或者原始的本性同样可以是个体性本身的**存在**，正如它对个体性而言是作为作品的存在一样，但行为则是作为绝对的过渡或作为**形成过程**的原始**概念**"。这是另外一种选择，原始的本性可以看作是个体性本身的存在，"存在"打了着重号，存在也可以理解为实在性。就是说刚才我们把原始的本性理解为概念，因为它是一个目的，它还没有实行，它只是一种愿望，只是一种动机，它必须在实行中，在行为中才有自己的实在性。在它没有进入行为之前，它只是一种思想的东西，是一种概念。但是原始的本性同样可以是一种存在，"正如它对个体性而言是作为作品的存在一样"。原始的本性对个体性而言，是作为作品的存在，在作品中反映出了个体的原始本性。我们刚才讲，文如其人，原始的本性在作品中就存在了。但除了这种存在之外，原始本性同样可以是个体性"本身"的存在，而不仅仅是作为个体性对方的作品的存在。从这个意义上来说，原始的本性是行动者的存在，是个体性本身的存在，正如它对个体性而言是作为作品的存在一样，两者都是存在。我们换个角度，我们可以看出来，原始的本性也是存在，或者说原始的本性在上面两种意义上都是存在。而另一方面，行为则是作为绝对的过渡或作为形成过程的原始的概念。"概念"两个字打了着重号，前面是"存在"两个字打了着重号，与"概念"互相呼应。而且这概念是作为"形成过程"的概念，形成过程（Werden）也打了着重号，这个词也翻译为"变易"，是黑格尔《逻辑学》"存在论"中的"存在—无—变易"三段式的合题，它就是存在范畴的最高形态。所以存在和概念在这里虽然是对立的，但概念由于它同时又是作为"绝对的过渡"或作为形成过程，因此它又是通过一个中介、也就是通过本质而与存在暗中相统一的。只不过这种作为概念的行为由于还只是处于过渡中，处于形成过程中，它还没有达到结果，还在行动之中，所以在这个形成作品的过程中，行为反而是原始的概念。行为是一种原始的概念，按照这个概念去形成它的作品，作品才是存在。所以，正如作品的存在体现出个体性、作者的原始存在一样，这个原始存在的行为是一种原始的概念，在这个意义上面我们可以把行为看作是属于概念的。一方面你可以把行为看作是现实性，是实在性，同时你也可以把行为看作是概念。在这个意义上它也是概念，它是形成这个结果的。所以这双方都同时可以看作是概念，也可以看作是实在性、存在。这是双方的一种交叉关系，这个里头贯穿的是思维和存在的关系，或者是概念和存在的关系。概念和存在在行为和原始本性这两者之间，是一种交互的关系。

在意识的本质里包含着的概念与实在性之间的这种**不相称性**，是意识在它的作品里所经验到的；所以在作品里，意识获悉了它在真理中是怎样的，而它关于它自身的空洞概念就消失了。

"在意识的本质里包含着的概念与实在性之间的这种**不相称性**"，这是对前面的作出总结了。在意识的本质里面，包含着的概念与实在性之间的不相称性。概念与实在性，我们前面讲了，就相当于思维和存在，现在它们的关系还处于意识的本质阶段、过渡阶段。在黑格尔《逻辑学》的存在论、本质论和概念论中，本质论属于互相反映的阶段，对立双方总是达不到平衡，而要向对立面转化。这就是思维和存在的不相称性，概念与实在性之间的这种不相称性。所谓不相称性，就是说它不平衡，不相配合。你不能把概念固定在一个之上，把实在性固定在另一方。它是一个互相转化的矛盾，是在意识的本质里面所包含的一种矛盾。那么这个矛盾"是意识在它的作品里所经验到的"，意识现在通过它的作品，有了它的经验了。意识原来只有一个个体性的概念，而现在呢，它在它的作品里面已经经验到了这样一种不相称性，这样一种矛盾性，这样一种互相转化。"所以在作品里，意识获悉了它在真理中是怎样的，而它关于它自身的空洞概念就消失了"，它在真理中到底是什么样的，通过思维和存在在作品中的关系而展示出来了。在个体性的单纯的概念中，在自在自为地实在的个体性的概念之中，它的真理性还没有出现，还只是一种概念的确定性。它有了确定性，概念已经形成了，在第一个小标题里面，概念已经形成了。那么进入到第二个小标题，这个概念的确定性必须要获得它的真理性，必须要获得它客观的实在性。所以它在这个作品里面，就意识到了它在真理中是怎样的，因为思维、概念和存在发生了关系。于是，意识关于它自身的空洞的概念就消失了，也就是否定了在第一个小标题里面所设立的那种空洞的概念，那种"唯一者及其所有物"的概念。"唯一者及其所有物"是一种极其空洞的概念，没有什么内容。概念在这里不再是那样一种空洞的个体性的概念。"关于它自身的空洞的概念就消失了"，就被扬弃了，或者用我们的话来说，就是被主体间性所取代了，被提升到了主体间性，这就是意识的真理性。真正的自在自为的个体性，那就是主体间性，而不是抽象的主体性。

好，我们再看下面一段。前面我们已经讲了，就是说，意识在作品里面，看到了作品本身的一种内在矛盾性，作品既是概念又具有实在性，既是它的主体性内部的东西，同时又是摆出到外在的空间中的东西。所以在这个方面呢，个体性的空洞的概念就消失了，意识就看出了它在真理中是一个什么样子。那么下面就来分析这样一个矛盾。

{222}　　<u>因此，在作品作为这一自在地本身实在的个体性的真理性的这样一个基本矛盾中，个体性的一切方面又再次作为矛盾着的东西而出场了；或者说，作品作为整个的个体性的、从那本身是否定的统一并把持着一切环节的**行为**里拿出来被放进**存在**中的内容，现在就把这些环节都释放出来了；而在持存的元素里，这些环节则成了彼此漠不相干的。</u>

"因此，在作品作为这一自在地本身实在的个体性的真理性的这样一个基本矛盾中"，作品现在是真理性，它作为这一自在地本身实在的个体性，现在具有了真理性，真理性就体现在作品身上，因为它展示了思维和存在的基本矛盾，即概念和现实性的矛盾。在这个矛盾中，"个体性的一切方面又再次作为矛盾着的东西而出场了"。个体性的一切方面，一切方面包括我们前面讲的目的、手段、行为，最后是作品，等等。所有这些方面又再次作为矛盾着的而出场了。原来它们在空洞的概念里面呢，已经是同一的，已经被等同起来了，个体的目的也好手段也好作品也好，都在个体之中，是一回事，是没有矛盾的；那么现在呢，它们又再次作为矛盾着的而出场。为什么是"再次"作为矛盾着的出场？因为在前面，在快乐和必然性，本心的规律自大狂，德行和世界进程，那里都是矛盾的。本来在自在自为地实在性的个体中已经让这些矛盾消失了，已经被个体统一起来了。但是当这样一种个体通过作品而展现出一种真理性的时候,所有这些矛盾又重新浮现出来了。本来被统一在实在的个体性里面、统一在这个概念里面的矛盾,现在又出场了。"或者说,作品作为整个的个体性的、从那本身是否定的统一并把持着一切环节的**行为**里拿出来被放进**存在**中的内容,现在就把这些环节都释放出来了",把这句话压缩一下,作品作为整个个体性的内容现在都被释放出来了。这内容原先是作为整个个体性的内容,它被封闭在个体之中,被个体的否定的统一行为把持着它的一切环节;而现在被从那个行为中拿出来,放进存在中来了,这样一来,它的那些被束缚着的环节就得到解放了。前面在第一个小标题里面就讲过,这个个体性的概念在它的行为里面把它的目的、手段和作品全都统一起来了,取消了它们之间的一切区别。而现在,当作品通过这一行为被放进存在中,脱离了个体性概念的控制,它现在就把这些环节都释放出来了。这些环节本来是由行为统一并控制着、把持着的,现在它们都释放出来了,它们的矛盾就再次出场了。当这些环节各行其是,于是又陷入到矛盾冲突里面了。"而在持存的元素里,这些环节则成了彼此漠不相干的",持存的元素就是把行为撇开,如果你固定地、僵死地来看待这些元素的话,那么这些环节就成了彼此漠不相干的。它们虽然被释放出来了,但如果每一个元素都是孤立地持存地来看待,那么它们就静止在那里,彼此不发生关系。它们再不受一个统一的个体性的控制和把持,但是,它们相互之间又各行其是,互相外在。有哪些元素被分离出来并且彼此漠不相干,下面就来一个个分析。

所以,概念与实在作为目的和作为本身是**原始本质性**的东西,是相分离的。至于目的要具有真正本质,或自在要被当成目的,这都是偶然的。

这都是讲这些环节释放出来的情况,现在它们各不相干了,首先是目的和原始本性漠不相干。"所以,概念与实在作为目的和作为本身是**原始本质性**的东西,是相分离的",概念和实在,概念作为目的,实在作为本身是原始本质性的东西,是相分离的。概念和实在是相分离的,首先表现在目的和原始的本质性的分离上,涉及目的活动中这两个元素的分离关系。目的在这里可以看作是概念，原始的本质性也就是原始本性，可以看作是实在。作者的本能冲动和概念之间各不相干，是相分离的，作品现在不由作家自己的意识控制了。"至于目的要具有真正本质，或自在要被当成目的，这都是偶然的"，目的要具有真正的本质，前面讲，目的和原始本质性是相分离的，那么目的要能够具有真正的原始本质性，那是很偶然的事，你的作品的目的或概念是否能够表达出你真正的原始本质性，这完全是偶然的，不能预先算定的。或者自在被当成目的，也就是你的自在的原始本性被当作有意识的目的，你运用你的天赋才具和能力策划出你的目的来，这也是偶然的。这两种情况都是表明作品是某种"偶得"。你不能主题先行地去创作，也不能毫无目的地创作，但由于这些环节各行其是，各不相干，所以它们碰到一起的情况都很偶然，可遇而不可求。现在不再有一个居高临下的个体性把它们统摄起来了，它们被释放到无规定的空间之中，那么它们碰到什么就是什么。因为目的作为概念和原始本质作为存在，相互之间现在没有一种必然的联系，都是一些外在的游离出来的环节了。

同样地，概念与实在作为向现实性的**过渡**和作为**目的**，又是彼此分离开的；或者说，要对表现目的的**手段**加以选择，这也是偶然的。

前面是讲概念与实在作为目的和作为原始本质性的东西是相分离的，这里讲，"同样地，概念与实在作为向现实性的**过渡**和作为**目的**，又是分离开的"。这里讲另外一对矛盾，即手段和目的也是分离的，"或者说，要对表现目的的**手段**加以选择，这也是偶然的"。概念与实在，一方面概念作为向现实性的过渡，另方面实在作为目的，两者也是分离开的。过渡就是中介，也就是手段，我们要把概念当作实现目的的手段，因为手段总是一种冷静的考虑，必须运用概念，而目的作为原始本性的冲动则是非概念的实在性。选择什么样的概念手段才能实现预定的目的？这也没有定规，也是偶然碰上就对了，手段没选对，目的就总是达不到。跟前面的目的和原始本性的分离相比，这种目的和手段的分离更加偏向客观实在性，已经是概念和实在的冲突表现在外了，当然仍然还是内在的环节，还没有真正走出来，要实现为作品并进入到主体间性才算走出来。但在主体中它们已经呈现出偶然性了，就是这个目的是否能够通过手段向现实性"过渡"，那也是偶然的。一个手段是否能够真正适合于目的，那完全是偶然的，你要去寻找。

　　而且最后，所有这些内在的环节一起，不管它们是否在自身中有一个统一，个体的这一**行为**对于一般的**现实性**，又是偶然的；**运气既决定着一个规定得很坏的目的和一个选择得很糟糕的手段，也决定着与它们相反的目的和手段**。

　　"而且最后，所有这些内在的环节一起"，概念与实在性啊，手段和目的啊，目的与原始本性啊，它们都还是一些内在的环节。"不管它们是否在自身中有一个统一"，前面是讲它们有种统一，主观和客观统一于主观中。但这种统一是很抽象的，无非是说它们都是意识的诸元素，逃不出主观内在的范围。有统一也好，没有统一也好，"个体的这一**行为**对于一般的**现实性**，又是偶然的"。现在问题提升了，从个体内在各环节的分离扩展到主体和客观现实性的分离上来了。前面讲的都是个体行为本身内部各元素的分离，而个体把所有这些环节都聚集拢来所作出的一个行为，对现实性而言也是偶然的，或者说也是分离的。这些行为是否造成如同它们所想要的那样一种现实性，这个也是偶然的，你的目的是否能实现，是否真能达到，这个不取决于你，这是一种偶然的碰巧，碰到一起了。"**运气既决定着一个规定得很坏的目的和一个选择得很糟糕的手段，也决定着与它们相反的目的和手段**"，一切都取决于外在的运气，就是所有这些都是偶然的，偶然的那就只有碰运气了。那么这个运气既决定着一个规定得很坏的目的或是一个选得很糟糕的手段，但也决定着一个好的目的和一个成功的手段，这两方面都取决于运气。如果你的这个目的或手段规定得不好，你就可以说运气不好，但如果成功了，你就可以归之于幸运。这一段就是展开了主体行为的这些矛盾的环节，首先是各不相干，然后是它们全体都与一般现实性不相干，它们结合到一起，完全是偶然的，完全是凭运气。

因此，如果现在说，意识在自己的作品中所获得的是意愿与实行、目的与手段，以及这全部内在的东西一起与现实性自身之间的**对立**，这种情况一般说来就包含着**意识的行为的偶然性于自身**的话，那么同样也现

[271]　成在手的却是这行为的**统一性**和**必然性**；这后一方面凌驾于前一方面之上，而关于**行为的偶然性**的**经验**本身只是一种**偶然的经验**而已。

　　"因此，如果现在说，意识在自己的作品中所获得的是意愿与实行、目的与手段，以及这全部内在的东西一起与现实性自身之间的对立，这种情况一般说来就包含着**意识的行为的偶然性于自身**的话"，这是概括前面所说的情况，即意识在作品中的各个环节相互对立，并且它们与现实性本身相对立。这种情况包含着意识行为的偶然性，也就是不可操控性，意识放开它的各环节，让它们自行其是、互不相干，意识选择自己的目的，以及意识为了自己的目的而选择自己的手段，所有这些都要靠碰运气。那么现在这一点已经被确认了。而与此同时，另一点也被确认了："那么同样也现成在手的却是这行为的**统一性**和**必然性**"，这个话题一转。前面整个都是讲，这些环节都释放出来了，都散漫游离、漠不相干，偶然相遇；这里却又强调另一种同样现成在手的情况，就是这行为的统一性和必然性。前面讲的是分散、分离和偶然性，那么这里讲的是统一性和必然性，跟前面反过来了。尽管有分散和分离，尽管有偶然性，但是同样现成在手的却是这行为的统一性和必然性。恰好就在这里头，同样现成在手的，是行为的统一性和必然性，也已经在那里了。而且，"这后一方面凌驾于前一方面之上，而关于**行为的偶然性**的**经验**本身只是一种**偶然的经验**而已"。这种统一性和必然性凌驾于前一方面之上，凌驾于偶然性和分离、偶然性和对立之上，就是这样一种统一性和必然性是必须要在一个更高的层次上面才能够看得出来的。你如果停留在单纯的经

验的层面上面，你看不出来它里面有统一性和必然性。所以关于行为的偶然性的经验本身只是一种偶然的经验而已。你停留于偶然的经验，那你当然看不出来了。你只看到了这样一些选择，它是偶然的，它碰上了。就人的主观经验来说就是这样的，我选择的这个目的以及我为这个目的所选择的手段是否适合，这个我完全不能支配，要凭运气，要等待经验的证明。这种经验本身是偶然的，它没有一定的定规。那么，统一性和必然性在哪里呢？下面讲了，

行为的**必然性**在于：**目的**绝对是与**现实性**有联系的，而这个统一性就是行为的概念；行为之所以被做出来，乃是因为行为自在自为地本身就是现实性的本质。

"行为的**必然性**在于，**目的**绝对是与**现实性**有联系的"，必然性就在这里，就是目的是必然要与现实性发生联系的，目的必然要把自己实现出来，必然要对现实性发生影响。行为的必然性在这里，不管它有多少偶然性，但是目的一定要产生现实影响，这个是必然的。"而这个统一性就是行为的概念"，统一性在哪里？统一性就在行为的概念中。行为本身的概念就是目的和现实性的统一，这就把行为的必然性和统一性都交代了。"行为之所以被做出来，乃是因为行为自在自为地本身就是现实性的本质"，行为之所以发生，就是因为行为就是现实性的本质。这又回到我们这个第三节的标题，即"自在自为地本身就是实在的个体性"这样一个概念里去了，也是我们前面第一个小标题所讨论的"个体性的概念作为实在的个体性"，即个体在行为中作为行动者的独立性。这涉及这整个一节所讨论的基本概念，所以它是高高在上的，个体的独立性凌驾于它的这样一些经验的偶然性之上。虽然它把自己投身于存在，投身于作品之中，投身于客观现实性之中，使得它的各个环节都释放出来了，但是它的必然性和统一性还在起作用，那个概念还在起作用。行为的目的绝对是与现实性有联系的，它之所以被作出来，就是因为它自在自为地就是现实性的本质，现实性并不是摆在那里的静止不动的一个东西，它

411

的本质就是行为，就是实现目的的行动。不管行为的这个目的实现出来结果怎么样，但是它要作出来，它不做它就不存在了。这里头有必然性，而且这里头有统一性，这个必然性和统一性就包含在行为的概念本身中。

在作品里，虽然发生了**已被实行的东西**对于**意愿**与**实行**所具有的偶然性，而这个看起来必须被当作真理的经验是与上述那个行动概念相矛盾的。

"在作品里，虽然发生了**已被实行**的东西对于**意愿**与**实行**所具有的偶然性"，在作品里面，虽然发生了一种偶然性，什么偶然性呢？已被实行的东西、已经实现出来的东西，对意愿与实行所具有的偶然性。已经实现出来的东西对于你本来想实现的东西，甚至对于你的实行活动本身，都只具有偶然的关系，它很可能是你本来没有想要实行的，即使它们相互之间是适合的，那也是碰巧运气好，如果不适合，那也是不足为奇的。你的行动的结果跟你的初衷、跟你的企图完全不对路，完全不相符合，这太正常了，因为它们的联系完全是偶然的。"而这个看起来必须被当作真理的经验是与上述那个行动概念相矛盾的"，这个"看起来"，也就是表面上似乎必须被当作真理的经验。就是说，假如你把这种经验当作真理的话，就像经验主义者所做的那样，他们往往就把这种经验当作真理，就是一切都是偶然的，一切都要根据具体情况而定，没有什么必然性和统一性。那当然，这样一种看起来必须被当作真理的经验就是与上述那个关于行动的概念相矛盾的了。前面关于行动的概念，也就是行为的必然性和行为的统一性的概念，这是我们这一节一开始就提出来加以讨论的，如果承认经验派的观点，这种讨论就不必进行了，因为双方必然是相矛盾的。所以看起来我们现实的经验和我们所提出的概念似乎是矛盾的，在现实的经验中，似乎一切都取决于偶然性，谋事在人，成事在天嘛，哪里有什么概念的必然性和统一性。

然而，如果我们对这个经验的内容在其完备性中加以考察，那么这个内容就是**消逝着的作品**；凡是**保持**自身的就不是**消逝**，相反，消逝本身是现实的，是与作品结合着的，并自身随作品一起消逝；**否定的东西自身与肯定的东西同归于尽**，它就是**肯定的东西的否定**。

"然而"，就是话题又转过来了，经验和概念固然相矛盾，然而"如果我们对这个经验的内容在其完备性中加以考察"，也就是说你不要仅仅看到这个那个经验，你要看到一切经验，看到经验的完备的内容，不光是它的外在的经验，而且是主体本身的内部的经验，原始本性等等，所有这些环节，你都要把它考虑在内。你不要只紧紧盯着那个结果。"那么这个内容就是**消逝着的作品**"，这个内容是什么，通常认为这个内容就是作品。但是如果从它的完备性中加以考察，这个作品创作出来以后，它还有经验啊，不只是创作出来那一瞬间的经验，而且它还有消逝的过程。这个内容就是消逝着的作品，你要把整个消逝着的作品当作经验的内容来考察。你不要一看到这个作品创作出来了，好，这就是经验了，它还要放到社会中去，放到人家的评价之中去，到整个过程中去考察这个作品是如何消逝的。"凡是**保持**自身的就不是**消逝**"，凡是保持着这个作品自身的，那只有一种情况，就是保持在你的自我感觉之中，那就不会消逝。你一旦把它客观化，把它变成存在，置入存在的空间，那么它就处在消逝的过程之中。就是说，你个人的作品就被消解了，它就变成了人类的文化，变成了大众的创作。不是你一个人创作出来的，是大家一起创作出来的。那么这个内容，我们就要把它看作是消逝着的作品。你如果把它保持在自身之内，那它当然不会消逝，但是，也不会存在。"消逝本身是现实的，是与作品结合着的，并自身随作品一起消逝"，消逝本身是在现实中消逝，在旁人的解读中消逝，它本身是现实的过程。它与作品结合着，并自身随着作品一起消逝。消逝本身是一种现实的过程，因为它是与作品结合着的，而作品本身是现实的。它随着作品一起消逝，在作品的消逝中消逝，那就是消逝的消逝。作品是一个消逝过程，作品消逝了，这个消逝过程也就消逝了。消逝的消逝也可以说是否定之否定。否定之否定就是肯定了，消逝的消逝则成就了作品的现实性，作品消逝了，消逝本身也消逝了，那么这个消逝的消逝就存在了，这就是作品的存在。你把作品创作出来，把它置于存在之中，当然这个置于存在之中本身是一个消逝的过程，但是它同时就是存在的过程，消逝的过程就是存在。所以这个消逝本身是现实的，它与作品结合，并自身随着作品一起消逝。"**否定的东西自身与肯定的东西同归于尽，它就是肯定的东西的否定**"，否定的东西自身与肯定的东西同归于尽，也就是说否定的东西自身也遭到了否定，否定之否定，同归于尽，所谓同归于尽就是起死回生啊！否定的东西是肯定的东西的否定，它借否定肯定的东西而否定自身，使自己成为了肯定的东西，成为了作品。因为它使肯定的东西消逝了，同时也就使它自身也消逝了，也就是否定本身也消逝了，转为肯定的东西了。这就是否定之否定这个黑格尔的辩证法原则在这里的运用。

这种消逝的消逝就包含在自在地实在的个体性的概念本身之中；因为，作品消逝于其中的、或者说在作品中消逝了的那个东西，以及本应给前面被称为经验的那种东西赋予其凌驾于个体性对自身所拥有的概念之上的优势的东西，就是**对象性的现实性**；

我们先看这半句。"这种消逝的消逝就包含在自在地实在的个体性的概念本身之中"，这种消逝的消逝就包含在那个概念本身之中。哪个概念呢？就是我们第三节标题的概念，"自在自为地本身就是实在的个体性"，这是这一节的根本概念。我们前面第一个小标题"I. 个体性的概念作为实在的个体性"其实也是这个意思，只不过它还只是自在的。我们已经由此建立起了一个独立的个体性的概念，一个唯一者及其所有物的概念，现在要使它成为自为的，那么这种消逝之消逝，这种否定之否定，作为自为的行动其实就包含在这自在的概念之中，是这种概念的自否定。这个概念本身在否定自己，并且在这种否定自己中肯定了自己，它包含有否定之否定，也就是消逝之消逝。"因为，作品消逝于其中的，或者说在作品中消逝了的那个东西"，一个是作品消逝于其中的东西，它使作品消逝了；一个是在作品上消逝了的那个东西，它本身也随着作品一起消逝了，这就是前面讲的同归于尽了。"以及"，这个"以及"我们先把它撇开，我们先看这个东西怎么样了。它"就是**对象性的现实性**"，"**对象性的现实性**"打了着重号。作品消逝于其中的，或者消逝于作品中的那个东西是什么东西呢？就是对象性的现实性，也就是客观现实性。这个现实性以对象性的方式出现，以和自我意识相对立的方式出现，或者还可以说，是外在的现实性。这个外在的对象性的现实性，不但作品消逝于其中，而且它也消逝于作品中。就是一方面，作品一旦成为对象性的现实性，它就不再是那个作品了，一千个观众有一千个哈姆莱特，哈姆莱特消逝在对象性的现实性中；另一方面，对象性的现实性也在作品中消逝了，变成什么了呢？变成了非对象性的现实性，变成了消逝本身的现实性。现实性不再是摆在对面的那么一个东西了，现实性就是你的活动本身，就是消逝的活动本身。所以在这个作品中消逝的，或者说消逝于作品中的那个东西，就是对象性的现实性。那么中间还有，不光是作品消逝于其中和消逝于作品之中的那个东西，而且呢，"以及本应给前面被称为经验的那种东西赋予其凌驾于个体性对自身所具有的概念之上的优势的东西"，也是这个对象性的现实性。我们把这句缩短一下，本应该给前面被称为经验的那种东西赋予其优势的东西，也是这种对象性的现实性。对象性的现实性本来是应该拿来赋予前面的那种偶然的经验以优势的，这里用的是虚拟式。经验主义者正因此就抓住那样一种经验，认为这就是最终实在的了。是什么样一种优势呢？就是对于概念具有的优势，对于个体性有关自身的概念的优势。通常都认为，概念是抽象的，经验是有优势的，因为经验具有对象性的现实性啊。这种对象性的现实性使经验拥有了凌驾于概念之上的优势，什么概念呢？就是前面讲的个体对自身所具有的概念，它似乎自称为实在的个体性，其实已经在这种消逝中失去了对象性的现实性。我们似乎本应给予经验以凌驾于个体性概念之上的优势，因为它具有对象性的现实性，而个体性的概念则失去了这种现实性。似乎概念敌不过经验的偶然性，概念自以为具有实在性，但你把你的作品投入到客观现实社会中，就会发现完全不是那么回事，只要你把你的作品作出来，让别人说一说，就会遭到摧毁。遭到什么摧毁呢？遭到客观经验的摧毁。客观经验用什么来摧毁你呢？就用这种对象性的现实性来摧毁你。你自以为有实在性，你以为你创造的作品就是你心目中的那个东西，但是在对象性的现实性中，它并不是那样。所以经验在这方面就赢了，它就凌驾于个体性对自身所具有的概念之上，具有这样一种优势，就是它是不以人的意识为转移的现实性。你的个体性的意识、个体性的概念只是你主观的，而经验提供了一种客观的现实性，对你的概念具有优势。这句话太拗口了，扭来扭去的，但最后还是把这个意思表达出来了。这里是分号。

但这现实性是一个哪怕在意识本身中也已不再独自具有真理性的环节；真理性只在于意识与行为的统一，而且**真正的作品**只是**行为**与**存在、意愿**与**实行**的统一。

前面是讲，这种对象性的现实性看起来，它是所谓的经验能够凌驾于概念之上的一种优势。经验论和唯物论都讲，你的这个概念要符合于客观，要符合于对象性的现实性，否则就不具有真理性。"但这现实性是一个哪怕在意识本身中也不再独自具有真理性的环节"，就是这个对象性的现实性哪怕在意识中，单凭自身也已经不再具有真理性的环节了。这样一种客观现实性只是一种摆在那里的客观存在，这对于经验来说好像是确定不移的，是具有优势的，但其实并不具有真理的环节。一种完全摆在那里静止不动的客观的现实性并不是真理，哪怕在意识本身中，它也不再单独具有真理性的环节。意识已经意识到这一点，在意识本身中也不把那种客观现实性当作真理。"真理性只存在于意识与行为的统一中"，真理性只是意识与行为的统一，真理性不是存在于那个单单的客观对象的现实性中，哪怕你把它放进意识中，只要没有和意识达到统一，也还不是真理的环节。真理是意识与行为的统一，主观与客观的统一，思维与存在的统一。意识与行为,你的意识,把它付之于行为,唯独这个里头才有真理性。"而且**真正的作品**只是**行为**与**存在**、**意愿**与**实行**的统一",这里出来一个"真正的作品",前面讲的作品只是在经验中的作品。那么真正的作品,或者说具有真理性的作品,只是行为与存在、意愿与实行的统一。这个行为与存在,前面讲它是一个矛盾嘛,行为与存在的矛盾。意愿与实行也是,意愿与实行,目的与你的行动的统一,真正的作品是这个。你既不能把作品当作仅仅是主观的一种体现,也不能把它当作是一个客观的与你无关的对象性的现实性,而是行为与存在的统一。作品是个存在,这毫无疑问,但这个作品是一种行为与存在的统一,你应该动态地把这个存在看作是一个行为。作品是一个什么行为,作品是一个向其他的主体发出呼吁的行为。萨特讲过,作品就是向每个人的自由发出呼吁。大家都来解释,我有了这么一个作品啊,号召大家都来解释这个作品。不是说把我的意图强加于别人,而是呼吁每个人凭自己的自由来解释。在自由地解释这个作品中,大家可能会达成一种共鸣,达成一种契合,那就是这个作品本身的意思了,不是我主观强加的。作品是存在,但是,它又是一种行为,它是主体间的一种行为。你把一个作品抛出来,是为了在主体间构成一种反响,而不光是停留在主观动机,你不把它实行出来,不把它用来影响别人,那它还不是作品。你必须把它实行出来,那才是作品。但这个作品里面肯定有你的意愿。所以真正的作品只是行为与存在,意愿与实行的统一。

因此,围绕给意识的行动奠基的这种确定性,那与确定性**相对立的** {223}
现实性本身对意识来说是这样一种只是为意识的东西;

"因此,围绕给意识的行动奠基的这种确定性",意识的这个行动,有一种确定性为它奠基,我们要围绕给意识的行动奠基的那个确定性,站在这个确定性的立场上来看,"那与确定性**相对立的**现实性本身对意识来说是这样一种只是**为意识的**东西"。那与确定性相对立的现实性本身,这个是原来的观点,就是你为意识的行动做了奠基,有一种确定性,但还

417

不是现实性。比如说你的目的,目的已经确定了,这个目的就是为意识行动奠基的一种确定性;但还有一个现实性和它相对立。那么与这种确定性相对立的现实性本身,在以前看来是相对立的,就是说你的目的虽然确定了,但是能不能实现,这个不是由你的目的所能决定的,那是客观对象性的现实性。但是围绕着给意识的行动奠基的确定性,以此为中心,意识可以把这个与确定性相对立的现实性本身看作只是一种为意识的东西,"为意识"打了着重号。这样一个现实性本来是一种客观对象性的现实性,但是在意识看来,由于它已经具有为自己的行动奠基的确定性了,所以这种客观现实性只是一种为意识的东西。它从一种客观的对象性的现实性变成了一种为意识的现实性,客观现实性就不再是仅仅客观的、与主观确定性相对立的,而是为意识的、为我的。就像恩格斯讲的,自在之物在实践行动中成了为我之物,对象变成了为意识的。因为意识的行动它有确定性给它奠基,这个目的建立起来了,它就是一个确定性,在这基础上产生出行动。当然它的客观的后果不由它自己所支配,谋事在人,成事在天;但是,既然它在谋事,它就有它的现实性,它就有它的后果,它就会造成自己的现实性。这个现实性是它自己造成的,就要归之于它。这是我造成的,哪怕我没想造成这样的结果,但是这是我造成的,我就必须为之承担责任。这个现实性不能脱离我。所以虽然这个作品,我们说它是作者和读者共同创造的,但是我们不能说这个作者也就仅仅是其中的一个读者而已,跟一个普通读者没有什么区别。我们还是要把这个作品归之于这个作者,说这是一个伟大的,了不起的作者。我们没有说这是一个了不起的读者,读者没什么了不起,因为作品毕竟是作者所创造的,它能够引起种种不同的解释,它没有办法控制。但是所有的解释都要归之于这个作者,都要归到这个作者身上。所以它的现实性是为意识的,或者说是为作者的,是为我之物,是我造成的,是我创造的。这样,那种现实性与意识的确定性相对立的假象就被排除了,虽然现实后果不是我所能够支配的,但是是我的能动性所造成的,所以它还是属于我的。

我不去做的话，它就不会发生，它既然发生了，那就是因为我。所以现实性成了为意识的。这就从一种外在的主体间性又回到主体性了。本来我通过作品建立起了主体间性，但是，这个主体间性你不能把它当作一种对象性的存在，完全客观的存在，它是主客观的统一。所以我们还必须回到主体。

　　对于返归自身的**自我意识**来说，在它面前一切对立都消逝了，对于作为这种自我意识的意识而言，对立就不再能以意识的**自为存在**与**现实性**相对立这一形式而形成起来了；相反，这种对立和在作品中显露出来的否定性，在此所切中的不仅是作品的内容，或者也不仅是意识的内容，而且是现实性本身，因而是只通过现实性并只在现实性中才现成在手的对立，是作品的消逝。

　　"对于返归自身的**自我意识**来说"，自我意识返归自身，这就是上面讲的，要围绕给意识奠基的确定性来谈。什么叫返归自身？从对象上返归自身，从作品上返归自身，从作品的存在上返归自身。你局限于自我意识内部，个体性内部，固然是片面的；但是你遗失于你的作品的客观存在中也是片面的。这两方面要结合起来，你必须在作品的客观存在中返归自身。那么对于返归自身的自我意识来说，"在它面前一切对立都消逝了"。主客体的对立，目的和后果的对立，意图和行为的对立，概念和实在性的对立等等，所有这些对立都消逝了。"对于作为这种自我意识的意识而言"，对于这样一种返归自身的自我意识而言，"对立就不再能以意识的**自为存在**与**现实性**相对立这一形式而形成起来了"。对这种自我意识而言当然还有对立，但是，不再能够以这种方式形成了，即一方是意识的自为存在，另一方是现实性，自为存在和现实性都打了着重号，不再是主观自为和客观现实这两方面的对立了。"相反，这种对立和在作品中显露出来的否定性，在此所切中的不仅是作品的内容，或者也不仅是意识的内容，而且是现实性本身"，"切中"，trifft，有击中、遇到之意，这里可理解为指向、针对。就是说，这种对立以及在作品中显露出来的否定性，不仅是就作品的内容而言，或者也不仅是就意识的内容而言。这个"或者"（oder）在袖珍版中打了着重号，但在考证版和丛书版中没有打。总之，不仅是指作品内容中的对立或者是意识的内容中的对立，也不仅体现出这两方面的否定性，而且是现实性本身中的对立，是现实性本身的自我否定性。这就说明这种对立不再是主观和客观、自为存在和现实性之间的互相对立或互相否定，而是现实本身的对立和否定性。当然也包括作品内容和意识内容在内，但不止于这两方面，这两方面都已经不仅仅是主观的内容，而且是现实性本身。作品中和意识中的对立和否定性显露出来了，但是它们不是单纯主观的，而且也是现实性本身，它就是现实性本身的对立和否定性，作品中意识中的对立和否定性同时就是现实性本身的对立和否定性。所以下面讲："因而是只通过现实性并只在现实性中才现成在手的对立，是作品的消逝"。就是说你把作品抛入到现实性之中，那么在作品中所体现出来的那种对立，那种否定性，它不光是在主观意识的内容中，而且它切中了现实性本身，它体现为现实本身的一种对立和否定性，一种客观的对立和矛盾冲突，因而是只通过现实性并只在现实性中才现成在手的对立。就是，在作品中的对立实际上就是现实本身的对立，并且是作品的消逝。作品本身作为你的个体、个性的表现，已经消逝了，它已经成为了一种社会关系，一种社会的冲突，社会的矛盾。在个体中的这种矛盾已经成了社会的矛盾。我们每一件文学作品也好，艺术作品也好，其实都是这样的，它反映了整个社会。它不是你的作家独出心裁的一种产物，而是进入到现实性之中，进入到这样一种现实的对立和否定性之中。所以这种对立不再采取主观和客观相对立的形式，而是表现为现实本身的一种对立，或者说表现为客观性本身的一种对立。那么它就是作品的消逝了，作品在这里只是作为客观现实本身对立的一种方式，所以它不再是一种独立于客观现实并与之相对立的作品，而是作品的消逝。

　　所以，意识就以这种方式从自己暂时性的作品里反思到其自身，并

坚持它的概念和确定性是面对行为的偶然性的经验而存在着的和保持着 [272]
的东西；

这就是回答前面的问题了。上面一段讲，当你把作品投入到现实中时，作品经历了偶然的现实性，这种偶然的经验使作品本身消逝了，失去了自身的必然性和统一性。那么意识现在回归到自身的确定性，"以这种方式从自己暂时性的作品里面反思到自身"。就是哪怕作品是暂时性的，必然消逝的，但借助于这个暂时的作品，意识反思到自身的概念，"并坚持它的概念和确定性是面对行为的**偶然性**的经验而**存在着的和保持着的东西**"。这一句话很关键。尽管有行为的偶然性的经验，然而在这种偶然经验面前，意识仍然坚持自己的概念和确定性是一种存在着的和保持着的东西。也就是通过上面讲到的对作品的否定之否定、消逝之消逝，意识从主体间的经验返回到了它的主体性，它以这种方式反思到自身，在作品中达到了它的一种自我意识。现在意识经过了对象、客观存在的这样一个现实性的环节，当它返回到自身，坚持它的概念和确定性，坚持自在自为地本身实在的个体性这样一个概念，这样一个确定性，这时它就加强了或者巩固了它的概念的确定性。它现在是一种存在着的和保持着的现实的东西，而不再是单纯抽象的概念了，它已经是一种客观的存在着的和保持着的概念，那就是主体间性，在其中，一方面它变成一种客观的现实性，另一方面，这客观的现实性不再是对象性的、不以人的意志为转移的，而就是主体性本身，它的概念和确定性成为贯穿于其中的一种存在着的和保持着的东西。这就是主体间的东西了，意识在这里恢复了自身的必然性和统一性。

实际上意识经验到了它的概念，在这概念里现实性只是一个环节，是某种**为意识的**东西，而不是自在自为的东西；它经验到现实性是消逝的环节，因而对于它来说，现实性只被看作是一般的**存在**，而这存在的普遍性与行为乃是一回事。

"实际上意识经验到了它的概念"，概念本来说是不能够经验到的，

421

经验到的就不是概念，而是偶然的现实。但是现在经过这样一种抛出去又收回来的过程，那么意识就在经验的现实性上使它的概念和确定性得到了加固，得到了充实。那么在这个时候，实际上意识是经验到了它的概念。当然它也回到了概念本身，但是它经过了一个过程，它这个经验就不再是那种偶然性的经验，它是与偶然性相反的一种经验，是对概念的一种经验，是对必然性和统一性的一种经验了；而概念也不再是那种凌驾于偶然性之上的抽象概念，而成为了具体概念了。所以实际上，意识经验到了它的概念。意识的经验科学在这个地方回到了它的基地，回到了它的原点。整个精神现象学，意识的经验科学，就是要经验意识本身的概念，就是要把这些抽象的东西一个一个变得具体起来，变得具有经验的丰富的内容。经过这样一个反复的过程，意识实际上经验到了它的概念。"在这概念里现实性只是一个环节"，现实性在这个概念里面只是一个环节，它不再是在这个概念的对面、彼岸的一个自在之物，而是被纳入到这个概念里面，作为它自身的一个环节，是一种为意识的东西。它现在是为我之物，客观对象是为我之物，是人的主体性中的一个环节，是为主体性而存在的。"而不是自在自为的东西"，不是独立自足的东西，不是与他人、与外部现实性无关的东西。"它经验到现实性是消逝的环节，因而对于它来说，现实性只被看作是一般的**存在**"，它经验到了，现实性不是一个固定不变的彼岸的东西，如果是固定不变的彼岸的东西，它就不能成为概念的一个环节了。但既然它把现实性作为一个环节，这个环节就是一种消逝的环节，是一种行为，是一种运动的过程，那么这样的现实性就可以作为意识的概念的一个环节。所以现实性只被看作是一般的存在，"存在"打了着重号。就是说，它只是一般的存在，而不是自在自为的存在，不是客观的存在，不是与行为相对立的对象性的存在。一般的存在包括消逝，消逝也是一种存在，以消逝的方式存在，以一种运动的方式存在，以一种起作用的方式存在。"而这存在的普遍性与行为乃是一回事"，这个存在的普遍性就是行为，现实性就是行为，这行为使存在一贯到底，不再是偶然的瞬间存在,而是无所不在。所以真正的现实性,它的本质就是一种行为,这行为是贯通一切的,存在的普遍性与行为是一回事。

　　这个统一体就是真正的作品;真正的作品就是**事情本身**,它完完全全地坚持着自身并作为保持着的东西被经验到,而不依赖于那种事情,这事情是个体行为自身的**偶然性**,是状况、手段和现实性的偶然性。

　　"这个统一体就是真正的作品",前面讲的作品都还不算数,这里才是真正的作品,就是作品的真理,作为真理的作品。它就是这个统一体,就是作为这个意识的概念的统一体,行为的这个贯通一切的统一体,就是真正的作品。"真正的作品就是**事情本身**",事情本身打了着重号,这个概念到这里才出现,在标题 a 中标明"事情本身"之后,这是它第一次出现。什么是事情本身? 事情本身就是这样一种真正的作品,就是作为真理的作品,就是这样一种行为的统一体。行为的统一体就是存在和概念或者存在和思维的统一体。这个作品、这个统一体把存在、把现实性当作是自身概念的一个环节来加以统摄,这就是事情本身。"它完完全全地坚持着自身并作为保持着的东西被经验到",事情本身是完全坚持着自身,不管什么消逝也好否定也好什么偶然的经验也好,这个事情本身始终坚持着自身,它就是存在的普遍性,它在各种偶然性中一直坚持着自身,并作为保持着的东西而被经验到。经验通常是偶然的,经验总是经验到那些不能保持的、转瞬即逝的东西,但是这个事情本身是作为保持着的东西被经验到,始终被经验到,必然被经验到。"而不依赖于那种事情,这事情是个体行为自身的**偶然性**,是状况、手段和现实性的偶然性",事情本身不依赖于那样一种偶然性的事情,即那种个体行为的偶然性,以及状况、手段和现实性的偶然性。行为、状况、手段、目的,这些都是主体性的各个环节,前面讲它们被释放成互不相干的分离状态了,因此互相处于偶然的关系中。但现在,事情本身不依赖于这些偶然的事情,而是完完全全坚持着它自身,并且作为保持着的东西被经验到。意识的经验科学在这个阶段上面,就出现了一种普遍必然的经验。意识,不管你经验到什么偶然东西，你首先经验到的是这个事情本身，这个总是被经验到的，只看你是否能够反思到这一层，是否意识到这一点。这种经验就是真正的经验，就是事情本身的经验，也就是我们从主体间性所回到的这个主体性的经验。事情本身就是从主体间性所建立起来的主体性自身，或者说事情本身就是主体间性，因为主体间性就是主体性建立起来的嘛。我们可以简而言之，所谓的事情本身就是主体间性，它贯通一切经验。当然在这里要强调的是，这个主体间性是主体所经验到的主体间性，这就是事情本身。在前面，在这个小标题"事情本身与个体性"的一开始，黑格尔就讲："这就是确信它自己即是个体性与存在的绝对贯通的那个意识由自身所构成的概念；现在让我们看看，究竟这个概念是否通过经验而向意识证实了自己，究竟意识的实在性是否与这个概念协调一致。"这一点在这里得到了证实。好，我们今天就讲到这里。

＊　　　　　　　＊　　　　　　　＊

现在我们进入今天所要讲的这个话题。我们上次已经从黑格尔那里被引导到了"事情本身"这个概念，真正的作品就是事情本身。借助于作品（Werk）这样一个概念，自我意识在个体性的封闭的世界里面开始意识到了事情本身。因为它有了作品，由此就建立起了一种主体间性，主体间性是通过主体的作品而建立起来的。当然这个作品是广义的，不只是指文学作品或者意识形态的作品。凡是人通过他的主体性、个体性所创造出来的东西，都是作品。真正的作品是事情本身，也意味着对作品有不同的理解，看你怎么理解作品，真正理解的作品就是事情本身。这个事情本身在这种意义上就是一种主体间性，当然它跟主体性是分不开的，因为作品是主体创造出来的。

事情本身，只有当这些环节必须孤立地发生作用时，才是跟这些环节相对立的，但本质上它作为现实性与个体性的贯通，是这些环节的统一；

　　前面讲了事情本身，而且前面的事情本身已经打了着重号。上一次讲的最后这一句话已经把这个概念隆重地推出了。那么现在正式开始讨论这个概念，也打了着重号。"**事情本身**，只有当这些环节必须孤立地发生作用时，才是跟这些环节相对立的"，事情本身跟它的所包含的这些环节在一种情况下是相互对立的，就是说当这些环节被要求孤立地发生作用时，事情本身就和它们对立了。哪些环节？主要有两个环节，就是前面一段讲的，一个是对象性的现实性环节，它们在意识中并不具有真理性；另一个就是个体性概念，它面对的是现实的对象。当这两个环节互相孤立时，它们被割裂开来，各自都不具有真理性，是与事情本身相对立的，必须两者结合才是事情本身。如上一段讲道："但这现实性是一个哪怕在意识本身中也已不再独自具有真理性的环节；真理性只在于意识与行为的统一，而且**真正的作品**只是**行为**与**存在**、**意愿**与**实行**的统一"。通过行为，现实性成为了意识的，个体性的概念得到了实现，这时才有了"真正的作品"，而不只是我个人欣赏的作品，也就是才有了事情本身。所以事情本身是扬弃这些环节的。"但本质上它作为现实性与个体性的贯通，是这些环节的统一"，事情本身本质上是现实性与个体性的贯通，现实性就是它创作出来的作品、客体，个体性就是创作这个作品的那个主体。主体表现在它的作品之中，那么这两方面的统一就是事情本身。当然，从个体性到创作出现实的作品来，中间还有一系列的环节，我们前面已经讲到，首先是目的，然后是手段，然后是行为，过渡，最后达到客观现实性。所有这些环节整合起来、贯通起来，我们就可以理解到事情本身了。但是如果这些环节孤立地起作用，那事情本身就是跟它们对立的，跟这每一个环节都是对立的。

　　同样，事情本身又是一个行为，并且作为行为，它就是**纯粹的行为一般，因而同样是这一个体的行为**，而这行为作为仍然还属于个体的东西则处在与现实性的对立中，即作为**目的**而存在；

　　"同样，事情本身又是一个行为"，前面讲事情本身是作为现实性与

425

个体性的贯通，是各个环节的统一，这是从它的概念整体来看的，它的概念上包含这些环节的统一。但是事情本身同样也是一个行为，这是从它孤立地发生作用的方面来看的。它自身又是一个行为，并且是作为"**纯粹的行为一般**"。"纯粹的行为"打了着重号，就是行为本身，作为行为的行为，而且是"一般"的，也就是说是一种抽象的行为。它当然是行为，它是动态的，但是，这是就其抽象的意义上来理解的。它的那些内容，也就是作为作品的内容，我们暂时先把它撇开。作品其实是一种行为，一种姿态，它真正要表达什么，这就是事情本身。我们把那些具体的杂多的内容撇开不管，只讲这个纯粹行为。你做了什么不管，你做了没有，如何做的，这就是事情本身的行为的含义。"**因而同样是这一个体的行为**"，也就是说，它是一般的纯粹行为，因而呢，它同样具有"这一个"个体的那种主观性，因为只有个体的主观性才可能发生一般的纯粹行为。或者说，在上述主客观的统一体中，如果把每个环节分开来看，主体性仍然是占主导地位的，或者说主观和客观的统一在这种情况下仍然是统一于主观的。也就是这样一个个体的行为，"**而这行为作为仍然还属于个体的东西则处在与现实性的对立中，即作为目的而存在**"。为什么处在与现实性的对立之中，因为它是纯粹的行为，它不管它最后得出什么结果，它只讲这个行为本身。所以虽然行为已经是事情本身了，但这行为和它的现实性仍处在对立之中，它还只是一个目的。它的行为所要导致的目的很可能是实行不了的，或者是被歪曲了的，或者是出乎意料之外的，这个都不管。它只要求我做了这件事，我做了这个举动，这样一种行为，我只顾耕耘，不问收获。所以这样一个特殊个体的行为，它是仅仅着眼于纯粹行为一般来做这个行为的，因此它跟现实性处在对立之中，它仍然还属于个体的东西。"目的"打了着重号，表明它在目的环节上仍然是主观的。这是解释第一句，即当这些环节孤立地发生作用时，就与现实性相对立，因而也与事情本身相对立。后面还表明，如果孤立起来看，事情本身在其他环节上也是主观的。

同样，事情本身又是从这一规定性向对立规定性的过渡；而最后，它是一个对意识而言现成存在着的现实性。

"同样，事情本身又是从这一规定性向对立规定性的**过渡**"。前面先是讲，事情本身是一个各环节的统一体；又讲，同样，分开来看，事情本身又是一个行为，而这行为首先体现为目的。这里讲，同样，事情本身又是从这一规定性向对立规定性的过渡，"过渡"打了着重号。这个"同样"和前一个"同样"层次不同，前一个是与事情本身作为各环节的统一相比，即事情本身既是各环节统一的，同样也是各环节对立的；这一个是在孤立地看各环节时的两种情况之间相比，也就是说，前一个"目的"是孤立的环节，这一个过渡也同样是孤立的环节。我们前面已经讲到了，什么叫过渡？过渡就是手段。从目的向现实性的过渡，这个中间就需要一个手段来过渡。所谓从这一规定性向对立规定性的过渡，"这一规定性"就是前面讲的目的，纯粹的行为是作为目的而存在的；而向对立规定性的过渡，就是向现实性过渡，那就是手段了。"而最后，它是一个**对意识而言现成存在着的现实性**"，"对意识而言"和"现实性"都打了着重号，说明这种现实性作为合题，把前两个孤立的环节综合起来，从而实现了一开始说的统一，达到了个体性和现实性的贯通。这是三个环节，从目的到手段再到现实性。第一个环节就是一般的行为，就个体性而言就是目的；然后第二个环节，从这一规定性向对立规定性的过渡，这就是手段。目的和手段，这就有两个环节了。而最后，它在第三环节中达到了对意识而言现成在手的现实性，也就是说，这现实性不再是脱离意识的客观对象了，而是对意识而言的现实性，意识已经贯通到了现实性本身里面，这就是真正的作品和事情本身了。所以三个环节，一个目的，一个手段，一个目的和手段的统一，也就是意识和现实性的统一，但它们同样都被纳入到了主观之中，或者说统一于主观意识之中。目的、手段和实现了的目的，这三个环节是同一个主体行为，它们作为统一的各环节就是事情本身，但是如果没有第三环节，而是前两个环节孤立地发生作用，那就会跟对象性的现实性相对立，以至于跟事情本身相对立。这就对前面讲的目的、手段和现实性三个环节，一个一个地做了一番分析。

于是，**事情本身**就表现了**精神的**本质性，在这种精神的本质性中，这一切环节作为自为地发生作用的环节都被扬弃掉了，因而只有作为普遍的环节才发生作用，而且在其中，对于意识来说，它对其自身的确定性本身就是对象性的本质，就是**一个事情**；而这个从自我意识中作为**它的**对象而诞生出来的对象，仍然不失为一个自由的、真正的对象。

"于是，**事情本身**就表现了**精神的**本质性"，就是说，前面三个环节如果把它们统一起来加以把握的话，那么事情本身就成了一种精神的本质性。"精神的"打了着重号，这个提法在这里是第一次出现，用在事情本身上面，它是精神的本质性。事情本身作为真正的作品，作为三个环节的统一或者主观和客观的统一，已经上升到精神的层面了。我们前面讲主体间性，主体间性那就不是个人的主观意识了，但它与主观意识是相通的，那是一种精神的对象性，或者说一种精神的本质性。他说，"在这种精神的本质性中，这一切环节作为自为地发生作用的环节都被扬弃掉了"。这一切环节，目的啊，手段啊，实现出来的目的，包括在这种孤立地理解中的作品的现实性，都被扬弃掉了。"因而只有作为普遍的环节才发生作用"，每一个环节都是贯通一切环节的，因而都是普遍的环节。你如果把它们孤立起来看，它都不是精神的本质性，它都不是事情本身；只有把它们作为普遍的环节来对待，那么它们的作用才构成精神的本质性。每一个环节都必须联系到另外一个环节来发生作用，它才体现出精神的本质性。不然的话，那就只是一个个事物了，那就不是事情了。"而且在其中"，也就是在精神的本质性中，"对于意识来说，它对其自身的确定性本身就是对象性的本质，就是**一个事情**"，"一个事情"打了着重号。就是在这个精神的本质性中，一方面，它是各个环节的统一体，每个环节必须在其中作为普遍的环节发生作用，这是前面讲的精神的本质性的特点；而且不但如此，下面继续讲，在其中，意识自身的确定性本身就是对象性的本质,就是一个事情。"一个事情"意味着主观意识和客观对象的统一、合而为一。意识超出主观范围之外,已经到达了对象性或者客观性,它成了一种客观性的本质或者一种对象性的本质,这点一经确定下来,它就是"一个事情"。事情跟事物不一样,事物是一个一个的东西,而事情是主观的,但是见之于客观,主观见之于客观,那就是成了事情了,这也正是精神的含义。它是一个主体间的东西,既不是张三的,也不是李四的,张三也好李四也好都把它当作一个对象来看待。这就成了一个事情。dieSache 的意思,它有事情的意思,也有事业的意思,做成一件事业,把它当一件事业来完成。它就是带有一种客观性的对象,但是它又是主观造成的。主观造成的这种客观性就是事情,它最初是"一个事情"。"而这个从自我意识中作为**它的**对象而诞生出来的对象,仍然不失为一个自由的、真正的对象",也就是刚才讲,意识对其自身的确定性就是对象性的本质,这就已经是自我意识了,它在对象身上看到自身了。那么这个作为自我意识的对象而诞生出来的对象,当然还是一个自由的对象,而且是一个"真正的对象",真正的对象也可以译作"本来意义上的对象"。这样一个对象,那跟一般的"事物"的对象、跟 Ding 是不一样的。Ding是事物,比如说头盖骨,或者是石头、树木,这些事物跟事情是两码事,事物只是表面的对象,事情才是真正的对象。事情是从自我意识中,作为自我意识的对象而诞生出来的对象,所以它里面同时又包含有自由的含义。所谓真正的对象,必须跟主体有本质的关联,而与主体毫无关联的那个对象,那只是事物或者物,而不成其为对象。所谓"对象",就是必须要站在一个主体面前的才叫"对象",Gegenstand, 本来的意思就是"站在对面"的意思,站在谁的对面呢? 如果没有一个主体,它站在谁的对面呢? 所以只有站在主体对面,它才是一个真正的"对象",它是有主体在它的对面、与它相对的一个对象。所以它虽然是一个对象,但是它不是那种僵死的事物,因为它是由自我意识作为自己的对象而产生出来的,所以它是自由的、独立的对象。下面就把这个对象、这个事情和"事物"区别开来,事情和事物是不同的。

　　——现在,感性确定性和知觉的**事物**,只有对于自我意识才有它的贯通的含义,在此基础上就有了一个**事物**和**事情**的区别。

　　这句话就是我们刚才提到的,事物和事情是不同的。事物是僵化的,是僵死的,而事情呢,它是自由的,它是真正的对象,它是有一个主体在对待它而产生出来的一个对象。它跟自我意识本身有一种渊源关系,而事物没有,至少表面上没有。你要分析当然也可以分析出来,但是事物它本身的概念里面没有这一层含义。它就是一个东西摆在那里,像康德讲的事物本身,Ding an sich selbst,我们把它翻译成"自在之物"或者"物自身"。物自身不是真正的对象,它只有在跟自我意识相贯通的意义上才能成为真正的对象,那就是事情。"现在,感性确定性和知觉的**事物**,只有对于自我意识才有它的贯通的含义",在前面的感性确定性和知觉阶段,我们已经看到有"事物"的概念出现了,从感性确定性进到知觉这个阶段,就出现了事物的概念,或者说是通过事物这个概念来过渡的。可参看第 74 页的标题:"第二章,知觉;或者事物和假象"。首先是事物,知觉就是说你能不能确定事物,确定得了就是真的,确定不了就是假象。这是事物的概念。那么这个事物现在只有对于自我意识才有它贯通的含义,也就是才能成为事情。事物概念在前面已经被扬弃了,因为它没有贯通的含义,那么在这里呢,它相对自我意识而言,它具有了贯通的含义。什么贯通的含义呢,主观和客观的相贯通。真正的对象是主客观相贯通的,是主体间的东西,是主体间性。主体间性既是客观的也是主观的。主体之间是互为客观的,但是它又是主体建立起来的。"在此基础上就有了一个**事物**和**事情**的区别",也就是说,所谓的事情,就是对自我意识而言具有了主客贯通含义的那样一种事物,那就成了事情。前面讲到头盖骨相学,头盖骨本来是一个事物,但是经过了层层推演,我们一直推到现在这个地方,我们发现,这样一个事物当它与自我意识相贯通的时候,它就成了事情。当然头盖骨它本身不是事情,正因为如此,它被扬弃了,我们过渡到现在这个环节，才达到了事情。这个事情是由自我意识自己所建立起来的，由主体性所建立起来的。事情和事物的区别在这里非常明显了。

——在这里面贯穿着一个与感性确定性和知觉相应的运动过程。

"在这里面贯穿着一个与感性确定性和知觉相应的运动过程"，这里又重复了感性确定性和知觉那里从"这一个"开始直到"事物"的平行发展过程，在更高的层次上与前面相应。在事情本身的这个阶段上，它也是从"这一个"开始的，就像感性确定性一样层层推进。所以黑格尔的这个精神现象学呢，它是一个有机的整体，我们在考察它的每一个阶段的时候，都要有全局的观点。在黑格尔心目中是有的，当然他不可能在每一处地方，他都把这个相互的对应的关系点出来，因为那就会干扰事情本身的逻辑线索，但是背后是有的。他现在是在一个新的层面上面来讨论曾经在肤浅的层面上已经讲过的那些话题。现在进入到了一个更深的含义的层面。

于是，对自我意识而言，在作为个体性和对象性之间对象性地形成的贯通过程本身的**事情本身**中，就形成了它对它自身的真实的概念，或者说，自我意识达到了对自己的实体的意识。

"于是，对自我意识而言，在作为个体性和对象性之间对象性地形成的贯通过程本身的**事情本身**中"，这句话非常地累赘，我们简化一下：于是，对自我意识而言，在事情本身中就形成了它对它自身的真实的概念。在什么样的事情本身中呢？"在作为个体性和对象性之间对象性地形成的贯通过程本身"的事情本身中。这个事情本身是一个贯通过程，主客观、目的性和现实性、个体性和现实性相贯通，这就是事情本身，前面已经讲到了。这个贯通过程是怎么形成起来的呢，是个体性和对象性之间对象性地形成起来的。个体性和对象性相贯通，而且是对象性地相贯通。这样一个贯通把对象性和个体性贯通起来，并且是对象性地、或者说是

431

客观地形成起来的。我们前面讲到了，什么是精神的本质性，它是一种对象性的本质性，那就是精神。精神跟意识的不同之处就在这里，意识是张三李四具体的个人的意识，每个人的意识都是内在的；而精神是超越于每一个个体之上的一种客观的东西，或者说客观精神。思想也好，意识也好，它必须要把自己客观化，主体间化，它才能成为精神。所以精神它是一种对象性地形成起来的贯通过程。把什么贯通起来？把主体和客体，把主体性和对象性贯通起来。于是，对自我意识而言，在这样一个事情本身中，就形成了自我意识对它自身的真实的概念。自我意识要形成自己的真实的概念，它必须有一个对象，并且自己贯通这个对象，在这个对象上面看到自己，这才形成一个对自己的真实的概念。那么现在这个对象已经摆在面前了，那就是事情本身，那就是这样一种对象性的贯通过程。那么在这个事情本身上面呢，"自我意识达到了对自己的实体的意识"，自我意识现在成了一个实体。实体是一个对象，自我意识达到了它自己作为一个对象、作为一个实体的意识，也就是说，主体已经开始意识到了自己是一个实体。在《精神现象学》的导论里面我们就已经看到，重要的问题就是要把主体理解为实体，把实体理解为主体，主体和实体这两方面实际上是一个东西，要达到这样一种意识。所以自我意识它本来是一个主体，在这个时候呢，它达到了对自己的实体的意识。在事情本身这个概念上它已经意识到自己是一个实体，我不光是封闭在我的内心深处的一种意识，而是已经外化为一种实体，超越了我的主观性之外成了一种主体间性。而这种主体间性呢，它同时又还是主体性的，还是我自己，它不是强加于我的，它是我自己造成的，它就是我的作品。那么在这个时候，自我意识就意识到自己是一个实体了。所以，事情本身就是实体。意识，自我意识，经过了层层关卡，步步演化，在它达到了事情本身的时候，它就意识到了自己是一个实体。我内心的东西实际上不光是我内心的，它就是客观的事情本身，就是一种精神的本质，它有一种客观实在性，是一个真正的对象，但它又是我的作品。

像这里<u>存在</u>的这种自我意识，同时又是一个刚刚形成的、因而是**直** [273]
接的对实体的意识，而这是一种特定的方式，在其中，精神的本质是在此 {224}
现成的，还没有发育成真正实在的实体。

　　这句话又是对上面那句话的一个限定。的确，自我意识已经具有了
对自己的实体的意识，自我意识对自己的实体已经开始有意识了。但是，
"像这里存在的这种自我意识，同时又是一个刚刚形成的、因而是**直接的**
对实体的意识"，这是一个限定。它有了对实体的意识了，但是像这里这
种自我意识，在这个阶段上面，同时又还只是一个刚刚形成的、因而是直
接的对实体的意识，"直接的"打了着重号。也就是说，它这种对实体的
意识还是刚刚起步，还是一种初步的、初级阶段的对实体的意识，还没来
得及发展。所以"这是一种特定的方式"，这是一种被限定了的方式，就
是它还是很有局限性的。什么局限性呢？"在其中，精神的本质是在此
现成的，还没有发育成真正实在的实体"。精神的本质还是现成地摆在
那里的，还没有动起来，还仅仅是一个胚芽，一颗种子，还没有生长发育
起来，成为真正实在的实体。它只是一种自我意识对于实体的意识，还
不是真正的实体。我们讲主体就是实体，但达到这种境界还有一段距离。
在它的初级阶段还没有达到这样一个层次，它还仅仅是刚刚意识到，刚
刚形成了这样一种意识，我里面有一个实体，但这个实体究竟是什么，如
何展示它是一个实体，这个还没考虑。所以，不是说一个简单的一闪念
就意识到了实体，那你就是实体了，没那么简单。它意识到自己是实体了，
但是要把这个实体发育起来，让它成长起来，那还要经过很多阶段。

　　事情本身在这个对实体的直接意识里具有**单纯本质**的形式，这种单
纯本质作为普遍的东西，包含着它的一切不同环节于自身并被归于它们，
但它同时又漠不相干地对待它们这些特定环节而自由独立，并且作为这
个自由的**单纯的、抽象的**事情本身而**被看作本质**。

　　"**事情本身**在这个对实体的直接意识里具有**单纯本质**的形式"，这个
就讲到，这样一种事情本身是对实体的直接意识，它在这个初级阶段上

433

只具有单纯本质的形式。它是本质，但这个本质还没有发展出来，是一个单纯本质。"这种单纯本质作为普遍的东西，包含着它的一切不同环节于自身并被归于它们"，这种单纯本质的形式是一种什么样的形式呢？是一种共相的形式，是普遍的东西。它作为一种普遍的东西，包含着它的一切不同环节于自身并被归于它们。我们通常理解的共相就是这样的，好像它是一张皮，把所有的环节都包裹起来，包括在内；但是，又被归于它们，这个共相是它里面那些环节共同所分有的，就是说每一个环节都拥有同样一个共同点，那么这个共同点就被归于每一个环节，但是你可以把它抽出来。抽象概念就是把普遍的共同之点抽象出来，形成一个共相，它还是这样一种东西。所以它是一种单纯本质的形式，还是一种形式化的东西。"但它同时又漠不相干地对待它们这些特定环节而自由独立"，这共相一方面呢，被归于这些环节，这些环节我们可以称之为殊相，每一个特殊环节都包含有它们共同的东西，那就是共相。但是共相呢，既然被抽出来了，所以它就凌驾于所有这些环节之上，同时又漠不相干地对待殊相，好像它是一个自由独立的实体。它跟这些环节漠不相干，因为它已经被单独抽象出来了，它成了一个单独的概念。一个概念一旦抽象出来，你就不能把它还原为那些环节了，你要把它看作一个单独的、独立自由的概念，"并且作为这个自由的**单纯的**、**抽象的**事情本身而**被看作本质**"。这是从柏拉图开始就不断在玩的游戏，这个共相，这个普遍的东西被看作本质，是怎么被看作本质的呢，是作为这个自由的单纯的抽象的事情本身而被看作本质。"自由的"，也就是摆脱了那些殊相，摆脱了它底下那些个别环节；"单纯的"，就是不包含那些杂多环节，是单一的。一切概念都是一，以不变应万变，都是单纯的。这就是作为事情本身而被看作本质，是作为精神的本质，它在自己的初级阶段上还只是一种共相，这个共相被它内部的那些环节所分有。我们用柏拉图的术语来讲，就像一个理念，这个理念高高在上，它就是一个独立自由的抽象的共相，所有的那些具体的事物都是因为分有了它而得以存在，都分有了理念的份额,而理念本身则没有丝毫损失。事情本身作为精神的本质,它的初级阶段就是这么一种情况,还是一种非常幼稚的、还不成熟的阶段。

这一个个体的原始规定性或**事情**,它的目的、手段、行为本身和现实性这些不同的环节,对于这个意识来说,一方面是些个别的环节,意识可以冲着**事情本身**而抛开和放弃它们;但另一方面,它们全都把事情本身当作本质,仅仅是因为它作为它们的**抽象的**共相而可以**在**这些不同环节中的每一个**上面**找到,并可以是它们的**宾词**。

"**这一个**个体的原始规定性或**事情**","这一个"打了着重号。我们马上联想到感性确定性里面讲的"这一个"。这一个个体的原始规定性,最初级的,最初步的这种规定性,或事情,它已经是事情了,它已经不再是事物了。哪些事情呢? "它的目的、手段、行为本身和现实性这些不同的环节",这些不同的环节都是属于这一个个体的原始规定性的,都是一些事情,实际上都是目的行为的各个环节。这些不同的环节,"对于这个意识来说",对于自我意识发展到现在这一步的这样一个意识来说,对这样一个实体性的意识来说,"一方面是些个别的环节,意识可以冲着**事情本身**而抛开和放弃它们"。"这一个"的这些原始的规定性,它的目的啊,手段啊,行为本身和现实性啊,这些环节,这都是些原始的规定性了。我们可以回想一下亚里士多德的个别的"第一实体"和"四因",即目的因、质料因、致动因和形式因,与这里几乎一一对应。这都是些原始的规定性,对事情本身来说,它们都是些个别的环节。事情本身是它们的统一,但是事情本身又凌驾于它们之上。它们每一个环节如果孤立地来看,都是跟事情本身对立的,但是如果连起来看呢,它们就是事情本身的环节。所以意识一方面可以冲着事情本身而抛开和放弃它们,就像柏拉图的理念一样,美的理念,我可以不考虑它的那些内容:一个美的汤罐,一匹美的母马,一个美人;或者形体的美、制度的美、心灵的美、知识的美,这些东西我们都可以抛开和放弃它们,我们要抓住的是那个事情本身,美本身。美的理念就是美本身，美本身是什么？你不要给我举例子，你要给我下定义，什么是美，美本身是什么。这就叫做冲着事情本身而抛开和放弃那些个别的环节。"但另一方面，它们全都把事情本身当作本质，仅仅是因为它作为它们的**抽象的**共相而可以**在**这些不同环节中的每一个**上面**找到，并可以是它们的**宾词**"，"抽象的"和"宾词"打了着重号。前面讲的是一方面，就是说你可以把事情本身抽出来，抛开那些具体的环节，坚持这样一个抽象。但是另一方面呢，它们，也就是底下这些环节，全都把事情本身当作自己的本质，仅仅是因为它作为它们的抽象的共相而被这些不同环节中的每一个所分有。你可以抛开它们，但是它们不能抛开事情本身，这就是柏拉图的"分有说"。理念可以不管下界的事情，但是下界的事情必须要分有自己的理念才存在，必须要盯着这个理念才能把握自己的本质。理念世界高高在上，但是下面的世界每一件事物都是冲着这个理念世界而来的。它们全都把事情本身当作本质。每一个下界的事物都有它的本质，这个本质在天上，作为彼岸世界的一个理念而高高在上，仅仅是因为它，也就是这个共相，作为它们的抽象的共相而可以在这些不同的环节中的每一个上面找到。也就是这个抽象本质以不变应万变，它作为这些环节的抽象的共相普遍地适用于它们每一个。事情本身是它们的抽象的共相，我们在每一个环节上面都可以说，这体现了事情本身。并且可以用这个事情本身作为它们的宾词，比如我们可以说"这匹马是美的"、"这朵花是美的"，这个"美的"就是宾词，也可以翻译成谓词了。也就是说，事情本身这样一个共相可以作为它底下的每一个环节的宾词。我们可以把"目的"当作主词，那么事情本身就是它的宾词，就可以说"目的是事情本身"，同样，手段也是事情本身，行为本身也是事情本身，现实性也是事情本身。每一个具体的环节都可以成为主词，而都把事情本身当作它的宾词。在每一个环节里面，我们都看出有事情本身，那么事情本身就可以用来描述这些主词。这就是事情本身在初级阶段上的局限性，它只是作为宾词，而还没有被当作主词。

它本身还不是主词，而那些环节却被当作主词，因为它们归属于一般**个别性**的一方，而事情本身却只不过是单纯的共相。

"它本身还不是主词"，这个在柏拉图那里是没有料到的，是后来亚里士多德看出了这一点。就是说，事情本身本来是要当作一个实体，但是它是不是主体呢？它还不是主体。主体和主词，Subjekt，这是一个词。事情本身，它是一个实体，那么主体已经意识到它了。但是"事情本身"本身还不是一个主体，还不是主词，它是用来描述其他的主词的，它是作为其他主词的共相，甚至于是作为其他各个不同主词的共同之点，游离于每个主词之间，作为它们的描述词或者说宾词。这就是柏拉图的理念或共相。而亚里士多德的实体是只能做主词而不能做宾词的，只有那只能做主词而不能做宾词的才是实体，那么这个事情本身要作为实体的话，它就必须是要作为主词，这就是所谓"第一实体"，或者说个别实体。如果它不能作为主词的话，那它要么就是属性，要么是本质属性，要么是偶性，或者，要么是第二实体。亚里士多德已经指出来，实体有两个层次，最根本的实体就是个别实体，就是"这一个"，比如说苏格拉底，这一匹马，这一棵树，这就是真正的实体，叫作第一实体。第一实体是真正的实体。那么第二实体呢，就是共相，种和类。共相是第二实体。共相当然对于有些宾词来说呢，它可以成为主词，但是对于第一实体来说，它只能是宾词。共相是可以做宾词的，它处于实体和非实体之间，所以只能叫做第二实体。那么在这里呢，这个共相已经出来了。但是这个共相对于它的不同环节来说，它只是它们的宾词，它本身还不是主词，而那些被它述说的环节却被当作主词。当然在亚里士多德那里后来有一个转换，共相成了实体，而个别东西反而不是真正的实体了，现在我们先不管它。至少亚里士多德一开始，他是这样规定的，所谓的实体就是那种只能做主词，而不能做宾词的东西，你可以用所有别的宾词来描述苏格拉底，但是你不能用苏格拉底再去描述别的主词。所以那些环节就被当作主词，因为它们归于个别性的一方。因为它们，它们就是那些环节了，那些特殊环节包括目的啊，手段啊，行为啊，现实性啊，都成了主词。"因为它们归属于一般**个别性**的一方，而事情本身却只不过是单纯的共相"，这些环节归于个别性一般，或者说，一般个别性，这个是个别性，那个也是个别性，一般来说都是个别性。这些被当作主词的环节，都归于一般个别性的一方，而另外一方呢，当然是共相。而事情本身就成了只是单纯的共相，它只能作为宾词，不能作为主词，也就是实体还没有真正成为主体。

事情本身是**类**，类可以在作为它的**种**的这一切环节里找到，同样又独立于它们之外。

"事情本身是**类**"，这里又出现了类。我们前面讲自我意识的时候也出现了类，类是一种普遍性，是一种共相。"类可以在作为它的**种**的这一切环节里找到"，所有这些环节都是类之下的种，这里运用了亚里士多德"第二实体"的说法，种和类都属于第二实体。种和类最后下降到个别实体，那才是最根本的实体，第一实体。那么事情本身在这样一种理解中，它首先还只是类，它是大类，一种大的普遍性，大的共相。类在作为它的种的这一切环节中都可以找到，所有这些环节都是作为它的种，但种底下还有个别性，还有个别实体，这个目前还没有谈到。它们只是种和类的关系。即使讲个别性，它也是一般个别性，它不是特指某一匹马，某一个人，张三李四。所以类可以在作为它的种的一切环节里面找到，"同样又独立于它们之外"，就是这种普遍的共相作为类，又是一个独立的概念，独立于各个种之外，就像柏拉图的理念，它是一个普遍的共相。事情本身现在已经出现了，但是在它的初级阶段，它还是很抽象的，它是一个出发点，它只是一种共相，只是一种普遍的抽象的概念，一种类概念。那么在这样一个类的概念之上我们来展开事情本身，会导致什么样的结果，我们下面来看看。

[**III. 相互欺骗与精神实体**]

"相互欺骗与精神实体"，这个小标题很不好理解，为什么讲到事情本身、精神实体，会带出"相互欺骗"？我们可以结合上面刚才这句话来理解，即这个事情本身，"它本身还不是主词，而那些环节却被当作主词，因为它们归属于一般**个别性**的一方，而事情本身却只不过是单纯的共相"。这时事情本身还不是主词，但那些个别环节每个都打着事情本身的旗号在充当主词。它们也有理由这样做，因为它们确实也分有那个普遍的共相。但从这样一种关系上来理解事情本身，必然会导致相互欺骗，而这种相互欺骗恰好是精神实体的本质，当然还是初级的本质。事情本身或者精神实体除非停留于抽象概念，如果要进入自己的发展进程，首先展示出来的就是相互欺骗，是这样一种本质。不过相互欺骗的每个主体还都自以为是诚实的，所以相互欺骗是从诚实的意识开始的。

　　这意识被称为**诚实的**意识，它一方面达到了**事情本身**所表现的这种理想主义，另一方面又以事情本身这个形式普遍性为真实的东西；

　　"这意识被称为**诚实的**意识"，这句话听起来很突兀。"这意识"指前面讲的，对事情本身或对实体的直接意识，它具有单纯本质的形式。为什么叫诚实的意识？"它一方面达到了事情本身所表现的这种理想主义，另一方面又以事情本身这个形式普遍性为真实的东西"，就是这种意识之所以被称为诚实的意识，就是意识已经达到了对自己的实体的意识，它知道自己有一个实体，或者说它知道自己应该是一个实体，当然这个实体还很抽象，还仅仅是一个共相，是一个类。那么意识当它达到了对自己的实体的意识的时候呢，它就要坚持这个实体，它应该保持这个实体。我们前面讲到本心的规律，本心的规律也是这样一个诚实的意识，我从我的本心出发，我从我的良心出发。我的良心是什么，我的良心就是我的自我意识的实体。每个人都有一个良心，都要对得起自己的良心，那么这样一种意识就是一种诚实的意识，它终于找到自己的本心了，找到自己的实体了。但本心的规律还未达到客观的实体，良心还只是主观内在的，所以只好采取有意欺骗或装疯的方式来掩盖。现在这种诚实的意识则是向周围敞开的，"它一方面达到了**事情本身**所表现的这种理想主义"，它是有一种理想主义的，它要坚持自己的良心，把它作为一种理想，作为一种原则。而另一方面呢，"又以事情本身这个形式普遍性为真实的东西"，它所坚持的又只是一种形式普遍性，一个抽象的概念。它的理想是固化的、僵死的、形式化的，尚未行动起来，而是高悬于抽象的理念世界，意识以为那个抽象形式的世界才是真实的世界。前一方面是它的积极的方面，后一方面是它的消极的方面，前一方面是它的正面，后一方面是它的负面。正面来说呢，它就是有一种理想主义，要坚持它的实体，体现出它的事情本身。但另一方面呢，这个事情本身只是一种形式的普遍性，只是一种抽象的共相，它却把它当作是真实的东西。

诚实的意识永远只对事情本身感兴趣，因而总在事情本身的各个不同环节或种里游走，而当它在一个环节里或在一种含义中没有达到事情本身时，它正好因此而在另一个环节中获得了事情本身，因此实际上它总是赢得了这个意识按其概念本应享有的满足。

"诚实的意识永远只对事情本身感兴趣"，因为事情本身是它的原则嘛，是它的理想主义嘛，所以它永远只对事情本身感兴趣。我要永远坚持我的事情本身，坚持我的实体，坚持我的良心、本心。"因而总在事情本身的各个不同环节或种里游走"，它对事情本身感兴趣，那么呢，各个不同环节和种都是无所谓的，只要它们能够体现事情本身就行。诚实意识并不执着于这些环节和种，而只执着于它们里面的事情本身；它只坚持类，而不坚持种。于是它就在这些种里面游走，我在理想中坚持事情本身，那么在现实中呢，我总是在各个环节之间游走，因为每一个环节都体现了事情本身，所以我反倒显得没有原则，或者说为达目的不择手段。事情本身是一个共相，是一个类，要坚持这个类，你就必须在各个种里面游走。游走（herumtreiben）这个词用得很有意思，后面还要讲到这个游走的意义。在各个不同环节或种里面游走，一下到这个环节，一下到那个环节，在每一个环节里面，它都坚持着事情本身，它认为这都是事情本身。它也没错，因为每一个环节的确都分有了事情本身。"而当它在一个环节里或在一种含义中没有达到事情本身时，它正好因此而在另一个环节中获得了事情本身"，在一个环节里面，在一个含义中，它没有达到事情本身，这完全是可能的，甚至是必然的。因为种和类之间有一个等级关系，这个种虽然是类的一种体现，但它还不是类，它本身还不是事情本身。一个美的形体，你说那就是美本身吗？那肯定不是。一种美的制度、一个美的几何图形也不是。在事情本身的各个环节里面，目的是事情本身吗？既是又不是，那么行为呢，既是又不是，作品呢，既是又不是。它们都是这样，一方面它是，因为它分有了事情本身，但是，正因为它分有了事情本身，所以它又不是，它只是分有，它还不是事情本身。所以在一个环节里面或者在一种含义中，它没有达到事情本身，它只是分有了事情本身嘛；那么它正好因此而在另一个环节中获得了事情本身。当它否定这一个环节的时候，它跑到另一个环节里面，恰好那个环节也分有了事情本身啊，当它游走到、游移到另外一个环节的时候，它恰好又获得了事情本身。正如亚里士多德当年把个别东西看作实体，先是把个别东西的质料看作实体，后来又转移到个别东西的形式是实体；而形式最初是个别性的，后来又成了普遍形式、共相，他认为那才是真正的实体。其实这些观点和观点的转移都有他的道理，他游来游去，荡来荡去，在这个地方所失就是在另外一个地方所得。这些环节之间是互相冲突、互相对立的，那么你就必须在这些冲突和对立之中游走。"因此实际上它总是赢得了这个意识按其概念所本应享有的满足"，实际上它永远能够获得这个意识按其概念所本应享有的满足，因为它的确是很诚实的，它要追求的就是事情本身。尽管在这个环节没有追求到，它又到那个环节，那个环节没有追求到，它又到第三个环节，在不断地游走。但是，它按照其概念始终享有它所应该享有的满足。孟子有句话，叫做"反身而诚，乐莫大焉"，只要你诚实，你回到你的本心，那么不管你做什么，你每次都乐莫大焉，你始终是满足的，你始终是快乐的。

随便它愿意如何做，它都已经完成和达到了**事情本身**，因为事情本身，作为各环节的这个**普遍的**类，是所有各环节的宾词。

　　这个就说得很明白了。"随便它愿意如何做，它都已经完成和达到了**事情本身**"，它抓住一个环节，哪怕它抓住另外一个环节或者随便它抓住哪个环节，只要它抓住了一个环节，那么它都已经完成和达到了事情本身，它通过这个环节就已经达到了事情本身，只要它心诚。因为这个环节就已经分有了事情本身嘛，"因为事情本身，作为各环节的这个**普遍的**类，是所有各环节的宾词"。在每一个环节里面，你都可以完成和达到事情本身。不管你如何做，随便你抓住哪个环节，都可以说你是反身而诚，你是诚实的。在每一个环节里，你的自我感觉都是诚实的。我抓住我的目的，或者我抓住我的手段，或者我抓住我的效果、作品或者说现实性，我都可以说我是诚实的。因为确实，每一个环节它都有事情本身在里头。当然这个里头会有分歧，有效果论啊，动机论啊，行为主义啊，最终目的无关紧要，一切在于行动啊等等，这样一些理论、这样一些倾向，它们都可以说自己是诚实的，它抓住了一个环节嘛，你都不能说它不诚实。所以它们都可以保持一种满足，有一种坚持自己良心的满足感。

[274]　　如果意识没有使一种**目的**成为**现实**，那么它毕竟是**意愿过**这一目的的，这就是说，它使**目的**成为了目的，使一无所为的**纯粹行为**成了**事情本身**，因而可聊以自慰地说，它毕竟总算已经**做了**点什么，**推动了**点什么。

　　这是一种情况，从上面可以推出来这样一种情况。一种诚实的意识，体现在什么地方呢？首先体现在目的这个环节上。"如果意识没有使一种**目的**成为**现实**，那么它毕竟是**意愿过**这一目的的"，就是说，一个人的目的虽然没有实现，但他坚持他的主观意图是好的，我是出于好心来设定这个目的的。也许这个目的不现实，也许碰了一鼻子灰，碰得头破血流，我失败了，但是不管有怎样的失败，甚至犯下滔天大罪，我的动机还是好的。外部的成败不算什么，主观动机才是事情本身。"这就是说，它使**目的**成为了目的"，它把这样一个目的作为自己的目的提了出来，这本身就是事情本身。它"使一无所为的**纯粹行为**成了**事情本身**"，一无所为的纯粹行为，纯粹行为，就是为行为而行为，但是实际上一无所为，没有任何效果。它使这样一种毫无效果的纯粹行为成为了事情本身，这就是我们通常所讲的唯动机论。唯动机论，只要我的出发点是好的，那就是事情本身，就像康德的道德命令，只对行为的准则进行规定，要使它成为普遍的法则，至于按照这种法则做了什么，效果如何，那个不管。如果意识没有使目的成为现实，那么他毕竟是曾经把这个目的建立起来了，并且还按照这样去做了。当然康德还不完全是这样，但是，他的观点可以引出这样的结果。"因而可聊以自慰地说，它毕竟总算已经**做了**点什么，**推动了**点什么"，"做了"和"推动了"都打了着重号。就是说它把自己的目的树立为目的，并且无功利地按照这样去做了，这本身是一种纯粹行为，它不讲后果。所以毕竟这个行为已经做了点什么，已经推动了点什么。推动了什么呢？只是推动了自己去树立一个目的，去形式主义地做了一下样子，俗话说"事情要做到堂"，就可以问心无愧了，至于结果如何，那不管，"宁要社会主义的草，不要资本主义的苗"。这里讲了两个环节，即目的和行为，下面再讲作品和现实性。

　　既然这共相本身把否定或消逝都包含在自身之下，那么就连作品的自我毁灭这种事本身也是它的行为；这行为激发了其他针对这事的行为，并在它的现实性的消逝中还感到满足，如同那些调皮捣蛋的小孩在挨耳光时还在欣赏自己本身，因为自己是那一记耳光的原因。

　　这句由行为而涉及作品。"既然这共相本身把否定或消逝都包含在自身之下"，事情本身作为一个共相，把否定或者说消逝都包含在自身之下，作为自身的一个环节。否定或消逝，柏拉图的理念也是这样，缺乏也可以成为一种理念，否定也可以成为一种理念，这是后来亚里士多德批评柏拉图的一个理由，就是说他把所有东西都当作是有理念的、存在的，连非存在也是存在的，也是一种存在的理念。共相把否定和消逝都包含在自身之下，确实，如果是单纯抽象的共相的话，它就的确可以把否定和

443

消逝都包含在自身之下,那其实已经没有实体了。因为实体是"作为存在的存在"啊,而否定和消逝则是非存在啊。事情本身也是这样,它可以把否定和消逝都包含在自身之下,那么它作为实体的资格就值得怀疑了。因为你要作为实体你首先必须存在,但是你把非存在也包含进来,共相本身把否定和消逝都包含在自身之下,"那么就连作品的自我毁灭这种事本身也是**它的**行为"。如果这样的话,那就连把作品搞砸了也是自己的行为,是我自己把它搞砸的。不计后果就会是这样,就是说我本来想造成这样一个作品,但我的行为不当,结果没有实现出来,反而把事情搞糟了,但我却一意孤行,破罐子破摔,还以这行为是"我"造成的而自豪。哪怕没有实现出来,我也做了这样一种行为,这个行为本质上是好的,我认了,这是我的事情本身。"它的"打了着重号。就是说,它哪怕什么也没做,但是它已经做了一点什么了。哪怕"大跃进"全都失败了,但是它的动机、它的目的仍然是不可否定的,行为仍然是出自本心的,是一种有意义的行为。反正我只要起意要做这件事情,不管它成功还是失败,我就已经成功了,因为这是"我的"行为。"这行为激发了其他针对这事的行为,并在它的现实性的**消逝**中还感到满足,如同那些调皮捣蛋的小孩在挨耳光时还在欣赏**自己本身**,因为**自己**是那一记耳光的原因",这个地方明显有一种嘲讽的口气。坚持自己的良心、本心,这是一个必经阶段,它的出发点当然是不可否认的,你要追求事情本身嘛,就会进入到这个阶段。但是这个阶段还是非常幼稚的,意识自以为纯洁,目的纯正,行为无可指责,唯动机论地看待自己的行动,陶醉于自我感觉良好。当这行为的后果激发了其他人的行为,引起反弹,你的失败激起了其他人相应的步骤,使得你的行为没有成功,你却仍然沾沾自喜,在这种失败中还感到满足,这就好比那些调皮捣蛋的小孩,在挨耳光时还洋洋得意。我们当年每搞一次政治运动,没有一件是结果好的,而且每况愈下,越来越走入绝境,但却每次都声称取得了"伟大的胜利",至少长了自己的志气,灭了敌人的威风,这就是一种不成熟的小孩子心态。那些调皮捣蛋的小孩在挨耳光时还在欣赏自己，为什么欣赏自己？这是我造成的，显示了我的能耐，引起了全世界的注意，他只要成为原因，成为注意的焦点，那他就已经成功了。有的小孩子确实是这样，他就是要挨耳光，我们讲这孩子"欠揍"，他确实就是欠揍，他在挨耳光的时候很高兴，因为他意识到自己的存在了，意识到自己有影响力了。刚过了几天平静日子，他反而会觉得无聊。马克思在《德意志意识形态》里面批评施蒂纳，施蒂纳在《唯一者及其所有物》里面得意地讲："我的腿没有'免掉'主人的鞭笞，但这就是我的腿，它和我是不能分离的。请他把我的腿割下来看一看，他是否还占有了我的腿！其实留在他手中的不过是我的一只死腿而已，那已经不是我的腿了，正像死狗已经不是狗一样。"马克思把施蒂纳比作《堂吉诃德》里面的桑乔，讽刺道："显然，圣桑乔'忍受'他那份鞭笞时比真正的奴隶更具有尊严"，他仍然具有尊严，因为是他而不是别人在忍受这顿鞭笞。古代的斯多葛派，像爱比克泰德也有类似的说法，"我呻吟，因为我的肉体在呻吟。但我的呻吟和颤抖证明：我还是属于我自己的，我还是我自己的我。"这实际上是一种奴隶道德，是一种奴隶的虚假的尊严，像鲁迅讲的阿Q精神，在当奴隶的时候还当得有滋有味，觉得自己是天下第一能自轻自贱的人，在奴隶生活中寻找自己的尊严。这种唯动机论仅仅从自己的动机出发。在施蒂纳那里是从自我意识出发，在阿Q那里是从自我贬抑、从没有自我出发。阿Q觉得没有自我你就伤不到我了，我没有自我，你怎么伤得到我呢？施蒂纳则是说，我的自我比任何现实性埋藏得更深，所以你也伤不到我。唯动机论表现出来是这样一种情况，只要坚持自己的目的和行为，至于它的作品、它的结果是怎么样，它实现了还是没有实现，它招来了什么样的打击，都不能摧毁它的自我满足感。它满足于它有一个目的、有一个自己的行为、有一个自己的"作品"就行了，哪怕是一件完全失败的作品。

或者说，意识甚至连**尝试**去实行事情本身都**没有做过**，并且**根本什么也没有做过**，它并没有**想要**这样做；**事情本身**对它来说正是它的**决心**

与**实在性**的统一；它断言**现实性**无非就是它的**愿望**。

这是讲现实性了。"或者说，意识甚至连**尝试**去实行事情本身都**没有做过**，并且**根本什么也没有做过**，它并没有**想要**这样做"，正如前面讲意识不考虑后果，哪怕作品全部毁掉也在所不惜，这里讲它其实也没有想要通过行为把事情本身实现出来。意识这时所想的只是如何坚守自己的本心，但从来没有想要把这个本心在现实中实现出来。所以它只是宣称自己的本心自身就是事情本身，却没有任何与事情本身的实现有关的行为。所以它并没有想要去这样做，这种实行的具体方案根本不在它的考虑中。"**事情本身**对它来说正是它的**决心**与**实在性**的统一；它断言**现实性**无非就是它的**愿望**"，就是它没有想要试图去做，没有想过要去把自己的目的实现出来，但是它是不是有决心呢？它有决心，但是它空有一个决心而已，它认为这个决心本身就是实在的了，不需要任何别的实在性了。就像康德讲的善良意志，只要有善良意志，有自由意志的自律的动机，这就已经是一个实践的行为了，因为纯粹实践理性本身就有实践能力，这是一个"理性的事实"，"它不是任何经验性的事实，而是纯粹理性的唯一的事实，纯粹理性借此而宣布自己是原始地立法的"[①]。只要把决心看作就是实在性，不需要任何经验的事实而只要有理性的事实，那就是事情本身了。所以，现实性无非就是它的愿望，它有这个愿望，但是它并不去做，只要有这个愿望就行了，我们通常讲，只要"心到了"就行了。尽管这种愿望还停留在内心，还什么也没做，它却把这种愿望就当作是现实的，现实性无非就是它的愿望。我有这个愿望，那就够了，那就是现实的事情本身。这是一种主观现实性。

——最后，一般说来某种它所感兴趣的东西是没有它参与而形成起来的，所以对它来说，正是由于它在其中感到兴趣，这个**现实性**就是事情

---

① 参看康德：《实践理性批判》，邓晓芒译，杨祖陶校，人民出版社 2003 年版，第 41 页。

本身，尽管这个现实性并不是由它产生出来的，　　　　　　　　　　　　　{225}

　　"最后，一般说来某种它所感兴趣的东西是没有它参与而形成起来的"，这就是客观现实性，或者说对象性的现实性。一般来说是这样，你对某事感兴趣，你关心某件事情，那么这件事情一般来说不是由你自己造成的，而是摆在那里的。摆在那里你才对它感兴趣，有时候你的兴趣还可以转移。"所以对它来说，正是由于它在其中感到兴趣，这个**现实性**就是事情本身，尽管这个现实性并不是由它产生出来的"，对意识来说，正是由于它在其中感到了兴趣，那么这个现实性就是客观的事情本身。我感兴趣的事情就是事情本身，这个一般地说也没错，因为事情本身就是主客观的贯通嘛。有一个客观的东西在那里，我对它感兴趣，尽管这个现实性并不是由我产生出来的，但我的兴趣却把它和我联系起来、贯通起来了。那么这个兴趣所针对的现实性，我们就可以把它纳入事情本身。这是第三个层次。第一个层次是目的，第二个层次是行为中的愿望，第三个层次是兴趣，这三者都是主观的，都是主观的动机，但它们都认为自己具有现实性，都自认为是事情本身。只有最后这个兴趣，它是指向外部客观现实性的。我不光是有愿望、有决心，而且呢，我对某物有兴趣。有愿望可以是停留在一种主观设想的目的之中，而有兴趣已经开始转向外部了，当然兴趣本身是主观的，但是它是对于外部的某种既定事实的、既定现实性的兴趣。那个事情跟我没关系，它不是我形成起来的，但是我对它有兴趣，那么这个兴趣呢，就是事情本身。这是第三个层次。唯动机论有这三个层次，一个是从目的出发，一个是从愿望或决心出发，一个是从兴趣出发。只有从兴趣出发才跟外在的事物发生关系，通往客观现实性；而目的和愿望都可以跟行为脱离开来，都可以跟客观的对象脱离开来。

　　如果这是一种它个人遭遇到的运气，那么它就宣称这是它自己的**业绩和功劳**；若并非如此，而是一件完全不相干的尘世事件，那么它同样也可以将其当作自己的事，而**毫无作为的兴趣**被它看作是它已经赞成或反

447

对、与之斗争或**加以坚持的一种立场。**

"如果这是一种它个人遭遇到的运气"，个人也可以翻译成私人，persönlich，在别的地方这个词也翻译成"人格性的"。它自己遭遇到的运气，这个现实性幸运地降临到它的头上，使它按照自己的兴趣实现了自己的目的，如果是这样的话，"那么它就宣称这是它自己的**业绩**和**功劳**"。其实只不过是它运气好，它碰到了这个现实性，它实现了自己的目的。但它把这个运气归结为它自己的业绩和功劳，视为它自己挣得的。因为它是立足于主观嘛，立足于唯动机论嘛，所以凡是它碰到的一种现实性，如果是对它有利的，符合它的兴趣的，那么它就"贪天之功，据为己有"。本来是天意，但是它将其归结为它自己的业绩和功劳。这是我造成的，因为我对它感兴趣，这个事情才得以造成。其实我的功劳在哪里呢，我的功劳无非就是我对它感兴趣，是一种完全主观的现实性。至于客观的关系，客观事物本身是如何存在的，它怎么样能够形成起来，这个不关它的事，它也不去考虑。它其实只是瞎猫碰上了死老鼠，它只停留在主观的内心里面转来转去，去寻求这个事情本身。当然它有它一定的道理，因为事情本身的确离不了主观，离不了主体性，但是你要在主体性的内部去寻求你的实体，那实际上是缘木求鱼，你转不出去的。另一方面，"若非如此，而是一件与它完全不相干的尘世事件"，如果不是一种幸运，而是一种尘世事件（Weltbegebenheit），不是它造成的，而是在与其他世俗之人的关系中造成的，或者说是主体间的，可能与它的兴趣不相吻合的。通常我们看到的大都是这种情况，如果恰好相吻合呢，那倒是一种奇迹了，那就是一种难得的运气了。但是通常的情况呢，都不是这样的，是与它完全不相干的事件。这种情况下，"那么它同样也可以将其当作自己的事"，就是说，如果这个现实性与它完全不相干，也不迎合它的目的，也不迎合它的兴趣，那么呢，它同样也可以当作是它自己的事。这仍然是我的现实性，虽然它并不服从我，但它是我的。"而**毫无作为的兴趣**被它看作是它已经赞成或反对、**与之斗争**或**加以坚持的一种立场**"，毫无作为的兴趣，你的这个兴趣没有产生任何结果，没有影响事情本身的进展，因为尘世事件跟你完全不相干嘛，跟你有兴趣或没有兴趣都不相干，它走着它自己的路。客观世界走着它自己的路，你的兴趣加在它之上，丝毫也不影响它，所以你的兴趣是一种毫无作为的兴趣。那么这种毫无作为的兴趣，在它看来是它已经赞成或反对的一种立场，只是一种主观态度或立场而已。就是说客观事物本来是中性的，但是加入了你的兴趣以后呢，客观事物在你的眼睛里面就变成了非中性的。毫无作为的兴趣在意识看来就是一种对待客观事物的立场，预先赞成或反对了，已经与之斗争或加以坚持了。你把跟你不相干的东西纳入了你的立场，你支持哪个，反对哪个，虽然客观事物本身有它自己的路，它根本就不在乎你支持或者反对，但是你把它当作你的立场，预先让它跟你发生了关系，它就是你的。这个现实，它本来是中性的，但是我介入其中，那就成了我的现实，那就是我的一种立场。中性的现实性就变成了一种我的兴趣的立场，这就是从我的主观动机出发所得出的一种世界观。我们看整个世界都可以这样，事情本身是以我的兴趣为转移的。休息一下吧。

上面讲的都是诚实的意识，就是意识到自己的诚实，要对得起自己的良心，要对得起自己的本心，于是就执着于事情本身。但我们看到，所有这些诚实的意识都是抓住自己的一得之见加以坚持，以为这就是事情本身了，其实不过是把它变成了自己主观中的现实性。这种诚实的意识只是在自己主观中有可能是诚实的，一旦与外面的世界打交道，与其他人相接触，立刻就显出自身的那种不诚实或欺骗性。上面从唯动机论的这几个阶段来看，这是一种完全封闭在主观中的观点，如同前面第266页讲的，"这整个的行动以这种方式，无论作为那些**状况**，还是作为**目的**，或作为**手段**，还是作为**作品**，都没有走出自身以外。"你如果不看外部现实，你只是自我感觉良好，那你当然可以觉得自己很诚实，但是它一步一步会转向对立面，转向欺骗，不管你是有意的还是无意的。我们来看这个转变是如何转过去的。

这种意识的**诚实性**，以及它在任何地方都体验到的那种满足，实际上显然是由于它**没有把**它关于事情本身所拥有的**那些思想聚集在一起**。

这就是这个自我意识对于实体的意识的初级阶段，它是这样一种诚实性。"这样一种意识的**诚实性**，以及它在任何地方都体验到的那种满足"，诚实意识就是一种在任何地方、在任何一个个别环节上都体验到的那种自我感觉良好的意识。但它"实际上显然是由于它**没有把**它关于事情本身所拥有的**那些思想聚集在一起**"，事情本身所拥有的那些思想，那些环节，我们前面讲了，它就是那些环节的统一，也就是目的、意愿和决心、兴趣、手段、作品等各个环节的统一。但是，这种诚实意识由于它每次都执着于一个环节，而没有把所有那些环节都聚集在一起加以总体的考察，所以它们据以作为事情本身的那些环节就处于冲突中，互相都会把对方看作欺骗。诚实意识作为实体性意识的初级阶段，作为精神的本质的初级阶段，它总是一个一个地去考察。它停留在感性确定性的阶段，停留在"这一个"的阶段，并且像感性确定性的"这一个"那样，不得不从一个环节游走到另外一个环节。它没有把关于事情本身所拥有的那些思想全部聚合在一起，这就使这种诚实的意识面临着解体。

在意识看来，**事情本身**要么是**它自己的**事情而完全**不是什么作品**，要么是**纯粹的行为**和**空洞的目的**，要么甚至是一种**无所作为的现实性**；它把一个接一个的含义变成这个宾词的主词，又把它们一个接一个地忘掉。

"在意识看来，**事情本身**要么是**它自己的**事情而完全**不是什么作品**"，事情本身是什么呢，要么是它自己的事情，也就是意识内部的事情，只是主体本身的事情，跟客观事物无关，跟外面的事情无关，当然也就跟作品无关了。作品就跟外面的事情有关了，但哪怕是作品，意识也要把它的那种客观意义扬弃掉，它只跟自己有关，是自己写给自己看的作品。"**要么是纯粹的行为**和**空洞的目的**"，纯粹的行为，前面讲了，它建立目的就是一种纯粹行为，一无所为的纯粹行为，纯粹的行为成为了事情本身。这个纯粹的行为跟这个行为所造成的事情无关，它只要自己使目的成为目的，这样的目的就是空洞的目的。"要么甚至是一种**无所作为的现实性**"，要么它是一种现实性，但是它是无所作为的现实性，它没有造成任何客观现实性，这就是一种仅仅主观中的现实性。所有这些都是前面已涉及的，诚实的意识依次当作事情本身的各个不同环节。所以他讲，"它把一个接一个的含义变成这个宾词的主词，又把它们一个接一个地忘掉"。这就是我们前面讲的游走，从一个游走到另外一个，从它的各个环节、各种含义孤立地来理解这个事情本身，把每一个环节分别地当作这个宾词的主词，而把事情本身分别当作这些主词的宾词。这个是事情本身，那个也是事情本身。当我游走到那个的时候，我就忘掉了这个，我再走到第三个，我又忘掉了第二个，把它们一个接一个地忘掉。这是对前面的一种概括。

　　现在，在仅仅**意愿过**或者甚至是**未曾愿望过**的情况下，事情本身就具有**空洞的目的**的含义，具有意愿与实施的**被思想到的**统一的含义。

　　"现在，在仅仅**意愿过**或者甚至是**未曾愿望过**的情况下"，这就是我们前面上一段讲的三个层次，第一个层次是目的，第二个层次是愿望，第三个层次是兴趣。这里首先看第一个层次，然后看它是如何向第二个层次游走的。仅仅意愿过或者甚至是未曾愿望过，意愿是 Gewollt，来自 wollen 即愿意，也有意志 Wille 的意思，就是说仅仅起了意；愿望则是 gemocht，来自 mögen，有想要、愿望的意思。仅仅是起了意，当然如果连起意都没有，那就根本不可能有什么目的了；但只有起意，而对目的的对象还没有任何愿望，在这种情况之下，"事情本身就具有**空洞的目的**的含义"。这里仍然可以认为有一个事情本身，但是这个事情本身的内容是空洞的，它只是提出一个目的，甚至于还没有产生把这个目的实现出来的愿望，仅仅设立了一个目的而已。"具有意愿与实施的**被思想到的**统一的含义"，事情本身在这里意味着意愿与实施的统一，但只是"被思想到的"统一,"被思想到的"打了着重号。意愿与实施本来是两码事,你有意愿,但这个意愿还没有实施,还不等于实施。但在这里呢,意愿本身就是实施,我起了意,这本身就是一种实施了。当然这种统一只能是在思想中,而不是实际上的统一,不是现实的统一。尽管如此,我仍然可以认为这就是事情本身了,它具有了意愿与实施的被思想到的统一的含义,那至少是一种被思想到的事情本身了。

[275]　　　对于目的受挫但毕竟**意愿过了**或者毕竟**有过纯粹行为**这样的安慰,以及提供了某事让别人去做的这种满足,就是把**纯粹行为**或最坏的作品当成了本质;因为这种作品应该叫作一个坏的、根本不是什么作品的作品。

　　"对于目的受挫但毕竟**意愿过了**或者毕竟有过**纯粹行为**这样的安慰",也就是感到安慰的是,虽然我的目的没有达到,没有实现,但是我毕竟有过这个目的,毕竟意愿过了。上面讲意愿就是实施,不需要在现实中实施,只要有那个意思就行。或者不必有现实的行为,只要有过纯粹行为就足以感到安慰了。什么是纯粹行为,纯粹行为就是我设立了一个目的,这就是纯粹行为了。我不去做任何事,但是我有一个目的,这就是一个行为。我想去做,这就是一个行为。把这种思想当作一种行为,那就是纯粹行为,我的思想在活动,这就是一种纯粹的行为。事情没做成,但我是想这样做的,把这样一种想法当作安慰。"以及提供了某事让别人去做的这种满足",提供了某事,我没有做成,没有实现目的,但我毕竟造成了影响,别人在这种影响的基础上就可以继续努力。权当作一次试验,我的失败的经验也可以提供给别人参考嘛,这也就足以使我满足了。一方面我的纯粹的行为只着眼于行为中的那种主观的意愿,对此我虽然目的受挫,但仍然感到安慰;另一方面我提供了某种行为,我已经用我的行为对这个世界发生了影响,哪怕这影响并不符合我的目的,我也会感到满足,我这个行为是出自于我的本心,出自事情本身,那就够了,我无愧于天地。别人做好做坏我不管，但是至少我影响了别人，我影响了这个社会，我把我的这样一种诚实的意识亮出来了，这就够了。哪怕这个事情做得很糟，那也不是我的事情，那是别人做的事情。而这"就是把**纯粹行为**或最坏的作品当成了本质"，这样一种安慰和这样一种满足，是把纯粹的行为或最坏的作品当作本质，当作事情本身。纯粹的行为，也就是纯粹思想中的行为，不管作品，不管后果如何，那么它的后果是什么后果呢，就是最坏的作品。"因为这种作品应该叫作一个坏的、根本不是什么作品的作品"，什么叫坏的作品？黑格尔经常用这个词，坏的，坏的无限性，坏的人。坏的人不是真正的人，坏的作品不是真正的作品，甚至根本不是作品。前面说，事情本身应该是"真正的作品"，而这里讲到，实际上这样来看事情本身，就把坏作品当成了事情本身，那么这就向对立面转化了。你本来是出自于你的诚实的意识，现在你把最坏的作品当成了本质，就开始向对立面转化了。当然真正转化在下一段，这里还没有讲。这里讲的是第二个环节。第一个环节：目的是空洞的；第二个环节：愿望是未实现的；下面第三个环节则是：兴趣的对象是偶然碰上的。

最后，在**碰上了**现实性这种碰运气的情况下，这个无所作为的存在就成了事情本身。

"最后"，这里又有一个"最后"。黑格尔凡是讲到这样一种用语的时候，我们就要辨析出他的层次来，他这个"最后"前面肯定有两个层次。一个是前面讲的，事情本身具有空洞的目的的含义，具有被思想到的统一的含义；第二个层次就是目的受挫，但毕竟意愿过了或者毕竟有过纯粹行为，以及提供了最坏的作品，这个是从行为这个层面上讲的，已经影响到客观事物了。前面你的目的都还只在思想中，还没有影响到客观事物，现在你已经影响到客观事物了，但是是最坏的作品。最后是第三个层次，"在**碰上了**现实性这种碰运气的情况下"，就是现在已经进到现实性了。"碰上了"打了着重号。碰上了现实性，"这个无所作为的存在就成了事情本身"。这个我们前面已经讲到了，无所作为的存在，你实际上没有花任何力气就碰上了现实性，你运气好，所以你碰上的这个存在是无所作为的，它现在成了事情本身。就是对客观事物来说，你是碰运气碰上了这种现实性，但是你并没有作为，这个现实性对于你来说并不是你造成的，所以这个现实性它只是一个存在。现在有三种东西可以被当作事情本身，要么完全是一种主观的空洞目的，要么是一种好的意愿和最坏的作品，要么是一种无所作为的、跟你的行为完全没有关系的一种存在。这是再一次的回顾。这一段跟前面的那一段具有类似结构，但是已经进了一步了。前面那一段讲的是目的、愿望和兴趣，但只是分析出这三个层次，把它们摆出来。那么刚才这一段就是把这三个环节再加以分析，看它们作为事情本身是如何从一个转向另一个、游走到另一个的。

但这个诚实性的真理并不像它看起来那样诚实。因为它不可能那么无思想，让这些各不相同的环节实际上相互离散开来，相反，它必然对这些环节的对立拥有直接的意识，因为这些环节完全是互相联系着的。

这一句话一下子把前面全部否定掉了。"这个诚实性的真理并不像它看起来那样诚实"，这个诚实性并不是真正诚实的，不是像它自己宣称或者自己意识到的那样。这就开始向对立面转化了。诚实性的真理，你要认真地、客观地来对待这种诚实性，来分析它来理解它，那么你就会发现，它其实并不像它看起来那样诚实。我写过一篇关于"儒家伦理的结构性伪善"的文章，这里头就有一种结构性的伪善。它也许自己不自觉，它自我感觉良好，看起来很诚实，但是你要认真分析的话，它绝不像它看起来那样诚实。"因为它不可能那么无思想，让这些各不相同的环节实际上相互离散开来，相反，它必然对这些环节的对立拥有直接的意识，因为这些环节完全是互相联系着的"，为什么它并不像它看起来那么诚实呢？因为人的行为是在意识和自我意识的控制之下的一种行为，自我意识在它的行为中肯定是意识到它的各个环节的，哪怕是唯动机论者，它也意识到自己的效果，它只是不把它的重点放在效果上面，它把它的重点放在它的动机上，极力地维护它的这个立足点。我的动机是好的啊，我的出发点是好的啊，但是你造成了那么恶劣的后果，你难道不反省一下吗？人家就会这样问，他自己其实也知道。因为人的行为是一个统一体，他的目的、手段和结果都是在一个统一体之中，你去做一件行为你就是为了实现自己的目的嘛，结果你没达到，你失败了，饿死了三千多万人，有人说"要上书的"啊，他一言不发，因为他其实知道，但是他极力地想要把它排除掉，他要强调我的动机是好的，我动机没错，我的路线没错。所以他其实不可能那样无思想，让这些各不相同的环节实际上互相地离散开来。他自己也知道嘛，光是强调动机，就像一个医生只顾开药，吃死了人是不管的，他自己不是也这样说过吗？所以他是知道的，不可能是无思想的。相反，它必然对这些环节的对立拥有直接的意识，这些环节的对立，你的目的没能实现，受到了挫败，难道没有直接的意识吗？你的自我感觉良好从哪里来？为什么还在感觉良好呢？你实际上已经感觉不好了，因为这些环节完全是互相关联着的。你的动机再好，你也得看效果。

纯粹的行为本质上是**这一个**个体的行为，而这一个行为本质上同样也是一个**现实性**或一个事情。

"纯粹的行为"，纯粹的行为前面讲到，使目的成为目的就是一个纯粹行为了，我建立了一个目的，我把一个目的当作目的，这就是一个纯粹的行为了。但是纯粹的行为本质上是"这一个"个体的行为，"这一个"打了着重号。感性确定性从"这一个"出发。纯粹的行为本质上是这一个个体的行为，也就是说，你的良心，你的本心，体现在具体的行为之中。纯粹的行为实际上是体现在"这一个"个体的行为之中，你把它设定为目的，王阳明的"致良知"就是你的目的，也是你唯一的行为。"而这一个行为本质上同样也是一个**现实性**或一个事情"，你实际上不用做任何事，只要致良知，在内心中下工夫，破心中贼，这就已经是一个现实性或一件事情了，就已经是事情本身了。

反过来说，**现实性**本质上只是作为**它的**行为以及**行为一般**而存在的，并且**它的**行为同时只是如同行为一般那样，也是现实性。

　　"反过来说"，就是说，前面是正过来说，就是纯粹的行为成为了一个现实性，那么反过来说呢，现实性也是一个纯粹的行为。"**现实性**本质上只是作为**它的**行为"，"它的"打了着重号，"以及**行为一般**而存在的"，行为一般也打了着重号。现实性只是作为"它的"行为，不是客观现实性，而是主观现实性；行为一般，也就是建立自己的目的这个行为，它就是行为一般，任何一个行为都要以它为前提，它是一种纯粹行为。现实性，事情本身，本质上只是作为主体的行为，和行为一般，这就是反过来说。正过来说是，你的这个目的本身就在实现出来，反过来说就是，你实现出来的东西正是你的目的本身，是你的目的的建立。所以"**它的**行为同时只是如同行为一般那样，也是现实性"，这个"它的"也打了着重号。它的行为就是个体的这一个的行为，这一个的内心的行为，包括它的那种建立目的的行为。它"只是如同行为一般那样"也是现实性，行为一般就包括很广了，它可以包括你的建立目的，也可以包括你的实现于外的那种现实行为，但它本身首先指建立目的的行为。所以它的行为只不过是这个意思，即如同行为一般那样，也是现实性。行为一般，只要你有行为，那就是现实性了，包括你还没有实现出来的，只是建立为一个目的的那种行为，那也是现实性。你现实地有一个目的，这个也没错。但是你两方面要结合起来看，正过来看，反过来说，你都要看到。

　　因此，由于个体所关心的似乎只是作为**抽象现实性**的**事情本身**，那么就连这也是现成在手的，就是它关心的是作为**它自己的**行为的现实性。

　　"因此，由于个体所关心的似乎只是**作为抽象现实性**的**事情本身**"，上面讲的现实性都是抽象现实性，也就是你还没有实现出来，还是作为目的的建立的现实性。而看来个体、这一个所关心的，只是作为抽象现实性的事情本身，作为一种仅仅停留在你的目的中、思想中的事情本身。例如唯动机论最开始是把它的动机、把它的目的当作是事情本身，而且当作是很现实的。我确实有这么一种目的，有这样一种动机，我自我感觉良好,这种自我感觉也是一种现实性啊。"那么就连这也是现成在手的,就是它关心的是作为**它自己的**行为的现实性",这就表明它所关注的行为只限于它自己的行为,而不涉及它自己之外的现实世界。这仍然是主观现实性,而不是客观现实性。

　　但同样,正由于它只关心**行为**与**冲动**,因此对它来说,这就不是认真的,相反,它关心的是**某种事情**,并且是作为**它自己的**事情的事情。

　　"但同样,由于它只关心**行为**与**冲动**",行为和冲动 (Treiben) 都打了着重号。前面已经讲到它关心的是它自己的行为的现实性,但是同样,由于它只关心行为与冲动,这是接力赛一样地接着上面一句来的。由于它只关心它自己的行为,只关心行为与冲动,冲动当然是最个人化的了。"因此对它来说,这就不是认真的"。就是说,由于它只关心自己的行为与冲动,因此呢,对它来说,把这种个人内心的冲动当作事情本身就不是认真的。"相反,它关心的是**某种事情**,并且是作为**它自己的**事情的事情",就是说,它只关心自己的内心行动,但这种内心行动并不是事情本身,而只是"某种事情",是诸多事情中的一种,可见它并不是认真地把这种个人冲动当作事情本身,这里面有种虚假,有种欺骗。

　　最后,由于它似乎只愿意要**它自己的**事情和**它自己的**行为,它所关心的又是**事情一般**或自在自为地保留着的现实性。

　　接力赛到了最后,这是第三个,或者说第四个环节了。"最后,由于它似乎只愿意要**它自己的**事情和**它自己的**行为",事情本身作为主体间性,一方面是客观的对象,另一方面是它自己的,是它主观所造成的。但由于它似乎只想要它主观的这一面,当然也只是表面上的,实际上是分不开的。表面上它对于别人不感兴趣,它只想要它自己的事情和它自己的行为,它认为这才是事情本身,唯一者及其所有物,那都是它自己的,不是别人的。所以实际上,"它所关心的又是**事情一般**或自在自为地持存的现实性",它只关心它自己的事情,所以实际上它关心的是事情一般,是自在自为的现实性。因为它自己的事情或行为包含在事情一般中,包含在每一个事情中，使它不只是事物，而是事情，是自在自为地保留着的现实性。但正因为如此，这就不光是自己的事情了，也涉及别人的事情，这就是它的不认真、不诚实之处。这里有这几个环节，首先它是目的，其次是行为，再次是作品，最后是现实性，这一切的依次转化都是必然的。所以这一段最后落实到这个现实性。但是在一开头，这一段的开头，就讲到了这个诚实的真理并不像它看起来那样诚实，并不是那么认真的，"因为它不可能那么无思想，让这些各不相同的环节实际上相互离散开来，相反，它必然对这些环节的对立拥有直接的意识"。当你在一个环节上立足，你就必然转到另外一个环节。你的第一个环节只是表面上看起来是孤立的，你坚持第一个环节，坚持目的性，或者坚持行为，或者坚持你的作品，最后你发现你所坚持的东西是一种客观的现实性，它已经不是你的了。当然它是你造成的，但是你一旦造成这个作品，它就不完全是你的了，它就是大家的，它就是主体间的。这是主体性自己使自己成为了主体间的一种现实性。整个这一段讲的是这样一个必然的过程，这里头有一个必然性。看起来好像在游走，从这一个环节游走到另一个环节，但实际上这个游走不是你任意的，它里头有一种必然性，你必然从一个环节发展到另外一个环节。

　　正如事情本身和它的各环节在这里作为**内容**而显现出来一样，同样必然的是，它们也**作为各种形式**而存在于意识中。它们之作为内容出场，只是为了消逝，每一个环节都要给另一个环节让位。

　　"正如事情本身和它的各环节在这里作为**内容**而显现出来一样"，"内容"打了个着重号。前面事情本身都是作为内容而显现出来，但"同样必然的是，它们也**作为各种形式**而存在于意识中"，也就是说它们作为内容而显现出来，是必然的，我们刚才讲了，这是一个必然的过程，从一个环节到另外一个环节游走。但是同样必然的是，它们也作为各种形式而存在于意识中，内容是从一个环节到另外一个环节，它们可以是个别的内容，而形式呢,就具有普遍性了。在意识之中,从内容提升到形式,从具体的东西提升到普遍的东西,这就是像柏拉图的理念论一样,理念是从个别事物里面抽象出来的,它们也作为形式而存在于意识之中。"它们之作为内容出场,只是为了消逝,每一个环节都要给另一个环节让位",它们作为内容而出场只是为了消逝,就像苏格拉底的问答法,每个回答只是向另一个问题的过渡,由此而一步步向共相、理念逼近,这个里头有一种必然性。只是为了被否定,只是为了自否定,每一个环节都让位给另一个环节,一个接一个地把那些内容变成这个宾词的主词,又把它们一个接一个地忘掉。之所以一个接一个地忘掉,就是说意识还没有把这种一个接一个的方式当作形式,而仅仅是当作内容。当作内容它就可以忘掉,这个内容跟那个内容不同啊,前面那个内容作废了,我们现在找一个新的内容来啊,这就是游走。为什么游走? 游走有它的必然性,但是从内容上来说呢,它们只着眼于自己的偶然性。一旦提升到形式,它们的游走就显示出必然性了。

因此,它们必须在这个规定性中作为被扬弃了的环节而现成在手,但这样一来,它们就是意识自身的各个方面。

"因此,它们必须在这个规定性中作为**被扬弃了的**环节而现成在手",它们必须,也就是说这里面有种必然性,内容必须上升到形式。虽然单从内容上看,它们都被一个又一个地忘记了,但是它们实际上已经现成在手了,它们已经作为被扬弃的环节而包含在这样一种规定性里面,包含在事情本身的这个规定性里面。所有这些环节一个扬弃一个,但是,它们作为这种扬弃了的环节呢,都存在于事情本身这规定性里面了。"但这样一来,它们就是意识自身的各个方面",就是说你把它们扬弃了,但是你不要搞忘了,扬弃不等于取消,扬弃了的东西还保留着。所以它们、所有这些环节都是意识自身的各个方面。在这个时候你把它保留下来,那就不是单纯作为内容了。作为内容它们已经消逝了,但是作为形式,它们保留为意识自身的各个方面。从形式上来看,它们还是现成在手的,是由意识统一把握在手的。意识现在凸显出来，成为了把握各环节的主体了。

{226}　　**事情本身**作为**自在**或意识的**自身中反思**而现成在手，但诸环节之**互相排斥**在意识里的表现就是：它们不是自在地、而只是为了**一个他者**而被建立在意识里。

　　"**事情本身**作为**自在**或意识的**自身中反思**而现成在手"，事情本身作为自在，也就是说它独立存在，它不跟这些环节夹缠在一起。或者作为在意识的自身中反思而现成在手，作为一种共相嘛，它必须从内容提升到形式，这就要通过意识的自身反思来达到，这才能够现成在手。所有显现出来的东西都要消逝，一个取代一个，但事情本身是自在的，它是永恒的。意识在自身中反思到它，在不断游走变化的各环节中反思到那不变的实体，把事情本身当作实体来意识，这时它就现成在手了。"但诸环节之互相**排斥**在意识里的表现就是：它们不是自在地而、只是为了**一个他者**而被建立在意识里"，诸环节互相排斥、互相取代，这一个在形成之后就已经被扬弃了，已经被忘记了，而让位于另一个，这是就内容而言的。我们已经拿到"美本身"的理念了，至于美本身体现为美的汤罐也好，美的母马也好，美的制度也好，这个我们就可以不管了。我们抓住美本身就可以提纲挈领了。但是诸环节相互之间还是要互相排斥，一个汤罐绝对不是一匹母马，等等。这种排斥在意识里的表现就是，它们不是自在地建立起来，而只是为了一个他者而建立起来，不是自在存在，而是为他者存在。所有这些具体的环节，目的啊，手段啊，行为啊，作品啊，这些环节不是自在地建立的，而是为了一个他者而建立的。在意识里面它们也建立起来了，你光是有一个抽象的共相，事情本身，在意识里面其实那还是虚假的。但意识已经意识到了它们的互相排斥，所有这些环节其实都不是自在的实体，而是为他的过渡环节，每一个环节都有待于过渡到另一环节，都是为另外一个环节而建立起来的，最终是为了向更高的共相提升而做准备的。它们原先被以为是主词，其实只是用来描述另一个环节的宾词，真正的主词应该是原先被认为是普遍共相的那个宾词，是那个万变中不变的实体。

内容的环节之一被意识摆到光天化日之下，并**为他者**表象出来；但同时，意识也从中反思自身，而对立环节也同样在意识中现成在手了；意识将其自为地作为自己的环节保留下来。

诸环节之间的互相排斥有两个方向，一个是，"内容的环节之一被意识摆到光天化日之下，并**为他者**表象出来"。内容的环节之一，就是具体的某个环节，被意识摆到光天化日之下，不再藏于内心，而将它为了他者、也就是向另一个环节表象出来，这是向外的表现。比如说作品，作品被摆到光天化日之下，并为他者而表象出来。你的作品不就是为他者而创作的吗？你一旦创作了作品，它就是为他者的。这是向外的方向。"但同时，意识也从中反思自身"，这是向内的方向，意识从这个环节的具体内容中超越出来、提升上来，反思到每个环节中其实都有一个意识自身、事情本身。"而对立环节也同样在意识中现成在手了"，对立的环节，或者说相反的环节，在意识中也已经是现成在手了。只要意识从一个环节中反思到自身，那么对立的环节也就在意识的把握之中了，否则的话它就会被忘掉，像狗熊掰包谷，掰一个丢一个。这两个方向，一个向外摆出来，一个向内反思，是同时进行的，同时都是现成在手的。于是向内反思反过来把向外表象纳入到了自身："意识将其自为地作为它自己的环节保留下来"，将其，也就是将这个他者、这个对立环节，把它作为自己的环节保留下来，也就是以扬弃的形式保留下来。只有当意识把自己提升到事情本身，它才具有这种把对立环节消化在自身中的能力，它才是主体。

但这环节同时也并非诸环节的某一个**只是**被单独摆出来的环节，而另一个也并非只是被保留于内在东西中的环节，相反，意识将它们轮流交替；因为意识必须把这一个和那一个都变成本质上既是自为的又是为他的东西。 [276]

461

"但这环节同时也并非诸环节的某一个**只是**被单独摆出来的环节，而另一个也并非只是被保留于内在东西中的环节"，就是这两个环节，一个是向外的环节，一个是向内的环节，那么是不是向外的环节只是被单独摆在外面的环节，而向内的环节只是被保留为内在东西中的环节呢？是不是这样固定区分开来的呢？这里有一个"但"，也就是并非如此。你前面把它们区分开来，一个向内的环节，一个向外的环节，但并不是这样一种情况，就是其中的某一个只是，"只是"打了着重号，被单独摆出来的环节，而另一个也并非只是被保留于内在东西中的环节。就是内在的东西和外在的东西相互之间不是那么绝对对立的，不是那样隔绝的。如果是那样，那意识在其中所起的作用就只是一种区分作用，而失去了驾驭作用了。"相反，意识将它们轮流交替；因为意识必须把这一个和那一个都变成本质上既是自为的又是为他的东西"，意识在这中间起着一种主导作用，它将这些环节轮流交替。所以看起来意识不过是做了一种内外划分，一种静止的区分，实际上它才是各环节互相游走、流转的幕后操纵者，是它让一个环节向外，一个环节向内，同时又轮流交替，向外的也向内，向内的也向外，内和外都是这些环节的相对身份，而不是绝对身份。内在的东西并非完全是内在的，它本身也可以当作一个外在的东西、一个对象来考察；外在的东西如作品，也可以当作内在的东西的一个标志。内在的东西一定会把自己反映到外在的东西上来，克罗齐的表现论美学就认为只要你有一个目的直觉，你就一定能把它表现出来。你之所以没有表现出来，是因为你的那个目的还不够强，直觉即表现，凡是直觉到了就能表现出来。向外和向内这两方面不是绝对对立的，意识让它们轮流交替。"因为意识必须把这一个和那一个都变成本质上既是自为的又是为他的东西"，意识在使这双方轮流交替时把这些环节都变成本质上既是自为的又是为他的，也就是使它们在相对关系中活起来，在自为的和为他的之间自由流转，既是主观的又是客观的，这才是事情本身啊。事情本身是什么呢，事情本身既不是单纯主观的，也不是单纯客观的。单纯主观的只是你的一种主观的意愿，那还不是事情本身；但是单纯客观的呢，那就是事物，而不是事情。事情本身是主客观的统一的实体、主词，它主导着这一切流转，把各环节作为自己流动的宾词。所以意识必须把这一个和那一个都变成本质上既是自为的又是为他的本质，意识在这样做的时候，它就是事情本身。

整体乃是个体性与普遍性的自己运动着的互相贯通；但由于这种整体对这个意识而言只是作为**单纯的**本质、并因而作为**事情本身的**抽象而现成在手，这个整体的诸环节作为分离的环节就落在了事情本身之外并相互离散；而**作为整体**，它只是通过摆出来和自为地保留的分别交替才得到详细阐明和陈述。

这里讲到整体了。前面的，不管是向外也好，向内也好，都不是整体，都是某个环节，都是某个环节的分离，某个环节的表现。那么整体是什么呢？"**整体**乃是个体性与普遍性的自己运动着的互相贯通"，个体性，前面的两种倾向都是个体性，一种是向外，一种是向内，但是，都没有达到普遍性，它们分离地来看都达不到事情本身。而如果把它们提升到普遍性，那么它们都是事情本身的环节。所以这样的个别环节就从内容提升到形式，就从个体性提升到普遍性，这种提升不是外来人为地提升，而是双方的自己运动着的互相贯通，个体性贯通了普遍性，普遍性也贯通了个别性，它们自行贯通。"但由于这种整体对这个意识而言只是作为**单纯的本质**、并因而作为**事情本身**的抽象而现成在手"，本来应该是个体性与普遍性的互相贯通，但是，由于这种整体对这个意识而言，就是对这种事情本身的初级阶段上的意识而言，它只是作为单纯的本质，单纯的本质就是共相了，所以它是作为事情本身的抽象而现成在手。现有的这个整体只是一个抽象的共相，用它来代表事情本身，这就还没有达到个体性和普遍性的自身贯通，而是双方分离的。所以，"这个整体的诸环节作为分离的环节就落在了事情本身之外并相互离散"，因为事情本身在这个意识阶段上面它还只是一种抽象的共相嘛，它还无法把它的各环节扬弃地包含于自身，所以它的这些诸环节呢，就分离了，就落在了事情本身之外，成为互相离散的了。事情本身应该是整体，那么诸环节就落在了事情本身之外，它们都不是事情本身，它们都是一些相互离散的具体环节，所以它们就不属于事情本身了。本来每个环节都是把自己看作事情本身的，但是现在呢，它们落在了事情本身之外。"而**作为整体**，它只是通过摆出来和自为地保留的分别交替才得到详细阐明和陈述"，作为整体，事情本身如果不想停留于抽象的共相，而想得到详细阐明和陈述的话，那就必须通过既摆出来又自为地保留、既向外又向内的分别交替，使它们进入到互相贯通，才是可能的。到底什么是事情本身，事情本身既不是这一方也不是那一方，而是这两方面的轮流交替。在这个交替中才得到详细的阐明和陈述，才能够表达出来。

由于在这个交替过程中，意识将一个环节自为地并当作在自己的反思中的本质的环节来拥有，而把另一个环节只是在**自身**中外在地或为**他者**来拥有，于是就出现了一种在诸个体性之间互相转换的游戏，在其中，它们发现自己既在自欺也在互欺，既是欺骗者也是被欺骗者。

诚实的意识直到这里才暴露出了自己欺骗的本质。"由于在这个交替过程中"，要么摆出来，要么返回自身保留下来，向外和向内互相交替，也就是说当你把它保留下来的时候，你发现它被摆出来了，当你把它摆出来的时候，你发现它又反思回自身了。这时对于个体性来说，人格就成了面具，并且是不同层次的面具。面具既是摆出来给他人看的，同时又代表着自身内在的个体性。人的本心永远离不了面具，它是一个不同层次无限深入、不断内外交替的这样一个过程。你想要达到诚实的意识，没那么简单。你以为反身而诚就能够做到诚实，其实反身而诚本身就是面具，它底下还有更深的层次。这个过程是无限深入的，一会儿你表现出来了，你以为这就把自己把握住了；但是你在这个表现出来的自己身上还可以反思，还可以深入更深的内心。所以奥古斯丁有句名言：人心真是一个无底深渊啊！可以不断地深入，不断地一层一层地深入进去，你永远达不到底。在西方文化里面，只有上帝才是底，只有上帝才是知人心者。你想通过一次自我反思就达到反身而诚，那是不可能的。在这个交替过程中，"意识将一个环节自为地并当作在自己的反思中的本质的环节来拥有，而把另一个环节只是在**自身**中外在地或为**他者**来拥有"，这里"自身"和"他者"都打了着重号，以表示对照。把其中的一个环节当作这是我自己的，把另外一个环节当作那是我的外在表现，是做给他人看的、为他的，"于是就出现了在诸个体性之间互相转换的游戏"。在诸个体性之间、各个个体之间的互相转换，就是说你把你自身的环节、你的本心拿出来给别人看，让另外一个个体性认可、承认那是你的本心，在你拿出来的同时它就变成了虚假，转换成了表面的遮蔽性的面具。我们经常听人讲，我恨不得把心都掏出来给大家看一看，你当然掏不出来，即算你能掏出来，也是假的。因为你自己都不知道你自己的心到底是真还是假。你把你的心掏出来，一掏出来就假了，你还不如把它保存在心里面，当作你的隐私，它还有它的层次，你还可以继续深入，继续去认识你自己，去寻找你的自我。但你在和人打交道，你又免不了要把你的心掏出来给别人看，也就是以诚相见。这就在各个个体性之间形成了一种转换的游戏，就是人家究竟是相信这是你的本心呢，还是把它看作是你的本心的一种仅仅是外在的表现、甚至是一种伪装呢？你为了要使人家相信，你就必须尽可能地以诚相见，但是人家相不相信你，那又是一回事情，人家顶多只能姑妄信之，但持保留意见。这就形成了一种在诸个体性之间互相转换的游戏。Spiel 我们前面翻译成转换，但是它本身的意思呢，就是游戏。什么转换的游戏呢？"在其中，它们发现自己既在自欺也在互欺，既是欺骗者也是被欺骗者"，它们，就是诸个体，各个个体性，人与人之间，所有的人发现他们自己既在自欺也在互欺，也就是我们讲的自欺欺人了。一方面自欺，诚实的意识实际上是一种自欺，也是一种互欺。谁标榜自己的诚实，那就有欺人之嫌；谁自我感觉良好，那通常就是自欺。每个人既是欺骗者也是被欺骗者，或者说，他是自欺者。自欺本身是一个矛盾了，人怎么可能自欺呢？如果他知道自己是在欺骗自己，那就他已经拆穿了自己的欺骗，不再相信这种欺骗了；如果他不知道的话，那他就是被欺骗，也不是自欺。这是人心的矛盾，人心就是这样，它不知道是自己欺骗自己呢，还是自己被自己欺骗。人心不是一个合乎逻辑的机器，人心就是一个自相矛盾的东西。康德曾经把人性中的"根本恶"归结为自我欺骗，说"这种自我欺骗，以及阻碍在我们心中建立真正的道德意念的不诚实，还向外扩张成为虚伪和欺骗他人"。① 自欺扩展开来，就是欺人，而且每个人只要他有自我意识，都是如此，所以这是一个精神的动物世界，尔虞我诈的世界，人们既在自欺也在互欺。而这就是真正的事情本身，它具有一种自欺结构。我曾经写过一篇文章，叫《论自我意识的自欺本质》，黑格尔对诚实的意识的这样一种批判也正是揭示了自我意识的这种本质结构，这是他从西方哲学的最精深处所发现的。对这种自我感觉良好的批判，对这种"反身而诚乐莫大焉"的批判，是很值得我们中国人、特别是儒家信徒们好好地思考一番的，千万不要太过于自信，太依赖于自己的诚实意识。否则的话，你就难免陷入自欺欺人，陷入既是欺骗者，也是被欺骗者的悖论。所以这一段是非常有意思的。今天就讲到这里吧。

＊   ＊   ＊

好，我们来蚂蚁啃骨头吧。上册已经差不多啃完了。我们再看上次讲到的精神的动物王国和欺骗，以及事情本身。我们上次已经提到了，当你在追求事情本身的时候呢，你会陷入到一种欺骗，不管你的出发点多么诚实，多么真诚，但实际上，它必然会变成自欺和欺人。那么这个自欺欺人，它的结构是怎么样的？我们今天要讲的这几段话呢，主要是把

---

① 康德：《纯然理性界限内的宗教》，李秋零译，《康德著作全集》第 6 卷，中国人民大学出版社 2007 年版，第 38 页。

它内在的结构分析出来。**事情本身为什么会是欺骗**，我们要去把握事情本身，这本身是一个非常真诚的愿望，但是为什么把握不住，而反过来变成了欺骗。我没想欺骗，但是事实上是一种欺骗。那么276页下面这一段就是讲这样一种欺骗的机制。

　　<u>于是，一个个体性就着手去实行某事，它好像因此而把某事变成了</u>**事情**；<u>它行动起来，而就在这行动中，它成了为他的，并且好像它关心的</u><u>就是</u>**现实性**了。

　　前面讲到了诚实的意识变成了欺骗这样一种现象。"于是，一个个体性就着手去实行某事，它好像因此而把某事变成了**事情**"，当一个个体去把某物实现出来的时候，它好像因此而把某事变成了事情，"事情"打了着重号。就是说，它去做一件事，那么这件事好像就变成了"事情"或者说"事业"。"事情"我们前面已经讲了，它跟"事物"是不一样的，事物是客观摆在那里的，而事情是人所干出来的。那么既然一个个体去做某件事，这个某事就变成了事情，这是顺理成章的。但是这里有一个"好像"，scheinen，看起来，表面上像是把某事变成了事情。为什么是"好像"，就是说还不一定。它变成了事情，但是是不是事情本身，是不是真正的事情，这个还有待考察。不是因为你做了一件事这件事就是事情本身了，这个还未定。"它行动起来，而就在这行动中，它成了为他的，并且好像它关心的就是**现实性**了"，它行动起来，做某事它就必须要有行动，那么在这种行动中，个体性成了为他的。它的行动就成了为他的行动，它就涉及他人。并且好像它关心的就是现实性了，这里又是一个"好像"，就是表面上看起来，它所关心的就是现实性了，因为涉及他人嘛。如果仅仅是涉及你个人，你的内心所想的，你秘而不宣的，那就没有现实性。但是现在你已经涉及他人，对他人起作用了，那么看起来，好像它关心的就是现实性了。好像它做这件事情就是为了现实性，它的兴趣，它的关切，就放在这个现实性上面。好像是这样。它既然在做这件事情，这件事情又涉及他人，具有了现实性，那么它的目的好像就是现实性。我们往往从一

个人所做的事情，从它的后果去猜测他的动机，当然这是一种很表面的观察。一个人做好事，一个人为人民服务，但是他内心究竟是怎么想的，他是不是就是想为人民服务呢？这个还不一定，这只是好像。

于是，其他的个体性就把它的行为当作是对事情本身的一种兴趣，当作要**让自在的事情实现出来**的目的；而不在乎是由那一个个体性还是由别的个体性来实现。

"于是，其他的个体性就把它的行为当作是对事情本身的一种兴趣"，的确，你作出了这件事情，但是，你的本心是不是对这个事情本身（此处用的是 an der Sache als solcher）的一种兴趣，你自己内心究竟如何想的，这个我们存而不论；但是至少，在旁观者看来，其他的个体会把你的行为当作是对事情本身的兴趣。他人会根据你的行为的后果来评价你的意图，你的行为有好的结果，人家就说你很伟大，很感谢你，不会追究你的动机。"当作要**让自在的事情实现出来**的目的"，也就是当作要让客观事情实现出来的主观目的。"让自在的事情实现出来"这几个字打了着重号，就是把你的主观目的评价为指向现实结果的。所谓让自在的事情实现出来，那就是让事情本身实现出来。你的目的就是事情本身。我们前面讲了，事情本身就是一种主体间性，不光是你个人主观内心的东西，而且是一种实体性的东西，你被认为肯定是出于这样一个目的。"而不在乎是由那一个个体性还是由别的个体性来实现"，谁做了这件事情，功劳就归于谁，对事不对人。所以个体在里面起的作用就淹没不见了，因为大家都是为人民服务嘛，你问他叫什么名字，他说我叫雷锋，他们有一个共同的名字叫作雷锋。

由于在这之后，其他个体性表明这个事情已由它们完成了，或者在没完成时也提供并履行了它们的帮助，所以那一个意识反倒从它们以为它所在的那个地方出局了；它就是它在事情那里所感兴趣的**自己的**行为和冲动；而由于它们觉察到当初这就是**事情本身**，于是它们就觉得自己受了蒙骗。

　　"由于在这之后，其他个体性表明这个事情已由它们完成了"，最开始别人是把你的意识的行为当作对事情本身的一种兴趣来理解的，以为你是为了这件事情本身而做了那些行为，比如出于善良意志而做好事，把它的目的当作是要让自在的事情实现出来，而没有考虑到它有可能有自己的特殊目的，或者说"别有用心"。那么在这以后，这件事情的最后完成是其他个体性一起实现的，"或者在没完成时也提供并履行了它们的帮助"。也就是说，你做的一件事情是由大家在上面如何加码来共同决定它是一件什么事情，而与你自己内心的想法如何无关。"所以那一个意识反倒从它们以为它所在的那个地方出局了"，那一个最初发动这件事情的意识，已从它们以为它所在的那个地方出局了。就是说它们以为它是把这个事情当作事情本身在做，但事情本身是大家决定的，并不是它一个人做成的，所以它当初被猜测为以事情本身为目的的那种意愿，那种动机，反而消失了，是一种不靠谱的猜测。就是说，你的动机并不是想一个人完成这件事情，而是先考虑自己的兴趣，至于如何影响大家去造成一桩什么事业，这个并不在它的考虑中。所以随着事情的进程，大家就发现最初的那个意识反倒从它们以为它所在的地方出局了，发现这个意识最初的想法并不是完成这件事情。"它就是它在事情那里感到兴趣的**自己的**行为和冲动"，它做这件事时怀有个人目的的，它其实并不在乎这件事情，它在乎的是通过这件事情来实现自己的行为和冲动，这才是它真正的兴趣。"而由于它们觉察到当初这就是**事情本身**，它们就觉得自己受了蒙骗"，当它们觉察到这才是这个意识当初所努力追求的事情本身，并不是那种理想主义的远大目标，而就是它在干这件事情时的行为和活动，所有其他的个体性就都觉得自己受了蒙骗。实际上受了谁的蒙骗呢？还不是受了自己的蒙骗。你们这样去猜测别人，别人做一件好事，你们就说他多么地舍己为人，多么地纯洁，多么地高尚，你们把他做的事和他的主观动机等同起来。你们到头来发现，原来他的一切行为还是为他自己，而且发现这就是他当初的事情本身，发现这个意识的兴趣只在于它自己的行为和冲动，这就是真相，于是你们就会觉得自己受了蒙骗。

[277]　　　——但实际上，它们当初急忙赶去帮助，本身也无非是想看到和表示**它们自己的**行为，而不是想看到和表示**事情本身**；就是说，它们当时是想以正是它们抱怨自己受到欺骗的那种方式去欺骗别的意识。

"但实际上，它们当初急忙赶去帮助，本身也无非是想看到和表示**它们自己的**行为"，当然这都是在事后的一种反思了，所以用的过去时。事后，人们一方面反思到那个行为者，那个意识，作出那个行为的个体性，它的动机并不一定是那么高尚，并不一定是一心扑在大家共同关心的那件事情本身上面，而仅仅在于它自己的行为和冲动，借此体现它自己的兴趣或利益，它也只是为它自己；另一方面，如果要反思的话，其他个体性当初急忙赶去帮助，响应它的号召，大家都去促成这件事情本身，其实也无非是想看到和表示它们自己的行为，"它们自己的"打了着重号。"而不是想看到和表示**事情本身**"，"事情本身"也打了着重号，以示对照。你们大家和他一样，也无非是想看到自己的行为，各人都并非出于公心，而是都有自己的小算盘。你们真正的兴趣也在于你们自己的行为，你们也是利用这件事情而展示自己的行为，满足自己的冲动。或者说你们都把自己的行为、个人的冲动当作了事情本身，而不是想看到和表示那种主体间的崇高、伟大的事业。当你们自以为在投身于这样一桩事业的时候，你们都是在自欺。如果说最初的那个人在发起那件事情的时候，你们认为是他在欺人，那么你们跑去帮助他、加入他的事业，那你们就是在自欺。你们自以为高尚，但是实际上你们也是着眼于自己的行为，也没有你们所想的那么样地高尚。他也好，你们也好，彼此彼此，都是为了自己，为了想表现自己，为了想充当"积极分子"。我们以前有一句话叫作"现积极"，这个人现积极，表现自己的积极性，"文革"以后已经不大用这个词了。表现自己的积极性，表现自己是属于事情本身的，但骨子里还是为了自己，哪怕你表现得大公无私，你也是为了自己。所以你根本用不着抱怨自己上当受骗了，你一开始就在自欺，而且也在欺人。"就是说，它们当时是想以正是它们抱怨自己受到欺骗的那种方式去欺骗别人的意识"，你们这些上当受骗者跟那个最初的欺骗者彼此彼此，没有什么区别。你不要抱怨，你也在欺骗别人，每个人都是为自己，但是都装作是为了别人。黑格尔的时代盛行的是功利主义伦理学，功利主义有一个流行的称号，叫做"合理的利己主义"，黑格尔看来比较认同这种主义。你可以为自己，但是要合理，所谓合理呢，就是说客观上为大家。这是与基督教所宣扬的那种舍己为人的道德唱反调的。耶稣基督说，有人打你的左脸，你转过右脸让他打；有人剥你的内衣，你连外衣也给他，要爱你们的仇敌。当然这在现实中是不可操作的。但合理利己主义是可操作的，只是首先必须清除那种诛心之论。它的前提是，假定每个人都是自私的，所以你就不要追究我主观动机如何，只看效果如何就行了。主观自私的人，或者主观动机不明确的人，只要做的事合理，不损害别人的利益，而且能够达到双赢或者多赢，那就值得赞赏。所以每个人都不用抱怨自己受骗了，要说欺骗，实际上大家都在骗人，都在装作是为了别人，实际上是为自己。但这没有什么关系，甚至没有什么不好，只要客观上对大家有好处、对社会有好处就行了。精神的动物王国实际上是很真实的王国，比那种标榜纯洁精神的王国要更真实。当然这只是一个起点，它有待于发展出一套能让各人最大利己的法制规范，否则也不会具有现实的可操作性。

　　——由于现在已经摆明了的是，**意识自己的行为**和**冲动、它的各种力**的转换游戏被当作了事情本身，于是似乎意识调动起自己的本质，就是**为了自己**，而不是为其他个体性，似乎它只操心**它自己的**行为而不操心作为**别人**的行为的那种行为，因而似乎同样也对别人在**它们的**事情中不闻不问。

　　这就是功利主义的原则。"由于现在已经摆明了的是，**意识自己的行为和冲动、它的各种力**的转换游戏被当作了事情本身"，"意识自己的

471

行为和动作"、"它的各种力"都打了着重号,这些都是被归于主观中的东西。而这些东西被当作了事情本身,就是说在现在摆明了的是这样一回事情,就是说,被当作事情本身的是什么呢? 就是意识自己的行为和冲动,它内部的各种力的转换。搞来搞去你还是为了你自己的各种各样的冲动,各种各样的行为,你的天赋才具等等的力的转换。你的各种能力,你要把它们变成现实,要把它们实现出来,作最大的发挥。所以,无非是你主观的一种意图和能力被当作了事情本身。"于是似乎意识调动起自己的本质,就是**为了自己**,而不是为其他个体性","为了自己"打了着重号。这就是追究它的动机了,它的动机是为己,而不是为别人。意识调动起自己的本质,似乎看起来就是为了自己,不是为别人。如果你只看到这一点,你就会抱怨他假装是为别人,实际上是为自己,你就会觉得自己受到了欺骗。"似乎它只操心**它自己的**行为而不操心作为**别人**的行为的那种行为",似乎它只操心它自己的行为,"它自己"打了着重号,这些不断的着重号就是要强调,它实际上只关心自己,只操心它自己的行为,而不操心别人的行为。"因而似乎同样也对别人在它们的事情中不闻不问","它们的事情"这里也打了着重号,是和前面"自己的"对照。这当然是功利主义的实质,功利主义已经摆明了,它就是只顾自己。在做生意的时候,我们实话实说,丑话说在前面,我是要赚钱的,赔本的买卖我是不干的。但是一般人并不讨厌这种说法,因为我还会说:这个东西你自己考虑一下,性价比多高啊,对你也有好处嘛,我赚钱,你也不吃亏啊。这就叫合理利己主义,这话听起来至少是很公平的了。当然我们不会天真到相信他是为了我好,商人的本质就是唯利是图,这个没法改变的,我们的头脑千万要清醒,否则就会上当。但这种唯利是图也只是"似乎"如此而已,它还有另一层。

{227}　　但是它们是再度看错了;意识已经从它们以为它所在的那个地方出局了。意识所关心的,已不是作为**它的这一个个别的事情**的事情,而是作为**事情**的事情、作为对一切个体性而存在的一种普遍的东西的事情。

这个地方有一个转折。前面一直在说要把那些好听的冠冕堂皇的大话拆穿，揭露出背后自私自利的事情本身来，你做这件事是为自己，他跟着你做这件事情也是为他自己，我们彼此彼此，没有哪一个是真正高尚的，都是为了利益的最大化，都是为了赚钱。"但是它们是再度看错了"，最开始受蒙蔽，以为这件事情是为社会做贡献，无私无我；然后这个骗局被拆穿了，没有什么无私无我，利人利他，各人都是为自己。但是这同样是"似乎如此"。当我们把当作这一条原则树立起来以后呢，我们再度地看错了。各人真的都只是为自己吗？各人就是那么样地自私自利、不顾别人吗？"意识已经从它们以为它所在的那个地方出局了"，这跟前面讲的那个"出局了"几乎逐字相同。前面那个"出局"就是说，你以为它是大公无私为了大家，其实它不是，它根本不在乎这件事情，它的兴趣已经不在这件事上了，它只关心自己的行为。而现在呢，又出局了，这是另外一个局。现在这个局就是说，大家都被假定为是自私自利的，但是当你这样断言的时候呢，意识已经从它们以为它所在的那个地方出局了。就是说，意识同样也不完全是自私自利的，即算是自私自利的，它也要走出自私自利的圈子，照顾到别人的利益，才算是明智的，否则它自己也会受损。所以它自己就把这件自私的事情升华了，为了更好地利己，必须利他，必须关心公益，树立自己的公共形象。所以你还不能说所有人都是自私的，这样说也不对。"意识所关心的，已不是作为**它的这一个个别的事情**的事情，而是作为**事情**的事情、作为对一切个体性而存在的一种普遍的东西的事情"，意识所关心的已经不是只限于自己"这一个"的个别的事情了。比如说当一个人把自私自利确立为一条原则的时候，它已经不是仅仅作为这一次唯利是图、见机行事的事情，不是搞一次算一次、不图下回的事情，而应当是一条前后一贯的原则，为了今后继续得利，就必须有信用，有长远眼光。否则你骗过人家一次，人家不会上第二次当，你的财源就到此为止了。所以意识关心的不是这一次事情的得失，而是事情本身的贯通，这就是作为事情的事情，作为事情的事情就是事情本身。极端自私自利的人往往是最愚蠢的,他见利忘义,投机取巧,没有原则,所以只是一次性的。这一次我能够捞到多少算多少,哪怕是蝇头小利,搞一次算一次,下次不搞了。很多中国的商人就是这样的,有些小商小贩没有长远眼光,反映出这样一种商业精神的局限性。比如说让你买一张什么卡,说你可以每个月来享受一次,结果你交了钱以后,他第二天就人间蒸发了,他骗一次算一次。消失了你就不能在这个地方再呆下去了啊,你的自私自利就一次性地中断了。所以它不是一条原则,它还不是事情本身,它只是"这一个"。但意识所关心的已不是这一个,而是"作为对一切个体性而存在的一种普遍的东西的事情",就是不光是这一个个体性,而且是对一切个体性而存在的普遍的事情,换言之,也就是作为一条普遍原则。每个人为自己,如果只做一次性的事情,一锤子买卖,那么我们就说他是自私自利、唯利是图;但是如果把为自己作为一条原则确立起来,我们就把它叫做权利、法权。所谓权利、法权,就是说,正当的利益,作为一条原则的利益,因为它是一种普遍的原则,它是一种法权原则。所以作为事情的事情,真正的事情本身,应当是对一切个体性而存在的普遍的事情,作为一种共相的事情。这条原则,你今天可以用它,明天可以用它,你一辈子可以以它为原则,以它为你的生存之道。同样,你以它为你的原则,别人也可以以它为原则,它们是同一个原则。法权嘛,每个人都有自己的权利,这就成了普遍原则。如果你损人利己,侵害别人的权利,那就不是你的权利,你只是暂时得利,但你下次肯定要吃亏,长远看你损害的是自己;而且你得利的时候你使他人吃亏,你已经侵犯了他人的权利,那个就不是作为普遍东西的事情了。所以这个转弯转得很大,我们中国人往往很难接受,就是说怎么自私自利你还有理了。从这个功利主义的唯利是图,把它建立为一条法权原则,建立为一条普遍的原则,这个就不光是功利主义了。自私的事情如果能够升华为一种平等的权利,那就不叫自私了,大家都能够平等地自私,都能够普遍地自私,每个人能够普遍地满足自己的利益,那就是一种权利,"这一个"就变成了共相。我们在感性确定性里面已经知道了,"这一个"必然会变成共相。一次性的这一个,它是会消失的,你看这里是一棵树,你一转身,这棵树就消失了;但是"这一个"作为一个普遍的共相它存在下来了,所有的东西都是"这一个",房子是"这一个",这棵树也是"这一个",张三是"这一个",李四也是"这一个",那么"这一个"就成了普遍的共相。在这里也是这样,权利就是共相。权利肯定包含每个人的自私的欲望了,每个人为自己,每个人的满足,每个人的享乐,每个人的利益。但是正因为它是每个人的,所以它成了共相。所以你要把这个东西完全当作一种自私自利损人利己,那你就会再次看错了。自私自利上升到原则,它就成了权利,成了共相。这里开始向后面的立法的理性过渡了。

因此,意识就插手于一切个体性的行为和作品,而如果说它不再能夺走它们手里的作品,它至少由此而产生了通过下判断来造成自己的行为的兴趣;如果它给作品打上它的同意和赞扬的印记,那么这已经意味着它在作品上所赞扬的不仅是作品本身,而且同时也是**它自己的**慷慨大度,是它使作品既没有作为作品也没有因自己的指责而遭到败坏的那种宽容。

"因此,意识就插手于一切个体性的行为和作品",既然"这一个"变成了共相,那么意识作为一种个体性的共相,就插手于一切个体性的行为和作品。它跟一切个体性的行为和作品就有了一种交互关系了。它不再是封闭在自己的个体性之内——我只管我自己的行为,我的兴趣只在我自己的行为和冲动上;而现在呢,我要关心的是一切个体性的行为和作品,不光是行为和冲动,而且是行为和作品,就是它们作出来的事情都跟我相关。"而如果说它不再能夺走它们手里的作品,它至少由此而产生了通过下判断来造成自己的行为的兴趣",如果说它不再能夺走它们手里的作品、把它们的作品据为己有,那是别人的作品,是别人造成的,而不是我造成的;但是,至少有一点,就是说,由此而产生了通过下判断来造成自己的行为的兴趣。别人的东西当然不是我造成的,但是我可以通过对别人的东西下判断，这样，别人的东西在某种意义上，也是我的。别人的东西是别人的，这个没错，但是我可以对它表示兴趣，我可以对它下判断，看出它和我息息相关。那么在别人的作品上面，我也寄托了我自己的行为，它就成为了我自己行为的一个环节。我拿出来作判断，借此表现我自己的行为，虽然这些作品在产生的时候我没有出力，但是我在评价它的时候出了力。我们前面讲到作品这个东西，它不是由作者一个人造成的，而是由作者和读者共同造成的。那么它造成以后，虽然我并不说那是我的作品，那个我夺不走，是谁造成的就是谁造成的，但是我可以通过自己下判断来共同完成这个作品。这个作品被别人造出来只是提供了一个可能性，但是它还并不一定完成了，作品的完成还要由读者和作者共同造成。那么作品在社会上，它起的作用就包含有读者的行为在里面。读者的行为是什么呢，就是判断，就是对作品进行自己的评价。我可以对别人的作品采取一种态度，采取一种立场，这种态度和立场也是一种行为，它跟这个作品是有关的。在这种意义上我插手于别人的作品，为什么说插手，也就是把它当作自己的作品进行评价。"如果它给作品打上它的同意和赞扬的印记，那么这已经意味着它在作品上所赞扬的不仅是作品本身，而且同时也是**它自己的**慷慨大度"，它就是这样插手作品的。首先是给作品打上自己同意和赞扬的印记，就是出来一个作品，我对它表态，在上面打上了自己同意和赞扬的印记，我把我的这种评价和赞赏扩展开来。这种赞赏当然也会发生影响，我把它扩展开来，大家交口称赞，那个作品的影响就很大了。而这就意味着我在作品上所赞扬的不仅是作品本身，而且同时也是我自己的慷慨大度，也就是我把自己的主观态度放进去了，不仅是客观的评价，而且是主观的行为。我赞扬的当然是作品本身，但还不光是作品本身，而且同时也是我的慷慨大度，人家在里面听出来的不仅是对作品的评价，而且是我的好意，是我对我之外的东西的一种慷慨的接纳。这种慷慨大度看到人家的长处，表现出这样一种包容心，一种普遍的沟通。这不是那种自私自利的只看到眼前利益的态度, 而是将心比心、与人为善和容纳异己的态度。这是一方面。另一方面,"是它使作品既没有作为作品也没有因自己的指责而遭到败坏的那种宽容"。一个是慷慨大度的赞扬, 这是积极的方面; 另外一个是维护性的宽容, 这是消极的方面。如何宽容呢? 使作品既没有作为作品、也没有因自己的指责而遭到败坏。作品没有作为作品而遭到败坏, 就是说作品总是不完满的, 但是我指出它瑕不掩瑜, 不会由于它自身的缺点而败坏了这个作品。再一个就是说, 也没有因我的指责而遭到败坏, 要有一种宽容, 指责也要有分寸, 不要求全。你要求全的话, 没有一件作品是十全十美的。对别人的作品, 你要有一种包容心, 要有一种赞赏的动机, 出于这一点来欢迎他人的作品, 将它营造成一种主体间性的东西。

　　由于它对某一**作品**显示出兴趣, 它便在其中欣赏**它自己**; 同样, 被它指责的这个**作品**也会受到它欢迎, 为的是它由此而获得了恰好对**它自己的**行为的这种欣赏。

　　"由于它对某一**作品**显示出兴趣","作品"打了着重号。这个意识, 这个主体性的意识, 对于某一个作品显示出了兴趣。原来是说它只对它自己的行为有兴趣, 现在, 它也对作品有兴趣, 虽然这个作品是别人造成的, 是客观的, 不再是它自己的封闭在内心的, 而是在主体间的一个媒介, 一个中介。它对这个作品显示出兴趣, 于是"它便在其中欣赏**它自己**","它自己"打了着重号。前面是"作品"打了着重号, 这里是"它自己"打了着重号。也就是说原来它只欣赏它自己, 现在, 它通过作品来欣赏它自己, 通过一种客观的东西来实现它主观的自我欣赏。原来是封闭在自己内部来自我欣赏, 现在我通过欣赏某一个作品而欣赏自己对这个作品的态度, 这个层次就比原来的层次高了。"同样, 被它指责的这个**作品**也会受到它欢迎", 即使是被它指责的作品也会受到它的欢迎。前面是对作品加以赞扬, 那时你就会欣赏自己的态度, 宽宏大量, 慷慨大度, 宽容。同样, 哪怕你在指责这个作品, 这个作品也会受到你的欢迎。为什么呢,"为的是它由此而获得了恰好对**它自己的**行为的这种欣赏", 它自己的行为也就是指责的行为，批评的行为，它自己也在对此自我欣赏。就是说赞扬也好，批评也好，它都可以在对作品的态度中欣赏它自己。赞扬的时候，它欣赏它自己的宽宏大量，慷慨大度，批评的时候呢，它欣赏它自己的指责，它找到了一个很好的靶子，能够施展它自己的这种批评的欲望、这种展示自己锐利眼光的机会。所以在这种情况下呢，作品也会受到它的欢迎。好的作品也好，坏的作品也好，在这两种情况下都会受到它自己的欢迎。并不是说我们只欣赏好的作品，那么我们对不好的作品就禁止它，就不让它出笼，或者说把它销毁。把它销毁你就失去了显示自己的一个机会了。哪怕是毒草，也要让它出笼啊，也要让它摆出来啊，大家来评一评嘛，大家各显神通，你有什么样的高超的眼界，你有什么更高明的观点，你把它拿出来。否则的话你哪里有机会呢？如果都是好的东西已经给你挑选好了，你还有什么挑选的余地呢？当自私的事情升华为一种权利的时候，那个权利就是普遍的，就是任何人都有创作他自己的作品的权利，也有批评和赞扬任何作品的权利。从这一点我们可以引申出所谓的言论自由啊，出版自由啊，等等这些东西，都可以建立在这个之上。当你的自私的事情变成一种普遍的权利、法则的时候，它就成了一种公共的事情，一种普遍共相，这个作品就成了事情本身了。事情本身就不仅仅是你自己的一种行为或者说一种眼光，而是跟作品结合在一起的东西，主观和客观在这样一种普遍性中就统一起来了。你既不能从单纯的主观来看待事情本身，也不能单纯从客观的作品本身来看待事情本身，而是这两方面的一种交互作用，一种插手。你插手于一切个体性的行为和作品，这才能构成事情本身。

然而那些自认为或自称是因这种插手而受骗了的个体性，自己当初倒是想以同样的方式去欺骗别人。它们自称它们的行为和冲动是某种只为它们自身而存在的东西，在其中，它们只以**自身**和**它们自己的**本质为目的。

"然而那些自认为或自称是因这种插手而受骗了的个体性"，那些个体性因为你插手于一切个体性而受骗了，它们自称受骗了。就是说，你插手一切个体性的作品，你用你的主观的眼光去解释这个作品，但是我发现呢，你是出于你自己的主观意图，所以我们不要上当，我们不要相信评论家，评论家都是从他自己的主观意图、一己的好恶来忽悠我们。那些个体性认为这样一种干预欺骗了我们，这种干预把自己打扮成一种普世价值，实际上是它一己的一种观点，是它的一种判断的行为。那么我们现在已经拆穿了，没有什么普世的东西，它的评论就是它一己的评论。但是，自认为或自称是因这种干预而受骗了的个体性，"自己当初倒是想以同样的方式去欺骗别人"。你说它那个东西不是普世价值，是它一己的自私自利的判断，你标榜自己是毫不掩饰地出于一己的私人的眼光，私人的利益，认为自己这才是最真实的，而凡是说自己是出于公心的都是骗人。但实际上，你还不是想以同样的方式去欺骗别人。比如说，"它们自称它们的行为和冲动是某种只为它们自身而存在的东西，在其中，它们只以**自身和它们自己的**本质为目的"，就是说，你宣称世界上其实没有什么普世的权利，每个人都是为自己，都是一种自私自利的行为，都是一种丛林法则，都是一种弱肉强食，尔虞我诈。不要说得那么好听，没有什么普遍的东西。我们现在听到很多这样的说法，就是说，包括人与人的利益也好，国与国的利益也好，世界上只有利益是真的，没有什么公平正义，没有普世价值，所有普世价值都是假的。我们经常可以碰到这种言论，就是说什么道德啊，什么正义啊，都是拿来骗人的，你无非就是为了自己的利益嘛，为了自己占更大的地盘嘛，哪有什么公平可讲，一切都凭实力说话，凭拳头说话。现在最流行的就是这样的说法，一切都要凭实力，各人都是为自己。但这是另外一种忽悠人的观点，同样是欺骗。

　　但由于它们做了某事，因而呈现了自己并将自己显示于日光之下，它们就直接通过这一行为业绩而与它们打出的招牌相矛盾了，因为打出的招牌是要排除日光本身，排除普遍的意识和一切人的参与，而实现出来的反倒是将它自己的东西展示在普遍的元素之中，借此，它们自己的

东西就变成并且应当变成一切人的事情了。

"但由于它们做了某事，因而呈现了自己并将自己显示于日光之下"，什么叫日光之下，日光是普照大地的，日光就是普遍理性、普世价值。凡是你做的事，都必然呈现于日光之下，让大家来评一评。"它们就直接通过这一行为业绩而与它们打出的招牌相矛盾了"，它们实际上就已经自相矛盾了。"因为打出的招牌是要排除日光本身，排除普遍的意识和一切人的参与"，凡是宣称没有什么普世价值的人，都不要开口说话，也不要做任何事让人家看到，否则"实现出来的反倒是将它自己的东西展示在普遍的元素之中，借此，它们自己的东西就变成并且应当变成一切人的**事情**"。口头上否认一切普遍的东西，实现出来的反倒是把自己的东西展示在普遍的元素之中。所以你口头上不论喊得怎么样，那反倒是一个骗人的招牌，实现出来的才是事情本身。招牌也许真的表达了你的动机，那不作数，真正实现出来，还要视各方利益的关系而定。这就像买东西一样，买家总是希望这个价格压得越低越好，卖家总是希望价格越高越好，当然每个人在提出自己的价格的标准的时候呢，都是不踏实的，都知道这是我的一厢情愿，但对方是否能接受，这个要谈判，谈判之后结果如何，谁也预料不到，只有谈到最后是什么，那才是事情本身。如果双方都能认可，都没有超出双方的底线，这就是事情本身，这就是实价。我们买东西的时候，你不要跟我谈什么标价，我问你要实价，你能给我多少。所谓实价就是事情本身，最后谈成的，那就是事情本身。所以最初打出的招牌也是骗人的，你当然想唯利是图，寸土不让，但是你也知道，那是做不到的，最后总要让点利。但是尽管做不到，我还这样说，那只是我的筹码，你如果要把它当真，你就上当了。所以在市场上，即使遵行丛林法则，也还是有普世的东西的，在这个里头有一种对抗，有一种博弈。究竟是每个人为自己的私利在互相冲突、各不退让，还是无形之中有一种普世标准在支配着一切，这两种观点是非常对立的。当然在黑格尔那里，他是站在普世价值这一边的，亚当·斯密的《国富论》就代表这种观点。而跟黑格尔的观点对立的就是当时流行的所谓"法的历史学派"，就是胡果和萨维尼，这两个都是德国人，是当时法的历史学派的创始人。他们的作品黑格尔都应该很熟悉，当时是争得很厉害的。后来马克思在《法的历史学派的宣言》那篇文章里面，收在《马克思恩格斯全集》第 1 卷里面，也重点批判了胡果他们的观点。法的历史学派又叫德国历史学派，德国历史学派后来跟这个实证主义合流了，就是要根据历史的事实、历史上的传统来确定一个国家发展的方向。特别在法律方面，社会学方面，他们就提出来，德意志民族有它的特殊性，德意志民族跟任何民族不一样；而在德意志民族里面，每个地区也有它的特殊性，每个地区的特殊性跟其他地区也不一样。所以这样分解下去，就成了一种历史相对主义和历史虚无主义，就是说没有什么普世的东西，一切都有它的"国情""地区情"，都是具体的。所以萨维尼后来当了德国的最高法院大法官，他制定的这个德国法律的方向就是不要有一个统一的法。德国的统一宪法是在很晚，到了 20 世纪初的 1910 年才定下来的。而在当时就是萨维尼这一伙人，法的历史学派，把持了法律界的总体倾向，只有地方法，没有一个统一的法。他们只强调特殊性，每个地方都有它特殊的情况，每个人都有自己特殊的利益，没有共同利益，你不可能有一个普遍的法。所以他们导致的是一种民族特殊论，德意志特殊论，用特殊国情来抵制普世价值，当时不叫西方价值，当时是英美那些先发达国家的历史经验、它们的法律制度等等，要抵制。当时黑格尔也对他们有批判，马克思更加是重点批判了他们，强调德意志的特殊性就是强调德意志的封建性。马克思的评价就是说，德国由于发展落后于西欧那些先进国家，所以对于西欧先进的东西有一种抵触，就企图用民族主义来抗拒历史的规律。他们的这种倾向，最后导致一种历史相对主义。就是什么东西都是历史形成的，凡是历史形成的就是好的，就是合适的，任何事物都要适合于已经形成的习惯，已经形成的传统，已经形成的国情，抗拒一切变动。所以马克思说它是一种封建残余思想的表现，对于现代化的一种抗拒。这是当时的背景。在这个里头，黑格尔不可能把这些东西都写出来，黑格尔写《精神现象学》的时候是 1807 年，那个时候正是法的历史学派刚刚开始起步的时候，胡果的最有影响的一本书是在 1798 年出版的，萨维尼也是在 1800 年后几年的时候，那个时候刚刚开始掀起这一场争论的时候。这是一个历史背景。在书里头黑格尔并没有点名批判谁，但是，指出了这样一种观点，这样一种哲学倾向，就是强调个别性，强调个体性，而忽视了普遍性。强调这一个的私利，但是忽视了这一个它本身有一个普遍性，它本身会变成一种权利，一种法权，这是不可抗拒的。

[278]　　因此，只要意识声称关心的是**纯粹的事情**，那它就同样也是自欺欺人；一个发现了一件事情的意识倒是得出了这样的经验，即其他的意识都像苍蝇麇集于新挤出来的牛奶那样急忙想要凑拢过去并对此孜孜以求，——① 而且其他那些意识想在这件事情上了解到，它所关心的同样也不是作为对象的事情，而只是**它自己的**事情。

　　"因此，只要意识声称关心的是**纯粹的事情**，那它就同样也是自欺欺人"，这是一个大原则。意识声称它关心的是纯粹的事情，纯粹的事情是什么事情呢，就是事情本身的共相，就是把一切不纯粹的东西都排除了以后的纯粹的事情。那这种说法就同样也是自欺欺人。"同样"，这是与上面讲的自欺相对照的，上面讲过于标榜自己的特殊性和一己之私是自欺欺人；这里则说，如果把事情本身纯粹当作一种共相来关心，它同样也是自欺欺人。过于低调和过于高调都是带有欺骗性的，都偏离了事情本身。"一个发现了一件事情的意识倒是得出了这样的经验，即其他的意识都像苍蝇之麇集于新挤出来的牛奶那样急忙想要凑拢过来并对此孜孜以求"，这是反驳那种高调的说法。就是说，一旦发现了一件事情，那么

---

① 这是袖珍版的标点，在丛书版和考订版中没有逗号和破折号，而是一个分号。——中译者

所有的意识都像苍蝇一样跑过来了。跑过来干什么呢？孜孜以求，追逐私利。所以意识声称只关心纯粹的事情，那当然是自欺欺人了，各人都在这个事情上面追逐他的私利。"而且其他那些意识想在这件事情上了解到，它所关心的同样也不是作为对象的事情，而只是**它自己的**事情"，就是说，造出这件事情来引诱所有苍蝇都飞来的那个意识，也是为了自己。你造出这个事情难道不也是为了自己吗？大家都彼此彼此嘛。所以在这种情况下呢，哪有什么纯粹的事情，所有的人都在为自己的私利孜孜以求，不管是创造出这个作品来的人还是其他急忙凑拢过来的那些苍蝇，他们都是为了自己的私利，大家都心知肚明。这是一个方面。就是说，如果你认为自己关心的是纯粹的事情，那就已经自欺欺人了。因为你的经验告诉你，不可能有纯粹的事情，每一件事情都是不纯粹的，每一件事情都是与每一个人的私利相关的。但这还只是一个方面。

　　反之，只要**行动**本身、只要力与才具的运用或这一个个体性的表述声称是本质性的东西，那么同样也会互相给对方造成这种经验，即**它们全都**激动起来，并把自己看作被邀请的，而且觉得原先所展现出来的并不是一种**纯粹的**行为，也不是一种**个别的**、特有的行为，而毋宁是某种既是**为他**的东西，同样也是**一个事情本身**。

　　这个"反之"就是从另一方面讲了。前面是讲，两种情况都是自欺欺人，一种是主张人都是自私的，每个人都只为自己而行动，把这看作事情本身，其实这是不对的，人不可能把自己完全封闭起来；另一种是讲，如果你觉得自己关心的是纯粹的事情，那你同样也是自欺欺人，没有那样纯洁高尚的人。现在，反之，"只要**行动**本身、只要力与才具的运用或这一个个体性的表达声称是本质性的东西"，反过来是另外一种情况了，就是个别的东西，特殊的东西，如果你真是把它看作本质性的东西，立足于本质来运用和表达你的才具和能力的话，而不是仅仅作为那种浮面的当下冲动的行动的话。"那么同样也会互相给对方造成这种经验，即**它们全都**激动起来，并把自己看作被邀请的"，就是你个人的东西同样也会成为激动他人、邀请他人的东西，如果你是基于你个人才具中那些普遍本质的话。这就会造成一种完全相反的经验，和前面那一个纯粹的事情所遭遇到的经验不同，那种经验就是其他的意识都像苍蝇一样地飞来你这里谋求各自的私利，把你那种纯粹的意识击得粉碎。那么换个角度，反过来说，如果你把这种个体性作为本质性的东西付诸行动，那同样也会造成一种经验，造成一种什么经验呢？就是这些个体性全都会激动起来，并把自己看作被邀请的，会响应你的召唤。它们为什么激动起来？因为你的行动不是狭隘的私利，而是普遍的私利，是每个人私利中的那种带本质性的东西。在这件事情上面，每一个人都与他人相关，他人也都在邀请每一个人。虽然每一个人为自己的利益，但是每一个人都欢迎他人，都邀请他人。"而且觉得原先所展现出来的并不是一种**纯粹的**行为，也不是一种**个别的**、特有的行为，而毋宁是某种既是为**他的**东西，同样也是**一个事情本身**"，这就是对前面两种立场的超越了。现在觉得原先所展现出来的既不是一种纯粹的行为，也不是一种个别的特有的行为，而是两者的统一，就是说，既是某种为他的东西，也是一个事情本身。为他的东西就是打破了个体的封闭性，而走向一种普世性；事情本身就是仍然与每个人实际做的事情相关，而不是空洞的说教。这两方面就很好地结合在一起了。因为根据上面的经验，当你立足于共相的方面、立足于普遍的纯粹的事情的时候呢，它就走向了自己的反面，走向了个别性；而当你立足于个别性的时候呢，它同样也走向了自己的反面，它变成了一种普遍性，个别的为自己的行为，变成了一种为他的行为。这是两种不同的立场，分别向它的对立面转化，在这个转化中呢，每一个人都免不了自欺和欺人。它以为是这样，因为它的出发点是这样，但是走着走着发现不对了，发现走回去了。最开始呢，它是欺骗了别人，最后它发现它欺骗了自己，它自己最初的那个初衷已经违背了它自己。于是它现在觉得，它很可能原来就不是这样的，它原来可能就不是从某个片面出发的，而是从双方同一的那个事情本身的基点走过来的。

　　在上述两种情况中所发生的是同一件事，只是具有不同于当初在此所设想并声称有效的那种意义而已。

　　这两种立场，一种是为自己，一种是为他，一种是个人主义，一种是普遍主义，其实是一回事情，"只是具有不同于当初在此所设想并认为应当有效的那种意义而已"。你当初以为的那种意义现在被取消了，当初以为这两种立场是相反的，不能相容的，但是由于对立面的互相转化，互为镜子，所以它们双方都发现彼此彼此，你也错了，我也错了，我们双方其实是一个东西，那样看就完整了。双方都是片面的，片面的就必然会向对立面转化，结果双方都转到了对方的立场上去了，回想起来，原来双方都不同于当初所设想的，当初认为有效的那种意义其实是片面的。双方都在做同一件事情，而双方赋予它的意义却完全是相反的，但其实双方并没有什么区别。

　　意识把这两方面经验为同样是本质性的环节，并且在其中凡是**事情本身的本性**，它就既不只是仿佛与一般行为与个别行为相对立的事情，也不是仿佛与持存相对立的行为，仿佛它是把这些环节作为自己的**种**而从中摆脱出来的**类**那样；相反，它是这样一种本质，这种本质的**存在**是**个别的**个体和一切个体的**行为**，而这种本质的行为是直接**为他**而存在的或者是一个**事情**，而且只有事情才作为**一切个体和每个个体的行为**而存在；这种本质，是一切本质的本质，是**精神的本质**。

　　"意识把这两方面经验为同样是本质的环节"，不管你是从共相出发还是从个别性出发，这两方面同样都是本质的环节，这两者都已经被意识经验到了。前面从共相我们得到了一种经验，然后从个别性我们也得到了一种经验，也就是经验到了它们向对立方面转化。意识通过这两方面的经验，已经意识到这两方面都是本质的环节，共相和个别性缺一不可。意识的经验科学在这里就往前跨进了一大步，我们把这两方面统一起来了。"并且在其中凡是**事情本身的本性**，它就既不只是仿佛与一般行为与个别行为相对立的事情，也不是仿佛与持存相对立的行为"，这里有两方面，一个是事情方面，一个是行为方面。凡是事情本身的本性，它就既不是仿佛与一般行为和个别行为相对立的事情，言下之意，它作为事情方面，并不与行为相对立，它既是一般行为，也是个别行为。而作为行为方面，它也不是仿佛与持存相对立的行为，也就是并非那种不停游走的行为，好像它不在任何环节上停留，"仿佛它是把这些环节作为自己的**种**而从中摆脱出来的**类**那样"。也就是说，好像它完全从这些环节、这些种里面抽象出来，成为不食人间烟火的类，成为纯粹行为那样。真正的事情本身不是这样的行为，它应该是和具体的持存结合在一起的。我们刚才讲有两个方面，一个是纯粹的事情，一个是纯粹的行为。纯粹的事情是共相，纯粹的行为是个别性。那么我们在这样一种经验中，我们经验到了，凡是事情本身的本性，如果纯粹的事情和纯粹的行为相对立的话，那它既不是这种事情，也不是那种行为。这个事情被看作和一般行为个别行为相对立的，也就是被看作超出个体性之上的，因为行为总是个别的，一般行为也是个别的，是许许多多自私的个体的行为。而与持存相对立的行为，也就是前面讲的纯粹的行为，纯粹的行为是不与外界持存的东西相混淆而封闭于自身内部的行为。这两种情况都不是事情本身的本性，事情本身既不是纯粹事情而与行为无关，也不是纯粹行为而与持存的环节无关。行为要造成事情，但是事情不是行为啊，事情是行为的后果，事情是行为所造成的持存的作品，这才是事情啊。但如果你把事情看作和行为相对立的，那事情本身的本性就既不是事情，也不是行为。这里有三个"仿佛"，是虚拟式，说明不存在的情况。后面一个仿佛是前两个仿佛的总结，就是仿佛事情本身的本性是把这些环节作为种而抽象掉了的类一样。哪些环节呢？一个是与行为相对立的事情，一个是与持存相对立的行为，一个事情，一个行为，两者都作为种而从事情本身中抽象掉了，就好像事情本身跟这些环节的关系是种和类的关系，是一种逻辑上的大概念和小概念的关系。按照亚里士多德的划分，种和类，它们处于不同的等级之中，它们的关系是一种包含关系，是这样一种抽象概念的大小关系、量的关系。但事情本身的本性不是这样的，仿佛它是把这些环节作为自己的种而从中摆脱出来的那样，它不是这种表面看起来的情况。"相反，它是这样一种本质，这种本质的**存在**是**个别的**个体和一切个体的**行为**，而这种本质的行为是直接**为他**而存在的或者是一**个事情**"，事情本身的本性是这样一种本质，这种本质的存在就是个体的行为，而它的行为就是它的存在或事情。这里打了着重号的"存在"、"为他"和"事情"属于客观方面，"个别的"、"行为"属于主观方面，事情本身的本性就是客观的主观和主观的客观。或者说事情本身的本质既是行为也是事情，既是主体的行为也是主体间的作品。"而且只有事情才可以作为**一切个体**和**每个个体的行为**而存在"，存在相当于事情，为什么呢，因为只有事情才可以作为一切个体和每个个体的行为而存在。"一切个体和每个个体的行为"打了着重号。只有事情才是一切个体的行为，行为如果不是事情的话，那么它就只是单个个体的行为，只是"这一个"的行为，它不可能成为每个个体、一切个体的行为。行为都是个别的，但是作为事情，它就是一切个体的行为，这样它才存在，而不是封闭于个体内部的潜在。你要从单纯的行为、纯粹的行为本身来看，那每一个人的行为都是从自己出发的，它不管别人的，但那实际上是自欺。一个孤立的个体是不可能存在，也不可能有行为的，就连鲁滨逊也不是孤立的。而如果是一切个体的行为，那只有从事情上才能够看出它的存在。一切个体的行为如何存在呢，那你就不能停留于每一个人的内心动机了，你就要着眼于它们所造成的作品，那就是为他的存在，也就是事情本身。从事情上面我们才能看出来，一切个体的行为是怎么样存在，那就要客观地看了，那就是从它们的作品上来看了，那就是事情。而"这种本质，是一切本质的本质，是**精神的本质**"，这也是一句关键的话。"精神的本质"我们在 272 页上面已经看到了："于是，事情本身就表现了精神的本质性，在这种精神的本质性中，这一切环节作为自为地发生作用的环节都被扬弃掉了，因而只有作为普遍的环节才发生作用"。这就是精神的本质。

这种本质，是一切本质的本质，是精神的本质，也就是说所有这些环节，它们作为普遍的环节才发生作用，它们作为互相贯通的环节才发生作用，它们作为对立面的统一才发生作用，这就是精神的本质。精神的本质是透明的，每一个环节都反映出另外的环节，都可以透视另外的环节。

{228}　　　意识经验到，上述的那些环节没有一个是**主体**，而是反倒消溶于**普遍的事情本身**之中；个体性的诸环节，对这个意识的无思想性来说，曾经先后被看作主体，现在则整合为单纯的个体性，这单纯的个体性作为**这一个**，同样又直接是普遍的。

　　"意识经验到"，注意这个"经验到"，意识的经验引导着意识一步一步地从低往高提升。这个经验当然不是感官的经验，而是意识在它的这种辩证进展中、在它的历程中所经验到的，所实际遭受过的。意识现在经验到了什么呢？"上述的那些环节没有一个是**主体**"。上述的那些环节，尽管它们自己都把自己当作是主体，不管是行为还是事情，不管是纯粹的行为还是纯粹的事情，它们都把自己当作是主体，当作是自己造成的。但是实际上，它们都不由自主地向自己的对立面转化，说明它们没有一个是主体。它们都是被玩弄的，都是互相欺骗和自我欺骗。互相欺骗和自我欺骗，那就不是主体了。这个主体 Subjekt 即主词，在德语里面以及在西文里面，都既可以翻译成主体也可以翻译成主词。它们都不是主体。"而是反倒消溶于普遍的事情本身之中"，就是说，那些环节都不是主体，事情本身才是主体，事情本身是普遍的环节，把它们都吞没了。普遍的事情本身是它们各个环节的统一，各个环节都不能独立存在。主体必须要能独立存在嘛，各个环节都不能独立存在，而是在普遍的事情本身之中消溶了，被解构了，被转化了。而事情本身才是一种普遍性，是一种普遍的转化，它本来是那些环节的宾词，现在成为了主词。"个体性的诸环节，对这个意识的无思想性来说，曾经先后被看作主体"，这些环节在无思想的意识看来，曾经先后被看作主体，或主词。个体性的诸环节，包括动机，包括手段，包括兴趣，包括现实性，这些环节先后被看作是主体。但是后来呢，一个个地被解构了，发现自己上当了，发现自己不是主体，另外一个才是主体；接着发现另外一方也不是主体，不断地游走。"现在则整合为单纯的个体性"，现在才是一个主体了，因为现在整合为单纯的个体性了。只有当你把这些环节都统一起来，当作是事情本身，那么它才成为一种单纯的个体性。单纯的个体性就是说那些环节都消失了，那些环节都统一起来，作为一个单纯的个体性而凸现出它的主体。单纯的个体性才是主体性，主体性没有那么多，主体性如果能够分解为这个环节那个环节，那它就不是主体性了，那它就是由那些环节所承担起来的宾词。现在那些环节成为了这个单纯的主体的宾词，它们作为主体都在相互转化中消失了，促成了这样一个单纯的个体性，这个个体性就变成一种单纯的东西，这个时候才有真正的主体。这个主体只能够做主词，而不能够做宾词，所以这个主体就是实体，因为实体就是只能够做主词而不能够做宾词的东西。"这单纯的个体性作为**这一个**，同样又直接是普遍的"，单纯的个体性就是这一个，这个时候我们回到了这一个，但是，这一个同时又是普遍的，它再不是以前的抽象的这一个，感性确定性那样的这一个，而是一个能动的主体，因此同时直接就是普遍的，那就是主词，那也就是主体—实体。比如说，个体的权利本身就是法，Recht 同时有双重含义，权利和法。个体的权利并不是为所欲为，而是合法的利益，而这种法本身也就是普遍的个人权利。主体—实体就是这样一种东西，它是这一个，但是同样呢，它又直接地就是普遍的。

　　这样一来，事情本身就丧失了宾词的关系以及无生命的抽象普遍性的规定性：它毋宁是为个体性所贯通了的实体；而那个主体，在其中个体性既是作为它自己或者作为**这一个**、又是作为**一切**个体而存在的，以及那个共相，它只是作为一切个体性和每个个体性的这个行为才是一个**存在**，则是一个现实性，因为**这一个**意识知道这现实性既是它自己的个别现实性又是一切个体性的现实性。 [279]

"这样一来,事情本身就丧失了宾词的关系",事情本身作为这一个,不再能作为宾词了,"这一个"就成了亚里士多德所谓的第一实体,第一实体不能作宾词。"以及无生命的抽象普遍性的规定性",它还丧失了无生命的抽象普遍性的规定性。也就是说事情本身它原来是作为一种没有生命的抽象普遍性来规定其他的主体,成为其他主体的宾词,完全是被动地被加在这个那个主体身上。个体性的每一个环节,我们都可以说它是事情本身,最初的动机、目的是事情本身,手段是事情本身,最后实现出来的现实性也是事情本身,那事情本身就成了一个宾词了,成了一个随时被调遣的普遍的规定性了。但是现在,事情本身丧失了它的宾词的关系,它已经不能再用来描述它的目的也好,手段也好,最后的结果或作品也好,都不能用它来规定了,相反,这些都成了它的有机环节。那种规定是无生命的、抽象普遍的规定,是形式逻辑上的种和类的关系的规定,事情本身已经不再是这种规定性。"它毋宁是为个体性所贯通了的实体",它已经是一个实体,而这个实体是为个体性、为主体性所贯通了的。当然这个个别的实体为个体性所贯通,就是为个体性的行为所贯通,这跟亚里士多德的个别实体还不一样。亚里士多德的个别实体还是作为一种形式逻辑的主词来理解的,而在黑格尔这里呢,已经作为一种能动的主体性来理解了。这样一种实体跟主体的统一就不再只是亚里士多德的那种意义上形式的统一,而是有一种贯通的统一,一种实质性的统一。"而那个主体,在其中个体性既是作为它自己或者作为**这一个**、又是作为**一切**个体而存在的,以及那个共相,它只是作为一切个体性和每个个体性的这个行为才是一个**存在**",这里有两个东西,一个是主体,一个是共相。主体是什么样的主体呢? 在这种主体中个体性既是个别的这一个,又是一切个体、普遍的个体。共相是什么样的共相呢? 它既是一切个体性的行为,又是每个个体性的行为。就是说,双方都是个别和一般的统一,主体带有普遍性,共相则带有个体性。这两个是并列主语,也就是说那个主体以及那个共相,它们怎么样呢? 它们"则是一个现实性"。前面是讲主体性，主体性本来是个别性，但是，是一切个别性，所以它已经是共相了，它是作为共相的主体。后面这个共相则是作为主体的共相。双方都把对方包含在内，所以它们就是同一个现实性。它们不是两个现实性，它们就是一个现实性。主体就是共相，共相也就是主体。"因为**这一个**意识知道这现实性既是它自己的个别现实性又是一切个体性的现实性"，"这一个"打了着重号，它现在不再是抽象的这一个，而是具体的这一个了。这一个意识现在知道，这种现实性既是它自己的个别现实性，又是一切个体性的现实性，它既是个别的又是普遍的，既是私人的又是社会的，不是一方现实另一方不现实，比如私人目的碰上残酷的社会现实，或者个人利益加上抽象的社会理想，而是双方都是现实的了。

　　这个纯粹的**事情本身**就是上面曾被规定为**范畴**的东西：存在即是自我，或自我即是存在；但都是作为**思维**，它与**现实的自我意识**还是有区别的；

　　我们看这半句。"这个纯粹的**事情本身**"，现在我们单就这个事情本身来看它，把它的现实性暂时先撇开，那么它"就是上面曾被规定为**范畴的东西**"。上面曾被规定为范畴，我们可以参看贺、王译本第157页："**范畴**本来的含义是，它是存在者的本质性，……现在则只是作为思维着的现实性的那种存在者的**本质性**或单纯**统一**；或者说范畴意味着，自我意识和存在是**同一个**本质；这**同一个**本质并不是在比较中的同一个，而是自在自为的同一个。"这是刚刚进入到理性章时说的。整个理性章实际上就是要从笛卡尔的我思故我在开始考察范畴，看它是怎么建构事情本身的。事情本身从抽象概念上是从前面讲的范畴发展出来的，这种范畴一开始就被规定为存在和自我的同一。所以这里讲，"存在即是自我，或自我即是存在，但都是作为**思维**，它与**现实的自我意识**还是有区别的"。这只是一种思维的结构，我思故我在是在思维中规定了主客观的统一。但范畴还没有涉及现实的自我意识，它必须在自我意识的理性进程、特别是在实践的理性中逐渐赋予自己现实性。所以这个纯粹的事情本身，如果撇开现实性，那就是上面曾被规定为范畴的东西。什么是纯粹的事情本身，就是自我和存在的统一，我思故我在的主客观统一，但都是作为思维，"思维"打了着重号。它与现实的自我意识还有所区别的，"现实的自我意识"也打了着重号。你把范畴当作对象，这还只是一种思维，范畴只是意识的对象。所以它跟现实的自我意识还不同，我思故我在还只是一种思维，只是在思维中的思维和存在同一。

<u>但在这里，现实的自我意识的诸环节，就我们将其称之为自我意识的内容，如目的、行为和现实性而言，正如就我们将其称之为自我意识的形式，如自为存在和为他存在而言一样，已经与单纯的范畴本身建立为一了，而单纯的范畴因此同时就是一切内容。</u>

这半句就不同了。前面是讲这种范畴的东西，存在即自我，自我即存在，都是作为思维，与现实的自我意识还不一样的。"但在这里，现实的自我意识的诸环节"，不管是在内容上还是在形式上，都"已经与单纯的范畴本身建立为一了"。内容上比如"目的、行为和现实性"这些环节，形式上则是"自为存在和为他存在"，现在都与前面那种单纯的范畴、那种我思和存在的同一合为一体了。当然，这种合为一体是要在下面讲的"立法的理性"中才正式建立起来的，但法权观念则是在这个"精神的动物王国或欺骗"的阶段，经过艰难的跋涉而最后在"事情本身"的意识中形成的。这整个第三节的标题"自在自为地本身就是实在的个体性"，一开始就提出来了这样一种个体性，这样一种自在自为地本身就是实在的个体性已经把范畴当作自己的意识的对象了。正因为它能够提升到把范畴当作自己的对象，所以它才能把自身的各个相对立的环节统一起来，才能把自己作为这一个主体、这一个个体性建立起来。如果你不提升到范畴的我思即我在这个层次，你是无法把这样对立的环节统一起来的。我们可以看贺、王译本 260 页倒数第 3 行：理性现在"不再力求把自己只是当作与直接存在着的**现实性**相**对立的目的**而产生出来，而是把范畴本

身当作了自己意识的对象"。就是说，理性不再与现实性相对立，而是通过范畴和现实性建立为一，范畴现在是现实的对象。所以范畴不再是抽象范畴，它已经是实践理性和理论理性的统一。这里讲的是："而单纯的范畴因此同时就是一切内容"，范畴本身成了内容，成了现实性。显然，这种由范畴本身所建立起来的现实性，只能理解为法权。只有从立法的理性来看，现实的自我意识里面的那些环节，不论是在内容上还是在形式上，才已经与单纯的范畴本身建立为一了。单纯范畴和现实内容的统一就是事情本身，也就是法权。我们休息一下吧。

b. 立法的理性

好，我们再接下来讲。这个标题是"立法的理性"，这个"立法的"，gesetzgebend，就是给出一个法律，给出一个规律（Gesetz）。我们前面在讲到知性和力的时候，以及讲到观察的理性的时候，也接触到这个规律，到处都要寻求规律。我们不但在自然科学里面要寻找规律，在实践的领域里面也要寻找规律，这时我们通常把规律译作"法则"、"法"或者"法律"。在德语里面，规律，Gesetz，它有双重含义，一个是规律，一个是法则，法则也可以理解为法律。所以它有好几个含义。如果是用在自然科学方面，我们一般翻译成规律，用在人文科学社会科学方面呢，我们一般就翻译成法则甚至于法律。在传统意义上面呢，不一定是现代的这个法治社会的法律，也可以翻译成律法，比如说圣经里面讲的律法，摩西十诫，那是上帝的律法，那不是通过一种法律程序制定出来的。所以我们最好把它翻译成法则，宽泛一些。法则既可以是法律，也可以是律法，反正就是一种行为规则。所以他这里讲的立法的理性呢，我们不能够仅仅从现代法学的意义上面理解为一种现代意义的立法，而是一般讲的给出一个法则。理性在这里头要立法，要给出一个法则。所有前面讲的都是理性，而且都是实践的理性。那么实践的理性在左冲右突以后，进到精神的动物王国，开始了实践理性的自我反思，把实践理性和理论理性结合起来，形成了实践领域里面的范畴意识。于是我们发现，现在已经进入到立法的理性了，立法的理性不是到自然界寻求规律，而是到社会实践生活中寻求法则，是这个层次的理论理性。它跟前面最后得出的这个成果，就是跟范畴的现实性，跟实体和主体的同一，跟这个是相关的。我们已经意识到，事情本身实际上就是作为主体的实体，或者作为实体的主体，体现为范畴的现实性，这个时候我们就可以谈到立法了。以范畴来规定现实的实体—主体，这样一种理性就是立法的理性。

精神的本质，在其单纯的存在中，就是纯粹的意识和这一个自我意识。

这一句话里面有两个环节。"精神的本质"，精神的本质我们刚才已经讲到了，事情本身的本性是一切本质的本质，是精神的本质。那么精神的本质"在其单纯的存在中"，前面也讲范畴就是自我即存在，那么单从事情本身的存在方面看，这个精神的本质是什么呢？换言之，这个本质的存在方面是什么呢？"就是**纯粹的意识**和**这一个自我**意识"。从精神本质的单纯存在中它就包含有两个环节，一个是"纯粹的意识"，再一个是"这一个自我意识"。"纯粹的意识"和"这一个自我"都打了着重号。自我意识，Selbstbewußtsein，这里把它分开了，只有 Selbst 打了着重号。Selbst 在自我意识这个组合词里面，我把它翻译成自我，但是当它单独出现时我通常译作自身。我们前面讲过，"自身"和"意识"结合起来，只能译作"自我意识"，而不能译作"自身意识"。总而言之这里有两个环节，一个是纯粹的意识，一个是这一个自我意识。纯粹的意识是一个共相，相当于纯粹的事情；这一个自我意识则是一个个别性。所以精神的本质本身包含有两个环节，一个是普遍性的环节，一个是个别性的环节。当然这两者之间会发生交互作用的，但是我们现在还没有涉及这一点。我们单从存在方面来看，从静止的方面来看，先不考虑它们的相互作用，它就包含这两个环节。

　　个体的原始地**规定了的**本性已经丧失了它的积极含义，即**自在地**就是个体活动的元素和目的这一含义；它仅仅是扬弃了的环节，而个体则是一个**自身**（Selbst）；即作为普遍的自身。

　　前面第一句话讲了精神的本质有两个环节，下面就是来分析这两个环节了。"个体的原始地**规定了的**本性已经丧失了它的积极含义"，就是说从第一个环节来看，在纯粹的意识里面，个体性的原始规定了的本性已经丧失了它的积极的含义。个体性的原始规定了的本性，原始特定的本性，那就是我们前面讲的本能的环节，本能的欲望。个体性的原始本能已经丧失了它的积极的含义，在精神的本质里面，它已经不具有积极的含义了。什么积极的含义呢？"即**自在地**就是个体活动的元素和目的这一含义"。这是它本来的含义，原先当它还没有达到精神的本质这个层次的时候，这种原始本能曾经自在地、无意识地成为了个体活动的元素和目的。个体活动的元素，个体就是借助于这些本能的元素来活动的。和目的，也就是它是为了它的本能而活动的，把本能当目的。现在这个含义已经失去了，在纯粹的意识里面，"它仅仅是扬弃了的环节"，不再作为积极的含义而起作用了。"而个体则是一个**自身**；即作为普遍的自身"，个体是一个自身，也就是上面讲的，"**这一个自我**意识"，这里把第二个环节也拉进来讲了，把它放在第一个环节中一起考虑了。但是它是"作为普遍的自身"。这中间为什么是一个分号，而不是逗号？① 这表示，这一个自我意识是和前面的纯粹意识结合在一起的，所以"作为普遍的自身"那也就是纯粹的意识和个别自我意识的统一了，这是一个合题，是两个环节的统一。正因为个体的这一个自我意识不再包含原始本能的元素，而是被提升到了普遍的自身，它就成了一个共相，成了一个纯粹意识。它把它的本能所规定的特殊性扬弃了，把它的特殊性，它的气质，它的天分，它的能力这些东西，都扬弃了。它仅仅是一个自身，或自我，而每个

───────────────

① 袖珍版是逗号，但考证版是分号。

495

个体都有一个自我，这个自我是一个普遍的自我，在这方面人人都是平等的。人人平等，在什么意义上平等，不是在它们的才能、气质、天赋等等这些方面的平等，而是因为每个个体都是一个自身、一个自我。这是从第一个环节来看的。

相反，形式的事情本身却在行为中自身区别的个体性那里得到了自己的充实；因为这个个体性的那些区别构成了那个共相的内容。

"相反，形式的事情本身"，那就是抽象的共相了，事情本身的抽象共相，也就是前面第一个环节"纯粹意识"，它反过来被纳入了第二个环节即个别自我意识中来考察了。就是说，它反过来"却在行为中的自身区别着的个体性那里得到了自己的充实"。也就是通过行为，自身区别的个体性使得形式的事情本身充实了。纯粹意识并不只是作为抽象的共相而成为第一环节的，它已经具有第二环节作为自己的内容，它已经以这一个自我意识作为它的内容了。"因为这个个体性的那些区别构成了那个共相的内容"，这一个个体性不是静止的纯粹抽象，而是能动的自我否定和自我区别，它的这种区别恰好构成了纯粹意识的内容。他分别从两个环节来展开了精神本质的具体的内容，不仅仅是从单纯存在来确定它的抽象含义，而且是从双方的相互包含的关系阐明了精神本质的本质含义。不是说，有纯粹意识，另外还有"这一个"自我意识；而且是说，个别自我的内容具有普遍自我的形式，而形式的事情本身则被充实以有区别的个体性内容。

范畴是自在的，它作为纯粹意识的共相而存在；它又是自为的，因为意识的自身同样也是范畴的环节。范畴是绝对的存在，因为那个普遍性乃是存在的单纯的自身等同性。

"范畴是自在的，它作为纯粹意识的共相而存在"，这是从形式上来看的，精神的本质从形式上来看，是作为纯粹意识、作为范畴而自在存在的。"纯粹意识"打了着重号，表明它是第一环节，即形式的环节。"它又是自为的，因为意识的自身同样也是范畴的环节"，这是第二环节，即个体性的能动环节，它是从内容上来看的。所以范畴作为精神的本质，它既是自在的，又是自为的。从这个共相来说，从纯粹意识来说，它具有自在的形式；从这一个自我意识来看，它又具有自我区别的自为的内容。这也是对第一句话的两个环节的一种更高层次上的解释，从范畴这个层面上来看，它是自在自为的范畴，也就是实体的范畴。真正的实体既是自在的又是自为的，既是实体又是主体。所以，"范畴是绝对的**存在**，因为那个普遍性乃是**存在的**单纯的**自身等同性**"，范畴现在是绝对的存在，绝对的存在那就是实体了。所谓绝对的存在就是主客观同一的存在。斯宾诺莎的实体就是一种绝对的存在。这里讲到的这个绝对的存在也相当于斯宾诺莎的实体。斯宾诺莎的实体是什么呢？斯宾诺莎的实体是"自因"，自己是自己的原因。所以那样一种普遍性乃是存在的单纯的自身等同性，也就是自己是自己存在的原因。那个普遍性不是一个抽象的概念，而是存在的自身等同性，实体就是一个存在的自身等同性，自身是自身存在的原因。一个抽象的概念还需要另外的东西来解释，还需要落实到存在本身上面来解释；但是作为绝对的存在，它不需要任何别的解释，它自己等同于自身，自己是自身的原因。这个比斯宾诺莎的说法要更加进一层次了，斯宾诺莎的自因并不意味着它是主体，他的自因仅仅是存在因而已；但是黑格尔这里讲的这个绝对的存在呢，实际上它就是行为，只有行为才是绝对的存在。斯宾诺莎的存在是静止的，黑格尔的存在是动态的。在动态中的它的这种自身等同性，那就是主体了。

于是，凡对意识而言是对象的东西，就包含着它是**真实的东西**的含义，**真实的东西**在下述意义上是**存在的**和**有效的**，即它**自在自为地自身存在**和**有效**；它是**绝对的事情**，这事情不再为确定性及其真理性、共相与个别东西、目的及其实在性的对立所苦，相反，它的定在就是自我意识的**现实性**和**行为**；因此，这一个事情就是**伦理的实体**；而对这个事情的意识就是**伦理的**意识。 {229}

"于是，凡对意识而言是对象的东西，就包含着它是**真实的东西**的含义"，这个不难理解，因为真理就是意识和对象的符合嘛。但仍然有一个对象是虚假的对象还是真实的东西的问题，也就是它是否真正存在并且有效的问题。斯宾诺莎也说过，真观念必然符合它的对象，但真观念凭什么符合它的对象？标准何在？斯宾诺莎诉之于理智直观。那么黑格尔这里，他诉之于实践和行动。所以他讲："**真实的东西**在下述意义上是**存在**的和**有效**的，即它**自在自为地自身存在**和**有效**"。它自在自为地自身存在和有效，也就是自因的意思了，实体就是自因，但这个自因不是单纯的存在因。单纯的存在因还只是事物，而"它是**绝对的事情**，这事情不再为确定性及其真理性、共相与个别东西、目的及其实在性的对立所苦"。这个绝对的事情、这个事情本身，已经把确定性和真理性，把共相和个别的东西，把目的和实在性，全都统一起来了，不再陷于它们双方的对立之中。一个是确定性和真理性，我们前面多次讲到了，确定性不等于真理性，确定的东西也许是主观的东西，也许是没有客观性的东西，而真理性呢，它又不是确定的，它不断地游移，不断地改变自身，它不确定。共相与个别，这一对范畴历来一直都是处于对立之中的，很难做到真正相互贯通。目的和实在性，目的往往跟现实性是对立的，我有一个目的，但是不现实。长期以来，所有这些对立纠缠不清，而绝对的事情呢，现在已经摆脱了这些对立，不再为这些对立所苦。"相反，它的定在就是自我意识的**现实性和行为**"，它的定在，也就是这个真实的东西、这个事情本身的定在，就是自我意识的现实性和行为。"现实性"和"行为"打了着重号。所有这些环节都统一起来了，统一为自我意识的现实性和行为了，也就是这样一种真实的东西的存在和有效体现为自我意识的现实性，和行为的、实践活动的现实性。这种存在是一种行为的存在。"因此，这一个事情就是**伦理的实体**"，"伦理的实体"打了着重号。这一个事情，也就是自我意识的现实性和行为，它就是伦理的实体。自我意识通过自己的行为在现实中实现出来，就是伦理的实体。也就是说，真实的东西是实体，而真正的事情本身就是伦理实体。前面讲了，真实的东西就是绝对的事情了，绝对的事情就是实体了；但这个实体同时也是行为的主体。它是行为啊，它是现实性啊，它是实现出来的行为啊，所以它也是主体。作为主体的实体就是伦理实体。作为主体的实体也就是在现实中行动的实体，它不是摆在那里的一个静止的东西，也不是一个抽象的共相，而是主体性的一种现实的行为。主体性要把这样一种实体实现出来，实体就是这样一种实现的行为，那么它就是一个伦理的实体。为什么是伦理的实体？按照康德的说法，在实践理性中所建立起来的法规，那就是伦理的。这个伦理的，sittlich，也可以翻译成道德的。在康德那里我们经常翻译成道德的，道德形而上学，道德律，道德法则；但在黑格尔这里，我们翻译成伦理的。黑格尔把道德和伦理严格区分开来了，把Moralität 和 Sittlichkeit 这两个词严格区分开来了。Moralität 是道德的，Sittlichkeit 只能说是伦理的，只能称之为伦理的。所以我们这个地方就不能像在康德那里一样翻译成"道德的实体"，只能翻译成更宽泛的"伦理的实体"。这是在黑格尔的意义上把这两者区分开来了。但是它的来源还是从康德那里来的，就是说康德认为实践理性的法规就是道德律。实践理性当然也有规则，也有准则，但是如果是普遍的法则，如果是法规 Kanon 或者法则 Gesetz，那就是伦理。如果仅仅是 Regeln，就是规则，如果仅仅是 Maxime，即准则，那都可以不是伦理，那可以是实用的、明智的一些考虑。日常的实践虽然也要用理性，但是它不是按照理性的法规，不是按照理性的 Gesetz 而做到，而是按照感性的需要而做的，虽然也有理性在里面。但是如果成立了理性的法则或理性的立法，那就是伦理。这个是从康德来的，就是实践理性到了立法的理性，那就是进入到了伦理的领域里面了。所以这一个事情就是伦理的实体，"而对这个事情的意识就是**伦理的**意识"，对这样一个实体的意识，对这样一个绝对的事情、已经摆脱了上述种种对立的一种现实性和行为的意识，那就是伦理的意识。精神现象学现在进入到了对伦理意识的考察，开始向第六章的内容过渡了。

[280]　　　对伦理的意识而言，它的对象同样也像**真实的东西**那样有效，因为它把自我意识与存在结合在"一个"统一体之中；它被当作**绝对的东西**，因为自我意识不能也不愿再去超越这个对象，因为在对象中自我意识就是在其自身中；它之所以不**能**，乃因为这对象就是一切存在和一切力量；——它之所以不**愿**，乃因为这对象就是**自身**或这个自身的意愿。

　　"对伦理的意识而言，它的对象同样也像**真实的东西**那样有效"，伦理的意识，它的对象，我们通常说，是好的东西，善的东西。但是这个善的东西呢，我们往往不把它看作真实的东西，常常说，良心几多钱一斤？其实它同样也像真实的东西那样有效，它也是真实的东西。我们知道，一般来说真实的东西不一定是好的，好的东西也不一定是真实的。但在黑格尔这里呢，这两者是统一的。在伦理意识里面，它同样地要谈论真实的东西，伦理的意识里的真东西也是有效的。从苏格拉底以来西方人把真和善看作是一体的，这个有它的渊源，美德即知识，美德即真理，是真正的知识。对伦理的意识而言，它的对象是真和善的统一，"是"和"应当"的统一。是和应当在休谟那里严格区分开来了，休谟认为应当不等于是，应当是什么跟是什么是完全不一样的。但是在黑格尔这里呢，这两者是统一的。为什么是统一的，"因为它把自我意识与存在结合在'一个'统一体之中；它被当作**绝对的东西**"。自我意识跟它的对象的关系既是一种认知的关系，又是一种行为的关系，所以这对象是一种绝对的东西。伦理意识的对象被当作了绝对的东西，"因为自我意识不能也不愿再去超越这个对象"。就是说，既然自我意识这个对象其实就是自我意识自身，它把这个对象当作就是它自身，那么这个里头的真实也就是它的应当，是就等于应当。它自身就是这样的，它也就应当是这样的，它对自身的认识和把握就是它自身的愿望，也就是它的行为目的。所以它，自我意识，不能也不愿再去超越这个对象。这个对象就是它自己嘛，它再超越也无非就在这个对象之中，"因为在对象中自我意识就是在其自身中"。通过这样一种自我同一性，黑格尔是把真实的东西和伦理的东西统一起来了，把真实的东西和好的东西、善的东西统一起来了。别的外在的东西你可以把它的真和善区分开来，但是对自我意识自身而言，真实的东西就是好的东西，"认识你自己"就是一种伦理行为，不是一种单纯认识行为。对自己的真实的把握就是对自己的应当的把握，应当作什么的把握。这里有两个环节，一个是不能超越，一个是不愿超越。"它之所以**不能**，乃因为这对象就是一切存在和一切力量；——它之所以**不愿**，乃因为这对象就是**自身**或这个自身的意愿"，这是对前一句，不能和不愿加以解释。为什么说它不能呢？它不能超越这个对象，是因为对象就是一切存在和一切力量。对象就是一切存在和力量，再没有别的了，对象就是实体，实体包含一切内容。这个对象已经成为了包含一切内容的实体，凡是离开它的都是漂浮的，都是不可信的，都是无力的。一个是存在，一个是力量，力量体现为行动、行为，存在体现为事情本身。对象就是一切存在和一切力量。为什么说它不愿呢？因为对象就是自身或这一个自身的意愿，因为对象就是它的意愿，你还怎么超越。你超越了那就不是你的意愿了。正因为对象就是你的意愿，所以它不愿超越它这个对象，而要执着于它之中，因为对象就是它自身的意愿。对象就是自我意识自身，而自我意识自身在这个时候就是一种实践的自我意识，它就是意愿。这个意愿也可以翻译成意志，它就是你个人的意志。这个对象无非就是你的意志，你是把你自身的意志当对象，那么你还怎么超越它呢？所以在这方面呢，这两个不同的层次统一起来了，一个是"应当"的层次，一个是"是"的层次。"不能"就反映了它的"是"的层次，"不愿"反映了它的"应当"的层次。它不可能超越，它也不应当超越。如果它要超越的话，它就违背了自己的意愿。例如说，一件违法的行为是违背主体自己的意愿的。

　　这意愿在作为对象的它自身那里，就是**实在的**对象，因为它在它自身中拥有意识的区别；它将自身划分成各种聚合体（Massen），这些聚合

501

体就是绝对的本质的一些被规定了的法则。

　　"这意愿在作为对象的它自身那里，就是**实在的**对象"，伦理意识的对象其实就是意愿。伦理意识的对象跟观察的理性的对象是不一样的，观察的理性的对象是一个事物，伦理意识的对象就是意愿，它的实在的对象就是这些意愿。"因为它在它自身中拥有意识的区别"，为什么是"实在的"对象，是因为它在它自身中拥有意识的区别，或者说，因为对意愿的意识有所不同，这些不同的区别使意愿形成了各种实在的关系，而不是一个抽象的意愿。抽象的意愿不具有实在性，只有在它的自身区别中才显出实在性，才有了具体的内容，才是一个实在的对象。什么样的区别呢？　"它将自身划分成各种聚合体，这些聚合体就是绝对的本质的一些**被规定了的法则**"，这个聚合体，Massen 是复数，单数是 Masse，这个词很不好译，有团、块、群、大众、质量等好几个意思，它与另一个德文词 Maß 或 Maße 很接近，后者是计量、标准、范围、程度、适度等等意思。原来我想把它翻译为"标尺"，也就是意愿把自身划分成各种标尺、尺度，所以这些标尺就是绝对本质的一些被规定了的法则，尺度成为了法则，这很好理解。但看来黑格尔还不是这种抽象层面的意思，而是着眼于"实在的对象"。后面还有好几处用到这个词，都有实在的一些群体的意思，但贺、王译本译作"集团"或"群众"，似乎又过于坐实了，好像是在讲阶级斗争一样。所以我这里译作"聚合体"，既不那么虚，也不是太实。这些聚合体是绝对本质的一些被规定或被限定了的法则，就是自由意志的法则本身是很抽象的，在康德那里甚至是形式逻辑的不矛盾律的一种表现形式；但黑格尔则从意愿的自我分化成各种聚合体来展示这法则的复杂性和具体内容，这种聚合体当然可以从阶级和各种利益集团来理解，但不仅仅如此，也可以从伦理道德的各个不同角度的分化来理解。不同的伦理学说和道德观点都可以有自己一整套被规定了的法则，它们各自形成自己的聚合体。它们所追求的绝对本质是同一个，但各有不同的规定和法则。比如在后面，我们在读到关于伦理的法则时候，就有神的法则和人的法则,神的法则比如说表现为家族的法则,人的法则比如说表现为国家的法律,这都是不同的聚合体,有各种不同的法则,它们有时是相互冲突的。绝对的本质都是伦理实体的精神本质,但它有各种各样的具体法则,有神的法则,有人的法则,有男人的法则,有女人的法则,这都可以归属于一些聚合体。

<u>但这些聚合体并不使概念模糊不清,因为在这概念中仍然包含有存在、纯粹意识和自身这些环节,——这些环节仍然是这样一个统一体,它构成这些聚合体的本质,并且在这种区别中不让这些环节再彼此分散开来。</u>

"但这些聚合体并不使概念模糊不清",也就是说尽管有种种不同的聚合体,包括家族,传统的伦理的聚合体,也包括国家的聚合体,国家有国家的聚合体,家庭有家庭的聚合体,神有神法,人有人法。但是这些聚合体并不使概念模糊不清,并不是就把法的概念搞混乱了。"因为在这概念中仍然包含着存在、纯粹意识和自身这些环节",可见这概念就是前面讲的范畴。因为上面一段的最后一句讲:"范畴是**自在的**,它作为**纯粹意识**的共相而存在;它又是**自为的**,因为意识的**自身**同样也是范畴的环节。范畴是绝对的**存在**,因为那个普遍性乃是**存在的**单纯的**自身等同性**"。所以伦理对象的概念仍然包含有这些环节,存在、纯粹意识和自身,这些环节是每一个聚合体里面都包含的。要么是存在,也就是客观存在,绝对的实体;要么是纯粹意识,是普遍的共相,是伦理意识的对象;要么是自为的自身,是自我的个体性。这些都属于伦理意识的概念。虽然它的聚合体不同,但是每一个聚合体里面都有这些环节,都是很清楚的。比如说家庭的伦理法则和国家的法律,它们都包含有存在、纯粹意识和自身这样一些环节,都是清清楚楚的。不是因为它有各种各样的聚合体,它就混乱了。所以它们每一种聚合体相互之间都是平等的,都是同样合理的,有时候会发生冲突。后面讲到伦理实体中的冲突,神法和人法的冲突,家族的传统规矩和国家法律的冲突,你不能抹杀任何一方,所以才

造成了悲剧。两个同样合理的伦理原则放到一起互相冲突，互相不能相容，最后只好牺牲当事人，牺牲主人公。像希腊悲剧《安提戈涅》里面，安提戈涅牺牲了，最后所有的当事人都牺牲了，为什么要牺牲？就是为了成全这样一些法则，它们都是合理的，都是伦理实体的对象。在每个聚合体的概念中，仍然包含着存在、纯粹意识和自身这些环节。"这些环节仍然是这样一个统一体，它构成这些聚合体的本质，并且在这种区别中不让这些环节再彼此分散开来"，这些环节在每一个聚合体中都是一个统一体，这种统一构成了这些聚合体的本质，这些聚合体本质上就是这些环节的统一。并且这种统一在这种区别中维系着各方，不让这些环节再分散开来。虽然这些聚合体各不相同，它们是有区别的；但是，每个聚合体中的这些环节是紧密统一在一起的，不再分散的，每一个聚合体都振振有词，来龙去脉都清清楚楚。我们看希腊悲剧里面，每一个人讲的那些话都是非常有道理的，都有自己的正义、责任、决心，任何一方都有道理；但是它们又互不相容，你死我活，你要保存这个，那个就遭到毁坏了，你要保存那个，这个就遭到摧毁了。所以没有办法，只好牺牲当事人，使矛盾达到调解。

伦理实体的这些法则或聚合体都是直接被承认了的；这就不能去追问它们的起源和正当理由，也不能去寻找一种不同的东西，因为一种不同于这**自在自为地**存在着的本质的东西，将只不过是自我意识自身；但自我意识无非就是这个本质，因为它自身就是这个本质的自为存在，而这个自为存在之所以是真理，恰恰因为它既是意识的**自身**，又是意识的**自在**或纯粹的意识。

"伦理实体的这些法则或聚合体都是直接被承认了的；这就不能去追问它们的起源和正当理由"，就是说，伦理实体的法则和它的各个聚合体都是被直接承认的，天经地义的，不容怀疑的，你再不能为它们去追究它们的起源和正当理由了。在伦理实体中，那些基本原则是不能追问的，已经是如此了，没什么道理可讲，其他一切道理都要由这些原则中引出来。正因为如此它才是伦理实体嘛，它具有毋庸置疑的绝对性，没有人再去追问伦理实体是为了什么。除非你站在动物的立场上，你才可以质疑为什么人要这样做，为什么要遵守这样一些规则，但是你是人。如果你问这样的问题，那就要挨骂了，我们中国人叫作"禽兽不如"，比如孟子就说，"无君无父，禽兽也"。当然实际上还是可以进行纯理论上的追问的，像恩格斯在《家庭、私有制和国家的起源》中，像卢梭在《人类不平等的起源》里，很多哲学家都提出了一种追究，追问这些原则的起源和正当理由。但是一般身处其中的，作为实践中的人，你不会去追问。你就是这么个人，它就是你的本性，即使你还可以去追问它，你也不能不按照它的原则去行事。"也不能去寻找一种不同的东西，因为一种不同于这**自在自为地**存在着的本质的东西，将只不过是自我意识自身"，也不能再去寻找一种不同的东西，不同于什么呢？不同于这自在自为地存在着的本质。我当然有自己的自由意志、自由选择，我说我偏要当禽兽，做另类，又有何不可？但是不行，即使你选择这样做，你也只不过是自我意识自身，这个自我意识自身早已经被纳入到这个自在自为地存在着的本质中去了。所以如果你选择了当禽兽，那不是实现了你的自我意识和自由意志，而恰好是背叛了你的自我意识和自由意志。"但自我意识无非就是这个本质，因为它自身就是这个本质的自为存在，而这个自为存在之所以是真理，恰恰因为它既是意识的**自身**，又是意识的**自在**或纯粹的意识"，你的自我意识和自由意志自身就是这个伦理实体的自为存在，你已经预先将它作为自己的本质而承认了，这才有你的自我意识和自由意志。所以伦理实体不是什么异己的东西，而是你自己作为自己的本质建立起来的东西，这个本质的自为存在正是你的自我意识自身，是意识的自在或纯粹的意识，或者说，是你的意识中那真正作为你的纯粹自我的本质。这一段话基本上就是讲，自我意识和这个实体已经不分了，主体和实体已经分不开了。你再不能够跳出这个实体之外去追究它，因为你的追究

505

就是你的自我意识,而自我意识就是这个实体,这个伦理的对象就是自我意识的本质。你去追问伦理实体,其实就是伦理实体自己在追问自己。所以它是这个本质的自为存在。而这个自为存在之所以是真理,恰恰因为它既是意识的自身又是意识的自在,也就是自在和自为的统一。为什么是真的,是由于这是自我意识所想要的。我们刚才讲了,在伦理实体中,是和应当、真的和好的就是一回事,为什么是好的,你就要求真,你就要证明。但是它就是这个伦理实体本身的自我追究,你还是没有跳出伦理实体之外。这个是一个非常深刻的观点,就是西方的伦理实体,它有一种自我追究的这样一种机制或者这样一种结构,虽然也是循环论证,本质上是预设前提,但形式上有一种自我追究的结构。这跟中国人的伦理实体有共同之处,就是它其实也是天经地义不可追究的,但是也有一种区别,就是中国的这种天经地义不是立足于自我追究,而是既成事实;而西方人讲的伦理实体呢,虽然不能够从外面去追究它,因为它没有外面,它就是自我意识自身,但是它有这种自我追究的机制,最终诉之于自我意识的承认。比如中国人追究到最后就要骂人了,你不孝敬父母你就不是人,而是禽兽;而西方人,比如苏格拉底,在论证人为什么要孝敬父母时,所提出的理由是孝敬父母最终是对自己有利的。[①] 但不管东方也好西方也好,伦理实体是不可追究的,因为每个个体都不可能脱离伦理实体而存在。我们今天就只能讲这一段了。

＊　　　　　　＊　　　　　　＊

　　好,我们上次讲到立法的理性,立法的理性是自在自为地本身实在的个体性的第二个环节。第一个环节是"精神的动物王国和欺骗,事情本身",这是我们作为小标题 a 已经讲过了的。那么自在自为地本身实在的个体性,它既不是单纯自在的,也不是单纯自为的,或者说既不是那

---

① 参看色诺芬:《回忆苏格拉底》,吴永泉译,商务印书馆 1984 年版,第 55 页。

种单纯的理论理性、观察的理性，也不是单纯的实践的理性。自在的理性就是观察的理性，自为的理性就是实践的理性。这两种理性结合起来，就是自在自为地本身实在的个体性。那么这样一种理性呢，也经历了三个阶段，精神的动物王国，这是第一个阶段。这是理性在客观的实践活动中开始尝试与他人打交道。这个实践活动既是自为的，它是实践的嘛；同时又是自在的，就是这个实践呢，它涉及整个社会历史现实以及在这样一种社会现实中通过与其他个体打交道对自我的一种认识，从精神的动物逐步提升到主体间性。这一过程既是实践的，但又不是一意孤行的，而又是观察的。对自己在这过程中的观察表明，虽然我的出发点是诚实的意识，但在与他人的关系中却不可避免地变成了自欺欺人，这是整个社会关系中的最基本的事情本身。只有承认这一点，并基于这一点而建立起普遍的行为规范，才能使社会关系有确定的法则来保障每个个体的权利。这就进入到立法的理性，即第二个小标题。就是说在社会生活中，理性所起的作用最开始是一种互相欺骗和自欺，于是它力图要找到一种规律，使自己从精神的动物王国提升起来，建立起一种有规律、有法则的伦理实体。上次讲到立法的理性，它分成两个环节，一个是自在的环节，一个是自为的环节。自在的环节就是个体变成了一种共相，个体上升为共相；自为的环节就是普遍的形式或共相在个别自我的行动中得到了内容上的充实。那么第三个环节呢，就是自在自为，即个体和共相的统一，于是就出现了实体的概念。实体是自因，但这个实体呢，不光是具有存在的含义，而且还具有知识论的含义，就是这样一个本身纯粹的存在，它又是真实的东西，它是意识认识的对象，必须进行客观的分析。这种分析发现，伦理的实体本身也把自身划分为一些聚合体，各个聚合体都拥有一些特定的法则，而这些法则是直接被承认的，不能够追问它们的起源和正当理由，而只能作为事情本身的现实性加以认识。这个实体不是一种客观物质世界的实体，而是一种社会性的伦理实体，它就是自我意识本身的对象，这个对象也就是普遍的自我意识自身。这是我们上次讲到了，自我意识和伦理实体是没办法区分开来的，即使有区分也不是绝对的区分。那么我们今天要讲的呢，就是具体地分析这样一种关系，并且通过举两个例子来说明这样一种关系怎么样走向自己的对立面。主体和实体的关系，或者自我意识和实体的关系，怎么样通过理性的立法把自己建立起来，同时又走向自己的对立面，使得这种立法遭到理性的解构，不得不提升到"审核法则的理性"。我们来看看 280 页的倒数第二段。他说，

> 由于自我意识知道自己是这个实体的**自为存在**的环节，于是它就把在它自身中的法则的定在表述为：**健全的理性**直接知道什么是**正当的和好的**。

"由于自我意识知道自己是这个实体的**自为存在**的环节"，这个我们上一堂课已经讲了，就是自我意识已经知道了它就是这个实体的自为存在环节。当然实体还有自在存在的环节，但是自我意识呢，是它的自为存在的环节。"于是它就把在它自身中的法则的定在表述为：**健全的理性**直接知道什么是**正当的和好的**"，自我意识本身的法则中的定在，这法则具体表现为什么样的？就是健全理性直接知道什么是正当的和好的。健全理性，又叫做健全知性，我们在知觉向知性过渡的那一部分已经接触到这个词，可以参看贺、王译本第 86—87 页。在那里它也被称作"知觉的知性"。它已经不是感性和知觉了，但又还不是纯粹的知性和理性，而只是一种理性的本能。健全理性它代表了一种直接性，就是不用推理，也不设定精确的概念，只要你的知性是健康的，没有受到过歪曲，那么你就按它自然朴素的想法去做好了，也译作"常识"。这是当时流行的一个概念，当时的英国经验派和法国的唯物主义、启蒙思想家，他们都推崇健全的理性。健全的理性就是说，每个人只要想一想就知道人人都是有理性的，之所以产生一些非理性的行为呢，那只是把健全的理性遮蔽了或者说歪曲了，这就不健全了。但是你只要按照人的理性的直接本能去思

考,那就是对的,那就是健康的。所以健全的理性里面包含一个意思,就是直接的理性,健全的就是直接的。它不是通过七弯八拐,借助于一系列的推理,经过一系列的仔细的分辨、加工,然后得出来一个理性的结论。那个就容易走偏了,那中间就有很多不可靠的因素,有可能把理性的本色遮蔽或者歪曲了。所以健全的理性直接知道什么是正当的和好的。正当和好,都是实践理性的伦理规范,正当的,当然也可以翻译成对的,合适的,合法的,正义的,公平的,都可以,recht 这个词有很多的含义。好的也可以说是善的。所以健全的理性它本身是一个知识论的概念,但是它直接地知道什么是正当的和好的,就是说它直接地可以运用于实践,那就是实践理性了。但这种实践理性是直接的,因为它出自于健全理性。这就是自我意识在实体中作为它的自为存在的环节,它被表述为这样一条法则:健全理性直接知道什么是正当的和好的。

健全的理性如何直接知道法则,那么这法则对健全的理性也就如何**直接有效**,健全理性直接说:这个**是**正当的和好的。也就是说:**这个**;这个就是那些**被规定了的**法则,这个就是充实了的内容丰富的事情本身。

"健全的理性如何**直接知道**法则","直接知道"打了着重号。健全理性,我们刚才讲了,它具有直接性,因为它是健全的嘛,所以它直接地知道法则。为什么"知道"也要打着重号? 因为健全理性它本身是一个知识论的概念,它直接地知道法则。"那么这法则对健全的理性也就如何**直接有效**","有效"也打了着重号,这个是跟前面的"知道"相对应的。也就是说,按照健全理性如何直接地知道法则,那么这个法则对健全的理性也就如何直接有效。知道和有效是两个维度,一个是知识论的维度,一个是实践论的维度,或者理论的维度和实践的维度。我们这里讲的是这两个维度的统一,观察的理性和实践理性在这里是统一的,所以它总是有两个维度。一个是知道的维度,一个是有效的维度。健全理性如何知道它,它就对健全理性如何有效,这是一来一回的关系。"健全理性直接说:这个**是**正当的和好的",着重号打在"是"字上面。为什么"是"要

打着重号，"是"就是存在。他要讲的就是存在，就是存在的直接性，因为
理性的本能一开始直接知道的只能是在存在水平上的东西。在存在论这
个层次上，健全理性知道了这个是正当的和好的。这个，这个就是这一
个了，就是感性确定性的这一个了，它直接地知道嘛。感性确定性就是
基于存在论这种直接性，所以健全理性也直接地说，这个或者这，是正当
的和好的，就是说它可以直接地确定什么是正当的和好的，可以直接地
把这一点确定下来。当然"这个"在这里已经不是感性确定性了，现在
是伦理的确定性，或者说伦理上的感性确定性，它的层次已经远远高出
于最初的感性确定性了。前面感性确定性是讲，这个是绿的，这个是树
木，这是房子，原来是这样说的。但是在伦理里面呢，这个是正当的和好
的。这就是伦理实体里面的感性确定性。"也就是说：**这个**；这个就是那
些**被规定了的**法则，这个就是充实了的内容丰富的事情本身"，这个也就
是感性确定性里面提出的这一个了。现在，这一个就是那些被规定了的
法则，"被规定了"打了着重号。被规定了的，也就是不容置疑的，天经地
义的法则；同时又是有具体规定性的，是充实了的内容丰富的事情本身。
这些被规定了的法则就是这一个的丰富的内容，它具有各种规定性，并
且不允许违反每个细节。这就是事情本身，这个事情本身在伦理实体的
那些法则里面，获得了它的充实的丰富的内容。所以这一个最初看起来
是最丰富的。前面讲感性确定性的时候也讲到这一点，感性确定性初看
起来是最丰富的，当你说"这一个"的时候，你看起来好像只说了一个词，
但是里面包含的意谓一言难尽。那么在伦理实体里面也是这样，它是充
实了的内容丰富的事情本身。我们讲这一个的时候，我们指着这一个的
时候，那肯定是要指着事情本身了。但是一切尽在不言之中。你指着事
情本身说这一个的时候，它里面包含有丰富的内容，有丰富的规定性。
伦理实体最开始就是体现在各种细节上，各种规矩和规定，它们都是不
容分析、不容置疑的。

　　凡是这样直接地给予的东西，都必须同样直接地予以接受和考察；就像对于感性的确定性直接表述为存在着的那种东西一样，对于这个伦理的直接确定性所表述的那个存在，或者对于伦理本质的直接存在的各个聚合体，也必须考察一下它们具有什么样的性状。

　　"凡是这样直接地给予的东西，都必须同样直接地予以接受和考察"，这是一个方法论上面的规则。既然你直接地给予了，那么我首先就必须直接地加以接受和考察。你不要绕到一边去，它直接地给你了，你就直接地面对它，对它加以考察。"就像对于感性的确定性直接表述为存在着的那种东西一样"，这里明确点出了感性确定性。前面只是用了感性确定性的术语，而这里呢，是直接点出，感性确定性对于它的对象是直接表述为存在着的。这个"存在"在这里出现了。前面为什么要把那个"是"打一个着重号呢，在这里就呼应起来了。我们在前面已经看到，感性确定性所表达的、所表述的都是存在着的东西，这是房子，那是一棵树，都是存在着的东西。那么，就像感性的确定性那样，"对于这个伦理的直接确定性所表述的那个存在，或者对于伦理本质的直接存在的各个聚合体，也必须考察一下它们具有什么样的性状"。对于这个伦理的直接确定性所表述的那个存在，那个"是"，——这个是正当的和好的，为什么是"是"呢？如何确定"是"？——对这个是，或者对伦理本质的直接存在着的各个聚合体，伦理本质有很多聚合体，那么对于这些直接存在着的聚合体呢，也必须考察一下它们具有什么样的性状。各个聚合体也就是各个规定性，各个法则，被规定的法则。上一段最后不是讲了吗，这一个就是那些被规定了的法则，这一个就是充实了的内容丰富的事情本身。那么我们就要来考察一下这些法则，也就是它的各种聚合体，它们具有什么样的性状。

　　举几个这类法则的例子就可以说明这一点，而由于我们以**认知性的** [281] **健全理性**的格言形式采用这些例子，我们就不必先引入在将它们看作**直接的**伦理法则时必须对它们有效的那个环节了。

"举几个这类法则的例子就可以说明这一点"，也就是举几个这类聚合体的例子就可以说明这一点，就可以说明被伦理的直接确定性所表述的那个存在，它们的性质，它们的性状。下面这一句比较费脑筋，"而由于我们以**认知性的**健全理性的格言形式采用这些例子"，"认知性的"打了着重号，"我们就不必先引入在将它们看作**直接的**伦理法则时必须对它们有效的那个环节了"。下面要举的例子是从认知性的健全理性的这个角度，以一种格言的方式采用的例子，这些例子被我们看作一种格言，而这种格言呢，是认知性的健全理性的一种形式。健全理性，我们刚才讲了，健全理性是直接的，那么它表述出来呢，它就是一种格言的方式。直接的嘛，你不用再去分析去追究了，你就凭你的没有生病、没有被败坏的健全理性，直接把格言说出来就是了。而这样一种健全理性呢，首先它是认知性的，"认知性的"打了着重号。我们凭我们的理性本能一看而知，这肯定是对的，是好的；但是它在现实实践中的效果如何、可行性如何呢？这时还来不及考虑，也不必考虑。所以我们在采用这些例子时，不必先引入在将它们看作直接的伦理法则时必须对它们有效的那个环节。前面是讲认知性的，这里讲的呢，是有效，这两者是相对应的。因为前面强调的是认知性的健全理性的形式，格言形式，所以呢，我们就不必先引入必须对它们有效的那个环节。这些格言究竟有没有效果，那我们以后再去考虑，但我们不必先引入它的有效性环节。什么样的有效性呢，"在将它们看作直接的伦理法则时必须对它们有效的那个环节"，也就是说这样一些格言作为直接的伦理法则，必须对这样一些例子有效。作为一种普遍的直接的伦理法则，在这种例子中是不是会有效呢？它必须有效，因为它作为一种格言的形式，它是强调了直接地应该有效。我们前面讲了，健全的理性如何直接知道法则，那么这法则对健全理性也就如何直接有效。而这里讲的是，既然健全理性以格言形式认知性地采用了这些例子，那么我们就不必先引入它的直接有效的环节，我们先要考察的是，它是如何直接知道的。认知性的健全理性以格言形式来采用这些例子,认知性在前,有效性在后,认知了必然有效,有效不一定认知,有效可能是偶然有效。那么如果指望必然有效,那你首先就必须要认知,就必须要有法则。

"每个人都应该说真话。"——在这个无条件地说出来的义务里,①必须立即承认这样一个条件:**如果**这人知道真话。 {230}

这里就举了这个例子:**"每个人都应该说真话"**,这是一条康德所谓的道德义务,定言命令,它是作为第一个例子举出来的。康德在讲定言命令的时候,在《道德形而上学奠基》里面讲到,不应该撒谎。不应该撒谎也就是说每个人都应该说真话,这是康德的"完全的义务"。康德的第一条义务,对自己的义务,就是不要自杀,第二条是不要说谎,第三条就是要发展自己的才能,第四条就是要与人为善。康德举了四个这样的例子,其中最有力就是不要说谎,也是康德自己引用得最多的例子。每个人都应该说真话。这是康德的定言命令或绝对命令。但是,"在这个无条件地说出来的义务里",定言命令就是无条件的命令,也就是一项义务。义务这里用的是Pflicht,就是康德讲的义务,这里明显是针对着康德讲的。"必须立即承认这样一个条件",无条件的义务里面有条件,这就揭穿了康德的这样一个"无条件的义务"实际上还是有条件的。有什么条件? **"如果**这人知道真话"。"如果"打了着重号,再次强调所谓无

① 黑格尔在此引证的显然是康德和费希特,他们都把这条无条件的命令看作是义务。参看康德:"论出自人类之爱而撒谎的误以为的权利",载《康德著作全集》第8卷,第427页:"所以,这就是一个神圣的、无条件命令的、不被任何习俗所限制的理性诚律:在说明任何事情时都要(诚心地)真实";及第428页:"因为真实性(如果他一度必须说出来的话)是无条件的义务。"类似地参看费希特:《伦理学体系》,载《费希特全集》第Ⅰ辑第5卷第262页[按:据梁志学译《费希特著作全集》第三卷,商务印书馆1997年版第294页的边码,此处应为第252页,以下引梁译文。——中译者]:"简单地说,无论对于什么人,我都绝对应该真诚坦率;我不可说任何违背真理的东西。"——丛书版编者

条件的前面有个条件，如果这人知道真话。真话原文为 Wahrheit，也可译作真理。每个人都应该说真话，但是有个条件，就是你知道什么是真话，什么是真理，你必须对真理有所认知，你才能够说真话，你才说得出真话。你应该说真话，但有一个条件：你知道什么是真理。如果你连什么是真理都不知道，你怎么说真话？你那个应该不是成了空的？你要求他应该说真话，但是他不知道哪些是真话，你要他怎么说？所以它有一个条件：如果这人知道真理。他"知道"真理在前，"应该"则在后。这一点是康德没有充分注意到的。当然康德也不是完全没有注意到，康德把他的实践理性也称之为一种知识，也是一种实践的知识，但是具体到真理，真和假，真话和谎言究竟怎么区分，康德在这一点上是没有深究的。那么黑格尔在这里揪住他这一点，指出如果这个人知道真理，他才能够说真话。说真话不是那么容易的，巴金曾经讲，从此以后我就只说真话了，绝不说假话。这是他的《随想录》里面所定的一条原则。但是从那以后他是不是说真话了呢，很难说。因为你首先要知道什么是真话。当然对于我们中国人来说呢，还有一个更大的困难，就是我们不但要知道什么是真话，而且要知道我们每个人应该说真话。在中国的伦理道德里面是没有这一条诫命的。佛教那里有一点，出家人不打诳语，但是在道家和儒家那里都没有。说不要说谎，这个在中国人看来并不是必须做到的，连小孩子都要求他说谎。比如孔融让梨，就是逼着小孩子说谎，从小就教育他说谎。有个小学生一年级学生，回答孔融让梨的问题，他说我就不让梨。当然他是独生子，他不知道让给谁，他这是说真话，但那是不行的，不及格的。你说真话还行？在中国文化里面没有要说真话这一诫律，处处都要人说假话，说假话才是道德的，说真话则是不道德的，甚至说真话就是禽兽。道家讲做"真人"，儒家呢，讲要"诚"，那都是指自己内心的主观而言的，不是指客观的真实。要说出真实来，那当然就很难了，你就要有知识了，甚至要有科学了。但是做一个真人或者做一个诚实的人，那是每个人都能做到的。"诚者天之道也，诚之者人之道也"，你只要出于真诚，立马就可做到。真诚和真实是不一样的，中国人讲的是真诚，但是不讲真实，指鹿为马都可以，只要你是出于好的动机，出于你的良心，那就够了。但是凭良心往往说假话，对父母也好，对领导也好，往往要凭良心来说假话，说真话则违背了自己的良心。所以这是一个文化差异，在这里面要注意。在西方文化里面，美德即知识，从苏格拉底开始，知识放在前面，你要有美德你必须知道什么是美德，你如果连什么是美德都不知道，你哪里会有美德呢。黑格尔援引的是这样一个传统，就是每个人都应该说真话。这看起来好像是直接的，没有任何前提的，但马上就有一个前提，就有一种间接性。直接性后面就有一个间接性，就是说你要知道什么是真的。要知道什么是真话，你才能说出真话来。这就取决于认知了。所以这句话是够我们中国人想一想的。

因此，这条诫命现在就要表述成这样："每个人都应该按照他每次对真理的知识和确信来说真话"。

这条诫命，也就是康德的绝对命令，现在就要表述成这样了，因为它有这样一个条件嘛，它隐含着这样一种条件，必须承认的。于是就必须把这个条件加进去：**"每个人都应该按照他每次对真理的知识和确信来说真话"**。这里加了一个条件在里头，就是应该按照他每次对真理的知识和确信。知识和确信，一个是有知识，再一个呢，要确信这个知识。这个知识不确定还不行，犹疑动摇不行，必须要有确定性，要自己真正相信这是真的，相信这是知识。把这个条件一加进去，那么这条诫命就变成了这样了，每个人都应该按照他每次对真理的知识和确信来说真话，这条诫命一下子就变宽松了，不再严格了。因为每个人对真理的知识和确信都可能是很不相同的。这几乎使这条诫命变得根本不是什么命令，而只是一般地劝告，而且是无效的劝告。因为任何人说了谎，都可以借口说我不知道，就像那些贪官被抓时，都众口一辞地说，我没有学好法律，不知道这是违法的。他们似乎都没有违反这条诫命，他们的错误只在于知识不够。

　　健全的理性,即正是这一个直接知道什么是正当的和好的伦理意识,也将宣称这个条件与它的普遍格言已经如此结合在一起,以至于这条件已经这样地为那条诫命所**意谓着**了。

　　面对上面这个经过修改了的诫命,健全的理性仍然想把它纳入到它的直接性的这样一个理解之中来,那么它将怎么对付呢? "健全的理性,即正是这一个直接知道什么是正当的和好的伦理意识,也将宣称这个条件与它的普遍格言已经如此结合在一起,以至于这条件已经这样地为那条诫命所**意谓着**了","意谓着"打了着重号。就是说,健全的理性就像感性确定性一样,为了说明它已考虑到了这个条件,于是诉之于意谓。正是"这一个"伦理意识,这一个,我们前面讲了,它是健全理性的出发点,也是感性确定性的出发点。正是这一个伦理意识,它直接知道什么是正当的和什么是好的,这些全在它的意谓中。所以它也将宣称,"也将",也就是前面讲了,这条诫命现在要表述成这样,把这个条件纳入进来,那么健全的理性呢,和这条诫命一样,也将宣称,这个条件"与它的普遍格言已经如此结合在一起,以至于这条件已经这样地为那条诫命所**意谓着**了"。就是说,这条诫命在未经修改之前也已经在意谓中包含有那个条件了,已经隐含在那条格言中了。你现在加上当然也可以,其实你加不加都无所谓,你加上的这个条件,已经是原来的那条诫命的题中应有之义。每个人都应该说真话,这里头已经包含着每个人都知道什么是真话,什么是真理。所以其实不加也可以,用不着加。健全的理性讲究直接性嘛,直接地,他就会知道什么是正当的和什么是好的。没有这种起码的认知,那还叫健全理性吗? 健全的理性认为你讲的那个当然都对,但是我的这条诫命其实已经包含着、已经意谓着了,只是没有说出来而已,但是在我的意谓中它是有的。每个人都应该说真话,其题中应有之义就包含着每个人都知道什么是真话。在我的内心中,我就是这样想的。当然这个辩解呢,是有些勉强的。

　　但借此,它实际上就承认了在它说出这个诫命时反倒已经直接破坏了这个诫命；它**说**：每个人都应该说真话；**但它意谓着的**却是，每个人都应该按照他对真理的认识和确信来说真话，这就是说，**它所说的与它所意谓的不同**；而说不同于其所意谓的话，这就叫作不说真话。

黑格尔紧紧揪住不放了。就是说，好，你意谓着是那么个意思，但是你没说出来啊，你说出来的并没有包含那个话在内啊，那你说出来的跟你意谓着的就是不一致的嘛。你说出来的时候没有包含那个条件，但是你意谓里面是包含那个条件的，那岂不是自相矛盾吗？"但借此，它实际上就承认了在它说出这个诫命时已经直接破坏了这个诫命"，也就是健全理性在它说出这个诫命的时候，直接地就破坏了这个诫命。为什么是直接地呢，就是说它不需要说另外一句话，它在这句话本身中，在说出来的话和没有说出来的意谓之间就产生了一个冲突，这个冲突就导致了这个诫命遭到破坏。所以它直接地破坏了这个诫命。它说，"说"打了着重号。"它**说**：每个人都应该说真话；**但它意谓着的**却是"，"但"打了着重号，"说"和"意谓着的"也都打了着重号，这是把"说"和"意谓"作一个相反的对照。但它意谓着的却是，"每个人都应该按照它对真理的认识和确信来说真话"。这里加了一大串的条件了，所以他讲，"**它所说的与它所意谓的不同**"，整个这句话打了着重号，这里的"它"还是指健全理性。它所说的和意谓的不同，说出来的和没有说出来的是不同的，说一半留一半，这不叫说真话。对于我们中国人来说这太苛刻了，我们会觉得意谓、没有说出来的东西更重要，说出来的东西倒不重要。所以中国人处理这个问题就是说，说出来的你不要认真，你要听话听音、锣鼓听声嘛，不在乎你说什么东西，而在乎你说出来的那个意思。我们经常讲"意思意思"，我们送礼的时候，有些话没有办法说出来，我们就说，一点小意思。你懂这个意思就够了，然后对方就说，那我心领了。心领就够了，这叫中国智慧，不用说出来。但是西方人不行，黑格尔特别不行，因为他就是要较真，你说出来的是什么，每个字都要兑现。你说的是每个人都应该说真话，但是你意谓着的却是另外一件事情，这个就不对。既然所说的与所意谓的不同，"而说不同于其所意谓的话，这就叫做不说真话"，这个问题就很严重了。你说出来的话跟你意谓的话如果不一致的话，你就不是说真话，说得更严重一点，就是你在撒谎，你说的是谎话。或者你说你的心是真诚的，我们可以说你是真诚地说假话。我们经常讲"善意的谎言"，善意的谎言算不算谎言，我们经常讨论这个问题。只要是善意，只要它出于真诚，那就不是谎言。那么你把这个谎言的意思就改了，就是说谎言本来的意思是不真实，你把它改成了不真诚。真实和真诚是两个概念。真实是客观的，真诚是主观的，真诚只讲动机，而真实呢，还要看效果，还要看与客观是不是相符合。

　　现在把这句不真的话或笨话加以改善，就表达为这样：**每个人都应该按照他每次对真理的知识和确信来说真话。**

　　这句打了着重号的话跟前面那句打了着重号的话是逐字相同的。"现在把这句不真的话或笨话加以改善，就表达为这样"，这句不真的话，也就是"每个人都应该说真话"这句话，他这里没说"假话"，他只是说"不真的话或笨话"。所谓笨话就是说，表达得很笨拙，表达得不到位，这说得很缓和了。他没有说这是说谎，他只是说，你说的这个话不真实。不真实的原因，他不是追究你的主观动机，不是你有意要说谎。说谎这个概念包含有主观动机，有诛心之论在里头，你说谎。但是黑格尔把这一点撇开了。我们不说他说谎，我们只说他说的这些话不真实，或者是笨话。说得不地道，说得不精细，说得太笨，没有表达出他本来想要表达的意思。也许他并没有什么不良的动机，也许他就是不善于说话，不善于表达，我们先不去追究他的动机怎么样，我们不搞诛心之论。所以他这里撇开了他的动机，他只是说，现在把这句不真的话或笨话加以改善。你说得太笨了，我们是不是能够加以改进呢？那就应该表达为这样，就是说，每个人都应该按照他每次对真理的知识和确信来说真话。这样一来就很完善了，你的意思也表达出来了，而且呢，仍然是说真话，只是加个条件而已嘛。仍然是讲每个人都应该说真话，加了个条件，就是应该按照他每次对真理的知识和确信来说真话。他这里特别用了一个词，就是"每次"。也就是说，对真理的知识和确信是很具体的，每个具体场合之下，你对真理的知识和确信都是不一样的。所以每次对真理的知识和确信根据具体的条件不同，它就是一种偶然现象。你这一次对真理有了知识并且有了确信，但下一次不见得会有，或者下次是另外一个对象、另一个真理，你不能从中形成一条普遍的规律。每一个人都应该说真话，是一条普遍的规律，但是加上这个条件以后呢，这普遍的规律就不再普遍了，它就是每次根据情况而不同的。但是你说每个人都应该说真话，好像又是一个普遍的法则。所以这里头，按照黑格尔的表述，就埋藏着一个致命的自相矛盾。所以他下面接着讲，

——但这样一来，这句话本来想要表述的那**普遍必然的**和**自在地**有效的东西，就颠倒为一种完全的**偶然性**了。

这个就好理解了。这样一来，当你把这样一个偶然的条件加进去的时候，"这句话本来想要表述的那**普遍必然的**和**自在地**有效的东西，就颠倒为一种完全的偶然性了"。也就是说这句话本来想要表述的是普遍必然的和自在有效的东西，普遍必然的放在前面，自在有效的放在后面。这个也是根据黑格尔前面讲的，普遍必然的是一种知识论，而自在地有效呢，是一种实践论上有效，也就是说，理论上这是一条普遍必然的法则，那么实践上就会是一种自在有效的法则。自在地有效也就是客观有效，因为它是普遍必然的。而现在，这样一种东西就颠倒为一种完全的偶然性了，就被颠覆了。一个是普遍必然的，一个是自在有效的。如果是完全的偶然性，那就既不是普遍必然的，也不是自在地有效的。它有效，但这个有效是一次性的，它可能有效，但也可能无效啊，所以它不是自在地有效，而要取决于你每次不同的理解。因为你是按着它每次对真理的知识和确信来说真话，那么是不是每次都能够对真理有知识和确信，或者这次有能不能保证下次还有，这个就难说。这就是一种偶然性，看每次的具体情况而定，所以它既不是普遍地必然的，也不是自在地有效的。

如果说要有效的话，那也只是自为地有效，而不是自在地有效，不是铁定了的有效，而是要你去努力才会有效，努力还不一定，努力还要看机会。它不是自在地、可以靠在上面稳稳当当地有效，这就颠倒为一种完全的偶然性了。

因为真理之被说出来，全凭我是否对真理有认识和是否能对它确信无疑这件偶然的事而定；而这只不过是说，将会说出来的真话和假话是分辨不清的，这取决于一个人对此的认识、意谓和理解。

为什么会转化为、颠倒为一种偶然性？"因为真理之被说出来，全凭我是否对真理有认识和是否能对它确信无疑这件偶然的事而定"，真理能够被说出来，完全取决于这件偶然的事。什么偶然的事？我是否对真理有认识，是否能对它确信无疑，这件事是偶然的。我对真理有认识，这是偶然的。有时候我看不清楚，有时候真相还没暴露，等等。是否能对它确信无疑，有时候我认识到了但是我还有点存疑，还不能达到确信，要达到确信也是偶然的。有些知识，虽然已经是知识，但是，还不是确信无疑，或者这个知识还不完备，或者这个知识还不可靠，还有怀疑的余地，这是一种偶然的情况。由这样一种偶然的情况来决定你能不能够把真理说出来，所以"这只不过是说，将会说出来的真话和假话是分辨不清的"。将要说出来的是真还是假，这是分辨不清的，是混沌一团的。真话和假话如何分辨，"这取决于一个人对此的认识、意谓和理解"。这取决于一个人对真话和假话的认识。认识了以后还有意谓，认识了以后，你内心究竟怎么想的，你是不是口服心服，是不是真正地确信和理解，那就不光是一种表层的知识了，而且是来龙去脉你都能够搞得清清楚楚，这种情况是不多的，只有专家才能做到。这取决于一个人对此的认识、意谓和理解，这三个环节层次都是不一样的。那么要达到认识、意谓和理解，那当然也是偶然性的，每个人、每一次都是不一样的。

内容的这种偶然性只在一条定律的表达出普遍性的形式上才具有普遍性，但是作为一条伦理的定律，这句话许诺了一种普遍和必然的**内容，**

而由于这内容的偶然性，它就这样与自身相矛盾了。

　　"**内容的**这种**偶然性**"，"内容"打了着重号，"偶然性"也打了着重号，也就是说我们前面讲的这些都是属于内容的偶然性，真话还是假话，认识啊，意谓啊，等等，所有这些偶然性都是内容的偶然性。内容的这种偶然性"只在**一条定律的**表达出普遍性的**形式**上才具有**普遍性**"，内容的这种偶然性具有普遍性，"普遍性"也打了着重号。但只在什么上面才具有普遍性呢？只在一条定律的形式上才具有普遍性，定律 Satz，这个词有两个含义，一个是定律或定理，一个是句子或者命题。我们在这里也是用两种译法，有时候翻译成句子，有时候翻译成定律。一句话，如果你把它作为一个格言放在那里，那它就成了一个定律，像我们这里讲的"每个人都应该说真话"，这是一个定律，这是一个道德上的定言命令。它也就是一句话，但是这句话没有前提，打了句号，摆在那里，那就是一条定律，那就成了一个道德命令，它表达出了普遍性的形式。内容的这种偶然性，它是可以具有普遍性的，但是只是在一条定律的表达出普遍性的形式上，"形式"也打了着重号，只在形式上才具有普遍性。也就是说，内容上的这种偶然性在形式上是可以表达为一条普遍定律的，形式上，定律是表达出普遍性的。比如说"每个人都应该说真话"，这就是形式上的普遍性，它表达出普遍性的形式。那么在这个上面呢，内容上的偶然性也就具有形式的普遍性了。"但是作为一条伦理的定律，这句话许诺了一种普遍和必然的**内容**"，但它并不是一条形式的定律，而是一条伦理的定律，所以它许诺了一种普遍和必然的内容。这条定律不是什么一般的定律，它不是逻辑定律，也不是像自然科学里面的那种物理学的定律，因为它作为一条伦理的定律，所面对的是有自由意志的人，这个人随时可能改变主意。所以它作为一条伦理的定律，仍然许诺了一种普遍和必然的内容，也就是说每个人都应该说真话，好像是从内容上说的。它预先假定什么是真话，什么是假话，每个人都能够区分，就是它里面已经根据健全理性的直接断言，不言而喻地已经包含了每个人都知道什么是真话，并且每个人都确信那是真话这一前提。它许诺了这样一种内容，这种内容是普遍和必然的。"而由于这内容的偶然性，它就这样与自身相矛盾了"，由于这个内容实际上是偶然的，所以它就与自身相矛盾了。这句话的矛盾就是这样推出来的，看起来并没有什么矛盾，这条定律形式上具有普遍性，但是它许诺了或者暗示了在内容上也有普遍性，其实内容上又没有，所以这就成了一条自相矛盾的命题。

　　——最后，如果对这句话这样来改善，说对真理的知识和确信的偶然性**应该**去掉，而真理也**应该被知道**，那么这就会是一条与当初出发的诫命直接矛盾的诫命了。

　　"最后"，这是第三层次了，前面首先，第一个层次就是前面的那个破折号，讲到但这样一来，这句话本来想要表述的那种普遍必然就被颠倒为一种完全偶然性了，就是必然性变成了偶然性。第二条就是接下来几行讲到，内容上的这种偶然性只是形式上才具有普遍性，但是作为一条伦理的定律，它许诺了一种普遍必然的内容，因而与自身相矛盾。这是第二个层次，就是必然与偶然相矛盾。现在这个地方讲到"最后"，这是第三层意思。最后，"如果对这句话这样来改善，说对真理的知识和确信的偶然性**应该**去掉，而真理也**应该被知道**"，两个"应该"都打了着重号，"知道"也打了着重号。"那么这就会是一条与当初出发的诫命直接矛盾的诫命了"。就是说，第三个层次，如果我们对这句已经改进过的话再次改进一下，怎么改进呢？原先已经改成了："每个人都应该按照他每次对真理的知识和确信来说真话"，那么对这句话再加以改进，就是说我们对真理的知识和确信的偶然性应该去掉。那就是要把这里面的"每次"去掉，为了不使它自相矛盾嘛，我们把这个每次的偶然性去掉。那么去掉了这个知识的偶然性，必然得出来的就是，真理是应该被知道的，就是不管你有什么偶然条件，真理都是应该被知道的，这样就和那条普遍定律相一致了。也就是说，真理一般来说应该被知道，不是说你可以知道也可以不知道，而是说你应该知道，每个人都应该知道真理。因为人人都是有理性的嘛，每一个人都应该知道真理，因此每个人都应该说真话。我们把这样一个命题再作这样的改造，想以此避免第一次改造所导致的自相矛盾，但仍然无济于事。"那么这就会是一条与当初出发的诫命直接矛盾的诫命了"，这样一来，就与当初出发的诫命直接相矛盾了。为什么还是直接相矛盾的？就是说，当初出发的诫命，这个"知道"没有包含在应该里面，于是我把这个知道添加进去，使它表达为：你知道了什么是真话，你就应该说真话。然而这个知道是每一次的，是偶然的，如果我不知道，我就可以不说真话，这就导致自相矛盾了。但现在我把这个知道也改成必然的、应该的，把这条诫命变成：你应该知道真理并按照你知道的真理说真话。但这样一个命题再次跟当初出发的命题相矛盾。为什么相矛盾？下面的解释是，这个诫命本来是由健全理性直接提出来的，现在你把"应该知道"加进来，它就变成一个间接性的诫命了。

健全的理性当初本应该直接具有说出真理的能力，而现在却说，健 [282] **全的理性应该知道真理，这就是说，它并不知道直接说出真理。**

"健全的理性当初本应该**直接**具有说出真理的能力"，就是说，当初没有设定这个知道，是因为健全理性它是一种直接性的理性嘛，直接性的理性就应该能够直接地说出真理来。"而现在却说，健全的理性**应该知道**真理"，你有了健全的理性，本来是不必设定这个应该知道真理，就是有了健全的理性，就一定可以说出真理来，知不知道，这个是题中应有之义，它肯定是知道的。而现在却说它应该知道真理，那也就是说，它有可能不知道真理。"这就是说，它并不知道**直接**说出真理"，这又是跟前面讲的直接相矛盾的。原先讲的是，健全的理性本应该直接具有说出真理的能力，而现在呢，却说它并不知道直接说出真理，并不具有这个能力。这就成了与前面的出发点完全背道而驰了。前面的出发点是把这一点设定为已知的，它本应该直接具有说出真理的能力，至于它是否知道真理，它不说，还可以意谓着它肯定知道真理；现在你把这一点说出来，并且插进来作为一个条件，反而使这点成了不确定的，而健全理性是否能直接

523

说出真理来也就成为待定的了。因此它本身能够无条件地直接说出真理来这一点就被否定了，或者说它并不具有直接说出真理的能力。也就是说你有了健全的理性，还不足以保证你直接说出真理来，还要运用健全的理性去知道真理，去认知真理。那这就是一种间接性了。就是说你先要知道，你才能够直接说出真理，那就不是直接的了。本来是说，每个人都应该说真话，那只是取决于你的意志嘛，应该，是对你的意志提出的要求，你必须，你应该。而现在呢，是对你的知识提出的要求，你先要知道真理，你才能够运用你的意志，那你运用你的意志，就成了间接的。本来是直接性，而现在呢，你并不知道直接说出真理来，你只能够有条件地、间接地说出真理来。为什么是间接的，是因为你首先应该知道什么是真理，这是知识论上的应该，知识论上的应该都是间接的，它取决于你的认知对象；本来的那个应该是基于意志，你应该说真话，这可以是无条件的、直接的命令，它取决于你的自由意志。但现在，你把这个应该从对意志的直接命令转移到知识论上去了，你的这个直接性的命题就变成间接性的了。你把知道、认知放在前面，那它就成了间接的命令。我们通常认为，美德就是出自于良心，但是苏格拉底说，美德就是知识，因为你光出自于良心，出自于你的本心，如果你没有知识，你可能以为你是做好事，其实你在做坏事。所以你首先要知道什么是好事，你才能知道你做的是好事还是坏事，你才能知道你应不应该做这件事情。所以把知识放在前面，在西方文化里是一以贯之的一条原则。从苏格拉底开始，先知后行，知行不能合一，知难行易。我们中国传统都是知易行难，良知是每个人不虑而知、不学而能的，只要我反身而诚就知道什么是对的什么是不对的，所以只强调践履、实行，忽视知识。直到孙中山提出来知难行易，才开始与西方知行观有了沟通。中国传统占主流的都是知易行难，所以中国哲学是一种实践哲学，是一种伦理哲学，是一种行的哲学，怎么去做人，在这方面下功夫。但是西方人讲的呢，就是说，你先要知道。康德的实践理性也是如此，虽然实践理性高于理论理性，但它毕竟是"理性"，本身具有认知、道德知识的维度。但是黑格尔认为这还不够，你那种直接的实践理性必须要以理论知识作为前提，什么是真理，你先要把这个问题搞清楚。你不能在理论知识和实践之间划一道鸿沟，互不往来。那是不行的，必须要跨越这道鸿沟。

——如果从**内容**方面来考察，那么在"人应该**知道**真理"这个要求中，内容已经被撇开了；因为与这要求相联系的是**一般地知道**：人应该知道；因而这里所要求的毋宁是一种摆脱了一切确定内容的东西。但原先这里所谈的是一种**确定的**内容，是伦理实体中的**一种区别**。

"如果从**内容**方面来考察，那么在'人应该**知道**真理'这个要求中，内容已经被撇开了"，这是前面讲的，健全理性应该知道真理，健全理性认为这个是不言而喻的，这个在它的"一切人都应该说真话"的定律里面已经包含在它的意谓之中了。但是在这个要求里面呢，内容已经被撇开、被抽空了。"因为与这要求相联系的是**一般地知道**：人应该知道"，"一般地知道"打了着重号。人应该知道，这是一般地知道。"人应该知道真理"和"人应该知道"，这两句话讲的是一回事。因为人应该知道这个知道那个，知道这个事情是怎样一回事，怎样一个情况，这都是有内容的；但是人应该知道真理，这就没有内容了，因为人的一切知道都是知道真理，哪怕知道谬误也是知道它"真的"是谬误。你说人应该知道真理，这等于说人应该知道，这两句话没有什么区别。所以人应该知道真理这句话，实际上等于真理这两个字没说，它就是人应该知道，人应该认识，人应该有知识。如果你说，人应该具有对真理的知识，那你添加上去的话等于废话，人应该有知识就是对真理的知识嘛。虚假的就不是知识，只有真实的才是知识。所以，与这要求相联系的是一般地知道，这是一种形式的普遍性，它不管内容，它跟内容无关。"因而这里所要求的毋宁是一种摆脱了一切确定内容的东西"，你应该知道什么，这个内容已经被抽掉了。"但原先这里所谈的是一种**确定的**内容，是伦理实体中的**一种区别**"，原先这里所谈的，也就是说最初的那个定律，每个人都应该说真话，这个里头讲的是一种确定的内容。你的真话是指的那个确定的内容，你要说的是真话，它不是假话，这里面是有严格区别的。这是伦理实体中的一种区别，跟认识论中不一样。在伦理意义上，你说了假话就是假话，并不因为你"真的"说了假话就变成了真话。所以这里所谈的是一种确定的内容，真话和假话是伦理实体中的一种很具体的区别。这个跟"人应该知道真理"是完全不同的。人应该知道真理是一般地知道，已经摆脱了一切确定的内容，它只是一种"知道"的能力。而"人应该说真话"则不是能力问题，而是自由意志问题。现在你把一个自由意志的伦理问题变成一个认识论上的能力问题，这就把问题的性质完全改变了，虽然把偶然性提升到了普遍必然性，但却使直接性变成了间接性。

不过伦理实体这种**直接的**规定是这样一种内容，这内容本来其实显示为一种完全的偶然性，并且在被提升为普遍性和必然性、以至于这种**知道**被表述为法则时，它反倒消逝了。

"不过伦理实体这种**直接的**规定性是这样一种内容"，前面讲到了伦理实体的规定性，它的法则，是一种健全理性的直接规定性。它的内容"本来其实显示为一种完全的偶然性"，也就是说，它的内容本来完全是偶然的。你应该说真话，那么在这件事情上什么是真话、哪句话是真话，因而你应该说的是哪句话，这完全要根据这件事的具体情况和你的认知水平而定，不是用一条定律"要说真话"一言以蔽之就可以解决的问题。所以这个命题、这个定律首先必须有一个前提才能成立，就是：你要知道真相。你应该按照你所知道的真相去说真话，这个就有普遍必然性了。本来，你知道真相，他不知道真相，这完全是偶然的，我们都是不明真相的群众，只有个别人才知道真相，只有局内人才知道真相，所以这就完全显示出一种偶然性。而一旦我们把"你应该知道真相"加入进来，形式上当然就有了普遍必然性，就是"凡是知道真相的人都应该说真话"。但在内容上，这样一来这命题反倒没有了普遍必然性，它变成了"只有知道真相的人才应该说真话"。当这个内容上的偶然性被强行"提升为普遍性

和必然性, 以至于这种**知道**被表述为法则时", 这个内容"反倒消逝了",
也就是说, 只剩下了形式来承担这种普遍必然性, 内容则被抽空了。这
种知道被表述为法则, 就是"人应该知道"这样一条法则。这条法则当
然是无可非议的, 是人, 他就有理性, 他就应该知道, 他就应该知道真理,
他就应该认知, 这是一条普遍法则。当你把命题提升为这种普遍法则时,
它原先的内容反倒消逝了。具体内容的偶然区别被忽视了, 不管是什么
内容, 反正我应该知道。但是你知道的东西里面, 有些是真话, 有些是假
话, 那么你究竟应该说哪些话, 这还需要你根据具体情况来决断, 并不因
为我一般地知道就可以解决的。你把它提升为一种法则, 那个法则只是
形式上的, 它具体的内容都消逝了。我当然知道每个人都要认知, 每个
人都要知道, 你不知道你就应该去认知, 你有理性, 你就应该凭借自己的
理性去认知。但是当它被表述为一条法则的时候, 这对于伦理实体而言
完全是空洞的, 不解决任何问题。一般来说, 每个人应该说真话, 把这命
题变成普遍法则, 那就是, 每个人应该说出他知道的真相, 这是普遍法则。
但是真相是什么, 这个具体的内容在这里消逝了。所以这样一条法则,"每
个人都应该说真话"从内容上就完全消逝了, 你要把内容纳入进来, 马上
就会自相矛盾。如果我不知道哪一个是真相, 只是一般地把我所知道的
东西说出来, 那就有可能恰好说出了你所知道的 (真的) 假相。每个人应
该说真话, 你说不说得出真话? 一纳入具体的场合之下就不适用。康德
的这一条绝对命令, 它一涉及内容, 它就自相矛盾。它如果要保持它的
普遍法则, 那它就必须把内容去掉, 因为内容都是偶然的, 都是不符合普
遍法则的。休息一下吧。

　　好, 我们刚才讲了第一条诫命, 第一条诫命是康德所说的"每个人都
应该说真话"或者"每个人都不应该撒谎", 这是一条普遍法则, 道德律
令。那么第二条呢, 是从《圣经》上来的, 更加具有传统的一贯性。这是
立法的理性的两个最重要的例子。

另一条著名的诫命是："**爱你的邻人如爱你自己**"。① 这条诫命是针对那与个别人发生关系的个别人而说的，并且**断言这是一种个别人**对**个别人的关系**，或一种情感关系。

{231}

这是《圣经·马太福音》里面提到的"著名的诫命"。前面一条没有讲到著名的，前面一条是一个无条件的义务，这是康德提出来的。而这一条著名的诫命是"**爱你的邻人如爱你自己**"，爱你的邻人如爱己。"这条诫命是针对那与个别人发生关系的个别人而说的，并且**断言这是一种个别人**对**个别人的关系**，或一种情感关系"，爱你的邻人如爱己这条诫命，是对两个人之间的情感关系的规定。你和你的邻人是两个个别人之间的关系，与前一条诫命"每个人都应该说真话"是对事不对人不同，这里是一个人对另一个人的关系。同样，与前一条诫命归结到认知和健全理性上不同，这里是归结到爱的情感上，是一种情感关系。这个情感他用的是 Empfindung，这个词前面我们翻译成"感觉"，Gefühl 我们翻译成感情，也翻译成情感，在这个地方就没有办法区分开来了。这个地方你不能翻译成感觉，因为他明确提到了爱。爱你的邻人如爱己，这是一种个别人对个别人的情感关系，这个从字面上都可以看出来。

有所作为的爱——因为一种无所作为的爱是没有存在的，所以大概也不是所意谓的——指向的是为某个人分忧以及与人为善。

有所作为的爱（die tätige Liebe）指向的是为某个人分忧以及与人为善。你要爱他，那么你就必须有所作为，就是为某个人分忧以及与人为善。从负面上来说就是与某人分忧，从正面上来说就是与人为善，你要对他好，还要分担他的痛苦。这是有所作为的爱。"因为一种无所作为的爱是没有存在的"，这是黑格尔的一句断语。如果你没有作为，那么你的爱是没有存在的，"所以大概也不是所意谓的"。也就是无所作为的爱不是

---

① 参见《利未记》19,18；《马太福音》22,39 及其他多处；此外见康德：《实践理性批判》，载《康德著作全集》第 5 卷第 82—83 页 [中译者按：参看邓晓芒译，杨祖陶校，人民出版社 2003 年版，第 113 页]。——丛书版编者

这里所意谓的，这里的意思不言而喻地就是爱就要有所作为。爱你的邻人如爱己这句话，耶稣基督的话，就是要你们对他人有所作为，在与他人的作为中来体现你的爱，而不是说你只要心怀爱意而什么也不做。爱你的邻人如爱你自己，如果你对你的邻人不闻不问，但是你说我心里是爱他的，这就无从说起了，这个是连意谓都说不上的。那个意谓就是说你既然爱他，你就要对他好，你就要与他分忧，你就要与人为善。这个意思没有说出来，说出来的是"爱你的邻人如爱你自己"，就够了，其中包含的意思就是说，你要与他分忧，你要对他好。一种无所作为的爱是没有存在的，根本就不能加以确定的。既然你无所作为，你的爱心体现在什么地方？爱总是要有所体现的嘛。我们说让世界充满爱，并不是仅仅说你要有一颗爱心，而是说要有行动，大家要互相帮助互相友爱，共同造福于人类，是这个意思。它指向的是为某个人分忧以及与人为善。

为此目的，就必须区别出来，什么是他之所忧，什么是针对这种忧患而合乎目的的善，以及一般说来什么是他的福；这就是说，我必须以**理智**来爱他；非理智的爱也许比恨对他更为有害。

"为此目的"，也就是说要为某个人分忧以及与人为善，"就必须区别出来，什么是他之所忧"。你要与他分忧啊，那么什么是他之所忧，他的忧患在哪里，他发愁的事情，他痛苦的事情是什么，你要知道。"什么是针对这种忧患而合乎目的的善"，针对他的目的才能合乎目的地与人为善。与人为善，你学雷锋，你去帮助人，但是有个前提，你知道他需要帮助。若他不需要帮助，甚至于你的帮助对他来说是一种损害，那你就适得其反了。比如说你在美国，你看到一个残疾人坐着轮椅很艰难地在爬坡，你就去帮他推一把，那会挨骂的。那个残疾人正是要靠他的这种独自一个人可以独立行动来说明他跟一般人是一样的，你去推他一把，你伤害了他的自尊心啊，他就成了一个只能坐在轮椅上面让人推着走的这么一个东西了。所以那不是他所需要的，你觉得是他所需要的，那只是你的感觉，你并不了解人家需要什么。所以你必须区别出来，什么是他之所忧，什么是针对这种忧患而合乎目的的善。"以及一般说来什么是他的福"，你以你的标准去衡量，你觉得是幸福的，你认为对他也是福，那不一定的。他的幸福观可能跟你的幸福观完全不一样，幸福的概念人与人是不同的，有的区别很大的。有的人喜欢住在高楼大厦里面，有的就喜欢住在乡下，有的喜欢住别墅，有的就喜欢住茅草棚，各有所好。所以你不了解人家的幸福观是什么，那你怎么去与人分忧和与人为善呢。"这就是说，我必须以**理智**来爱他；非理智的爱也许比恨对他更为有害"，这就意味着我必须以理智来爱他，这个理智（Verstand）我们前面一直翻译成知性，以知性来爱他，但是这个地方翻译成知性多有不便，它的意思已经不一样了，泛化了。尽管如此，我们还是要了解到，他这里用的这个理智就是前面用的知性。为什么一定要注意到这一层？因为它跟前面是平行的，从感性确定性到知觉到知性，黑格尔他是有一个等级阶梯的，有一个层次关系的。所以他这个地方用知性这个词，跟前面是有关系的。我们必须以理智来爱他，而不是那种非理智的爱。非理智的爱，如果你没有知识，没有知性，如果你仅仅凭借你的感情，那么这种爱也许比恨对他更为有害，你是害了他。像父母溺爱自己的儿女，给儿女创造一切条件，留下大笔的财产，你究竟是对他好呢，还是害了他呢？这个都很难说了。更多的往往是害了他。你的子女之所以没有出息，最后甚至于走向犯罪，就是因为你太溺爱他了。所以非理智的爱也许比恨对他更为有害。你要恨他，说不定他还成长起来了，说不定他甚至还好一些，他能够独立。而你那种爱呢，是对他有害的。

　　但理智的、本质的善行，在它最丰富和最重要的形态中，乃是国家的有理智的普遍的行为，——即这样一种行为，与它比较起来，个别人的行为作为一个个别人的行为成了某种完全微不足道的事，以至于几乎不值得劳神费力去说它。

　　"但理智的、本质的善行"，理智的就是知性的了，但知性的、本质的善行，讲到善行的时候，我们就必须加进理智的、知性的这样一个成分在里头。那么理智的、本质的善行"在它最丰富和最重要的形态中，乃是国家的有理智的普遍的行为",这个上升到国家了。国家是理智的善行的最丰富和最重要的形态,这个地方已经把爱撇开了,从爱到理智的爱,理智的爱最高的表现就是爱国了,而爱国的行为最普遍的就是国家的有理智的行为,即理智的善行,这里有一个转换。你既然要讲理智的爱,那么我们就要考察一下理智的善行。因为爱是有作为的爱嘛,爱体现为善行嘛,那么理智的爱就体现为理智的善行;那么理智的善行最丰富和最重要的形态,那就是国家的行为,国家的有理智的普遍的行为,也就是说法治国家。国家的行为也可能是非理性的,但是国家的有理智的普遍的行为,那就是法权制度,那就是法律体系、宪法和宪政,这是有理智的普遍的国家行为。"即这样一种行为,与它比较起来,个别人的行为作为一个个别人的行为成了某种完全微不足道的事,以至于几乎不值得劳神费力去说它。"国家的有理智的普遍的行为,在这个行为面前,个别人的行为完全是微不足道的。个别人的小恩小惠,当然出于一种爱,他也可以与人为善,甚至于出于人与人之间的一种理智的行为,也可以与人为善。对你的邻人,你了解他的痛苦,你了解他的需要,你了解他的福利,然后你与人为善,你对他好。即算是这样一种个别人对个别人的行为,在国家的普遍的有理智的行为面前,也是微不足道的,几乎不值得去说它。就是说,哪怕你是运用你的知性,运用你的理性,运用你的理智来对他人采取行为,有所作为,但是最高的,最丰富的,最重要的作为,就是国家行为。当然有一个前提,就是国家的有理智的普遍的行为,这是最高的。我们经常讲,黑格尔用国家吞并了个人,在这里也可以体现出来,就是国家的普遍的有理智的行为,要远远高于个人的哪怕是有理智的爱的行为。

　　<u>而国家的行为则具有极其巨大的威力,因为,假如个别人的行为想要跟它相对抗,无论是为了自己而直接违法犯罪,或者是为了取悦于某个别人而对法权的共相以及他对法权承担的份额进行欺骗,这种行为都会是完全无用的,并且会不可抗拒地被摧毁。</u>

　　这句话很好理解。也就是说,在国家的行为极其巨大的威力面前,你

531

要想跟它相对抗的话,那就会被摧毁。这里有两个状语,"无论是为了自己而直接违法犯罪",为了自己的贪欲,为了自己的好处,直接去违法犯罪;"或者是为了取悦于某个别人而对法权的共相以及他对法权承担的份额进行欺骗"。这两种行为,第一种行为他是出于自私,为了自己;第二种行为他不一定是为了私利,而是为了取悦于某个别人。前者是直接犯法,后者是进行欺骗,要么是对法权的共相——普遍的法进行欺骗,要么是对自己对法权所承担的那个份额、那份义务,进行欺骗。所谓违法犯罪有两种,一个是直接的违法,一个是间接的欺骗;前者是私欲膨胀,后者是采取为他人谋取不正当利益的方式,一方面欺骗法权的共相或普遍的法律秩序,另方面是逃避了自己从这个法权的共相中所承担的义务份额。那么这种种行动都是无用的,都会受到国家法律的制裁。当然这个里头就包含着,一方面是为了自己而违法犯罪,那就是出于私欲,出于贪欲;另一方面呢,哪怕不是为了自己,而只是为了取悦于某个别人——仍然是某个私人,但却不是为了公共大众。这个里头就包含了很多丰富的内容了,就包括前面讲的"爱你的邻人如爱你自己",如果不是上升到国家法权的这么一个高度,而仅仅是停留在一种狭小的私人感情的范围之内,都会发生这样一种情况,就是你对于法权的共相以及自己承担的法权的份额进行欺骗。这就叫徇私枉法,尽管你不是为了你个人的私利,但却是为了个人的私情,是为了取悦于某个别人。这个私不是仅仅限于你个人的利益,而是你个人和其他个人之间的一种私人关系,这都叫徇私枉法。比如说"父为子隐子为父隐",亲亲相隐,还有舜提拔自己的混账弟弟当官,受到孟子的夸奖。我不是为了自己,我是为了整个家族,我是为了我的亲戚朋友啊,但这都叫徇私枉法。那么在国家的法权面前这些都会是完全无用的,并且会不可抗拒地遭到摧毁。注意这个地方出现了法权,Recht这个概念,也可以翻译成权利,它还有公平、正义,很多的含义。在这个地方涉及国家的Recht,这个时候我们把它翻译成法权,国家是一个法权的体制,国家是用来摆平一切公民的权利关系的。这种摆平我们称之为法权。

严复翻译穆勒的《自由论》，把它翻译成群己权界，实际上我们可以把群己权界理解为法权，"群"就是他人、群体，和自己、群己之间的权利的界限，那就是法权。西方人的自由的概念里面实际上包含的是法权的概念，并不是我们所理解的为所欲为的意思，不是说你想干什么就干什么。当然也包含你的欲望在内，但是，要有界限，这个界限就是权利的界限。权利的界限是由谁规定的呢，是由国家规定的。所以讲，国家的行为是有理智的普遍的行为，那就是法权的行为。所以在这种国家的法权面前呢，个人的私情以及个人的贪欲，所有这些东西都不可抗拒地要被摧毁。就是说你越界了，你为了自己的私利，或者说为了你的私人情感，而侵害了整个国家或者其他公民的权利，那在国家面前你肯定要受到惩罚。

<u>因此，留给本身是情感的那种善行的，就只剩下一种完全是个别的行为的含义，一种应急的含义，它既是偶然的又是临时的。</u>

讲到理智的善行，那就是国家的行为，在国家的行为面前，你的个别的那种一己的私利或者私人情感，是微不足道的，不值一提的。而国家的行为具有极其巨大的威力，它是理智的而非情感的，法律是不讲情感的。那么在这种巨大的威力面前，"留给本身是情感的那种善行的"，留给那样一种善行，就是它本身就是情感，比如说爱，爱你的邻人，为出于爱心的善行留下的是什么呢？"就只剩下一种完全是个别的行为的含义，一种应急的含义"，一种应急措施。就是说，你当时情感上过不去，临时委屈一下法律，"它既是偶然的又是临时的"。比如说，考虑到人之常情，刑法中加入了"容隐"的条款，即近亲属可以不负举证的责任，儿子犯了法，警方来追捕了，父母可以不说出儿子的去向，而不负法律责任，这是人的一项权利，即容隐权。但这只限于特定的个别人，即他的父母，而且只在这件案子上适用，不适用于其他场合。所以这只是偶然的和临时的，不是通例。又如"紧急避险权"，在危及当事人生命的情况下不能死扣法律条文，而有必要根据具体情况放宽行为的法律限制，也属于这一范畴，因为爱护自己和他人的生命是每个人的自然情感。如此等等，都是在法

律中给私人情感本身留下了一定的余地，但只是作为个别的应急行为，作为偶然的临时的容忍措施而对理性的法律原则的一种补充。所以国内有人以西方法律中的容隐权利来证明传统的"亲亲互隐"作为一项义务的天经地义、不可动摇，这是很可笑的。西方的容隐权是理性的普遍法权对人之常情的一种容留，相当于一种隐私权而不予追究；中国的亲亲相隐则是"人情大于王法"，是情感凌驾于法律之上，甚至企图取代法律，历来被儒家看作一项基本的义务，不得违背。这两者本质上是不同的。

[283] 　　这种偶然不仅规定着这种善行的时机，而且也规定着它一般而言是<u>不是一件**作品**，以及是否不立即复归于消溶和本身反过来被颠倒为恶行。</u>

　　"这种偶然"，你出于情感冲动，那当然是偶然的了。这种偶然"不仅规定着这种善行的时机"，你的情感上来了，这种违法的善行可以得到一定的宽容。但正因为这种情感是偶发的，所以法律的宽容也限于一定的时机。前面讲这种容留只是临时性的，也是这个意思。你为了紧急避险而侵害了别人的财产，这个可以不追究，但你不能在危险过后还以此为理由侵害别的人财产。"而且也规定着它一般而言是不是一件**作品**"，这个"作品"打了着重号。这就是说，这一行为是不是能够产生一种固定的后果，这是由这行为的偶然性来决定的，因为凭情感做事是不考虑后果的，它可能有某种后果，也可能什么后果也没有，只是满足了自己内心的需要。"以及是否不立即复归于消溶和本身反过来被颠倒为恶行"，就是说你的行为即使产生了某种后果，它是否能够立刻复归于消溶，不会造成对法律的持久的伤害，以及它是否会反过来被颠倒为恶行。比如说本来是为了儿子的安全，出于爱心而放走了杀了人的儿子，但最后却造成了更多的人遭到杀害，等等。是否会这样呢？这就取决于偶然性了，你运气好，可能不至于这样，但你的软心肠结果导致了助纣为虐、犯罪，也完全是有可能的。所以，出于爱心和情感冲动而做一件与人为善的好事，不惜违背法律，即使这件事被法律本身所容忍，其后果也是不可预料的，所以它本身不可能成为普遍的法律，而只能作为法律中所容纳的一种例外情况。《圣经》上面的这样一条诚命，本来是作为一个普遍的诚命，一条法则或者一个聚合体，用来衡量人，但是经过这样一种分析呢，它变成了一种偶然的东西。黑格尔在这里胆大包天，对于《圣经》上的话他都敢这样来分析、来质疑。

于是，这种造福于别人，并被说成是**必然的**行动，就具有了这样的性状：它或许能够实存，也或许不能；如果这种情况偶然呈现出来，它或许是一件作品，或许是好的，也有可能不是。

也就是说，"这种造福于别人，并被说成是**必然的**行动"，就是与人为善，爱你的邻人如爱你自己，这样一种行动，就具有了这样一种性状。本来是造福于别人的，甚至于造福于人类的。我们经常讲"爱你的邻人如爱己"，也包括中国人讲的"己所不欲勿施于人"，"己欲立而立人，己欲达而达人"，这本来被看作造福于别人的一种必然的行动，结果呢，成了这样一种性状。"它或许能够实存"，你也许能够使它付之于现实行动，你一时冲动就能做到；但是"也或许不能"，也许做不到，只是想这样做而已，只是认为必须这样做，它的这种必然性只停留于内心。"如果这种情况偶然呈现出来"，它本来就是偶然的情感嘛，你把它说成是必然的，但是它仍然取决于偶然性，它并没有必然性。这种情况如果偶然地呈现出来了，那么"它或许是一件作品"，而且这件作品"或许是好的"，但"也有可能不是"。就是说，它也可能根本不是一个作品，只是你的一个想法、一种愿望；或者即使是一个作品，它也有可能不是什么好的作品，你出于好心而办了坏事。所以这就不具有法则的普遍必然性了。光是从"爱你的邻人如爱你自己"，或者"己所不欲勿施于人"，或者是"己欲立而立人，己欲达而达人"这样一些情感原则出发，如果不考虑理性的作用，那它们是否具有法则的普遍必然性，这是值得怀疑的。

因而这条法则也像前面考察过的那条法则一样不具有普遍的内容，也不像它作为一条绝对的伦理法则所应该的那样表达出某种**自在自为存在的东西**。

"因而这条法则"，也就是"爱你的邻人如爱己"这条法则，"也像前面考察过的那条法则一样"，也像"每个人都应该说真话"一样，"不具有普遍的内容"。对这两条法则分析的程序都是一样的，就是把这些伦理道德法则从一种实践的法则，转化为一条认识的法则，或者说把它基于一条认识的法则。你认真对待一下，你分析一下，你能知道什么是真理吗？你的爱的行为是一种理智的行为吗？这都是一个思路，都是从苏格拉底以来的思路：美德即知识。你要知道。你如果完全不知道，你就凭一条绝对命令或者凭一种爱的心情、爱的情感，那它是不能够成为一条普遍法则的，哪怕耶稣基督来说也没用。他说了，要看你怎么理解，你如果理解为字面上的那种从个别人对个别人的情感出发，那么它就是一种偶然的行为，没有普遍性。因而这条法则也像前面考察过的那条法则一样不具有普遍的内容。"也不像它作为一条绝对的伦理法则所应该的那样表达出某种**自在自为**存在的东西"，作为一条绝对的伦理法则，应该表达出自在自为的东西，也就是应该表达出一种无条件的绝对的东西。所谓自在自为的，260 页这个标题："自在自为地本身就是实在的个体性"。它应当是理论理性和实践理性的统一，因而是绝对的伦理法则。但现在它统一不了，一旦引入理论的前提，它就自相矛盾，或者只是偶然的、有条件的法则。而作为一种偶然的诫命，它就只能诉之于人们内心的动机，而不管它的效果，它就不像一条绝对的伦理法则所应该的那样表达出某种自在自为的东西，某种具有客观普遍性的东西。

或者说，这样一条法则只停留于**应该**，但并不具有任何**现实性**；它们不是**法则**，而只是**诫命**。

"或者说，这样一条法则只停留于**应该**"，这就是我们刚才讲的，只讲动机，只讲你应该做什么，至于你做成了什么，或者能够做成什么，他不管。康德也有这个意思，做成了什么样，那不是你能够控制的，所以你只要动机是合乎实践理性的就够了，合乎应该就够了。《圣经》里面也是，"爱你的邻人如爱你自己"，主要是爱，主要是要让世界充满爱。"但并不具有任何**现实性**"，"现实性"打了着重号。"它们不是**法则**,而只是**诫命**",只是诫命,或者只是命令,Gebot。康德就是想把这种命令变成普遍的法则,他只能停留于抽象的形式,而不具有涵盖内容的普遍现实性。它们不是法则,法则应该是普遍有效的、客观的,而诫命、命令是主观偶然的,哪怕每次都服从这个诫命,也不足以成为一种法则,总是取决于特定的条件。这是对于传统的道德,包括从基督教到康德的道德的一种批判。

　　不过实际上,事情本身的本性说明,对一种普遍的绝对的**内容**必须加以放弃;因为对于单纯的实体而言——它的本质就在于它是单纯的这一点——任何在它上面建立起来的**规定性**都是**不适合的**。

　　"不过实际上,事情本身的本性说明",这个"不过",也就是前面分析了那么多,实际上呢,事情很简单,你只要看看事情本身的本性就会明白,用不着我们前面那么多繁琐的分析。很简单一条,事情本身的本性就说明,"对一种普遍的绝对的**内容**必须加以放弃",也就是说根据事情本身的本性,你就应该放弃那种普遍的绝对的内容,"内容"打了着重号。它的内容都是偶然的,而事情本身的本性是必然的。事情本身,为什么是事情本身? 事情本身,它的本性就是一种普遍的共相,就是一种放之四海而皆准的形式。而普遍的绝对的内容,这个必须要加以放弃,你在内容上面不可能有一种普遍的绝对的内容。前面我们已经看到了,就是人应该知道真理,在这个要求里面内容已经被撇开了,说"人应该知道",这已经撇开内容了。人应该知道,这是一条普遍法则,这没错;但是它是非内容的,它是抽象形式的。你把所有的内容都去掉,人应该有知道的能力,你这才能保留它是一条普遍的法则。但是,作为内容来说呢,人应该知道什么? 人所知道的任何内容都是偶然的,不是应不应该的问题,而是能不能做到的问题,所以必须放弃内容的普遍必然性。这是从事情本身的本性中已经得出来的。"因为对于单纯的实体而言——它的本质就在于它是单纯的这一点——任何在它上面建立起来的规定性都是不适合的","规定性"

和"不适合的"都打了着重号。事情本身是什么，事情本身就是单纯实体啊，我们前面讲了，就是主体间性啊，就是伦理实体啊。而伦理实体是单纯的实体，单纯的实体的本质就在于它是单纯的，这说明任何在它上面建立起来的规定性都是不适合的。你在一个单纯的实体上面对它加以规定，是不适合的。斯宾诺莎早就说过，对实体来说，一切规定都是否定。斯宾诺莎的实体是一个绝对的抽象，最高的抽象，不能给它任何的规定。你给它任何规定，你就把它限制住了，都是对它的否定。你一规定它，实体是什么，你把它加以规定，那么它就已经不是实体了，它就已经被否定了。你只能够说，实体是自因，实体不是任何东西，它自己是自己的原因。你加上任何具体的内容，它就不是实体了，因此它必须放弃任何内容，凡涉及内容，它就是偶然的，它就失去了它的绝对性和普遍性。

诚命在自己单纯的绝对性中，本身表述着**直接的伦理存在**；在这种存在上所显现的区别是一种规定性，因而是一种隶属于这种单纯存在的绝对普遍性**之下**的内容。

诚命，也就是前面讲的那些法则，举了两个例子，这些法则是实体自身分出来的一些聚合体，如我们前面已经讲到的。这种诚命"在自己单纯的绝对性中，本身表述着**直接的伦理存在**"，像康德的绝对命令"不要说谎"，它在这种单纯的绝对性中表述的是直接的伦理存在，表述的是伦理实体。它的绝对性从哪来，它的绝对性来自于伦理实体本身。"在这种存在上所显现的区别是一种规定性"，在这种伦理实体上面所显现的区别，你不要看作是对伦理实体的规定性，它是在这种存在上面所显现的区别，"因而是一种隶属于这种单纯存在的绝对普遍性**之下**的内容"，"之下"打了着重号。也就是说，在这种存在上面显现的区别确实是一种内容，但是这种内容是隶属于单纯存在的绝对普遍性之下的，它不是属于这个单纯存在的绝对普遍性本身的内容，而是隶属于之下的内容，就像斯宾诺莎的实体底下的各种属性和样式一样。伦理实体底下是有内容的，它把自己分化为各种各样的聚合体，各种各样的法则，这些法则都隶属于它之下。但它本身你不能给它再加任何规定性了，它本身是没有内容的。它本身没有内容，那是什么呢，就是形式。它本身只是一种形式。

由于这样一来，一种绝对内容就必须加以放弃，所以适合于诫命的就只有**形式的普遍性**了，或者说，只有与自身不相矛盾这一点了；[①] 因为无内容的普遍性就是形式的普遍性，而绝对的内容就相当于一种不是什么区别的区别，或相当于无内容。

这句话是点题了。"由于这样一来，一种绝对的内容就必须加以放弃"，内容是隶属于存在的绝对普遍性之下的，所以它本身不是绝对的，绝对的内容就必须要放弃，它不是什么绝对的内容。"所以适合于诫命的就只有**形式的普遍性**了"，这个诫命，你说它有普遍性，它有。不管是所有的人都应该说真话，还是爱你的邻人如爱己，都是有普遍性的。但是这种适合于诫命的普遍性只是形式的普遍性，只在形式上有普遍性。"或者说，只有与自身不相矛盾这一点"，也就是说，爱你的邻人如爱己，这个在形式上是不自相矛盾的。在康德那里，每个人都应该说真话，这个在形式上也是不相矛盾的，所谓形式上不相矛盾，就是康德讲的定言命令：要这样行动，使你的行为的准则永远成为一条普遍的法则。怎么样才能成为普遍的法则，那就是在形式上不要自相矛盾的，不要自我取消。要使你的自由意志不要自我取消，永远能够自洽，这就是形式逻辑的同一律和不矛盾律的要求。形式的普遍性，这个是可以有的，这些道德的命令里面都有普遍性，但都是形式的普遍性，就内容来说，它们是没有普遍性的，都是偶然的。所以他讲，只有与自身不相矛盾这一点才是有普遍性的。"因为无内容的普遍性就是形式的普遍性，而绝对的内容就相当于一种不是什么区别的区别，或相当于无内容"，无内容的普遍性，那就是形式的普遍性，这个是不容置疑的；但绝对的内容就相当于一

---

① 黑格尔在此所提及的是康德的定言命令在其公式中的本质特征；参看康德：《道德形而上学奠基》，载《康德著作全集》第 4 卷第 424 页；《实践理性批判》，载第 5 卷第 27—28 页，第 31 页。——丛书版编者

种不是什么区别的区别，相当于无内容。绝对就是没有区别，区别就是有内容；但一种绝对内容，其实就是一种没有区别的区别，是自我取消的内容，它相当于无内容。所以现在剩下来的只是形式的普遍性。

{232}　　　那么，剩下来用以立法的就只有**普遍性**的**纯粹形式**，或者说，实际上只有意识的**同语反复**，它站在内容的对立面，不是一种有关**存在着的**或本真的**内容**的认知，而是一种有关**本质**或有关内容的自身等同性的**认知**。

　　"那么，剩下来用以立法的就只有**普遍性**的**纯粹形式**"，你要把它建立为一条普遍的法则，普遍的聚合体，普遍的规律，那么你只有在普遍性的纯粹形式上去建立。你要把它当作普遍法则，那就只是形式逻辑的不矛盾律、同一律。"或者说，实际上只有意识的同语反复"，形式逻辑的同一律抽掉一切内容就成了同语反复。所以康德的道德命令、定言命令，其实就是立足于同语反复，立足于形式逻辑的不矛盾律。他把形式逻辑的不矛盾律用在人的行为、意志方面，就是说你的意志要不自相矛盾，那才是自由意志，那就是自律。自由意志的自律就是自己的自由意志不自相矛盾。"它站在内容的对立面，不是一种有关**存在着的**或本真的**内容**的**认知**"，"它"，也就是这样一种纯粹形式，这种意识的同语反复，站在内容的对立面。康德的定言命令跟内容是相对立的，它站在内容的对立面，不是一种有关存在着的或本真的内容的认知。它不是一种认知，这个"认知"打了了着重号，什么认知呢？有关存在着的或本真的内容的认知。康德的绝对命令是抽象的，撇开内容的，它不是对客观现实的内容的一种认知，它里头没有认知，认知已经被撇开了。人的实践的道德行为跟认知没有关系，人的认知只涉及现象，人的道德行为则出自于人的本体、人的自由意志。所以它不是一种有关存在着的、现实的或真正的内容的认知。"而是一种有关**本质**或有关内容的自身等同性的**认知**"，也就是一种有关抽象本质的认知，一种对内容的自身等性的认知。康德也谈到实践的知识，但是它不是有关内容，而是有关本质，也就是纯粹实体的，即使涉及内容，也只是内容的自身等同性，就是同语反复。所有这些内容，不说谎也好，不自杀也好，与人为善也好，发展自己也好，所有这一切它的本质就是定言命令：要使你的行为的准则成为一条普遍的法则。这样一个定言命令贯穿于所有的内容之中，作为它们的普遍的形式。对这样一个形式原则的认知，当然也是一种认知，但是不是对内容的认知，而是对本质和逻辑形式的认知。这是黑格尔的一种批判，就是说这样一些立法的理性，想为人的伦理生活建立法规，但最后沦为一种单纯的形式逻辑的同语反复，不再是实践规则，而是一种抽象理论上的认知规则。

　　因此，伦理的本质并不直接地本身就是一种内容，而只是一种尺度，借助于一个内容的不自相矛盾来判定它是否能成为法则。立法的理性就下降而为一种只是审核的理性了。

　　"因此，伦理的本质并不直接地本身就是一种内容"，伦理的实体经过这样一番分析，那么它并不直接地本身就是一种内容。它之下有内容，但是它本身并不直接就是一种内容，它的直接性立足于一种形式，"而只是一种尺度"。伦理的本质只是一种尺度，它的内容五花八门、丰富多彩，但是这个里头有一种尺度，就是一种规范啊。伦理的本质就是一种规范。中国古代的三纲五常也是一种规范，但是三纲五常都是内容，没有上升到这种形式上的逻辑规范。他这里讲到的这种尺度是单一的，就是形式逻辑的普遍性，不矛盾性。下面是解释这个尺度了，"借助于一个内容的不自相矛盾来判定它是否能成为法则"。判定一个内容是否能成为法则，也就是要使你行为的准则成为一条普遍的法则，那就看形式逻辑上是否能够做到不自相矛盾。比如说，不说谎能否成为法则？那就看你这个不说谎是否能够不自相矛盾。这就是康德的论证。我们可以设想一下，在逻辑上设定，如果说谎成为普遍法则，会有什么结果？那就会是尔虞我诈。但是，尔虞我诈如果成为一条普遍的法则的话，那它就会自我取消。因为如果真是人人都说谎，就不会有任何人相信任何人，一旦没有任何人相信任何人，那也就不用说谎了，因为反正没有人相信，你说谎不是白费口水吗？于是说谎也就不存在了。所以这是一条在逻辑上自我取消的或者自相矛盾的法则。反之，如果不说谎成为一条法则，那确实可以的，大家都以诚相见，可以永远不说谎，它就可以良性循环下去。所以说谎是自我取消的，而不说谎是可以良性循环的，可以在逻辑上不自相矛盾的。而衡量的标准就是形式逻辑的不矛盾律。这就是康德提出的论证，康德伦理学的本质就在这里，就是他的这种纯粹实践理性的法则本身是一条形式逻辑的法则，他用形式上的不矛盾性作为内容是否能够成为法则的一个标准，一个尺度。于是，"立法的理性就下降而为一种只是**审核的理性了**"，立法的理性原来抱负很大，要立法，摩西十诫，还有各种道德箴言，都想给具体的伦理生活立下一条一条的法规。但是现在呢，立法的理性就下降为一种只是审核的理性了。所谓审核的理性，在这里就只是一种尺度，我们用这种尺度来审核一个内容是否能成为普遍的法则，但我们不能直接确定某个行为是否能够成为普遍法则。在未经审核以前，这些立法都只能是一种信仰或者武断，经不起推敲和质疑。

c. 审核法则的理性

审核法则的理性，这是第三个标题。前面讲立法的理性，这里讲对所立的法则或法律要加以审核。这里也可以翻译为"审核法律的理性"，但是这个地方不只是讲通常的法律，也包括伦理道德法则，所以我译作"审核法则的理性"。

[284]　　　单纯伦理实体里的一种区别，对于这实体来说是一种偶然性，我们在被规定了的诫命里曾看到它展现为认知的偶然性、现实性的偶然性和行为的偶然性。①

---

① 据袖珍版，此处 B 版作："我们在被规定了的诫命里曾看到它展现为对现实的认知的偶然性和行为的偶然性。"——中译者

这是考证版的表述，在袖珍版里编者注明，B版（第2版）作"我们在被规定了的诫命里曾看到它展现为对现实的认知的偶然性和行为的偶然性"，等于区分了两种偶然性，一种认知的，一种行为的。考证版恢复了第1版的表述。"单纯伦理实体里的一种区别，对于实体来说是一种偶然性。"单纯实体里的一种区别，你把它区分出那么多的聚合体，那么多的法则，而这些法则、这些聚合体对于实体来说呢，是一种偶然性，或者像斯宾诺莎说的，是一种"偶性"。也就是说你把它分成一系列的诫命，这些诫命都是涉及内容的，爱你的邻人，或者说不要说谎等等，涉及各个方面。那么涉及各个方面的时候呢，它们都是一种偶然性。一旦涉及内容，就是偶然性。"我们在被规定了的诫命里曾看到它"，曾经看到这种偶然性，"展现为认知的偶然性、现实性的偶然性和行为的偶然性"，这个我们前面都已经涉及了。认知的偶然性，你是否能认知，你应该认知，你应该知道真理，但这个是偶然的，否则的话就不存在应该了。如果每个人必然都知道真理，那谈什么应该呢？现实性的偶然性，它是否能够实现出来，能够成为作品，那是偶然的，要根据各种情况而定。行为的偶然性，行为要看时机，要抓住机会。展现为这样一些偶然性。

我们曾把那单纯的存在跟与之并不对应的规定性进行了比较；在这种比较中，单纯的实体表明自己是形式的普遍性或纯粹的意识，这意识从内容摆脱出来而站在其对面，它是对内容作为被规定了的内容的一个认知。

这还是回顾前面的，"我们曾"，用的过去时。"把那单纯的存在跟与之并不对应的规定性进行了**比较**。"单纯的存在也就是实体，实体跟与之并不对应的规定性——那就是内容，进行了比较。实体跟它的内容并不对应，为什么不对应呢，因为实体的存在，单纯的存在，是普遍的，是普遍的事情本身，是纯粹的事情本身；而那些内容呢，都是偶然的。那些内容、那些规定性，都是偶然的规定性，它们与这个单纯的存在并不对应。那么我们把它们进行了比较，一个是必然的，一个是偶然的。"在这种比较中，单纯的实体表明自己是形式的普遍性或纯粹的**意识**"，单纯的实体表明自己一个是形式的普遍性，我们前面已经讲了，它的普遍性只在形式上。"或纯粹的**意识**"，既然只是形式上的普遍性，那么就是纯粹的意识了。形式逻辑，那是由意识来掌握的，至于在现实的具体的场合之下究竟怎么实现出来，怎么衡量，那要看对象，那要看场合，那要根据不同的情况而定。但是纯粹的意识里面就有形式逻辑的法则，形式逻辑的同一律，不矛盾律。这些都是纯粹的意识。"这意识从内容摆脱出来而站在其对面"，这样一种意识，这种形式逻辑的法则，从内容摆脱出来。形式逻辑的法则它是不管内容的，只管形式，只管形式的自洽性，只管形式的前后一贯性。它从内容摆脱出来而站在其对面，站在内容的对面。"它是关于内容作为被规定了的内容的一个**认知**"，"认知"打了着重号。形式逻辑的同一律，不矛盾律，它跟内容无关，与内容对立，但是它是关于作为被规定了的内容的一个认知。就是说，这个内容，如果是被规定了的内容，那么形式逻辑的这种不矛盾律呢，可以作为有关这些内容的一个认知，就是说这些内容相互之间有一种规定，如不矛盾性。所以我们的形式逻辑可以作为一种尺度，作为一种先天知识，去对它加以衡量。如果它是自相矛盾的，互相冲突的，那么我们就可以判定它是不可能的，是不现实的。所以它也是一种认知，但是是关于内容作为被规定了的内容的一种认知。形式逻辑的形式也是对内容的一种规定，一种认知，它是一种尺度，用来衡量内容。

　　这种普遍性就以这种方式而保持为当初是**事情本身**的那个东西。①但它在意识里却是另外的东西；因为它不再是无思想的惰性的类，而是与特殊的东西相联系，并被看作特殊东西的力量和真理。

　　"这种普遍性"，也就是形式逻辑的普遍性，形式的普遍性，"就以这种方式而保持为当初是**事情本身**的那个东西"。它仍然是事情本身当初

———————————

① 　参见前面第 271 页 [中译者按：见贺、王译本第 273 页第 2 自然段]。——丛书版编者

的那个东西,你的所作所为符不符合事情本身,要由事情本身来衡量;但是现在呢,这种形式逻辑的普遍性,以这种方式保持为当初事情本身作为一种普遍标准的那样一种东西,或者说它把事情本身的那个东西变成了一种形式的普遍性标准。原来是内容,原来是事情本身,原来是作为一个实体,当然是抽象的,是纯粹的事情本身,是普遍的事情本身,是一个共相,这个共相是站在它的每个个体的对面用来衡量这些个体的行为的。那么现在这个共相呢,已经不是单纯的原来那种事情本身,而成了一种形式,但是它仍然起着事情本身的作用,就是一种普遍的尺度,它可以衡量一切具体的内容,具体的规定性。所以在这个意义上面,事情本身现在表明了它无非是一种形式的普遍性。本来是当作内容来看的,当作事情本身、当作实体来看的,但是现在呢,成为了一种形式的标准。"但它在意识里却是另外的东西;因为它不再是无思想的惰性的类,而是与特殊的东西相联系,并被看作特殊东西的力量和真理",它在意识里,因为前面讲它是一种纯粹意识嘛,形式的普遍性是一种纯粹意识,它虽然起了事情本身的同样的作用,保持了事情本身的作用,但是它在意识里面却是另外的东西,它已经跟事情本身不同了。"因为它不再是无思想的惰性的类",无思想的惰性的类就是事情本身本来的那种情况,事情本身是被当作一个空洞的类,无思想的、惰性的,它自己没有主动性的。事情本身是你要去认知它,你要去把握它,而它自身是摆在那里的一个东西,一个斯宾诺莎的实体。现在形式逻辑的这样一种普遍性不再是惰性的类,"而是与特殊的东西相联系,并被看作特殊东西的力量和真理"。也就是说,在意识中,这种形式逻辑的不矛盾律和同一律已经成为了一种力量和真理,是与特殊的东西相联系的,也就是它被看作是用来审核内容的一个标准。它高高在上,至高无上,从上至下地来审核那些特殊的内容。所以它不再是那种无思想的惰性的类,摆在那里需要你去接近的那么个东西,而是一种能动性,是与特殊的东西相联系并被看作特殊东西的力量和真理的这样一种东西。所以形式逻辑的那一套法则,那一套公理,在实践的伦理实体这个范围之内呢，被看作一种特殊的力量和真理，是用来衡量内容的一条标准。

　　——这个意识起初好像能够作出与我们刚才所进行的那同一种审核，它的行为好像也可以只像刚才已做过的那样，把共相与被规定的东西做一番比较，从中得出它们如同以前那种不相适合性。

　　"这个意识"，这个意识也就是这种纯粹意识，也就是这种形式的普遍性。"起初好像能够作出与我们刚才所进行的那同一种审核。"我们前面进行是什么审核呢？下面讲了，"它的行为好像也可以只像刚才已做过的那样，把共相与被规定的东西做一番比较，从中得出它们如同以前那种不相适合性"。这种形式逻辑的法则"起初好像"，这个用的是一种虚拟态了，就是说看起来好像是能够作出与我们刚才所进行的那种审核，就是把这种形式逻辑用来审核现实生活。这里我们可以参看前面贺、王译本第 198 页以下，在那里讲到过思维的规律作为一种形式逻辑的法则，逻辑的规律与心理学的规律，它们都是一种观察的理性，也就是一种认知，即"对自我意识在其纯粹性及其与外在现实的联系中的观察"。当然在立法的理性中已经不再是观察的理性，而是实践的理性，但也把观察的理性或理论的理性纳入了自身中，所以这里的行为最初好像也可以只限于认知的功能，即把共相与被规定的东西做一番比较，然后得出结论，就是它们不相适合。所以我们可以再参看上面第 284 面第 2—3 行："我们曾把那单纯的存在跟与之并不对立的规定性进行了**比较**，在这种比较中，单纯的实体表明自己是形式的普遍性或纯粹的**意识**"，把这个"比较"打了着重号。进行了比较，仅仅比较而已，比较得出的结论就是不相适合，一个普遍，一个特殊，不相应。但现在毕竟已经不是那种观察的理性了，而是实践的理性，是伦理，是观察的理性和实践的理性相统一的伦理实体，是事情本身。那么实际上我们所能做的不仅仅是把普遍和特殊加以比较，然后得出它们的不相应性，不相适合性，那种工作太表面化了，还停留于认知，那是观察的理性所做的工作。观察到它们不相应，然后完了，然后你再转向另一个方面，从形式逻辑、从思维的规律转向心理学的规律，去寻找更能够相应的、跟内容更相适合的就行了。但是现在我们在伦理实体的这个阶段呢，我们不能停留于这样一种不对应，而是要去审核，Prüfen，这个词有检查、试验、审查的意思。所谓审核法则的理性，它的这个意义就在这里。它不仅仅是比较，不仅仅是比较这些法则和普遍的规律，得出它们的不相适合性，而是要加以审核，要用它来检查啊。这种不相适合，你不能怪罪于这个形式逻辑的法则太抽象，你必须归咎于这些内容太偶然，所以必须用这种普遍的法则来校正由偶然性所产生的不适合性，要从上而下地来纠正。这就是实践理性，它采取这样一种形式逻辑的法则时，应该和理论理性不同。在观察的理性那里，形式逻辑的法则没有这种作用，它是一种消极的法则；但到了实践理性里面，它应该是一种积极的法则。所以康德虽然在《实践理性批判》里面运用的是形式逻辑的不矛盾律，但是它的作用不仅仅是理论理性的那种消极作用，而是有一种纠正性，有一种审核性。然而前面立法的理性中形式逻辑的审核作用仅限于理论认知上的消极方面，只是做一点比较，这就必须超出这种单纯认知的视野。

　　但由于共相已取得了另外一种含义，内容与共相的关系在这里就另是一样了；共相现在是被规定的内容所能胜任的**形式的**普遍性，因为在这种形式普遍性中，内容只是在与自己本身的联系中得到考察的。

　　"但由于共相已取得了另外一种含义，内容与共相的关系在这里就另是一样了"，共相取得了另外一种含义，什么另外一种含义？实践的含义，伦理的含义，不再是观察的理性和立法的理性里面的那种单纯的形式逻辑的含义，那种旁观者的含义。旁观者，你把它比较比较，你看出这个不一致，那就够了，你说这个形式逻辑太抽象，那也就够了。而在这里呢，这个形式逻辑的共相呢，它是要实践的。这个共相，这个普遍的形式逻辑的法则，与它的内容的关系是另外一种关系，是一种实践的关系。"共相现在是被规定的内容所能胜任的形式的普遍性"，什么叫能够胜任的？能够承担起来的。形式逻辑的共相在理论理性里面，它跟这个内容是没有关系的，它不是内容所能够胜任的，内容跟它毫不相干。形式逻辑可以自洽，可以自得其乐，它可以不管内容，它可以用来下棋，可以用来做逻辑游戏，它不管内容是什么。但是在这里呢，共相现在是被规定为内容所能胜任的形式的普遍性。"形式的"打了着重号。内容本身承担了它的形式的普遍性，这个形式是内容所能承担的形式。"因为在这种形式普遍性中，内容只是在与自己本身的联系中得到考察的"，也就是内容只是在与内容本身的联系中得到形式普遍性的考察的。这种形式的普遍性并不是高高在上，完全不管内容的，它就是内容与内容之间的一种联系。所以我们要考察这种实践理性的形式的普遍性、这种形式逻辑，我们就不能完全撇开内容，我们就要在内容和内容之间的联系中来考察它的形式的普遍性。康德就是这样做的：你设想一下，说谎，如果人人都说谎，那么将会怎么样，内容和内容自身就会有一种互相取消的关系，那就违背形式逻辑了。违背形式逻辑并不是说在字面上违背形式逻辑，而是在事实上，在客观上就自我消灭、自我取消了。所以他所得出来的不是形式逻辑上的错误，而是现实生活中的取消。如果大家都不说谎，那么在现实生活中大家都能够相安无事，而且可以把这一条法则永远贯彻下去，大家都以诚相见，那是一个多么美好的世界，那是一个永恒的社会理想。所以他是在内容与内容的联系中来考察形式逻辑的那种普遍性的，这是内容本身的一致性，而不是作为一种共相高高在上的那种形式逻辑的普遍性。

在我们刚才的审核中，普遍的纯然实体曾是与规定性相对立的，后者是作为实体所进入到的那种意识的偶然性而展现出来的。

"在我们刚才的审核中，普遍的纯然实体曾是与规定性相对立的"，我们前面也讲到了，在立法的理性阶段，作为普遍的实体是与规定性相对立的。普遍的纯然实体，那是不能规定的，就像斯宾诺莎所讲的，一切规定都是否定，你一旦对实体加以规定那你就否定了实体，那它就不是实体了。比如分析"爱人如己"或"要说真话"这样的箴言，就会发现一旦较起真来加以规定或确定，它们就都自行解构了。这种分析其实就是对这些立法的审核，即立足于空洞的形式逻辑来揭示出这些诫命的自相矛盾性，只有不加任何规定才能避免这种自相矛盾。所以我们必须坚持，实体就是没有规定的，所有对实体的规定性，都是"作为实体所进入到的那种意识的偶然性而展现出来的"。这种规定性在斯宾诺莎那里被称之为属性和偶性。属性和偶性是作为实体所进入到的那种意识的偶然性而展现出来的，虽然偶性实际上都是实体的一种表现，但实体本身不是偶然性，它本身不能够做任何规定，而是单一的、纯粹抽象的，所以这些规定性跟实体本身是相对立的。

在这里，比较中的一项已经消失了；共相已不再是**存在着的和有效的**实体或自在自为的法权，而是单纯的认知或形式，这种形式只将一种内容与它自己相比较，并考察这种内容是不是一个同语反复。

"在这里，比较中的一项已经消失了"，比较中的哪一项？就是比较中的曾经与规定性相对立的那个实体，它由于自身的纯粹抽象性而失效了。我们曾经对那些被视为天经地义的箴言加以分析，这种分析其实已经是对它们的审核。前面立法的理性最后部分（贺、王译本第283页）已经点出来："事情本身的本性说明，对一种普遍的绝对的**内容**必须加以放弃；因为对于单纯的实体而言……任何在它上面建立起来的**规定性**都是**不适合的**。"于是现在，在这里，比较中的一项已经消失了，就是作为纯然实体跟规定性完全相对立、完全不相干的那种普遍的绝对内容，已经消失了。"共相已不再是**存在着的**和**有效的**实体或自在自为的法权"，那个共相，那个实体，不再是自在自为的法权，不再是有内容的伦理实体。"而是一种单纯的认知或形式"，它不再是跟内容完全不相干的，而是在内容和内容之间的关系中体现出来的一种形式。前面第283页也讲到，"剩下来用以立法的就只有**普遍性的纯粹形式**"，只剩下形式逻辑的同一律。你要比较，你就必须有两项嘛，有一个东西在那边，有一个东西在这边，你把它们两者相比。现在那个共相，作为高高在上的那样一个抽象实体的那种法则,已经消失了,只剩下它的抽象的形式逻辑法则,而且现在这个法则进入到了与偶然内容的关系之中,作为使它们经受审核的标准。所以共相已不再是存在着的和有效的实体或自在自为的法权,这个里面又出现了法权,Recht。不再是这样一个自在自为的法权,这样一个作为实体的法权,而成了一种单纯的认知或形式。前面实际上也已经在审核,在前面一小节"立法的理性"里面其实已经在审核,但是,那个审核还是由形式逻辑的对法权实体的矛盾加以揭示,只起一种消极作用。而在这里,审核法则的理性已经是一种单纯的认知或形式,它本身取代了那种具有现实性的单独存在着的有效的法权实体,而只是一种形式。"这种形式只将一种内容与它自己相比较,并考察这种内容是不是一个同语反复",这种形式逻辑的形式,只将一种内容与它自己相比较,就是它不是要包容一切内容,而是只揪住一个内容,只将它与它自己,这个它自己也就是内容自己。这个形式不是把这个内容与形式相比较,而是让内容与内容自己相比较。这个形式如果把内容和形式自己相比较,那就是前面曾经做过的那种审核,那种审核只是一种比较而已。而现在这种审核呢,只将一种内容与和该内容自己相比较,并考察这种内容是不是一个同语反复。如果是一个同语反复,审核就通过了;如果不是一个同语反复,它还有规定性,它还有具体的内容,那就不能通过,那就必须要打通它。康德的审核就是这样的,我们检查一下,看每个人都不要说谎这是不是能够成为一条法则,那么每个人都要说谎这个肯定是不能成为法则的,它自相矛盾、自我取消,这就不能通过。反之,每个人都不说谎,这是可以符合不矛盾律的,甚至在黑格尔看来,它就是一个同语反复,这就能够通过审核了。只有同语反复、只有符合同一律的才能够通过审核。形式逻辑的法则在这个地方呢,它就起到了一种审核的作用。而在前面呢,它只是起一种比较的作用。我们在立法的理性里面已经看到了,立法的理性已经抽象出来了,有一种形式逻辑的法则,但是,它还仅仅起了一种比较作用。但是在审核法则的理性这里呢,它真正起到了一种审核的作用。

法则不再是被给定，而是被**审核**；这些法则对审核的意识而言，**已经**被给定了；审核的意识把这些法则的**内容**像它们单纯存在那样接受下来，不是像我们以前所做的那样着手去考察那与内容的现实性黏附着的个别性和偶然性，而是停留于作为诫命的诫命那里，并单纯地对待它，如同它是自己的尺度一样。

{233}

"法则不再是被给定，而是被**审核**"，法则不再是"被给定"，也就是说不再是立法，不再是立法的理性了，gesetzgeben 就是立法，其中 geben 的意思就是给定。给出法则，我们把它翻译成立法，这里是把"立法"两词拆开来表述。所以法则不再是被给定，而是被审核。现在我们不再是立法的理性了，而是审核法则的理性。"这些法则对审核的意识而言，**已经**被给定了"。审核法则的理性是在已经立法的基础之上对它加以审核。法则已经被给定了，现在理性不再是立法了，而是去审核立法。这个立了的法是否真正能够成为法，我们要对它进行审核。像康德的"不说谎"，像基督教的"爱你的邻人如爱己"，这都是已经被给定的。那么现在要审核它。康德对这些立法用形式逻辑的不矛盾律对它们加以审核。"审核的意识把这些法则的**内容**像它们单纯存在地那样接受下来"，这些法则都是有内容的，包括不要说谎，包括要爱你的邻人，这些法则的内容已经存在了。那么审核的意识呢，就把它原原本本地接受下来。"不是像我们以前所做的那样着手去考察那与内容的现实性黏附着的个别性和偶然性"，我们以前在立法的理性那一节里面，都是去考察与内容的现实性黏附着的个别性和偶然性，现在我们已经跳出来了。我们不是陷入到那些与内容的现实性黏在一起的个别性和偶然性，"而是停留于作为诫命的诫命那里"，停留于无条件的绝对命令，作为诫命的诫命。当然康德也要举一些例子，但是康德最终是立足于绝对命令，绝对命令是作为诫命的诫命，也就是自律的原则，自由意志的自律的原则。"并单纯地对待它"，单纯地对待这样一种自律，这样一种作为诫命的诫命。"如同它是自己的尺度一样"，如同这样一种作为诫命的诫命是自己的尺度，它自己是自己的尺度，那就是形式逻辑的不矛盾律了。康德的绝对命令实际上是用形式逻辑的不矛盾律建立起来的一种同语反复。自己是自己的尺度，自己的不自相矛盾性，以这个标准来衡量自己，所以他的这个尺度呢，就是用这种不自相矛盾性来衡量自己这句话本身。这就是康德的绝对命令，它把那些本身偶然的内容表述为一个不自相矛盾的必然的定言命令。整个这一段都是讨论康德的定言命令，它的这个内在结构，它与内容的关系，它跟现实的规定性的关系，它对于形式逻辑的法则的运用，以及它是如何形成自己的诚命的。那么接下来呢，他就要对它展开批判了。我们今天讲到这里。

＊　　　　　　＊　　　　　　＊

我们上次讲到了审核法则的理性，这种形式逻辑的不矛盾律、同一律，我们把它追溯到，一个是以前观察的理性里面讲到的思维规律，一个是在立法的理性的最后部分，有一种更高的立法，那就是形式的普遍性，也就是形式逻辑的同一律，形式逻辑的同语反复，用这样一种标准来衡量立法的内容，看它是不是能够贯通。那么这样一种对形式的运用就是审核的理性。这两处讲形式逻辑都是立足于认知的立场，只不过在观察的理性中只是作为思维规律，而在立法的理性中是作为对立法的可能性的评价标准，所评价的对象不是认识对象，而是实践法则。我们在立法的理性的最后这一段里面已经讲到，由于立法遭到这种形式逻辑标准的解构，立法的理性就成为一种只是审核的理性了。但是刚开始的时候，这个审核的理性只是一种单纯的、形式化的东西，这种形式只是居高临下地对内容进行比较，并对内容在纯粹意识中加以认知，它造成的只是对立法的解构。而现在它不再是无思想的惰性的类，不再是抽象形式逻辑的静止分类，而是被看作特殊东西的力量和真理，是内容本身的自我审核。于是，共相取得了另外一种含义，我们现在已经进入伦理的实体，内容与共相的关系在这里就另是一样，共相已经是被规定的内容所能胜任的一种形式的普遍性了。它当然还是形式的普遍性，但是，它已经不是完全跟它的内容处在不同层次上面、如同类和种一样的关系了。这种共相、这种审核的标准,现在是直接进入内容里面,作为它本身的普遍性形式起作用,这就是审核的关系,检查的关系。共相不再是作为一项和它的内容相互对立,它作为比较中的一项已经消失,不再是有效的实体或自在自为的法权,而是一种单纯的认知或形式,这种形式只将内容与内容相比较,并考察这种内容是不是一个同语反复。这种形式、这个共相也就成了审核的标准,审核的理性。康德的定言命令实际上就是看一条法则是不是同语反复,是不是能够不自相矛盾,这就是康德的审核标准,它不是从另外的什么地方拿来的标准,而就是这些内容本身是不是能够贯通,最后是不是能够变成同语反复,只有同语反复的,才能够成为一条法则,才成为一条定言命令。当然这个里头带有讽刺意味了,康德是不会承认的。就是在黑格尔看来,康德的定言命令就是同语反复,他就是把同语反复作为标准来衡量,凡是不符合同语反复的,就排除了,就是不道德的,真正的道德应该归结为同语反复。这是我们对上次讲的最后一段话的概括。那么我们再看今天要讲的这里,280页的最下面。

　　但出于这个理由,这种审核就是行之不远的;正是由于审核的尺度是同语反复,而对于内容则漠不相干,这尺度就对于接受这个内容和接受相反的内容一视同仁。

　　这是对于康德的批判。前面都是对康德的解释。审核的理性,整个来说就是对康德的解释和批判,就是把康德所提出的这样一种道德律,这样一种公正、合法的原则,康德的法权哲学以及道德哲学的基本原则,在这里展示出来了。"但出于这个理由,这种审核就是行之不远的",这种审核,它是行之不远的,甚至是寸步难移的,同语反复嘛。同语反复,你就不动了,在那里不能够跨出一步了。所以讲得委婉一点,就是走不了多远的。"正是由于审核的尺度是同语反复,而对于内容则漠不相干,这尺度就对于接受这个内容和接受相反的内容一视同仁",审核的尺度是同语反复,它跟内容漠不相干。虽然前面讲,它是内容本身的形式,但任何内容都可以有这种形式，它完全是形式化的。那么这个形式化的东西在这种意义上，它对自己的内容究竟是什么内容，是漠不相干的，只看它形式上是否自相矛盾。康德伦理学最大的毛病就是形式化，黑格尔在这里抓住了这个要害，就是说，既然是这样，这个尺度就对于接受这个内容和接受相反的内容一视同仁了。这个内容是正面的还是反面的，就形式来说它不管，它只看它是不是不自相矛盾，是不是同语反复。如果是同语反复，它就能够接受。那这样一来，任何一句话都可以同语反复啊，你正面的话可以同语反复，反面的话也可以同语反复，就它自己来说，它当然还可以说得通啊。所以正反两方面的这个内容，它是一视同仁的，或者说它是漠不关心的。

[285]　　　　——有这样一个问题，要有**产权制**，这应不应该自在自为地成为法则呢？**自在自为地**，而不是出于对其他目的的好处；伦理的本质性正在于，伦理法则只与自身同一，并由于这种自身等同性，因而是基于自己固有的本质，它就不是一个有条件的法则。

现在提出一个问题了，这是一个很具体的例子。"有这样一个问题，要有**产权制**"，产权制，Eigentum 或译所有制、财产。我们把这个词呢，翻译成两个这样的中文，一个是翻译成产权制，一个是财产。这个词当然可以是指私有制，但是它也可以包含公有制，总而言之它是产权制，你公有也好，私有也好，全民所有也好，如果有一种制度确立起来了，不能违犯，那就是 Eigentum。规定了这个财产归谁所有，这就是 Eigentum，管你是私人财产还是国家财产，总而言之就是财产，你不能随便破坏的。这就是 Eigentum 的本来的意思，它本来意思就是所有制，或者说是财产，它有两个意思。所以我们这里翻译成产权制，产权制就是所有制，就是它有对财富的权利，这个权利的主体是谁，这个还没有说，但是是有人所有的，这个东西是有归属的，不管是某个人还是某个单位，它是有主的了。要有产权制，这个财富在那里，应该要有个制度。那么，"这应不应该自在自为地成为法则呢？"这样的命题，"要有产权制"，应不应该成为法则。

下面还解释了一下，"**自在自为地**，而不是出于对其他目的的好处"，自在自为地，不是依赖于对其他什么目的有好处的，它本身就是应该成为法则的。所以这个"自在自为地"在这里的意思就是"无条件地"，或者说独自就可以成为法则，相当于康德的绝对命令、无条件的命令。康德说假言命令就是有条件的，它是出于对其他目的的好处建立的法则；而定言命令呢，是自在自为的，也就是绝对的，无条件的。现在提出一个问题了，比如说要有产权制，这应不应该成为一个无条件的绝对命令？"伦理的本质性正在于，伦理法则只与自身同一"，伦理的本质性就在这里，就在于它是自在自为的，它是无条件的，或者说，它的法则应该是定言命令。伦理是无条件的，如果伦理的法则是有条件的，那它就不是伦理法则了，它就是一种临时的、一种功利的法则，它就没有伦理性了，它就没有道德性了，或者我们说道德就滑坡了。伦理的本质性正在于，伦理法则只与其自身同一，它就是同语反复。为什么应该这样做？没有为什么，就应该这样做，本来就应该这样做。它只与它自身同一，只能用自己解释自己。"并由于这种自身等同性，因而是基于自己固有的本质，它就不是一个有条件的法则"，伦理的本质性就是，它不是有条件的法则，它应该是无条件的法则。这一点在康德那里说得最明确，它不以任何其他的目的作为它的条件，它只以它自身的形式上的一贯性、形式上的普遍性作为它自己的法则。

产权制自在自为地并不自相矛盾，它是一个**孤立的**、或者说只被建立为自身等同的规定性。

"产权制自在自为地并不自相矛盾"，在这一点上，你可以说它是一个伦理的法则，它自在自为地并不自相矛盾，属于定言命令。"它是一个**孤立的**、或者说只被建立为自身等同的规定性"，它不以任何其他的目的作为条件，那么它当然就是孤立的了。它是绝对的嘛。你一谈到产权制，那么凭借它自己的不自相矛盾，它就已经可以自己确定下来，它可以成为伦理法则。或者说它是只被建立为自身等同的那种规定性。要有产权，这个要求不矛盾啊，它是自身等同的，A=A 啊，没有什么别的理由。并不是说为了人类能够幸福，或者能够怎么样，所以要有产权，不是的。就是要有产权，人就是要有产权的。当然有了产权以后，人类也许可以过得好一点，但是也不一定，因为有了产权就有纷争啊，大家就都来争这个产权。这个当然可以讨论，但是前提是要有产权，它只被建立为自身等同的规定性。

<u>非产权制，事物的无主状态或财产共同体，也恰好同样不自相矛盾。</u>

"非产权制，事物的无主状态或财产共同体，也恰好同样不自相矛盾"，不但产权制不自相矛盾，而且它的对立面，非产权制也不自相矛盾。非产权制有两种情况，一种是事物的无主状态，一种是财产共同体，共同的财产，大家都共有，大家都有份。其实这两件事情有时候几乎可以看作是一回事情，就是说你没有产权，这是公共的，公共的就是不是任何人所有的，无主的。这个世界上有些东西是无主的，比如说空气。空气是无主的，没有产权的，这个地方的空气，那个地方的空气，没有说是谁的。在以往的时候呢，比如说像荒漠，大沙漠，没有人认为那个大沙漠是有主的，那是没有产权的。在一个国家的版图之内，它可以看作是属于这个国家的，那是有了边境线以后，在以前也不一定是这样。美洲大陆在欧洲人去以前，它是无主的，大片大片土地都是无主的，谁都可以到那个地方去打猎，去放牧，去捕鱼。无主状态，也不自相矛盾啊。或者说财产共同体，所有的人共有财产，这也不自相矛盾啊。为什么一定要由产权制把它定下来，除了所有者以外，其他人不可侵犯，这个才是不自相矛盾的呢？相反的情况也不自相矛盾啊。这里直接将康德的定言命令原则打破了，一切都可以是定言命令。

<u>说某种东西不属于任何人，或者属于无论哪一个使自己成为占有者的人，或者按照其需要或平均分配而属于所有一切人和每个人，这都是**一种单纯的规定性**，一种**形式的思想**，正如它的对立面产权制那样。</u>

这是对上面这句话的进一步解释，就是无主状态、非产权制或者说财富共同体是一种什么情况。"说某种东西不属于任何人"，这就是非产

556

权制了，也就是无主状态。"或者属于无论哪一个使自己成为占有者的人"，属于任何一个使自己成为占有者的人，你占有了，那就是你的，你正在使用它，那个东西就是你的。比如说耕者有其田，那块土地你在耕种，那土地就是你的，你占有了它嘛。就像你呼吸了空气，这个空气就是你的，是一样的道理。"或者按照其需要或平均分配而属于所有一切人和每个人"，这就是财产共同体了，比如原始共产主义就是这样。财产共同体是没有排他性的，产权制则是有排他性的，当然这个排他性不一定是私有制，国家所有制也是排他的，国家所有，那你就不能破坏国家财产，你不能把国家的财产据为己有。但是财产共同体呢，那就不是排他的，如果是共同财产，那谁都可以拿来用。"这都是一种**单纯的规定性**，一种**形式的思想**"，"单纯的规定性"和"形式的思想"都打了着重号，单纯的规定性就是说你不考虑其他，你就考虑这样一种无主状态，你就考虑这样一种非产权制本身，那么它是很单纯的，它就是一种形式的思想，它跟任何内容都没有牵连。你把这句话摆出来，那么这句话它也是不自相矛盾的，"正如它的对立面产权制那样"。非产权制、事物的无主状态或财产共同体，也和产权制一样是完全不自相矛盾的。为什么呢？因为它们都是一些单纯的规定性或一种形式的思想，它们不牵扯到内容，一牵扯到内容那就麻烦了，那就要具体地考察那些场合了。如果两个人都看中了一个东西，怎么办？那就会争抢了。你也要用它，我也要用它，那怎么办。现在先不考虑哪些，就这些命题本身来说，这是大家的财产，或者这是无主的财产，谁都可以去占有，先占先得，这就够了。所以我们不考虑它具体的情况，就这句话来说，它是不自相矛盾的。

　　——当然，如果这种无主的事物被看作**生活必需品**，那么这无主之物成为某个个别人的占有物就是必然的；反之，把这物品的自由状态建立为法则就会是矛盾的。

　　"当然"，这里退一步说，就是前面讲它是不矛盾的，但如果有这样一种情况的话呢，那就会是矛盾的。什么情况就是矛盾的呢？"如果这种无主的事物被看作**生活必需品**"，这里就很具体了。单纯一个无主的事物，是一个很抽象的概念，无主的事物不属于任何人，不被任何人占有；但是这种无主的事物如果被看作一种生活必需品，"那么这无主之物成为某个个别人的占有物就是必然的"。这个无主之物，因为它是生活必需品啊，所以它必然成为某一个个别人的占有物，就是某一个人一定会去占有它，这是必然的。某一个，不是所有的，是其中的某一个人必然就会去占有它。因为生活必需品嘛，生活必需品是某个个别的人所需要的，某个人没有它就会饿死或者就会冻死，所以他必须把它据为己有，这是必然的。"反之，把物品的自由状态建立为法则就会是矛盾的。"把物品的自由状态，这个自由状态可以理解为无主的状态，无人占有的状态。如果你把这个物品的无主状态建立为法则，就会是矛盾的。因为它是生活必需品嘛，你要保持它的无主状态，那就是说，它永远不被人使用。它本来是满足人的需要的，但是没有任何人去占有它，去使用它，那岂不是自相矛盾的吗？也就是说，这样一种无主状态就它本身作为一种命题来说，它是没有矛盾的，但一旦涉及具体的场合，比如说无主的这个东西是一个生活必需品，那么它必须要由某一个个别的人去占有。那么这个时候它还是自由的、无主的吗？显然不行。无主状态如果被建立为法则，把那个东西放在那里不用，不许人家去碰它，那就会是自相矛盾的。因为它是无主的，所以它就排斥一切想要占有它、想要成为它的主人的这样一种意向，如果你想把这一点建立为一个法则，那就是自相矛盾的。或者说，无主状态在字面上是不矛盾的，但是一旦涉及具体场合，它就会是自相矛盾的，无主状态就必然要成为有主状态，如果它是生活必需品的话。所以无主状态，如果要把它当作法则，那就会是矛盾的了。

　　但所谓事物的无主状态也不是指绝对的无主，而是应该按照个别人的**需要**而**被人占有**；也就是说，并非为了保有，而是为了直接地被使用。

　　就是说，事物的无主状态这样一个命题，它本身是没有矛盾的，但是，"所谓事物的无主状态也不是指绝对的无主"。也就是说这个命题从字面上来说好像是没有矛盾的，但实际上你要考察它的意思，它也不是像初看起来那样的完全没有矛盾。"而是应该按照个别人的**需要**而**被人占有**"，按照需要而被人占有，被人占有那就不是无主状态了。无主状态，从绝对的意义上来理解，那就没有人去占有它。但是它的意思呢，其实也不是这个意思。所以这个不自相矛盾性是非常表面的，是从字面上而言的，你一旦去追究这句话的意思，你就会发现它里面就有矛盾。无主状态也不是指绝对的无主，而是应该按照个别人的需要而被人占有，"被人占有"打了着重号。"也就是说，并非为了保有"，并非仅仅是为了收藏，为了保存在那里，别人碰不了，"而是为了直接被使用"。无主状态实际上就变成了它的反面，即随时都有主，它必须被人占有，被人占有了就要使用它，要把它用掉，无主的那些事物就没有了，就被消灭了。无主状态，就字面上来说它是不能够消失的，因为没有主嘛，没有人是它的主人嘛。但是实际上呢，它还是要被人所消费，是为了直接被使用。

　　但是，这样完全只是偶然地为需要而操心，则与这里唯一谈论的这种有意识的本质的本性是相矛盾的；因为有意识的本质必须把自己的需要以**普遍性**的形式表象出来，必须操心自己的整个生存，并为自己争得一份持久的财产。

　　"但是，这样完全只是偶然地为需要而操心"，就是说无主状态变成了占有，而这个占有呢，只是偶然的需要。某人去占有了一个无主的东西，把它消费了，这只是一种完全偶然的为需要而操心。你肚子饿了，你必须占有那个食物，那个食物是无主的，比如说野果子，你去把它吃了。"则与这里唯一谈论的这种有意识的本质的本性是相矛盾的"，就是我们这里讲的只是有意识的本质，而你那种偶然的占有完全是无意识的，碰运气的。你肚子饿了，恰好你看到那里有野果子，你把它吃了，因为这个是可以吃的，这个是无主的，那么这个是与这里讲的这种有意识的本质的本性是相矛盾的。这里谈论的是什么样的有意识的本质呢？就是说，要建立产权制还是要保持无主状态，这是一种有意识的本质。而现在你的这种占有呢，是一种完全偶然的为需要而操心，所以这是与这里所谈论的情况相矛盾的。你要保持的是无主状态，非产权制，但是这里呢，完全不是你建立什么、保持什么的问题，而是偶然碰到你所需要的东西，你就把它占有了，所以这个是与你的最初的出发点相矛盾的。"因为有意识的本质必须把自己的需要以**普遍性**的形式表象出来，必须操心自己的整个生存，并为自己争得一份持久的财产"，有意识的本质必须把自己的需要以普遍性的形式表象出来，不是说你这一次偶尔碰到一种情况，你就满足了自己的需要。这里讲的还是一种常态，产权制还是非产权制，必须操心自己的整个生存。你这回一次性地满足了需要，那下一次呢，以后呢，怎么能有一种法则呢？"并为自己争得一份持久的财产"，要为自己争得一份持久的财产，那岂不就是产权制了吗？非产权制就变成了产权制，就走向它的对立面了。这是无主状态，非产权制，它的自相矛盾，它自己向自己的对立面转化，必然会是这样。

　　而这样一来，认为一个事物将按照需要而偶然地被分配给无论哪一个有自我意识的生命的那种想法，也会是与自身不相一致的。

　　"而这样一来，认为一个事物将按照需要而偶然地被分配给无论哪一个有自我意识的生命的那种想法"，也就是无主状态的那种想法，或者是共同财产的想法，或者是耕者有其田，居者有其屋等等，这当然很理想了。这样一个想法，认为一个事物将按照需要而偶然地被分配给任何想要的人的想法，"也会是与自身不相一致的"。那就跟自身不相一致了，因为原来是说，这事物不属于任何人，或者普遍地属于每个人，而现在却专属于一个偶然的个体，这不是自相矛盾吗？这是无主状态或者非产权制的一种自相矛盾，一旦涉及具体的内容，那么它就有矛盾了，就向对立面转化了。不涉及内容，当然在形式上它是没有矛盾的，任何一种设想都可以在形式上不自相矛盾，那么在这个意义上面来说呢，都符合于康德的同语反复的标准。康德的标准就是同语反复，所谓要使你的行为的准则成为一条普遍的法则，成为了一条普遍法则，就必然到处都行得通，到处都是一样的，人人如此，而不发生自相冲突，不自我取消。这是一种非常形式化的道德规范。但是一旦涉及具体的事情，那么它就会自相矛盾，与自身不相一致。前面是讲的非产权制，其中的第一项内容就是无主状态，无主状态的矛盾，那么还有另一项就是财产共同体。前面非产权制列出了两种，一种是无主状态，一种是共同财产。那么下面讲，

——在财产共同体中，要以某种普遍和持久的方式来做这种操心的话，那么每个人将会要么分得**他所需要的**那么多，于是这种不平等性和以那些个别人的**平等**为原则的意识的本质就互相矛盾了。要么按后面这条原则**平均**分配，于是配额就与需要不发生联系了，但配额的概念却只是这种联系而已。①

这是另外一种情况。非产权制有两种情况，一种是无主状态，一种是财产共同体，或者说共同财产。共同财产还不能翻译成财产公有制，公有制还是一种规定了的体制，你不能损害公共财产，它还是有法律规定的。财产共同体则是共同财产，比如夫妻共同财产，谁都可以到抽屉里去拿钱，丈夫也可以去拿，妻子也可以去拿，反正东西都在那里。这就叫共同财产。"在财产共同体中，要以某种普遍和持久的方式来做这种操心的话"，做这种操心，也就是操心自己的整个生存，为自己谋求一份持久的财产，也就是把这种操心当成一条原则，不是每次偶然的，而是以普遍和持久的方式来做这种操心的话。"那么每个人要么就将分得**他所需要的那么多**"，各取所需。共同财产嘛，谁需要就去拿，需要多少拿多少，拿完为止。每个人将分得他所需要的那么多。"于是这种不平等性

---

① 黑格尔上面这段是追溯到卢梭对产权制概念的反思。卢梭在财产权和第一个占有者的财产之间做了区分。后者是建立在需要和劳动之上的。一个对象必须被用于生活并通过劳动而被占有。相反，财产权却只能通过成文法的权利条款、通过共同契约才能成立。由于共同体纳入了私有财产，它同时就向个别人保证了他的合法占有，并将单纯的实惠转变为产权制。这个基本契约是从人们肉体上不平等的地方建立起某种道德的和合法的平等的。参见卢梭：《社会契约论》，阿姆斯特丹1762年，第一卷第九章，第40—46页。——丛书版编者

和以那些个别人的**平等**为原则的意识的本质就互相矛盾了"。每个人各取所需，那就会有不平等啊。你需要得多，他需要得少，你强壮一些，你身体块头大一些，你需要的食物就多一些，他个子小，他吃得就少，那就不平等了。每个人的需要是不一样的，你需要这一方面，他需要那一方面，你需要的东西很贵，他需要的东西很便宜，那这种情况是有的啊。你按需分配，每个人将分得他所需要的那么多，那就会有不平等。马克思也承认，就是实际上按需分配，它不是平等的。人跟人是不一样的，人的需要也是不一样的，人的基本生存需要当然大致上差不多，但是人是各式各样的，他除了基本生存需要，他还有很多特殊的需要，你需要这一方面，他需要那一方面，那是不平等的。那就违背了个别人的平等的原则，而共同财产的想法本来是基于大家平等，它的基础、它的依据就是大家都平等嘛。既然是共同财产，大家都可以平等地按照自己的需要去拿，但是，现在这种平等的原则也自我取消了。当然现在我们为了从理论上解决这个矛盾，我们区分出了形式上的平等和实质上的平等，你到底是要形式上的平等呢，还是要实质上的平等，是要起点平等呢还是要结果平等，是要制度程序上的平等还是要分配效果上的平等，这些不同方面都会得出相互矛盾的结果。所以你讲一个抽象的平等，你根本解决不了问题，人家就要问你到底是哪种意义上的平等。哪种意义上的平等都和另外一种意义上的平等互相冲突、互相矛盾，不可能完全不相矛盾。所以康德所设想的那种完全不自相矛盾的同语反复，在具体的实际场合之下是不可能的。这是一种情况。另一种情况是，"要么按后面这条原则平均分配"，后面这条原则就是前面一句话的最后一个词了。"以那些个别人的**平等**为原则的意识的本质"，这条原则就是以个人平等为原则。如果你按照以个人的平等为原则来平均分配，"于是配额就与需要不发生联系了"。你要每个人都平等，按每个人平等来平均分配，不管你大人小孩老人妇女，一概每个人每天一斤粮食，那么有的人他就不够吃啊，有的人他又吃不完啊。比如说像小孩子，婴儿，他一天哪吃得了一斤呢？所以这个配额就与需要不发生联系，它跟你的需要没关系，它仅仅是一个分配原则，管你需不需要，管你需要多还是少，它就是配给你那么多，它不管具体情况怎么样，这就是配给制。"但配额的概念却只是这种联系而已"，什么叫配额的概念，配额的概念本来就是这样一种联系，就是跟你的需要相联系。配额本来是满足需要的嘛，但是你这个配额跟那个需要不发生联系，那岂不也是自相矛盾吗？这也是一种自相矛盾。也就是说，你要是各取所需，那就不平等了；你要平等，那就不能各取所需，就不符合需要。这是第二个方面，说的就是财产共同体或者共同财产，它的自相矛盾。前面是讲的无主状态，它导致自相矛盾的，它会变成有主的，甚至最后变成了产权制，非产权制变成了产权制。那么共同财产也会导致自相矛盾，在两方面都会自相矛盾：要么是各取所需导致不平等，要么是平等，它就不能够各取所需。

　　不过，如果非产权制以这种方式显得是自相矛盾的，那么它之所以 [286]
自相矛盾，是因为它并没有被允许作为一个**单纯的**规定性。产权制如果
被消溶于诸环节中，同样也会是这种情况。

　　非产权制以这种方式显得是自相矛盾的，那么我们要追究它的原因了，它为什么会显得是自相矛盾呢？"是因为它并没有被允许作为一个**单纯的**规定性"，"单纯的"打了着重号。换句话说，如果你允许它作为一种单纯的规定性，那它就不会是自相矛盾的了。它之所以自相矛盾，就是因为你把它运用在具体的场合之下，你把它落到实处，那它就会自相矛盾。你如果不把它落到实处，你如果允许它作为单纯的规定性，一句话，一个理想，说说而已，那么它当然就不会自相矛盾了。"产权制如果被消溶于诸环节中，同样也会是这种情况"，前面讲的是非产权制，那么反过来，产权制如果被消溶于诸环节中，如果你把它具体化，在它的各个环节中具体来考察它，那么同样也会是这种情况。同样也会是什么情况？就是也会导致自相矛盾、自我取消。下面就具体地来讨论了。

因而个别事物如果是我的财产，它就会被当作一笔**普遍的、固定的、持久的**财产；但这就与它的本性相矛盾了，这本性就在于它的被使用以及**消逝**。

"因而个别事物如果是我的财产，它就会被当作一笔**普遍的、固定的、持久的**财产"，我们讲"私有财产神圣不可侵犯"，这是私有财产的原则。所谓神圣不可侵犯，就是说，它被当作一个普遍的、固定的、持久的东西，是他的财产就永远是他的。我们今天买卖房屋，你买一栋房子，你只有七十年的使用权，但是你没有所有权。所谓所有权就是永远是你的，你死了以后也可以根据你的意志，你要给谁就是谁。它就被当作一个普遍的、固定的、持久的东西，"但这就与它的本性相矛盾了，这本性就在于它的被使用以及**消逝**"。你如果把个别的事物当作一个普遍的、固定的、持久的东西，那么就意味着这个东西你永远让它保持为原样地属于你。但这是与事物的本性相矛盾的。当然土地本身是可以永久使用的，但是也不一定，地壳变动、海水上涨都有可能改变它，你的经济状况不佳，也有可能使它不得不用来抵债。至于那些动产，还有很多其他的财产，它们的本性就在于被使用以及被消费、被磨损，在于它们的消逝。所以你占有的东西，你要是把它当作普遍的、固定的、持久的东西，就与它的本性相矛盾了，因为你所占有的东西要被你消费掉的，要使用掉的。所以私有财产本身也是自相矛盾的，你要把这个东西据为己有，那你也只是一段时间据为己有，再过一段时间你就把它用掉了，你就花掉了，你就没有财产了。私有财产总是要改变的，我们说"坐吃山空"，你有大量的财产都被你挥霍掉了，你就变成穷光蛋了。所以这个产权制呢，它本身也是一个自相矛盾的东西，它不符合事物的本性，事物的本性是要被消费掉的。守财奴不消费，想要维持财产的固定性和持久性，也是做不到的，那些东西放在那里也会烂掉或失效。

{234}　　它同时也被当作**我的东西**，即一切别人都承认并把他们自己排除在外的东西。但是，由于我被承认，则我与一切人的平等、即那个排除的反面倒是被包含在内了。

这一句话跟前面那句话呢，是换了一个角度。前面那句话是从事物的本性来看的，产权制跟事物的本性是相矛盾的，事物的本性是要被消费掉的，而产权是要永久地占有的。那么这句话呢，是就人、占有者和其他人的关系来谈的。"它同时也被当作**我的东西**，即一切别人都承认并把他们自己排除在外的东西"，这是私有财产就占有者、所有者和其他人的关系来谈的。就是说，个别事物同时也被当作我的东西，这是为我所有，这是我的。我之所以能说是我的，意思就是说，别人都承认是我的，并且他们都把自己排除在外。当你能够说我的东西，这个时候呢，你就把别人排除在外了；而且呢，你能够说出这句话，前提是别人要承认，而且他们都自觉地把自己排除在外。如果别人不承认的话，你这个话就白说了，人家就会来跟你抢。这个地方我们可以看到，卢梭在他的《论人类不平等的起源和基础》里面就已经讲到了，如果有一天，一个人把一块地围起来，宣布说这是我的，同时又找到一批傻瓜相信他说的话，那么私有制就产生了。卢梭把私有制归结为其他那些人都是蠢家伙，都是没头脑的，他说是他的就是他的，我们大家都承认，这样他就围起来了，我们就进不去了，于是私有制就产生了。这种想法太天真了。其实那些人并不是傻瓜，那些人精明得很，他们之所以承认这块地是他的，是因为他们每个人也都想占据一块地，说不定比他那块地更好、更大，他们都想得到他和其他人的承认，以便使这种承认成为一种制度。黑格尔这里实际上呢，是暗中引用卢梭的那个例子。"它同时也被当作我的东西、即一切别人都承认并把他们自己排除在外的东西"，这就是我的东西，私有制是这样产生的。"但是，由于我被承认，则我与一切人的平等，即那个排除的反面倒是被包含在内了"，但是，由于我被别人承认，别人承认这是我的，那么我与一切别人的平等，即那个排除的反面，反而被包含在内了，就是说，平等正好被包含在这种不平等之中了。前面讲别人自觉地把他们自己排除在外，不得染指，这是我的，别人不能够参与进来，这就是承认不平等。

这个把别人排除在外是建立在别人的承认之上的，但同时我也承诺把自己排除在别人的所有物之外，人人都守住自己的界限而不越界，在这个意义上，每个人都平等了。当我说这个东西是我的，这本身就意味着我可以占有它，别人不得插手，在这件事物上就已经取消了平等了；但是取消平等是以每个人都平等地占有一件事物为前提的，就是大家都承认你在这件事物上和别人不平等，你有特权，那是你的，不是别人的，但是你也得承认别人在别的事物上有他们的特权。这个里头就有一种自相矛盾性。就是你要把别人排除出去，但是你必须以排除的反面作为前提，就是每个人在自己的事物上都平等地拥有排除别人的权利，而这种权利却是人人有份的，不排除任何人。所以实际上是大家平等地参与进来制定的一种产权制，并不是你单方面宣布说这是我的，那就是我的，而是大家一起承认每个人的"我的"这样一个产权制，这样一个私有制。私有制恰好是以大家的承认作为前提，以大家的平等和公共性作为前提，而不是哪个人更加强霸的结果。恩格斯批评杜林的"暴力论"，也就是基于这个原理。

——凡是我所占有的东西都是一个**事物**，也就是一种一般的为他存在，即完全普遍地非特定地仅仅为我而存在；说**我**占有一个事物，这是与事物的普遍事物性相矛盾的。

这仍然是讲它的一种矛盾。"我所占有的东西是一个**事物**"，"事物"打了着重号，就是就事物本身来说、来看，也会有一种矛盾。"也就是一种一般的为他存在"，事物这个概念前面已经讲到，就是一种为他存在，也就是说它本身是一种被动的东西，事物是为人服务的，它的本性就是被动性。你把它怎么样，它就怎么样。"即完全普遍地非特定地仅仅为我而存在"，我说它是我的，仅仅为我存在的，这也是完全普遍地非特定地这样的，而不是注定只为我存在的。它也可以为另外一个"我"而存在，事物在那里，谁都可以去占有它，事物的本性就是为他存在。"说**我**占有一个事物，这是与事物的普遍事物性相矛盾的"，这个"我"打了着重号。

说这个特定的我占有一个事物，这是与事物的普遍事物性相矛盾的。你说这是我的，大地上的事物，谁注定是你的，你可以占有，别人也可以占有。所以这是与事物的普遍事物性相矛盾的，事物的普遍事物性可以是为任何人服务的，而我是个别的。这也说明它是矛盾的。一个是我和事物的关系，一个是我和他人的关系，一个是事物和事物性的关系，从这三个方面来讲呢，都会产生自相矛盾。所以产权制也会导致自相矛盾，只要它接触到现实和具体的场合，它就会自相矛盾。当然你把它当成一个单纯的规定性，它可以不自相矛盾，但是一旦接触到现实，它就会自相矛盾。这是整个这一大段话，都是讲这个问题。前面讲非产权制一旦接触现实就会自相矛盾，接下来这里讲，就是产权制也是这样，也是一旦接触到具体的情况它就会在各个层次上面、在各个维度上面，发生一种自相矛盾。再看下面就是总结性的了。

　　所以产权制和非产权制从一切方面看都同样是自相矛盾的；它们每一个在自身中都具有个别性和普遍性这两个互相对立互相矛盾的环节。

　　"所以产权制和非产权制从一切方面看都同样是自相矛盾的"，这是总结前面讲的。先是讲非产权制，非产权制在各个方面看来都是自相矛盾的，你把它当作是无主的状态，或者是当作财产共同体，都会是自相矛盾的。那么产权制也是这样，产权制不管是从人与物的关系还是人与人的关系还是物与事物性的关系，都同样是自相矛盾的。"它们每一个在自身中都具有个别性和普遍性这两个互相对立互相矛盾的环节。"个别性和普遍性，普遍性作为单纯的规定性，它可以不自相矛盾，但是一旦涉及个别性，它就会自相矛盾。那么这种个别性和普遍性总是会相互矛盾、相互对立，只有在普遍性的情况之下，它才符合不矛盾律，一旦涉及个别情况，它就违反不矛盾律。

　　——但是把这两个规定性的每一个都单纯地表象为产权制或是非产权制而不作进一步展开，则这一个和那一个同样都是单纯的，亦即都是不自相矛盾的。

不管是产权制还是非产权制，如果"把它们每一个都**单纯地**表象为产权制或是非产权制而不作进一步展开"，不加以进一步地深究，就是一般地泛泛而谈，从概念上，从命题上，从字面上来加以表象，单纯地加以表象，那么"这一个和那一个同样都是**单纯的**，亦即都是不自相矛盾的"，它们都符合康德所要求的审核的理性，就是不自相矛盾。两个单纯的都打了着重号。

　　——因此，理性在自己本身所拥有的那种审核法则的尺度，就同样好地适合于一切法则，因而实际上就不是什么尺度了。

　　审核法则的尺度就变成不是尺度了。为什么不是尺度，"因为理性在自己本身所拥有的那种审核法则的尺度，就同样好地适合于一切法则"，因而实际上就不是尺度了。尺度就走向了非尺度，尺度就不是尺度了。在《逻辑学》里面也讲到这个，质、量、度，度走向无度，走向了非尺度。你用同样一个同语反复来衡量，一切都可以通得过，那么它还成什么尺度呢。任何一句话，你把它从形式上来看，从单纯的规定性来看，它就是符合同一律的，那你怎样把不符合同一律的东西区别开来，你怎样把道德的东西和不道德的东西区别开来，你怎样把定言命令和假言命令区分开来？一切命令就其本身而言，它都是符合同一律的。所以尺度就变成了非尺度。

　　——如果说同语反复、矛盾律，对于理论上的真理的知识来说，只被承认为一种形式上的标准，这就意味着，被承认为某种对真理与非真理完全漠不相干的东西，却**要求它更多的是**为实践上的**真理**的知识而**存在**的，那么这肯定会是一件怪事。

　　"如果说同语反复、矛盾律，对于理论上的真理的知识来说，只被承认为一种形式上的标准"，这是借康德的话说。康德早就已经讲到过，形式逻辑，包括它的同一律即同语反复和矛盾律，对于理论上的真理的知识来说，只是一种形式上的标准。康德建立起所谓先验的逻辑，就是要弥补形式逻辑的不足。形式逻辑只讲矛盾律、同一律，只讲这些东西，它对于理论上的真理的知识来说，它是形式的标准，它不是认识论的标准，不是真理的逻辑。认识论的标准必须是与内容或对象有关的，所以只有康德所讲的先验逻辑才能够成为认识论。而形式逻辑不能成为认识论，它只涉及正确性而不涉及真理性，因为它不触及经验对象。先验逻辑则是针对经验对象的，它必须运用于经验对象，所以先验逻辑才叫做真理的逻辑。形式逻辑不是真理的逻辑，当然它也是一个条件，少不了，但是，它不涉及真理，它只涉及正确性。正确性是逻辑上的标准，真理性是认识论的标准，这是康德的原则。这里的"如果说"，是谁说呢，当然是康德说了。如果康德说，同语反复、矛盾律，对于理论上的真理的知识来说只是一种形式上的标准，这就意味着是某种对真理与非真理完全漠不相干的东西。这也是康德的意思，违背形式逻辑的肯定不是真理，但是合乎形式逻辑的未必是真理，它可以跟真理完全漠不相干。就是说单靠形式上的标准与真理完全不相干，你单从形式上的标准可以推出来灵魂、宇宙整体和上帝存在，种种所谓的知识，但是这些知识都是幻相。如果说同语反复和矛盾律对真理和非真理完全不相干，"却**要求**它**更多的是为实践上的真理的知识而存在**的"。就是说，同语反复和矛盾律对于理论上的真理只是一种形式上的标准，对真理与非真理完全不相干，却要求这种东西更多地为实践上的真理的知识而存在，"那么这肯定会是一件怪事"。这也是康德的一种奇怪的要求，就是这样一种形式逻辑的标准在理论上尚且被排除在真理之外，据说却更多地是为了实践上的真理而存在的，这岂不是咄咄怪事。也就是在实践理性中，康德却把他的先验逻辑撇在一边，而把形式逻辑当作他的实践上的真理的标准，成了定言命令的标准，被用来衡量一种什么样的实践的命题可以成为定言命令，这肯定是一件怪事。整个这一句话就是批评康德的，康德在理论理性方面已经意识到形式逻辑的局限性，但是尽管有这样一个局限性，在实践理性方面他却把它当作是真正的审核法则的标准，这太奇怪了。按照康德的观点，实践理性的真理要比理论理性的真理更高，实践理性高于理论理性,那么在理论理性里面尚且不足以判定真理的形式逻辑的同一律、不矛盾律,却在实践理性这个更高的层次上面,反倒成了一个判定一切真理的标准,这是匪夷所思的。

在上面所考察的、充实此前空洞的精神本质的那两个环节里,那种想在伦理实体上建立直接规定性的做法,以及接下来对这些规定性是不是法则的认知,都扬弃了自己。因此,结果似乎就是,既没有可能建立起被规定了的法则,也没有可能产生对这些法则的知识。

这是对上面两段话的总评。"在上面所考察的、充实此前空洞的精神本质的那两个环节里",那两个环节一个是立法的理性,一个是审核法则的理性。立法的理性和审核法则的理性是用来充实空洞的精神本质的两个环节。精神本质早就已经提出来了,在前面"精神的动物王国和欺骗,或事情本身"那里,事情本身是什么呢,事情本身就是精神的本质,精神的本质是什么呢,精神的本质就是伦理实体。伦理实体在最开始的时候作为一种事情本身还是非常空洞的。到底什么是伦理实体,伦理实体有些什么东西,伦理实体首先是立法,有法则。什么法则? 比如说不要说谎,比如说爱你的邻人如爱己,这都是立法的理性把精神的本质加以充实。这是一个环节,就是立法的理性。那么另外一个环节就是审核法则的理性。审核法则,就是说所有这些东西都没经过审核,你凭什么说这就是诫命,人家为什么要相信你,你说不要说谎,我要说谎又怎样? 那么就有一个更高的环节,那就是审核法则的理性。这就把精神的本质更加进一步地充实了。但是,在上面所考察的这两个环节里,"那种想在伦理实体上建立直接规定性的做法",这就是立法的理性的做法,"以及接下来对这些规定性是不是法则的认知",那就是审核法则的理性,它们"都扬弃了自己"。根据我们前面的分析,不管是直接的立法也好,还是对这些立法加以审核也好,最后都走向了自我扬弃。"因此,结果似乎就是,既没有可能建立起被规定了的法则,也没有可能产生对这些法则的知识",结果似乎就成了这样,既不能建立起被规定了的法则,被规定了的法则都被解构了。我们前面讲到,每个人都应该说真话,这样一个法则是不成立的,最后走向了自己的反面。爱你的邻人如爱己也是这样。这个爱作为法则不可能是情感的爱,应该是理智的爱,而理智的爱最终要服从国家,对个人的个别的爱也被扬弃了。所以没有可能建立起被直接规定了的法则。也不可能发生对这些法则的知识,你凭什么来审核这些法则,你没有这种审核的知识。

然而伦理实体是自知其为绝对**本质性**的那种**意识**,因而它既不能放　[287]
弃本质性中的**区别**,也不能放弃对这区别的**认知**。

"然而伦理实体是自知其为绝对**本质性**的那种**意识**",伦理实体没有办法建立法则,也没办法审核法则,但是伦理实体是自知为绝对本质性的那种意识。"本质性"和"意识"都打了着重号,意思是,既然它是绝对的本质性,它就必须有法则;既然是一种意识,它也必须有对法则的知识。前面讲它既没有法则也没有审核的知识,这里则说,伦理实体既有本质性又有意识,它怎么可能没有法则和对法则的知识呢?"因而它既不能放弃本质性中的**区别**,也不能放弃对这区别的**认知**","区别"和"认知"也都打了着重号,这是与前面的"本质性"和"意识"相应的。你要对自己本质性加以反思,你就会在自己的本质性中发现某种区别,从而建立起某种法则;这个法则一旦建立,就会被扬弃,但它又不能够不建立某种区别,不能不寻求某种法则。它也不能放弃对这区别的认知,它既然有区别,那就必须要认知,这认知是不是能够检验,我们且不谈。这个审核法则的理性呢,也被证明了是遭到扬弃的,但是至少对这些区别加以认知,这是伦理实体的意识不能放弃的。你又要区别,又要认知;但是你既不能把区别建立为法则,也不能把这种认知当作一种检验,当作一种审核,那怎么办?

立法与法则的审核都已证明自身是无效的,这意味着,这两个环节个别地和孤立地来看都仅只是伦理**意识**的毫无坚定性的环节;而两者在

571

其中出场的这个运动过程，则具有形式的意义，意味着伦理实体由此而作为意识呈现出来了。

"立法与法则的审核都已证明自身是无效的，这意味着，这两个环节个别地和孤立地来看都仅只是伦理**意识**的毫无坚定性的环节"，它们只是伦理意识的两个环节，个别地孤立地来看，这两个环节都被扬弃了，都是无效的，它们毫无坚定性。"意识"打了着重号，就是说，它们虽然无效，但它们被意识到了，因而它们构成伦理意识的两个环节，虽然是两个消逝的环节。它没有建立什么确定的立场，确定的伦理观，它们只是一种形式规范，抽象的普遍性，每一个环节只要落实下来，就走向自己的对立面。"而两者呈现于其中的这个运动过程，则具有形式的意义"，唯有两者呈现于其中的这个运动过程，这个不断走向反面，不断自我扬弃，不断自我取消的这样一个过程，则有形式的意义。这样一个形式，如果你能够把它把握住，那就"意味着伦理实体由此而作为意识呈现出来了"。也就是说伦理实体正是在这种飘忽不定的运动中被意识到了，对它的意识不是体现在确定某个法则或者确定某个审核法则的原则之上，而恰好就体现在这个运动过程之中。这个运动过程具有形式的意义，从这个形式的意义上我们可以看出，尽管伦理实体所有这些环节都站不住脚，但是通过这种站不住脚的经验，通过这样一种否定的运动，你意识到了伦理实体。这就是说，伦理实体现在已经对意识呈现出来了，这是它的成果。它的成果不在于你立了一个什么万古不变的法，它的成果在于把意识引进到了伦理实体之中，使得伦理实体呈现在你的意识之中，你知道有一个伦理实体了。这个伦理是什么，现在还不能定，凡是你定下来的都走向了扬弃，都走向了自我取消，但是至少你知道有这么个东西了。我们休息一下吧。

好，我们再继续往下。我们现在已经意识到了伦理实体，或者说伦理实体通过这样一种立法和审核法律呢，已经呈现为意识了，或者说已经进入我们的意识之中了。那么我们现在来考察一下这个意识自身。

就这两个环节是**事情本身**的意识的两个更切近的规定而言，它们可以被视为**诚实性**的两个形式，这诚实性正如它以前就与它那些形式环节一起游走一样，现在则与善和正当的东西的应当存在的内容、与对这样的固定真理所做的审核一起游走，并自以为在健全理性和知性明见中拥有了这些诫命的力和有效性。

"就这两个环节是**事情本身**的意识的两个更切近的规定而言"，这两个环节也就是前面讲的，一个是立法的环节，一个是审核的环节。立法和审核是事情本身的意识的两个更切近的规定，事情本身的意识也就是对伦理实体的意识，这个在前面呢，已经有所规定，就是规定为诚实的意识。但是，这两个环节现在是更切近的规定，通过立法和审核，更加具体地规定了事情本身或伦理实体。事情本身在前面的规定，我们可以看第273页下面这一段，就是第三个小标题："相互欺骗与精神实体"。在这一页上讲到了，"这意识被称为**诚实**的意识，它一方面达到了**事情本身**所表现的这种理想主义，另一方面又以事情本身这个形式普遍性为真实的东西。"这是我们前面已经谈到的诚实的意识。那么在这里，诚实的意识又出现了，立法和审核"可以被视为**诚实性**的两个形式，这诚实性正如它以前就与它那些形式环节一起游走一样，现在则与善和正当的东西的应当存在的内容、与对这样的固定真理所做的审核一起游走"。它们现在可以被视为诚实性的两个形式，它们把诚实性拖着和自己一起游走，就像以前诚实的意识与它的形式环节一起游走一样。诚实的意识以前如何游走，还是参看前面第273页，接着上面引那句讲："诚实的意识永远只对事情本身感兴趣，因而总在事情本身的各个不同环节和种里游走；而当它在一个环节里或在一种含义中没有达到事情本身时，它正好因此而在另一个环节中获得了事情本身，因此实际上它永远享有着这个意识按其概念所本应享有的满足。"诚实性以前是如何游走的，现在它还是如何游走，只不过它的环节已经有了更切近的规定，就是善和正当的东西的应当的内容，以及对这内容的审核。这两个环节与前面那种诚实性相比已经有了更切近的规定，前面讲的诚实的意识一方面达到了事情本身的理想主义，另一方面又以事情本身这个形式普遍性为真实的东西。也就是说，在前面讲的这个诚实性，它坚持着自己的理想主义，而在各个形式环节之间游走，结果既不理想，也失去了普遍的形式，而成为了相互欺骗。它以前就游走于它的形式环节，在形式环节上面，它总能够得到自欺的满足，总是以自己的天性的诚实为满足，不管它结果如何，在它的各个种的环节里面，从目的到手段到现实性等等，每一个环节它都能够找到它自己的满足，都享受自己的这种诚实性，这是以前。现在则是与善和正当的东西的应当存在的内容以及对这些内容的审核一起游走，善和正当的东西，Gute und Rechte，Rechte 我们这里翻译成正当的东西。善和正当的东西都属于应当存在的内容，这些应当存在的内容就是那些立法，就是所立的那些法则。而对这样的固定真理所做的审核，则是对这些法则是否真的是善和正当的东西所进行的审核。在这些环节中的游走就跟前面不一样了，前面的诚实意识是完全形式化的，所以它一旦触及内容，它就变成了一种欺骗，自欺和欺人。那么现在呢，是跟善和正当的东西的内容以及对它们的审核相关，也就是说立法和审核都是出于诚实性，都是诚实性的两个更加切近的形式规定，也是对事情本身的规定。但它仍然只是在这些规定之间游走，"并自以为在健全理性和知性明见中拥有了这些诚命的力和有效性"。前面已经讲了，健全理性，理智的明见，它们所做的是直接性的立法，比如说每个人都应该说真话，这是出于健全理性，爱你的邻人如爱己，这是出于理智的明见。现在诚实的意识自以为在健全理性和知性明见之中拥有了这诚命的力和有效性，当然这个话里头带有批判性了。就是说，这两个环节，立法和审核，虽然成为了事情本身的意识的两个更切近的规定，是诚实性的两个形式，但诚实性的这两个形式呢，也有它们的虚假性。对伦理实体的意识也就是对事情本身的意识，也就是诚实性的两个形式。这个当然有一大进步，以前的诚实的意识变成了一种欺骗，它停留于一种表面的规定，停留于一种表面的诚实。现在，这个诚实不是寄托在个人内心，而是寄托在伦理实体身上，伦理实体才是事情本身。但它的这个错觉就是，自以为在健全理性和知性明见中拥有了这个诚命的力和有效性，而这一点已经被证明是虚幻的了。

但没有这种诚实性，这些法则就不被视为**意识**的**本质**，而审核也同样不被视为**内在于**意识的行为；相反，这两个环节当它们各自独立地**直接**作为一个**现实性**而出场时，一个表现出现实法则的一种无效的设立和存在，另一个表现出一种同样无效的对现实法则的摆脱。

"但没有这种诚实性"，就是说，前面讲的这种诚实性已经被扬弃了，前面已经对这种诚实性作出了批判，揭示了这种诚实性实际上是一种虚假的东西。但反过来说，假如没有这种诚实性，"这些法则就不被视为**意识**的**本质**，而审核也同样不被视为**内在于**意识的行为"。就是说，这种诚实性，它所起的作用呢，并不在于它所相信的，自以为拥有了力和有效性，不在于这一点，而在于这些法则要被视为意识的本质，"意识的本质"打了着重号。也就是说必须要有这种诚实性，这些法则才会被视为意识的本质，才会进入人的本心啊。你要有诚实性，才能够把这些法则纳入你的意识的本质之中，也才能把审核视为内在于意识的行为。总之，立法和对法则的审核，如果没有诚实性的话，都是不会进入内在的意识里面去的。那样一来，就会出现相反的情况，即"这两个环节当它们各自独立地**直接**作为一个**现实性**而出场时，一个表现出现实法则的一种无效的设立和存在，另一个表现出一种同样无效的对现实法则的摆脱"。这两个环节，一个是立法，一个是审核，在没有诚实性的情况之下，它们各自独立地直接作为一个现实性而出场，直接在现实中立法或者直接在现实中对法则加以审核，那会成为什么情况呢？那就是一个表现出现实法则的无效的设立和存在，另一个表现出同样无效的对现实法则的摆脱。也就是说，如果没有诚实性的话，那么一方面，立法就是无效的。如果你没有诚实性，你的立法建立在什么之上？建立在任意性之上，那谁会遵守？另一个表现出对现实法则的摆脱，什么叫对现实法则的摆脱？那就是无法无天了，那就是随意取消立法了，反正你立了什么法，我都不遵守。但是你这个不遵守也是无效的，不具有一种普遍的审核性。你想审核一切法律，你拿什么来审核，你没有诚，没有诚实性，也就没有审核的标准。所以如果没有这种诚实性的话，那么立法就是无效的，而审核就是任意的。

　　法则，作为规定了的法则，具有一个偶然的内容，——这一点在此有这样的含义，即它就是对一个任意内容的某种个别意识的法则。

{235}

　　"法则，作为规定了的法则，具有一个偶然的内容"，也就是说立法的无效性嘛，立法为什么是无效的呢，因为它具有一个偶然的内容，立法的偶然性。"这一点在此有这样的含义，即它就是对一个任意内容的某种个别意识的法则"，某种个别意识对一个任意内容，它就立一个法，这体现了立法的任意性，立法的偶然性和非伦理性。对一个任意的内容，你没有诚实性，那么你的立法就是非伦理的，用我们今天的话来说就是恶法。你随意立法，为所欲为，你想立一个什么法就立一个什么法，这就是出口成法，口含天宪，就是专制了。专制就是任意立法，专制不是没有法。我们经常说到"王法"，还有没有王法？什么叫王法？王法就是皇帝立的法。当然皇帝立的法也不被看作是任意的，而被看作是"天宪"，但是他口含天宪嘛，实际上是皇帝任意立的，他觉得要怎么立，他就怎么立。所以这个王法里面，往往很多是恶法，是不合理的，是一种无视人权的任意立法，是一种专制恶法。

　　因此，那个直接的立法乃是专制的无法无天，它把任意性当成法则，把伦理性当成对任意性——对那些**只是**法则而不同时是**诚命的**法则的一种服从。

　　"因此，那个直接的立法"，直接的立法就是立法的理性了，立法的理性在这种情况下，如果没有诚实性的话，"乃是专制的无法无天"。这种立法其实是无法无天，它想立什么就立什么，朝令夕改，早上立了个法，晚上又改了，它也是法啊，你不能说它没有法。但是它实际上是专制的无法无天。"它把任意性当成法则，把伦理性当成对任意性——对那些**只是**法则而不同时是**诫命的**法则的一种服从"，把伦理性当成对任意性的一种服从。中国的传统的伦理性本质上就是一种服从，服从就是合乎伦理的，不服从就是想造反，就是罪恶。服从什么呢？服从任意性。谁的任意性？那就看谁是赢家了，胜者为王，败者为寇。这种服从只是对法则的服从，而不同时是对诫命的服从。只是法则，"只是"打了着重号，"诫命"两个字也打了着重号。只是法则，但不是诫命，只是你必须这样，但不是你应当这样。应当怎么样它不讲，反正你必须服从，这是法则。但是就应当来说呢，那老百姓就会有一种评价了，我应当不应当服从你规定的这个法则？它有没有正当性，有没有合法性，有没有伦理性？应当就是诫命了，这里的法则只是法则而不同时是诫命，只是强迫你按照去做而不说明理由。如果一个法则同时是诫命，那就是伦理法则；如果一个法则不同时是诫命，那就是专制的任意的规定，没有什么应当不应当，你没办法了只好服从。但是，专制者往往把这当作就是伦理，你服从就是伦理，听话就是伦理，忠和孝就是伦理。至于为什么应当服从，这个不说，这个天经地义，反正他说的就是对的，天下没有不是的父母，天下也没有不是的君王，你就得服从。这就是中国的伦理。当然不光是中国有这种专制伦理了，在西方也有，特别是德国，德国的对于上级的服从，对于王权的服从，这个也是很厉害的。这是黑格尔对这种没有诚实性的立法的一种批判。这里讲立法，那么下面讲审核。

这正如第二个环节，即对法则的审核，就其是孤立的而言，就意味着不能动的东西的运动和认知的无法无天，这种认知的无法无天对那些绝对的法则信口雌黄，并把它们当作一种异于自己的任意性。

"这正如第二个环节，即对法则的审核"，前面讲的是第一个环节，就是立法，第二个环节呢，就来讲审核。"就其是孤立的而言"，就这个审核，就审核作为审核而言，如果没有诚实性的话，如果不是立足于伦理实体和事情本身来看的话，就其是孤立的一种审核而言，那将意味着什么呢？"就意味着不能动的东西的运动"，不能动的东西，那就是同一律、不矛盾律了，那是不能动的东西。但是你又要把它运用于审核现实的法则。现实的法则是生动的，是多样的，是层出不穷的。你用一个不动的东西去审核那些运动的东西，你要想使不能动的东西运动起来，这岂不是自相矛盾吗？"和认知的无法无天"，认知上的无法无天。审核相当于一种认知，前面一直都是讲的对这个区别的认知，那就是审核。而审核无法无天，认知的无法无天，就是你失去了标准啊。你要认知，你要审核，你拿什么标准来衡量呢？实际上是无法无天。不但立法成了无法无天，而且审核也成了无法无天。"这种认知的无法无天对那些绝对的法则信口雌黄"，信口雌黄就是说，对任何一种绝对的法则都加以随心所欲的解释，凡是被视为绝对的法则，它都要将其解构。"并把它们当作一种异于自己的任意性"，把这些绝对法则看作是另外一种和自己不同的任意性，这就完全是虚无主义和相对主义了。审核的标准就是自己的任意性，实际上没有标准，它对于被审核的法则同样也看作是别人的任意性，于是审核就成了各种任意性在较量，而失去了伦理的意义。这样一来，伦理学就只剩下一条法则，即谁是我们的敌人，谁是我们的朋友，或者像纳粹法学家卡尔·施米特说的，一切政治哲学的首要问题就是分清敌我。至于公平正义、道德和善，都不过是一种工具和策略而已，这就是专制统治之下的一种社会状态。

[288] 在这两种形式中，这两个环节都是对于实体或对于实在的精神本质的一种否定关系；或者说，在这两种形式中，实体还不具有它的实在性，相反，意识还是把实体包含在自己固有的直接性形式中，实体仅仅只是这个个体的一种**意愿**和**认知**，或者只是一个不现实的诫命的**应当**和对形式的普遍性的一个认知而已。

那么前面是讲的如果没有诚实性的话，那么立法也好，审核也好，都会成为专制的一种工具。这两种形式其实都应该是诚实性的两个形式，它们可以被看作是诚实性的两个形式。而现在，"在这两种形式中，这两个环节都是对于实体或对于实在的精神本质的一种否定关系"，这两个环节在实体中已经被扬弃了，那么你现在再把它拿出来，你就可以看出，它们都是对于实体和对于实在的精神本质的一种否定的关系。前面已经讲了，如果没有诚实性，那么这两个环节实际上就会把伦理实体完全否定了。真正的伦理实体是把它们扬弃地包含在自身之中，作为它自身的两个环节，而这两个环节呢，对于整个伦理实体来说呢，具有一种否定性。"或者说，在这两种形式中，实体还不具有它的实在性"，在这两种形式中，一个是立法的理性，一个是审核的理性，就这两种形式而言，实体还不具有它的实在性。它们之所以被扬弃，就是因为在这两种形式中，实体还不具有它的实在性。"相反，意识还是把实体包含在自己固有的直接性形式中"，实体还不具有它的实在性，那么实体是什么情况呢，实体还是被意识包含在意识固有的一种直接性的形式中，也就是意识还是在自己固有的直接性的形式中包含着实体。那这个实体就还不具有实在性，还是一种意识的主观性和直接性。实体受到了这两种形式的否定，那么它就还不具有实在性，还带有意识的直接性形式。"实体仅仅只是这个个体的一种**意愿**和**认知**"，"意愿"和"认知"都打了着重号。立法的理性的意识中只留下意愿，审核的理性在意识中只留下认知，实体仅仅成了这个个体的一种意愿和认知。这个个体有个意愿，要立法，这个个体对这个立法有认知，要审核，但都是这个个体的一种意愿和认知，仅限于主观意识。"或者只是一个不现实的诫命的**应当**和对形式的普遍性的一个认知而已。"主观的当然就是不现实的了，作为意愿，它只是一个不现实的诫命的应当，比如说每个人都应当说真话，这是一个诫命，应当，但是不现实。作为认知，是对形式的普遍性的认知，比如说同一律，同语反复，这是对形式的普遍性的一种认知。仅仅是这样一种抽象的形式而已。

　　但是由于这些方式都已扬弃了自身，意识就返回到了共相，而那些对立就消失了。

　　"但是由于这些方式都已扬弃了自身"，这些方式，一个是立法，一个是审核，它们都已扬弃了自身。为什么扬弃了自身，因为它们陷入专制恶法，成为无法无天了，那就是对它们自身的一种否定。实体在它们那里只剩下一种主观意愿和认知，不具有实在性。现在对这种否定之否定又回到了共相，"意识就返回到共相，而那些对立就消失了"。只有通过这些方式的自我否定，那么意识才返回到共相，返回到伦理实体，不再是个别人的意愿和认知，这个时候，经过了否定之否定，伦理实体才具有了实在性。在它们自我否定以前，在扬弃自身以前，伦理实体只是口头上的，只是主观上的一种应当，只是一种形式的普遍性，还不具有实在性。那么这个时候，当它们都扬弃了自身以后呢，意识就返回到共相，这就是实在的精神本质，而那些建立在个别人的主观中的对立就消失了。

　　精神本质之所以是现实的实体，是因为这些方式不是个别地有效，而只是被看作扬弃了的方式，而它们仅仅作为环节而存在于其中的那个统一体，就是意识的自身，意识的自身从现在起就在精神本质里建立起来了，就使精神本质成为了现实的、充实的和自我意识到的。

　　"精神本质之所以是现实的实体"，现在精神的本质已经是现实的伦理实体了。在它的两个环节还没有扬弃自身之前，它还不具有现实性。而现在，它已经具有了现实性，那么它之所以是现实的实体，"是因为这些方式不是个别地有效"，一个立法，一个审核，它们不再是个别地有效。如果是个别地有效，那就是专制恶法，其实还是无效的，个别地有效最后其实是无效。"而只是被看作扬弃了的方式"，立法和审核都被看作扬弃了的方式。这些方式现在成了一个统一体，"而它们仅仅作为环节而存在于其中的那个统一体，就是意识的自身"，现在有了一个统一体，它们只是这个统一体中的扬弃了的环节。这个统一体把立法的理性和审核的理性都作为自己的环节而扬弃于其中，它就成为了意识的自身。意识自身这里也可以翻译成意识的自我，也就是自我意识，Selbstbewußtsein，这个地方被拆开来，写成了 Selbst des Bewußtsein。这个精神本质作为统一体就是意识的自身，也就是意识到了自我。"意识的自身从现在起就在精神本质里建立起来了，就使精神本质成为了现实的、充实的和自我意识到的"，意识的自身，意识的自我，在精神的本质里面建立起来了。精神的本质作为伦理实体，在此之前是不现实的，而现在是现实的，体现在自我意识在精神的本质里建立起来了，这就使精神本质成为现实的、充实的和自我意识到的了。也就是说，精神本质意识到了现实的实体、伦理的实体就是它的自我，它在现实的伦理实体身上看到了自我，或者说只有在伦理实体上面看到了自我，这个伦理实体才是现实的伦理实体。只有当每个人都在伦理实体中看到了自己，这个伦理实体才是现实的和有充实的内容的，否则就是不现实的。比如说专制恶法，人人都认为这是不得不服从的，这是外来的，这是命运，这是规定好了的，那么这就是虚假的伦理实体，这就是不现实的、空洞的伦理实体。尽管专制者宣称这是伦理实体，你们大家都得服从，但是每个人从中间都没有看出自我来，都只是一种外在的服从，那么这就是不现实的，无内容的。真正现实的伦理实体就是在这个伦理实体上，每个人都看到自己，看到了自己的独立性。这种天人合一就是现实的精神本质，现实的伦理实体。所以意识到的伦理实体现在就是自我了，跟自我之间没有间接性了，它直接地就是自我意识的表现，每个自我意识在伦理上面都充分地发挥了它的自我，这就是理想的伦理实体。伦理实体在黑格尔眼睛里面，最理想的模式就是古希腊的伦理实体，每个人都为伦理实体自觉地献身，自觉地融入伦理实体，因为那就是他自己啊，那就是他本身啊。那么这种伦理实体应该是具有一种诚实性的，每个人诚心诚意地拥护这个伦理实体，这也就是拥护他自己。

这样一来，精神本质对自我意识来说首先是一种**自在**存在着的法则；

581

审核的那种曾经是形式的、非**自在**存在着的普遍性就被扬弃了。

"这样一来，精神本质对自我意识来说首先是一种**自在**存在着的法则"，所谓自在存在着的法则，就是说，它不是你可以任意立法的，也不是你可以随意审核的，它是一种客观存在着的法则。这是自我意识现在所意识到的。"审核的那种曾经是形式的、非**自在**存在着的普遍性就被扬弃了"，它不容你审核。审核是什么，审核是形式主义的审核，是一种非自在存在着的普遍性。审核的形式逻辑的规律，同一律、不矛盾律，那是非自在存在着一种思维的规律，那是你主观加给它的一种规律。那种非自在存在着的普遍性被扬弃了，这是一方面，就是说精神的本质作为一种现实的伦理实体，已被自我意识看作一种自在存在着的法则，这种法则是不容审核的，是天经地义的。为什么是天经地义的？那就是我自己嘛，伦理实体就是我自己，精神的本质就是我的本质，拿什么来审核呢？没有什么东西审核。

精神本质同样也是一个永恒的法则，它并不以**这一个个体的意志**为自己的基础，相反它是自在自为的，是**一切**具有直接**存在**形式的**人的**绝对的**纯粹意志**。

这是第二个方面。第一个方面是自在存在着的，客观的，不容你去审核。第二个方面就是，"精神本质同样也是一个永恒的法则，它并不以**这一个个体的意志**为自己的基础，相反它是自在自为的，是**一切**具有直接**存在**形式的**人的**绝对的**纯粹意志**"。就是说，一方面它是自在的法则，是客观的法则，另一方面呢，它是永恒的法则，它不以这一个个体的意志为基础。也就是说它超越了个体的有限性，在这个伦理实体里面，每一个人都意识到我也不是为所欲为的。虽然它的本质就是我的本质，我的本质就在伦理实体之中，但是它是超越了我这一个个体的意志的，它不是我个人的意志。每一个人的本质都在集体中，这个集体不是我个人。它当然是我的，从本质上来说，它就是我，但是这个伦理实体呢，它不是建立在个体的意志的基础之上的，而是自在自为的。前面是讲，它是自在的，这里讲它是自在自为的，不但是自在的，而且是自为的。它自己有它自己的所为，有它自己的意志。但这意志是一切具有直接存在的形式的人的绝对的纯粹意志。"是**一切**"，这个"一切"打了着重号，"具有直接**存在**形式的人"，"存在"也打了着重号，一切具有直接存在形式的人，他们的"绝对的**纯粹意志**"，"纯粹意志"也打了着重号。它就不是个体的意志，不是特定的这一个个体的意志，不以这一个个体的意志为基础，但是，它是一切人的绝对的纯粹意志。伦理实体的意志，比如说城邦的意志，国家的意志，那是绝对的纯粹意志，它不以个体的意志为基础。这个城邦的意志，它是一切人的意志，它是一切具有直接存在形式的人的意志，所以它是自在又自为的。这是它的第二方面，它是超越个体的有限性的，它体现为城邦的意志。一方面是自在的，不容你去审核，第二个方面又是自为的，它超越了个体的有限性，体现为集体的意志。

这种绝对的纯粹意志也不是一种**诫律**，诫律仅只**应当**存在，它则**存在**并且**有效**；它是范畴的普遍自我，这普遍自我直接就是现实性，并且世界就只是这个现实性。

这是第三个方面，即它是现实性。"这种绝对的纯粹意志也不是一种**诫律**"，"诫律"打了着重号。什么叫不是诫律？也就是不再是应当，你应当怎么样。伦理实体作为一种城邦的伦理实体，它不是教人应当怎样的，它是一种既成事实。说应当怎样，也就意味着本来也可以不怎样，虽然做不到或者没有做到，但是大家都应当这样。"诫律仅只**应当**存在"，"应当"打了着重号，"它则**存在**并且**有效**"，存在和有效都打了着重号，它已经存在了，并且发生效力了，它不再只是应当存在了。现实的伦理实体，它不是一种应当的法则，而是已经存在了，已经有效了，它已经支配着每个成员。如果你不服从这个伦理实体的法则，它不是劝你要服从它，而是直接把你赶出城邦，或者你自己换个地方生活。所以它存在并且有效。"它是范畴的普遍自我"，它是自我，但是，它是范畴的普遍自我，它是一种客观的普遍自我。在城邦里面，在伦理实体里面，它是作为范畴的普遍自我，也就是作为自我的普遍本质。它是一种范畴，是一种具有逻辑必然性的自我。"这普遍自我直接就是现实性"，这个普遍自我在伦理实体里面，在国家里面，在城邦里面，直接就具有现实性。"并且世界就只是这个现实性"，它就是世界啊，天人合一啊，天是什么，天就是城邦，天就是整个世界，城邦就是整个世界。在伦理实体中，每个成员，他只活在他的伦理实体之中，他只活在他的城邦中，他把他的城邦当作是整个世界。"并且世界就只是这个现实性"，所谓的世界就是城邦的现实性。这是第三个方面，第三个方面的意思就是说，不再是一种应当，而是既成事实。在这样一个城邦里面，一切人都遵守这样一个城邦的法则，而不是应当遵守城邦的法则。我们想起孟子的一句话，"由仁义行，非行仁义也"，由仁义行，而不是去行仁义，行仁义就是有点做作了，我应当按照仁义去做。但是我由仁义行，我已经在行仁义，我不知不觉地就在行仁义，这就是最高境界。这个人的本心就是一个仁义之人，他甚至想不到我应该去行仁义，我就是这样做的，我就是这样生活的，我就是这样存在的，这是一种现实性。这种伦理对于我来说，不是我的目标，不是我应当去争取去追求的，而就是我的存在。所以它不是一种诫律。诫律仅只应当存在，它则存在并且有效，这构成了纯粹意志的整个世界或现实性。

　　但由于这种存在着的法则是绝对有效的，所以自我意识的服从也就不是对一个主人的服役，——否则主人的命令就会是一种任意性，而自我意识就会从中认不出自己来了。

　　"但由于这种**存在着的法则**是绝对有效的"，"存在着的法则"打了着重号。每个城邦的人已经是这样了，已经按照这样一种法则来生存了，这法则不是说可以有效也可以无效，可以遵守也可以不遵守的，而是绝对有效的，"所以自我意识的服从也就不是对一个主人的服役"，这里又引进主奴关系了。自我意识的服从不再是对于一个主人的服役，不是一种盲目地服从，不是做奴才做奴隶做惯了这样一种服从。"否则主人的命令就会是一种任意性，而自我意识就会从中认不出自己来了"，如果是对于主人的一种盲目的服从的话，那么主人的命令就会是任意的了，就会破坏伦理实体，就会为所欲为，就会无法无天，自我意识从中就认不出自己来了。这种天人合一不是说把人合于天，人没有了，就只有天，只有那些法则了，那就会给专制提供理论基础。这种伦理实体不是这样的，否则主人的命令就会是一种任意性，就会对自我意识形成压迫，自我意识就认不出自己来了；相反，自我意识从伦理实体中恰好认出了自己，这就是我愿意的，这就是我自己的自由意志希望这样的，所以我就是这个伦理实体的一员，我愿意成为其中一员，伦理实体中的所有成员都像我一样把这个伦理实体看作是自己的。所以这种天经地义又是自觉自愿的，这种天人合一不是从外面规定的，而是我自觉自愿的。这个城邦是我们大家一起建立起来的嘛，大家都自觉地服从这个城邦，这就是我们的存在，你离开这个城邦，你还能存在吗？

　　相反，这些法则乃是自我意识自己固有的绝对意识本身所直接拥有的一些思想。自我意识甚至并**不信仰**它们，因为信仰固然也直观到本质，但却是一种陌生的本质。

　　这是跟前面那个"否则"相连的，否则自我意识就会从中认不出自己来了，但不会是那种情况。"相反，这些法则乃是自我意识自己固有的绝对意识本身所直接**拥有**的一些思想。"这些法则，就是现实的伦理实体中的那些法则，那些规律，乃是自我意识自己固有的绝对意识本身所直接拥有的一些思想。自我意识自己已经固有的绝对意识，就是前面讲的，意识返回到了共相，扬弃了那些对立，它就成了自在自为的、绝对的了。而这一点被自我意识所意识到了，它就形成了它"本身所直接**拥有**的一些思想"，这就是那些伦理的法则。或者说，伦理实体的那些法则就是由每个自我意识本身直接拥有的这些思想所构成的，所以它才能把它们看作自己的实体，把它们看作自己的本质，因为它们本来就是自己所拥有的嘛。这些法则就是自我意识自己本身固有的一些思想，直接拥有的一些思想。所以要讲诚实性的话，这个地方体现诚实性体现得最多。我们可以借用《中庸》里面所讲的，"诚者天之道也，诚之者人之道也"，这样一种诚，这样一种诚实性就是天之道，天之道是怎么形成的呢，是人之道所固有的，是每个人的自我意识所拥有的。当然这个意思不一样，我们这里是借用，如果要作一种中西区分的话，可以写一大篇文章。我们只是借用这个来理解，就是说，天之道和人之道都是诚，由于诚，所以才有了伦理实体的现实性基础，这样的伦理实体才是现实的伦理实体。"自我意识甚至并不**信仰**它们，因为信仰固然也直观到本质，但却是一种陌生的本质"，"信仰"（Glauben）打了着重号。这个是跟基督教的信仰相比较了。古希腊的那种伦理实体里面甚至谈不上真正的信仰。当然古希腊也有信仰，信仰这个信仰那个，多神教，但是对于伦理实体呢，它并不是一种信仰。为什么？"因为信仰固然也直观到本质，但却是一种陌生的本质"，信仰的对象是一种异己的本质，信仰总是对某个彼岸的东西的信仰，而在希腊伦理实体中，他们的对象并不是彼岸的，而就是他们自身的、此岸的、现实的。所以自我意识并不信仰它们，自我意识对伦理实体的服从并不是出于信仰，而是直接与自身合一，或者说，是出于生活方式和习惯。因为信仰固然也要直观到本质，但却是一种陌生的本质，而自我意识跟伦理实体的关系不是这种关系，这跟后来的基督教的那种信仰的关系还不一样。

　　<u>伦理的**自我**意识，凭借它的**自身**的**普遍性**而**直接**与本质合一；反之，信仰则从**个别的**意识开始，它是个别意识永远趋向这个统一而又永远达不到自己的本质的在场的那个运动。</u>

　　这就把伦理意识和信仰区别开来了。"伦理实体的**自我**意识"，"自我"打了着重号，"凭借它的**自身**"，Selbst 这里单独用，译作自身，免得它跟那个 das Ich 相混淆。"凭借它的**自身**的**普遍性**而**直接**与本质合一"，直接与本质合一，与什么本质合一？与精神的本质合一，也就是天人合一的意思。伦理的自我意识直接与精神的本质合一，这就是伦理的自我意识的情况。"反之，信仰则从**个别**的意识开始"，信仰跟这是不一样的。

所以我为什么说中国的天人合一不能成为信仰呢，道理就在这里。中国人讲的天人合一不能成为信仰，西方人的天人合一也不能成为信仰，所以黑格尔这里讲，自我意识直接与本质合一，这跟信仰还不一样。那么什么是信仰？"信仰则从**个别的**意识开始"，"个别"打了着重号。信仰要从个别的意识开始，要有个别性，要有个体独立性。我曾经讲过，中国人为什么没有信仰，就是因为中国人的个体意识不独立，所以不需要信仰，也不可能有信仰，因为中国人的生存是一种群体的生存，而不是个体的生存。那么黑格尔这里讲的希腊人也有这个情况，尚未达到信仰的层次。信仰是要从个别的意识开始的，"它是个别意识永远趋向这个统一而又永远达不到自己的本质的在场的那个运动"。信仰是个别意识的一种趋向运动，永远趋向于这个统一，而又永远达不到自己的本质的在场。中国人和希腊人的天人合一则不需要运动，而是守静抱一，安宁静穆，他们的统一本来就在场，他们的本质或天性自然就是天人合一的。真正的信仰则把这个本质设定在彼岸，在上帝那里，在绝对精神那里。上帝是客观精神，你要与这个精神达到合一，达到统一，那是你永远追求的目标，在此生是达不到的。你只有永远处于追求与上帝统一的运动过程中，也就是永远去追求彼岸的天人合一，这才是信仰。而在古希腊的城邦伦理实体里面不需要追求，古希腊虽然已经有个体意识的觉醒，要"认识你自己"，但是，在它的初级阶段上，个体意识还是直接地融化在伦理实体之中的。古代人的个体意识再怎么独立，也是一种萌芽状态，它随时都有一种回复到伦理实体，融化于伦理实体之中的倾向。更不用说中国古代，个体意识从来就没有独立过。古希腊人最初已经独立出来，但是，还停留在它的门槛上，停留在它的初级阶段，所以它随时可以直接地跟伦理实体合一。西方人，从他们的眼光来看，那古希腊人是个人没有独立的。我们说古希腊的个体性独立了，那是跟中国古人比较起来，它的个体性独立了，它有了自我意识，有了自我反省的精神。那些哲学家，像苏格拉底这样一些独立的精神人格，这个在中国古代是没有出现过的。因为古希腊的那种社会环境是一种市场经济和商品经济的环境，所以每个人必须充分发挥自己的天赋、才能和个性，才可以生存下去。但是从个体意识的独立性来说，它还只是处在初级阶段。所以在西方人的眼光看来，它还不够独立。古希腊人总是把自己融合在群体之中，融合在伦理实体之中。所以真正的信仰就是基督教的信仰，至于古希腊的多神教以及我们通常所讲的迷信，各种各样的宗教崇拜，自然宗教等等这些东西，都不能算真正的宗教，它们的信仰也不能算真正的信仰。真正的信仰的标志就在这句话，"个别意识永远趋向这个统一而又永远达不到自己的本质的在场的那个运动"，这就是真正的信仰。为什么我说中国人没有真正的信仰，就是没有这样一种运动，没有这样一种追求绝对彼岸的献身精神。你明知道它永远达不到，但仍然努力趋向于它，这样一种能动的追求过程，就是信仰。

　　——相反，那种个别意识已经把自己作为个别意识扬弃掉了，这种合一的中介已经完成了，而且只因为已经完成了这种中介，个别意识才是伦理实体的直接的自我意识。

　　"相反"，这个相反就是跟信仰相反了。古希腊人还没有达到真正的信仰，因为他们还没有进入以个别意识为起点的运动。"相反，那种个别意识已经把自己作为个别意识扬弃掉了"，古希腊人已经有了个别意识了，但是在伦理实体里面，他们把自己的个别意识扬弃掉了。扬弃掉了不是取消掉了，而是把它变成了更高层次的东西，就是伦理实体，把自己的个别意识寄托在伦理实体身上，把它表达出来了。个体的独立性通过对于城邦、对于国家的献身而体现出来。这个以苏格拉底为典型。苏格拉底的这种个别意识通过英勇地从军打仗，通过献身于国家的法律，献身于雅典法庭的判决，而体现了他的个别意识，体现为他的荣誉感，体现为他以荣誉为人生最大的幸福。他是追求幸福的，你不要以为苏格拉底悲惨兮兮的，他最后是非常愉快地走向他的结局，他觉得他很幸福啊，他获得了巨大的荣誉，他也知道自己获得了巨大的荣誉，他实现了自我。

所以这样一种伦理的自我意识已经把自己作为个别意识扬弃掉了，它具有了献身精神，具有了牺牲精神，具有了以身殉道的精神。"这种合一的中介已经完成了"，这种合一的中介，前面种种都是合一的中介，立法的理性，审核的理性，都是导致这种合一的中介，必须要经过这些中介才能达到天人合一。希腊的城邦民主制，它每建立一个国家都要立法，都要请哲学家来为这个城邦立法，立了法然后大家就好生活了。然后立了法还不行，还要审核，还要修改，还要重新立法。在雅典，在希腊各城邦里面，这种情况是频繁地进行，热衷于政治活动。虽然没有一个法被最终确立为绝对的，也没有一种审核法律的标准是被最终认可的，但是他们经过这样一场又一场的民主训练，他们达到了个人和城邦的合一。这就是中介，经过这样一种中介，它们达到了个体和城邦的天人合一。这种合一的中介已经完成了，"而且只因为已经完成了这种中介，个别意识才成为伦理实体的直接的自我意识"，这说得很明确了。只因为已经完成了这种中介，别看前面立法的理性，审核的理性，搞得那么样的繁琐，最后又变得无效，最后又走向自己的反面，自我扬弃，好像一切都白费了。不是的。只因为已经完成了这种中介，个别意识才成为伦理实体的直接的自我意识，意识才返回到了自己的共相。中国传统的伦理意识跟希腊的伦理意识是不一样的。希腊的传统的伦理意识通过成天不断地一场又一场的政治实践、立法的尝试而形成了这样一个城邦，这样一个伦理实体。而中国是枪杆子里面出政权，国家、江山是打出来的，它没有经过这样一种立法的和审核法律的理性的中介。所以个别意识在中国，它不能成为伦理实体的直接的自我意识。你必须取消个别意识，你才能够融入伦理实体，你才能被伦理实体所认可所接纳，否则的话你就是另类，就必须要把它铲平了。所以中国人的伦理意识缺乏这种中介。而古希腊的伦理意识，它是经过了这种中介以后所形成的伦理实体的直接的自我意识，它是从间接性、从中介性回到了直接性。只是因为已经完成了这种中介，个别意识才成为伦理实体的直接的自我意识。我们要注意直接性和中介是相反的，中介就是间接性嘛。只因为已经完成了这种间接性，个别意识才成为伦理实体的直接的自我意识。所以它这个直接里面，它有文章的。我们不要看古希腊人也讲爱国主义，也能够团结一心，但是，他们是有中介的。在日常生活中他们一天到晚就是在那里玩政治、玩选举、玩投票，公民大会上吵吵闹闹，任何人都可以随意发表自己的见解，好像根本不顾全大局。实际上恰好是因为他们吵吵闹闹，他们不断地立法、修改，不断地进行政治活动，所以他们才能达到伦理实体的那种直接的自我意识，他们才能够天人合一。他们的天人合一是建立起来的，不是天生的，不是从来如此的。当然黑格尔在这里没有直接点明他讲的是古希腊的伦理实体，但是这里面的原理在这里已经展示出来了。就是要通过中介回到直接性，回到直接性就是回到古希腊的伦理实体的直接性，回到在古希腊神话里面所体现出来的那种天经地义，那种不可怀疑、不可验证、不可审核的伦理实体，这个要在下卷里面才具体分析。我们今天暂时讲到这里。

＊　　　　　　＊　　　　　　＊

好，我们今天要结束《精神现象学》的上卷了，我们今天就要进入下卷。这两年，不到两年半，我们已经超前了，已经提前完成上卷的任务。我们上次已经读到了最后的这几段，从第 288 页的最后一行开始。上次我们已经讲到，就是精神的本质已经走向了一种天人合一的直接性，回到了直接性。立法也好，审核也好，都是一种间接性。当然立法怎么立的，最初以为是直接的，后来发现还是间接的；审核呢，就已经是间接的了，你立了一个法我要审核，那么通过审核的法律，最后呢，两者都被扬弃，立法也好，审核也好，都被扬弃。最后我们回到了一种天人合一，就是自我意识跟伦理的本质、跟精神的本质完全一体，跟伦理实体直接合一。这个立法和审核法律都有一个前提，就是你是生活在一个什么样的伦理实体之中，这样一个前提就决定了你立的是什么法，或者你是用什么标准来审核。所以我们上次最后就是达到了个别的意识成为了伦理实体的直接的自我意识。我们上次还拿中国古代这样一种天人观来进行一种对比，当然这个比附我们也指出来，并不能画等号，但是大体上有同样的一种风格，一种倾向，就是天人合一，人跟伦理实体不分。就像孔子曾经讲到过，"道之以政，齐之以刑，民免而无耻；道之以德，齐之以礼，有耻且格"，法家的刑名法术导致专制和伦理解体，"民免而无耻"是很危险的；儒家则主张德治的天人合一，这就是个体意识跟群体的伦理完全相合，用一种"有耻且格"的心态去对待我们应该遵守的德和礼。总而言之，回到直接性就是回到了精神的本质，回到了伦理实体。这也是我们下卷一开始要讲的内容。所以这个地方已经开始向下卷的作为伦理的精神过渡了。那么首先这种伦理实体如何形成起来，我们经过前面的一系列的阶段的进展，已经呼之欲出了。

因此，自我意识与本质的区别是完全透明的。

自我意识与本质的区别是透明的，也就是我们刚才讲的天人合一。个人跟伦理实体之间，它们有区别。我们经常讲个体和集体、和群体的关系，荀子讲人跟动物的区别就在于人"能群"，那么能群跟个人之间，它有一种区别。但是这个区别呢，完全是透明的，就是说这种能群是人的本质，就在每个个人的本质里头，他只要反身而诚，自己摸着良心想一想，就会知道我是一个群体的人，所以这个不需要到外面去找，不需外求，自己扪心自问就可以看到自己的本质。所以这两者之间是完全透明的。

而这样一来，**本质**自身中的那些**区别**也就不是些偶然的规定性，相反，由于这本质与唯一有可能从中发生不平等的自我意识相统一之故，这些区别就是一些被这统一体自己的生命所贯通的对统一体进行划分的聚合体，一些自身清澈的未遭分裂的精神，一些未受玷污的天上的形态，这些形态在它们的区别中保持着它们本质的纯洁无辜和同心同德。 [289] {236}

这就是个人和伦理实体之间的一种透明的关系。"而这样一来，**本质**自身中的那些**区别**也就不是些偶然的规定性"，本质自身中的区别，自我意识和本质的区别是完全透明的，那么本质自身中的那些区别就不是偶然的。本质中也有一些区别，伦理实体有自身的一些规定，这个规定那个规定，这些规定和区别也就不是偶然的规定性，不是随便规定的，它里头有必然性的。有什么必然性呢，他说，"相反，由于本质与唯一有可能从中发生不平等的自我意识相统一之故"，本质与自我意识相统一，这个前面已经讲了，本质和自我意识的区别是透明的，所以本质和自我意识是统一的，这个本质在这里可以看作是伦理本质，它跟每个人的自我意识是相统一的。而自我意识是唯一有可能从中发生不平等的，前面讲了，个体自我意识只要占有，就会有不平等。个体当然有可能发生与其他自我意识的不平等，但由于它们全都与伦理本质相统一，它们之间的不平等就被扬弃了，因为基于各自需要的不平等都是服务于同一个伦理实体的。因此，"这些区别就是一些被这统一体自己的生命所贯通的对统一体进行划分的聚合体"，这些区别，也就是前面讲的本质自身中的那些区别，伦理实体本身中的那些区别。如我们在中国传统伦理里面讲到的三纲五常，古代希腊讲的国法和家法，这都是伦理实体本身的一些区别，什么样的人有什么样的身份，应该采取什么样的态度对待其他身份的人，这些都是有区别的。那么这些区别就是一些被这统一体自己的生命所贯通的对统一体进行划分的聚合体（Massen）。在本质中、在伦理实体中的区别，就形成了一些聚合体，这些聚合体是对这个统一体的划分，如国法、家法，三纲五常，而这种划分是由统一的内在生命所贯通的。个人和群体的统一作为一个统一体，它是有生命的，生生不息；这种生命把统一体自身划分开来，形成各种聚合体。如果没有这种统一体的生命贯通，这些聚合体就解体了，它们就不可能凝聚成一个社会。我们通常讲凝聚力，一个社会统一体有它的凝聚力，这种凝聚力就是它的生命。但同时它又对这个统一体有种划分，形成各种规范，三纲五常都是些规范，五伦，仁义礼智信等等，国家法律和家庭规矩，这些都是些规范，这些规范是"一些自身清澈的未遭分裂的精神"。自身清澈的也就是自身透明的，你可以一眼看到底的，是单纯的、未遭分裂的精神。这些区别本身作为一个统一体的内部的区别，它没有分裂开来，没有对立起来。一个伦理实体，一个传统社会，它所体现出来的那种精神是未遭分裂的，多少年来一直就在那里，一直就这样延续下来，没有受到分裂。当然如果在某些特殊情况下，它就会遭到分裂，比如说古代有忠孝不能两全，家法和国法不能兼顾。到了我们今天，伦理实体已经遭到了肢解，已经不是自身清澈的了，家族式腐败使国家危在旦夕。但最初，这样一些聚合体是一些自身清澈的未遭分裂的精神，"一些未受玷污的天上的形态"。人间尽管可以闹哄哄的，有矛盾有冲突，甚至于打得死去活来，但是这些区别、这些聚合体高高在上，未受玷污，是一些天上的形态。所谓天不变，道亦不变，天上的形态那就是天道了。不管你哪个来掌权，哪朝天子坐天下，还是要用这一套东西。"这些形态在它们的区别中包含着它们本质的纯洁无辜和同心同德"，这样一些天道形态，它们都有区别，三纲五常都有区别，忠和孝虽有不同，但包含着它们本质的纯洁无辜和同心同德。本质上它们是纯洁无辜的，是同心同德的，即所有的人都认可的。即算是互相冲突的双方，他们都同样地认可这样一个天道。他们只是互相指责对方违背了天道，自己则是替天行道。

——自我意识同样也是对这些区别的单纯而清澈的**关系**。它们**存在着**而已，岂有他哉，——这构成了对自我意识的关系的意识。

前面讲的是本质，是伦理实体，下面来讲自我意识这一方，"自我意识同样也是对这些区别的单纯而清澈的**关系**"。本质自身中的区别是那样的一些规定性，不是偶然的规定性，而是一些聚合体，一些天上的形态；那么自我意识呢，同样也是对这些区别的单纯而清澈的关系。面对这些聚合体，每个自我意识、每个人内心里面都能够直接地体会到天道，它们之间是单纯而清澈的关系，没有阻碍，没有阻隔，人同此心，心同此理。"它们**存在着**而已，岂有他哉，——这构成了对自我意识的关系的意识"，它们，也就是这些区别，它们存在着而已，岂有他哉，就是自我意识对于本质中的这样一些区别的存在从来都没有怀疑过，对自我意识来说，这些区别存在在那里，岂有他哉。有那些区别就够了，天道在我心中，再没有别的了，没有什么能够阻碍它们在自我意识中的呈现。这构成了对自我意识的关系的意识，对自我意识的关系是一种存在的关系，一种最简单的关系，就是存在在那里，这些区别存在在那里。存在在那里，就是它对自我意识的关系，自我意识必须承认；如果自我意识不承认，那它自己也不能存在了。自我意识就是靠这些区别而存在的，否则你就没有自我意识了，你就不是自我意识了，而是禽兽。人之所以为人，就是因为这样一些区别。

所以这些区别在索福克勒斯的《安提戈涅》中被当作诸神的**不成文的也毋庸置疑的**法权：

> 可以说，它不是今天和昨天，而是从来和永远
> 生活在那里，没人知道，它从何时开始出现。①

这两句诗，黑格尔翻译时把它稍微改了一下。就是说，这个"它"，按照索福克勒斯的原文应该是它们，"生活在那里"按照原文应该是"持存着"。把"持存着"改成"生活在那里"，就有生命了，活生生的了，因为它是这个统一体的生命所贯通了的，他前面讲是"被这统一体自己的生命所贯通的对统一体进行划分的聚合体"。所以他要把这个生命、生活放进去。索福克勒斯的《安提戈涅》是一个黑格尔经常引用的悲剧，安提戈涅为了遵守传统的家法埋葬她的叛徒哥哥，而触犯了国家的法律。她哥哥犯了叛国罪，所以国王下令她的哥哥不能够埋葬，只能够让他曝尸于野外。安提戈涅说这不行，按照我们家族的传统，应该由家人把他好好埋葬。后来安提戈涅被国王处死了，安提戈涅的未婚夫、就是国王的儿子殉情自杀，而王后呢，因为儿子死了，她也自杀了。所以国王克瑞翁最后成了孤身一人，他所有的亲人都死了。他的国家法律，当然是他

---

① 索福克勒斯的悲剧《安提戈涅》第 456、457 两句。——黑格尔原注 [中译者按：据丛书版所列《安提戈涅》德译文，此处"它"应为"它们"，"生活在那里"应为"持存着"，丛书版编者明，这里大概是黑格尔自己的译文，他在图宾根学习时期曾转抄过《安提戈涅》，参看罗森克朗茨：《黑格尔传》第 11 页。]

自己制定的这个法律，由于他的一意孤行，跟传统的家族法律或神的法律相冲突，导致了一场悲剧。这是很有名的，可以说是索福克勒斯的最著名的一部悲剧。索福克勒斯是古希腊公认的悲剧大师，与埃斯库罗斯和欧里庇得斯齐名，人称古希腊的三大悲剧作者。那么"这些区别在索福克勒斯的《安提戈涅》中被当作诸神的**不成文的**也**毋庸置疑的**法权"，法权这个地方用的 Recht。这个词，我们没办法，只好把它多译。有的地方把它翻译成正当、公正，有时翻译为法权、法，或者权利，甚至法律，都是这个词，德语的这个词是一个非常多义的词。这个地方我们可以把它翻译成法律，也可以把它翻译成法权。我们不翻成法律，因为《安提戈涅》里面的法律是国家法律，而家族的传统呢，不能说是法律，它是自古以来就有的神的法，神的法是不成文的。一般来说法律是成文的，是国家法，人为法，而神所建立起来的法是不成文法，就是习惯法和传统规矩，家族世世代代都遵守的。如果把自己的亲人放在外面不埋葬的话，那就会有厄运。我们中国人也讲不埋葬的话，就成了孤魂野鬼，会出来害人的，那这个家族就会遭厄运，整个家族就不会发达。但是有什么道理呢？没有什么道理，这是一种传统，传下来就是大家都这样认为。它是诸神的不成文而毋庸置疑的法权，这样一些区别，在什么情况下应该做什么事，不能做什么事，这是自古以来就是这样的。所以，"它不是今天和昨天，而是从来和永远／生活在那里，没人知道，它从何时开始出现"，没有人知道什么时候就开始是这样了。中国人讲从三皇五帝一直就是这样的，后来周公制礼将这一套固定了下来。中国人还追溯了一下，在以前是茹毛饮血，是野兽，自从三皇五帝开始，圣人就建立了一套规范，所以人才开始成了人。在古希腊呢，连这个都不追溯。古希腊也讲神话，普罗米修斯造人，教人用火，怎么怎么样，那都是神话，是听故事一样的，它并没有当历史来看待。当然中国的女娲造人这些东西也是神话，但是从三皇五帝开始，它不是当神话说的，它是当实有其事，圣人立法，圣人建立了礼法规范。那么在希腊神话里面呢，则是不知从什么时候开始的，反正自古以来就有。

　　它们**存在着**。如果我追问它们的产生并把它们限制于它们的起源的那一点上，那么我就已经超出它们之上了；因为我现在就是共相了，而它们的起源却是有条件的和受限制的东西。

　　"它们**存在着**"，"存在着"打了着重号。它们，也就是这些区别了，这些区别自古以来就在那里，人死了以后家人必须要埋葬，为什么家人要埋葬，不知道，反正以往都是这样的，它们存在着。"如果我追问它们的产生并把它们限制于它们的起源的那一点上，那么我就已经超出它们之上了"，它们存在着，本来的意思就是说你不用问，它们就在那里，它们已经在那里了。存在的东西有什么好问的呢，你就问有没有就是了，如果有，就不用问了，就不用追究它的来龙去脉了。但是如果我一定要追问它们的产生，并把它们限制于它们的起源那一点上，就是说，你就是从起源的那一点上开始的嘛，那我就要追问到那个起源。前面是讲没人知道它从何时开始出现，现在我要追问，它究竟从什么时候开始出现的，并且把它们限制于它们的起点上，由这一点来解释它们。你要追问到它们开始的那一点，那个开端，当然你就把它们限制住了。就是开端以前还没有，后来才有了，那么在此之前人们是怎么生活的呢？通常就是说，那是野兽，那还是禽兽。但是如果这样问的话，那么我就已经超出它们之上了，我已经把握住它们了。它们存在着，那么我可以指出来，它们是从什么时候开始存在着，在此之前还没有存在，那么我就可以去考察是什么使得它们存在的，是不是还可以有另外一种区别存在，那我岂不是已经超出它们之上了吗？我可以说出它们没有存在之前的情况，并且从中引出另外的可能性。"因为我现在就是共相了，而它们的起源却是有条件的和受限制的东西"，我现在就是共相了，而它们只是其中的一种特殊的可能性。人类社会从什么时候开始，我可以追溯到那之前，那我就比它们要更加具有普遍性，我自己就是共相。而它们的起源则是有条件

596

的和受限制的东西,这些区别的起源是有来由的,有开端的,有一定的偶
然性的,既然是这样,它们就是有条件的和受限制的。所以我就要考察
一下,它们是在什么条件之下产生的。在以前我们是不问的,以前有人
要问的话,人家就给你讲个故事,讲一段神话,就引经据典,古代人的传
说是怎么怎么说的。但是现在呢,我们认真对待这个事情,我们就要分析,
希腊文明是怎么产生的。恩格斯写了《家庭、私有制和国家的起源》,我
们今天也在问,中国文化是怎么产生的? 从先秦时代,两千多年以前,是
怎么样一步一步地走过来的,这是历史学家干的事情。那么历史学家已
经超越了他的伦理实体的这些区别,已经把它们看作是一些有条件的和
受限制的东西,当作研究的对象来考察。凡是这样说话的,就已经超出
伦理实体了。

　　如果要它们在我的明见面前证明自己合法,那么我就已经动摇了它
们坚定不移的自在存在,并把它们看作了对于我也许真实、也许甚至是
不真实的东西。

　　"如果要它们",它们也就是这些区别了。"如果要它们在我的明见
面前",明见,Einsicht,这个词是我们后面要经常遇到的,我们要特别把
它挑出来。"证明自己合法,那么我就已经动摇了它们坚定不移的自在存
在",也就是说,如果你要追问它们的起源,那么它们在我的明见面前就
必须证明自己的合法性。这是什么呢? 这就是启蒙了。这个后面要讲的
启蒙,在这里已经预示了。这个伦理实体是不可追究的,如果你处在伦
理实体里面,那它就是不可追究的,它就存在着了,这就是传统,传统有
个什么可说的呢? 习惯嘛,历来如此嘛,按老规矩嘛,祖宗之法不可变嘛,
天不变道亦不变嘛! 这个是固定的陈说,没有什么可说的。但是如果你
一定要追问,你这些成法哪来的,是在什么情况之下形成的,比如说它们
是在自然经济的条件之下形成的,而现在已经不是自然经济了,那就值
得对它们重新审视了,那这就是启蒙了。比如说,你要追溯它们的自然
经济的起源,这一套伦理法规、伦常,是自然经济条件下的产物,那么你

就带进了一种明见，Einsicht，有的也翻译成识见、洞见，意思是看到里面去，Sicht 就是看，ein 就是进去，进去看，洞见，识见，明见。我们后面都翻译成明见。这些东西都要在我的明见面前证明自己的合法性，我的明见已经洞见了它们的起源，那么你也要在我的明见面前证明你这些东西的合法性。如何证明呢？只能这样证明：你这些都是自然经济的产物，在自然经济的条件之下它们是合法的；如果现在还是自然经济这样一种条件，那它们还是合法的。但是问题是，如果现在已经不是自然经济了，那它就不合法了。在明见面前你只能这样证明，问题取决于现在是什么情况。所以它们要取决于某种别的东西。如果它们要在我的明见面前证明自己合法，那么我就已经动摇了它们坚定不移的自在存在，因为我在对它们得以存在的基础进行检查，很可能发现这个基础已经不存在了。在进行这种追问和检查时，我就已经把它们看作了对于我也许真实、也许甚至是不真实的东西。所以明见与启蒙，这两者是不可分的，所谓启蒙，就是明见，就是洞见了来龙去脉，不再是盲目接受了。盲目接受就是我们自古以来，我们就是这样的，这就是人，如果不这样那就是禽兽。这就是缺乏反思，缺乏明见。那么明见就是说，揭示出它们的来龙去脉，然后我们可以提出质疑，那就不受它们的限制了。不是我们自古以来这样就注定了是这样，鲁迅在《狂人日记》里发出这样的质问："从来如此，便对吗？"从来就是这样，难道就是对的吗？不需要理由了吗？这就是启蒙。明见就有这样一种威力，当然它也不一定就能作出结论，但是至少是动摇了以往的结论，它可以发出疑问，也许真也许不真，你可以去考虑，这就展示了各种可能性了。以往是不考虑的，从来如此，那就是真的，就是对的，我就按照去做就是了，但现在呢，我们可以怀疑它也许是不真的。在未经考究之前，没有想清楚之前，你得存疑，不要盲目相信。

　　<u>伦理的意向正在于毫不动摇地坚持凡是正当的东西，而禁止对它作任何变动、摇撼和追溯。</u>

　　"伦理的意向"，这是跟前面相对照了。前面讲，如果你要去追问的

话，那这个伦理就遭到动摇了。那么伦理的意向是什么样的情况呢？"伦理的意向正在于毫不动摇地坚持凡是正当的东西"，历来我们都认为这种东西是正当的，要毫不动摇地坚持正当的东西。正当的东西，das Rechte，不是 das Recht（中性，即权利、法权），也不是 die Rechte（复数，即法律、公正），而是 recht（正当的、合适的）的名词化。注意这个地方不是坚持正当，而是坚持正当的东西，坚持这个东西。至于正不正当，这个早就已经定了，这肯定是正当的。问题是要坚持这样一些做法，坚持这样一些规矩，坚持这样一些陈说，几千年以来我们都是这样做的，都是这样说的，那么我们就要坚持它。伦理的意向就是毫不动摇地坚持正当的东西，"而禁止对它作任何变动、摇撼和追溯"。不能动摇，不能追溯。凡是想要追溯它的，那都是异端邪说，都是欺师灭祖，都是不能容忍的。我们现在的对传统的保守主义，就是这样一种态度。前面讲如果我追问它的产生，那就是启蒙了，那就是明见了。这是两种完全不同的态度。但现在我们还停留在第一种态度，就是伦理的意向。另外一种启蒙的态度现在我们还没有来得及说，要到下卷，讲到启蒙和明见等等这些地方才能够涉及。

——这就造成了在我这里寄存一件东西的情况；它**是别人的财产**，而我之所以承认这一点，**是因为它如此存在着**，并且我毫不动摇地使自己保持在这种关系中。

这里突然一转，转到了康德举的一个例子。康德在《道德形而上学奠基》和《实践理性批判》里面都举了这样一个例子，就是别人托我保管一份财产或者说一笔钱，现在那个人去世了，又没有留下任何字据，那么我是不是可以把它据为己有呢？于是我就可以想一想，如果我把它据为己有，这是否可以成为一条普遍法则。我们就会发现，如果所有的人在保管别人的财产时在某种情况下都可以将它据为己有的话，那就不再会有人托人家保管自己的财产了。因为你可能把它据为己有啊，而且你必然把它据为己有，因为它现在成了一条普遍法则嘛。如果每一个人保管别人的财产都可以把它据为己有，这成为一条普遍法则，那就没有人再愿意把自己的财产托人保管。那么，把财产托人保管这样一件事情就自己消灭了，自我取消了，因为它是自相矛盾的。这是康德的一个著名的例子。黑格尔这里就是讲的这个例子："这就造成了在我这里寄存一件东西的情况"，但是他的意思是反对康德的。康德对那个例子是怎么解释的呢，康德说这件行为要由形式逻辑上是否不矛盾、是否不自相冲突来判定它是否道德，而黑格尔认为这要由我们事先所处的伦理实体的意向来决定。由于伦理实体预先已经决定了，"它**是**别人的财产"，注意这个"是"打了着重号。为什么这里要打着重号？它是跟前面那句"它们**存在着**"相呼应的，"存在"就是"是"嘛。就是说，伦理实体的那些区别，是存在着的，它已经存在着，是既成事实，它不容追问。"而我之所以承认这一点，**是因为它如此存在着**"，"是因为它如此存在着"都打了着重号。这也是跟前面呼应的，就是它如此存在着，已经这样了。这个既定事实就是我们用来判定这件事是否道德的标准。"并且我毫不动摇地使自己保持在这种关系中"，这就是我的伦理意向，它是我不变的道德标准。伦理意向不是由什么形式逻辑的不矛盾律来判定的，而是由我存在着，我存在于这种关系中，而且我坚定不移地把自己保持在这样一种关系之中来决定的，由我无条件地承认这个"是"的态度决定的。标准就是别人的财产不可侵犯这一条，我承认这一条并且信守这一条，我就可以用来评判一个行为的正当或不正当。并不是说一个行为发生了以后，我衡量一下它是不是自相矛盾，而是我从来都认为他人的财产不可剥夺，这才有了评判标准。他寄存在我这里，我总要千方百计地归还给人家，哪怕他不在世了，我也要归还给他的家属。为什么要归还给家属？伦理嘛，伦理历来是以家庭为单位，那么他人的财产就是他的家庭的财产。如果没有这个前提，如果没有财产私有的既定制度，那么就无所谓了，谁的财产都是大家的财产，任何人都可以据为己有，而不会自我取消的。之所以自我取消，还是因为没有人愿意让自己的财产受到侵犯嘛。所以康德的逻辑推论其实暗中设定了私有制这个前提,道德命令并不是来自逻辑规律,而是来自伦理习惯和社会历史。

　　如果我把这寄存的东西据为己有,那么按照我的审核原则即同语反复来说,我也丝毫不涉及什么矛盾;因为这样一来我就不再把它视为一项别人的财产了;把我并不视作别人的财产的东西据为己有,是完全说得通的。 [290]

　　这个地方就是明确反驳康德的解释了。"如果我把这寄存的东西据为己有,那么按照我的审核原则即同语反复来说,我也丝毫不涉及什么矛盾",我把它据为己有,在逻辑上来说我并不矛盾啊。按照康德的意思呢,就是说,如果你把它据为己有,由于逻辑上自相冲突,那么在现实中就会自我取消。为什么呢? 因为人都是有理性的,而理性都是有逻辑的,他就会推理:我把东西寄存于别人,但是人家有可能把它据为己有,如果这成了一条普遍的法则,那么我为了保护自己的财产,就不会把它寄存于别人了,而且任何有理性的人也都不会把它寄存于别人了,那这一条法则就不成立,就自我灭亡了。这是康德的一种思想实验,是他的一种设想,这种设想完全是形式化的。康德就是形式主义,他用形式来裁量现实。而黑格尔是比较现实主义的,黑格尔要从现实出发,就是说你之所以寄托财产给别人,是因为你们都处于同一个伦理实体中,有私有财产的观念管着大家,你相信别人会认可这个财产是你的。在既定的伦理实体里面,它的区别、它的法则就是这样的,每个人都承认有私有财产不可侵犯。那么他虽然把财产寄托在你这里,财产仍然是他的。这就是一个有伦理道德的人的合乎伦理的行为。但如果没有这个前提,单纯按照审核原则即逻辑上的同语反复来说,那就丝毫也不涉及什么矛盾了,因为撇开了私有制,我就不再把它视为一项别人的财产了。我把不属于别人的财产据为己有,这丝毫不矛盾啊。因为当我立足于形式逻辑的不矛盾律的时候,我就已经超出伦理实体和伦理规范了,我把它们都抽象掉了,私有制已经不在我的考虑中了。"因为这样一来我就不再把它视为一项别人的财产了；把我并不视作别人的财产的东西据为己有，是完全说得通的"，设想在非产权制的情况下，任何人都可以占有任何财产，因为这些财产都是没有产权的，所以我可以把任何财产据为己有，这个一点儿都不自相矛盾。所以康德的不自相矛盾这一条检验标准忽视了这个前提，或者说它暗中预设了一个前提，也就是假定了私有财产的不可侵犯。假定了这个前提，那你当然可以说，你要把财产据为己有是自相矛盾了。但是如果不假定这个前提呢，那就没有什么自相矛盾。如果你要单凭是否自相矛盾来确定一件行为是否道德的，这个是空洞的标准，只要你改变一下前提，里面可以塞进任何完全相反的做法，都不自相矛盾。康德实际上也只是因为假定了私有财产不可侵犯作为前提，才能运用他的形式逻辑规律，并不像他自己所说的那样完全是按照纯粹实践理性的逻辑作出的判断。这个是黑格尔对康德的一个批判，康德的定言命令完全是形式化的，只要说得通，只要不矛盾，那就是道德的，那就什么东西都可以说得通。本来说不通的东西，你把前提变了，它就说得通了。因为形式逻辑是不管内容、不管大前提的。你大前提一变，本来说不通的就可以说得通了。

看法的改变并不是矛盾，因为这里所关心的不是作为看法的改变，而是对象和内容，它不应该自相矛盾。

看法的改变，观点的改变，并不是矛盾。我改变一个看法，改变一个大前提，或者说，我们在形式逻辑的三段论里面，我改变一个大前提，这并不是矛盾，形式逻辑的不矛盾律，它只管在某个大前提之下你怎么推。所以观点的改变，大前提的改变，它并不是矛盾。"因为这里所关心的不是作为看法的改变，而是对象和内容，它不应该自相矛盾"，这里所关心的，就是这个例子所关心的，只是对象和内容，要求它不自相矛盾，但是却撇开了看法，或者说暗中预设了某种看法作为大前提。但如果换一个大前提，改变一下看法，那就根本没有自相矛盾的问题，在对象和内容上原先看似矛盾的，在这种看法之下也完全不矛盾了。下面就举了个例子。

正如我在赠送东西给别人时所做的那样，我能把我的看法从某物是我的财产改变成它是别人的财产，而并不因此就犯了自相矛盾的过错，我同样也完全可以反过来做。

"正如我在赠送东西给别人时所做的那样，我能把我的看法从某物是我的财产改变成它是别人的财产，而并不因此就犯了自相矛盾的过错"，我送一件东西给别人，那么这个东西本来是我的，是我的财产，但是我送给他了，我的财产送给他，是不是就违背了私有财产不可侵犯的法则呢？当然不会，因为我是赠送啊。我自己的财产，我可以任意处置嘛，我把我的财产按照我的意愿送给了某个人，这时候我只是把我的看法从某物是我的财产改变成了它是别人的财产。我把这笔财产送了某人，也就是说我把它看作是别人的财产了，这个财产是我送给人的，它应该是别人的，而不应该还是我的了。我自己决定它不是我的，并且我让别人也认为它不是我的，而是他的了。它本来是我的，但是我的，我就对它有决定权啊，但是这个决定权恰好是把它送给别人，使它不是我的。私有财产本身就包含有超出私有财产的看法的可能性，并不因此就犯了自相矛盾的过错，这一点都不自相矛盾，这只是我改变了看法而已。我把我的看法从某物是我的财产改变成它是别人的财产，那么这并没有自相矛盾，只是我的看法改变了。我自愿送给别人，并不是被别人抢走的，是我自愿相送，这个里头没有任何矛盾，一切都顺理成章。形式逻辑的三段论，大前提的改变有什么矛盾呢？大前提的改变，你随便怎么定都可以，你可以这样定，也可以那样定，这并不会发生任何矛盾。"我同样也完全可以反过来做"，反过来做他就省略了，我这里加一个注：亦即反过来把我的看法从这是别人的财产改变成这是我的财产。当我认为这笔财产是别人送我的，我也完全可以认为这就是我的财产，这只需改变一个看法就行了，也没有什么自相矛盾。或者说，别人托我保管一项财产，那么我在观点上面反过来把别人的财产改变成我的财产，它寄托在我这里，那就是我的财产嘛，我就把它看作是我的财产了，那又怎么样呢？当然这违背传统的看法，但康德并没有说传统的看法不能变，那么我改变一下看法，也同样可以这样做。你还可以说，赠送东西给别人的人是好人，贪污别人寄托的财产的人是坏人，你可以说前面一个人是正当的，后面一个人是不正当的，但是这也只是一种看法，这个正当和不正当不是由于它的自相矛盾或者不自相矛盾所带来的，而是由于伦理，由于习惯，由于传统的看法。传统认为，送一笔财产给别人的，比如说做慈善事业，那是好人，贪污别人财产的人则是坏人，这个是不能从形式逻辑上来判定的。从形式逻辑上来说，它们都是对的，都没什么过错。它们不是形式逻辑的问题，它们是伦理上的看法的问题，是伦理实体、传统习惯认为这是不正当的，并不是因为逻辑上有一种矛盾。

　　——所以，并不是由于我发现某物没有什么自相矛盾，它就是正当；而是由于它是正当的东西，它才是正当。

　　"所以，并不是由于我发现某物没有什么自相矛盾，它就是正当"，这是反驳康德的观点。康德认为一件事情没有自相矛盾，那就是正当的，那就是道德的。"而是由于它是正当的东西，它才是正当"，注意这个地方，"正当的东西"和"正当"是区别开来的，das Rechte 和 das Recht，这两个词区别很小，一个是加了一个 e，一个是没有这个 e。加了一个 e 就是正当的东西，成了名词，recht 本来是一个形容词，第一个字母大写也成了名词，Recht。Recht 这个词我们在这里把它翻译成正当，但它同时也是法权，我们刚才讲了，也是权利，也是公正，也是法律等等，有很多含义。并不是由于我发现某物没有什么自相矛盾，它就是正当，"而是由于它是正当的东西，它才是正当"。这是什么意思呢？因为它是正当的东西，就是说，正当的东西是摆在那里的，是存在着的；正当呢，你可以看作是一种形容词，作名词也是抽象化的名词。那么形容词要取决于名词，抽象的名词取决于具体名词，正当要取决于正当的东西。什么是正当的东西呢？自古以来都认可的这样一些东西就是正当的东西，那么我们借此才说它是正当。这也就是正义，就是公平，就是公正，因为有那些东西在那里,那些东西已经存在着,已经存在了,已经是既成事实了,那么我们凭这样一些存在着的东西,我们来断言它是正当。至于不自相矛盾,单凭那个东西是不能进行评价、不能进行审核的,它只不过是在审核时借用一下的工具。

某物是别人的财产,这就提供了根据;对此,我既不必说三道四,也不必去搜罗各种各样的思想、关联和理由;或者让自己冒险去对不论是立法还是审核加以思考;

我们先看这半句。"某物**是**别人的财产",这个"是"又打了着重号,也是我们刚才讲的那个意思,它是一个存在的既成事实,它已经是别人的财产了。"这就提供了**根据**","根据"打了着重号,这才是根据,而什么逻辑规律则不是根据。"对此,我既不必说三道四,也不必去搜罗各种各样的思想、关联和理由。"它已经是别人的财产,我去说三道四、我去质疑干什么呢? 也不必去搜罗各种各样的思想、关联和理由,这明显是在批评康德的做法。就是说,它已经是别人的财产了,你还要去从各种各样的思想、关联和理由去加以论证,比如说看它是不是能够成为普遍法则啊,别人会怎么想啊,然后把它拉到形式逻辑的不矛盾律上面来加以检验,来加以审核,这都是多余的做法。"或者让自己冒险去对不论是立法还是审核加以思考",就是你对立法、审核去加以思考都是很冒险的、靠不住的,顶多是突发奇想,你很可能陷入康德的那样一种陷阱,就是说,完全是一种形式化的、抽象的说明,不解决任何问题。

通过我的思考的诸如此类的活动,我就会撇开那种关系,因为实际上我本可以随意使相反的东西同样好地符合于我那无规定的同语反复的认知,从而将其树立为法则。

{237}

前面讲,我不必去搜罗各种各样的思想、关联和理由,也不必让自己去冒险对立法或者是审核加以思考,我不必做这些事。那么,要是做了又怎么样呢? 那就"通过我的思考的诸如此类的活动",也就是对立法加以思考,对审核加以思考,对思想、关联和理由加以思考等等,通过这样一些活动，"我就会撇开那种关系"，撇开什么关系呢？也就是说某种东西是别人的财产这样一种产权制的根据。这个时候呢，如果你说三道四，或者到处挖空心思寻找一些理由，去加以审核，那就会撇开了这种产权制的关系，也就是撇开了实际上的伦理的关系。几千年以来大家都在遵守的一种规矩，大家都认为不言而喻、不可质疑的这样一种关系，就被你撇开了。"因为实际上我本可以随意使相反的东西同样好地符合于我那无规定的同语反复的认知，从而将其树立为法则"，我本来可以，这里用的是虚拟式了，就是说如果你要撇开传统的伦理关系来进行诸如此类的思维的活动，比如说像康德那样审核，那么我实际上本来就可以随意地使相反的东西同样好地符合于我那无规定的同语反复的认知。无规定的，也就是抽象的、同语反复的认知，也就是逻辑上的同一律、不矛盾律，我可以随意地使相反的东西适合于你的不矛盾律，这个前面已经举了这样一些例子，赠送啊，或者据为己有啊，这是相反的例子了。我把自己的财产送给别人，或者我把别人的财产据为己有，这完全是相反的，但是它们同样地不自相矛盾。我贪污别人的东西也不过是改变看法嘛，我把别人的东西看作是我自己的东西，既然伦理的既定规范都不顾了，那就没有什么不可以的。而只要逻辑上不矛盾，那也就同样可以将相反的东西树立为法则了。

　　<u>然而，这个规定或与它相反的规定究竟哪一个是正当的东西，这是</u>**<u>自在自为地</u>**<u>已规定了的；就我来说，我本可以把我所愿意的一切东西都立为法则，同样也可以不把任何东西立为法则，而且由于我开始审核，我就已经走在非伦理的道路上了。</u>

　　"然而，这个规定或与它相反的规定究竟哪一个是正当的东西"，我承认某物是别人的财产，或者我把别人的财产据为己有，哪一个是正当的事情呢？"这是**自在自为地**已规定了的"，大家都知道的。对于一个服从既定的伦理规范的人来说，这两个哪个好哪个坏，一目了然，这不用去论证了，这是自在自为地已规定了的。"就我来说，我本可以把我所愿

意的一切东西都立为法则，同样也可以不把任何东西立为法则"，就我来说，也就是如果单凭我的自由意志的话，如果不考虑既定的伦理规范的话，那我完全可以为所欲为。我既可以把我所愿意的一切东西都立为法则，出口成法；也可以不把任何东西立为法则，那就是无法无天了。这其实是一回事情，你要法，那我说出来的就是法，或者我不说也可以，我就这样做了，你能怎么着？这两种情况都是就我来说，单从我自己来看，这些都不自相矛盾的。现在那些贪官，他也可以振振有词，他一点都不自相矛盾啊。我们要批评他，我们不能抓住他自相矛盾来批评他，我们只能抓住他违背人性，违背最基本的人道原则。我们只能说这一点，我们不能说他违背了逻辑，违反了同一律，这个没法说，他一点都不违背同一律。"而且由于我开始审核，我就已经走在非伦理的道路上了"，你只要开始审核，你要拿一个逻辑原则来对于伦理的现象进行审核，那就已经走在非伦理的道路上了，这个伦理就已经被抛在一边了，甚至意味着这个伦理就已经开始解体了。当康德试图用一个形式逻辑的法则来审核现实的伦理生活，这就已经意味着旧的伦理体系的解体，意味着新的伦理体系呼之欲出了。但他的这个路子是不对的，他用来审核的逻辑背后还有东西，不能单凭逻辑来建立新的伦理体系，你要审核它，你必须要看这个伦理本身实际上发生了什么事情，这个伦理它走向何方，你不能只是从抽象形式上来评判它。

就是因为正当的东西对我来说是**自在自为**存在着的，我才存在于伦理实体之中；所以伦理实体是自我意识的**本质**，而自我意识则是**伦理实体的现实性**和**定在**，是它的**自身**和**意志**。

"就是因为正当的东西对我来说是**自在自为**存在着的"，正当的东西对我是作为一件事实而客观存在着的，已经几千年以来就在那里了，自古以来就是那样的了。"我才存在于伦理的实体之中"，对我来说，几千年以来，正当的东西已经在那里了，或者说，正是因为我承认它的客观存在，我自己才存在于伦理的实体之中。我之所以存在于伦理的实体之中，就是因为我承认它，我承认它是自古以来的正当的东西，我认可它这一套规矩，我服从它这一套规范，所以我就住在伦理的实体之中。当然存在于这种伦理实体中是不是就是好事，这个且不说，这里目前所要讲的是，我已经存在于伦理实体之中，因为我承认这个伦理实体的这样一些正当的东西，它们是自在自为地存在着的。当然我也可以不存在于伦理实体中，我可以走出伦理实体。这就是下卷里面所要讲到的，一旦我不承认它，一旦这样一些正当的东西对我来说不是自在自为地存在着的，而是需要审核的，那我就走出伦理实体了，伦理实体也就解体了。那么在此之前，由于我承认它是自在自为存在着的，所以我才存在于伦理的实体之中，"所以伦理实体是自我意识的**本质**"，自我意识的本质就是伦理实体，当然是在这个阶段上面，自我意识的本质还要发展，但是目前，伦理实体就是自我意识的本质。自我意识已经意识到这一点了，已经意识到它的本质就在伦理实体之中。每个人对自己反思就会发现自己的本质受到了几千年以来的传统文化的浸润，传统文化浸透在他的血液中。他就是这样成长起来的，他就是受这样的教育，在这样的文化氛围中生长起来的，他不是个中国人吗？中国人就是这样的，一讲到中国人，人们马上就想到几千年以来的中国传统是什么样的。有些东西中国人是一定要做的，有些事情中国人是做不出来的，他有他的规矩。这是自我意识的本质，"而自我意识则是**伦理实体的现实性**和定在，是它的**自身和意志**"。传统是什么，传统就是我们，以往的人都已经死了，都已经埋了，都已经不在了，传统就在我们身上，我们就是传统的现实性和定在。我们经常讲传统文化和现代化，什么是传统文化？传统文化就是我们自己，我们要不要现代化？这个不需要到古书里面去找答案，答案就在我们自己身上，就在我们生活的现实中，我们是现代人，一切都由我们自身的意志所决定。我们的意志就是伦理实体自身的意志，我们每个人都是传统文化的意志的体现。有时候我们都不自觉，它迫使我们只能这样。在以往的情况下，在历史上，我们都是心甘情愿地服从伦理实体，这就是我们的意志。但是现在呢，由于我们的伦理实体已经发生了变化，所以呢，传统的伦理观念变成了对我们的自我意识的一种束缚。所以我们讲，传统文化虽然形成了我们，它就是我们，但是它又是对我们的束缚。我们要冲出它，其实我们要冲出的是我们自己。伦理实体和自我意识的关系一般来说就是这样。这就是上卷，上卷至此就讲完了。

德汉术语索引

（所标页码均为德文《黑格尔全集》考订版第9卷页码，即本书边码中大括号里的数字；凡有两种译法的词均以"/"号隔开，并以此分段隔开页码；原文中出现太多的词不标页码，只将字体加粗）

汉德词汇对照表

（按照汉语拼音字母顺序排列；凡有两个译名的分别在两处重现并带上另一译名）

A

爱 Liebe

安提戈涅 Antigone

B

本心 Herz

本性 Natur

本质 Wesen

本质性 Wesenheit

必然性 Notwendigkeit

表象 Vorstellung

被碰到的 vorgefunden

宾词 Prädikat

C

才具 Fähigkeit

才能 Talent

材料 Stoff

财产共同体 Gütergemeinschaft

产权制 / 财产 Eigentum

承认 Anerkennen

诚实的 诚实性 ehrlich

持存 Bestehen

尺度 Maß, Maßstab

冲动 Tribe, treiben

抽象 Abstrahieren, Abstraktion

出场 auftreten

存在 Sein

存在者 Seiende

D

大小 Größe

单纯，单纯性 einfach, Einfachheit

616

单一性 / 统一性 Einheit

当下 / 在场 Gegenwart

道德，道德的 Moralität, moralisch,

德行 Tugend

颠倒 Verkehrte

癫狂 Verrücktheit

定律 Satz

定在 Dasein

动物王国 Tierreich

斗争 / 战斗 Kampf

独立性 Selbststädigkeit

对象 Gegenstand

对象性，对象性的 Gegenstandlichkeit,
　　gegenstanlich

F

法律 Gesetz

法权 / 正当的 Recht

反思 Reflexion

范畴 Kategorie

疯狂 Wahnsinn

否定 Negation, negativ

G

概念 Begriff

感性的 sinnlich

个别 Einzeln

个体 Individuum

根据 Grund

共相 Allgeneine

共同性 Gemeinschaft

公共的 Öffentlich

工具 Werkzeug

怪想 Chimären

观察 Beobachten

关系 Verhältnis

贯通 durchdringen

规定性 Bestimmtheit

规律 Gesetz

规训 Zucht, gezogen

国家 Staat

H

含义 Bedeutung

环节 Moment

J

激活 begeisten

假象 Schein

价值 Wert

建立 setzen

健全的 gesund

诫命 Gebot

交互作用 Wechselwiukung

教化 Bilden

经验 Erfahrung

精神 Geist

具体的 konkret

聚合体 Masse

绝对 Absolute

K

开端 Anfang

看法 Ansicht

科学 Wissenschaft

肯定的 Positiv

空间 Raum

空虚 Leere

快乐 Lust

L

劳动 Arbeit

类 Gattung

理想主义 Idealismus

理性 Vernunft

力 Kraft 力量 / 威力 / 权力 Macht

立法 Gesetzgeben

联系 Beziehung

灵魂 Seele

流动性 Flüssigkeit

伦常 Sitte

伦理，伦理的 Sittlichkeit, sittlich

逻辑学 Logik

M

满足 Befriedigung

矛盾 Widerspruch

媒介 Medium

民族 / 人民 Volk

命令 Befehl

命运 Schicksal

明见 Einsicht

漠不相干（关）gleichgültig

目的 Zweck

N

内容 Inhalt

内在的东西 Inneres

能动性 Tätigkeit

O

偶然性 Zufälligkeit

P

平等 Gleichheit

评判 Beurteilen

普遍，普遍性 Allgemein, Allgemeinheit

Q

欺骗 Betrug

骑士 Ritter

情感 Gefühl

情感 Empfinden

区别 Unterschied

确定性 Gewißheit

确信 Überzeugung

R

人格性 Persönlichkeit
认识 Erkennen
认知 Wissen
任意 Willkür

S

善 Gute
善行 Wohltun
神圣的 Heilige
审核 Prüfen
生命 Leben
生气 Odem
时代 Zeit
实存 Existenz
实践 Praktische
实体 Substanz
实体性的 substantiell
实在性 Realität
世界进程 Weltlauf
事情本身 Sache selbst
事物 Ding
事物性 Dingheit
手段 Mittel
思想 /Gedanke
思维 Denken
死亡 / 僵死的 Tod/tot
索福克勒斯 Sophokles

T

他在 Anderssein
他者 Anderes
特殊 Besondere
天赋 Gabe
同语反复的 tautologisch
统一性 / 单一性 Einheit
透明的 durchsichtig

W

外在的东西 Äußere
为他的，为他者 für anderes
无法无天 Frevel
武器 Waffen
我的 Mein
我们 Wir
无主的 herrenlosig

X

现成的，在手的 vorhanden
现实的，现实性 wirklich, Wirklichkeit
现象 Erscheinung
想象 einbilden
消逝 Verschwinden
信仰 Glauben
形式 Form
形态 Gestalt
行动 Handlung
行为 Tun
行为业绩 Tat

性格 Chrakter

性状 Beschaffenheit

兴趣 Interesse

虚假 falsch

虚无 Nichts

Y

扬弃 Aufheben

意识 Bewußtsein

意谓 Meinung

意向 Gesinnung

意义 Sinn

意志 Wille

异化 Entfremdung

应急 Nothülfe

永恒 Ewige

有机的 organisch

游走 herumtreiben

语言 Sprache

欲望 Begierde

元素 Element

原理 Grundsatz

原始的 ursprünglich

原则 Prinzip

圆圈 Kreis

运动 Bewegung

Z

这一个 Dieses

真实的东西，真实 Wahre

真理 Wahrheit

整体 Ganze

正当的东西 Rechte

正义 Gerechtigkeit

知觉 Wahrnehmung

知识 Kenntnis

知识 Erkenntnis

知性 Verstand

智慧 Weisheit

秩序 Ordnung

直观 Anschauung

直接性，直接的 Unmittelbarkeit unmitelbar

质，质的 Qualität, qualitativ

质料 Materie

至善 Beste

中介 Vermittelung

中项 Mitte

主人 Herr

主体 / 主词 Subjekt

专制的 Tyranisch

转化 Wechsel

转换 Spiel

状况 Umstände

卓越的 Vortreffliche

自大狂 Wahnsinn des Eigendünkels

自然 Natur

自身等同性 Sichselbstgleichheit

自为 für sich

自我意识 Selbstbewußtsein

自性 Selbstheit

自由，自由的 Freiheit, freie

自在 an sich

作品 Werk

后　记

对于我们中国人来说，本卷是比较有趣的一卷。它的内容，涉及西方文化的各个方面，包括政治、经济、家庭伦理、宗教、社会结构等等，以及在这些方面所表现出来的西方人的精神状态和文化心理，这些精神状态和文化心理的内部结构，又往往用经典文学作品中的人物的精神气质加以细致的描绘和揭示。当然，总体来说，黑格尔的行文方式仍然脱离不了那种玄之又玄的思辨，并不是他要故弄玄虚，而是他想对精神层面的东西进行一种类似于胡塞尔所向往的"精密科学"的分析。与胡塞尔不同的是，他的精密科学 (精神现象学) 绝不是胡塞尔那种科学主义的形式分析 (对种属关系进行分门别类等等)，而是要通过揭示概念本身的内在矛盾冲突而描述能动的"精神"本身是如何靠自己本身的努力而艰难地为自己开辟道路的，带有浓厚的存在主义的气息。但他的这种描述更多地表现出历史的阶段性和层次性，在这方面，他的异常细密和敏锐的区分是任何存在主义哲学家所不耐烦做的。本卷的两部分表明了西方理性精神在实践中如何从主观精神进入客观精神的历程，在这两个层次上他要说明的都是，一门心思追求个人的快乐享受的西方人在进入社会关系中时，理应只会形成一个"精神的动物王国"，他们又是如何能够不仅没有陷入一切人对一切人的战争而自取灭亡，反而一步步建立起了德行的观念和法制社会的呢？其中的奥秘应该说与西方自古希腊以来所形成的自我意识的反思精神以及在此基础上生长出来的理性精神有关，理性是精神的根，一个缺乏理性的民族，也是一个缺乏精神生活、沉溺于物质的民族。在此意义上，《精神现象学》的上半部分"意识""自我意识"和"理性"都可以归于"主观精神"，也就是黑格尔的《精神哲学》里面归在"精神现象学"一节中的内容。而本卷由此也就向《精神现象学》的下半部分过渡，亦即向客观精神和绝对精神过渡了。

按照原计划，这门课准备花十个学期来连续讲授，把《精神现象学》从头至尾句读一遍，现在内容过半，而时间稍有提前，不到五个学期。我必须再接再厉，尽快将全部句读整理出来，不单是为了国家社科基金重大项目（12&ZD126）的按时结题（2017年），而且是为了快马加鞭地奔赴其他等待已久的课题：这一辈子不会有宽松的时候了！

本卷的录音整理者主要由彭超负责，他独立整理了12讲；另外由程寿庆、马翰林、何凯各负责一讲。在此特向他们的辛勤劳动致谢！

邓晓芒

2015 年 7 月 15 日